Snorri Sturluson

Edda

Skáldskaparmál 1

Snorri Sturluson

Edda

Skáldskaparmál

1. Introduction, Text and Notes

Edited by

ANTHONY FAULKES

VIKING SOCIETY FOR NORTHERN RESEARCH
UNIVERSITY COLLEGE LONDON
1998

© Anthony Faulkes 1998

First published by Viking Society for Northern Research 1998
Reprinted with minor corrections 2007

ISBN:
978 0 903521 34 5 Set of two volumes
978 0 903521 36 9 Volume 1
978 0 903521 38 3 Volume 2

Reprinted 2023

Printed by Short Run Press Limited, Exeter

Contents of Volume 1

Introduction	vii
Title	vii
Synopsis	viii
The composition of the work	x
Date and authorship	xi
The verse quotations	xiii
The *þulur*	xv
The dialogue frame	xviii
The prose narratives	xxii
The analysis of poetic diction	xxv
Purpose	xxxvii
Manuscripts	xxxix
This edition	li
Table of verse quotations and their preservation	lv
Bibliographical references	lx
Manuscript sigla	lxx
Glossary of technical terms	lxxi
Text	1
Textual notes	135
General notes	153

Contents of Volume 2

Glossary	231
Index of names	443

PREFACE

These two volumes contain the second part of Snorri Sturluson's *Edda, Skáldskaparmál*. Part I, Prologue and *Gylfaginning*, was published by the Clarendon Press, Oxford, in 1982, and reissued in paperback by the Viking Society for Northern Research in 1988. A second, corrected edition was published by the Viking Society in 2005. Part III, *Háttatal*, was published by the Clarendon Press in 1991, and reissued in paperback with addenda and corrigenda by the Viking Society in 1999. Part II thus makes the work complete.

Skáldskaparmál contains a lot of poetry that was composed mainly in Norway and Iceland in the ninth to twelfth centuries. Though much of it is quoted in short extracts, it constitutes an anthology of verse of various kinds, including mythological, historical, lyrical and other types of verse, selected and commented on by one of the major authors of thirteenth-century Iceland. This edition provides these examples of Old Norse verse with extensive explanatory notes and, in volume 2, a full glossary and index. It is hoped that it will be useful to students as an introduction to a wide variety of early Scandinavian poetry, presented in an authentic context and reflecting the taste and interests of an educated Icelander of the great age of saga-writing, himself a practised poet.

I am grateful for the comments and corrections of Peter Foote, Richard Perkins and Mats Malm on the final draft of this book.

A. F.

INTRODUCTION

Title

Skáldskaparmál ('the language of poetry') is the second major part of Snorri Sturluson's *Edda* ('Treatise on poetry'; sometimes called the Prose Edda), coming in those manuscripts that include more than one part of the work between *Gylfaginning* and *Háttatal*. The name is not found as the heading of this part of the text in any early manuscript (R and W have large ornamental initials at 1/2, though neither they nor T have any heading at 1/1; see textual note), but is used in the rubric at the head of the whole text in the Uppsala manuscript (U): 'Er fyrst frá Ásum ok Ymi, þar næst Skáldskapar mál ok heiti margra hluta.' At 3/10 this manuscript also includes the words 'hér hefr [*or* hefir] mjǫk setning skáldskapar' and in the version of the beginning of ch. 3 that it has before before ch. 2 (*SnE* 1848–87, II 302) 'Hér hefr Skáldskapar mál ok heiti margra hluta'. In fact the editors of the Arnamagnæan edition (*SnE* 1848–87) took the first narrative sections of *Skáldskaparmál* as a continuation of *Gylfaginning*, and numbered the first chapters 55–8 accordingly, entitling this section *Bragaræður* ('speeches of Bragi'), labelling 5/25–6/29 the *Eptirmáli* ('Epilogue'; placed at 5/8) and beginning *Skáldskaparmál* itself at 5/9 (this arrangement of the text follows that of Rask (*SnE* 1818),where *Skáldskaparmál* is often called 'Skálda'). Their chapters 55–8, however, do not continue the dialogue of *Gylfaginning*; they open a new narrative frame, a conversation between the god Bragi and Ægir, a personification of the sea, which seems to continue through much of *Skáldskaparmál*. Though the indications of the speakers peter out in the course of this section as they do in *Háttatal*, and there is little sign of dialogue from ch. 43 onwards, several later chapters are introduced by a question, and the whole of the rest of *Skáldskaparmál*, to the end of ch. 74, can be taken as the words of Bragi. Apart from the opening chapter, only in 5/25–6/29 is the voice clearly authorial, and though ch. 33 does not really fit into the scheme (see below), chapters G55–58 seem designed as an introduction to *Skáldskaparmál* even if they were perhaps written after the bulk of the rest of the section. The word *skáldskaparmál* appears also at 5/15 and in the passage in A which introduces a list of kennings which is placed immediately before the extracts from *Skáldskaparmál* in that manuscript (see p. xlvii below; note also *TGT* 104).

Skáldskaparmál

Synopsis

Chapter G55: (The chapter numbers are those of *SnE* 1848–87, and the first four are a continuation of the chapter numbers of *Gylfaginning*): Óðinn and the Æsir entertain Ægir to a feast.

Chapter G56: Bragi tells Ægir the story of the giant Þjazi's theft of Iðunn and her golden apples, their recovery by Loki and how the Æsir killed Þjazi and compensated his daughter Skaði; and how Þjazi and his brothers had taken their father's inheritance.

Chapter G57: The origin of the mead of poetry in the blood of Kvasir.

Chapter G58: How Óðinn brought the mead of poetry to the Æsir.

Chapter 1: The categories of poetry.

Eptirmáli ('Epilogue', 5/25–6/29): The meaning and purpose of the work. The story of Troy as an allegory of Norse myths.

Chapter 2: Kennings for Óðinn. Verses 1–26.

Chapter 3: Kennings for poetry. Verses 27–41.

Chapter 4: Kennings for Þórr. Verses 42–58.

Chapter 5: Kennings for Baldr.

Chapter 6: Kennings for Njǫrðr. Verse 59.

Chapter 7: Kennings for Freyr. Verses 60–63.

Chapter 8: Kennings for Heimdallr.

Chapter 9: Kennings for Týr.

Chapter 10: Kennings for Bragi.

Chapter 11: Kennings for Viðarr.

Chapter 12: Kennings for Váli.

Chapter 13: Kennings for Hǫðr.

Chapter 14: Kennings for Ullr.

Chapter 15: Kennings for Hœnir.

Chapter 16: Kennings for Loki. Verse 64.

Chapter 17: Þórr's duel with Hrungnir. Verses 65–71 (*Haustlǫng* 14–20).

Chapter 18: Þórr's journey to Geirrøðargarðar. Verses 72, 73–91 (*Þórsdrápa* 1–15, 17–20).

Chapter 19: Kennings for Frigg.

Chapter 20: Kennings for Freyja.

Chapter 21: Kennings for Sif.

Chapter 22: Kennings for Iðunn. Verses 92–104 (*Haustlǫng* 1–13).

Chapter 23: Kennings for the sky. Verses 105–16.

Chapter 24: Kennings for the earth. Verses 117–22.

Chapter 25: Kennings for the sea. Verses 123–34.

Chapter 26: Kennings for the sun. Verses 135–6.

Chapter 27: Kennings for the wind. Verse 137.
Chapter 28: Kennings for fire.
Chapter 29: Kennings for winter. Verses 138–9.
Chapter 30: Kennings for summer. Verse 140.
Chapter 31: Kennings for man and woman.
Chapter 32: Kennings for gold.
Chapter 33: Gold = Ægir's fire; Ægir's feast for the gods. Verse 141.
Chapter 34: Gold = Glasir's foliage. Verse 142.
Chapter 35: Gold = Sif's hair. The dwarfs make treasures for the gods.
Chapter 36: Gold = Fulla's head-band. Verse 143.
Chapter 37: Gold = Freyja's tears; her daughter Hnoss. Verses 144–9.
Chapter 38: Gold = giants' words. Verse 150.
Chapter 39: Gold = otter-payment. The origin of this kenning.
Chapter 40: Gold = Fáfnir's lair. Sigurðr's slaying of the serpent Fáfnir. Verses 151–2 (from *Fáfnismál*).
Chapter 41: Sigurðr and Brynhildr; his marriage to Guðrún and death.
Chapter 42: Deaths of the Niflungar, Atli and Jǫrmunrekkr. Verses 153–8 (*Ragnarsdrápa* 18, 3–7).
Chapter 43: Gold = Fróði's meal. The mill Grotti. Verses 159–82 (*Grottasǫngr*), 183–4.
Chapter 44: The origin of Hrólfr kraki's nickname. Gold = Kraki's seed. Hrólfr's expedition to Uppsala. Verses 185–6.
Chapter 45: Gold = Hǫlgi's mound-roof. The old lay of Bjarki. Verses 187, 188–90 (*Bjarkamál* 4–6).
Chapter 46: Gold = fire of the hand, etc. Verses 191–5.
Chapter 47: Kennings for man and woman as givers of gold and as trees. Verses 196–218.
Chapter 48: Kennings for battle. Verses 219–25.
Chapter 49: Kennings for weapons and armour. Verses 226–49.
Chapter 50: Battle = the Hjaðnings' storm. *Hjaðningavíg*. Further kennings for battle and weapons. Verses 250–54 (*Ragnarsdrápa* 8–12), 255.
Chapter 51: Kennings for ship. Verses 256–67.
Chapter 52: Kennings for Christ. Verses 268–77.
Chapter 53: Kennings for kings. Terms for kings and noblemen. Verses 278–99.
Chapter 54: *Ókend heiti*. Terms for poetry. Verses 300a–b, 301–3.
Chapter 55: Terms for pagan gods. Verses 304–8.

Skáldskaparmál

Chapter 56: Terms for the heavens, sun and moon.
Chapter 57: Terms for the earth. Verses 309–17.
Chapter 58: Terms for wolves, bears, stags, horses, oxen, snakes, cattle, sheep, swine. Verses 318–31 (including *Þorgrímsþula* and *Kálfsvísa* or *Alsvinnsmál*).
Chapter 59: Terms for the sky and weather. Verse 332 (from *Alvíssmál*).
Chapter 60: Terms for raven and eagle. Verses 333–43.
Chapter 61: Terms for the sea. Verses 344–69.
Chapter 62: Terms for fire. Verses 370–79.
Chapter 63: Terms for times and seasons. Verse 380 (from *Alvíssmál*).
Chapter 64: Terms for men. Kings. Hálfdan the Old and his sons. Verses 381–411.
Chapter 65: Terms for men.
Chapter 66: *Þula* of terms for men.
Chapter 67: Terms for men:*viðkenningar*, *sannkenningar* and *fornǫfn*.
Chapter 68: Terms for women;*við(r)kenningar*.
Chapter 69: Terms for the head, eyes, ears, mouth, teeth, tongue, hair.
Chapter 70: Terms for heart, mind and emotions.
Chapter 71: Terms for arms and legs, hands and feet.
Chapter 72: Terms for speech (and kennings for battle).
Chapter 73: Terms for wisdom and other mental qualities.
Chapter 74: Homonyms, *ofljóst*.
Chapter 75: *Þulur* of names and synonyms for sea-kings, giants, troll-wives, gods and goddesses, women, men, battle, various weapons and armour, sea, rivers, fish, whales, ships, land, various animals, domestic and wild, the heavens and the sun. Verses 412–517.

The composition of the work

Háttatal, which is a poem illustrating the use of various verse-forms with a commentary that is mostly concerned with explaining the metrical and other formal devices used in their construction, and was probably written before *Skáldskaparmál*, also includes some passages concerned with poetical language (e. g. *Háttatal* 1/55–6/21; i. e. verses 2–6 and commentary), and it seems likely that the author did not at first envisage compiling a separate section on the language of poetry. When he did start doing that, he listed various poetical terms under their designations, and the fact that in the second half of *Skáldskaparmál* kennings and *heiti* (simplex poetical terms) are not consistently separated (cf. note to 87/8–9) suggests that at first he did not plan to separate these two categories in his treatment of them (there is even more mixing of the two categories in the version of *Skáldskaparmál* in the Uppsala manuscript), and that when he did decide to have separate sections dealing with kennings and *heiti* he did not take all the kennings out of the *heiti* lists; this may imply that the work was still in the process of revision at the author's death. This second half of *Skáldskaparmál* also makes less consistent use of the dialogue form, and as in *Háttatal* the speakers are here not generally named, and it is likely that the dialogue in the form it now has evolved gradually, only perhaps being provided with a narrative introduction after the bulk of the material had been compiled. In various parts of *Skáldskaparmál* narratives are also included to account for the origins of some of the kennings by recounting the myths and legends that were thought to have given rise to them. These are added in a somewhat unsystematic way (and are not all present in all of the manuscripts), and some (particularly the account of *Otrgjǫld* and the Gjúkungar) have by some been thought to be interpolations. Whether they were added by the original author or by a later reviser, it is likely that these were not in the original plan of the work, and the introductory chapters (1/1–5/8), which among other things recount the myth of the origin of poetry, may have been the last to be compiled. Then, as with the discussions of poetical language in *Háttatal*, it may be that the writer felt that there were too many such narratives to incorporate into *Skáldskaparmál*, and it is likely that *Gylfaginning* and its prologue were made into a separate introduction to the whole work to provide the mythical and legendary background to the whole of skaldic verse.

Date and authorship

Háttatal must have been written soon after Snorri Sturluson's first visit to Norway in 1218–20; *Skáldskaparmál* may have been begun shortly afterwards and is likely to have been in process of compilation for some time. Its lack of organisation (compared with both *Gylfaginning* and *Háttatal*, as well as with *Heimskringla*) suggests that it was unfinished at the time of Snorri's death in 1241. Though various interpolations may have been made by a later hand, the attribution of the main part of *Skáldskaparmál* to Snorri is generally accepted, and is implied by the rubric at the beginning of the Uppsala manuscript (*SnE* 1848–87, II 250: 'Bók þessi heitir Edda. Hana hefir saman setta Snorri Sturlusonr eptir þeim hætti sem hér er skipat. Er fyrst frá Ásum ok Ymi, þar næst Skáldskapar mál ok heiti margra hluta') and the reference in the fragmentary manuscript AM 748 I b 4to (*SnE* 1848–87, II 427–8: 'Hér er lykt þeim hlut bókar er Óláfr Þórðarson hefir samansett ok upphefr Skáldskaparmál ok kenningar eptir því sem fyrirfundit var í kvæðum hǫfuðskálda ok Snorri hefir síðan samanfœra látit'), even though this is here followed by a passage not thought to be part of *Skáldskaparmál*, extracts from which begin some three manuscript pages later (Óláfr Þórðarson was a nephew of Snorri and the author of *The Third Grammatical Treatise*). *Skáldskaparmál* was, however, the part of Snorri's *Edda* that both in the Middle Ages and later most attracted modifications and additions by various hands. Already Codex Wormianus (W) has (the remains of) a substantially revised version of the second part (the *ókend heiti* section, beginning at 83/13) and two fragmentary manuscripts (AM 748 I b 4to (A) and AM 757 a 4to (B)) contain extensively revised versions of various parts of *Skáldskaparmál* where the order has been much changed and additions have been made. The Utrecht manuscript (T) and AM 748 II 4to (C) have texts that do not differ much from that in the Codex Regius (R), which is taken to represent Snorri's work most accurately, though it is likely that scribal or editorial changes of various kinds have been made in all these versions. In particular it is uncertain whether Snorri intended the *þulur* (verses 412–517) to be included in *Skáldskaparmál*. The version in the Uppsala manuscript differs from the others in all parts of the *Edda*, but particularly in *Skáldskaparmál*, where various passages and verses are absent, the material is very differently ordered and the whole structure of the work is different. It is difficult to know whether these differences are due to a later redactor of Snorri's work or whether they derive from another version, perhaps a draft of the work, made by Snorri himself. It is unlikely, however, that the arrangement in the Uppsala manuscript gives a better idea of how Snorri intended the work to be than the Codex Regius does.

Even after the end of the Middle Ages, *Skáldskaparmál* continued to be the part of the *Edda* that attracted the most attention; it was influential on the language of *rímur* poets and others, and various revisions and adaptations of the work were made in the seventeenth century and later (see Faulkes 1977–9).

The verse quotations

The major part of *Skáldskaparmál* consists of lists of kennings and *heiti* provided for the use of 'young poets' (this purpose of the work is clearly stated at 5/25–30) illustrated from the work of more than 70 earlier poets (see the table below, pp. lv–lix, and cf. *SnE* 1931 xlvii–xlviii; Hallberg 1975, 5–6) with narratives (some in prose, some in verse) to explain the origin of some kennings. Unlike *Háttatal*, *Skáldskaparmál* contains no verse by Snorri himself. Some of the lists are derived from earlier versified lists such as are included in some manuscripts (but not in W or U) at the end of *Skáldskaparmál* (verses 412–517; more of these are included in A and B than in R, T and C); some versified lists are included in the body of the work (verses 325–31) and a rhythmical list is included at 106/23–107/11. These are likely to have been part of the learned activity of twelfth-century Icelandic compilers (Einarr Skúlason's poetry and eddic poems like *Alvíssmál* provide further evidence of this sort of activity), though of course it is possible that some of the *þulur* are actually compiled from Snorri's prose lists. Some lists of names are derived from eddic poems (e. g. 88/8, 90/1, 10–12 use *Grímnismál* 33, 37, 34) and *Alvíssmál* 20 and 30 are quoted as verses 332 and 380; *Rígsþula* seems to be used in the names for different kinds of men and women in chs 65–8. *Rígsþula* itself is included in Codex Wormianus, and only there, where it is presumably an interpolation. Three stanzas from *Bjarkamál* are quoted for their lists of terms for gold (verses 188–90; only fragments are known of this poem, one of them in *Heimskringla*, *Hkr* II 361–2; two more are attributed to it in *Edda Magnúsar Ólafssonar* 265, 272; see *Skj* A I 180–81, B I 170–71). Many mythological names in *Skáldskaparmál* and the *þulur* also occur in *Hyndluljóð*, and in some cases nowhere else, though it is uncertain whether this poem is later than Snorri's *Edda* and makes use of it or the reverse. *Grottasǫngr* is quoted entire in R and T (and only there) in connection with the story of Fróði Friðleifsson which gives the origin of the kenning 'Fróði's meal' for gold (ch. 43). Like *Rígsþula* in W, this may be an interpolation. Many of the lists of kennings and *heiti* are of course simply compiled from their occurrences in the skaldic verses which are quoted; sometimes such verses are not quoted, however, and some of the kennings for sky and the sun in chs 23 and 26, for instance, are parts of kennings for God in Christian poems that are not always quoted there either; cf. 85/13–16 (see ch. 52 and Meissner 1921, 378–82). The little treatise on poetic language known as *Den lille Skálda* (in A and B; *SnE* 1848–87, II 428–31, 511–15), if older than Snorri's work, might have been a source, and there may have been other such compilations. Finnur Jónsson evidently assumed that *Den lille Skálda* was compiled from Snorri's work, and he printed at the foot of the pages of his edition references to the passages in *Skáldskaparmál* that may have been used in it, see *SnE* 1931, 255–9; cf. Finnur Jónsson 1920–24, II 926. *Schedae* by Sæmundr fróði have been suggested as a further source, see de Vries 1964–7, II 226 (see also 230 n. 130). But the majority of Snorri's sources must have been oral, and most others non-learned (no Latin sources can be demonstrated for any part of *Skáldskaparmál* except for the so-called *Eptirmáli*, 5/36–6/29; but some narratives are derived from vernacular sagas, see below).

Most of the illustrative quotations consist of half-stanzas attributed to named skaldic poets, though a few are anonymous. Some of these appear in other Icelandic books, especially *Heimskringla* and other versions of the Kings' Sagas (where usually whole stanzas are quoted) but the variations from the texts that appear in other sources imply that in *Skáldskaparmál* Snorri has quoted from memory or used oral variants; and it is likely that most of the other verses quoted that are not found elsewhere (and there are many of these) are similarly quoted from memory. Especially where the quotations are part of extensive poems, however, there is a possibility that Snorri or another had previously copied them into manuscripts, though no anthologies of skaldic verse and few complete poems have been preserved. Finnur Jónsson has pointed out (*SnE* 1931, xlviii) that a number of the poets quoted appear only in one section of the work, though there are also many that appear in both sections (i. e. the section on kennings and the one on *ókend heiti*). There does not seem to be any conclusion to be drawn from this.

Verses are seldom assigned to named poems in *Skáldskaparmál*, though many are believed to belong to long poems, *flokkar* or *drápur*. For instance, ten quotations in *Skáldskaparmál* are believed to be from Þjóðólfr Arnórsson's *Sexstefja*, but the poem itself is not named. It is therefore often difficult to be certain which poems verses belong to, and whether or not they are independent *lausavísur* (i. e. stanzas that are complete poems in themselves; many of the

Introduction xv

attributions in *Skj* are based on guesswork). Moreover when there is more than one poet of the same name, the patronymic or nickname is not always given, and some verses that are, for instance, attributed to 'Einarr' could be either by Einarr skálaglamm or Einarr Skúlason. In a few cases there are quotations without any attribution which may belong to the work of known poets and be parts of known poems.

There are some so-called 'mythological skaldic poems' quoted in *Skáldskaparmál*, mainly in connection with the lists of kennings for Þórr (also Iðunn): there are extensive extracts from *Þórsdrápa*, *Húsdrápa*, *Haustlǫng* and *Ragnarsdrápa* (the last two of these are Norwegian 'shield' poems, describing pictures on shields given the poets by patrons; *Húsdrápa* describes decorations in a hall in Iceland). Some verses from these poems are quoted elsewhere in the Prose Edda, but there are no quotations from these poems outside the work (except for quotations of single stanzas from *Ragnarsdrápa* in *The Fourth Grammatical Treatise* and *Heimskringla* as well as in *Gylfaginning*; there is also a quotation from *Húsdrápa* among the additions to *Skáldskaparmál* in W). It is uncertain whether Snorri himself intended these extended quotations to be included in *Skáldskaparmál* (they are not in all manuscripts), but obviously he knew the poems since he quotes individual verses from the poems as well and uses material from them in prose paraphrase in both *Gylfaginning* and *Skáldskaparmál*. They were probably composed in heathen times or in the period of transition to Christianity and were presumably known to Snorri from oral tradition, though their poor preservation and the abnormal spellings in the extant manuscripts suggest that they may have been copied from earlier poorly copied manuscripts.

The *þulur*

There are 106 stanzas continuing *þulur* at the end of *Skáldskaparmál* in R, T and C and more in A and B. Some of these seem to have been sources for prose lists of kennings and *heiti* in *Skáldskaparmál* that are not all just compiled from examples in skaldic verse, but are evidently from earlier lists; cf. 85/13–15 (but note that A has *Himins heiti þessi er hér eru ritin* instead of *þessi nǫfn himins eru rituð, en*). The lists of names for the sky and sun that follow (85/17–20) are clearly partly based on the *þulur* in verses 516–17 (cf. also the additional *þula* of *Himins heiti* in A and B, *Skj* A I 683, and

Alvíssmál 12, 16; few of the names are found in other extant poems, those that are being anyway in verse later than Snorri's *Edda*; see note to 85/13). Other prose lists in *Skáldskaparmál* that seem to be derived from *þulur* are those of names for bears (88/6–7, cf. verses 510–11); stags (88/8, cf. verse 512; also *Grímnismál* 33, see *Gylfaginning* ch. 16); the moon (85/21–2, cf. verse 11 in *Skj* A I 682–3 (*Tungls heiti*, in AB); the lists of words in chs 70–71 seem to be related to the *þulur* of *Hugar heiti ok hjarta* and *Heiti á hendi* in A, *Skj* A I 688–9; and there are other examples of the probable use of verse *þulur*. It is clear that it is not just the *þulur* in R that were used by the compiler of *Skáldskaparmál*, and not even those in the same form as they have in R (the order is often different, there are both additional words and omissions as well as variant forms); and those that are in R are not used exhaustively in *Skáldskaparmál*. On the other hand, Finnur Jónsson (*SnE* 1931, xlviii–xlix) assumed not only that Snorri did not use the *þulur* that are in R, but that the additional ones in A and B were later than his time anyway. Some of the *þulur* seem to be compiled from earlier extant sources. For instance, since the list of names of earth (85/23–87/7) is derived from the verse examples that accompany it, the *þula* in verses 501–2 may be derived partly from these too, though words are also included there that are not in other extant verse. The *þula* of river-names in verses 479–84 is partly based on *Grímnismál* 27–29, or it may be the other way round. Only some of the river-names in the *þulur* are of mythical rivers mentioned in *Gylfaginning* and *Grímnismál*; others are geographical (cf. note to verses 479–84) and may be derived from actual geographical knowledge, and several are also among the names of Ægir's daughters, see 95/7–9 and note, and 36/25–6. The horses of the sun (90/1) and some of the serpent-names (90/11) are from *Grímnismál* 37, 34 (cf. also *Grímnismál* 30, *Vafþrúðnismál* 12, 14), and some of these names (and *Grímnismál* 34) have also appeared already in *Gylfaginning* chs 10–11, 16. The names for men (chs. 65–8) are partly from *Rígsþula*, which also includes some of the names in verses 438–48. Weapon-names and ship-names seem in many cases to be derived from sagas, particularly *fornaldarsögur*. The list of sea-kings (i. e. kings whose territory was the sea; vikings who took the title of king, verses 412–16) contains names that appear elsewhere as names of semi-historical characters in poetry or prose narratives (e. g. Atli, Gjúki, Gylfi,

Hagbarðr, Hjálmarr, Randvér) and this suggests that this list is no more than a list of legendary names. The coincidence of names of sea-kings, giants, dwarves and gods on the one hand, and of names of goddesses, giantesses, valkyries, norns and heroines of *fornaldarsögur* on the other, is probably due partly to the vagueness of these categories in Norse mythology generally, and partly to the random way in which lists of these kinds of beings were compiled.

Some of the *þulur* contain foreign words (Latin, French, Greek); this confirms their learned character and implies that they were mostly compiled in the twelfth century or later. They have their closest literary parallels in the work of Einarr Skúlason; cf. especially his lists of kennings for sea using names of islands, *Skj* A I 484–5, verses 11–14. Two of these are in A and all four are attributed to Einarr in *Edda Magnúsar Ólafssonar* 266–8. Magnús Ólafsson possibly found them in W, but more likely in some other medieval manuscript. There are further *dróttkvætt* verses of a similar kind containing terms for woman in U and A (*SnE* II 363, together with a verse of *mansǫngr*, and *SnE* II 490–91) and *Málsháttakvæði* is a collection of versified proverbs of a similar nature (*Skj* A II 130–36; in R after *Háttatal*). S. Bugge (1875, 237–42) suggested that both the *þulur* and *Málsháttakvæði* were the work of Bjarni Kolbeinsson, along with *Jómsvíkinga drápa* (*Skj* A II 1–10; also in R after *Háttatal*). This is not demonstrable, though it is true that these writings are all in a similar spirit. Also comparable are Haukr Valdísarson's *Íslendingadrápa* (*Skj* A I 556–60; in A) and *Háttalykill* (attributed to Earl Rǫgnvaldr of Orkney and the Icelander Hallr Þórarinsson), and this group of writings may testify to the development of a particular kind of learned activity in Orkney. The *þulur* contain many words not actually found in poetry (and often not in prose either), so that their purpose as collections of names for use by poets is not always certain. Among their sources are skaldic verses as well as eddic poems, but also written prose sources and perhaps personal knowledge and travellers' accounts for the foreign geographical names; cf. Apardjón in verse 481. This is included as a river-name, but though it contains a river-name, it is actually derived from the name of the town of Aberdeen, 'At the mouth of the River Don', and it is likely that it is based on garbled personal knowledge of the place. Some of the verse *þulur* are, however, older than the twelfth century, e. g. presumably the lists of dwarfs in *Vǫluspá* and those of rivers and other items in *Grímnismál*; there are some similar lists in poems in *Heiðreks saga* and in Anglo-Saxon poems such as *Widsiþ*; the date of *Alvíssmál* must be regarded as uncertain. Many of the whale-names (some are obviously fabulous) in verses 489–90 are found in the chapter on whales in *Konungs skuggsjá*, though it is difficult to know how old such traditions are.

It seems clear that whether or not they were intended to be included as part of *Skáldskaparmál*, the *þulur* appended to the work in RTABC were not compiled by Snorri himself, and may have been added by another hand.

The dialogue frame

The scene is set in the first chapter, which parallels the second chapter of *Gylfaginning*, and it is probably based on the situation in *Lokasenna* (sometimes called *Ægisdrekka*, 'Ægir's feast'). This poem was certainly known to Snorri, for there are quotations from it in *Gylfaginning*, though in *Skáldskaparmál* it is mainly the prose introduction to the poem that is paralleled. The scene in both is a feast where the gods and Ægir are in the same hall (in Ásgarðr in *Skáldskaparmál*, in Ægir's hall in *Lokasenna*), and Snorri himself draws attention to the similarity in his prose account based on (the prose introduction to) *Lokasenna* in ch. 33 (41/1–2), where the feast does take place in Ægir's hall. There is hardly any mention of the speakers from ch. 2 onwards, however, and as in *Háttatal* the speakers' names are generally not given and the dialogue is not kept up to the end of the section. This part of *Skáldskaparmál* is in conception rather like *Alvíssmál*: both works are concerned with esoteric names and kennings for various concepts, and the narrative framework in both is definitely subsidiary, though the didactic content in both is presented with considerable artistry. *Grímnismál* too has similarities, though there the content seems to be purely informational (i. e. has no practical purpose).

The conversation between Bragi and Ægir in *Skáldskaparmál* is more artistic than that in *Háttatal*, like that in *Gylfaginning*, where the speakers are also given names and embryonic characters, though unlike *Gylfaginning* it is not rounded off with a conclusion. (There are verbal similarities with the introduction to the dialogue in *Gylfaginning*, compare 1/2–5 and *Gylfaginning* 7/20–27.) Ægir makes

Introduction

some comments on Bragi's narration that are comparable to those of Gylfi on the narrations of Hár, Jafnhár and Þriði (e. g. 3/9, 4/6, 24/17–18). Unlike that in *Gylfaginning*, where the dialogue is a contest, the content of the conversation in *Skáldskaparmál* has no real connection with the frame other than that Bragi, as god of poetry, is a suitable person to talk about the language of poetry and its origin (even though Óðinn is more often actually mentioned by poets and is the god who obtained the mead of poetry for the use of men); on the other hand it is not quite clear why Ægir should have been chosen for the role of questioner, except that the tradition of Ægir's feast for the gods in *Lokasenna* provides an ideal setting for the conversation; and being an outsider among the gods (he is usually regarded as one of the giants, a personification of one of the chaotic forces of nature) Ægir would be a suitable person to be instructed in the esoteric, sophisticated and civilised art of poetry. After the opening and the beginning of ch. 1, the references to Bragi and Ægir as speakers are mostly in the stories of Þórr's adventures, which may originally have been a separate section of *Skáldskaparmál* (as they are in U). If they were only later linked with the rest of *Skáldskaparmál* (which may like *Háttatal* originally have had unnamed speakers), this would explain why in the later part of *Skáldskaparmál* there are references to both in the third person.

As in *Gylfaginning* (14/2 and perhaps elsewhere) and *Háttatal* (e. g. 16/13–17) there are some places where the voice of the author seems to break into the conversation. For instance, there are references to the text as a written one at 73/31, 85/13–15 (see Glossary under **rita** and cf. *Háttatal* 11/9, 23/11, etc.). There are three phases to the conversation in *Skáldskaparmál*. After the scene-setting of 1/2–15, Bragi tells Ægir a story purportedly chosen at random about one of the exploits of the gods against the giants, at the end of which Bragi incidentally mentions that it gave rise to some kennings in poetry (3/5–8). This leads to Ægir's first question about poetry: he asks about its origin (3/10–11), and Bragi tells the myth of the origin of the mead of inspiration (3/12–5/8). Ægir then asks specifically about the language of poetry (5/9–10), and then begins the second phase: the analysis of poetic diction in the form of questions and answers, enumerating categories and sub-categories (5/9–24), in the same style as the beginning of *Háttatal*. The dialogue is then interrupted by a passage in the author's voice giving the purpose of the work, emphasising the mythological background to many of the kennings, and suggesting an allegorical origin for some myths in the story of the Trojan War (5/25–6/29). Then the conversation is apparently resumed (but to begin with, in chs. 2 and 3, with no mention of the speakers; only in B is ch. 3 said to be part of Bragi's speeches, though 6/30 seems to follow on from 5/24, see note to 6/32), and in this second phase kennings are enumerated according to their significations, beginning with those for Óðinn, and illustrated by numerous quotations from skaldic verse. The conversation from now on becomes perfunctory; the next actual question is at 14/25, from which point the dialogue is handled very much in the same way as in *Háttatal*, and various sections are introduced thus, without the speakers being identified (e. g. at the beginnings of chs 5–16). The speakers' names are only reintroduced again at the beginning and end of ch. 17, where further extended narrations (Þórr's exploits) interrupt the enumeration of kennings. Chs 17–18, which have rather little to do with the origins of kennings, are in U placed immediately after the first group of narratives and the interruption at 5/25–35; it may be that they were afterthoughts (cf. 20/18 n.), but in any case the desire to include more such narratives perhaps for their own sake (there are others later in *Skáldskaparmál* that are not all mythological ones) may have been one of the reasons that Snorri went on to compile *Gylfaginning*. When the dialogue is maintained after ch. 18, it is quite perfunctory, as it is in *Háttatal*, and the narrative frame seems to be forgotten. Both speakers are from time to time referred to in the dialogue in the third person (in chs 10, 22, 25, 27, 28, 32, 61), and one episode is related, in which both appear, which must have taken place after the conversation in which it is narrated (ch. 33; cf. note to 2/2–4). This suggests that phase two was not originally intended to be included in the frame of phase one, and that when they were joined together, the author neglected to make the changes that would have been necessary to avoid these absurdities. It is conceivable, but by no means certain, that the absurdities were deliberately intended as a joke or included for ironical purposes, to emphasise the fictional nature of the frame story. Phase three is the *ókend heiti* section (from 83/13), where the dialogue, when there is any trace of it at all, is entirely perfunctory, as in *Háttatal*, and towards the end is abandoned completely; there is no narrative conclusion. The last question is at 99/21. The *þulur* are clearly not intended to be part of the conversation. There are several more extended narratives in phases 2 (chs 33–5, Ægir's feast, the making of the gods' treasures; chs 39–42, *Otrgjǫld* and the Gjúkungar; chs 43–4, Fróði's mill, Hrólfr kraki; ch. 50, *Hjaðningavíg*) and 3 (ch. 64, the descendants of Hálfdan gamli); towards the end of phase 3 there are rather few verse illustrations (chs 65–74).

Skáldskaparmál is thus more varied in content and structure than either *Gylfaginning* or *Háttatal*; the organisation is not entirely coherent and this adds to the impression that the work was not completed by the author. In *Skáldskaparmál* some sections are organised with an introductory list of kennings for a particular concept, followed by a series of illustrations from earlier poets exemplifying these kennings in the same order as in the introductory list. But this is not always by any means carried out with regularity; there are many inconsistencies and much randomness, and it is not possible to dismiss all these as the result of the activity of interpolators or scribal interference (cf. *SnE* 1931, xliv–xlvii). Similarly, there are some verses adduced as examples of kennings that in fact contain none (see *SnE* 1931, xlv): verses 10 and 12 contain only *ókend heiti* for Óðinn; verse 20 contains no names or kennings except the name Óðinn itself; verse 14 has only the kenning *sigrunnr*, which is a generalised one for warrior, not a specific name for Óðinn; in verse 23 *farmagnuðr* only refers to Óðinn in the particular situation of flying to escape Þjazi. The fact that some of these verses are not in all manuscripts is no argument for their being interpolations; it is more likely that some scribes omitted them when they realised that they did not contain the expected kennings. There are similar inconsistencies in the *ókend heiti* section of *Skáldskaparmál*, where kennings are sometimes listed alongside *heiti* (see notes to 87/8–9, 90/16–17, 26–9, 95/1, 108/6–9, 109/8–9); there is no reason there either to explain the inconsistencies as due to scribes rather than to the author's incomplete working out of his scheme (cf. 95/7–9 n.).

The Uppsala manuscript has a less consistent division of *Skáldskaparmál* into kennings and *heiti* than some other manuscripts, and for instance has chs 50, 34–6, 39–40, 43–5 after the section on *ókend heiti* (*SnE* II 339–355), though many of the other chapters dealing with kennings come before (see pp. xl–xliv below). If U represents an earlier stage in the evolution of *Skáldskaparmál* than other manuscripts, this perhaps indicates that the division into kennings and *heiti* only occurred to the author after he had assembled most of his material; though the material was then arranged roughly into two sections, many remnants of the undifferentiated treatment survived at various points in the compilation, particularly in the *ókend heiti* section. Of course it is also possible that the last chapters in *Skáldskaparmál* in U, which also contain some extended narratives, represent material that came to hand later, when the bulk of the compilation was complete.

The prose narratives

There is very little to be added to Finnur Jónsson's summary of the sources of these in *SnE* 1931, liv–lvi. Like the stories in *Gylfaginning*, those in *Skáldskaparmál* are in many cases derived from eddic poems, though in some cases they are taken from or influenced by skaldic mythological poems such as *Þórsdrápa, Ragnarsdrápa, Húsdrápa, Haustlǫng* (or references to mythology in kennings in skaldic verse); in some cases parts of these verse sources are quoted. (Genealogical poems such as *Ynglingatal, Háleygjatal* and *Nóregskonungatal* seem not to be used in *Skáldskaparmál*.) Other stories are from learned prose writings of the twelfth or early thirteenth centuries such as the mainly lost *Skjǫldunga saga* (which may also have been used in the first chapter of *Gylfaginning* as well as in its Prologue). As with *Gylfaginning*, it is difficult to gauge the extent to which Snorri may have been dependent in *Skáldskaparmál* on oral prose stories, either instead of verse sources or to supplement them. Where supposed Celtic motifs come into his narratives (for instance Sigurðr gaining knowledge from sucking his finger, or the everlasting battle motif in the *Hjaðningavíg*; cf. Saxo Grammaticus 1979–80, II 75, 84–5) it is likely that his knowledge came from (via) written sources such as versions of *Vǫlsunga saga* and *Skjǫldunga saga* rather than oral ones.

The opening frame story that introduces the speakers through whose words the following narratives are presented is probably based mainly on the situation described in *Lokasenna* (see p. xviii above); the preparation for the feast of the gods is described in *Hymiskviða*.

1/16–2/37 tells the story of how the Æsir slew Þjazi, which is the subject of part of *Haustlǫng* (with the text of which the prose account has some striking verbal correspondences). This is quoted in verses

92–104, though it seems likely that Snorri would have had other sources for the story too. *Hárbarðsljóð* 19 has a rather different version of the conclusion of this affair. The story of how Þjazi and his brothers shared their inheritance (3/1–5) is not told elsewhere, though kennings based on it are widespread (cf. verse 150; see Meissner 1921, 227–8). A version of the story of the origin of the mead of poetry (3/10–5/8) appears also in *Hávamál* 104–10. Though this cannot have been Snorri's only source, conceivably some of the differences in his account may be the result of his own rationalisation and expansion of the *Hávamál* account. The story is alluded to in many skaldic kennings, though it is not certain that they all originate in heathen times (see Frank 1981).

The account of the Trojan war (5/36–6/29) could be derived from *Trójumanna saga*, and thus ultimately based on Latin versions of Homer (see Faulkes 1978–9, 119 n. 127), though it differs considerably from the saga in details. In fact the name *Volukrontem* at 6/3 seems to connect this account particularly with the version of the saga in *Hauksbók* (though this book was of course compiled later than *Skáldskaparmál*; see Faulkes 1978–9, 122).

The story of Þórr and Hrungnir (20/17–22/19) appears also in *Haustlǫng* (quoted in verses 65–71), but it seems likely that Snorri knew other versions too. The beginning of the story and 22/20–32 seem to have no parallel in extant sources.

The story of Þórr and Geirrøðr (24/19–25/34) seems to be based mainly on *Þórsdrápa* (quoted in verses 73–91, as well as in verses 44 and 53), though the quotation of a fragment of a poem in *ljóðaháttr* (verse 72; another in U, 25/27 n.) implies that there was an eddic poem that related this story too, and Snorri's account does not follow *Þórsdrápa* closely. The story has reflexes in Saxo Grammaticus Book VIII (1979–80, II 142, 144–5) and there may have been many versions current in Scandinavia (cf. McKinnell 1994, 57–86).

The story of Ægir entertaining the Æsir (40/32–41/10) may have been suggested by *Hymiskviða*, though it is mainly based on the scene of *Lokasenna*, which may thus have been the model for this as well as for the frame of *Skáldskaparmál*. The peculiarity is that this event is said to be a return visit by the Æsir three months after the conversation of which the narration of ch. 33 still seems to be part. This may be another indication that the idea of the frame to *Skáldskaparmál* was only developed after much of the work had been compiled, and the compiler forgot that he had included an account of events that could not have been part of Bragi's original narrative; but in that case, it is still odd that at 40/32–3 there is a reference to the frame story at the beginning of *Skáldskaparmál*. The note in 41/22–4 is clearly based on verse 142, another verse in *ljóðaháttr* that is probably derived from an otherwise lost eddic poem. The account of Loki's cutting off of Sif's hair and the creation of the gods' treasures that result (41/29–43/10) has no parallel in extant sources, and it is difficult to know whether it was derived from lost poems or from oral prose stories. The account of the origin of Draupnir's magic properties conflicts with that in *Gylfaginning* 47.

The story of *Otrgjǫld* and the Gjúkungar (45/3–50/21) has parallels in *Vǫlsunga saga* and the *Poetic Edda*; it seems likely that the compiler knew not only the poems of the latter (he quoted two verses of *Fáfnismál* (32–3) in verses 151–2), but also some version of the prose links (or the stories part in prose and part in verse) that appear in the Codex Regius (cf. especially *PE* 173). It is also probable that he knew (an earlier version of) *Vǫlsunga saga* as well, though the *Sigurðar saga* he refers to in *Háttatal* 35/13 need not have been a written saga, and the fact that the story of *Otrgjǫld* and the Gjúkungar is not in all manuscripts of *Skáldskaparmál* has been taken to strengthen the possibility that it is a later interpolation, which need not have been written earlier than the extant *Vǫlsunga saga*. But the details of the *Skáldskaparmál* account indicate that no one extant source has been used exclusively. *Ragnarsdrápa* is quoted in verses 153–8, but not many details in the prose account seem to be derived from that. The version of the story of Jǫrmunrekkr's proxy wooing of Svanhildr and the role of his son Randvér (which seems to show the influence of the Tristram story) link the *Skáldskaparmál* account particularly with *Vǫlsunga saga*.

The story of the mill Grotti is clearly based mainly on *Grottasǫngr*, quoted in R and T (verses 159–82) and not found elsewhere, so that the poem itself may be an interpolation, though Snorri must have known it. The introductory prose however probably also contains information from *Skjǫldunga saga*, and it may have been there that Snorri found the text of the poem, too.

The Hrólfr kraki stories (58/4–59/32) must also be derived from *Skjǫldunga saga* (cf. *Skjǫldunga saga* 42, *Hkr* I 57; much of the story—but with important differences—also appears in the later *Hrólfs saga kraka*). The *Bjarkamál* verses (188–90) could also be from *Skjǫldunga saga* (on which see *ÍF* XXXV, xix–lxx).

The account of Hǫlgi (60/10–13) may come from a lost *Hlaðajarla saga* (cf. *ÍF* XXVI, xvi and Finnur Jónsson 1920–24, II 633). The Hjaðningar story (72/1–31) may be derived from *Skjǫldunga saga*; the account in *Ragnarsdrápa*, quoted in verses 250–54, can scarcely be the only source of Snorri's knowledge of the story. There is another account in *Sǫrla þáttr* in *Flateyjarbók* (I 304–13) which differs greatly from these two and is probably a later development of the legend.

The account of Hálfdan gamli and his descendants (101/10–24 and 103/1–17, see notes; many of the names appear in the *þula* of names for king in *SnE* 1848–87, II 469) is related to the genealogical passages in *Flateyjarbók* I 22–30 (*Hversu Noregr byggðist*, which prefaces *Óláfs saga Tryggvasonar*) and these are related to *Fundinn Noregr*, *Flb* I 241–3; the latter is the introduction to *Orkneyinga saga*, *ÍF* XXXIV 2–7. All three may be derived from a common earlier (twelfth-century?) source, which was perhaps a saga like *Skjǫldunga saga* (see Faulkes 1993a, 61). The account is comparable to the last part of *Heiðreks saga* (59–63) and *Af Upplendinga konungum* in *Hauksbók* 1892–6, 456–7. Many of the names and some narrative details appear in *Hyndluljóð* 14–16, but it does not look as though this was a direct source, though its existence suggests the possibility that there could have been other poems like it that may have contained some of the information Snorri gives about the descendants of Hálfdan. Cf. Clunies Ross 1983, 60, where it is claimed that *Hversu Noregr byggðist* is 'almost certainly' later than both *Fundinn Noregr* and Snorri's *Edda*; and *ÍF* XXXIV, ix–xvi, where Finnbogi Guðmundsson suggests that the introductory chapters to *Orkneyinga saga* were compiled by Snorri Sturluson himself.

The analysis of poetic diction

The major part of *Skáldskaparmál* is devoted to the exemplification of kennings and *heiti* (arranged roughly into these two categories) for various concepts. Relatively little space is devoted to theoretical analysis of poetic diction or to comment. It is only in two passages, the first at the beginning of *Skáldskaparmál* (ch. 1, 5/9–24), the second at the very end (chs 67–68, 107/12–108/5) that Snorri actually discusses his categories. And as far as the language of poetry goes, his categories are actually rather few: they are *kenning*, *heiti*, and the parallel phrases *kent heiti* and *ókent heiti*; *við(r)kenning*, *sannkenning*, and *fornafn*; *ofljóst* (ch. 74, 109/11–22) and *nýgervingar* (41/11–17); *nykrat* he only mentions in *Háttatal* in opposition to *nýgervingar*. (The most important earlier analyses of Snorri's categories are Brodeur 1952 and Halldór Halldórsson 1975; cf. also Clunies Ross 1987; Faulkes 1994.)

Of these nine main terms that Snorri uses to describe poetical language, *við(r)kenning* is least problematical. He uses it only in one passage, in chs 67–68 of *Skáldskaparmál*, and both his definition (107/13–14) and the examples he gives make it clear that he uses it to mean kennings referring to people (men and women) by their possessions or relationships (including those of friendship and enmity). But it is also clear that nearly all kennings for people which are designed to specify an individual person are in this category. Other kinds of kenning like 'tree of weapons' cannot usually designate a particular person, only a member of the class of warriors. (Incidentally it should be noted that even when Snorri lists kennings as expressions for 'man' or 'woman', most of them as they are actually used in verse refer to individuals, whether they mention individual characteristics or not; they rarely in fact replace common nouns.) The term *við(r)kenning* presumably relates to Snorri's phrase *at kenna einhvern við eitthvert*, 'to refer to someone in terms of something', when that something is generally a relative or a possession or other attribute. (The term *við(r)kenning* as Snorri uses it cannot have anything to do with the same term as used by religious writers to mean 'confession (of faith)'. Cf. Glossary under **kenning**.)

Sannkenning is more difficult because Snorri uses the term both in *Skáldskaparmál* ch. 67 and in *Háttatal*, and apart from the question of whether the commentary to *Háttatal* is by the same author as *Skáldskaparmál*, it is not entirely certain whether one can assume that Snorri was absolutely consistent in his use of such terms over all his writings. In *Skáldskaparmál* he gives as examples of *sannkenningar* references to people as having certain qualities of character (107/26–8; the terms used here are nearly all compound nouns) while in *Háttatal* he uses the term to refer to the use of attributives (whether with nouns for persons or inanimate objects) and also to the use of adverbials (*Háttatal* 3/9–5/11).

In spite of the etymology of the term *sannkenningar* (= 'true kennings'), it does not seem that Snorri is contrasting literalness with the use of metaphor; some of his examples of *sannkenningar* would probably be analysed by modern readers as metaphorical, and moreover it is not in connection with *sannkenningar* that Snorri discusses metaphor. The element *sann-* in the term as it is used in *Skáldskaparmál* seems to be related to the idea of the essential nature of the persons referred to (i. e. what they are truly like), in the term as used in *Háttatal* to the verb *sanna* in the sense of 'affirm' (since the examples are mostly of affirmatory or intensive attributives and adverbs; they refer to what can truly be said to be the case). In distinguishing *við(r)kenningar* and *sannkenningar* Snorri is attempting to distinguish descriptions based on accidents and those based on essences in the Aristotelian sense (compare the terms *viðrnefni* 'surname, soubriquet' and *sannnefni* 'accurate, appropriate name'); all his examples of *við(r)kenningar* seem to describe people in terms of their 'accidental' attributes (possessions, relationships) while his examples of *sannkenningar* both in *Skáldskaparmál* and *Háttatal* are of descriptions in terms of inherent or innate qualities. In *Skáldskaparmál* all the examples are descriptions of people, but in *Háttatal* some of them are of things or actions. In both parts of the work, most of the examples of *sannkenningar* are not kennings at all in the modern sense of the word since they are not constructed with the use of base-words and determinants. In *The Third Grammatical Treatise*, *sannkenning* is said to be the Norse name for *epitheton*, and some of the examples there relate to essential characteristics, but some to accidents; most are attributive adjectives, often compound ones: see *TGT* 100, 103 (here it is an error for *mannkenningar*) and 107–8.

Very many of Snorri's examples of kennings do not contain metaphor. He does, however, on a few occasions draw attention to metaphorical expressions, his term for which seems to be *nýgervingar* (*nýgjǫrvingar*). This term has also caused some confusion because of its etymology. It appears in four passages in *Skáldskaparmál* (see Glossary) and in one passage in *Háttatal* (5/12–6/16), and again seems to be used slightly differently in the two parts of the work. In neither does it refer to neologisms, rather it seems to mean either the making of new meanings for words (i. e. metaphors) or the construction of new (metaphorical) kennings. In the examples in *Háttatal* this is done mainly by varying the base-word in kennings, in *Skáldskaparmál* by varying the determinant (or both). At *Skáldskaparmál* 41/7–17 there is the most detailed definition, and there *nýgerving* is said to be the substitution of synonyms or near-synonyms for the determinant, so that gold can be called fire of Ægir, and then by substitution fire of the sea, lakes, rivers or brooks. 'Því er þat kallat nýgervingar alt er út er sett heiti lengra en fyrr finnsk' ('For this reason it is all called *nýgervingar* when the term is extended further than there are earlier examples of'). Here Snorri is describing how by substitution of words of related meaning, the correspondence between the literal meaning of the kenning and what it actually refers to becomes remoter, so that the meaning of words is so to speak extended; but it is interesting that he is imagining that this happens chiefly through word-substitution rather than through the use of metaphor or allegory in the usual senses of those terms. The other examples in *Skáldskaparmál* are slightly different: at 74/5–6 kennings for weapons are developed from land of weapons = shield to hail or rain of the land of weapons. (Extending the kenning with several determinants is called *rekit* here as in *Háttatal*.) At 108/14, 16, 37 the examples are of the creation of new kennings for parts of the body by analogy (ears = mouth or eyes of the hearing; mouth = ship of words, the lips the gunwale of the ship, the tongue the oar or rudder; arm = shoulder's leg). The example in *Háttatal* is similar to these last ones, in that an example is given (the only actual verse exemplification in the *Edda*—from Snorri's own poem—of *nýgerving*) of how the metaphors may be developed though a stanza: the sword conceived as a snake, the scabbard as its path, the fittings its slough, the blood its drink (a river that it seeks), the victim's breast its route; the verbs are also chosen to fit these concepts. Thus the metaphors here are extended or continued throughout the stanza (so that he is almost producing allegory), and Snorri contrasts the coherence of his example with what he calls *nykrat*, where conflicting metaphors for the same concept are used in the same stanza. He does not give examples of this, though they can be found particularly in poems in *kviðuháttr* (and in Egill Skallagrímsson's *Hǫfuðlausn*; see *Háttatal* pp. 50 and 84). But the emphasis in *Skáldskaparmál* is on the creation of new kennings, or perhaps on metaphorical kennings in general, rather than on extended metaphor. (On *nýgervingar* and *nykrat* in Old Norse verse see Marold 1993.) Snorri says that *nykrat* is thought to be a blemish (*Háttatal* 6/16), and in *Skáldskaparmál* 41/17 he emphasises that *nýgervingar* are thought to be all right when they are in accordance with verisimilitude and nature—one of his few evaluatory comments on kennings which suggests accord with the classical idea of restraint and conformity to nature found, for example, at the beginning of Horace's *Ars Poetica* where monstrosities (i. e. representations contrary to nature) are condemned. In *TGT* 80 *nykrat* or *finngálknat* is said to be one kind of cacemphaton found especially in *nýgervingar* (cf. also *FoGT* 131). It is the term *fornafn* that has provoked the most discussion. The word is used (in the plural) in *Háttatal* in its ordinary grammatical sense of 'pronoun' in the prose after stanza 1. In *Skáldskaparmál* the term appears twice, without explanation in ch. 1, and in ch. 67. It is clear that there the term is used for references to people which replace their proper names (as opposed to terms that can refer to any person, i. e. replacements for common nouns); these replacements for proper names are what classical rhetoricians, whether Snorri knew it or not, sometimes called not pronouns but *pronominatio* (a description *pro nomine*; though commoner was the Greek term *antonomasia*). It is also clear that *sannkenningar* can be one kind of *fornafn*, and *við(r)kenningar* seem to be another. These are therefore not exclusive or contrastive terms, but overlapping ones. Some (though not all) *sannkenningar* and *við(r)kenningar* are varieties of *fornafn*, and there are presumably others. Note that in the Uppsala manuscript (*SnE* II 346) the section on *fornǫfn* corresponding to *Skáldskaparmál* ch. 67 begins not as in the Codex Regius 'enn eru þau heiti er menn láta ganga fyrir nǫfn manna' (107/12), but 'enn eru þær kenningar er menn láta ganga fyrir nǫfn manna; þat kǫllum vér fornǫfn manna'; nevertheless it seems clear from the examples in both manuscripts that some *fornǫfn* are kennings and some are *ókend heiti*—though it is true that there are no unequivocal examples of *ókend heiti* among them. The equivalent term to *fornafn* in modern Icelandic is *sérkenning*, but Snorri does not use that term.

It is significant that these three terms, *sannkenningar*, *við(r)kenningar* and *fornafn*, occur in connection with kennings for man and woman, after a section listing common nouns that can be used for the class of human beings in general, i. e. terms that are not specific in application, and that they come under the general heading of 'terms that are put in place of men's names' ('þau heiti er menn láta ganga fyrir nǫfn manna', 107/12). Again it seems that Snorri's principal interest is in terms that can be used to refer to particular people in skaldic poetry. The explanation for this must be that Snorri saw skaldic poetry primarily as praise poetry (the sentence at 67/28–9 seems to imply this, and most of his own verse seems to have been of this kind). So Snorri's emphasis on kennings and *heiti* for persons is probably due to his seeing skaldic poetry as mainly concerned with the praise of persons (human and divine), and kennings and *heiti* principally as means of referring to the subjects of the poems. This is in fact the commonest use he himself makes of kennings in *Háttatal*, where the majority of his kennings refer to King Hákon and Earl Skúli. (*Háttatal* contains roughly 120 kennings for ruler, referring to King Hákon and Earl Skúli, and 25 referring to men more generally; there are 5 for gods, 29 for parts of the body, 61 for weapons, 29 for ships, 30 for gold, 32 for battle, 23 for parts of the natural world (earth, sea etc.), 5 for animals, and about 23 others.)

This could also be the reason why he does not give examples of kennings or *heiti* for giants, though there are lists of giant-names in the *þulur* at the end of *Skáldskaparmál* and many kennings for giants in some of the poems quoted, e. g. in *Þórsdrápa*, see note to verses 73–91. As Snorri says in ch. 31 of *Skáldskaparmál* (40/15), when names of giants are used in kennings for men, this is mostly as satire or criticism (though he quotes no examples of this; see **sómmiðjungr** in Glossary). Since he is mainly concerned with praise poetry, he has little use for references to giants. It is important to remember that Snorri's *Edda* is not a treatise on earlier Norse poetry; it is a book of instruction for young poets of his day illustrated from the work of earlier poets. It was no part of the requirement of young poets in the thirteenth century to be able to compose about giants (or indeed to write satire): their function was to learn to praise kings. It is this that determines the content of the Prose Edda, which not surprisingly does not well represent or cover the whole range of skaldic verse, and generally concentrates on the kinds of kennings that would be most useful for praising kings.

This is also probably the reason why Snorri shows so little interest in metaphor and figures of speech. He sees poetical language largely in terms of substitutions of one name for another, rather than in terms of transference of meaning. The latter he describes as *nýgervingar* and exemplifies in a number of places in both *Skáldskaparmál* and *Háttatal*, but always with the implication that it is somewhat exceptional. Even kennings which seem to us obviously metaphorical, such as when gold is called fire of the sea or poetry the ship of the dwarfs as well as ale of dwarfs, are explained by Snorri in terms

Introduction

of substitutions, and the fundamental kenning type as arising from the events of a particular story. That is, a word for sea may be subsituted for the name Ægir as a variation on the kenning-type 'fire of Ægir', based according to Snorri on the story of how Ægir used gold as a source of light when he entertained the Æsir to a feast (*Skáldskaparmál* ch. 33); and *lið/líð* was a word for ale and for vessel, so that other words for ship could be used as a variation of the kenning-type 'mead of the dwarfs' which arose from an episode in the story of the origin of poetry (*Skáldskaparmál* ch. 3, 14/18–20). In his account of the origin of the mead of poetry at the beginning of *Skáldskaparmál*, however, Snorri seems to favour a metaphorical interpretation of the latter: 'kǫllum vér skáldskap . . . farskost dverga, fyrir því at sá mjǫðr flutti þeim fjǫrlausn ór skerinu', 4/1–4. Indeed Snorri's interest in word-play, which he calls *ofljóst*, both as a device in itself and as a generator of kennings, does not seem to be justified by its frequency in recorded verse (see in particular *Skáldskaparmál* ch. 74 and *Háttatal* stanzas 17–23), while he gives rather little space to metaphor (*Háttatal* stanza 6 and the commentary on it, 41/10–17, 74/5–6, 108/14–17, 37–8).

It also seems somewhat odd that Snorri consistently 'explains' kennings, and *heiti* too, as having their origin in stories or events, and scarcely seems to acknowledge other sources of poetical language (such as e. g. picture language or symbolism, metaphor or metonymy, or archaisms or loan-words from other languages). His concept of causation is still largely mythological. Indeed he seems to dismiss 'imagination' as a source of poetical language by his insistence that it must be in accordance with *líkindum ok eðli*, 'verisimilitude and nature' (41/17; cf. his criticism of mixed metaphors as *nykrat* 'monstrous', *Háttatal* 6/16).

There seems to be no difference in Snorri's usage between the terms *nafn* and *heiti*. They are apparently interchangeable both in his usage and that of his scribes, who have sometimes substituted one for the other, e. g. 83/14 (*heiti* R, *nǫfn* TAU), 85/13–14 (cf. *SnE* 1848–87, II 460), 99/21–2 (cf. *SnE* 1848–87, II 604), as indeed does Finnur Jónsson in his 1931 edition, who tries by emendation rather unsuccessfully to impose consistency on his text, e. g. in the first few sentences of chs 54 and 64 of *Skáldskaparmál*. But at the beginning of ch. 55 all manuscripts introduce the list of *ókend heiti* for gods as *nǫfn*; the section on names for the heavens (ch. 56) is introduced 'Þessi nǫfn himins eru rituð, en eigi hǫfum vér fundit í kvæðum ǫll þessi heiti; en þessi skáldskaparheiti . . .'—and the following list includes both *kend* and *ókend nǫfn*. One might have expected that Snorri would reserve one of these labels (*nafn* or *heiti*) for the normal or natural name for things, and the other for specifically poetical terms or secondary names, and thus contrast for instance the name Óðinn with his alternative names such as Hár or Grímnir and the term *hestr* 'horse' with *fákr* 'steed', but he does not use separate terms for these different kinds of names. Nor does he make a terminological distinction between what we call proper names (names of people) and common nouns (names of things) although he spends more time on the former, and seems to use the terms *við(r)kenning* and *fornafn* only for references to people; and he does use the term *einkarnafn* of proper names of possessions such as ships (107/25). There is one place in *Skáldskaparmál* where Snorri does discuss the problem of kennings that can only indicate a class of persons, not an individual, i. e. those that are substitutions for common nouns rather than proper nouns; this is in ch. 53, in the account of kennings for kings: 'Þar koma saman kenningar, ok verðr sá at skilja af stoð, er ræðr skáldskapinn, um hvárn kveðit er konunginn, þvíat rétt er at kalla Miklagarðs keisara Grikkja konung, ok svá þann konung er ræðr Jórsalalandi, at kalla Jórsala konung, svá ok at kalla Róms konung Rómaborgar keisara eða Engla konung þann er Englandi ræðr. En sú kenning er áðr var ritat, at kalla Krist konung manna, þá kenning má eiga hverr konungr. Konunga alla er rétt at kenna svá at kalla þá landráðendr.' But Snorri does not use special terms to distinguish kennings for common nouns from those for proper nouns, though *við(r)kenning* and *fornafn* usually refer to the latter. In ch. 64 he lists common nouns for ruler that are derived from proper nouns (according to his explanation of their origin—a sort of reverse substitution, the opposite of *pronominatio*), such as Þengill, Gramr, Skilfingr, Ynglingr, but even here he does not use a term to distinguish common nouns from proper nouns. Indeed in *Skáldskaparmál* it is often difficult to tell which is which, for instance with items such as *Jǫrð/jǫrð* and many of the names in the *þulur*. The distinction between common and proper nouns is not dealt with at all clearly by Margaret Clunies Ross (1987, 33, 66, 95–6, 102–7), who assumes too readily that Snorri was trying to make the distinction, and both she and Halldór Halldórsson assume that his terminology somehow reflects that of Latin grammarians. The latter (1975, 15; cf. 17 and 21) takes *ókend heiti* to mean the same as *verbum proprium* as used by Quintilian.

It is apparent from the examples Snorri gives not only that most kennings for people are *við(r)kenningar*, but also that most kennings for individuals are *fornǫfn*: expressions where the name of the person referred to is not used. *Við(r)kenningar* and *fornafn* are overlapping sub-categories of kennings and are usually *kend heiti*; all kennings and *ókend heiti* are sub-categories of the general class of *heiti* or *nǫfn*. Only the pair *kend heiti* and *ókend heiti* are exclusive categories. After his initial description of the kenning in ch. 1, Snorri returns three times in *Skáldskaparmál* to the description of kennings for persons in terms of substitutions for their names by means of references to their activities or attributes, in ch. 20: 'Svá má kenna allar Ásynjur at nefna annarrar nafni ok kenna við eign eða verk sín eða ættir'; in ch. 22: 'Ásu er svá rétt at kenna at kalla einnhvern annars nafni ok kenna við verk sín eða eign eða ættir'; and ch. 31: '[mann] skal kenna við verk sín, þat er hann veitir eða þiggr eða gerir . . . til eignar sinnar þeirar er hann á ok svá ef hann gaf, svá ok við ættir þær er hann kom af, svá þær er frá honum kómu . . . Konu er ok rétt at kenna við alla athǫfn sína eða við eign sína eða ætt' (cf. also 107/25). It is clear that Snorri is particularly interested in this kind of kenning, and that he in a sense thinks of it as the normal kind of kenning.

The term *heiti* moreover does not mean the same as 'at nefna hvern hlut sem heitir' (5/17) which seems to refer to the use of simplex terms whether poetical or not, while both *heiti* and *nafn* often refer to compound descriptions like kennings. So, at the beginning of the *ókend heiti* section of *Skáldskaparmál* (83/13–14), *ókend setning skáldskapar*, 'the rule for poetry without periphrasis', is defined as 'at nefna hvern hlut sem heitir', and paraphrased by the term *ókend heiti*. (Incidentally when Halldór Halldórsson (1975, 14) takes *setning* at 83/13 as a synonym for *heiti* he must be mistaken; the word means 'rule' there as elsewhere.) When introducing various kinds of kennings in *Skáldskaparmál*, Snorri frequently describes them as *heiti* (4/7, 6/31, 11/26, 60/18). Ch. 2 begins: 'Enn skal láta heyra dœmin hvernig hǫfuðskáldin hafa látit sér sóma at yrkja eptir þessum heitum ok kenningum.' Ch. 3 begins 'Hér skal heyra hvé skáldin hafa kent skáldskapinn eptir þessum heitum er áðr eru rituð, svá sem er at kalla Kvasis dreyra' (there follow examples of kennings). The verses from *Bjarkamál* in ch. 45 illustrating kennings for gold are introduced 'Í Bjarkamálum inum fornum eru tǫlð mǫrg gulls heiti.' Moreover there is not an absolute separation of the categories of kenning and *ókend heiti* in *Skáldskaparmál*; in many chapters in the section on kennings, verses are included that contain only *ókend heiti* (e. g. verse 20 in ch. 2) and simplex names are listed (e. g. in ch. 53), and conversely in the section on *ókend heiti* that begins in ch. 54, kennings are frequently listed and exemplified (ch. 56, names for the heavens; ch. 58, names for wolf; ch. 69, names for parts of the body). One explanation may be that Snorri left his work in *Skáldskaparmál* unfinished and disordered, and intended to separate the lists of kennings and *ókend heiti* more consistently, or it may be that in his classification other distinctions were more important than the simple one between kennings and *ókend heiti*; but it seems inescapable that in Snorri's usage the term *heiti* (and *nafn*) is an inclusive one, meaning any appellative term whether simple or compound, literal or metaphorical, referring to an individual or a class, normal or poetical.

Snorri uses the term *kenning* to refer to a structural device, whereby a person or object is indicated by a periphrastic description containing two or more terms (which can be a noun with one or more dependent genitives or a compound noun or a combination of these two structures). This is clearest in his definition of the term in *Háttatal* in the commentary to verse 2, where he unequivocally describes the kenning as containing a base-word and one or more determinants (though he does not have separate terms for these latter concepts; cf. **kenna við**, **kenna til** in Glossary). His terminology in describing extended kennings (*rekit*) also makes this clear: 'At reka til hinnar fimtu kenningar' (*Háttatal* 8/29) means to extend a kenning to the fifth determinant (in this phrase *kenning* seems to mean the determinant itself). The verb *kenna* means 'to use a kenning' (*Háttatal* 1/53), 'to use a determinant' (*at kenna rétt*, 6/9), or 'to denote or express by means of a kenning' (*kenna* [*manns*] *nafn*, 8/38–9; see **kenna**, **kenning** in Glossaries to *Háttatal* and *Skáldskaparmál*). In *Háttatal*, however, *sannkenna* and *sannkenning* refer not to the use of base-words and determinants, but to the use of attributives and adverbials with nouns, adjectives and verbs.

The analysis of the kinds of poetical expression in *Skáldskaparmál* ch. 1 is found in only four of the independent manuscripts of Snorri's

Edda besides the Codex Regius. The Utrecht manuscript and Codex Wormianus, as usual, have texts almost identical to that of the Codex Regius, and it is only in these that the well-known three-fold division into kennings, *heiti* and *fornǫfn* is found. In the Uppsala manuscript (*SnE* 1848–87, II 296) the only categories are *kent* and *ókent*, of which only the first is defined and exemplified at this point. In AM 757 a 4to (*SnE* 1848–87, II 532) the passage is garbled and the category of kenning is omitted. No one has succeeded in explaining adequately the relationships between the various manuscripts of the Prose Edda, and there is no single stemma that can reflect all the evidence. The Codex Regius is assumed to be the best text mainly because it is the most complete, and has fewest passages that are obvious interpolations. The text of the Uppsala manuscript is often unclear and muddled, but it is far from certain that all the muddle is due to scribal interference with Snorri's text. It is also much shorter. The best explanation of it is probably that it is derived from an unfinished draft of the work, maybe on loose sheets of parchment, which someone has tried to order without great success. Alternatively it may be that the text of the Uppsala manuscript was in many places derived from Snorri's notes for lectures on poetry, or even from notes on his lectures made by one of his audience. In particular the arrangement of *Háttatal* in the Uppsala manuscript which begins with a list of the names of the various metres accompanied by (generally) the first line only of the verses exemplifying them looks like an aide-mémoire to recital. The Codex Regius may be derived from a more complete version of the Prose Edda, but has very likely also been tidied up by a later hand. It may be therefore that the Uppsala text's twofold division of poetical language was Snorri's first try at analysis, and that the category of *fornafn* was added later. This could explain why the *fornafn* is not exemplified until the very end of *Skáldskaparmál*, and then not very clearly, and why it does not feature except in its grammatical sense in *Háttatal*. Snorri's categories show signs of being an emerging system, not fully worked out, rather than a completely formulated one. If this is so, it follows that it cannot have been the usual way of referring to the categories of poetical language before Snorri's day.

Investigation of what Snorri meant by his terms must be based on his usage and exemplification; one must not be led astray by the supposed etymology of these terms. For this reason I doubt the relevance of *kenning* in the meaning 'teaching' to the understanding of the term as Snorri uses it as the name of a grammatical device. If any of the non-technical meanings of the verb *kenna* are relevant to the understanding of the noun *kenning* it is the meaning 'attribute', since kennings are generally nouns with attributives accompanying them in some form (cf. the term *kenningarnafn* 'nickname, surname'). Similarly the meaning of *heiti* in Modern Icelandic is not necessarily the key to its meaning in Snorri's *Edda*; the key is the context in which Snorri uses the term. The category of *heiti* is inclusive of all Snorri's other categories (grammatically it concerns only the noun phrase), and these other categories overlap each other; they are not discrete or exclusive. Thus the kenning is a type of *heiti*, and some kennings are either *sannkenningar* or *viðkenningar*; many *heiti* in each of these categories are *fornǫfn*, and some involve *ofljóst*. The kenning is characterised by its structure, while the other categories relate to types of content or meaning, the way in which they relate to their referents. Snorri's categories seem pragmatic and *ad hoc*; he appears not to be concerned to give an exhaustive classification of the kinds of poetical language, either of poetical terms or of types of kenning. They reflect his very particular interests rather than any desire to give a full account of the art of poetry.

There is very little evidence that Snorri was influenced by classical rhetorical theory in *Skáldskaparmál*, except in his adoption of the term *fornafn* for *pronominatio*. His description of the kenning finds its closest parallel in a passage in Aristotle's *Poetics*, but it is highly unlikely that he could have known that work either directly or indirectly (see Faulkes 1993a, 63–4). He has a small range of rhetorical devices that he exemplifies and shows little interest in the usual classical figures of speech, even metaphor and metonymy.

Although Snorri includes the story of Óðinn's winning of the mead of poetry from the giants and giving it to the Æsir and to poets and scholars (4/6–5/8), there is little other indication that he regarded poetry as an inspirational activity. Even the mead of poetry is perhaps best regarded as bestowing a skill or accomplishment (*íþrótt* 3/10, verse 16/1) rather than inspiration. It is anyway what the poet produces, not that from which the poetry proceeds (see Faulkes 1997, 5–6). Both in *Skáldskaparmál* and *Háttatal* the emphasis seems to be on the craftsmanship of verse-making and the ability to embellish utterances. The phrase *fólgit í rúnum* (3/9; cf. 3/6–7) suggests an idea that poetical language is intended to conceal meaning rather than to reveal it; that the language is superimposed on the meaning to wrap it up so that it then requires interpretation (as do runes). The analogy with runes as a secret writing appears more than once (3/6–7, cf. note; 3/9; cf. 5/27, 109/15; cf. also *Háttatal* 1/43). Both runes and the art of poetry were given to men by Óðinn (and Bragi was another god who was a patron of poetry), but only as a skill or technology, not as religious inspiration. Such evaluative comments as Snorri includes suggest that he adhered to the classical idea of moderation in the use of figures of speech (cf. his references to *nykrat*, *Háttatal* 6/15–16 and *nýgervingar*, *Skáldskaparmál* 41/16–17).

If the space devoted to analysis of diction in *Skáldskaparmál* is relatively small, the comments on the content or subject matter of poetry are even more sparse. There are, for instance, a number of interesting verses quoted which use sexual imagery to describe rulers gaining control over territory (see note to verse 10), but Snorri makes no remark about this or any other aspect of the imagery of skaldic verse except that on the use of names of giants and elves as base-words (40/15–16).

The intellectual background to *Skáldskaparmál* thus seems to be the same as that for the Grammatical Treatises; it is a scholarly and didactic milieu, concerned with the techniques of poetical expression. Both the author and the audience must have been fully literate, and there is little reason to connect the work with oral tradition of any kind.

Purpose

Most Icelandic prose writings have no statement of the purpose or origin of the work. Some *fornaldarsögur* and Romance sagas have a preface or epilogue where the author (or translator) says something about his intention, and learned writings like *Íslendingabók* and the Grammatical Treatises have prefaces. Snorri's *Edda* has a prologue, but this is mainly a narrative introduction to *Gylfaginning* and says nothing about the author's purpose. He discusses his historical methods in the Prologues to *Heimskringla* and *Óláfs saga helga*. But the purpose of *Skáldskaparmál* is, unusually, stated clearly at 5/25–35 between the first few narratives and the exemplification of the use of kennings in skaldic verse. It interrupts the dialogue in which both narratives and analysis are otherwise contained, and appears to be in an authorial voice. This purpose is clearly didactic, that is, the work was intended for use in training young poets, whether or not there was any formal organisation of that training in Iceland in the thirteenth century. It seems likely that there was not, and there is little indication that the work was actually intended for practical teaching purposes (i. e. as a basis for lectures). But though there is not much evidence for formal training of poets in vernacular verse, the teaching of (presumably) Latin verse composition is said to have taken place at the cathedral school at Hólar (*Jóns saga helga* ch. 8, *ÍF* XV2 217 and note 2). It was taught orally as part of the normal curriculum in schools throughout Europe in the Middle Ages after the elementary study of Latin, and there may have been places in Iceland where study of vernacular verse composition was introduced on the same plan, perhaps with the intention of replacing Latin as a didactic medium. The arrangement of *Háttatal* in U seems adapted for such use, as notes for an oral presentation, and may be modelled on the procedures for teaching Latin verse in schools; but in general it seems likely that *Skáldskaparmál* would be used for private study rather than for formal teaching, and one may speculate that it was in fact more and more used as an aid to the understanding of the poetry of the past rather than as a guide for actual composition, though fourteenth-century references (see Foote 1982, 114–15; 1984b, 257; Faulkes 1977, 34) suggest that (literate) poets did use it as a textbook. (On the purpose of Snorri's *Edda* and the Grammatical Treatises, especially that of the individual manuscript compilations that contain them, see Sverrir Tómasson 1993, where it is argued that the compiler of W, in particular, was a clerical educator concerned to preserve traditional kinds of native learning.)

Icelandic writers do not distinguish the genres of skaldic and eddic verse as modern scholars do. Snorri includes the metres characteristic of eddic verse alongside skaldic metres in *Háttatal* without distinguishing the two, and quotes both eddic and skaldic verse in *Skáldskaparmál* (though predominantly the latter). He does not quote skaldic verse within the dialogue of *Gylfaginning*, probably because he was aware that the setting of his dialogue was in a time long before the earliest known skaldic poets, so he probably did make a distinction between anonymous poetry believed to be from prehistoric times and poetry attributed to named poets who lived in the Viking Age or later. *Skáldskaparmál* is chiefly concerned with the complex diction we now associate most with skaldic verse, with a high proportion of kennings and *heiti* (poetical words), though these are not confined to what is now classed as skaldic verse; but some of the comments indicate that Snorri was most concerned with praise poetry (see particularly 67/28–9), and if he really was trying to revive the art of skaldic poetry, it seems to have been mostly as a vehicle for praise of kings and earls (whether alive or recently dead) that he valued it, and most of the poetry he himself is known for is of that kind. He acknowledges the existence of other kinds of verse—such as satirical verse, verse in praise of women, God (and heathen gods) and saints, mythological and devotional poems and occasional verse of various sorts—but most of his discussion centres on court poetry.

The kennings and *heiti* that are listed in *Skáldskaparmál*, and the narratives that explain their origins, apart from those that concern poetry itself, mostly relate to ways of referring to people; mostly men, but also women and including gods and goddesses, Christ and other kings. There are also terms listed for parts of the human body and emotions and other mental attributes, and the long section on gold seems to be there because gold appears so often in kennings for men, particularly kings (as givers of gold; cf. note to 74/3–6). Many of the other items included, such as ships, the sea, land, weapons and armour, battle, wolves and carrion birds, are most often found as parts of kennings for men, or else in statements about men. Many kennings for the sky are parts of kennings for God in Christian poems. There are a few other miscellaneous items, such as times and seasons and weather, and domestic animals, but the list of contents can hardly be said to cover all the concepts that a poet might wish to describe or refer to. The *þulur* have a somewhat wider range, and include, for instance, giants and troll-wives, rivers, fish and other animals. It seems reasonable to conclude that in *Skáldskaparmál* Snorri was mainly concerned with the appropriate poetical language to use in poems of praise about people, particularly kings and noblemen.

Manuscripts

As in other parts of the *Edda*, in *Skáldskaparmál* R and T have very similar texts and contain virtually the same material in the same order (each has only minor and apparently accidental omissions). C, which is fragmentary, contains the parts corresponding to 48/14 to

70/20 (50/17–21 is inserted at 48/31 and 50/22–9 is omitted; 60/18–61/10 is inserted at 60/9) and after a lacuna of three leaves 83/21 to the end of the *þulur* (p. 133; *Vafþrúðnismál* 47/4–6 is added as an example of *regin* = gods at 85/2, cf. *Gylfaginning* 54). The text is very similar to that in R (there is no sign that it ever included *Háttatal*, or indeed *Gylfaginning*, though there is no reason to think that *Skáldskaparmál* was not once complete). It lacks verses 183–4 and the text of *Grottasǫngr* in ch. 43, which is probably an interpolation in R and T, so that here C may have a more original text than either of those two (it quotes the first verse only at 52/14). W has a text similar to these three as far as the end of the section on kennings (83/12), except that some narrative passages are missing (45/3–58/3; this manuscript thus also does not include *Grottasǫngr*). Then, instead of the second half of *Skáldskaparmál* (but after *Háttatal* as the volume is now bound), there are the remains of what was evidently an extensively revised and interpolated version of the section on *ókend heiti* (chs 54–74); fragments survive of the parts concerned with names for man, corresponding to chs 65–7 (in ch. 65 there are rather a lot of agreements between W and U), and parts of the body (ch. 69); a short passage is included reminiscent of *Háttatal* 4/21–6/21 and some material is repeated from the earlier part of *Skáldskaparmál* (ch. 31). The poem *Rígsþula*, probably one of Snorri's sources, which is found on a separate leaf in W, may have been included in connection with the terms for men and women (although the word *edda* appears as a term for great-grandmother both in the prose lists and in the poem, no connection is indicated with the name of the book), but there is no sign that the *þulur* (ch. 75) were ever included. There is, however, an additional half-verse attributed to Úlfr Uggason (from *Húsdrápa*; *SnE* 1848–87, II 499; *SnE* 1924, 112). Seventeenth-century versions of *Skáldskaparmál* contain what seem to be further parts of this redaction, but neither these nor what survives in W are close enough to R to provide much help in reconstructing Snorri's original (see Faulkes 1977–9, especially I 158–9; on the dates of the manuscripts with independent textual value see Faulkes 2005, xxviii–xxx).

In U, A and B *Skáldskaparmál* appears in versions that differ considerably from RTCW both in content and in the order of material. In U the opening frame story and the first set of narratives (1/2–5/8) appear in very abbreviated form. Corresponding to 5/9–35

U has the first account of the rhetorical categories of poetry not only in a shorter form than RTW, but also different in that the third category of *fornǫfn* (5/18) is lacking and the exemplification of kennings is also quite different (though the examples given are of kennings for Óðinn, the first sentence describing the kenning is reminiscent of ch. 31). 5/32–6/29 (which includes all the references to the Trojan War and the allegorical explanation of mythology associated with it) is entirely lacking. There follow instead more of the narratives that in the other manuscripts come after the treatment of kennings for names of Æsir (chs 17–18), but omitting the extended quotations of *Haustlǫng* and *Þórsdrápa* (though the names and authorship of these two poems are quoted, see p. xlii below); and another fragment of *ljóðaháttr* that is absent in RTW is included in connection with Þórr's visit to Geirrøðargarðar (25/27 n.). At this point U includes four folios with some material that is clearly not part of *Skáldskaparmál*: *Skáldatal*, a genealogy of the Sturlung family and a list of lawspeakers ending with Snorri Sturluson's name. On the last of these pages, originally blank, has been added the illustration of the frame of *Gylfaginning* (reproduced in Faulkes 1987, 6). Then, after the heading *Hér hefr Skáldskapar mál ok heiti margra hluta*, comes a passage similar to 11/25–9, the beginning of ch. 3, but shorter and different in wording, and unaccompanied by any verse quotations (the passage is in fact compiled from 4/1–5 and 5/7–8, already included in shortened form at the end of chs G57 and G58), then ch. 2, and ch. 3 again, this time corresponding more closely to the content of this chapter in RTW. Then follow chs 4–16 (with various rewordings and omissions, including that of the final verse quotation of ch. 16), 19–20 (21 is omitted), 22 (omitting the extended quotation from *Haustlǫng*), 23–32 (ch. 33 is omitted), ch. 36, then chs 37–8. In place of chs 39–44 at this point there is a just a brief list of the kennings derived from the stories narrated in these chapters (compiled from [45/3,] 46/6, 47/21, 48/30, 49/5, 59/32) and the verses quoted in chs 44 (verses 185, 186/5–8) and 45. Then come chs 46–49 (omitting verses 248–9), part of the first sentence of ch. 50 and 73/31–74/6 (i. e. omitting at this point both the story of *Hjaðningavíg* and the verses from *Ragnarsdrápa*, verses 250–54), chs 51–56, omitting here 85/19–22, but including here the beginning of ch. 23 (33/24–7) again, this time in a shortened and altered form. Ch. 57 is entirely missing, and ch. 63 follows (omitting the second half, 99/15–20) before the end of ch. 56 (85/21–2, 19–20, in that order) with the first two lines of ch. 26 added again. After a half page originally left blank, though now filled with a drawing, there comes next the second part of ch. 64, from 101/10 (the first part of this chapter is not included, and nor is verse 411), then chs 65–74 (ending at 109/15). U does not include ch. 75, the *þulur*, though two verses containing terms for woman are included at the end of *Skáldskaparmál* (*SnE* 1848–87, II 363; see below). After ch. 74 come various chapters omitted earlier: ch. 58 (omitting 90/1–3, 13–15 and with 88/6–8 after 88/18; ch. 59 is omitted); ch. 60 (ch. 61 is omitted); ch. 62; ch. 50 (the story of *Hjaðningavíg* omitting the verses from *Ragnarsdrápa* and repeating 72/1–2, but omitting 73/31–74/6, which was included earlier); chs 34–6 (ch. 36 is thus included twice in this manuscript, but the second time with a fuller introduction); ch. 39 (the beginning of the story of *Otrgjǫld*, omitting the first 10 words (see above)); the story breaks off soon after the beginning of ch. 40 (46/20) with a brief summary of the first paragraph; the remainder of the chapter and chs 41–42 are omitted (so that the quotations from *Ragnarsdrápa* at the end of ch. 42 are also absent from U); ch. 44 (repeating the verses at the end of the chapter, this time without the omission of verse 186/1–4, though the four lines are written as a separate verse from 186/5–8); a summary of ch. 43 (omitting *Grottasǫngr* as well as verses 183–4); ch. 45 (without verses 187 and 188–90, the stanzas from *Bjarkamál*, which were included earlier, in their proper place just before ch. 46). This manuscript then concludes *Skáldskaparmál* with three stanzas (terms for woman, *Skj* A I 652, verses 2a and b; a *mansǫngsvísa*, *Skj* A I 601, verse 36) which were perhaps written over an erasure (see the facsimile edition of U, II 168; *SnE* 1848–87, II 363 n. 2). The first two of these verses are also in A among the *þulur* (they are similar to some of Einarr Skúlason's verses). After this U has a version of *The Second Grammatical Treatise* and parts of *Háttatal*.

In many of these chapters verses are missing and in ch. 62 some are quoted by their first line only. This suggests that in the redactor's exemplar they may have been complete; compare the treatment of *Háttatal* in this manuscript (see Faulkes 1999, xxv): quoting just the first lines of verses suggests that the manuscript was used as an aide-mémoire for a reciter or lecturer. But the most significant omissions are the extended quotations from *Haustlǫng*, *Þórsdrápa*,

Ragnarsdrápa and the *þulur*. This has been taken to strengthen the case for these poems being interpolations into Snorri's text, though the fact that even in U the first two of these, and the names of their authors, are referred to, and lists of names that seem to be derived from *þulur* are included (e. g. those of stags, SnE 1848–87, II 350, though the name *eikþyrnir* (see verse 512) seems to have been added here by a later hand) shows that the text in U is not independent of these sources. Similarly, though nearly all of chs 40–42 are omitted from U, the kennings derived from the story were listed earlier (after ch. 38), so it is clear that the redactor knew these chapters. The treatment of ch. 3 in U is the best evidence that U is in fact a shortening and adaptation of *Skáldskaparmál* in a form more like the other manuscripts, since though the beginning of the chapter first appears in abbreviated and altered form, like many other chapters in this manuscript, the scribe copied the chapter out again in a form closer to that of the other manuscripts and clearly did not lack a complete text in his exemplar; cf. his treatment of the last sentences of chs G57–8. The inclusion of the beginning of ch. 23 twice, the second time in shortened and altered form, again implies that the variations and shortening in U are not always due to a faulty exemplar. Otherwise the interesting thing about the different order of material in U is the tendency for narratives to be separated from the enumeration of the kennings they exemplify and the several cases of kennings and *heiti* being listed together instead of separated as they more often are in RTC (though even in these manuscripts there is not complete consistency in this). It cannot be said that the arrangement in U is either more logical or more consistent, but it is possible that in some respects U retains an earlier ordering of material than the other manuscripts, though this does not have to be because the order in the other manuscripts has been altered by a hand later than Snorri's. There is a good deal that points to U having been derived from a draft of Snorri's work in which the material was arranged in random order, perhaps on loose pieces of parchment, and the other manuscripts may derive from a revision made by Snorri himself (cf. pp. xi–xii above). But since some of the passages in U that have been shortened appear elsewhere in the manuscript in fuller and more accurate form, not all the omissions can have been in the redactor's exemplar, and the repetitions of material in U, where one version of a passage is fuller and more accurate than another, imply that the redactor was neither working from a rough draft nor from a damaged exemplar, but that he included material in shortened form (whether he did the shortening himself or found it in Snorri's draft) as well as in its completer form, because of a change in plan either by himself or by Snorri. In many respects even the texts of R and T seem illogically ordered and it is likely, as said before, that Snorri had not finished working on the material at the time of his death, and he may have left more than one draft of it. U is however inaccurately copied as well, and in many cases the shortening of passages has left them incoherent, and the verses too are poorly copied. This shows that many of the characteristic readings of this manuscript are the result of careless work by a copyist or redactor.

A is a fragmentary manuscript, though the part containing extracts from *Skáldskaparmál* does not actually have any pages missing. The extracts begin with ch. 45 (with only the heading *Frá Hǫlga konungi*) and continue to the end of ch. 49 (verse 198 is placed after verse 199) but include only the first part of the first sentence and the last few lines of ch. 50 (73/31–74/6, thus omitting the quotation from *Ragnarsdrápa*; this is similar to the corresponding part of U). Then follow chs 51–52 and the beginning of ch. 53, as far as verse 278, of which only the first word is written, followed by *leita capitula fyrr í bókinni* (probably a reference to verse 5 in ch. 2, showing that the scribe or redactor had access to the earlier part of *Skáldskaparmál*), and the beginning (line 1 only) of verse 292 with its introduction (82/1–2) from later in the chapter. Then follow chs 54 (the first in the *ókend heiti* section of *Skáldskaparmál*; verse 300a is omitted) and 55 (ch. 56 is lacking), ch. 57, then chs 61 (verse 350 comes after verse 351; verse 357 is complete with 8 lines) and 62, ch. 58 as far as 88/18, but omitting 88/6–8, then ch. 60, then the remaining parts of ch. 58: 90/10–12 (with a list of additional names), 90/13–15, 88/19–90/2 (88/6–8 and 90/3–9 still omitted; two extra lines in verse 330). Then come chs 59, 56, 63. Of ch. 64, there is included only the second sentence (followed by *leita fyrr í bókinni alt til þess er Stúfr kvað*) and 102/16–105/16. Instead of verse 398 a different verse attributed to Markús is included, *Skj* A I 452, no. 2 (see note to verse 270), and there are two additional lines in verse 400 and two omitted in verse 403. After the first line of verse 411 is written *ok fyrr er ritat*, which is a reference to verse 386, not included earlier in this manuscript. Then there are chs 65–75, concluding

Introduction

with a greatly extended series of *þulur* (cf. note to verses 412–517). These include some verses in *dróttkvætt* with names for women and islands, an example of a word for heart in a verse of Illugi Bryndœlaskáld (*Skj* A I 384), and four lines from Hallfrøðr's *Óláfsdrápa (erfidrápa)* (*Skj* A I 160), a prose list of names associated with Hel (cf. *Gylf.* 27/18–21) and a glossary of poetical words and two lines in Latin about *euphonia* (see *SnE* III lxxii). The manuscript concludes with the incomplete (but only extant) text of Haukr Valdísarson's *Íslendingadrápa* (*Skj* A I 556–60).

Though there are some similarities between this manuscript and U, both in the arrangement of material and in some of the readings, the two manuscripts do not seem to be very closely related and cannot be said to contain the same redaction. The explanation of this text may be the same as that proposed for U, however, that it is derived from a draft of the work on loose sheets, since the order of material in general seems rather random. Though much is omitted, the references to earlier parts of the work that are not included show that the redactor was working from a version much more complete than that which he wrote out. There is variation in the order of some of the verse quotations within chapters, and some verses are more complete. The verses are in general better copied than in U, and contain some interesting additions to those quoted in R. It is difficult to say how much of the additional material and reorganisation dates from after Snorri's time.

B has an arrangement of parts of *Skáldskaparmál* that is similar in various ways to that in A, and these two manuscripts are clearly closely related, though B includes between chs 46 and 47 some of the earlier parts of *Skáldskaparmál* that are not in A. As in A, the text of *Skáldskaparmál* in B begins with chs 45–6 of *Skáldskaparmál* (with the heading *Kenningar gulls*), and then it has chs 2 (omitting some verse quotations), 3, 4–16 (omitting all the verse quotations); chs 19–22 (omitting 30/21–2 and the extended quotation from *Haustlǫng*; 30/15–16 placed after 33/23); chs 23–31; then a version of ch. 1 (introduced with the words *Svá segir í bók þeirri sem Edda heitir at sá maðr sem Ægir hét spurði Braga skáld meðal annarra hluta* . . . ; cf. Bragi (1) in Index), which like that in U omits all reference to Troy and the allegorical explanation of myths as based on the Troy story (5/33–6/29), though it adds a reference to *fyrsta capitula greindrar bókar þar sem segir af skipan himins ok jarðar ok allra hluta er þeim fylgja* etc., which seems to refer to the Prologue to *Gylfaginning*. Then follow chs 32 and 47 (where verse 198 is replaced by verse 192 from ch. 46, already included earlier). There is a lacuna of probably one leaf beginning at the point corresponding to 62/29, and the next extant leaf begins in ch. 61 (95/1; verse 357 is here complete as in A) and the text continues to the end of ch. 62. The text of the missing leaf may have included some of the same parts of the text as A has between chs 47 and 61, though this section of the text covers 6 pages in A. The pages of B contain almost twice as much text as those of A, but still it is doubtful whether there would have been enough room on one leaf for all the text that is missing. Then come chs 58 (as far as 88/18 and omitting 88/6–8 and the first five words of 88/9), 64 (from 101/10; the same substitution for verse 398 as A, and like A having two additional lines in verse 400 and two omitted in verse 403, but omitting verse 411 entirely; verse 486 is included later with the first half of this chapter), 60, 64 (omitting the first five words; cf. A) as far as 101/9; and finally chs 65–75; the *þulur* appear in a similar extended redaction to that in A, though the last part is lost where one or more further leaves are missing.

As with A and U, there seems to be no clear reason for the differences in the ordering of the material in B; there is the same tendency to omit extended narratives and quotations from the mythological skaldic poems in the chapters it includes where R has them. Though it is difficult to read because of deterioration of the parchment, the text, like that in A, often contains readings (for instance in the verses) that are better than those in R, and has a number of additional lines of verse. The redaction is not just a series of extracts; it represents a collection of material which is sometimes fuller than that in RTW. The best explanation of it is that like A and perhaps U it was based on a draft of material on loose sheets of parchment copied out without much conscious attempt at ordering it, though one might argue that some of the rearrangement of items has resulted in a more logical ordering of material, especially in chs 54–63; see table below.

All these manuscripts contain items that were probably not intended to be part of Snorri's *Edda*. Besides the additional items at the end of A that are not in R (which may also have been on the second lost leaf of B), there are some that are related to Snorri's *Edda* in various ways earlier in the manuscript. Before the text of *Skáldskaparmál* both A and B have parts of *The Third Grammatical*

Treatise which is by Snorri's nephew Óláfr hvítaskáld (A has before this a fragment of a fifth treatise that is not found elsewhere) and then a collection of kennings for various concepts without much apparent organisation (printed in *SnE* 1931, 255–9). In A this is prefaced (in red) by 'Hér er lykt þeim hlut bókar er Óláfr Þórðarson hefir samansett ok upphefr Skáldskaparmál ok kenningar eptir því sem fyrirfundit var í kvæðum hǫfuðskálda ok Snorri hefir síðan samanfœra látit' (in B by 'Hér byrjask kenningar skáldskapar'). It is unlikely that this collection is actually part of Snorri's work, though it could be part of the material he had collected for *Skáldskaparmál* or it could be a draft; the material in it does not, however, seem to be used in *Skáldskaparmál*, at any rate not systematically, and it may be just a collection made by someone else to supplement Snorri's work (cf. p. xiv above). Two verses from *Grímnismál* (40–41) are quoted near the end of the passage, and it is followed in both A and B by a short passage about the wolf Fenrir which is related to *Gylfaginning* ch. 34 but includes some verse lines describing the fetter Gleipnir that are not in *Gylfaginning* (cf. the names associated with Hel towards the end of A, which are related to the same chapter of *Gylfaginning*). Both A and B include some poems: A has a fragment of a collection of eddic poems similar to that in the Codex Regius, though the six leaves (fols 1–6) that contain them need not have been part of the same book as the rest of A originally; they have now been separated and remain in Copenhagen as AM 748 I a 4to, while the rest has been transferred to Reykjavík as AM 748 I b 4to. At the end A has a glossary of poetical words and Haukr Valdísarson's *Íslendingadrápa*, and B a collection of Christian religious poems, some of them probably composed in the fourteenth century. C has at the end (in a different hand) a genealogy of Snorri's family, the Sturlungs, from Adam down to about the end of the fourteenth century. U has (in the middle of the text of *Skáldskaparmál*, after ch. 18) *Skáldatal*, a genealogy of the Sturlung family and a list of lawspeakers (as well as the well-known drawing of Gangleri and the three kings that illustrates the frame of *Gylfaginning*), and between *Skáldskaparmál* and *Háttatal* a version of *The Second Grammatical Treatise*. R and T contain *Grottasǫngr*, R also has *Jómsvíkingadrápa* and *Málsháttakvæði* (at the end). W contains *Rígsþula* with a revised version of the second part of *Skáldskaparmál* as well as the four Grammatical Treatises.

Since the Prose Edda is a treatise on poetry, it is not surprising that manuscripts of it should also contain poems of various kinds, whether or not these were poems collected by Snorri either in connection with the compilation of his *Edda* or for other reasons. Snorri's *Edda* may well have been a stimulus to the collection and copying of poems both eddic and other in the thirteenth and fourteenth centuries. *Skáldskaparmál* clearly also belongs in the series of treatises about language and rhetoric with the so-called Grammatical Treatises (it may be noted that just as Ari's *Íslendingabók* sets the pattern for the later sagas by including a piece of skaldic verse in the narrative, so *The First Grammatical Treatise* provides a model for *Skáldskaparmál* by quoting Icelandic poetry to illustrate a linguistic point (*FGT* 1972, 226, cf. 84). The other items (genealogies, lists of poets and lawspeakers) associate various redactions of *Skáldskaparmál* particularly with Snorri Sturluson and his family. It is clear that the Prose Edda, and *Skáldskaparmál* in particular, was in a continual process of revision and expansion, and it is likely that this process began with Snorri himself, so that some redactions, such as that in U and maybe those in A and B, could be based on drafts he made himself (or had someone make). Some of the additional material in these manuscripts dates from after Snorri's death (some of the poems appended to B, *The Third* and *The Fourth Grammatical Treatise*) and W (in its redaction of the second part of *Skáldskaparmál*, *SnE* 1924, 112) contains verse probably composed in the fourteenth century, that ascribed to 'bróðir Árni (Jónsson?)', *c.*1370 (*Skj* A II 430; cf. Finnur Jónsson 1920–24, III 14–15). Thus the process of expansion clearly went on after Snorri's death. It continued after the Renaissance with adaptations like Magnús Ólafsson's *Edda* (the so-called *Laufás Edda*) on into the eighteenth century (*Hraundals Edda* etc.; see Faulkes 1977–9).

The compilers of the extant manuscripts that contain Snorri's *Edda* were clearly interested in material that concerned poetical technique, particularly rhetoric, and the contents of the manuscripts illustrate this, though attitudes to the material may differ from one compiler to another. It may well be, for instance, that the compiler of W was principally interested in traditional vernacular poetry as a medium for religious teaching (cf. Sverrir Tómasson 1993), while the compiler of U may have been more interested in the prose narratives (he seems not to have understood much of the verses).

The following table shows the arrangement of the lists of kennings and *heiti* in U, A and B.

Introduction

U
Bragarœður.
The categories of poetry.
Eptirmáli.
Þórr's duel with Hrungnir.
Þórr's journey to Geirrøðargarðar.
Skáldatal.
Sturlung genealogy.
Lawspeakers.
[Kennings for poetry.]
Kennings for Óðinn.
Kennings for poetry.
Kennings for other gods.
Kennings for goddesses.
Kennings for the sky.
Kennings for the earth.
Kennings for the sea.
Kennings for the sun.
Kennings for the wind.
Kennings for fire.
Kennings for winter.
Kennings for summer.
Kennings for man and woman.
Kennings for gold.
Gold = Fulla's head-band.
Gold = Freyja's tears; her daughter Hnoss.
Gold = giants' words.
Kennings for gold.
Gold = fire of the hand, etc.
Kennings for man and woman as givers of gold and as trees.
Kennings for battle.
Kennings for weapons and armour.
Kennings for battle.
Further kennings for weapons.
Kennings for ship.
Kennings for Christ.
Kennings for kings.
Terms for kings and noblemen.

A
Gold = Hǫlgi's mound-roof. The old lay of Bjarki.
Gold = fire of the hand, etc.
Kennings for man and woman as givers of gold and as trees.
Kennings for battle.
Kennings for weapons and armour.
Kennings for battle.
Further kennings for weapons.
Kennings for ship.
Kennings for Christ.
Kennings for kings.
(Men by family.)
Ókend heiti. Terms for poetry.
Terms for pagan gods.
Terms for the earth.
Terms for the sea.
Terms for fire.
Terms for wolves.
Terms for birds of battle.
Terms for snakes, cattle, sheep, swine, horses.
Terms for the sky and weather.
Terms for the heavens, sun and moon.
Terms for times and seasons.
Terms for men, kings (Halfdan the Old's second series of sons).
Terms for men.
Þula of terms for men.
Terms for men: viðkenningar, sannkenningar and fornǫfn.
Terms for women; viðkenningar.

B
Gold = Hǫlgi's mound-roof. The old lay of Bjarki.
Gold = fire of the hand, etc.
Kennings for Óðinn.
Kennings for poetry.
Kennings for other gods.
Kennings for goddesses.
Kennings for the sky.
Kennings for the earth.
Kennings for the sea.
Kennings for the sun.
Kennings for the wind.
Kennings for fire.
Kennings for winter.
Kennings for summer.
Kennings for man and woman.
The categories of poetry.
Eptirmáli.
Kennings for gold.
Kennings for man as giver of gold
[lacuna]
Terms for the sea.
Terms for fire.
Terms for wolves.
Hálfdan the Old and his sons; other terms for kings.
Terms for birds of battle.
Terms for men. Kings.
Terms for men.
Þula of terms for men.
Terms for men: viðkenningar, sannkenningar and fornǫfn.
Terms for women; viðkenningar.
Terms for the head, eyes, ears, mouth, teeth, tongue, hair.
Terms for heart, mind and emotions.

Skáldskaparmál

U
Ókend heiti. Terms for poetry.
Terms for pagan gods.
Terms for the heavens (including some kennings).
Terms for times.
Terms for moon and sun (including some kennings).
Hálfdan the Old and his sons.
Terms for men.
Þula of terms for men.
Terms for men: viðkenningar, sannkenningar and fornǫfn.
Terms for women; viðkenningar.
Terms for the head, eyes, ears, mouth, teeth, tongue, hair.
Terms for heart, mind and emotions.
Terms for arms and legs, hands and feet.
Terms for speech (and battle).
Terms for wisdom etc.
Homonyms.
Terms for wolves, bears, stags, horses, oxen, snakes.
Terms for birds of battle.
Terms for fire.
Battle = the Hjaðnings' storm. Hjaðningavíg.
Gold = Glasir's foliage.
Gold = Sif's hair. The dwarfs make treasures for the gods.
Gold = Fulla's head-band.
Gold = otter-payment. The origin of this kenning.
Gold = Fáfnir's lair.

A
Terms for the head, eyes, ears, mouth, teeth, tongue, hair.
Terms for heart, mind and emotions.
Terms for arms and legs, hands and feet.
Terms for speech (and battle).
Terms for wisdom etc.
Homonyms. Ofljóst.
Þulur (extended series).
Íslendingadrápa.

U (continued)
The origin of Hrólfr kraki's nickname.
Gold = Kraki's seed.
Hrólfr's expedition to Uppsala.
Gold = Fróði's meal. The mill Grotti.
Gold = Hǫlgi's mound-roof.
Names for women.
Second Grammatical Treatise.
Háttatal.

B
Terms for arms and legs, hands and feet.
Terms for speech (and battle).
Terms for wisdom etc.
Homonyms. Ofljóst.
Þulur (extended series)
[lacuna]

Introduction li

This edition

Parts at least of *Skáldskaparmál* appear in all seven of the manuscripts of the Prose Edda that have independent textual value. On the dates and relationships of these manuscripts see Faulkes 2005, xxviii–xxxi. It is assumed that R, which has the fullest text of any of the medieval manuscripts, represents the contents and arrangement of the Prose Edda in the form nearest to that in which Snorri left it; the second part of *Skáldskaparmál* in W is clearly a later redaction of the material, and U is verbally shortened and carelessly copied to the point of incomprehensibility in many places. So even though additions and other changes may have been made to Snorri's text in R too, it has usually been the manuscript on which the text of editions of the work have been based. Where there are gaps in the text, and where it is clearly corrupt and incomprehensible, it is filled out, mainly from T and W. Emended words in the text are marked with an asterisk; where a word that is in R is omitted from the text or the order of words is changed, † is printed. Words or letters accidentally omitted by the scribe are included in angle brackets ‹ ›, illegible words or letters are supplied in square brackets [ ] (some words are now illegible in R or have disappeared which are visible either in the facsimile edition or in the photographs that were made before the most recent restoration of the manuscript, and brackets are not normally used for these; sometimes, too, words seem to have been visible to Finnur Jónsson that are now unclear or illegible, and these are often accepted as certain). The textual notes list all the places where the readings of R have been departed from, giving the original readings and the source of the emendation in the same normalised form as the rest of the text (where it is necessary to give the spelling of the manuscript, it is put in inverted commas; readings from manuscripts other than R are quoted either from the facsimile editions or from photographs, though where they are unclear, readings from *SnE* 1848–87 and 1924 have sometimes been accepted). A few of the more interesting and significant variants in other manuscripts, in particular some of the additional lines of verse, are included in the General Notes.

The glossary attempts to explain all words in the verses and all those words in the prose that are likely to cause difficulty or are not adequately glossed in the edition of *Gylfaginning* (Faulkes 1982). Inflected forms are added to the headword in brackets where they may cause problems. The translations of many of the names in the þulur, especially those of animal species, are little more than guesses, but explanations of a lot of the names are given in ÁBM, and the information there is not normally repeated here (on names in the þulur see also Bugge 1875; there is a useful guide to modern Icelandic animal and plant-names in Óskar Ingimarsson 1989). In the explanations of the verses in the Glossary and notes, the attempt has been made as far as possible to avoid emendation of the text of R, i. e. to interpret the text in this version rather than to attempt to restore supposed archetypal readings even when the texts of verses are preserved in other works. The most likely meanings of words and their syntax are given in the Glossary, where explanations are also given of all the kennings; some other possible interpretations are indicated in the notes, using some of K. Reichardt's suggestions (1928, 1948, 1969) and occasionally those of D. Davidson (DD) and others. It was not thought necessary also to give the verses in 'prose word order'. The basis is the interpretations of Finnur Jónsson in *Skj* B and *LP*, but particular attention is paid to those of Magnús Finnbogason (*SnE* 1952). Frequent use has also been made of the comments of E. A. Kock (in *NN*), who has often tried to simplify Finnur Jónsson's syntactical interpretations, which can be unnecessarily complicated. But since poets sometimes did use complex structures (e. g. tmesis) it is not clear that one should always be looking for the simplest interpretation. There are good discussions of the problem in Reichardt 1928 (especially pp. 1–17) and 1969, where the author studies 24 supposed examples of tmesis in single *dróttkvætt* lines and finds that only 9 of them are clear examples, 12 of them being easily got rid of by making the first element genitive by adding -s. Kock also proposes that a number of words should be taken as descriptive genitives instead of as determinants of kennings, and these too are difficult to be certain of. Another problematical kind of interpretation requires words to be taken as adverbial dative singular when they do not have a distinctive ending, e. g. *hjarta* v49/2, *hǫð* v252/4; *kind* in v297/3 is apparently dat. of advantage; there is no grammatical reason why this should not be so, but it seems best avoided if possible. It is the same with prepositions separated from their object. There are some fairly clear examples (v65/3, v79/7, v85/7–8 (see note), v134/1, v146/1, v260/3, v315/1, v363/1 (cf. *NN* 785), v401/2) but others are less certain (v85/1, 250/2, 290/3; see notes) and it is difficult to imagine oral poets

Introduction

using such a confusing procedure unnecessarily. The same may be said of the phenomenon of the transference of determinants or interchange of elements in kennings, often involving a kind of tmesis, though again there are some clear examples: v39/4, v89/6, v90/3–4, v91/5–6, v95/5, v103/6, v133/6 (?—see note), v140/4, v149/3 (?), v150/2, v192/2 (?), v246/1, v322/3, v333/8; v73/6 according to DD; see Glossary under **þing, herþruma, myrkaurriði, myrkdreki**. Snorri himself uses this feature in *Háttatal* 28/1, while the commentary to verse 255 of *Skáldskaparmál* suggests such an interpretation when it is clearly unnecessary. When there are two possible interpretations of the same words which both give acceptable meanings, it seems natural to take the simpler one, except that it is not certain that simplicity was what most poets were aiming at; but it is hard to believe that their original audience would not have understood their verse in the most obvious way (cf. Faulkes 1997).

The normalisation follows the same pattern as in *Gylfaginning* and *Háttatal*, both in the prose and verse passages, where the language of the thirteenth century is largely what is being represented. The spelling only has been normalised; variant word-forms (such as 3rd pers. sg. *vil* at 1/36, for instance) are retained where they occur. Accents are not used in most foreign names, nor in other words where the original quantity of the vowel is uncertain (e. g. in the name Viðarr, even though in some occurrences in verse the long vowel is required). The following spellings may be noted.

In R, *vér* and *vél* are frequently spelt *vær, væl*. Often *ey* seems to be written for *ø* or *œ*, e. g. in *œgir* v48/3, *hœli-* v71/4, *-œra‹n›* v100/2, *køpt* v340/3, *lœgis* v364/3; cf. Óðreyrir in Index; conversely *Ø* in *Eymðit* v376/1; thus 'leyra' 106/12 may be for *lœra* or *løra*. Sometimes *ǫ* is found used for *æ*, as in *æri* v303/1 (cf. v93/8 t. n.; perhaps here for *á* (or *ǫ́*), see below), though more often for *œ*, as in *Hœnir* 45/4, *grœnnar* v315/3; but *o* is used in *hlœðir* v267/1, *œpi* v332/4, cf. note (see also v20/10 t. n.; v15/1 and Glossary under **blóta**), while *a͗* is used in *skól-* v514/10 (cf. *SnE* 1848–87, III xvi–xvii). The spellings *a* and *av* (*a͗*) alternate in 'bavllfagr ga͗tv' v157/6. The scribe uses *o* for *á* (or *ǫ́*) in 'k⁰þvt' v249/1, cf. t. n., 'k⁰þv' v94/3 t. n. and 'kvomv' 48/2, as well as in 'troþvz' v86/3 and 't⁰þv' 49/33, where it is unlikely that the modern form *tróðu* for the past tense pl. of *troða* is intended; cf. also v480/5 t. n. and *lóg, lág* at 40/19 and

liv   Skáldskaparmál

20, 63/16 and 17. The spelling *ei* seems sometimes to be used for *e*, *é* (or *æ*) in *lætr* v128/3, *Helju* v332/6, *brigðræði* 109/11, *hétu* 49/17 (cf. 3/21 t. n. and 49/31 n.); and conversely *e* for *ei* in *tveimr* v217/4, *Meila* v95/2, *steini* v127/3, *steinsins* 45/1, *heilagt* v274/4, *reistu* v353/3, *reiði* 108/32; also *e* for *ey* in *hleytamenn* 107/20, *ę* for *ey* in *hleytamaðr* v447/1. There is alternation of *u (v)* and *y* in *skatyrnir*, where *-yr-* is written with the abbreviation for *-ur-* 85/18 (see Hreinn Benediktsson 1965, 91), and *Yggs* v300b/5 which is written with *v*. See v141/4 n. and t. n. and v28/4 t. n. Thus 'mysen' 85/20, 'mvleN' 85/21 could both be for either *mýlin(n)* or *múlin(n)*; at v480/3 'dyna' could be for *Dúna* (same symbol as in *-þul* v483/8) and at v480/7 *Mun* is written with *y* in A. Then *v* is written in *sóm-* v223/2, *ór* v241/4 (only; cf. v501/1 t. n.). On unmutated forms like *varn* for *vǫrn* (confirmed by the hending v148/4), *vǫgna* ('va/gna') for *vagna* v67/7, see Hreinn Benediktsson 1963.

Among the departures from normal spelling that may be phonological rather than orthographical is the frequent disappearance of *d* between consonants (before or after *n*), e. g. in *munnlaug* v110/4; *annvanar* v156/4; *ranngríð* v449/6; *vinnbjartr* v454/4; *munngjallr* v458/1 (cf. Glossary and note v130/1 t. n.). Conversely, 'Stnyrti-' is written for *Snyrti-*106/18; and 'fyrst-' is written for *fýst-* v74/3, 'hvrs-' for *hús-* v444/4.

The manuscript is inconsistent in the distribution of *ð/d/t*: *lið* is spelled 'lit' v171/8; *muntu* is spelled 'mvndv' v263/1; *ritat* spelled 'ritað' 78/22 (if it is not *rituð* that is intended; cf. note).

Some consonants are doubled without reason, and in some cases they are written single where doubling would be normal: the manuscript has '-hattar' v83/2; 'varar' v131/2; 'þruttinn' v145/3; 'ætti' v151/8; 'halr' v168/4; 'skaptre' v181/5; 'Rǫkkr' v213/1 (cf. Noreen 1923, § 279.2); 'ifrravǫvll' 85/20; 'næri' (rhyming with *mæringr*) v388/4; 'skattvrnir' v516/19. Some contracted forms of words are used where the metre presupposes uncontracted forms, e. g. *brá* for *bráa*; see note to verse 143 and **á (2)** in Glossary.

Abbreviations are sometimes inconsistently used: 'kall' with abbreviation mark for *kǫlluðu* 5/38, 'ml' with abbreviation sign (i. e. *mælir*) for what surely should be *mælti* 52/9 (usually this scribe writes 'mæl' with a curl on the *l* for *mælir* (2/28, 38, 3/9, 10), 'mæli' with a curl for *mælti* (48/19, 59/14); apparently 'm[ti]' at 1/24); 'svan' with sign for *-us* for *svans* v147/6; *-r* with abbreviation for *-ir* 9/28 (see t. n.) and v316/4 (similarly in the heading in U, *SnE* 1848–87, II 295, where *hefr* seems to be written 'hef*ir*'; see 1/1–2 t. n. and Hreinn Benediktsson 1965, 92); also unusual are 'svþō' for *súðum* v367/1 (perhaps an alteration) and 'sin̄' for *sínum* v250/2, 'son̄' for *sonum* v280/2. Punctuation is editorial (including round brackets), but note is taken of the capitalisation of the manuscript in the arrangement of paragraphs. Verses have been arranged in lines and divided in accordance with what seem the scribe's intentions. Stanza divisions in the *þulur* are marked only by capital letters in R and are in some cases unclear, while divisions between *þulur* are generally indicated by larger ornamental capitals (they are marked in this edition by horizontal lines at the end of each *þula*).

In the margins the chapter numbers of *SnE* 1848–87 I are given (as in *SnE* 1931 in brackets in the text); the first four ('Bragaræður') are there numbered 55–8 (here G55 etc.) in continuation from *Gylfaginning*, and in that edition *Skáldskaparmál* was taken to begin at 5/9.

Table of verse quotations and their preservation

+ before a source means that further verses or lines from the same poem (or in the case of *lausavísur*, further verses by the same poet) appear in the source indicated. Without this sign the source indicated includes one or more of the verses of the poem quoted in *Skáldskaparmál*. When the sign follows the source, it indicates that one or more of the verses and also further verses (or lines) from the same poem appear there. KS = Kings' Sagas (i. e. two or more of *Fagrskinna, Morkinskinna, Hulda–Hrokkinskinna, Heimskringla, ÓTM, ÓH* etc.). EMÓ = *Edda Magnúsar Ólafssonar*. More specific references to sources of the verse quotations are to be found in the General Notes.

* means that the verse is only found in Snorri's *Edda*. Square brackets indicate a second quotation of the same verse. A question mark before a verse number means that it is doubtful whether the verse belongs in the poem it is attributed to.

Anon, *Eiríksmál*: 20; *Fagrskinna*+
—, ?A love poem: *41
—, A love poem: *208
—, ?Poem about Magnús góði: *370
—, ?Poem about St Knútr: *381
—, ?: *209
—, ?: *215
—, ?: *224, *225
—, ?: *235

—, ?: *240
—, ?: *317
—, ?: *342
—, ?: *349, 356, *364; *TGT* (356)
—, ?: *372
—, *Fáfnismál*: 151, 152; *PE*+; +*Gylf.*, +*Sverris saga*
—, *Grímnismál*: 62; *PE*+; +*Gylf.*
—, An eddic poem: *72; ?+U (25/27 n.)
—, An eddic poem: *142
—, *Grottasǫngr*: *159–82
—, *Bjarkamál*: *188, *189, *190; +*Hkr* and *ÓH*, +*EMÓ*
—, *Þorgrímsþula*: *325, *326, *327, *331; (+AB, *hesta heiti*; cf. verses 503–6)
—, *Alsvinnsmál* (*Kálfsvísa*): *328, *329, *330
—, *Alvíssmál*: 332, 380; *PE*+
—, *Þula* of words for groups of men: pp. *106/23–107/11
—, *Þula* (sea kings): *412–416; (+*TGT*)
—, *Þula* (giants): *417–22, *430–431
—, *Þula* (troll-women): *423–427
—, *Þula* (Þórr): *428
—, *Þula* (Æsir): *429, *432
—, *Þula* (Ásynjur etc.): *433–437; (+A, valkyries)
—, *Þula* (women): *438; (+A and U; +A)
—, *Þula* (men): *439–448
—, *Þula* (battle): *449–450
—, *Þula* (swords): *451–462
—, *Þula* (axes): *463
—, *Þula* (spears): *464
—, *Þula* (arrows): *465–6
—, *Þula* (bows): *467
—, *Þula* (weapons): *468
—, *Þula* (shields): *469–71
—, *Þula* (helmets): *472–3
—, *Þula* (mail-coats): *474
—, *Þula* (sea): *475–478; (+A, waves; fiords)
—, *Þula* (rivers): *479–484
—, *Þula* (fish): *485–488
—, *Þula* (whales): *489–90; cf. *Konungs skuggsjá*
—, *Þula* (ships): *491–500
—, *Þula* (earth): *501–2
—, *Þula* (oxen, cows): *503–506; (cf. *Þorgrímsþula*)
—, *Þula* (rams): *507
—, *Þula* (goats): *508–9
—, *Þula* (bears): *510–511
—, *Þula* (stags): *512
—, *Þula* (boars): *513

—, Þula (wolves): *514–15
—, Þula (heavens): *516; (+AB)
—, Þula (sun): *517
Arnórr jarlaskáld, Þorfinnsdrápa: *1, 106, *282 [344], *290, 297, *298, *384;
   +KS, Orkneyinga saga+
—, Hrynhenda: 387, *406; Hkr+, +KS, +TGT and FoGT, +W, +Knýtlinga saga
—, Magnúsdrápa: ?*105, 213, 218, 352; KS+
—, Poem on Hermundr Illugason: *113
—, Rǫgnvaldsdrápa: *114, *296; +ÓH and Orkneyinga saga
—, ?: *116
—, ?Blágagladrápa: *404
—, Memorial poem on Haraldr harðráði: *275, *321, *376; +TGT, +KS
Ásgrímr, ?Poem about King Sverrir: *139
Atli, Poem about Óláfr kyrri: *374
Bersi (Hólmgǫngu-), Lausavísa: 221; Kormaks saga+
Bragi, Ragnarsdrápa: *24, *42, *48, *51, *110, ?*150, *153, 154, *155, *156, *157,
   *158, *237, *238, *250, *251, *252, *253, *254, *366; FoGT, +Gylf. and Hkr
—, Poem about Þórr: *52
—, ?: *141
—, ?Lausavísur: *300a–b
Brennu-Njáll, Lausavísa: 355; KS(+)
Bǫðvarr balti, Sigurðardrápa: *107; +Morkinskinna
Bǫlverkr, Poem on Haraldr harðráði: 353; KS+
Egill, Sonatorrek: 15, 16; Egils saga+
—, Hǫfuðlausn: 31, 184, 319, 350; Egils saga+
—, Arinbjarnarkviða: 60; Egils saga+, + W, +TGT
—, Lausavísur: 140, 392; Egils saga+
Eilífr Guðrúnarson, Poem on Earl Hákon: *36
—, Þórsdrápa: *44, *53, *73–91
—, A Christian poem: *268
Eilífr kúlnasveinn, A poem about Christ?: *271, *272, *273, *276; ?+FoGT
Einarr skálaglamm, Vellekla: *18, *25, *27, *28, *34, *35, *197, *223, *227,
   247, 306, *334; +TGT, Hkr+, ÓTM+, +Fagrskinna
—, Poem about a Danish king: *192, *299
Einarr (skálaglamm or Skúlason?), ?: *222
Einarr (skálaglamm or Skúlason?), Lausavísa: *262
Einarr Skúlason, ?: *128, *129, *130, *131, *132, *134, *339, *346, *351, *357
   (+AB), *362
—, Poem about a ruler: *136 (or part of Øxarflokkr?)
—, Øxarflokkr: *145, *146 [232], *147, *148, *149, *183, *193, *194, *244,
   *245, ?*368; ?+TGT
—, Elfarvísur: 320; Ólsen 1884, 159, Hkr+, Hulda–Hrokkinskinna+
—, ?Haraldssonakvæði I: *233, *281, *312, *335, *336; +U (2 extra lines in
   verse 233), +Hkr, +Msk, +Hulda–Hrokkinskinna
—, ?Haraldssonakvæði II: *399; +KS

lviii   Skáldskaparmál

—, *Runhenda*: *367, *377, 403; KS+
—, *Geisli*: 277; *Flb*+, *Bergsbók*+, +KS, +W, +TGT
Erringar-Steinn, ?*Lausavísa*: *257
Eyjólfr dáðaskáld, *Bandadrápa*: 265, 304 (stef); KS+
Eysteinn Valdason, Poem about Þórr: *45, *46, *47
Eyvindr skáldaspillir, *Háleygjatal*: 5 [278], *23, *33 [40], *61, *220, *307; *TGT*, KS+
—, *Hákonarmál*: 7, 11, 393; *Hkr*+, *Fagrskinna*+
—, *Lausavísur*: 117, 143, 185, 249; KS+, *TGT*
Gamli, Poem about Þórr: *49
—, A praise poem: *401
Gizurr, Poem about a King Óláfr: *382; (+KS)
Glúmr Geirason, *Gráfeldardrápa*: *6, *32, 243, *279 [394]; *Fagrskinna*+, +*TGT* +*Landnámabók*, +KS
Grani, Poem about Haraldr harðráði: *373, 400; KS+ (AB+)
Grettir, *Lausavísa*: 231; *Grettis saga*+
Gunnlaugr ormstunga, *Lausavísa*: 202; *Gunnlaugs saga*+
Hallar-Steinn, Poem about a woman: *201, *203, *204; +*TGT*
Halldórr skvaldri, *Útfarardrápa*: ?*379; +KS, +*TGT*
Hallfrøðr, *Hákonardrápa*: *10, *118 [291], *119, *121, *212, *229, *230, *248, *288
—, *Óláfsdrápa (erfidrápa)*: 397; *ÓTM*+, +KS, +A, +*Þiðreks saga*, +*Hallfreðar saga*
Hallr, Poem on Magnús Erlingsson: *323; ?+*Sverris saga*
Hallvarðr, *Knútsdrápa*: *115 (*stef*), *239, *258, *311, *348, *388; +*Knýtlinga saga*, +*Hkr* and *ÓH*
Haraldr harðráði, *Lausavísur*: 261, 284; KS+ (cf. Brennu-Njáll above)
Hávarðr halti, *Lausavísa*: *2; +*Hávarðar saga*
Illugi, Poem on Haraldr harðráði: *322; +A, +KS
Jórunn, *Sendibítr*: *402; +*Hkr*, +*ÓH*, +*ÓTM*
Kolli see Bǫðvarr
Kormakr, *Sigurðardrápa*: *12 [308], *21, *211, *241, *292, *301; +*Hkr*
Máni, *Lausavísa*: 263; *TGT*, +*Sverris saga*, +*Sturlunga saga*
Markús, *Eiríksdrápa*: *111 (*stef*?), *391, *398, *409; +*Knýtlinga saga*
—, ?Poem about St Knútr: *270; +*TGT*, +AB
—, *Lausavísur*: 260, *369; *TGT*
Ormr Barreyjarskáld, ?: *109, *123
Ormr Steinþórsson, Poem about a woman: *29, *38, 205, *207, *360; *TGT*, +*Flb*, *EMÓ*+
—, ?: *138; ?+U (v303 n.)
Óttarr svarti: *Hǫfuðlausn*: *196 [287], *359, 408; KS+, *Orkneyinga saga*, +FGT
—, *Knútsdrápa*: 217 [314]; KS+, +*Knýtlinga saga*
—, *Óláfsdrápa sænska*: *310, *340, *365, *383, *390, *395
Refr, Poem on Gizurr: *4, *17; +*Hkr* and *ÓH*
—, Poem about Þorsteinn: *30, *216, *264; +*Háttatal*
—, Travel poem: *124, *126 [347], *127, *354, *363
—, ?: *214; (?+*EMÓ*)

Introduction

lix

—, ?Poem to a ruler: *234, ?*246
Sighvatr, Bersǫglisvísur: *386 [411]; +KS, +TGT
—, ?Religious poem: *274
—, ?: *285
—, Nesjavísur: 286; Hkr+, ÓH+, +KS, +TGT
Skapti Þóroddsson, ?A poem about Christ: *269
Skúli Þorsteinsson, Lausavísa: *135
—, Poem on the Battle of Svǫlð: *144, *187, *338, *343; +KS
Snæbjǫrn, Lausavísur: *133, *289
Steinarr, Poem about a woman: *206
Steinn Herdísarson, Óláfsdrápa: *112; +KS
Steinþórr, ?: *13
Stúfr, Stúfsdrápa: *396; +KS
Styrkárr Oddason, ?: *266
Sveinn, Norðrsetudrápa: *125, *137; +TGT
Tindr, Drápa on Earl Hákon: 228; Hkr and ÓTM+, Jómsvíkinga saga+
Úlfr Uggason, Húsdrápa: *8, *14, *19, *39, *54, *55, *56, *63, *64, *210 [316], *242, *303; +W
Valgarðr, Poem about Haraldr harðráði: 358, *371, *378, *410; KS+
Vetrliði, ?Poem to Þórr: *57
Víga-Glúmr, Lausavísa: 3 [226], 255, 337; Víga-Glúms saga+, +Reykdœla saga; 3 and 337 also in Landnámabók
Vǫlu-Steinn, Poem about his son Ǫgmundr: *37, *315
Þjóðólfr Arnórsson, Sexstefja: *120, 122, *186 [389], *236, *280, *309, *318, *333, *385; KS+, +TGT
—, Runhent poem on Haraldr harðráði: *293, *294, *295; +KS
—, Lausavísa: 405; KS+, Hemings þáttr+, +FGT, +TGT, +Sneglu-Halla þáttr
Þjóðólfr hvinverski, Haustlǫng: *65–71, *92–104, [*108, *305, *341]
[Þórarinn loftunga], Tøgdrápa: *200; +Knýtlinga saga, +KS; poet only named in A
Þorbjǫrn dísarskáld, Poem about Þórr: *50, *58
?—, ?A Christian poem: *267
Þorbjǫrn hornklofi, Haraldskvæði: *9; +Gylf., +KS
—, Glymdrápa: 219, 256, 345; KS+
Þórðr Kolbeinsson, Eiríksdrápa: 302, 313, *324; KS+, Jómsvíkinga saga+, +Knýtlinga saga
Þórðr mauraskáld, ?: *195
Þórðr Sjáreksson, Poem on Klœngr Brúsason: 375; Hkr, ÓH, Fagrskinna
—, ?: *59
—, ?Lausavísa: *259; +W, +EMÓ
Þorkell hamarskáld, ?Poem about Óláfr kyrri: *407
Þorleikr fagri, Flokkr on Sveinn Úlfsson: *191, *198, *361; +Knýtlinga saga, +KS
Þórólfr (Þórálfr, Þorvaldr), ?: *22
Þorvaldr blǫnduskáld, ?: *26
—, ?Sigurðardrápa: *199, *283
Ǫlvir hnúfa, ?Poem about Þórr: *43

BIBLIOGRAPHICAL REFERENCES

ÁBM = Ásgeir Blöndal Magnússon. 1989. *Íslensk orðsifjabók*. Reykjavík.
Ágrip: in *Ágrip af Nóregskonunga sǫgum. Fagrskinna—Nóregs konunga tal*. 1984. Ed. Bjarni Einarsson. Reykjavík. (*ÍF* XXIX) [See also Driscoll 1995]
Alfræði íslenzk I–III. 1908–18. Ed. Kr. Kålund and N. Beckman. København.
Alvíssmál: *PE* 124–9.
Andersson, T. M. 1980. *The Legend of Brynhild*. Ithaca and London. (Islandica XLIII)
Anglo-Saxon Chronicle = *Two of the Saxon Chronicles Parallel*. 1922–9. Ed. J. Earle and C. Plummer. Oxford.
Áns saga bogsveigis: *Fas* II 365–403.
ASPR = *The Anglo-Saxon Poetic Records* I–VI. 1931–53. Ed. G. P. Krapp and E. V. K. Dobbie. New York.
Atlakviða: *PE* 240–7.
Atlamál: *PE* 248–63.
Baldrs draumar: *PE* 277–9.
Beowulf and the Fight at Finnsburg. 1950. Ed. Fr. Klæber. Boston.
Biskupa sögur I–II. 1858–78. Gefnar út af Hinu íslenzka bókmentafèlagi. Kaupmannahöfn.
Bjarnar saga Hítdælakappa: in *Borgfirðinga sǫgur* 1938.
Bjarni Einarsson. 1987. *Mælt mál og forn fræði*. Reykjavík.
Blöndal, Sigfús. 1920–24. *Islandsk–Dansk Ordbog*. Reykjavík.
Boer, R. C. 1924. 'Studier over Snorra Edda'. *Aarbøger for nordisk Oldkyndighed og Historie*, 145–272.
Borgfirðinga sǫgur. 1938. Ed. Sigurður Nordal and Guðni Jónsson. Reykjavík. (*ÍF* III)
Bósa saga: *Fas* III 281–322.
Brandr Jónsson (trans.). 1925. *Alexanders saga*. Ed. Finnur Jónsson. København.
Brodeur, A. G. 1952. 'The Meaning of Snorri's Categories'. *University of California Publications in Modern Philology* XXXVI, 129–147.
Bugge, Sophus. 1875. 'Biskop Bjarne Kolbeinsson og Snorres Edda'. *Aarbøger for nordisk Oldkyndighed og Historie*, 209–246.
Bǫglunga sǫgur = *Soga om birkebeinar og baglar. Bǫglunga sǫgur* I–II. 1988. Ed. H. Magerøy. Oslo.
Campbell, A. (ed.). 1938. *The Battle of Brunanburh*. London.
CCIMA = *Corpus codicum Islandicorum medii aevi* I–XX. 1930–56. Copenhagen.

Cleasby, R. and Vigfusson, G. 1957. *An Icelandic–English Dictionary*. 2nd ed. by W. A. Craigie. Oxford.
Clunies Ross, Margaret 1983. 'Snorri Sturluson's use of the Norse origin-legend of the sons of Fornjótr in his *Edda*'. *Arkiv för nordisk filologi* XCVIII, 47–66.
Clunies Ross, Margaret. 1987. *Skáldskaparmál: Snorri Sturluson's ars poetica and medieval theories of language*. Odense.
Danakonunga sǫgur. 1982. Ed. Bjarni Guðnason. Reykjavík. (*ÍF* XXXV)
DD = D. L. Davidson. 'Earl Hákon and his poets'. Unpublished DPhil thesis, University of Oxford 1983.
Driscoll, M. J. (ed. and trans.). 1995. *Ágrip af Nóregskonungasǫgum*. London.
Dronke, Ursula (ed.). 1969–97. *The Poetic Edda* I–II. Oxford.
Edda Magnúsar Ólafssonar (*EMÓ*): see Faulkes 1977–9.
Egils saga einhenda: *Fas* III 323–65.
Egils saga Skalla-Grímssonar. 1933. Ed. Sigurður Nordal. Reykjavík. (*ÍF* II) [See also *Egils saga*. 2003. Ed. Bjarni Einarsson. London.]
Einar Ól. Sveinsson. 1942. *Fagrar heyrði eg raddirnar*. Reykjavík.
Eyrbyggja saga. 1935. Ed. Einar Ól. Sveinsson and Matthías Þórðarson. Reykjavík. (*ÍF* IV)
Elucidarius in Old Norse Translation. 1989. Ed. E. S. Firchow and K. Grimstad. Reykjavík.
Fáfnismál: *PE* 180–188.
Fagrskinna: in *Ágrip af Nóregskonunga sǫgum. Fagrskinna—Nóregs konunga tal*. 1984. Ed. Bjarni Einarsson. Reykjavík. (*ÍF* XXIX)
Falk, Hjalmar. 1889. 'Med hvilken ret kaldes skaldesproget kunstigt?' *Arkiv för nordisk filologi* V, 245–77.
Falk, Hjalmar. 1912. 'Altnordisches Seewesen'. *Wörter und Sachen* IV. Heidelberg, 1–122.
Falk, Hjalmar. 1914. *Altnordische Waffenkunde*. Kristiania.
Falk, Hjalmar. 1922. 'Skaldesprogets Kjenninger'. *Arkiv för nordisk filologi* XXXIX, 59–89.
Fas = *Fornaldar sögur Norðurlanda* I–IV. 1950. Ed. Guðni Jónsson. Reykjavík.
Faulkes, Anthony. 1977. 'Edda'. *Gripla* II, 32–9.
Faulkes, Anthony (ed.). 1977–9. *Two versions of Snorra Edda from the 17th Century*. I. *Edda Magnúsar Ólafssonar*. II. *Edda Islandorum*. Reykjavík.
Faulkes, Anthony. 1978–9. 'Descent from the gods'. *Mediaeval Scandinavia* XI, 92–125.

Faulkes, Anthony (trans.). 1987. Snorri Sturluson. *Edda*. London.
Faulkes, Anthony. 1993a. 'The sources of Skáldskaparmál: Snorri's intellectual background'. *Snorri Sturluson. Kolloquium anläßlich der 750. Wiederkehr seines Todestages*. Ed. Alois Wolf. Tübingen, 59–76. (ScriptOralia 51)
Faulkes, Anthony. 1993b. *What was Viking Poetry for?* Birmingham.
Faulkes, Anthony. 1994. 'Snorri's rhetorical categories'. *Sagnaþing helgað Jónasi Kristjánssyni sjötugum 10. apríl 1994*. Reykjavík, 167–76.
Faulkes, Anthony. 1997. *Poetical inspiration in Old Norse and Old English Poetry*. London.
Faulkes, Anthony (ed.). 1999. Snorri Sturluson. *Edda. Háttatal*. London.
Faulkes, Anthony (ed.). 2005. Snorri Sturluson. *Edda. Prologue and Gylfaginning*. London.
FGT = *The First Grammatical Treatise*. 1972. Ed. Hreinn Benediktsson. Reykjavík.
Fidjestøl, Bjarne. 1980. 'Sjå det som hender, og dikt om det sidan ...'. *Maal og Minne*, 173–80. [English version in Fidjestøl 1997, 294–302]
Fidjestøl, Bjarne. 1982. *Det norrøne fyrstediktet*. Øvre Ervik.
Fidjestøl, Bjarne. 1991. 'Skaldediktinga og trusskiftet. Med tankar om litterær form som historisk kjelde'. *Nordisk hedendom: et symposium*. Ed. Gro Steinsland *et al.* Odense, 113–31. [English version in Fidjestøl 1997, 133–50]
Fidjestøl, Bjarne. 1997. *Selected Papers*. Ed. O. E. Haugen, E. Mundal. Trans. P. Foote. Odense.
Finnur Jónsson. 1900. 'Þórsdrápa Eilífs Goðrúnarsonar'. *Oversigt over det kongelige danske Videnskabernes Selskabs Forhandlinger*, No 5. København, 369–410.
Finnur Jónsson. 1920–24. *Den oldnorske og oldislandske Litteraturs Historie* I–III. København.
Finnur Jónsson. 1924. 'Skjaldekvadenes forståelse'. *Arkiv för nordisk filologi* XL, 320–31.
Fjǫlsvinnsmál: in *Norrœn fornkvæði*. 1867. Ed. S. Bugge. Christiania, 343–51.
Flb = *Flateyjarbók* I–IV. 1944–5. Ed. Sigurður Nordal. Reykjavík.
Fms = *Fornmanna sögur* I–XII. 1825–37. Útgefnar að tilhlutun hins [Konúngliga] Norræna Fornfræða Fèlags. Kaupmannahøfn.
FoGT = *The Fourth Grammatical Treatise* in Ólsen, Björn Magnússon (ed.) 1884, 120–51.
Foote, P. G. 1982. 'Latin rhetoric and Icelandic poetry. Some contacts'. *Saga och sed*, 107–27. Reprinted Foote 1984b, 249–70.

Foote, P. G. 1984a. 'Things in early Norse verse'. *Festskrift til Ludvig Holm-Olsen på hans 70-årsdag den 9. juni 1984*. Øvre Ervik, 74–83.
Foote, Peter. 1984b. *Aurvandilstá*. Odense.
Foote, P. and Wilson, D. M. 1970. *The Viking Achievement*. London.
Fóstbrœðra saga: in *Vestfirðinga sǫgur* 1943.
Frank, Roberta. 1978. *Old Norse Court Poetry*. The Dróttkvætt Stanza. Ithaca and London. (Islandica XLII)
Frank, Roberta. 1981. 'Snorri and the mead of poetry'. *Speculum Norroenum. Norse Studies in Memory of Gabriel Turville-Petre*. Odense, 155–70.
Friðþjófs saga: *Fas* III 75–104.
Fries, Ingegerd. 1994. 'Ár gnæfa marr'. *Sagnaþing helgað Jónasi Kristjánssyni sjötugum 10. apríl 1994*. Reykjavík, 197–205.
Fritzner, J. 1886–96. *Ordbog over det gamle norske Sprog* I–III. Kristiania.
Færeyinga saga. 1987. Ed. Ólafur Halldórsson. Reykjavík.
Gautreks saga: *Fas* IV 1–50.
Gering, H. and Sijmons, B. 1927–31. *Kommentar zu den Liedern der Edda*. Halle (Saale).
Gísla saga: in *Vestfirðinga sǫgur* 1943.
Gísli Brynjúlfsson. 1823. *Periculum runologicum*. Havniæ.
Grettis saga Ásmundarsonar. 1936. Ed. Guðni Jónsson. Reykjavík. (*ÍF* VII)
Grímnismál: *PE* 56–68.
Gríms saga loðinkinna: *Fas* II 183–98.
Grípisspá: *PE* 164–72.
Grógaldr: in *Norrœn fornkvæði*. 1867. Ed. S. Bugge. Christiania, 338–42.
Grottasǫngr: *PE* 297–301 (and *Skáldskaparmál* verses 159–82)
GT Prologue = The Prologue to the Grammatical Treatises in Ólsen, Björn Magnússon (ed.) 1884, 152–5.
Guðrúnarkviða II: *PE* 224–31.
Guðrúnarkviða III: *PE* 232–3.
Gunnlaugs saga ormstungu: in *Borgfirðinga sǫgur* 1938.
Gylf. = *Gylfaginning* in Faulkes, Anthony (ed.) 2005. [Ch. nos as in *SnE* 1848–87, I and *SnE* 1931 in the text]
Gǫngu-Hrólfs saga: *Fas* III 161–280.
Hákonar saga Hákonarsonar. 1887. Ed. G. Vigfusson. London. (Icelandic Sagas II)
Hálfdanar saga Eysteinssonar: *Fas* IV 245–85.
Hálfs saga ok Hálfsrekka: *Fas* II 93–134.
Hallberg, Peter. 1975. *Old Icelandic Poetry. Eddic Lay and Skaldic Verse*. Trans. Paul Schach and Sonja Lindgrenson. London.

Halldór Halldórsson. 1975. *Old Icelandic* heiti *in Modern Icelandic.* Reykjavík.
Hallfreðar saga: in *Vatnsdœla saga* 1939.
Hamðismál: *PE* 269–74.
Hárbarðsljóð: *PE* 78–87.
Harðar saga. 1991. Ed. Þórhallur Vilmundarson and Bjarni Vilhjálmsson. Reykjavík. (*ÍF* XIII)
Háttalykill: in Jón Helgason and Anne Holtsmark (eds). 1941. *Háttalykill enn forni*. København. (Bibliotheca Arnamagnæana I)
Háttatal: in Faulkes, Anthony (ed.) 1999. [Referred to by stanza and, where appropriate, line no.]
Hauksbók. 1892–6. Ed. Eiríkur Jónsson and Finnur Jónsson. København.
Hávamál: *PE* 17–44.
Hávarðar saga Ísfirðings: in *Vestfirðinga sǫgur* 1943.
Heiðarvíga saga: in *Borgfirðinga sǫgur* 1938.
Heiðreks saga = *The saga of King Heiðrek the Wise*. 1960. Ed. and trans. C. Tolkien. London.
Heiðreks saga. 1924. Ed. Jón Helgason. København.
Helgakviða Hjǫrvarðssonar: *PE* 140–49.
Helgakviða Hundingsbana I: *PE* 130–39.
Helgakviða Hundingsbana II: *PE* 150–61.
Helreið Brynhildar: *PE* 219–22.
Hemings þáttr Áslákssonar. 1962. Ed. Gillian Fellows Jensen. Copenhagen. (Editiones Arnamagnæanæ B:3)
Heusler, Andreas. 1950. *Altisländisches Elementarbuch*. Heidelberg.
Hines, J. 1995. 'Egill's *Hǫfuðlausn* in time and place'. *Saga-Book* XXIV:2–3, 83–104.
Hjálmþés saga ok Qlvis: *Fas* IV 177–243.
Hkr = Snorri Sturluson. 1941–51. *Heimskringla* I–III. Ed. Bjarni Aðalbjarnarson. Reykjavík. (ÍF XXVI–XXVIII)
Hofmann, D. 1955. *Nordisch-Englische Lehnbeziehungen der Wikingerzeit*. Kopenhagen. (Bibliotheca Arnamagnæana XIV)
Holtsmark, A. 1964. *Studier i Snorres Mytologi*. Oslo.
Holtsmark, A. (ed.) 1967. P. A. Munch. *Norrøne gude- og heltesagn*. Oslo.
Horace. 1970. *Ars poetica*. In *Satires, Epistles and Ars Poetica*.Trans. H. R. Fairclough. Cambridge, Mass., 450–51.
Hrafns saga Sveinbjarnarsonar. 1987. Ed. Guðrún P. Helgadóttir. Oxford.
Hreinn Benediktsson. 1963. 'Phonemic Neutralization and Inaccurate Rhymes'. *Acta philologica Scandinavica* XXVI:i–ii, 1–18.
Hreinn Benediktsson. 1965. *Early Icelandic Script*. Reykjavík.

Hreinn Benediktsson. 1986. 'OIcel. *oxe, uxe*: Morphology and Phonology'. *NOWELE* VII, 29–97.
Hrólfs saga Gautrekssonar: *Fas* IV 51–176.
Hrólfs saga kraka. 1960. Ed. D. Slay. Copenhagen. (Editiones Arnamagnæanæ B:1)
Hrómundar saga Gripssonar: *Fas* II 405–22.
Hulda–Hrokkinskinna = *Sögur Magnúsar konúngs góda, Haralds konúngs hardráda ok sona hans. Sögur Noregs konúnga frá Magnúsi berfætta til Magnúss Erlíngssonar*. In *Fms* VI–VII.
Hymiskviða: *PE* 88–95.
Hyndluljóð: *PE* 288–96.
ÍF = *Íslenzk fornrit* I ff. Reykjavík 1933– .
Illuga saga Gríðarfóstra: *Fas* III 411–24.
Íslendingabók: in *Íslendingabók. Landnámabók*. 1968. Ed. Jakob Benediktsson. Reykjavík. (*ÍF* I)
Jómsvíkinga saga (efter Cod. AM. 510, 4:to). 1879. Ed. Carl af Petersens. Lund.
Jómsvíkinga saga. 1962. *The Saga of the Jomsvikings*. Ed. and trans. N. F. Blake. London.
JG = Jón Guðmundson. 1924. *Natural History of Iceland*. Ed. Halldór Hermannsson. New York. (Islandica XV)
Jón Helgason (ed.). 1962. *Skjaldevers*. København.
Jón Helgason. 1966. 'Verse aus der Laufás-Edda'. *Festschrift Walter Baetke*. Weimar, 175–80.
Jóns saga helga: in *Íslenzk fornrit* XV₂.
Karlamagnús saga. 1954. Ed. Bjarni Vilhjálmsson. Reykjavík.
Ketils saga hængs: *Fas* II 149–81.
Kluge, Fr. 1911. *Seemannssprache*. Halle a. S.
Knýtlinga saga: in *Danakonunga sǫgur* 1982.
Kock, E. A. (ed.). 1933. 'Ett kapitel nordisk metrik och textkritik'. *Arkiv för nordisk filologi* XLIX, 279–94.
Kock, E. A. (ed.). 1946–9. *Den norsk–isländska skaldediktningen* I–II. Lund.
Konráð Gíslason. 1872. *Nogle Bemærkninger om Skjaldedigtenes Beskaffenhed i formel Henseende*. Kjøbenhavn.
Konráð Gíslason. 1874. *Om Navnet Ýmir*. Kjøbenhavn.
Konráð Gíslason. 1879. 'Bemærkninger til nogle steder i Skáldskaparmál'. *Aarbøger for nordisk Oldkyndighed og Historie*, 185–202.
Konráð Gíslason. 1889. *Njála* II. Udgivet efter gamle Håndskrifter af det kongelige Nordiske Oldskrift-Selskab. Köbenhavn, 1–645.

Konráð Gíslason. 1892. *Udvalg af Oldnordiske Skjaldekvad*. København.
Kormaks saga: in *Vatnsdœla saga* 1939.
Kristnisaga. 1905. Ed. B. Kahle. Halle a. d. S. (Altnordische Saga-Bibliothek XI)
KSk = *Konungs skuggsjá*. 1983. Ed. L. Holm-Olsen. Oslo.
Kuhn, Hans. 1983. *Das Dróttkvætt*. Heidelberg.
Landnámabók: in *Íslendingabók*. *Landnámabók*. 1968. Ed. Jakob Benediktsson. Reykjavík. (ÍF I)
Laxdœla saga. 1934. Ed. Einar Ól. Sveinsson. Reykjavík. (ÍF V)
Legendary saga = *Olafs saga hins helga: Die 'Legendarische Saga' über Olaf den Heiligen (Hs. Delagard. saml. nr. 8^{II})*. 1982. Ed. Anne Heinrichs, Doris Jahnsen, Elke Radicke and Hartmut Röhn. Heidelberg.
Lind, E. H. 1920–21. *Norsk-isländska personbinamn från medeltiden*. Uppsala.
LK = Lúðvík Kristjánsson. 1982. *Íslenskir sjávarhættir* II. Reykjavík.
LML = L. M. Larson (trans.). 1917. *The King's Mirror (Speculum Regale—Konungs skuggsjá)*. New York.
Lokasenna: *PE* 96–110.
LP = Sveinbjörn Egilsson. 1931. *Lexicon Poeticum Antiquæ Linguæ Septentrionalis*. Rev. Finnur Jónsson. København.
Mágus saga: Riddarasögur II. 1949. Ed. Bjarni Vilhjálmsson. Reykjavík, 135–429.
Marold, Edith. 1993. 'Nýgerving und nykrat'. *Twenty-eight papers presented to Hans Bekker-Nielsen on the occasion of his sixtieth birthday 28 April 1993*. Odense, 283–302.
Marold, Edith. 1994. 'Nagellose Masten'. *Sagnaþing helgað Jónasi Kristjánssyni sjötugum 10. apríl 1994*. Reykjavík, 565–79.
McKinnell, John. 1994. *Both One and Many. Essays on Change and Variety in Late Norse Heathenism*. Rome.
Meissner, Rudolf. 1921. *Die Kenningar der Skalden*. Bonn und Leipzig.
Mírmanns saga. 1997. Ed. Desmond Slay. Copenhagen. (Editiones Arnamagnæanæ A:17)
Morkinskinna. 1932. Ed. Finnur Jónsson. København.
Motz, Lotte. 1997. 'The Germanic Thunderweapon'. *Saga-Book* XXIV:5, 329–50.
Müller. F. W. 1941. *Untersuchungen zur Uppsala-Edda*. Dresden.
Mundt, M. 1994. 'ór hǫll Kjárs'. *Helsing til Lars Vassenden på 70-årsdagen*. Ed. Johan Myking et al. Bergen, 117–121.
Njáls saga: Brennu-Njáls saga. 1954. Ed. Einar Ól. Sveinsson. Reykjavík. (ÍF XII)

NN = E. A. Kock. 1923–44. *Notationes Norrænæ* I–XXVIII. Lund. [References are to paragraph numbers]
Noreen, A. 1923. *Altisländische und Altnorwegische Grammatik*. Halle (Saale).
Norna-Gests þáttr: *Flb* I 384–98. Also in *Fas* I 305–35.
Nygaard, M. 1905. *Norrøn syntax*. Kristiania.
Oddr Snorrason. 1932. *Saga Ólafs Tryggvasonar*. Ed. Finnur Jónsson. København.
Oddrúnargrátr: *PE* 234–9.
OED = *The Oxford English Dictionary*. 1989.
ÓH = *Den Store Saga om Olav den Hellige*. 1941. Ed. O. A. Johnsen and Jón Helgason. Oslo.
Ólafur Halldórsson. 1969. 'Snjófríðar drápa'. *Afmælisrit Jóns Helgasonar 30. júní 1969*. Reykjavík, 147–59. Reprinted with additions in Ólafur Halldórsson 1990, 217–32.
Ólafur Halldórsson. 1990. *Grettisfærsla*. Reykjavík.
Ólsen, Björn Magnússon (ed.). 1884. *Den Tredje og Fjærde Grammatiske Afhandling i Snorres Edda*. København.
Ordbog over det norrøne prosasprog I. 1995. Ed. Helle Degnbol *et al*. København.
Orkneyinga saga. 1965. Ed. Finnbogi Guðmundsson. Reykjavík. (*ÍF* XXXIV)
Orms þáttr Stórólfssonar: in *Harðar saga* 1991, 395–421.
Óskar Ingimarsson. 1989. *Ensk-Latnesk-Íslensk og Latnesk-Íslensk-Ensk Dýra- og plöntuorðabók*. Reykjavík.
ÓTM = *Óláfs saga Tryggvasonar en mesta* I–III. 1958–2000. Ed. Ólafur Halldórsson. København. (Editiones Arnamagnæanæ A:1–3)
PE = The Poetic Edda in *Edda. Die Lieder des Codex Regius* I. 1962. Ed. Hans Kuhn. Heidelberg.
Perkins, R. 1984–5. 'Rowing chants and the origins of *Dróttkvæðr háttr*'. *Saga-Book* XXI:3–4, 155–221.
Poole, R. 1982. 'Ormr Steinþórsson and the *Snjófríðardrápa*'. *Arkiv för nordisk filologi* XCVII, 122–37.
Ragnars saga loðbrókar: *Fas* I 219–85.
Reginsmál: *PE* 173–9.
Reichardt, K. 1928. *Studien zu den Skalden des 9. und 10. Jahrhunderts*. Leipzig. (Palaestra 159)
Reichardt, K. 1948. 'Die *Thórsdrápa* des Eilífr Godrúnarson: Textinterpretation'. *PMLA. Publications of the Modern Language Association of America* LXIII, 329–91.

Reichardt, K. 1969. 'A Contribution to the Interpretation of Skaldic Poetry: Tmesis'. *Old Norse Literature and Mythology. A Symposium*. Ed. E. C. Polomé. Austin, Texas, 200–26.
Reykdœla saga: in *Ljósvetninga saga*. 1940. Ed. Björn Sigfússon. Reykjavík. (*ÍF* X)
Rígsþula: *PE* 280–87.
Saxo Grammaticus. 1979–80. *The History of the Danes* I–II. Ed. H. E. Davidson, trans. P. Fisher. Cambridge.
von See, Klaus. 1981. *Edda, Saga, Skaldendichtung*. Heidelberg.
von See, Klaus. 1988. *Mythos und Theologie im Skandinavischen Hochmittelalter*. Heidelberg.
SGT = *The so-called Second Grammatical Treatise*. 1982. Ed. F. D. Raschellà. Firenze.
Shetelig H. and Falk, H. 1937. *Scandinavian Archaeology*. Trans. E. V. Gordon. Oxford.
Sigrdrífumál: *PE* 189–97.
Sigurðarkviða in skamma: *PE* 207–18.
Skáldatal: in *SnE* 1848–87, III 270–86.
Skarðsárbók. Landnámabók Björns Jónssonar á Skarðsá. 1958. Ed. Jakob Benediktsson. Reykjavík.
Skírnismál: *PE* 69–77.
Skj = Finnur Jónsson (ed.). 1912–15. *Den norsk-islandske Skjaldedigtning* A I–II, B I–II. København.
Skjǫldunga saga: in *Danakonunga sǫgur* 1982, 3–90.
SnE = *Snorra Edda*, the Prose Edda.
SnE 1818 = *Snorra-Edda ásamt Skáldu og þarmeð fylgjandi ritgjörðum*. Ed. R. Kr. Rask. Stockhólmi.
SnE 1848–87 = *Edda Snorra Sturlusonar* I–III. Hafniæ.
SnE 1924 = *Edda Snorra Sturlusonar. Codex Wormianus. AM 242, fol*. Ed. Finnur Jónsson. København.
SnE 1931 = *Edda Snorra Sturlusonar*. Ed. Finnur Jónsson. København.
SnE [1952] = *Edda Snorra Sturlusonar*. Ed. Magnús Finnbogason. Reykjavík.
Spearing, A. C. 1987. *Readings in Medieval Poetry*. Cambridge.
Stúfs þáttr: in *Laxdœla saga* 1934.
Sturl. = *Sturlunga saga* I–II. 1946. Ed. Jón Jóhannesson, Magnús Finnbogason, Kristján Eldjárn. Reykjavík.
Sturlaugs saga starfsama: *Fas* III 105–60.
Sverrir Tómasson. 1983. 'Helgisögur, mælskufræði og forn frásagnarlist'. *Skírnir* CLVII, 130–62.

Sverrir Tómasson. 1993. 'Formáli málfræðiritgerðanna fjögurra í Wormsbók'. *Íslenskt mál* XV, 221–40.

Sverris saga. 1920. Ed. Gustav Indrebø. Kristiania.

Sǫrla saga sterka: *Fas* III 367–410.

Sǫrla þáttr: *Flb* I 304–13. Also in *Fas* I 365–82.

TGT = *The Third Grammatical Treatise* in Ólsen, Björn Magnússon (ed.) 1884, 1–119.

Tóka þáttr: *Flb* II 220–22. Also in *Fas* II 135–41.

Tolley, C. 1995. 'The Mill in Norse and Finnish Mythology'. *Saga-Book* XXIV:2–3, 63–82.

Tolley, C. 1996. '*Beowulf*'s Scyld Scefing Episode. Some Norse and Finnish Analogues'. *ARV. Nordic Yearbook of Folklore* LII, 7–48.

Trójumanna saga. 1963. Ed. J. Louis-Jensen. Copenhagen. (Editiones Arnamagnæanæ A:8)

Tryggvi Gíslason. 1984. 'hverr skyldi dverga dróttir skepia'. *Festskrift til Ludvig Holm-Olsen på hans 70-årsdag den 9. juni 1984*. Øvre Ervik, 84–8.

Turville-Petre, E. O. G. 1964. *Myth and Religion of the North*. London.

Turville-Petre, E. O. G. 1976. *Scaldic Poetry*. Oxford.

Vafþrúðnismál: *PE* 45–55.

Vatnsdœla saga. Hallfreðar saga. Kormáks saga. 1939. Ed. Einar Ól. Sveinsson. Reykjavík. (*ÍF* VIII)

Vestfirðinga sǫgur. 1943. Ed. Björn K. Þórólfsson and Guðni Jónsson. Reykjavík. (*ÍF* VI)

Viborg Amts Stednavne. 1948. København.

Víga-Glúms saga: in *Eyfirðinga sǫgur*. 1956. Ed. Jónas Kristjánsson. Reykjavík. (*ÍF* IX)

Vilhjálms saga sjóðs: in *Late Medieval Icelandic Romances* IV. 1964. Ed. Agnete Loth. Copenhagen, 1–136. (Editiones Arnamagnæanæ B:23)

de Vries, J. 1956–7. *Altgermanische Religionsgeschichte* I–II. Berlin.

de Vries, J. 1964–7. *Altnordische Literaturgeschichte* I–II. Berlin.

de Vries, J. 1977. *Altnordisches etymologisches Wörterbuch*. Leiden.

Vǫlsa þáttr: in Anthony Faulkes (ed.). 1980. *Stories from the Sagas of the Kings*. London, 49–61.

Vǫlsunga saga. 1965. *The Saga of the Volsungs*. Ed. and trans. R. G. Finch. London.

Vǫlundarkviða: *PE* 116–23.

Vǫluspá: *PE* 1–16.

Vǫluspá. 1978. Ed. Sigurður Nordal. Durham.

Wessén, E. (ed.). 1940. *Codex Regius of the Younger Edda*. Copenhagen. (CCIMA XIV)

Wessén, E. (ed.). 1945. *Fragments of the Elder and the Younger Edda. AM 748 I and II 4:o*. Copenhagen. (CCIMA XVII)

Worm, Ole. 1636. ᚱᚢᚾᛁᛦ *Seu Danica literatura antiquissima*. Hafniæ.

Wyatt, I. and Cook, J. (eds). 1993. *Two Tales of Icelanders*. Durham.

Yngvars saga víðfǫrla: Fas II 423–59.

Zoëga, Geir T. 1942. *Íslenzk-Ensk Orðabók*. Reykjavík.

Þiðreks saga. 1951. Ed. Guðni Jónsson. Reykjavík.

Þórðar saga hreðu: in *Kjalnesinga saga*. 1959. Ed. Jóhannes Halldórsson. Reykjavík. (*ÍF* XIV)

Þorsteins saga Víkingssonar: Fas III 1–73.

Þorsteins þáttr bæjarmagns: Fas IV 319–44.

Þórunn Valdimarsdóttir. 1989. *Snorri á Húsafelli*. Reykjavík.

Þrymskviða: *PE* 111–15.

Ǫrvar-Odds saga: Fas II 199–363.

MANUSCRIPT SIGLA

R = GkS 2367 4to (Stofnun Árna Magnússonar, Reykjavík); ed. *SnE* 1931; facsimile in Wessén 1940.

T = University Library Utrecht MS No. 1374; ed. W. van Eeden, *De Codex Trajectinus van de Snorra Edda*, Leiden 1913; Árni Björnsson, *Snorra Edda*, Reykjavík 1975; facsimile in *Codex Trajectinus*, ed. Anthony Faulkes, Copenhagen 1985. (Early Icelandic Manuscripts in Facsimile XV)

U = University Library Uppsala DG 11; ed. *SnE* 1848–87, II 250–396; facsimile in *Snorre Sturlas(s)ons Edda. Uppsala-handskriften DG 11*, I, Stockholm 1962; II, Uppsala 1977.

W = AM 242 fol. (Det Arnamagnæanske Institut, Copenhagen); ed. *SnE* 1924; facsimile in *Codex Wormianus*, Copenhagen 1931. (CCIMA II)

A = AM 748 I b 4to (Stofnun Árna Magnússonar, Reykjavík); ed. *SnE* 1848–87, II 397–494; facsimile in Wessén 1945.

B = AM 757 a 4to (Stofnun Árna Magnússonar, Reykjavík); ed. *SnE* 1848–87, II 501–72.

C = AM 748 II 4to (Stofnun Árna Magnússonar, Reykjavík); ed. *SnE* 1848–87, II 573–627, where it is referred to as AM 1 e β fol.; facsimile in Wessén 1945.

GLOSSARY OF TECHNICAL TERMS

aðalhending: the chief *hending* in a couplet, full (internal) rhyme, where two syllables have the same vowel and following consonant or consonant group.

drápa (pl. *drápur*): a formally constructed poem (expected to have a *stef* or refrains).

dróttkvætt: a verse-form with stanzas of 8 six-syllable lines with regular alliteration and hendings (*Háttatal* verses 1–6).

erfidrápa: a memorial poem, a *drápa* in praise of a dead person.

flokkr: a poem consisting of a series of stanzas without refrain (*stef*).

forn minni: ancient tradition, inherited statement, proverb.

fornaldarsaga: saga of ancient times, Heroic saga.

fornyrðislag: a verse-form common in eddic poems as well as in skaldic verse, and similar to that of West Germanic poetry, having two-stress lines linked in pairs by alliteration.

heiti: name, appellation, designation, term (usually, though not always, of a name which is not the usual one by which a person or thing is called; see Glossary).

hending: rhyme, assonance (usually internal rhyme, but also used of end-rhyme).

hrynhent: a verse-form similar to *dróttkvætt* but with lines of eight syllables (*Háttatal* 62–4).

kenning: description, designation (usually a periphrastic one).

klofastef: a refrain in the form of two or more continuous lines of verse separated from each other and distributed individually among two or more stanzas (usually appearing as the last lines of these stanzas, and unrelated syntactically to the rest of them); see *Háttatal*, note to 70/12–16.

kviðuháttr: a verse-form with alternating lines of three and four syllables (*Háttatal* 102).

lausavísa (pl. *-vísur*), *laus vísa*: a separate strophe not part of a sequence or long poem.

liðhent, liðhendur: a verse-form with rhyme and alliteration falling on the same syllables, and/or with assonance between the first (rhyming) syllable of the even line and the hendings of the preceding odd line (*Háttatal* 41 and 53).

ljóðaháttr: 'song-form', a verse form in which two alliterating short lines are followed by one longer line with independent internal alliteration.

málaháttr: a verse-form with lines having an extra syllable compared with *fornyrðislag* (*Háttatal* 95).

mansǫngr: a love poem, or a passage of love poetry in a narrative poem. *Mansǫngsvísa* is a verse from such a passage, or a verse similar to those in a *mansǫngr*.

ofljóst: punning, word-play; often by substituting homonyms when one is a proper name, i. e. using a proper name or a kenning for it for the common noun equivalent.

ókend heiti: names, appellations, designations, terms without periphrasis, without qualifiers or attributives (determinants).

runhent: end-rhymed; see *runhenda* in Glossary to *Háttatal*.

skothending: (internal) half-rhyme, assonance (where two syllables end with the same consonant or consonant group but contain a different vowel).

stef: refrain, a stanza or line or series of lines that are repeated at intervals in (part of) a *drápa*; see Glossary to *Háttatal*.

tmesis: the separation of a word into two parts with another word or words between.

þula: a (versified) list of names or synonyms (*heiti*).

Snorri Sturluson

Edda

PART II

[SKÁLDSKAPARMÁL]

E[INN ma]ðr er nefndr Ægir eða Hlér. Hann bjó í ey þeiri er nú er kǫlluð [Hlé]sey. Hann var mjǫk fjǫlkunnigr. Hann gerði ferð sína til Ásgarðs, en er Æsir vissu ferð hans var honum fagnat vel ok þó margir hlutir með sjónhverfingum. Ok um kveldit er drekka skyldi, þá lét Óðinn bera inn í hǫllina sverð, ok váru svá bjǫrt at þar af lýsti, ok var ekki haft ljós annat meðan við drykkju var setit. Þá gengu Æsir at gildi sínu ok settusk í hásæti tólf Æsir, þeir er dómendr skyldu vera ok svá váru nefndir: Þórr, Njǫrðr, Freyr, Týr, Heimdallr, Bragi, Viðarr, Váli, Ullr, Hœnir, Forseti, Loki; slíkt sama Ásynjur: Frigg, Freyja, Gefjun, Iðunn, Gerðr, Sigyn, Fulla, Nanna. Ægi þótti gǫfugligt þar um at sjásk. Veggþili ǫll váru þar tjǫlduð með fǫgrum skjǫldum. Þar var ok áfenginn mjǫðr ok mjǫk drukkit. Næsti maðr Ægi sat Bragi, ok áttusk þeir við drykkju ok orðaskipti. Sagði Bragi Ægi frá mǫrgum tíðindum þeim er Æsir hǫfðu átt.

Hann hóf þar frásǫgn at 'þrír Æsir fóru heiman, Óðinn ok Loki ok Hœnir, ok fóru um fjǫll ok eyðimerkr ok var ilt til matar. En er þeir koma ofan í dal nakkvarn, sjá þeir øxna flokk ok taka einn uxann ok snúa til seyðis. En er þeir hyggja at soðit mun vera, raufa þeir seyðinn ok var ekki soðit. Ok í annat sinn er þeir raufa seyðinn, þá er stund var liðin, ok var ekki soðit. Mæla þeir þá sín á milli hverju þetta mun gegna. Þá heyra þeir mál í eikina upp yfir sik at sá er þar sat kvazk ráða því er eigi soðnaði á seyðinum. Þeir litu til ok sat þar ǫrn ok eigi lítill. Þá mælti ǫrninn:

'"Vilið þér gefa mér fylli mína af oxanum, þá mun soðna á seyðinum."

'Þeir játa því. Þá lætr hann sígask ór trénu ok sezk á seyðinn ok leggr upp þegar it fyrsta lær oxans tvau ok báða bógana. Þá varð Loki reiðr ok greip upp mikla stǫng ok reiðir af ǫllu afli ok rekr á kroppinn erninum. Ǫrninn bregzk við hǫggit ok flýgr upp. Þá var fǫst stǫngin við kropp arnarins ok hendr Loka við annan enda. Ǫrninn flýgr hátt svá at fœtr taka niðr grjótit ok urðir ok viðu, [en] hendr hans hyggr hann at slitna munu ór ǫxlum. Hann kallar ok biðr allþarfliga ǫrninn friðar, en hann segir at Loki skal aldri lauss verða nema hann veiti honum svardaga at koma Iðunni út of Ásgarð með epli sín, en Loki vil þat. Verðr hann þá lauss ok ferr til lagsmanna sinna ok er eigi at sinni sǫgð fleiri tíðindi um þeira ferð áðr þeir

2 Snorra Edda

koma heim. En at ákveðinni stundu teygir Loki Iðunni út um Ásgarð í skóg nokkvorn ok segir at hann hefir fundit epli þau er henni munu gripir í þykkja, ok bað at hon skal hafa með sér sín epli ok bera saman ok hin. Þá kemr þar Þjazi jǫtunn í arnarham ok tekr Iðunni ok
5 flýgr braut með ok í Þrymheim til bús síns.
  'En Æsir urðu illa við hvarf Iðunnar ok gerðusk þeir brátt hárir ok gamlir. Þá áttu þeir Æsir þing ok [spyrr hverr annan] hvat síðarst vissi til Iðunnar, en þat var sét síðarst at hon gekk ór Ásgarði með Loka. Þá var Loki tekinn ok fœrðr á þingit ok var honum heitit bana
10 eða píslum. En er hann varð hræddr þá kvazk hann mundu sœk‹j›a eptir Iðunni í Jǫtunheima ef Freyja vill ljá honum valshams er hon á. Ok er hann fær valshaminn flýgr hann norðr í Jǫtunheima ok kemr einn dag til Þjaza jǫtuns. Var hann róinn á sæ, en Iðunn var ein heima. Brá Loki henni í hnotar líki ok hafði *í klóm sér ok flýgr sem
15 mest. [E]n er Þjazi kom heim ok saknar Iðunnar, tekr hann arnarhaminn ok flýgr eptir Loka ok dró arnsúg í flugnum. En er Æsirnir sá er valrinn flaug með hnotina ok hvar ǫrninn flaug, þá gengu þeir út undir Ásgarð ok báru þannig byrðar af lokarspánum, ok þá er valrinn flaug inn of borgina, lét hann fallask niðr við borgarvegginn. Þá
20 slógu Æsirnir eldi í lokarspánu en ǫrninn mátti eigi stǫðva er hann misti valsins. Laust þá eldinum í fiðri arnarins ok tók þá af fluginn. Þá váru Æsirnir nær ok drápu Þjaza jǫtun fyrir innan Ásgrindr ok er þat víg allfrægt.
  'En Skaði, dóttir Þjaza jǫtuns, tók hjálm ok brynju ok ǫll hervápn
25 ok ferr til Ásgarðs at hefna fǫður síns. En Æsir buðu henni sætt ok yfirbœtr, ok hit fyrsta at hon skal kjósa sér mann af Ásum ok kjósa at fótum ok sjá ekki fleira af. Þá sá hon eins manns fœtr forkunnar fagra ok mælir:
  '"Þenna kýs ek, fátt mun ljótt á Baldri."
30 'En þat var Njǫrðr ór Nóatúnum. Þat hafði hon ok í sættargjǫrð sinni at Æsir skyldu þat gera er hon hugði at þeir skyldu eigi mega, at hlœgja hana. Þá gerði Loki þat at hann batt um skegg geitar nokkvorrar ok ǫðrum enda um hreðjar sér ok létu þau ymsi eptir ok skrækti hvárttveggja við hátt. Þá lét Loki fallask í kné Skaða ok þá
35 hló hon. Var þá gjǫr sætt af Ásanna hendi við hana.
  'Svá er sagt at Óðinn gerði þat til yfirbóta við hana at hann tók augu Þjaza ok kastaði upp á himin ok gerði af stjǫrnur tvær.'
  Þá mælir Ægir: 'Mikill þykki mér Þjazi fyrir sér hafa verit, eða hvers kyns var hann?'

Skáldskaparmál

Bragi svarar: 'Ǫlvaldi hét faðir hans, ok merki munu þér at þykkja ef ek segi þér frá honum. Hann var mjǫk gullauðigr, en er hann dó ok synir hans skyldu skipta arfi, þá hǫfðu þeir mæling at gullinu er þeir skiptu at hverr skyldi taka munnfylli sína ok allir jafnmargar. Einn þeira var Þjazi, annarr Iði, þriði Gangr. En þat hǫfum vér orðtak nú með oss at kalla gullit munntal þessa jǫtna, en vér felum í rúnum eða í skáldskap svá at vér kǫllum þat mál eða orðta‹k›, tal þessa jǫtna.'

Þá mælir Ægir: 'Þat þykki mér vera vel fólgit í rúnum.'

Ok enn mælir Ægir: 'Hvaðan af hefir hafizk sú íþrótt er þér kallið skáldskap?'

Bragi svarar: 'Þat váru upphǫf til þess at guðin hǫfðu ósætt við þat fólk er Vanir heita, en þeir lǫgðu með sér friðstefnu ok settu grið á þá lund at þeir gengu hvárirtveggju til eins kers ok spýttu í hráka *sínum. En at skilnaði þá tóku goðin ok vildu eigi láta týnask þat griðamark ok skǫpuðu þar ór mann. Sá heitir Kvasir. Hann er svá vitr at engi spyrr hann þeira hluta er eigi kann hann órlausn. Hann fór víða um heim at kenna mǫnnum frœði, ok þá er hann kom at heimboði til dverga nokkvorra, Fjalars ok Galars, þá kǫlluðu þeir hann með sér á einmæli ok drápu hann, létu renna blóð hans í tvau ker ok einn ketil, ok heitir sá Óðreyrir, en kerin *heita Són ok Boðn. Þeir blendu hunangi við blóðit ok varð þar af mjǫðr sá er hverr er af drekkr verðr skáld eða frœðamaðr. Dvergarnir sǫgðu Ásum at Kvasir hefði kafnat í mannviti fyrir því at engi var þar svá fróðr at spyrja kynni hann fróðleiks.

'Þá buðu þessir dvergar til sín jǫtni þeim er Gillingr heitir ok konu hans. Þá buðu dvergarnir Gillingi at róa á sæ með sér. En er ‹þeir› fóru fyrir land fram, røru dvergarnir á boða ok hvelfði skipinu. Gillingr var ósyndr ok týndisk hann, en dvergarnir réttu skip sitt ok reru til lands. Þeir sǫgðu konu hans þenna atburð, en hon kunni illa ok grét hátt. Þá spurði Fjalarr hana ef henni mundi hugléttara ef hon sæi út á sæinn þar er hann hafði týnzk, en hon vildi þat. Þá mælti hann við Galar bróður sinn at hann skal fara upp yfir dyrrnar er hon gengi út ok láta kvernstein falla í hǫfuð henni, ok talði sér leiðask óp hennar, ok svá gerði hann. Þá er þetta spurði Suttungr bróðurson Gillings, ferr hann til ok tók dvergana ok flytr á sæ út ok setr þá í flœðarsker. Þeir biðja Suttung sér lífsgriða ok bjóða honum til sættar í fǫðurgjǫld mjǫðinn dýra, ok þat verðr at sætt með þeim. Flytr Suttungr mjǫðinn heim ok hirðir þar sem heita Hnitbjǫrg, setr

þar til gæzlu dóttur sína Gunnlǫðu. Af þessu kǫllum vér skáldskap Kvasis blóð eða dverga drekku eða fylli eða nakkvars konar lǫg Óðreris eða Boðnar eða Sónar eða farskost dverga, fyrir því at sá mjǫðr f[lut]ti þeim fjǫrlausn ór skerinu, eða Suttunga mjǫð eða
5 Hnitbjarga lǫgr.'
G58 Þá mælir Ægir: 'Myrkt þykki mér þat mælt at kalla skáldskap með þessum heitum, en hvernig kómu þeir Æsir at Suttunga miði?'
Bragi svarar: 'Sjá saga er til þess at Óðinn fór heiman ok kom þar er þrælar níu slógu hey. Hann spyrr ef þeir vili at hann brýni ljá
10 þeira. Þeir játa því. Þá tekr hann hein af belti sér ok brýndi, en þeim þótti bíta ljárnir myklu betr ok fǫluðu heinina. En hann mat svá at sá er kaupa vildi skyldi gefa við hóf, en allir kváðusk vilja ok báðu hann sér selja, en hann kastaði heininni í lopt upp. En er allir vildu henda þá skiptusk þeir svá við at hverr brá ljánum á háls ǫðrum.
15 Óðinn sótti til náttstaðar til jǫtuns þess er Baugi hét, bróðir Suttungs. Baugi kallaði ilt fjárhald sitt ok sagði at þrælar hans níu hǫfðu drepizk, en talðisk eigi vita sér ván verkmanna. En Óðinn nefndisk fyrir honum Bǫlverkr. Hann bauð at taka upp níu manna verk fyrir Bauga, en mælir sér til kaups einn drykk af Suttunga miði. Baugi
20 *kvazk enskis *ráð eiga af miðinum, sagði at Suttungr vildi einn hafa, en fara kvezk hann mundu með Bǫlverki ok freista ef þeir fengi mjǫðinn. Bǫlverkr vann um sumarit níu mannsverk fyrir Bauga, en at vetri beiddisk hann Bauga leigu sinnar. Þá fara þeir báðir ‹til Suttungs›. Baugi segir Suttungi bróður sínum kaup þeira
25 Bǫlverks, en Suttungr synjar þverliga hvers dropa af miðinum. Þá mælir Bǫlverkr til Bauga at þeir skyldu freista véla nokkvorra, ef þeir megi ná miðinum, en Baugi lætr þat vel vera. Þá dregr Bǫlverkr fram nafar þann er Rati heitir ok mælir at Baugi skal bora bjargit ef nafarrinn bítr. Hann gerir svá. Þá segir Baugi at gǫgnum er borat
30 bjargit, en Bǫlverkr blæss í nafars raufina ok hrjóta spænirnir upp í móti honum. Þá fann hann at Baugi vildi svíkja hann, ok bað bora gǫgnum bjargit. Baugi boraði enn. En er Bǫlverk‹r› blés annat sinn, þá fuku inn spænirnir. Þá brásk Bǫlverkr í orms líki ok skreið í nafars raufina, en Baugi stakk eptir honum nafrinum ok misti hans.
35 Fór Bǫlverkr þar til sem Gunnlǫð var ok *lá hjá henni þrjár nætr, þá lofaði hon honum at drekka af miðinum þrjá drykki. Í inum fyrsta drykk drakk hann al‹t› ór Óðreri, en í ǫðrum ór Boðn, í inu‹m› þriðja ór Són, ok hafði hann þá allan mjǫðinn. Þá brásk hann í arnarham ok flaug sem ákafast. En er *Suttungr sá flug arnarins, tók hann sér

Skáldskaparmál 5

arnarham ok flaug eptir honum. En er Æsir sá hvar Óðinn flaug þá settu *þeir út í garðinn ker sín, en er Óðinn kom inn of Ásgarð þá spýtti hann upp miðinum í kerin, en honum var þá svá nær komit at Suttungr mundi ná honum at hann sendi aptr suman mjǫðinn, ok var þess ekki gætt. Hafði þat hverr er vildi, ok kǫllum vér þat skáldfífla *hlut. En Suttunga mjǫð gaf Óðinn Ásunum ok þeim mǫnnum er yrkja kunnu. Því kǫllum v[ér] skáldskapinn feng Óðins ok fund ok drykk hans ok gjǫf hans ok drykk Ásanna.'

Þá mælir Ægir: 'Hversu á marga lund breytið þér orðtǫkum skáldskapar, eða hversu mǫrg eru kyn skáldskaparins?'

Þá mælir Bragi: 'Tvenn eru kyn þau er greina skáldskap allan.'

Ægir spyrr: 'Hver tvenn?'

Bragi segir: 'Mál ok hættir.'

'Hvert máltak er haft til skáldskapar?'

'Þrenn *er grein skáldskaparmáls.'

'Hver?'

'Svá: at nefna hvern hlut sem heitir; ǫnnur grein er sú er heitir fornǫfn; in þriðja málsgrein er kǫlluð er kenning, ok ‹er› sú grein svá sett at vér kǫllum Óðin eða Þór eða Tý eða einnhvern af Ásum eða álfum, at hverr þeira er ek nefni til, þá tek ek með heiti af eign annars Ássins eða get ek hans verka nokkvorra. Þá eignask hann nafnit en eigi hinn er nefndr var, svá sem vér kǫllum Sigtý eða Hangatý eða Farmatý, þat er þá Óðins heiti, ok kǫllum vér þat kent heiti. Svá ok at kalla Reiðartý.'

En þetta er nú at segja ungum skáldum þeim er girnask at nema mál skáldskapar ok heyja sér orðfjǫlða með fornum heitum eða girnask þeir at kunna skilja þat er hulit er kveðit: þá skili hann þessa bók til fróðleiks ok skemtunar. En ekki er at gleyma eða ósanna svá þessar sǫgur at taka ór skáldskapinum for[nar ke]nningar þær er hǫfuðskáld hafa sér líka látit. En eigi skulu kristnir menn trúa á heiðin goð ok eigi á sannyndi þessar sagnar annan veg en svá sem hér finnsk í upphafi bókar er sagt er frá atburðum þeim er mannfólkit viltisk frá réttri trú, ok þá næst frá Tyrkjum, hvernig Asiamenn þeir er Æsir eru kallaðir fǫlsuðu frásagnir þær frá þeim tíðindum er gerðusk í Troju til þess at landfólkit skyldi trúa þá guð vera.

Priamus konungr í Troju var hǫfðingi mikill yfir ǫllum her Tyrkja ok hans synir váru tignastir af ǫllum her hans. Sá salr hinn ágæti er Æsir kǫlluðu Brimis sal eða bjórsal, þat var hǫll Priamus konungs. En þat er þeir gera langa frásǫgn of ragnrøkr, þat er Trojumanna

6 Snorra Edda

orrosta. Þat er frá sagt at Ǫkuþórr engdi oxahǫfði ok dró at borði Miðgarðsorm, en ormrinn helt svá lífinu at hann søktisk í hafit. Eptir þeim dœmum er þetta sagt er Ektor drap Volukrontem ágætan kappa at ás‹j›ánda inum mikla Akille ok teygði hann svá at sér með hǫfði hins drepna þess er þeir jǫfnuðu til oxans þess er Ǫkuþórr hafði hǫfuðit af. En er Akilleus var dreginn í þetta ófœri með sínu kappi þá var honum sú ein lífshjálpin at flýja undan banvænligu hǫggvi Hektoris ok þó sárr. Svá er ok sagt at Ektor sótti svá ákafliga orrostuna ok svá miklir váru ofrhugir hans er hann sá Akilleus at engi hlutr var svá sterkr at standask mætti fyrir honum, ok er hann misti Akilleus ok hann var flýiðr þá sefaði hann svá reiði sína at hann drap þann kappa er Roddrus hét. Svá sǫgð‹u› Æsir at þá er Ǫkuþórr misti ormsins þá drap hann Ymi jǫtunn, en við ragnarøkr kom Miðgarðsormr váveifliga at Þór ok blés á hann eitri ok hjó hann til bana, en eigi nentu Æsir at segja svá at Ǫkuþórr hefði því látizk at einn stigi yfir hann dauðan þótt svá hefði verit, en meir hrǫpuðu þeir frásǫgninni en satt var en þeir sǫgðu at Miðgarðsormr fengi þar bana. En þat fœrðu þeir til, þótt Akilleus bar banaorð af Ektori þá lá hann dauðr á sama velli af þeim sǫkum. Þat gerðu þeir Elenus ok Alexander. Þann Elenus kalla Æsir Ála. Þat segja þeir at hann hefndi bróður síns ok hann lifði þá er ǫll goðin váru dauð ok sloknaðr var eldrinn sá er brendr var Ásgarðr ok allar eignir goðanna. En Pirrus, honum jǫfnuðu þeir til Fenrisúlfs, hann drap Óðin, en Pirrus mátti vargr heita at þeira trú því at eigi þyrmði hann griðastǫðunum er hann drap konunginn í hofinu fyrir stalla Þórs. Þat kalla þeir Surtaloga er Troja brann. En Móði ok Magni synir Ǫkuþórs kvámu at krefja landa Ála eða Viðar. Hann er Eneas, hann kom braut af Troju ok vann síðan stór verk. Svá er ok sagt at synir Ektoris kómu til Frigialands ok settusk sjálfir í þat ríki, en ráku í braut Elenum.

2 Enn skal láta heyra dœmin hvernig hǫfuðskáldin hafa látit sér sóma at yrkja eptir þessum heitum ok kenni‹n›gum, svá sem segir Arnórr jarlaskáld at hann heiti Alfǫðr:

(1)   Nú hykk slíðrhugað‹s› segja
        —síð léttir mér stríða;
        þýtr Alfǫður—ýtum
        jarls kostu—brim hrosta.

Hér kallar hann ok skáldskapinn hrostabrim Alfǫður. Hávarðr halti kvað svá:

Skáldskaparmál

(2) Nú er jódraugum ægis
arnar flaug—ok bauga,
hygg ek at heimboð þiggi
Hangagoðs—of vangi.

Svá kvað Víga-Glúmr:

(3) Lattisk herr með hǫttu
Hangatýs at ganga—
þóttit þeim at hætta
þekkiligt—fyrir brekku.

Svá kvað Refr:

(4) Opt kom—jarðar leiptra
er Baldr hniginn skaldi—
hollr at helgu fulli
*hrafn-Ásar mér—stafna.

Svá kvað Eyvindr skáldaspillir:

(5) Ok Sigurðr
hinn er svǫnum veitti
*hróka bjór
Haddingja vals
Farmatýs—
fjǫrvi næmðu
*jarðráðendr
á Ǫglói.

Svá kvað Glúmr Geirason:

(6) Þar var þrafna byrjar,
þeim er stýrðu ‹goð›, Beima
sjálfr í sœkiálfi
Sigtýr Atals dýra.

Svá kvað Eyvindr enn:

8 Snorra Edda

(7) Gǫndul ok Skǫgul
     sendi Gautatýr
     at kjósa of konunga
     hverr Yngva ættar
     skyldi með Óðni fara
     ok í Valhǫllu vera.

Svá kvað Úlfr Uggason:

(8) Ríðr at vilgi *víðu
     víðfrægr (en mér líða)
     Hroptatýr (of hvapta
     hróðrmál) sonar báli.

Svá kvað Þjóðólfr inn hvinverski:

(9) Valr lá þar á sandi
     vit‹inn› inum eineygja
     Friggjar faðmbyggvi.
     Fǫgnuðum dáð slíkri.

Þat kvað Hallf‹r›øðr:

(10) Sannyrðum spenr sverða
     *snarr þiggjandi viggjar
     *barrhaddaða byrjar
     *biðkván *und sik Þriðja.

Hér er þess dœmi at jǫrð er kǫlluð kona Óðins í skáldskap. Svá er hér sagt at Eyvindr kvað:

(11) Hermóðr ok Bragi
     (kvað Hroptatýr)
     gangið í gǫgn grami
     þvíat konungr ferr
     sá er kappi þykkir
     til hallar hinig.

Svá kvað Kormakr:

Skáldskaparmál 9

(12) Eykr með ennidúki
 *jarðhljótr díaf‹j›arðar
 breyti hún sá er beinan
 bindr. Seið Yggr til Rindar.

Svá sagði Steinþórr:

(13) Forngervan á ek firnum
 farms Gunnlaðar arma
 horna fors at hrósa
 hlítstyggs ok þó *lítinn.

Svá kvað Úlfr Uggason:

(14) Þar hykk sigrunni svinnum
 sylgs valkyrjur fylgja
 heilags tafns ok hrafna.
 Hlaut innan svá minnum.

Svá kvað Egill Skallagrímsson:

(15) Blót ek eigi af því
 bróður Vílis
 guð jarðar
 at ek gjarna sjá.
 Þó hefir Míms vinr
 mér of fengit
 bǫlva bœtr
 er it betra telk.

(16) Gáfumk íþrótt
 úlfs ok bági
 vígi *vanr
 vammi firða.

Hér er hann kallaðr guðjaðarr ok Míms vinr ok úlfs bági. Svá kvað Refr:

(17) Þér eigu vér veigar
 Valgautr salar brautar

Snorra Edda

Fals hrannvalar fannar
framr valdi tamr gjalda.

Svá kvað Einarr skálaglamm:

(18) Hljóta mun ek (ne hlítir)
      Hertýs (of þat frýju)
      fyrir ǫrþeysi at ausa
      austr víngnoðar flausta.

Svá sem Úlfr kvað Uggason:

(19) Kostigr ríðr at kesti
      kynfróðs þeim er goð hlóðu
      hrafnfreistaðar hesti
      Heimdallr at mǫg fallinn.

Svá er sagt í Eiríksmálum:

(20) 'Hvat er þat drauma?' ‹kvað› Óðinn.
      'Ek hugðumk fyrir dag rísa
      Valhǫll ryðja
      fyrir vegnu fólki,
      vekða ek einherja,
      bæða ek upp rísa
      bekki at strá,
      bjórker leyðra,
      valkyrjur vín bera
      sem vísi komi.'

Þat kvað Kormakr:

(21) Algildan bið ek aldar
      allvald of mér halda
      ýs bifvangi Yngva
      ungr. Fór Hroptr með Gu‹n›gni.

Þat kvað Þórólfr:

Skáldskaparmál 11

(22) Sagði hitt er hugði
      Hliðskjálfar gramr sjálfum
      hlífar styggr þar er hǫgnir
      Háreks liðar váru.

Svá kvað Eyvindr:

(23) Hinn er Surts
      ór søkkdǫlum
      farmagnuðr
      fljúgandi bar.

Svá kvað Bragi:

(24) Þat erumk sent at snemma
      sonr Aldafǫð‹r›s vildi
      afls við úri þafðan
      jarðar reist of freista.

Svá kvað Einarr:

(25) Þvíat fjǫlkostigr flestu
      flestr ræðr við son Bestlu
      —‹tekit› *hefi ek morðs til mærðar—
      mæringr en þú færa.

Svá kvað Þorvaldr blǫnduskáld:

(26) Nú hefi ek mart
      í miði greipat
      burar Bors
      Búra arfa.

Hér skal heyra hvé skáldin hafa kent skáldskapinn eptir þessum heitum er áðr eru rituð, svá sem er at kalla Kvasis dreyra ok dverga skip, dverga mjǫð, jǫtna mjǫð, Suttunga mjǫð, Óðins mjǫð, Ása mjǫð, fǫðurgjǫld jǫtna, lǫgr Óðreris ok Boðnar ok Sónar ok fyllr, lǫgr Hnitbjarga, fengr ok fundr ok farmr ok gjǫf Óðins, svá sem hér er kveðit er orti Einarr skálaglamm:

12 Snorra Edda

(27) Hugstóran bið ek heyra
—heyr, jarl, Kvasis dreyra—
foldar vǫrð á fyrða
fjarðleggjar brim dreggjar.

Ok sem kvað Einarr enn skálaglamm:

(28) Ullar gengr of alla
asksǫgn þess er hvǫt magnar
byrgis bǫðvar sorgar
bergs geymilá dverga.

Svá sem kvað Ormr Steinþórsson:

(29) At væri borit bjórs
bríkar ok mitt lík
—rekkar nemi dauðs drykk
Dvalins—í einn sal.

Ok sem Refr kvað:

(30) Grjótaldar *ték gildi
geðreinar Þorsteini.
Berg-Mœra glymr bára,
bið ek lýða† kyn hlýða.

Svá sem kvað Egill:

(31) Buðumk hilmir lǫð,
*þar á ek hróðrs of kvǫð.
Bar ek Óðins mjǫð
á Engla bjǫð.

Ok sem kvað Glúmr Geirason:

(32) Hlýði, hapta beiðis
hefk mildinga gildi.
Því *biðjum vér þǫgnar
þegna tjón *at fregnum.

Skáldskaparmál   13

Ok sem kvað Eyvindr:

(33)   Vilja ek hlj‹ó›ð
         at *Hárs líði
         meðan Gillings
         gjǫldum yppik,
         meðan hans ætt
         í hverlegi
         gálga farms
         til goða teljum.

Svá sem Einarr kvað skálaglamm:

(34)   Eisar *vágr fyrir vísa,
         verk Rǫgnis mér *hagna,
         þýtr Óðreris alda
         aldr hafs við fles galdra.

Ok enn sem hann kvað:

(35)   Nú er þats Boðnar bára,
         berg-Saxa, tér vaxa,
         gørvi í hǫll ok hlýði
         hljóð fley jǫfurs þjóðir.

Ok sem kvað Eilífr Guðrúnarson:

(36)   *Verði *þér, alls orða
         oss grœr of kon *mæran
         á sefreinu Sónar
         sáð, vingjǫfum ráða.

Svá sem kvað Vǫlu-Steinn:

(37)   Heyr Míms vinar *mína
         —mér er fundr gefinn Þundar—
         við góma sker glymja
         glaumbergs, *Egill, strauma.

Svá kvað Ormr Steinþórsson:

(38) Seggir *þurfut *ala ugg—
    engu *sný ek í Viðurs feng
    háði, kunnum hróðrsmíð
    haga—of minn brag.

Svá kvað Úlfr Uggason:

(39) Hoddmildum *ték hildar
    hugreifum Óleifi—
    hann vil ek at gjǫf Grímnis—
    geð-Njarðar lá—kveðja.

Skáldskapr er kallaðr sjár eða lǫgr dverganna, fyrir því at Kvasis blóð var lǫgr í Óðreri áðr mjǫðrinn væri gjǫrr, ok þar gerðisk hann í katlinum, ok er hann kallaðr fyrir því hverlǫgr Óðins svá sem kvað Eyvindr ok fyrr var ritat:

(40) Meðan hans ætt
    í hverlegi
    gálga farms
    til goða teljum.

Enn er kallaðr skáldskaprinn far eða lið dverganna; líð heitir ǫl ok lið heitir skip. Svá er tekit til dœma at skáldskapr er nú kallaðr fyrir því skip dverga, svá sem hér segir:

(41) *Bæði á ek til brúðar
    bergjarls ok skip dverga
    sollinn vind at senda
    seinfyrnd gǫtu eina.

Hvernig skal kenna Þór? Svá at kalla hann son Óðins ok Jarðar, faðir Magna ok Móða ok Þrúðar, verr Sifjar, stjúpfaðir Ullar, stýrandi ok eigandi Mjǫllnis ok megingjarða, Bilskirnis, verjandi Ásgarðs, Miðgarðs, dólgr ok bani jǫtna ok trǫllkvinna, vegandi Hrungnis, Geirrøðar, Þrívalda, dróttinn Þjálfa ok Rǫsku, dólgr Miðgarðsorms, fóstri Vingnis ok *Hlóru. Svá kvað Bragi skáld:

(42) Vaðr lá Viðris arfa
    vilgi slakr er rakðisk,

Skáldskaparmál 15

á Eynæfis ǫndri,
Jǫrmungandr at sandi.

Svá kvað Ǫlvir hnúfa:

(43)   Œstisk allra landa
       umgjǫrð ok sonr Jarðar.

Svá kvað Eilífr:

(44)   Reiðr stóð Rǫsku bróðir;
       vá gagn faðir Magna.
       Skelfra Þórs né Þjálfa
       þróttar steinn við ótta.

Ok sem kvað Eysteinn Valdason:

(45)   Leit á bratt‹r›ar *brautar
       baug hvassligum augum,
       œstisk áðr at flausti
       ǫggs búð, faðir Þrúðar.

Enn kvað Eysteinn:

(46)   Sín bjó Sifjar rúni
       snarla fram með karli
       —hornstraum getum Hrímnis
       hrœra—veiðarfœri.

Ok enn kvað hann:

(47)   Svá brá viðr at sýjur
       seiðr rendi fram breiðar
       jarðar; út at borði
       Ulls mág[s] hnefar skullu.

Svá kvað Bragi:

(48)   Hamri fórsk í hœgri
       hǫnd þar er allra landa

16 Snorra Edda

ægir Qflugbarða
*endiseiðs *of kendi.

Svá kvað Gamli:

(49)   Meðan gramr hinn er svik samði‹t›
         snart Bilskirnis hjarta
         grundar fisk með grandi
         gljúfrskeljungs nam rjúfa.

Svá kvað Þorbjǫrn dísarskáld:

(50)   Þórr hefir Yggs með árum
         Ásgarð af þrek varðan.

Svá kvað Bragi:

(51)   Ok *borðróins barða
         brautar hringr inn ljóti
         ‹á haussprengi Hrungnis›
         harðgeðr neðan starði.

Enn kvað Bragi:

(52)   Vel hafið yðrum eykjum
         aptr, *Þrívalda, haldit
         simbli sumbls of mærum
         sundrkljúfr níu haufða.

Svá kvað Eilífr:

(53)   Þrøngvir gein við þungum
         þangs rauðbita tangar
         kveldrunninna kvinna
         kunnleggs alinmunni.

Svá kvað Bragi:

(54)   Þjokkvǫxnum kvað þykkja
         þikling *firinmikla

Skáldskaparmál 17

hafra njóts at ‹hǫfgum›
hætting megindrætti.

Svá kvað Úlfr:

(55) Fullǫflugr lét fellir
fjall-Gauts hnefa skjalla
—ramt mein var ‹þat›—reyni
*reyrar leggs við eyra.

Enn kvað Úlfr:

(56) Víðgymnir laust Vimrar
vaðs af fránum naðri
hlusta grunn við hrǫnnum.
Hlaut innan svá minnum.

Hér er hann kallaðr jǫtunn Vimrar vaðs. Á heitir Vimur, er Þórr óð
þá er hann sótti til Geirrøðargarða. Ok svá kvað Vetrliði:

(57) Leggi brauzt þú Leiknar,
*lamðir Þrívalda,
steyptir *Starkeði,
stóttu of Gjálp dauða.

Ok svá kvað Þorbjǫrn dísarskáld:

(58) Ball í Keilu kolli,
Kjallandi brauzt þú alla,
áðr draptu Lút ok Leiða,
léztu dreyra Búseyru,
*heptir þú Hengjankjǫptu,
Hyrrokkin dó fyrri,
þó var snemr hin sáma
Svívǫr numin *lífi.

Hvernig skal kenna Baldr? Svá at kalla hann son Óðins ok Friggjar,
ver Nǫnnu, faðir Forseta, eigandi Hringhorna ok Draupnis, dólgr
Haðar, Heljar sinni, gráta guð. Úlfr Uggason hefir kveðit eptir sǫgu

18 Snorra Edda

Baldrs langt skeið í Húsdrápu, ok ritat er áðr dœmi til þess er Baldr er svá kendr.

6 Hvernig skal kenna Njǫrð? Svá at kalla hann vagna guð eða Vana nið eða Van ok fǫður Freys ok Freyju, *gefanda guð. Svá segir Þórðr Sjáreksson:

(59) Varð sjálf sonar—
      nama snotr una—
      Kjalarr of tamði—
      kváðut Hamði—
      —Goðrún bani
      —goðbrúðr Vani
      —heldr vel mara
      —hǫrleik spara.

Hér er þess getit er Skaði gekk frá Nirði sem fyrr er ritat.
7 Hvernig skal kenna Frey? Svá at kalla hann son Njarðar, bróður Freyju ok enn Vana guð ok Vana nið ok Vanr ok árguð ok fégjafa. Svá kvað Egill Skallagrímsson:

(60) Þvíat Grjótbjǫrn
      of gœddan hefr
      Freyr ok Njǫrðr
      at fjárafli.

Freyr er kallaðr Belja dólgr, svá sem kvað Eyvindr skáldaspillir:

(61) Þá er útrǫst
      jarla bági
      Belja dólgs
      byggja vildi.

Hann ⟨er⟩ eigandi Skíðblaðnis ok galtar þess er Gullinbusti heitir, svá sem hér segir:

(62) Ívalda synir
      gengu í árdaga
      Skíðblaðni at skipa,
      skipa bazt,

Skáldskaparmál 19

skírum Frey,
nýtum Njarðar bur.

Svá segir Úlfr Uggason:

(63) Ríðr á *bǫrg til borgar
 bǫðfróðr sonar Óðins
 Freyr ok fólkum stýrir
 fyrst ok gulli byrstum.

Hann heitir ok Slíðrugtanni.
Hvernig skal Heimdall kenna? Svá at kalla hann son níu mœðra, vǫrð guða, svá sem fyrr er ritat, eða hvíta Ás, Loka dólg, mensœkir Freyju. Heimdalar hǫfuð heitir sverð; svá er sagt at hann var lostinn manns hǫfði í gǫgnum. Um hann er kveðit í Heimdalargaldri, ok er síðan kallat hǫfuð mjǫtuðr Heimdalar; sverð heitir manns mjǫtuðr. Heimdalr er eigandi Gulltopps. Hann er ok tilsœkir Vágaskers ok Singasteins; þá deildi hann við Loka um Brísingamen. Hann heitir ok Vindlér. Úlfr Uggason kvað í Húsdrápu langa stund eptir þeiri frásǫgu; er þess þar getit er þeir váru í sela líkjum; ok sonr Óðins.
Hvernig skal kenna Tý? Svá at kalla hann einhenda Ás ok úlfs fóstra, víga guð, son Óðins.
Hvernig skal kenna Braga? Svá at kalla hann Iðunna‹r› ver, frumsmið bragar ok hinn síðskeggja Ás; af hans nafni er sá kallaðr skeggbragi er mikit skegg hefir; ok sonr Óðins.
Hvernig skal ‹kenna› Viðar? Hann má kalla hinn þǫgla Ás, eiganda jár‹n›skós, dólg ok bana Fenrisúlfs, hefni-Ás goðanna, byggvi-Ás fǫðurtopta ok son Óðins, bróður Ásanna.
Hvernig skal kenna Vála? Svá at kalla hann son Óðins ok Rindar, stjúp Friggjar, bróður Ásanna, hefni-Ás Baldr‹s›, dólg Haðar ok bana hans, byggvanda fǫðurtopta.
Hvernig skal kenna Hǫð? Svá at kalla hann blinda Ás, Baldrs bana, skjótanda mistilteins, *son Óðins, Heljar sinna, Vála dólg.
Hvernig skal kenna Ull? Svá at kalla hann son Sifjar, stjúp Þórs, ǫndur-Ás, boga Ás, veiði-Ás, skjaldar Ás.
Hvernig skal kenna Hœni? Svá at kalla hann sessa eða sinna eða mála Óðins ok hinn skjóta Ás ok hinn langa fót ok aurkonung.
Hvernig skal kenna Loka? Svá at kalla son Fárbauta ok Laufeyjar, Nálar, bróður Býleists ok Helblinda, fǫður Vánargands (þat

20 Snorra Edda

er Fenrisúlfr) ok Jǫrmungands (þat er Miðgarðsormr) ok Heljar ok Nara, ok Ála frænda ok fǫðurbróður, sinna ok sessa Óðins ok Ása, heimsœki ok kistuskrúð Geirrøðar, þjófr jǫtna, hafrs ok Brísingamens ok Iðunnar epla, Sleipnis frænda, verr Sigynjar, goða dólgr,
5 hárskaði Sifjar, bǫlva smiðr, hinn slœgi Áss, rœgjanda ok vélandi goðanna, ráðbani Baldrs, hinn bundni, þrætudólgr Heimdala‹r› ok Skaða. Svá sem hér segir Úlfr Uggason:

(64) Ráðgegninn bregðr ragna
rein- at Singasteini
10 frægr við firna *slœgjan
Fárbauta *mǫg -vári.
Móðǫflugr ræðr mœðra
mǫgr hafnýra fǫgru
—kynni ek—áðr *ok einnar
15 átta—mærðar þáttum.

Hér er þess getit at Heimdallr er son níu mœðra.
17 Nú skal enn segja dœmi af hverju þær kenni‹n›gar eru er nú váru ritaðar, er áðr váru eigi dœmi til sǫgð, svá sem Bragi sagði Ægi at 'Þórr var farinn í Austrvega at berja trǫll, en Óðinn reið Sleipni í
20 Jǫtunheima ok kom til þess jǫtuns er Hrungnir hét. Þá spyrr Hru‹n›gnir hvat manna sá er með gullhjálminn er ríðr lopt ok lǫg ok segir at hann á furðu góðan hest. Óðinn sagði at þar vill hann veðja fyrir hǫfði sínu at engi hestr skal vera jafngóðr í Jǫtunheimum. Hrungnir s[agði] at sá er góðr hestr, en hafa lézk hann mundu myklu stórfetaðra
25 hest; sá heitir Gullfaxi. Hru‹n›gnir varð reiðr ok hleypr upp á hest sinn ok hleypir eptir honum ok hyggr at launa honum ofrmæli. Óðinn hleypti svá mikit at hann var á ǫðru leiti fyrir, en Hrungnir var í svá miklum jǫtunmóð at hann fann eigi fyrr en hann sótti inn of Ásgrindr. Ok er hann kom at hallardurum, buðu Æsir honum til
30 drykkju. Hann gekk í hǫllina ok bað fá sér drykkju. Váru þá teknar þær skálir er Þórr var vanr at drekka ór, ok snerti Hru‹n›gnir ór hverri. En er hann gerðisk drukkinn þá skorti eigi stór orð. Hann lézk skyldu taka upp Valhǫll ok fœra í Jǫtunheima, en søkkva Ásgarði en drepa guð ǫll, nema Freyju ok Sif vill hann heim fœra
35 með sér. En Freyja fór þá at skenkja honum, ok drekka lézk hann mun‹d›u alt Ása ǫl. En er Ásum leiddisk ofrefli hans þá nefna þeir Þór. Því næst kom Þórr í hǫllina ok hafði uppi á lopti hamarinn ok

Skáldskaparmál   21

var allreiðr ok spyrr hverr því ræðr er jǫtnar hundvísir skulu þar
drekka, eða hverr seldi Hrungni grið at vera í Valhǫll eða hví Freyja
skal skenkja honum sem at gildi Ása. Þá svarar Hrungnir ok sér ekki
vinaraugum til Þórs, sagði at Óðinn bauð honum til drykkju ok hann
var á hans griðum. Þá mælir Þórr at þess boðs skal Hrungnir iðrask
áðr hann komi út. Hrungnir segir at Ásaþór er þat lítill frami at
drepa hann vápnlausan; hitt er meiri hugraun ef hann þorir berjask
við hann at landamæri á Grjótúnagǫrðum.
    '"Ok hefir þat verit mikit fólskuverk," sagði hann, "er ek lét eptir
heima skjǫld minn ok hein. En ef ek hefða hér vápn mín þá skyldu
vit nú reyna hólmgǫnguna. En at ǫðrum kosti legg ek þér við níðingsskap
ef þú vill drepa mik vápnlausan."
    'Þórr vill fyrir øngan mun bila at koma til einvígis er honum var
hólmr skoraðr, þvíat engi hefir honum þat fyrr veitt. Fór þá Hrungnir
braut leið sína ok hleypti ákafliga þar til er hann kom í Jǫtunheima,
ok var fǫr hans allfræg með jǫtnum ok þat at stefnulag var komit á
með þeim Þór. Þóttusk jǫtnar hafa mikit í ábyrgð, hvárr sigr fengi;
þeim var ills ván at Þór ef Hrungnir létisk fyrir því at hann var þeira
sterkastr. Þá gerðu jǫtnar mann á Grjótúnagǫrðum af leiri ok var
hann níu rasta hár en þriggja breiðr undir hǫnd, en ekki fengu þeir
hjarta svá mikit at honum sómði fyrr en þeir tóku *ór *meri *nokkvorri,
ok varð honum þat eigi stǫðugt þá er Þórr kom. Hrungnir átti hjarta
þat er frægt er, af hǫrðum steini ok tindótt með þrim hornum svá
sem síðan er gert var ristubragð þat er Hrungnis hjarta heitir. Af
steini var ok hǫfuð hans. Skjǫldr ‹hans› var ok steinn, víðr ok
þjokkr, ok hafði hann skjǫldinn fyrir sér er hann stóð á Grjótúna-
gǫrðum ok beið Þórs, en hein hafði hann fyrir vápn ok reiddi of ǫxl
ok var ekki dælligr. Á aðra hlið honum stóð leirjǫtunninn, er nefndr
er Mǫkkurkálfi, ok var hann allhræddr. Svá er sagt at hann meig er
hann sá Þór. Þórr fór til hólmstefnu ok með honum Þjálfi. Þá rann
Þjálfi fram at þar er Hrungnir stóð ok mælti til hans:
    '"Þú stendr óvarliga, jǫtunn, hefir skjǫ‹l›dinn fyrir þér, en Þórr
hefir sét þik ok ferr hann it neðra í jǫrðu ok mun hann koma neðan
at þér."
    'Þá skaut Hrungnir skildinum undir fœtr sér ok stóð á, en tvíhendi
heinina. Því næst sá hann eldingar ok heyrði þrumur stórar. Sá hann
þá Þór í ásmóði, fór hann ákafliga ok reiddi hamarinn ok kastaði um
langa leið at Hrungni. Hrungnir fœrir upp heinina báðum hǫndum,
kastar í mót. Mœtir hon hamrinum á flugi, heinin, ok brotnar sundr

22 Snorra Edda

heinin; fellr annarr hlutr á jǫrð ok eru þar af orðin ǫll heinberg. Annarr hlutr brast í hǫfði Þór svá at hann fell fram á jǫrð. En hamarrinn Mjǫllnir kom í mitt hǫfuð Hru‹n›gni ok lamði hausinn í smán mola ok fell hann fram yfir Þór svá at fótr hans lá of háls Þór.
5 En Þjálfi vá at Mǫkkurkálfa, ok fell hann við lítinn orðstír. Þá gekk Þjálfi til Þórs ok skyldi taka fót Hrungnis af honum ok gat hvergi valdit. Þá gengu til Æsir allir er þeir spurðu at Þórr var fallinn ok skyldu taka fótinn af honum ok fengu hvergi komit. Þá kom til Magni, sonr Þórs ok Járnsǫxu. Hann var þá þrívetr. Hann kastaði
10 fœti Hrungnis af Þór ok mælir:
'"Sé þar ljótan harm, faðir, er ek kom svá síð. Ek hygg at jǫtun þenna mundak hafa lostit í Hel með hnefa mér ef ek hefða fundit hann."
'Þá stóð Þórr upp ok fagnaði vel syni sínum ok sagði hann mundu
15 verða mikinn fyrir sér.
'"Ok vil ek," sagði hann, "gefa þér hestinn Gullfaxa, er Hrungnir hafði átt."
'Þá mælir Óðinn ok sagði at Þórr gerði rangt er hann gaf þann hinn góða hest gýgjarsyni en eigi fǫður sínum.
20 '*Þórr fór heim til Þrúðvanga ok stóð heinin í hǫfði honum. Þá kom til vǫlva sú er Gróa hét, kona Aurvandils hins frœkna. Hon gól galdra sína yfir Þór til þess er heinin losnaði. En er Þórr fann þat ok þótti þá ván at braut mundi ná heininni, þá vildi hann launa Gró lækningina ok gera hana fegna, sagði henni þau tíðindi at hann hafði
25 vaðit norðan yfir Élivága ok hafði borit í meis á baki sér Aurvandil norðan ór Jǫtunheimum, ok þat til jartegna at ein tá hans hafði staðit ór meisinum ok var sú frerin svá at Þórr braut af ok kastaði upp á himin ok gerði af stjǫrnu þá er heitir Aurvandilstá. Þórr sagði at eigi mundi langt til at Aurvandill mundi heim, en Gróa varð svá fegin at
30 hon munði ønga galdra, ok varð heinin eigi lausari ok stendr enn í hǫfði Þór; ok er þat boðit til varnanar at kasta hein of gólf þvert, þvíat þá hrœrisk heinin í hǫfuð Þór.'
Eptir þessi sǫgu hefir ort Þjóðólfr hvinverski í Haustlǫng. Svá segir þar:

35 (65)   Eðr of sér er jǫtna
              ótti lét of *sóttan
              hellis *bǫrr á hyrjar
              haug Grjótúna baugi;

Skáldskaparmál 23

ók at ísarnleiki
Jarð‹a›r sunr, en dunði
—móðr svall Meila bróður—
mána vegr und hánum.

(66) Knáttu ǫll, en Ullar
endilág fyrir mági
grund var grápi hrundin,
*ginnunga vé *brinna
þá er hofregin *hafrar
hógreiðar fram drógu
—seðr gekk Svǫlnis ekkja
sundr—at Hrungnis fundi.

(67) Þyrmðit Baldrs of barmi
—berg—sólgnum þar dólgi
—hristusk, bjǫrg ok brustu,
brann upphiminn—manna;
mjǫk frá ek móti hrøkkva
*myrkbeins *Haka reinar,
þá er vígligan, vǫgna
*vátt, sinn bana *þátti.

(68) Brátt fló bjarga gæti
—bǫnd ollu því—randa
ímunfǫlr *und iljar
íss; vildu svá dísir.
Varðat hǫggs frá hǫrðu‹m›
*hraundrengr þaðan lengi
trjónu trǫlls of rúna
*tíðs fjǫllama at bíða.

(69) Fjǫrspillir lét falla
fjálfrs ólágra gjálfra
bǫlverðungar Belja
bólm á randar hólmi.
Þar hné grundar gilja
gramr fyrir skǫrpum hamri
en berg-Dana bagði
brjótr við jǫrmun‹þrjóti›.

24 Snorra Edda

(70) Ok harðbrotin herju
heimþinguðar Vingnis
hvein í *hjarna mœni
hein at grundar sveini,
5   þar svá eðr í Óðins
ólaus burar hausi
stála *vikr of stokkin
stóð Eindriða blóði,

(71) áðr ór hneigihlíðum
10   hárs ǫl-Gefjun sára
reiðitýrs it rauða
ryðs hœlibǫl gœli.
Gǫrla lít ek á Geitis
garði *þær of farðir.
15   Baugs þá ek *bifum fáða
bifkleif at Þorleifi.

Þá mælir Ægir: 'Mikill þótti mér Hrungnir fyrir sér. Vann Þórr
meira þrekvirki nokkvot þá er hann átti við trǫll?'
18   Þá svarar Bragi: 'Mikillar frásagnar er þat vert er Þórr fór til
20   Geirrøðargarða. Þá hafði hann eigi hamarinn Mjǫllni eða megingjarðar
eða járngreipr, ok olli því Loki. Hann fór með honum, þvíat Loka
hafði þat hent þá er hann flaug einu sinni at skemta sér með valsham
Friggjar at hann flaug fyrir forvitni sakar í Geirrøðargarða ok sá þar
hǫll mikla, settisk ok sá inn of glugg. En Geirrøðr leit í móti honum
25   ok mælir at taka skyldi fuglinn ok fœra honum. En sendimaðr
komsk nauðuliga á hallar vegginn, svá var hann hár. Þat þótti Loka
gott er hann sótti erfiðliga til hans ok ætlaði sér stund at fljúga eigi
upp fyrr en hann hafði farit alt torleiðit. En er maðrinn sótti at
honum þá beinir hann fluginn ok spyrnir við fast ok eru þá fœtrnir
30   fastir. Var Loki tekinn þar hǫndum ok fœrðr Geirrøði jǫtni. En er
hann sá augu hans þá grunaði hann at maðr mundi vera ok bað hann
svara, en Loki þagði. Þá læsti Geirrøðr Loka í kistu ok svelti hann
þar þrjá mánuðr. En þá er Geirrøðr tók hann upp ok beiddi hann
orða, ok sagði Loki hverr hann var, ok til *fjǫrlausnar vann hann
35   Geirrøði þess eiða at hann skyldi koma Þór í Geirrøðargarða svá at
hann hefði hvárki hamarinn né megingjarðar. Þórr kom til gistingar
til gýgjar þeirar er Gríðr er kǫlluð. Hon var móðir Víðars hins þǫgla.

Skáldskaparmál 25

Hon sagði Þór satt frá Geirrøði at hann var jǫtunn hundvíss ok illr viðreignar. Hon léði honum megingjarða ok járngreipr er hon átti ok staf sinn er heitir Gríðarvǫlr. Þá fór Þórr til ár þeirar er Vimur heitir, allra á mest. Þá spenti hann sik megingjǫrðum ok studdi forstreymis Gríðarvǫl, en Loki helt undir megingjarðar. Ok þá er Þórr kom á 5 miðja ána þá óx svá mjǫk áin at uppi braut á ǫxl honum. Þá kvað Þórr þetta:

(72) '"Vaxattu nú, Vimur,
       alls mik þik vaða tíðir
       jǫtna garða í;   10
       veiztu ef þú vex
       at þá vex mér ásmegin
       jafnhátt upp sem himinn."

'Þá sér Þórr uppi í gljúfrum nokkvorum at Gjálp, dóttir Geirrøðar, stóð þar tveim megin árinnar ok gerði hon árvǫxtinn. Þá tók Þórr 15 upp ór ánni stein mikinn ok kastaði at henni ok mælti svá:
'"At ósi skal á stemma."
'Eigi misti hann þar er hann kastaði til. Ok í því bili bar hann at landi ok fekk tekit reynirunn nokkvorn ok steig svá ór ánni. Því er þat orðtak haft at reynir er bjǫrg Þórs. 20
'En er Þórr kom til Geirrøðar þá var þeim félǫgum vísat fyrst í geitahús til herbergis, ok var þar einn stóll til sætis ok sat þar Þórr. Þá varð hann þess varr at stóllinn fór undir honum upp at ræfri. Hann stakk Gríðarveli upp í raptana ok lét sígask fast á stólinn. Varð þá brestr mikill ok fylgði skrækr mikill. Þar hǫfðu verit undir stólinum 25 dœtr Geirrøðar Gjálp ok Greip, ok hafði hann brotit hrygginn í báðum.
'Þá lét Geirrøðr kalla Þór í hǫllina til leika. Þar váru eldar stórir eptir endilangri hǫllinni. En er Þórr kom í hǫllina gagnvart Geirrøði þá tók Geirrøðr með tǫng járnsíu glóandi ok kastar at Þór, en Þórr 30 tók í móti með járngreipum ok fœrir á lopt síuna, en Geirrøðr hljóp undir járnsúlu at forða sér. Þórr kastaði síunni ok laust gǫgnum súluna ok gǫgnum Geirrøð ok gǫgnum vegginn ok svá fyrir útan ‹í› jǫrðina.'
Eptir þessi sǫgu hefir ort Eilífr Guðrúnarson í Þórsdrápu: 35

(73) Flugstalla réð *felli
      *fjǫrnets goða at *hvetja

26 Snorra Edda

```
              —drjúgr var Loptr at ljúga—
              lǫgseims faðir heiman.
              Geðreynir kvað *grœnar
              Gauts herþrumu brautir
 5            vilgi tryggr til veggjar
              viggs Geirrøðar liggja.

     (74)     Geðstrangrar lét gǫngu
              gammleið Þórr skǫmmu
              —fýstusk þeir at þrýsta
10            *Þorns niðjum—sik biðja,
              þá er *garðvenjuðr gǫrðisk
              Gandvíkr Skotum ríkri
              endr til Ymsa kindar
              Iðja setrs frá Þriðja.

15   (75)     Gǫrr varð í fǫr fyrri
              *farmr meinsvárans arma
              sóknar hapts með svipti
              sagna galdrs en *Rǫgnir.
              Þyl ek *granstrauma Grímnis.
20            Gall- mantælir halla
              -ópnis ilja gaupnum
              Endils á mó *spendi.

     (76)     Ok *gangs vanir gengu
              gunnvargs; himintǫrgu
25            Fríðar vers til fljóða
              frumseyris kom dreyra,
              þá er bǫlkve‹i›tir brjóta
              bragðmildr Loka vildi
              bræði vændr á brúði
30            bág sef-Grímnis mága.

     (77)     Ok vegþverrir *varra
              vann fetrunnar Nǫnnu
              hjalts af *hagli oltnar
              hlaupár um ver gaupu.
35            Mjǫk leið ór stað støkkvir
              stikleiðar veg breiðan
```

Skáldskaparmál

urðar þrjóts þar er eitri
œstr þjóðár fnœstu.

(78) Þar í mǫrk fyrir markar
málhvettan byr settu
(ne hvélvǫlur hálar)
háf- skotnaðra (sváfu).
Knátti hreggi hǫggvin
hlymþél við mǫl glymja
en fellihryn fjalla
Feðju þaut með steðja.

(79) Harðvaxnar sér herðir
halllands of sik falla
(*gatat maðr) njótr (hin neytri)
njarð- (ráð fyrir sér) -gjarðar.
Þverrir lætr nema þyrri
Þo‹r›ns *barna sér Mǫrnar
snerriblóð til svíra
salþaks megin vaxa.

(80) Óðu fast (en) *fríðir
(flaut) eiðsvara Gauta
setrs víkingar snotrir
(*svarðrunnit fen) gunnar.
Þurði hrǫnn at herði
hauðrs runkykva nauðar
jarðar skafls af afli
áss hretviðri blásin,

(81) unz með ýta sinni
(aflraun var þat) skaunar
á seil [(himinsjóla)
sjálflopta kom Þjálfi.
*Háðu stáli stríðan
straum Hrekkmímis ekkjur.
Stophnísu] fór stey[pir
stríðlundr með v]ǫl Gríðar.

28 Snorra Edda

(82) Ne djúp- *akǫrn drápu
 dólgs vamms firum gl[amma
 stríðkviðjun]dum stǫðvar
 stall við rastar *-falli.
 Ógndjarfan hlaut *Atli
 *eir[fjarðan hug] meira.
 Skalfa Þórs né Þjálfa
 þróttar steinn við ótta.

(83) Ok sifuna síðan
 sverðs liðhatar gerðu
 hlífar borðs við Hǫrða
 harðgleipnis dyn *barða,
 áðr hylriðar *hæði
 hrjóðendr fjǫru þjóðar
 við skyld-Breta skytju
 skálleik Heðins reikar.

(84) Dreif með dróttar kneyfi
 (dólg- Svíðjóðar *kólgu,
 sótti -ferð á flótta)
 flesdrótt í vá nesja,
 þá er funhristis fasta
 (flóðrifs Danir) stóðu
 (knáttu) Jólnis ættir
 (útvés fyrir lúta).

(85) *Þars í þróttar hersa‹r›
 *Þornrann hugum bornir,
 hlymr varð *hellis Kumra
 hrin‹g›bálkar, fram gingu.
 *Lista ‹var› fœrðr í fasta
 (friðsein var þar) *hreina
 gnípu hlǫðr á greypan
 (grán) hǫtt *risa kvánar.

(86) Ok (hám) loga himni
 hall- (fylvingum) -vallar
 (tráðusk þær) við tróði
 tungls brá *salar þrungu.

Skáldskaparmál

Húfstjóri braut hváru
hreggs váfreiða‹r› tveggja
hlátrelliða hellis
*hundfornan kjǫl *sprundi.

(87) Fátíða nam frœði
(fjarðeplis) kon Jarðar
(Mœrar legs ne mýgðu
menn ǫlteiti) kenna.
Álmtaugar laust œgir
angrþjóf *sega *tangar
*Óðins afli soðnum
áttruðr í gin Suðra.

(88) Svá at hraðskyndir handa
hrapmunnum svalg gunnar
*lyptisylg á lopti
†langvinr síu *Þrǫngvar,
þá er *ǫrþrasis *eisa
*ós Hrímnis fló drósar
til þrámóðnis Þrúðar
þjóst af greipar brjósti.

(89) Bifðisk hǫll þá er hǫfði
Heiðreks of kom breiðu
und fletbjarnar *fornan
fótlegg Þurnis veggjar.
Ítr gulli laust Ullar
jótrs vegtaugar þrjóti
meina niðr í miðjan
mest bígyrðil nestu.

(90) Glaums niðjum fór gǫrva
gramr með dreyrgum hamri;
of salvanið-Synjar
sigr hlaut *arinbauti.
Komat tvíviðar tývi
tollur karms sá er harmi
brautarliðs of beitti
bekk- fall jǫtuns -rekka.

30 Snorra Edda

(91) *Herblótinn vá hneitir
hógbrotningi skógar
undirfjálfrs af *afli
álfheims bliku kálfa.
Ne liðfǫstum Lista
látrval-Ryg‹j›ar máttu
aldrminkanda *aldar
Ellu steins of bella.

19 Hvernig skal kenna Frigg? Svá at kalla hana dóttur Fjǫrgyns, konu Óðins, móður Baldrs, elju Jarðar ok Rindar ok Gunnlaðar ok Gerðar, sværa Nǫnnu, drottning Ása ok Ásynja, Fullu ok valshams ok *Fensala.
20 Hvernig skal Freyju kenna? Svá at kalla dóttur Njarðar, systur Freys, konu *Óðs, móður Hnossar, eigandi valfalls ok Sessrúmnis ok fressa, Brísingamens, Vana goð, Vana dís, it grátfagra goð. Svá má kenna allar Ásynjur at nefna annarrar nafni ok kenna við eign eða verk sín eða ættir.
21 Hvernig skal kenna Sif? Svá at kalla hana konu Þórs, móður Ullar, it hárfagra goð, elja Járnsǫxu, móðir Þrúðar.
22 Hvernig skal kenna Iðunni? Kalla hana konu Braga ok gætandi eplanna, en eplin ellilyf Ásanna; hon er ok ránfengr Þjaza jǫtuns, svá sem fyrr er sagt at hann tók hana braut frá Ásum. Eptir þeiri sǫgu orti Þjóðólfr hinn hvinverski í Haustlǫng:

(92) Hvé skal ek gott gjǫldum
gunnveggjar b[rú leggja
. . . .
raddkleif] at Þo[rleifi].
Týframra sé ek tíva
trygglaust *of *far [þriggja
á hreingǫ]ru hlýri
hild[ar] *fats ok Þjaza.

(93) Segjǫndum fló sagna
sn[ótar úlfr at m]óti
í gemlis ha[m] gǫmlum
glamma *ó- fyr -skǫmmu.
Settisk ǫrn þar er Æs[ir]
ár *Gefnar mat báru

Skáldskaparmál 31

(vara byrgitýr bjarga
bleyði *vændr) á se‹y›ði.

(94) *Tormiðlaðr var tívum
tálhreinn meðal beina.
Hvat *kvað hapta snytrir
hjálmfaldinn því valda.
Margspakr of nam mæla
már valkastar báru
—vara Hœnis *vinr hánum
hollr—af fornum þolli.

(95) Fjallgylðir bað *fyllar
fet-Me‹i›la ‹sér deila›
—hl‹a›ut—af helgu‹m› skutli
—hrafn-Ásar vin blása.
Ving-Rǫgnir lét ‹vagna›
vígfrekr ofan sígask
þar er vélsparir váru
varnendr goða farnir.

(96) Fljótt bað foldar dróttinn
Fárbauta mǫg *Várar
þekkiligr með þegnum
þrymseilar hval deila.
En af breiðu bjóði
bragðvíss at þat lagði
ósvifrandi Ása
upp þjórhl‹ut›i fjóra.

(97) Ok slíðrliga síðan
svangr—var þat fyrir lǫngu—
át af eikirót[um]
okbjǫrn faðir Mǫrna‹r›
áðr djúphugaðr dræpi
dólg ballastan vallar
hirð[i]týr meðal herða
herfangs †ofan stǫngu.

32 Snorra Edda

(98) Þá varð fastr við fóstra
farmr *Sigynjar arma
sá er ǫll regin eygja
ǫndurguðs í bǫndum.
Loddi rá við ramman
reimuð Jǫtunheima
en holls vinar Hœnis
hendr við stangar enda.

(99) Fló með fróðgum tívi
fangsæll of veg langan
sveita nagr svá at slitna
sundr *úlfs *faðir mundi.
Þá varð Þórs of rúni
—*þungr var Loptr of sprunginn—
*málunaut hvats mátti
*Miðjungs friðar biðja.

(100) Sér bað sagna hrœri
sorgœra‹n› mey fœra
þá er ellilyf Ása,
áttrunnr Hymis, kunni.
Brunnakrs of kom *bekkjar
Brísings goða dísi
girðiþjófr í garða
grjót-Níðaðar síðan.

(101) Urðut bjartra borða
byggvendr at þat hryggvir
þá var Ið- með jǫtnum
-uðr nýkomin sunnan.
Gǫrðusk allar áttir
Ingi-Freys at þingi
—váru heldr—ok hárar
—hamljót regin—gamlar,

(102) unz hrynsævar hræva
*hund ǫl-Gefnar fundu
leiðiþír ok læv[a]
lund ǫl-Gefnar bundu.

Skáldskaparmál 33

'Þú skalt véltr nema vélum,'
reiðr mælir svá, '*leiðir
munstœrandi mæra
mey aptr, Loki, ‹hapta›.'

(103) *Heyrðak svá þat síðan
sveik *apt Ása *leiku
hugreynandi Hœnis
*hauks flugbjálfa aukinn,
ok lómhugaðr lagði
leikblaðs reginn fjaðrar
ern at ǫglis barni
arnsúg faðir Mǫrnar.

(104) Hófu skjótt (en skófu)
skǫpt (ginnregin) brinna
en son *biðils ‹sviðnar›
—sveipr varð í fǫr—Greipar.
Þats of fátt á fjalla
Finns ilja brú minni.
Baugs ‹þá ek› bifum fáða
bifkleif at Þorleifi.

Ásu er svá rétt at kenna at kalla einnhvern annars nafni ok kenna við verk sín eða eign eða ættir. Hvernig skal kenna himin? Svá at kalla hann Ymis haus ok þar af jǫtuns haus ok erfiði eða byrði dverganna eða hjálm Vestra ok Austra, Suðra, Norðra, land sólar ok tungls ok himintungla, vagna ok veðra, hjálmr eða hús lopts ok jarðar ok sólar. Svá kvað Arnórr jarlaskáld:

(105) Ungr skjǫldungr stígr aldri
jafnmildr á við skjaldar
—þess var grams—und gǫmlum—
gnóg rausn—Ymis hausi.

Ok enn sem hann kvað:

(106) Bjǫrt verðr sól at svartri,
søkkr fold í mar døkkvan,

brestr erfiði Austra,
allr glymr sjár á fjǫllum.

Ok enn sem kvað Kolli:

(107) Alls engi verðr Inga
       undir sólar grundu
       bǫðvar hvatr né betri
       brœðr landreki œðri.

Ok sem kvað Þjóðólfr inn hvinverski:

(108) Ók at isarnleiki
       Jarðar sunr ok dunði
       —móðr svall Meila blóða—
       mána vegr und hánum.

Svá sem kvað Ormr Barreyjaskáld:

(109) Hvégi er, Draupnis drógar
       dís, ramman spyr ek vísa,
       sá ræðr—valdr—fyrir veldi—
       vagnbrautar mér fagnar.

Svá sem kvað Bragi skáld:

(110) Hinn er varp á víða
       vinda ǫndurdísar
       yfir manna sjǫt margra
       munnlaug fǫður augum.

Ok sem Markús kvað:

(111) Fjarri hefir at fœðisk dýrri
       flotna vǫrðr á élkers botni
       —háva leyfir hverr maðr ævi
       hringvarpaðar—gjálfri kringðum.

Svá sem kvað Steinn Herdísarson:

Skáldskaparmál 35

(112) Hás kveð ek helgan ræsi
heimtjalds at brag þeima
—*mærð rœzk fram—en fyrða
fyrr þvíat hann er dýrri.

Ok sem kvað Arnórr jarlaskáld:

(113) Hjálp þú dýrr konungr dýrum
dags grundar Hermundi.

Ok enn sem kvað Arnórr:

(114) Saðr stillir hjálp þú snjǫllum
sóltjalda Rǫgnvaldi.

Ok sem kvað Hallvarðr:

(115) Knútr verr jǫrð *sem ítran
alls *dróttinn sal fjalla.

Sem Arnórr kvað:

(116) Míkáll vegr þat er misgert þikkir
mannvits fróðr ok alt it góða,
tiggi skiptir síðan seggjum
sólar hjálms á dœmistóli.

Hvernig skal jǫrð kenna? Kalla Ymis hold ok móður Þórs, dóttur
Ónars, brúði Óðins, elju Friggjar ok Rindar ok Gunnlaðar, sværu
Sifjar, *gólf ok botn veðra hallar, sjá dýranna, dóttir Náttar, systir
Auðs ok Dags. Svá sem kvað Eyvindr skáldaspillir:

(117) Nú er álfrǫðull elfar
jǫtna dólgs of fólginn
—ráð eru rammrar þjóðar
rík—í móður líki.

Sem kvað Hallfrøðr vandræðaskáld:

(118) Ráð lukusk at sá síðan
snjall‹r›áðr konungs spjalli

36 Snorra Edda

 átti eingadóttur
 Ónars viði gróna.

Ok enn sagði hann:

(119) Breiðleita gat brúði
       Báleygs at sér teygja
       stefnir stǫðvar hrafna
       stála ríkismálum.

Svá sem fyrr er ritat, 'Fjarri hefir at fœðisk dýrri . . . .' Svá sem kvað
Þjóðólfr:

(120) Útan bindr við enda
       elgvers glǫðuðr hersa
       hreins við húfi rónum
       hafs botni *far gotna.

Sem Hallfrøðr kvað:

(121) Því hygg fleygjanda frægjan
       —ferr jǫrð und menþverri—
       ítra eina láta
       Auðs ‹systur› mjǫk trauðan.

Svá kvað Þjóðólfr:

(122) Dólgljóss hefir dási
       darrlatr staðit fjarri
       endr þá er elju Rindar
       *ómynda tók skyndir.

Hvernig skal sæ kenna? Svá at kalla hann Ymis blóð, heimsœkir guðanna, verr ‹R›ánar, faðir Ægis dœtra þeira er svá heita: Himinglæva, Dúfa, Blóðughadda, Hefring, Uðr, Hrǫnn, Bylgja, Bára, Kólga; land Ránar ok Ægis dœtra ok skipa ok sæskips heita, kjalar, stála, súða, sýju, fiska, ísa, sækonunga leið ok brautir, eigi síðr hringr eyjanna, hús sanda ok þangs ok skerja, dorgar land og sæfogla, byrjar. Svá sem kvað Ormr *Barreyjarskáld:

Skáldskaparmál

(123) Útan gnýr á eyri
       Ymis blóð fara góðra.

Svá kvað Refr:

(124) Vágþrýsta berr vestan
       —vætti ek lands fyrir brandi,
       *hvalmœni skefr—húna
       hógdýr of lǫg bógu.

Svá sem kvað Sveinn:

(125) Þá er élre‹i›far ófu
       Ægis dœtr ok teygðu
       *fǫls við frost of alnar
       fjallgarðs rokur harðar.

Ok sem kvað Refr:

(126) Fœrir bjǫrn, þar er bára
       brestr, undinna festa
       opt í Ægis kjǫpta
       *úrsvǫl Gymis vǫlva.

Hér er sagt at alt er eitt, Ægir ok Hlér ok Gymir. Ok enn kvað hann:

(127) En sjágnípu Sleipnir
       slítr úrdrifinn hvítrar
       Ránar rauðum ste‹i›ni
       runnit brjóst ór munni.

Sem kvað Einarr Skúlason:

(128) Harðr hefir ort frá jǫrðu
       élvindr—svana strindar
       blakk‹r› *lætr í sog søkkva
       s‹n›ægrund—skipi hrundit.

Ok enn sem hann kvað:

38 Snorra Edda

(129) Margr ríss en drífr dorgar
dynstrǫnd í svig lǫndum—
spend verða *stǫg stundum—
stirð‹r› *keipr—fira greipum.

Ok enn kvað hann:

(130) *Grams bera gollna spánu
—gǫfug ferð er sú jǫfri;
skýtr hó‹l›mfjǫturr Heita
hrafni—snekkju stafna‹r›.

Enn sem hann kvað:

(131) Haustkǫld skotar héldum
hólmrǫnd varrar ǫndri.

Ok enn svá:

(132) Sundr springr svalra landa
sverrigjǫrð fyrir bǫrðum.

Sem Snæbjǫrn kvað:

(133) Hvatt kveða hrœra Grotta
hergrimmastan skerja
út fyrir jarða‹r› skauti
eylúðrs níu brúðir,
þær er—lungs—fyrir lǫngu
liðmeldr—skipa hlíðar
baugskerðir rístr barði
ból—Amlóða mólu.

Hér er kallat hafit *Amlóða kvern. Enn sem kvað Einarr Skúlason:

(134) Viknar ramr í (Rakna)
reksaumr flugastraumi
—dúks hrindr bǫl—þar bleikir
bifgrund—*á stag rifjum.

Skáldskaparmál 39

Hvernig skal kenna sól? Svá at kalla hana dóttur Mundilfœra, **26** systur Mána, kona Glens, eldr himins ok lopts. Svá sem kvað Skúli Þorsteinsson:

(135) Glens beðja veðr gyðju
  guðblíð í vé, síðan 5
  ljós kemr gott með geislum
  gránserks ofan mána.

Svá kvað Einarr Skúlason:

(136) Hvargi er Beita borgar
  *bálgrimmustum skála 10
  hár *of hnossvin várum
  heims vafrlogi sveimar.

Hvernig skal kenna vind? Svá at kalla hann son Fornjóts, bróður **27** Ægis ok elds, brjót viðar, skaði ok bani eða hundr eða vargr viðar eða segls eða seglreiða. Svá sagði Sveinn í Norðrsetudrápu: 15

(137) Tóku fyrst til fjúka
  Fornjóts synir ljótir.

Hvernig skal kenna eld? Svá at kalla hann bróður vinds og Ægis, **28** bana ok grand viðar ok húsa, Hálfs bani, sól húsanna.
Hvernig skal kenna vetr? Svá at kalla hann son Vindsvals ok bana 20 **29** orma, *hríðmál. Svá kvað Ormr Steinþórsson:

(138) Ræð ek þenna mǫg manni
  Vindsvals unað blindum.

Svá kvað Ásgrímr:

(139) Sigrgœðir var síðan 25
  seimǫrr í *Þrándheimi
  —þjóð veit þínar íðir—
  þann orms trega—sannar.

Hvernig skal kenna sumar? Svá at kalla son Svásaðar ok líkn **30** ‹or›manna, gróðr manna. Svá sem kvað Egill Skallagrímsson: 30

40 Snorra Edda

(140) Upp skulum órum sverðum,
úlfs tannlituðr, glitra;
eigum dáð at drýgja
í dalmiskunn fiska.

31 Hvernig skal kenna mann? Hann skal kenna við verk sín, þat er hann veitir eða þiggr eða gerir. Hann má ok kenna til eignar sinnar þeirar er hann á ok svá ef hann gaf, svá ok við ættir þær er hann kom af, svá þær er frá honum kómu. Hvernig skal hann kenna við þessa hluti? Svá at kalla hann vinnanda eða fremjanda eða ‹til› fara sinna eða athafnar, víga eða sæfara eða veiða eða vápna eða skipa. Ok fyrir því at hann er reynir vápnanna ok viðr víganna—alt eitt ok vinnandi; viðr heitir ok tré, reynir heitir tré—af þessum heitum hafa skáldin kallat menn ask eða hlyn, lund eða ǫðrum viðar heitum karlkendum ok kent til víga eða skipa eða fjár. Mann er ok rétt at kenna til allra Ása heita. Kent er ok við jǫtna heiti, ok er þat flest háð eða lastmæli. Vel þykkir kent til álfa. Konu skal kenna til alls kvenbúnaðar, gulls ok gimsteina, ǫls eða víns eða annars drykkjar þess er hon selr eða gefr, svá ok til ǫlgagna ok til allra þeira hluta er henni samir at vinna eða veita. Rétt er at kenna hana svá at kalla hana selju eða lóg þess er hon miðlar, en selja eða lág, þat eru tré. Fyrir því er kona kǫlluð til kenningar ǫllum kvenkendum viðar heitum. En fyrir því er kona †kend til gimsteina eða glersteina, þat var í forneskju kvinna búnaðr er kallat var steinasørvi er þær hǫfðu á hálsi sér. Nú er svá fœrt til kenningar at konan er nú kend við stein eða við ǫll steins heiti. Kona er ok kend við allar Ásynjur eða nornir eða dísir. Konu er ok rétt at kenna við alla athǫfn sína eða við eign sína eða ætt.

32 Hvernig skal kenna gull? Sva at kalla þat eld Ægis ok barr Glasis, haddr Sifjar, hǫfuðband Fullu, grátr Freyju, munntal ok rǫdd ok orð jǫtna, dropa Draupnis ok regn eða skúr Draupnis eða augna Freyju, otrgjǫld, slǫggjald Ásanna, *sáð Fýrisvalla, haugþak Hǫlga, eldr allra vatna ok handar, grjót ok sker eða blik handar.

33 Fyrir hví er gull kallat eldr Ægis? Þessi saga er til þess, er fyrr er getit, at Ægir sótti heimboð til Ásgarðs, en er hann var búinn til heimferðar þá bauð hann til sín Óðni ok ǫllum Ásum á þriggja mánaða fresti. Til þeirar ferðar varð fyrst Óðinn ok Njǫrðr, Freyr, Týr, Bragi, Viðarr, Loki; svá ok Ásynjur, Frigg, Freyja, Gefjun, Skaði, Iðunn, Sif. Þórr var eigi þar. Hann var farinn í Austrveg at drepa trǫll. En er goðin hǫfðu sezk í sæti þá lét Ægir bera inn á hallargólf lýsigull þat er birti ok lýsti hǫllina sem eldr ‹ok þat var

Skáldskaparmál

þar haft fyrir ljós at hans v[eiz]lu svá⟩ sem í Valhǫllu váru sverðin fyrir eld. Þá senti Loki þar við ǫll goð ok drap þræl Ægis þann er Fimafengr hét. Annarr þræll hans er nefndr *Eldir. Rán er nefnd kona Ægis, en níu dœtr þeira, svá sem fyrr er ritat. At þeiri veizlu vannsk alt sjálft, bæði vist ok ǫl ok ǫll reiða er til veizlunnar þurfti. Þá urðu Æsir þess varir at Rán átti net þat er hon veiddi í menn alla þá er á sæ kómu. Nú er þessi saga til þess hvaðan af þat er, gull er kallat eldr eða ljós eða birti Ægis, Ránar eða Ægis dœtra. Ok af þeim kenningum er nu svá sett at gull er kallat eldr sævar ok allra hans heita, svá sem Ægir eða Rán eigu heiti við sæinn. Ok þaðan af er nú gull kallat eldr vatna eða á ok allra árheita. En þessi heiti hafa svá farit sem ǫnnur ok kenningar, at hin yngri skáld hafa ort eptir dœmum hinna gǫmlu skálda, svá sem stóð í þeira kvæðum, en sett síðan út í hálfur þær er þeim þóttu líkar við þat er fyrr var ort, svá sem vatnit er sænum en áin vatninu en lœkr ánni. Því er þat kallat nýgervingar alt er út er sett heiti lengra en fyrr finnsk, ok þykkir þat vel alt er með líkindum ferr ok eðli. Svá kvað Bragi skáld:

(141) Eld of þák af jǫfri
       ǫlna bekks við drykkju
       —þat gaf—Fjǫlnis fjalla—
       með fulli mér stillir.

Hví er gull kallat barr eða lauf Glasis? Í Ásgarði fyrir durum Valhallar stendr lundr sá er Glasir er kallaðr, en lauf hans alt er gull rautt, svá sem hér er kveðit at

(142) Glasir stendr
       með gullnu laufi
       fyrir Sigtýs sǫlum.

Sá er viðr *fegrstr með goðum ok mǫnnum.
Hví er gull kallat haddr Sifjar? Loki Laufeyjarson hafði þat gert til lævísi at klippa hár alt af Sif. En er Þórr varð þess *varr, tók hann Loka ok mundi lemja hvert bein í honum áðr hann svarði þess at hann skal fá af svartálfum at þeir skulu gera af gulli Sifju hadd þann er svá skal vaxa sem annat hár. Eptir þat fór Loki til þeira dverga er heita Ívalda synir, ok gerðu þeir haddinn ok Skíðblaðni ok geirinn er Óðinn átti er Gungnir heitir. Þá *veðjaði Loki hǫfði sínu við þann dverg er ⟨Brokkr⟩ heitir, hvárt bróðir hans ⟨Eitri⟩ mundi gera jafngóða

42 Snorra Edda

gripi þrjá sem þessir váru. En er þeir kómu til smiðju, þá lagði ‹Eitri› svínskinn í aflinn ok bað blása ‹Brokk› ok létta eigi fyrr en at tœki þat ór aflinum er hann lagði í. En þegar er hann gekk ór smiðjunni en hinn blés, þá settisk fluga ein á hǫnd honum ok kroppaði,
5 en hann blés sem áðr þar til er smiðrinn tók ór aflinum, ok var þat gǫltr ok var bur‹s›tin ór gulli. Því næst lagði hann í aflinn gull ok bað hann blása ok hætta eigi fyrr blæstrinum en hann kvæmi aptr. Gekk á braut. En þá kom flugan ok settisk á háls honum ok kroppaði nú hálfu fastara, en hann blés þar til er smiðrinn tók ór aflinum
10 gullhring þann er Draupnir heitir. Þá lagði hann járn í aflinn ok bað hann blása ok sagði at ónýtt mundi verða ef blástrinn felli. Þá settisk flugann milli augna honum ok kroppaði hvarmana, en er blóðit fell í augun svá at hann sá ekki, þá greip hann til hendinni sem skjótast meðan belgrinn lagðisk niðr ok sveipti af sér flugunni. Ok þá kom
15 þar smiðrinn at, sagði at nú lagði nær at alt mundi ónýtask er í aflinum var. Þá tók hann ór aflinum ‹hamar›. Fekk hann þá alla gripina í hendr bróður sínum ‹Brokk› ok bað hann fara með til Ásgarðs ok leysa veðjun‹i›na. En er þeir Loki báru fram gripina, þá settusk Æsirnir á dómstóla ok skyldi þat atkvæði standask sem segði
20 Óðinn, Þórr, Freyr. Þá gaf Loki Óðni geirinn Gungni, en Þór haddinn er Sif skyldi hafa, en Frey Skíðblaðni, ok sagði skyn á ǫllum gripum, at *geirrinn nam aldri staðar í lagi, en haddrinn var holdgróinn þegar er hann kom á hǫfuð Sif, en Skíðblaðnir hafði byr þegar er segl kom á lopt, hvert er fara skyldi, en mátti vefja saman sem dúk
25 ok hafa í pung sér ef þat vildi. Þá bar fram ‹Brokkr› sína gripi. Hann gaf Óðni hringinn ok sagði at ina níundu hverja nótt mundi drjúpa af honum átta hringar jafnhǫfgir sem hann. En Frey gaf hann gǫltinn ok sagði at hann mátti renna lopt ok lǫg nótt ok dag meira en hverr hestr, ok aldri varð svá myrkt af nótt eða í myrkheimum at eigi væri
30 œrit ljóst þar er hann fór, svá lýsti af burstinni. Þá gaf hann Þór hamarinn ok sagði at hann mundi mega ljósta svá stórt sem hann vildi, hvat sem fyrir væri, ok eigi mundi hamarrinn bila, ok ef hann vyrpi honum til þá mundi hann aldri missa, ok aldri fljúga svá langt at eigi mundi hann sœkja heim hǫnd. Ok ef hann vildi, þá var hann
35 svá lítill at hafa mátti í serk sér. En þat var lýti á at forskeptit var heldr skamt. Þat var dómr þeira at hamarrinn var beztr af ǫllum gripum ok mest vǫrn í fyrir hrímþursum, ok dœmðu þeir at dvergrinn ætti veðféit. Þá bauð Loki at leysa hǫfuð sitt. Dvergrinn svarar, sagði at þess var engi ván.

Skáldskaparmál

'Taktu mik þá,' kvað Loki. En hann vildi taka hann; þá var hann víðs fjarri. Loki átti skúa er hann rann á lopt ok lǫg. Þá bað dvergrinn Þór at hann skyldi taka hann, en hann gerði svá. Þá vildi dvergrinn hǫggva af Loka hǫfuð, en Loki sagði at hann átti hǫfuð en eigi hálsinn. Þá tók dvergrinn þveng ok kníf ok vill stinga rauf á vǫrrum Loka ok vill rifa saman munninn, en knífrinn beit ekki. Þá mælti hann at betri væri þar Alr bróðir hans, en jafnskjótt sem hann nefndi hann, þá var þar alrinn ok beit hann varrarnar. *Rifaði hann saman varrarnar ok reif ór æsunum. Sá þvengr er muðrinn Loka var saman rifaðr heitir Vartari.

Hér heyrir at gull er kent til hǫfuðbands Fullu, er orti Eyvindr skáldaspillir:

(143)   Fullu skein á fjǫllum
         fallsól brá vallar
         Ullar kjóls of allan
         aldr Hákunar skaldum.

Gull er kallat grátr Freyju sem fyrr er sagt. Svá kvað Skúli Þorsteinsson:

(144)   Margr of hlaut of morgin
         morðelds þar er vér feldumsk
         Freyju tár at fleiri
         fárbjóðr. At þar várum.

Ok sem kvað Einarr Skúlason:

(145)   Þar er Mardallar milli
         meginhurðar liggr skurða
         Gauts berum galla þrútinn
         grátr dalreyðar látra.

Ok hér hefir Einarr enn kent svá Freyju at kalla hana móður Hnossar eða konu Óðs; svá segir hér:

(146)   Eigi þverr fyrir augna
         Óðs beðvinu Róða
         ræfs—eignisk svá—regni
         *ramsvell—konungr elli.

Ok enn svá:

44 Snorra Edda

(147) Hróðrbarni kná ek Hǫrnar
—hlutum dýran grip—stýra,
brandr þrymr gjálfr‹s› á grandi
gullvífiðu *hlífar;
-sáðs—berr sinnar móður—
svans unni mér gunnar
fóstr- gœðandi Fróða—
Freys nipt brá driptir.

Hér getr ok þess at Freyju má svá kenna at kalla hana systur Freys.
Ok enn svá:

(148) Nýt buðumk—Njarðar dóttur
(*nálægt var þat skála)
vel of hrósa ek því—vísa
varn (sjávar) ǫll—barni.

Hér er hon kǫlluð dóttir Njarðar. Ok enn svá:

(149) Gaf sá er erring ofrar
ógnprúðr Vanabrúðar
þing- Váfaðar -þrǫngvir
þróttǫfl‹g›a mér dóttur.
Ríkr leiddi mey mækis
mótvaldr á *beð *skaldi
Gefnar glóðum drifna
Gautreks svana brautar.

Hér er hon kǫlluð Gefn ok Vana brúðr. Til allra heita Freyju er rétt
at kenna grátinn ok kalla svá gullit, ok á marga lund er þessum
kenningum breytt, kallat hagl eða regn eða él eða dropar eða skúrir
eða forsar augna hennar eða kinna eða hlýra eða brá eða hvarma.
Hér má þat heyra at kallat er orð eða rǫdd jǫtna gullit, svá sem
fyrr er sagt. Svá kvað Bragi skáld:

(150) Þann átta ek vin verstan
*vazt- *rǫdd en mér baztan
Ála -undirkúlu
*óniðraðan þriðja.

Skáldskaparmál

Hann kallaði stein vazta undirkúlu—steinninn—en jǫtun *Ála ste‹i›nsins, en gull rǫdd jǫtuns.

Sú er sǫk til þess at gull er kallat otrgjǫld: svá er sagt at þá er Æsir fóru at kanna heim allan, Óðinn ok Loki ok Hœnir, þeir kómu at á nokkvorri ok gengu með ánni til fors nokkvors, ok við forsinn var otr einn ok hafði tekit lax ór forsinum ok át blundandi. Þá tók Loki upp stein ok kastaði at otrinum ok laust í hǫfuð honum. Þá hrósaði Loki veiði sinni, at hann hefði veitt í einu hǫggvi otr ok lax. Tóku þeir þá laxinn ok otrinn ok báru með sér, kómu þá at bœ nokkvorum ok gengu inn. En sá búandi er nefndr Hreiðmarr er þar bjó. Hann var mikill fyrir sér ok mjǫk fjǫlkunnigr. Beiddusk Æsir at hafa þar náttstað ok kváðusk hafa með sér vist œrna ok sýndu búandanum veiði sína. En er Hreiðmarr sá otrinn, þá kallaði hann sonu sína, Fáfni ok Regin, ok segir at Otr, bróðir þeira, var drepinn ok svá hverir þat hǫfðu gert. Nú ganga þeir feðgar at Ásunum ok taka þá hǫndum ok binda ok segja þá um otrinn at hann var sonr Hreiðmars. Æsir bjóða fyrir sik fjǫrlausn svá mikit fé sem Hreiðmarr sjálfr vill á kveða, ok varð þat at sætt með þeim ok bundit svardǫgum. Þá var otrinn fleginn. Tók Hreiðmarr otrbelginn ok mælir við þá at þeir skulu fylla belginn af rauðu gulli ok svá hylja hann allan ok svá skal þat vera at sætt þeira. Þá sendi Óðinn Loka í Svartálfaheim ok kom hann til dvergs þess er heitir *Andvari. Hann var fiskr í vatni, ok tók Loki hann hǫndum ok lagði á hann fjǫrlausn alt gull þat er hann átti í steini sínum. Ok er þeir koma í steininn, þá bar dvergrinn fram alt gull þat er hann átti, ok var þat allmikit fé. Þá svipti dvergrinn undir hǫnd sér einum litlum gullbaug. Þá sá Loki ok bað hann fram láta bauginn. Dvergrinn bað hann taka eigi bauginn af sér ok lézk mega œxla sér fé af bauginum ef hann heldi. Loki kvað hann eigi skyldu hafa einn penning eptir ok tók bauginn af honum ok gekk út, en dvergrinn mælti at sá baugr skyldi vera hverjum hǫfuðsbani er átti. Loki segir at honum þótti þat vel ok sagði at þat skyldi haldask mega fyrir því, sá formáli, at hann skyldi flytja þeim til eyrna er þá tœki við. Fór hann í braut til Hreiðmars ok sýndi Óðni gullit. En er hann sá bauginn þá sýndisk honum fagr ok tók hann af fénu, en greiddi Hreiðmari gullit. Þá fyldi hann otrbelginn sem mest mátti hann ok setti upp er fullr var. Gekk þá Óðinn til ok skyldi hylja belginn með gullinu, ok þá mælir hann við Hreiðmar at hann skal sjá hvárt belgrinn er þá allr hulðr. En Hreiðmarr leit til ok hugði at vandliga ok sá eitt granahár ok bað þat hylja, en at ǫðrum kosti væri

46 Snorra Edda

lokit sætt þeira. Þá dró Óðinn fram bauginn ok hulði granahárit ok sagði at þá váru þeir lausir frá otrgjǫldunum. En er Óðinn hafði tekit geir sinn en Loki skúa sína ok þurftu þá ekki at óttask, þá mælti Loki at þat skyldi haldask er Andvari hafði mælt, at sá baugr ok þat gull
5 skyldi verða þess bani er átti, ok þat helzk síðan. Nú er þat sagt ‹af› hverju gull er otrgjǫld kallat eða nauðgjald Ásanna eða rógmálmr.
40   Hvat er fleira at segja frá gullinu? Hreiðmarr tók þá gullit at sonargjǫldum, en Fáfnir ok Reginn beiddusk af nokkvors í bróðurgjǫld. Hreiðmarr unni þeim enskis pennings af gullinu. Þat varð
10 óráð þeira brœðra at þeir drápu fǫður sinn til gullsins. Þá beiddisk Reginn at Fáfnir skyldi skipta gullinu í helminga með þeim. Fáfnir svarar svá at lítil ván var at hann mundi miðla gullit við bróður sinn er hann drap fǫður sinn til gullsins ok bað Regin fara braut, en at ǫðrum kosti mundi hann fara sem Hreiðmarr. Fáfnir hafði þá tekit
15 hjálm er Hreiðmarr hafði átt ok setti á hǫfuð sér er kallaðr var œgishjálmr er ǫll kvikvendi hræðask er sjá, ok sverð þat er Hrotti heitir. Reginn hafði þat sverð er Refill er kallaðr. Flýði hann þá braut, en Fáfnir fór upp á Gnitaheiði ok gerði sér þar ból ok brásk í orms líki ok lagðisk á gullit.
20   Reginn fór þá til Hjálpreks konungs á Þjóði ok gerðisk þar smiðr hans. Þá tók hann þar til fóstrs Sigurð, son Sigmundar, sonar Vǫlsungs, ok son Hjǫrdísar, dóttur Eylima. Sigurðr var ágætastr allra herkonunga af ætt ok afli ok hug. Reginn sagði honum til hvar Fáfnir lá á gullinu ok eggjaði hann at sœkja gullit. Þá gerði Reginn sverð þat er Gramr
25 ‹heitir› at svá hvast var at Sigurðr brá niðr í rennanda vatn ok tók í sundr ullarlagð er rak fyrir strauminum at sverðs egginni. Því næst klauf Sigurðr steðja Regins ofan í stokkinn með sverðinu. Eptir þat fóru þeir Sigurðr ok Reginn á Gnitaheiði. Þá gróf Sigurðr grǫf á veg Fáfnis ok settisk þar í. En er Fáfnir skreið til vatns ok hann kom yfir
30 grǫfna, þá lagði Sigurðr sverðinu í gǫgnum hann ok var þat hans bani. Kom þá Reginn at ok sagði at hann hefði drepit bróður hans ok bauð honum þat at sætt at hann skyldi taka hjarta Fáfnis ok steikja við eld. En Reginn lagðisk niðr ok drakk blóð Fáfnis ok lagðisk at sofa. En er Sigurðr steikti hjartat ok hann hugði at fullsteikt mundi
35 ok tók á fingrinum hvé hart var, en er frauðit rann ór hjartanu á fingrinn þá brann hann ok drap fingrinum í munn sér. En er hjartablóðit kom á tunguna þá kunni hann fugls rǫdd ok skilði hvat igðurnar sǫgðu er sátu í viðnum. Þá mælti ein:

Skáldskaparmál

(151) Þar sitr Sigurðr
sveita stokkinn,
Fáfnis hjarta
við funa steikir.
Spakr þœtti mér
spillir bauga
ef fjǫrsega
fránan æti.

(152) Þar liggr Reginn (kvað ǫnnur),
ræðr um við sik,
vill tæla mǫg
þann er trúir hánum,
berr af reiði
rǫng orð saman,
vill bǫlvasmiðr
bróður hefna.

Þá gekk Sigurðr til Regins ok drap hann, en síðan til hests síns er Grani heitir, ok reið til þess er hann kom til bóls Fáfnis, tók þá upp gullit ok batt í klyfjar ok lagði upp á bak Grana ok steig upp sjálfr ok reið þá leið sína. Nú er þat sagt hver saga til er þess, gullit er kallat ból eða bygð Fáfnis eða málmr Gnitaheiðar eða byrðr Grana.

Þá reið Sigurðr til þess er hann fann á fjallinu hús. Þar svaf inni ein kona ok hafði sú hjálm ok brynju. Hann brá sverðinu ok reist brynjuna af henni. Þá vaknaði hon ok nefndisk Hildr. Hon er kǫlluð Brynhildr ok var valkyrja. Sigurðr reið þaðan ok kom til þess konungs er Gjúki hét. Kona hans er nefnd Grímhildr. Bǫrn þeira váru þau Gunnarr, Hǫgni, Guðrún, Guðný. Gothormr var stjúpsonr Gjúka. Þar dvalðisk Sigurðr langa hríð. Þá fekk hann Guðrúnar Gjúkadóttur, en Gunnarr ok Hǫgni sórusk í brœðralag við Sigurð. Því næst fóru þeir Sigurðr ok Gjúkasynir at biðja Gunnari konu til Atla Buðlasonar, Brynhildar, systur hans. Hon sat á Hindafjalli ok var um sal hennar vafrlogi, en hon hafði þess heit strengt at eiga þann einn mann er þorði at ríða vafrlogann. Þá riðu þeir Sigurðr ok Gjúkungar (þeir eru ok kallaðir Niflungar) upp á fjallit ok skyldi þá Gunnarr ríða vafrlogann. Hann átti hest þann er Goti heitir, en sá hestr þorði eigi at hla‹u›pa í eldinn. Þá skiptu þeir litum Sigurðr ok Gunnarr ok svá nǫfnum, þvíat Grani vildi undir øngum manni ganga nema Sigurði. Þá hljóp

48 Snorra Edda

Sigurðr á Grana ok reið vafrlogann. Þat kveld gekk hann at brúðlaupi
með Brynhildi. En er þau kvámu í sæing þá dró hann sverðit Gram
ór slíðrum ok lagði í milli þeira. En at morni þá er hann stóð upp ok
klæddi sik, þá gaf hann Brynhildi at línfé gullbauginn þann er Loki
5 hafði tekit af Andvara, en tók af henni annan baug til minja. Sigurðr
hljóp þá á hest sinn ok reið til félaga sinna. Skipta þeir Gunnarr þá
aptr litum ok fóru aptr til Gjúka með Brynhildi. Sigurðr átti tvau
bǫrn með Guðrúnu, Sigmund ok Svanhildi.
  Þat var eitt sinn at Brynhildr ok Guðrún gengu til vatns at bleikja
10 hadda sína. Þá er þær kómu til árinnar þá óð Brynhildr út á ána frá
landi ok mælir at hon vildi eigi bera í hǫfuð sér þat vatn er rynni ór
hári Guðrúnu, þvíat hon átti búanda hugaðan betr. Þá gekk Guðrún
á ána eptir henni ok sagði at hon mátti fyrir því þvá ofar sinn hadd
í ánni at hon átti þann mann er eigi Gunnarr ok engi annarr í verǫldu
15 var jafnfrækn, þvíat hann vá Fáfni ok Regin ok tók arf eptir báða þá.
Þá svarar Brynhildr:
  'Meira var þat vert er Gunnarr reið vafrlogann, en Sigurðr þorði
eigi.'
  Þá hló Guðrún ok mælti: 'Ætlar þú at Gunnarr riði vafrlogann? Sá
20 ætla ek at gengi í rekkju hjá þér er mér gaf gullbaug þenna, en sá
gullbaugr er þú hefir á hendi ok þú þátt at línfé, hann er kallaðr
Andvaranautr, ok ætlak at eigi sótti Gunnarr hann á Gnitaheiði.'
  Þá þagnaði Brynhildr ok gekk heim. Eptir þat eggjaði hon Gunnar
ok Hǫgna at drepa Sigurð, en fyrir því at þeir váru eiðsvarar Sigurðar
25 þá eggjuðu þeir til Gothorm, bróður sinn, at drepa Sigurð. Hann
lagði Sigurð sverði í gǫgnum sofanda, en er hann fekk sárit þá
kastaði hann sverðinu Gram eptir honum svá at sundr sneið í miðju
manninn. Þar fell Sigurðr ok sonr hans þrévetr ‹er› Sigmundr hét er
þeir drápu. Eptir þat lagði Brynhildr sik sverði ok var hon brend
30 með Sigurði, en Gunnarr ok Hǫgni tóku þá Fáfnis arf ok Andvaranaut
ok réðu þá lǫndum.

42 Atli konungr Buðlason, bróðir Brynhildar, fekk þá Guðrúnar er
Sigurðr hafði átta, ok áttu þau bǫrn. Atli konungr bauð til sín
Gunnari ok Hǫgna, en þeir fóru at heimboðinu. En áðr þeir fóru
35 heiman þá fálu þeir gullit Fáfnis arf í Rín, ok hefir þat gull aldri
síðan fundizk. En Atli konungr hafði þar lið fyrir ok barðisk við
Gunnar ok Hǫgna ok urðu þeir handteknir. Lét Atli konungr skera
hjarta ór Hǫgna kykvum. Var þat hans bani. Gunnari lét hann kasta
í ormgarð, en honum var fengin leyniliga harpa ok sló hann með

Skáldskaparmál   49

tánum því at hendr hans váru bundnar, svá at allir ormarnir sofnuðu nema sú naðra er rendi at honum ok hjó svá fyrir flagbrjóskat at hon steypti hǫfðinu inn í holit ok hangði hon á lifrinni þar til er hann dó. Gunnarr ok Hǫgni eru kallaðir Niflungar ok Gjúkungar. Fyrir því er gull kallat Niflunga skattr eða arfr. Litlu síðar drap Guðrún tvá sonu sína ok lét gera með gulli ok silfri borðker af hausum þeira, ok þá var gert erfi Niflunga. At þeiri veizlu lét Guðrún skenkja Atla konungi með þeim borðkerum mjǫð ok var blandit við blóði sveinanna, en hjǫrtu þeira lét hon steikja ok fá konungi at eta. En er þat var gert þá sagði hon honum sjálfum með mǫrgum ófǫgrum orðum. Eigi skorti þar áfenginn mjǫð svá at flest fólk sofnaði þar sem sat. Á þeiri nótt gekk hon til konungs er hann svaf ok með henni sonr Hǫgna ok vágu at honum. Þat var hans bani. Þá skutu þau eldi á hǫllina ok brann þat fólk er þar var inni. Eptir þat fór hon til sjóvar ok hljóp á sæinn ok vildi týna sér, en hana rak yfir fjǫrðinn, kom þá á þat land er átti Jónakr konungr. En er hann sá hana tók hann hana til sín ok fekk hennar. Áttu þau þrjá sonu er svá hétu: Sǫrli, Hamðir, Erpr. Þeir váru allir svartir sem hrafn á hárslit sem Gunnarr ok Hǫgni ok aðrir Niflungar. Þar fœddisk upp Svanhildr, dóttir Sigurðar sveins. Hon var allra kvinna fegrst. Þat spurði Jǫrmunrekkr konungr hinn ríki. Hann sendi son sinn Randvé at biðja hennar sér til handa. En er hann kom til Jónakrs þá var Svanhildr seld honum í hendr. Skyldi hann fœra hana Jǫrmunrekk. Þá sagði Bikki at þat var betr fallit at Randvér ætti Svanhildi, er hann var ungr ok bæði þau en Jǫrmunrekkr var gamall. Þetta ráð líkaði þeim vel inum ungum mǫnnum. Því næst sagði Bikki þetta konungi. Þá lét Jǫrmunrekkr konungr taka son sinn ok leiða til gálga. Þá tók Randvér hauk sinn ok plokkaði af fjaðrarnar ok bað senda feðr sínum. Þá var hann hengðr. En er Jǫrmunrekkr konungr sá haukinn þá kom honum í hug at svá sem haukrinn var ófleygr ok fjaðrlauss, ok svá var ríki hans ófœrt er hann var gamall ok sonlauss. Þá lét Jǫrmunrekkr konungr, er hann reið ór skógi frá veiðum með hirð sína, en Svanhildr drottning sat at haddbliki, þá riðu þeir á hana ok tráðu hana undir hesta fótum til bana. En er þetta spurði Guðrún þá eggjaði hon sonu sína til hefndar eptir Svanhildi. En er þeir bjoggusk til ferðar þá fekk hon þeim brynjur ok hjálma svá sterka at eigi mundi járn á festa. Hon lagði ráð fyrir þá at þá er þeir kvæmi til Jǫrmunrekks konungs, at þeir skyldu ganga af nótt at honum sofanda. Skyldi Sǫrli ok Hamðir hǫggva af honum hendr ok fœtr en Erpr hǫfuðit. En er þeir kómu á

leið þá spurðu þeir Erp hver liðsemð þeim mundi at honum ef þeir
hitti Jǫrmunrekk konung. Hann svarar at hann mundi veita þeim
þvílíkt sem hǫnd fœti. Þeir segja at þat var alls ekki at fótr styddisk
við hǫnd. Þeir váru svá reiðir móður sinni er hon hafði leitt þá út
5 með heiptyrðum, ok þeir vildu gera þat er henni þœtti verst ok drápu
Erp, þvíat hon unni honum mest. Litlu síðar er Sǫrli gekk skriðnaði
hann ǫðrum fœti, studdi sik með hendinni. Þá mælir hann:
'Veitti nú ‹hǫndin› fœtinum. Betr væri nú at Erpr lifði.'
En er þeir kómu til Jǫrmunrekks konungs of nótt þar sem hann
10 svaf, ok hjoggu af honum hendr ok fœtr, svá vaknaði hann ok
kallaði á menn sína, bað þá vaka. Þá mælir Hamðir:
'Af mundi nú hǫfuðit ef Erpr lifði.'
Þá stóðu upp hirðmenninir ok sóttu þá ok fengu eigi sótt þá með
vápnum. Þá kallaði Jǫrmunrekkr at þá skal berja grjóti. Var svá gert.
15 Þar fellu þeir Sǫrli ok Hamðir. Þá var ok dauð ǫll ætt ok afkvæmi
Gjúka.

Eptir Sigurð svein lifði dóttir er Áslaug hét er fœdd var at Heimis
í Hlymdǫlum, ok eru þaðan ættir komnar stórar. Svá er sagt at
Sigmundr Vǫlsungsson var svá máttugr at hann drakk eitr ok sakaði
20 ekki, en Simfjǫtli, sonr hans, ok Sigurðr váru svá harðir á húðna at
þá sakaði ekki eitr at útan kvæmi á þá bera. Því hefir Bragi skáld svá
kveðit:

(153)   Þá er forns Litar flotna
           á fangboða ǫngli
25   hrøkkviáll of hrokkinn
           hekk Vǫlsunga drekku.

Eptir þessum sǫgum hafa flest skáld ort ok tekit ymsa þáttu. Bragi
hinn gamli orti um fall Sǫrla ok Hamðis í drápu þeiri er hann orti um
Ragnar loðbrók:

30 (154)   Knátti eðr við illan
           Jǫrmunrekkr at vakna
           með dreyrfár dróttir
           draum í sverða flaumi.
           Rósta varð í ranni
35   Randvés hǫfuðniðja
           þá er hrafnbláir hefndu
           harma Erps of barmar.

Skáldskaparmál 51

(155) Flaut of set við sveita
sóknar *álfs á gólfi
hræva dǫgg *þars hǫggnar
hendr sem fœtr of kendu.
Fell í blóði *blandinn
brunn ǫlskakki runna
—þat er á Leifa landa
laufi fátt—at haufði.

(156) Þar svá at gerðu gyrðan
gólfhǫlkvis sá *fylkis
segls naglfara siglur
saums annvanar standa.
Urðu snemst ok Sǫrli
samráða þeir Hamðir
hǫrðum herðimýlum
Hergauts vinu barðir.

(157) Mjǫk lét stála støkkvir
styðja Gjúka niðja
flaums þá er fjǫrvi *næma
Foglhildar mun vildu,
ok *bláserkjar birkis
*ballfǫgr gátu allir
ennihǫgg ok eggjar
Jónakrs sonum launa.

(158) Þat segik fall á fǫgrum
flotna randar botni.
Ræs gáfumk reiðar mána
Ragnarr ok fjǫlð sagna.

Hví er gull kallat mjǫl Fróða? Til þess er saga sjá at Skjǫldr hét
sonr Óðins er Skjǫldungar eru frá komnir. Hann hafði atsetu ok réð
lǫndum þar sem nú er kǫlluð Danmǫrk en þá var kallat Gotland.
Skjǫldr átti þann son er Friðleifr hét er lǫndum réð eptir hann. Sonr
Friðleifs hét Fróði. Hann tók konungdóm eptir fǫður sinn í þann tíð
er Augustus keisari lagði frið of heim allan. Þá var Kristr borinn. En
fyrir því at Fróði var allra konunga ríkastr á Norðrlǫndum þá var

honum kendr friðrinn um alla Danska tungu, ok kalla Norðmenn þat
Fróða frið. Engi maðr grandaði ǫðrum þótt hann hitti fyrir sér
fǫðurbana eða bróðurbana lausan eða bundinn. Þá var ok engi þjófr
eða ránsmaðr, svá at gullhringr einn lá á Jalangrsheiði lengi. Fróði
konungr sótti heimboð í Svíþjóð til þess konungs er Fjǫlnir er
nefndr. Þá keypti hann ambáttir tvær er hétu Fenja ok Menja. Þær
váru miklar ok sterkar. Í þann tíma fannsk í Danmǫrk kvernsteinar
tveir svá miklir at engi var svá sterkr at dregit gæti. En sú náttúra
fylgði kvernunum at þat mólsk á kverninni sem sá mælir fyrir er
mól. Sú kvern hét Grotti. Hengikjǫptr er sá nefndr er Fróða konungi
gaf kvernina. Fróði konungr lét leiða ambáttirnar til kvernarinnar ok
bað þær mala gull ok frið ok sælu Fróða. Þá gaf hann þeim eigi
lengri hvíld eða svefn en gaukrinn þagði eða hljóð mátti kveða. Þá
er sagt at þær kvæði ljóð þau er kallat er Grottasǫngr. Ok áðr létti
kvæðinu mólu þær her at Fróða svá at á þeiri nótt kom þar sá
sækonungr er Mýsingr hét ok drap Fróða, tók þar herfang mikit. Þá
lagðisk Fróða friðr. Mýsingr hafði með sér Grotta ok svá Fenju ok
Menju ok bað þær mala salt. Ok at miðri nótt spurðu þær ef eigi
leiddisk Mýsingi salt. Hann bað þær *mala lengr. Þær mólu litla
hríð áðr niðr sukku skipin ok var þar eptir svelgr í hafinu er særinn
fellr í kvernaraugat. Þá varð sær saltr.

(159)   'Nú erum komnar
til konungs húsa
framvísar tvær
Fenja ok Menja.'
Þær ró at Fróða
Friðleifssonar
máttkar meyjar
at mani hafðar.

(160)   Þær at lúðri
leiddar váru
ok grjóts grjá
gangs of beiddu.
Hét hann hvárigri
hvíld né ynði
áðr hann heyrði
hljóm ambátta.

Skáldskaparmál 53

(161) Þær þyt þulu
þǫgnhorfinnar.
'Leggjum lúðra,
léttum steinum.'
Bað hann enn meyjar
at þær mala skyldu.

(162) Sungu ok slungu
snúðgasteini
svá at Fróða man
flest sofnaði.
Þá kvað þat Menj‹a›
(var til meldr‹s› komin):

(163) 'Auð mǫlum Fróða,
mǫlum alsælan,
‹mǫlum› fjǫlð fjár
á feginslúðri.
Siti hann á auði,
sofi hann á dúni,
vaki hann at vilja,
þá er vel malit.

(164) 'Hér skyli engi
ǫðrum granda,
til bǫls búa
né til bana orka,
né hǫggva því
hvǫssu sverði
þó at bana bróður
bundinn finni.'

(165) En hann kvað ekki
orð it fyrra:
'Sofið eigi þit
né of sal gaukar
eða lengr en svá
ljóð eitt kveðak.'

(166) 'Varattu, Fróði,
fullspakr of þik,
málvinr manna,
er þú man keyptir.
Kauss þú at afli
ok at álitum,
en at ætterni
ekki spurðir.

(167) 'Harðr var Hrungnir
ok hans faðir,
þó var Þjazi
þeim ǫflgari,
Iði ok Aurnir,
okkrir niðjar,
brœðr bergrisa:
þeim erum bornar.

(168) 'Kœmia Grotti
ór grjá fjalli
né sá hinn harði
hallr ór jǫrðu
né mœli svá
mær bergrisa
ef vissi vit
vætr til hennar.

(169) 'Vér vetr níu
várum leikur,
ǫflgar, alnar
fyrir jǫrð neðan.
Stóðu meyjar
at meginverkum,
fœrðum sjálfar
setberg ór stað.

(170) 'Veltum grjóti
of garð risa
svá at fold fyrir
fór skjálfandi.

Skáldskaparmál 55

        Svá sløngðum vit
        snúðgasteini
        hǫfgahalli,
        at halir tóku.

(171)   'En vit síðan
        á Svíþjóðu
        framvísar tvær
        í fólk stigum.
        Beiddum bjǫrnu
        en brutum skjǫldu,
        gengum í gegnum
        gráserkjat lið.

(172)   'Steyptum stilli,
        studdum annan,
        veittum góðum
        Gothormi lið.
        Vara kyrrseta
        áðr Knúi felli.

(173)   'Fram heldum því
        þau misseri
        at vit at kǫppum
        kendar váru‹m›.
        Þar skorðu vit
        skǫrpum geirum
        blóð ór benjum
        ok brand ruðum.

(174)   'Nú erum komnar
        til konungs húsa
        miskunnlausar
        ok at mani hafðar.
        Aurr etr iljar
        en ofan kulði,
        drǫgum dólgs sjǫtul.
        Daprt er at Fróða.

(175) 'Hendr skulu hvílask,
hallr standa mun,
malit hefi ek fyrir mik,
mitt of létti.
Nú muna hǫndum
hvíld vel gefa
áðr fullmalit
Fróða þykki.

(176) 'Hendr skulu hǫlða
harðar trjónur,
vápn valdreyrug.
Vaki þú Fróði!
Vaki þú Fróði
ef þú hlýða vill
sǫngum okkrum
ok sǫgum fornum.

(177) 'Eld sé ek brenna
fyrir austan borg
—vígspjǫll vaka—
þat mun viti kallaðr.
Mun herr koma
hinig af bragði
ok brenna bœ
fyrir buðlungi.

(178) 'Munat þú halda
Hleiðrar stóli,
rauðum hringum
né regingrjóti.
Tǫkum á mǫndli,
mær, skarpara,
eruma valmar
í valdreyra.

(179) 'Mól míns fǫður
mær ramliga
þvíat hon feigð fira
fjǫlmargra sá.

Skáldskaparmál 57

Stukku stórar
steðr frá lúðri,
*járni *varðar.
Molum enn framar!

(180) 'Molum enn framar!
       Mun Yrsu sonr
       við Hálfdana
       hefna Fróða.
       Sá mun hennar
       heitinn verða
       burr ok bróðir.
       Vitum báðar *þat.'

(181) Mólu meyjar,
       megins kostuðu.
       Váru ungar
       í jotunmóði.
       Skulfu skapttré,
       skauzk lúðr ofan,
       hraut hinn hofgi
       hallr sundr í tvau.

(182) En bergrisa
       brúðr orð um kvað:
       'Malit hofum, Fróði,
       sem munum hætta.
       Hafa fullstaðit
       fljóð at meldri.'

Einarr Skúlason kvað svá:

(183) Frá ek at Fróða meyjar
       fullgóliga mólu
       —lætr stillir grið gulli—
       Grafvitnis beð—slitna.
       Mjúks—bera minnar øxar
       meldr þann við hlyn *feldrar—
       konungs dýrkar fé—Fenju
       fogr hlýr—bragar stýri.

58 Snorra Edda

Svá kvað Egill:

(184) Glaðar flotna fjǫlð
við Fróða mjǫl.

Konungr einn í Danmǫrk er nefndr Hrólfr kraki. Hann er ágætastr fornkonunga fyrst af mildi ok frœknleik ok lítillæti. Þat er eitt mark um lítillæti hans er mjǫk er fœrt í frásagnir at einn lítill sveinn ok fátœkr er nefndr Vǫggr. Hann kom í hǫll Hrólfs konungs. Þá var konungrinn ungr at aldri ok grannligr á vǫxt. Þá gekk Vǫggr fyrir hann ok sá upp á hann. Þá mælir konungrinn: 'Hvat viltu mæla, sveinn, er þú sér á mik?' Vǫggr segir: 'Þá er ek var heima, heyrðak sagt at Hrólfr konungr at Hleiðru var mestr maðr á Norðrlǫndum, en nú sitr hér í hásæti kraki einn lítill ok kallið þér hann konung sinn.'
Þá svarar konungrinn: 'Þú, sveinn, hefir gefit mér nafn, at ek skal heita Hrólfr kraki, en þat er títt at gjǫf skal fylgja nafnfesti. Nú sé ek þik enga gjǫf hafa til at gefa mér at nafnfesti þá er mér sé þægilig. Nú skal sá gefa ǫðrum er til hefir,' tók gullhring af hendi sér ok gaf honum. Þá mælir Vǫggr:
'Gef þú allra konunga heilastr, ok þess strengi ek heit at verða þess manns bani er þinn banamaðr verðr.'
Þá mælir konungr ok hló við: 'Litlu verðr Vǫggr feginn.'
Annat mark var þat sagt frá Hrólfi kraka um frœknleik hans at sá konungr réð fyrir Uppsǫlum er Aðils hét. Hann átti Yrsu, móður Hrólfs kraka. Hann hafði ósætt við þann konung er réð fyrir Nóregi er Áli hét. Þeir stefndu orrostu milli sín á ísi vatns þess er Væni heitir. Aðils konungr sendi boð Hrólfi kraka, mági sínum, at hann kvæmi til liðveizlu við hann ok hét mála ǫllum her hans meðan þeir væri í ferðinni, en konungr sjálfr skyldi eignask þrjá kostgripi þá er hann kaus ór Svíþjóð. Hrólfr konungr mátti eigi fara fyrir ófriði þeim er hann átti við Saxa, en þó sendi hann Aðilsi berserki sína tólf. Þar var einn Bǫðvarr bjarki ok Hjalti hugprúði, Hvítserkr hvati, Vǫttr, *Véseti, þeir brœðr Svipdagr ok Beiguðr. Í þeiri orrostu fell Áli konungr ok mikill hluti liðs hans. Þá tók Aðils konungr af honum dauðum hjálminn Hildisvín ok hest hans Hrafn. Þá beiddusk þeir berserkir Hrólfs kraka at taka mála sinn, þrjú pund gulls hverr þeira, ok um fram beiddusk þeir at flytja Hrólfi kraka kostgripi þá er þeir kuru til handa honum. Þat var hjálmrinn Hildigǫltr ok brynjan

Finnsleif er hvergi festi vápn á ok gullhringr sá er kallaðr var Svíagríss er átt hǫfðu langfeðgar Aðils. En konungr varnaði allra gripanna ok eigi heldr galt hann málann. Fóru berserkirnir braut ok unðu illa sínum hlut, sǫgðu svá búit Hrólfi kraka ok jafnskjótt byrjaði hann ferð sína til Uppsala. Ok er hann kom skipum sínum í ána Fýri þá reið hann til Uppsala ok með honum tólf berserkir hans, allir griðalausir. Yrsa, móðir hans, fagnaði honum ok fylgði honum til herbergis ok eigi til konungs hallar. Váru þá gervir eldar stórir fyrir þeim ok gefit ǫl at drekka. Þá kómu menn Aðils konungs inn ok báru skíðin á eldinn ok gerðu svá mikinn at klæði brunnu af þeim Hrólfi ok mæltu:
'Er þat satt at Hrólfr kraki ok berserkir hans flýja hvárki eld né járn?'
Þá hljóp *Hrólfr kraki upp ok allir þeir. Þá mælti hann:
'Aukum enn elda at Aðils húsum!'—tók skjǫld sinn ok kastaði á eldinn ok hljóp yfir eldinn meðan skjǫldrinn brann ok mælti enn:
'Flýra sá elda er yfir hleypr.'
Svá fór hverr at ǫðrum hans manna, tóku þá er eldinn hǫfðu aukit ok kǫstuðu þeim á eldinn. Þá kom Yrsa ok fekk Hrólfi kraka dýrshorn fult af gulli ok þar með hringinn Svíagrís ok bað þá braut ríða til liðsins. Þeir hljópu á hesta sína ok ríða ofan á Fýrisvǫllu. Þá sá þeir at Aðils konungr reið eptir þeim með her sinn alvápnaðan ok vill drepa þá. Tók Hrólfr kraki hœgri hendi gullit ofan í hornit ok søri alt um gǫtuna. En er Svíar sjá þat, hlaupa þeir ór sǫðlunum ok tók hverr slíkt er fekk, en Aðils konungr bað þá ríða ok reið sjálfr ákafliga. Slu‹n›gnir hét hestr hans, allra hesta skjótastr. Þá sá Hrólfr kraki at Aðils konungr reið nær honum, tók þá hringinn Svíagrís ok kastaði til hans ok bað hann þiggja at gjǫf. Aðils konungr reið at hringinum ok tók til með spjótsoddinum ok rendi upp á falinn. Þá veyk Hró‹l›fr kraki aptr ok sá er hann laut niðr. Þá mælir hann:
'Svínbeygt hefi ek nú þann er ríkastr er með Svíum.'
Svá skilðusk þeir. Af þessi sǫk er gull kallat sáð Kraka eða Fýrisvalla. Svá kvað Eyvindr skáldaspillir:

(185) Bárum, Ullr, of *alla,
       ímunlauks, á hauka
       fjǫllum Fýrisvalla
       fræ Hákunar ævi.

60 Snorra Edda

Svá sem Þjóðólfr kvað:

(186) Ǫrð sær Yrsu burðar
inndrótt jǫfurr sinni
bjartplógaðan bauga
brattakr vǫluspakra.
Eyss landreki ljósu
lastvarr Kraka barri
á hlémildar holdi
hauks kálfur mér sjálfum.

Svá er sagt at konungr sá er Hǫlgi er kallaðr, er Hálogaland er við nefnt, var faðir Þorgerðar Hǫlgabrúðar. Þau váru bæði blótuð ok var haugr Hǫlga kastaðr, ǫnnur fló af gulli eða silfri (þat var blótféit) en ǫnnur fló af moldu ok grjóti. Svá kvað Skúli Þorsteinsson:

(187) Þá er ræfrvita Reifnis
rauð ek fyrir Svǫlð til auðar,
*herfylgins *bar ek Hǫlga
haugþǫk sama‹n› baugum.

Í Bjarkamálum inum fornum eru tǫ‹l›ð mǫrg gulls heiti. Svá segir þar:

(188) Gramr hinn gjǫflasti
gœddi hirð sína
Fenju forverki,
Fáfnis miðgarði,
Glasis glóbarri,
Grana fagrbyrði,
Draupnis dýrsveita,
dúni Grafvitnis.

(189) *Ýtti ǫrr hilmir,
aldir við tóku,
S‹i›fjar svarðfestum,
svelli *dalnauðar,
tregum Otrs gjǫldum,
tárum Mardallar,

Skáldskaparmál 61

eldi Órunar,
Iðja glysmálum.

(190) Gladdi gunnveiti‹r›
—gengum fagrbúnir—
Þjaza þingskilum
þjóðir hermargar
Rínar rauðmálmi,
rógi Niflunga,
vísi hinn vígdjarfi.
Varði hann Baldr þǫgli.

Gull er kallat í kenningum eldr handar eða liðs eða leggjar þvíat **46** þat er rautt, en silfr snær eða svell eða héla þvíat þat er hvítt. Með sama hætti skal ok kenna gull eða silfr til sjóðs eða diguls eða lauðar. En hvártt‹v›eggja silfr ok gull má vera grjót handar eða hálsgjǫrð nokkvors þess manns er títt var at hafa men, ok hringar eru bæði silfr ok gull ef eigi er annan veg greint, sem kvað Þorle‹i›fr fagri:

(191) Kastar gramr á glæstar
gegn valstǫðvar þegnum
—ungr vísir gefr eisu
armleggs—digulfarmi.

Ok sem kvað Einarr skálaglamm:

(192) Liðbrǫndum kná Lundar
landfrœkn jǫfurr granda.
Hykka ek ræsis rekka
Rínar grjót of þrjóti.

Svá kvað Einarr Skúlason:

(193) Blóðeisu liggr bæði
bjargs tveim megin geima
sjóðs—á ek søkkva stríði—
snær ok eldr—at mæra.

Ok enn sem hann kvað:

62   Snorra Edda

(194)   Dœgr þrymr hvert—[en hjarta
        hlýrskildir ræðr mildu
        Heita blakks—of hvítum
        hafleygr digulskaf]li.
5   Aldri má fyrir eldi
        áls hrynbrautar skála
        —oll viðr fólka [fellir
        framræði—snæ] bræða.

Hér er gull kallat snær skálanna. Svá kvað Þórðr mauraskáld:

10 (195)   [Sér á sei]ma rýri
        sigðis látrs ok átti
        hrauns glaðsendir handa
        Hermóðr fǫður góðan.

47 Maðr er kallaðr brjótr gullsins, svá sem kvað Óttarr svarti:

15 (196)   Góðmennis þarf ek gunnar
        gulls brjótanda at njóta.
        Hér er alnennin inni
        inndrótt með gram svinnum.

Eða gullsendir, sem kvað Einarr skálaglamm:

20 (197)   Gullsendir lætr grundar—
        glaðar þengill herdrengi,
        hans mæti kná ek hljóta—
        hljót Yggs mjaðar njóta.

Gullvǫrpuðr, sem kvað Þorleikr:

25 (198)   Hirð viðr grams með gerðum
        gullvǫrpuðr sér holla.

Gullstríðir, sem kvað Þorvaldr blǫnduskáld:

    (199)   Gullstríðir verpr glóðum—
        gefr auð konungr rauðan;

Skáldskaparmál 63

óþjóðar bregðr eyðir—
armleggs—Grana farmi.

Gullskati, sem hér er:

(200) Gat ek gullskata.
       Gǫr er leygs of bǫr 5
       gǫtu gunnvita
       gráps *tøgdrápa.

Kona er kend til gulls, kǫlluð selja gulls, sem kvað Hallar-Steinn:

(201) Svalteigar mun selju
       salts Viðblinda galtar 10
       rafkastandi rastar
       reyrþvengs muna lengi.

Hér er kallat hvalir Viðblinda geltir. Hann var jǫtunn ok dró hvali í hafi út sem fiska. Teigr hvala er sær, rǫf sævar er gull. Kona er selja gulls þess er hon gefr ok samheiti við selju er tré, sem fyrr er 15 ritat at kona er kend við alls konar trjáheiti kvenkend. Hon er ok lóg kǫlluð þess er hon gefr. Lág heitir ok tré þat er fellr í skógi. Svá kvað Gunnlaugr ormstunga:

(202) Alin var rýgr at rógi—
       runnr olli því gunnar, 20
       *lág var ek auðs at eiga
       óðgjarn—fira bǫrnum.

Kona kallask mǫrk. Svá kvað Hallar-Steinn:

(203) Ek hefi óðar lokri
       ǫlstafna *Bil skafna, 25
       *væn mǫrk skála, verki
       vandr, stefknarrar branda.

Tróða, enn sem kvað Steinn:

(204) Þú munt fúrs sem fleiri
       flóðs hirði-Sif *tróður 30

grǫnn við gæfu þinni
grjóts Hjaðninga brjótask.

Skorða; svá kvað Ormr Steinþórsson:

(205) Skorða var í fǫt fœrð
fjarðbeins afar hrein.
Nýri s‹l›ǫng nadd-Freyr
nisting of mjaðar Hrist.

Stoð, sem Steinarr kvað:

(206) Mens hafa mildrar Synjar
mjúkstalls *logit allir
—sjá hǫfumk *veltistoð stiltan
straumtungls—at mér draumar.

Bjǫrk, enn sem Ormr kvað:

(207) Þvíat hols hrynbáls
hramma þats ek berk fram
Billings á burar full
bjarkar hefi ek lagit mark.

Eik, svá sem hér er:

(208) Aura stendr fyrir órum
eik fagrbúin leiki.

Lind, svá sem hér er:

(209) Ógnrakkr skalat okkur
álmr dynskúrar málma
—svá bauð lind—í landi
—líns—hugrekki dvína.

Maðr er kendr til viða sem fyrr er ritað, kallaðr reynir vápna eða víga, ferða ok athafnar, skipa ok alls þess er hann [ræðr ok reynir. Svá] kvað Úlfr Uggason:

Skáldskaparmál 65

(210) En stirðþinull starði
storðar leggs [fyrir borði
fr]óns á fólka reyni
fránleitr ok blés eitri.

Viðr ok meiðr, sem [kvað Korma]kr:

(211) Meiðr er mǫrgum œðri
*morðteins í dyn fleina.
Hjǫrr fær *hildibǫrrum
hjarl Sigurði jarli.

Lundr; svá ‹kvað› Hallfrøðr vandræðaskáld:

(212) Askþollum stendr Ullar
austr at miklu trausti
rœkilundr hinn ríki
randfárs brumaðr hári.

Hér er ok þollr nefndr. Búss; svá kvað Arnórr:

(213) Røkr ǫndurt bað randir
reggbúss saman leggja
—rógskýja helt—Rygja—
*regni haustnótt gegnum.

Askr, sem Refr kvað:

(214) Gekk í gulli stokkna
gjǫfrífr—Hárs drífu
askr við‹r› œrinn þroska—
*as-Freyr sæing meyjar.

Hlynr:

(215) Heill kom þú, handar svella
hlynr! Kvaddi svá brynja.

Bǫrr, sem Refr kvað:

(216) Alls *bǫðgœði‹s› *bjóða
 —bǫrr ræðr til þess hjǫrva—
 ógnstǫðvar hefi ek ægi
 einráðit Þorsteini.

Stafr, sem Óttarr kvað:

(217) Heltu þar er hraf‹n› ne svalta
 —hvatráðr ertu—láði
 ‹ógnar stafr› fyr jǫfrum
 ýgr tve‹i›mr—við kyn beima.

Þorn, sem Arnórr kvað:

(218) Hlóð—en hála téðu
 hirðmenn arngrenni—
 auðar þorn fyrir ǫrnu
 ungr valkǫstu þunga.

Hvernig skal kenna orrostu? Svá at kalla veðr vápna eða hlífa eða Óðins eða valkyrju eða herkonunga eða gný eða glym. Svá kvað Hornklofi:

(219) Háði gramr, þar er gnúðu,
 geira hregg við seggi,
 —rauð fnýstu ben blóði—
 bengǫgl at dyn Skǫglar.

Svá kvað Eyvindr:

(220) Ok sá halr
 at Hárs veðri
 hǫsvan serk
 hrísgrísnis bar.

Svá kvað Bersi:

(221) Þótta ek þá er œri
 ár—sagt er þat—várum
 hœfr at Hlakkar drífu
 hyrrunnum vel Gunnar.

Skáldskaparmál 67

Svá kvað Einarr:

(222) Glymvindi lætr Gǫndla‹r›
—gnest‹r› hjǫrr—taka mestum
Hildar segl þar er hagli,
hraustr þengill, drífr st‹r›engjar.

Sem kvað Einarr skálaglamm:

(223) Ne sigbjarka serkir
sómmiðjungum rómu
Hárs við Hǫgna skúrir
hléðut fast of séðir.

Svá sem hér:

(224) Odda gnýs við œsi
oddne‹t›s þinul setja.

Ok enn þetta:

(225) Hnigu fjándr at glym Gǫndlar
grams und arnar hramma.

Vápn ok herklæði skal kenna til orrostu ok til Óðins ok valmeyja ok herkonunga, kalla hjálma hjálm, hǫtt eða fald, en brynju serk eða skyrtu, en skjǫld tjald, ok skjaldborgin er kǫlluð hǫll ok ræfr, veggr ok gólf. Skildir eru kallaðir—ok kendir við herskip—sól eða tungl eða lauf eða blik eða garðr skipsins. Skjǫldr er ok kallaðr skip Ullar eða kent til fóta Hrungnis er hann stóð á skildi. Á fornum skjǫldum var títt at skrifa rǫnd þá er baugr var kallaðr, ok er við þann baug skildir kendir. Hǫggvápn, øxar eða sverð, er kallat eldar blóðs eða benja. Sverð heita Óðins eldar en øxar kalla menn trǫllkvinna heitum ok kenna við blóð eða benjar eða skóg eða við. Lagvápn eru vel kend til orma eða fiska. Skotvápn eru mjǫk kend til hagls eða drífu eða rotu. Ǫllum þessum kenningum er marga lund breytt þvíat þat er flest ort í lofkvæðum er þessar kenni‹n›gar þarf við.

(226) Lattisk herr með hǫttu
Hangatýs at ganga

68 Snorra Edda

—*þóttit þeim at hætta
þekkiligt—fyrir brekku.

Svá kvað Einarr skálaglamm:

(227) Hjálm‹faldinn› bauð hildi
hjaldrǫrr ‹ok› Sigvaldi,
hinn er fór í gný Gunnar,
gunndjarfr Búi, sunnan.

Róða serkr, sem Tindr kvað:

(228) Þá er hringfám Hanga
hrynserk—viðum brynju
hruðusk riðmarar Róða
rastar—varð at kasta.

Hamðis skyrta, sem Hallfrøðr kvað:

(229) Ólítit brestr úti
unndýrs sumum runnum
hart á Hamðis skyrtum
hryngráp Egils vápna.

Sǫrla fǫt, enn sem hann kvað:

(230) Þaðan verða fǫt fyrða
—fregn ek gerla þat—Sǫrla
rjóðask *bjǫrt í blóði
*benfúr méilskúrum.

Sem Grettir kvað:

(231) Heldu Hlakkar tjalda
hefjendr saman nefjum
Hildar veggs ok hjoggusk
hregg-Nirðir til skeggjum.

Róða ræfr, sem Einarr kvað:

Skáldskaparmál 69

(232) Eigi þverr fyrir augna
Óðs beðvinu Róða
ræfr‹s›—eignisk sá—regni
*ramsvell—konungr elli.

Hildar veggr, sem kvað Grettir ok áðr er ritat. Skipsól, sem Einarr
kvað:

(233) Leyg rýðr ætt á ægi
Óláfs skipa sólar.

Hlýrtungl, sem Refr kvað:

(234) Dagr var fríðr sá er fǫgru
fleygjendr alinleygjar
í hangferil hringa
hlýrtungli mér þrungu.

Garðr skips, sem hér er:

(235) Svá skaut gegn í gǫgnum
garð steinfarinn barða
—sá var gnýstœrir geira
gunnar æfr—sem næfrar.

Askr Ullar, sem hér er:

(236) Ganga él of yng‹v›a
Ullar skips með fullu
þar er samnagla siglur
slíðrdúkaðar ríða.

Ilja blað Hrungnis, sem Bragi kvað:

(237) Vilið, Hrafnketill, heyra
hvé hreingróit steini
Þrúðar skal ek ok þengil
þjófs ilja blað leyfa?

Bragi skáld kvað þetta um bauginn á skildinum:

(238) Nema svá at góð ins gjalla
gjǫld *baugnafaðs vildi
meyjar hjóls inn mæri
mǫgr Sigurðar Hǫgna.

Hann kallaði skjǫldinn Hildar hjól, en bauginn nǫf hjólsins. Baugjǫrð, sem Hallvarðr kvað:

(239) Rauðljósa sér ræsir
—rít brestr sundr hin hvíta—
baugjǫrð brodda ferðar
—bjúgrend—í tvau fljúga.

Svá er enn kveðit:

(240) Baugr er á beru sœmstr
en á boga ǫrvar.

Sverð er Óðins eldr, sem Kormakr kvað:

(241) Svall þá er gekk með gjallan
Gauts eld hinn er styr beldi
glaðfœðandi Gríðar
gunnr. Komsk U‹r›ðr ór brunni.

Hjálms eldr, sem kvað Úlfr Uggason:

(242) Fullǫflug lét fjalla
fram haf-Sleipni þramma
Hildr, en Hropts of gildar
*hjálmelda mar feldu.

Brynju eldr, sem kvað Glúmr Geirason:

(243) Heinþyntan lét hvína
hryneld at þat brynju
*foldar vǫrðr sá er fyrðum
fjǫrnharðan sik varði.

Randar íss ok grand hlífar, sem Einarr kvað:

Skáldskaparmál

(244) Ráðvǫndum þá ek ra‹u›ðra
 randa ís at vísa
 —grand berum hjálms í hendi—
 hvarmþey drifinn Freyju.

Øx heitir trǫllkona hlífa, sem Einarr kvað:

(245) Sjá megu rétt hvé Ræfils
 ríðendr við brá Gríðar
 fjǫrnis fagrt of skornir
 foldviggs drekar liggja.

Spjót er ormr kallat, sem Refr kvað:

(246) Kná myrkdreki marka
 minn þar er ýtar finnask
 æfr á aldar lófum
 eikinn *borðs at leika.

Ǫrvar eru kallaðar hagl boga eða strengjar eða hlífa eða orrostu, sem Einarr kvað skálaglamm:

(247) Brak-Rǫgnir *skók bogna
 —barg óþyrmir varga—
 *hagl ór Hlakkar seglum
 hjǫrs—rakkliga fjǫrvi.

Ok Hallfrøðr:

(248) Ok geirrotu gǫtvar
 gagls við strengjar hagli
 hungreyðundum Hanga
 *hléðut járni séðar.

Ok Eyvindr skáldaspillir:

(249) Lítt *kváðu *þik láta
 landvǫrðr er brast Hǫrða
 brynju hagl í benjum
 —bugusk álmar—geð fálma.

72 Snorra Edda

Orrosta er kǫlluð Hjaðninga veðr eða él ok vápn Hjaðninga eldar eða vendir, en saga er til þess. Konungr sá er Hǫgni er nefndr átti dóttur er Hildr hét. Hana tók at herfangi konungr sá er Heðinn hét Hjarrandason. Þá var Hǫgni konungr farinn í konunga stefnu. En er hann spurði at herjat var í ríki hans ok dóttir hans var í braut tekin þá fór hann með sínu liði at leita Heðins ok spurði til hans at Heðinn hafði siglt norðr með landi. Þá er Hǫgni konungr kom í Nóreg spurði hann at Heðinn hafði siglt vestr of haf. Þá siglir Hǫgni eptir honum alt til Orkneyja, ok er hann kom þar sem heitir Háey þá var þar fyrir Heðinn með lið sitt. Þá fór Hildr á fund fǫður síns ok bauð honum men ‹at› sætt af hendi Heðins, en í ǫðru orði sagði hon at Heðinn væri búinn at berjask ok ætti Hǫgni af honum ǫngrar vægðar ván. Hǫgni svarar stirt dóttur sinni, en er hon hitti Heðin sagði hon honum at Hǫgni vildi ǫnga sætt ok bað hann búask til orrostu. Ok svá gera þeir hvárirtveggju, ganga upp á eyna ok fylkja liðinu. Þá kallar Heðinn á Hǫgna mág sinn ok bauð honum sætt ok mikit gull at bótum. Þá svarar Hǫgni:

'Of síð bauðtu þetta ef þú vill sættask, þvíat nú hefi ek dregit Dáinsleif er dvergarnir gerðu, er manns bani skal verða hvert sinn er bert er ok aldri bilar í hǫggvi ok ekki sár grœr ef þar skeinisk af.'

Þá segir Heðinn: 'Sverði hœlir þú þar en eigi sigri. Þat kalla ek gott hvert er dróttinholt er.'

Þá hófu þeir orrostu þá er Hjaðningavíg er kallat ok bǫrðusk þann dag allan ok at kveldi fóru konungar til skipa. En Hildr gekk of nóttina til valsins ok vakði upp með fjǫlkyngi alla þá er dauðir váru. Ok annan dag gengu konungarnir á vígvǫllinn ok bǫrðusk ok svá allir þeir er fellu hinn fyrra daginn. Fór svá sú orrosta hvern dag eptir annan at allir þeir er fellu ok ǫll vápn þau er lágu á vígvelli ok svá hlífar urðu at grjóti. En er dagaði stóðu upp allir dauðir menn ok bǫrðusk ok ǫll vápn váru þá nýt. Svá er sagt í kvæðum at Hjaðningar skulu svá bíða ragnarøkrs. Eptir þessi sǫgu orti Bragi skáld í Ragna‹r›s drápu loðbrókar:

(250)   Ok *ofþerris *æða
           ósk-Rán at þat sínum
           til fárhuga fœri
           feðr veðr *boga hugði,
           þá er hristi-Sif hringa
           háls *in bǫls of fylda

Skáldskaparmál

       bar til byrjar drǫsla
       baug ørlygis draugi.

(251)   Bauða sú til bleyði
       bœti-Þrúðr at móti
       málma mætum hilm‹i›
       men dre‹y›rug‹r›a benja.
       Svá lét ey þótt etti
       sem *orrostu letti
       jǫfrum úlfs at sinna
       með algífris lifru.

(252)   Letrat lýða stillir
       landa vanr á sandi
       —þá svall heipt í Hǫgna—
       hǫð glamma *mun stǫðva,
       er þrymregin þremja
       þróttig *Heðin s[óttu]
       heldr en Hildar *svíra
       hringa þeir of fingu.

(253)   Þá má sókn á Svǫlnis
       salpenningi kenna.
       Ræs gáfumk reiðar mána
       Ragnarr ok fjǫlð sagna.

(254)   Ok fyrir hǫnd í hólmi
       Hveðru brynju Viðris
       fengeyðandi fljóða
       fordæða nam ráða.
       Allr gekk herr und hurðir
       Hjarranda fram kyrrar
       reiðr *af Reifnis skeiði
       *raðálfs *af mar bráðum.

Orrosta er veðr Óðins sem fyrr er ritat. Svá kvað Víga-Glúmr:

(255)   Rudda ek sem jarlar
       —orð *lék á því—forðum

74 Snorra Edda

með veðrstǫfum Viðris
vandar mér til *landa.

Viðris veðr er hér kallat *orrosta en vǫndr vígs sverðit en menn stafir sverðsins. Hér er bæði orrosta ok vápn haft til kenningar mannsins. Þat er rekit kallat er ‹svá er› ort. Skjǫldr er land vápnanna en vápn er hagl eða regn þess lands ef nýgjǫrvingum er ort.

51 Hvernig skal kenna skip? Svá at kalla hest eða dýr eða skíð sækonunga eða sævar eða skipreiða eða veðrs. Báru fákr, sem Hornklofi kvað:

(256)   Hrjóðr lét hæztrar tíðar
        harðráðr skipa bǫrðum
        báru fáks ins bleika
        barnungr á lǫg þrungit.

Geitis marr (hest‹r›); svá kvað Erringar-Steinn:

(257)   Enn þótt *ófrið sunnan
        ǫll þjóð segir †skaldi
        —hlǫðum Geitis mar grjóti—
        glaðir nennum vér þenna.

Sveiða hreinar:

(258)   Súðlǫngum komt *Sveiða
        —sunds liðu dýr frá grundu—
        sigrakkr Sǫlsa bekkjar
        Sveins mǫgr á trǫð hreinum.

Svá kvað Hallvarðr. Hér er ok kǫlluð sunds dýr ok særinn Sǫlsa bekkr. Svá kvað Þórðr *Sjáreksson:

(259)   Sveggja lét fyrir Siggju
        sólborðs goti no‹r›ðan.
        Gustr skaut Gylfa rastar
        Glaumi suðr fyrir Aumar.
        En slóðgoti síðan
        sæðings fyrir skut bæði

Skáldskaparmál

—hestr óð lauks fyrir Lista—
lagði Kǫrmt ok Agðir.

Hér er skip kallat sólborðs hestr ok sær Gylfa land, sæðings slóð særinn ok hestr skipit ok enn lauks hestr (laukr heitir siglutré). Ok enn sem Markús kvað:

(260) Fjarðlinna óð fannir
       fast vetrliði rastar;
       hljóp of *húna -gnípur
       hvals *rann- íugtanni.
       Bjǫrn gekk fram á fornar
       flóðs hafskíða slóðir;
       skúrǫrðigr braut skorðu
       skers glymfjǫtur bersi.

Hér er skip kallat bjǫrn rasta. Bjǫrn heitir vetrliði ok íugtanni ok bersi ok bjǫrn skorðu er hér kallat skip; er ok kallat hreinn (svá kvað Hallvarðr sem áðr er ritat) ok hjǫrtr, sem kvað Haraldr konungr Sigurðarson:

(261) Sneið fyrir Sikiley víða
       súð; várum þá prúðir;
       brýnt skreið vel til varnar
       vengis hjǫrtr um drengjum.

Ok elgr, sem Einarr kvað:

(262) Baugs getr með þér þeygi
       þýðr drengr vera lengi
       —elg búum flóðs—nema fylgi
       friðstøkkvir því nakkva‹t›.

Sem Máni kvað:

(263) Hvat muntu hafs á [ot]ri
       hengiligr með drengum
       karl, þvíat kraptr þinn fǫrlask,
       kinngrár mega vinna?

76 Snorra Edda

Vargr, sem kvað Refr:

(264) En hoddvǫnuðr hlýddi—
       hlunnvitnis em ek runni
       hollr til hermðarspjalla
       heinvandil‹s›—Þorsteini.

Ok oxi. Skip er ok kallat skíð eða vagn eða reið. Svá kvað Eyjólfr dáðaskáld:

(265) Meita var at móti
       mjǫk síð um dag skíði
       ungr með jǫfnu gengi
       útvers frǫmum hersi.

Svá kvað Styrkárr Oddason:

(266) Ok ept ítrum ‹støkkvi›
       ók Hǫgna lið vǫgnum
       hlunns á Heiða fannir
       hyrjar flóðs af móði.

Ok sem Þorbjǫrn kvað:

(267) Hafreiðar var hlœðir
       hlunns í skírnar brunni
       Hvíta-Krists sá er hæsta
       hoddsviptir fekk giptu.

52   Hvernig skal Krist kenna? Svá at kalla hann skapara himins ok jarða‹r›, engla ok sólar, stýranda heimsins ok himinríkis ok engla, konung himna ok sólar ok engla ok Jórsala ok Jórdánar ok Griklands, ráðandi postola ok heilagra manna. Forn skáld hafa kent hann við Urðar brunn ok Róm, sem kvað Eilífr Guðrúnarson:

(268) Setbergs—kveða sitja
       suðr at Urðar brunni—
       svá hefir ramr konungr remðan
       Róms banda sik lǫndum.

Skáldskaparmál

Svá kvað Skapti Þóroddsson:

(269)   Máttr er munka dróttins
mestr; aflar guð flestu.
Kristr skóp ríkr ok reisti
Rúms hǫll verǫld alla.

Himna konung, sem Markús kvað:

(270)   Gramr skóp grund ok himna
glyggranns sem her dyggjan.
Einn stillir má ǫllu
aldar Kristr of valda.

Svá kvað Eilífr kúlnasveinn:

(271)   Hróts lýtr helgum krúzi
heims ferð ok lið beima,
sǫnn er en ǫll dýrð ǫnnur
einn *sólkonungr *hreinni.

Máríu sonr, enn sem Eilífr kvað:

(272)   Hirð lýtr himna dýrðar
hrein Máríu sveini,
mátt viðr milding‹r› dróttar
—maðr er hann ok guð—ok sannan.

Engla konungr, enn sem Eilífr kvað:

(273)   Máttr er en menn of hyggi
mætr guðs sonar betri.
Þó er engla gramr ǫllu
ǫrr helgari ok dýrri.

Jórdánar konungr; svá kvað Sighvatr:

(274)   Endr réð engla senda
Jórdánar gram‹r› fjóra

# 78 Snorra Edda

—fors þó han‹s› á hersi
he‹i›lagt skopt—ór lopti.

Grikkja konungr, sem Arnórr kvað:

(275) Bœnir hefi ek fyrir beini
       bragna falls við snjallan
       Gríkja vǫrð ok Garða;
       gjǫf *launak svá jǫfri.

Svá kvað Eilífr kúlnasveinn:

(276) Himins dýrð lofar hǫlða
       —hann er alls konungr—stilli.

Hér kallaði hann fyrst Krist konung manna ok annat sinn alls konung.
Enn kvað Einarr Skúlason:

(277) Lét sá er landfólks gætir
       líkbjartr himinríki
       umgeypnandi opna
       alls heims fyrir gram snjǫllum.

53 Þar koma saman kenningar, ok †verðr sá at skilja af stoð, er ræðr
skáldskapinn, um hvárn kveðit er konunginn, þvíat rétt er at kalla
Miklagarðs keisara Grikkja konung, ok svá þann konung er ræðr
Jórsalalandi, at kalla Jórsala konung, svá ok at kalla Róms konung
Rómaborgar keisara eða Engla konung þann er Englandi ræðr. En sú
kenning er áðr var ritat, at kalla Krist konung manna, þá kenning má
eiga hverr konungr. Konunga alla er rétt at kenna svá at kalla þá
landráðendr eða lands vǫrðu eða lands sœki eða hirðstjóra eða vǫrð
landfólks. Svá kvað Eyvindr skáldaspillir:

(278) Farmatýs
       fjǫrvi næmðu
       *jarðráðendr
       á Ǫglói.

Ok sem Glúmr kvað Geirason:

Skáldskaparmál 79

(279) Hilmir rauð und hjálmi
       heina laut *á Gautum.
       Þar varð í gný geira
       grundar vǫrðr of fundinn.

Sem Þjóðólfr kvað:

(280) Hár skyli *hirðar stjóri
       hugreifr sonum leifa
       arf ok óðaltorfu
       —ósk mín er þat—sína.

Sem Einarr kvað:

(281) Snáks berr fald of *frœknu
       foldvǫrðr—konungs Hǫrða
       frama telr greppr fyrir gumnum—
       geðsnjallr skarar fjalli.

Rétt er ok um þann konung er undir honum eru skattkonungar at kalla hann konung konunga. Keisari er œztr konunga, en þar næst er konungr sá er ræðr fyrir þjóðlandi jafn í kenningum ǫllum hverr við annan í skáldskap. Þar næst eru þeir menn er jarlar heita eða skattkonungar, ok eru þeir jafnir í kenningum við konung nema eigi má þá kalla þjóðkonunga er skattkonungar eru. Ok svá kvað Arnórr jarlaskáld of Þorfinn jarl:

(282) Nemi drótt hvé sjá sótti
       snarlyndr konungr jarla.
       Eigi þraut við ægi
       ofvægjan gram bægja.

Þar næst eru í kenningum í skáldskap þeir menn er hersar heita. Kenna má þá sem konung eða jarl svá at kalla þá gullbrjóta ok auðmildinga ok merkismenn ok fólks stjóra eða kalla hann oddvita liðsins eða orrostu, fyrir því at þjóðkonungr hverr sá er ræðr mǫrgum lǫndum þá setr hann til landstjórnar með sér skattkonunga ok jarla at dœma lands lǫg ok verja land fyrir ófriði í þeim lǫndum er konungi liggja fjarri, ok skulu þeir dómar ok refsingar vera þar

jafnréttir sem sjálfs konungs. Ok í einu landi eru mǫrg heruð ok er þat háttr konunga at setja þar réttara yfir svá mǫrg heruð sem hann gefr vald yfir ok heita þeir hersar eða lendir menn í Danskri tungu, en greifar í Saxlandi en barúnar í Englandi. Þeir skulu ok vera réttir
5 dómarar ok réttir landvarnarmenn yfir því ríki er þeim er fengit til stjórnar. Ef eigi er konungr nær, þá skal fyrir þeim merki bera í orrostum ok eru þeir þá jafnréttir herstjórar sem konungar eða jarlar. Þar næst eru þeir menn er hǫlðar heita. Þat eru búendr þeir er gildir eru *at ættum ok réttum fullum. Þá má svá kenna at kalla þá
10 veitanda fjár ok gætanda ok sætti manna. Þessar kenningar megu ok eiga hǫfðingjar. Konungar ok jarlar hafa til fylgðar með sér þá menn er hirðmenn heita ok húskarlar, en lendir menn hafa ok sér handgengna menn þá er í Danmǫrku ok í Svíþjóð eru hirðmenn *kallaðir, en í Nóregi húskarlar, ok sverja þeir þó eiða svá sem hirðmenn konungum.
15 Húskarlar konunga váru mjǫk hirðmenn kallaðir í fornesk‹j›u. Svá kvað Þorvaldr blǫnduskáld:

(283) Konungr heill ok svá snjall‹i›r
       sóknǫrr—við lof gjǫrvan
       óð hafa menn í munni
20   minn—húskarlar þínir.

Þetta orti Haraldr konungr Sigurðarson:

(284) Fullafli beið fyllar
       —finn ek *opt at drífr minna—
       hilmis stóls—á hæla
25   húskarla lið jarli.

Hirðmenn ok húskarla hǫfðingja má svá kenna at kalla þá inndrótt eða verðung eða *heiðmenn. Svá kvað Sighvatr:

(285) Þat frá ek víg á vatni
       verðung jǫfurs gerðu,
30   nadda él at, nýla,
       næst tel engin smæstu.

Ok enn þetta:

Skáldskaparmál   81

(286)   Þági var sem þessum
        þengils á jó strengjar
        mjǫð fyrir málma kveðju
        mær heiðþegum bæri.

Heiðfé heitir máli ok gjǫf er hǫfðingjar gefa. Svá kvað Óttarr svarti:

(287)   Góðmennis þarf ek gunnar
        glóðbrjótanda at njóta;
        hér er alnennin inni
        inndrótt með gram svinnum.

Jarlar ok hersar ok hirðmenn er‹u› svá kendir at kallaðir konungs rúnar eða málar eða sessar. Svá kvað Hallfrøðr:

(288)   Grams rúni lætr glymja
        gunnríkr hinn er hvǫt líkar
        Hǫgna hamri slegnar
        heiptbráðr of sik váðir.

Sem Snæbjǫrn kvað:

(289)   Stjórviðjar lætr styðja
        stáls buðlunga máli
        hlemmisverð við harðri
        húflangan *skæ dúfu.

Svá kvað Arnórr:

(290)   Bera *sýn *of mik mínir
        morðkends taka enda
        þess of þengils sessa
        þung mein synir ungir.

Konungs spjalli, sem Hallfrøðr kvað:

(291)   Ráð lukusk at sá síðan
        snjallmælt‹r› konungs spjalli
        átti eingadóttur
        Ónars *viði gróna.

82 Snorra Edda

Svá skal menn kenna við ætt, sem Kormakr kvað:

(292) Heyri sonr á (Sýrar)
sannreynis (fentanna
ǫrr greppa *lætk uppi
jast-Rín) Haralds (mína).

Hann kallaði jarlinn sannreyni konungsins, en Hákun jarl son Sigurðar jarls. En Þjóðólfr kvað svá um Harald:

(293) Vex Óláfs feðr
Járnsaxa veðr
harðræðit hvert
svá at hróðrs er vert.

Ok enn svá:

(294) Jarizleifr of sá
hvert jǫfri brá,
hófsk hlýri frams
ins helga grams.

Ok enn kvað hann:

(295) Andaðr er sá
er of alla brá
haukstalla konr
Haralds bróðursonr.

Enn kvað svá Arnórr í Rǫgnvaldsdrápu:

(296) Réð Heita konr *hleyti
herþarf‹r› við mik gjǫrva.
Styrk lét oss of orkat
jarls mægð af því frægðar.

Ok enn sem hann kvað of Þorfinn jarl:

(297) Bitu sverð—en þar *þurðu—
þunngjǫr fyrir Mǫn sunnan

Rǫgnvalds kind—und randir
ramlig fólk—ins gamla.

Ok enn kvað hann:

(298)   Ættbœti *firr ítran
        allríks—en ek bið líkna
        trúra tiggja dýrum—
        Torf-Einars, guð, meinum.

Ok enn kvað Einarr skálaglamm:

(299)   Ne ættstuðill ættar
        ógnherðir mun verða
        —skyldr em ek hróðri at halda—
        Hilditanns in mild‹r›i.

Hvernig er ókend setni‹n›g skáldskapar? Svá at nefna hvern hlut
sem heitir. Hver eru ókend heiti skáldskaparins? Hann heitir bragr
ok hróðr, óðr, *mærð, lof. Þetta kvað Bragi hinn gamli þá er hann
ók um skóg *nokkvorn síð um kveld, þá stefjaði trǫllkona á hann ok
spurði hverr þar fór:

(300a) 'Trǫll kalla mik
        tungl sjǫt-Rungnis,
        auðsúg jǫtuns,
        élsólar bǫl,
        vilsinn vǫlu,
        vǫrð náfjarðar,
        hvélsvelg himins.
        Hvat er trǫll nema þat?'

Hann svarar svá:

(300b) 'Skáld kalla mik
        *skapsmið Viðurs,
        Gauts gjafrǫtuð,
        grepp óhneppan,
        Yggs ǫlbera,
        óðs skap-Móða,

*hagsmið bragar.
Hvat er skáld nema þat?'

Ok sem Kormakr kvað:

(301)   Hróðr geri ek of mǫg mæran
        meir Sigrøðar fleira;
        haptsœnis galt ek hánum
        heið. Sitr Þórr í reiðum.

Ok sem kvað Þórðr Kolbeinsson:

(302)   Mjǫk lét margar snekkjur
        —mærðar ǫrr—sem knǫrru
        —*óðr vex skálds—*ok skeiða‹r›
        skjǫldhlynr á brim dynja.

Mærð, sem Úlfr Uggason kvað:

(303)   Þar kømr á, en æri
        endr bar ek mærð af hendi
        —ofra ek svá—til sævar,
        sverðregns—lofi þegna.

Hér er ok lof kallat skáldskapr. Hvernig eru nǫfn goðanna? Þau heita ok bǫnd, sem kvað *Eyjólfr dáðaskáld:

(304)   Dregr land at mun banda
        Eiríkr und sik geira
        veðrmildr ok semr hildi.

Ok hǫpt, sem kvað Þjóðólfr inn hvinverski:

(305)   *Tormiðlaðr var tívi
        tálhreinn meðal beina.
        Hvat *kvað hapta *snytrir
        hjálmfaldinn því valda.

Rǫgn, sem Einarr kvað skálaglamm:

Skáldskaparmál

(306) Rammaukin kveð ek ríki
       rǫgn Hákunar magna.

Jólnar, sem Eyvindr kvað:

(307) Jólna sumbl
       enn vér gátum
       stillis lof
       sem steina brú.

Díar, sem Kormakr kvað:

(308) Eykr með ennidúki
       *jarðhljótr díafjarðar
       breyti, *hún sá er *beinan
       bindr. Seið Yggr til Rindar.

Þessi nǫfn himins eru rituð, en eigi hǫfum vér fundit í kvæðum ǫll þessi heiti. En þessi skáldskaparheiti sem ǫnnur þykki mér óskylt at hafa í skáldskap nema áðr finni hann í verka hǫfuðskálda þvílík heiti:
Himinn, hlýrnir, heiðþornir, hregg-Mímir, Andlangr, ljósfari, drífandi, skatyrnir, víðfeðmir, vet-Mímir, leiptr, hrjóðr, víðbláinn.
Sól: sunna, rǫðull, eyglóa, alskír, sýni, fagrahvél, líknskin, Dvalins leika, álfrǫðull, ifrǫðull, *mýlin.
Tungl: máni, ný, nið, ártali, múlinn, fengari, glámr, skyndir, skjálgr, sk‹r›ámr.
Jǫrð, sem Þjóðólfr kvað:

(309) J‹arl› lætr odda skúrar
       opt herðir gjǫr verða
       hrings áðr hann of þryngvi
       hǫrð él und sik jǫrðu.

Fold, sem Óttarr kvað:

(310) Fold verr fólk-Baldr,
       fár má konungr svá;
       ǫrnu reifir Óleifr,
       er framr Svía gramr.

86 Snorra Edda

Grund, sem Haraldr kvað:

(311) Grund liggr und bǫr bundin
       breið hólmfjǫturs leiðar
       —*heinlands hoddum grandar
       Hǫðr—*eitrsvǫlum *naðri.

Hauðr, sem Einarr kvað:

(312) Verja hauðr með hjǫrvi
       hart dǫglinga bjartir
       —hjálmr springr opt fyrir ólmri
       egghríð—framir seggir.

Land, sem Þórðr Kolbeinsson kvað:

(313) En ept víg *frá Veigu
       —vant er orð at styr—norðan
       land eða lengra stundu
       lagðisk suðr til Agða.

Láð, sem Óttarr kvað:

(314) Helztu þar er hrafn ne svalta
       —hvatráðr ertu—láði
       ógnar stafr fyrir jǫfrum
       ýgr t‹v›eimr—við kyn beima.

Hlǫðyn, sem kvað Vǫlu-Steinn:

(315) Man ek þat er jǫrð við orða
       endr myrk Danar *sendi
       grœnnar grǫfnum munni
       gein Hlǫðynjar beina.

Frón, sem Úlfr kvað Uggason:

(316) En stirðþinull starði
       storðar leggs fyrir borði

fróns á fólka reyni
fránleitr ok blés eitri.

Fjǫrgyn:

(317) *Ǫrgildi var ek (Eldi‹s›)
als Fjǫrgynjar (mála)
dyggr; sé heiðr ok hreggi
(hrynbeðs) ár steðja.

Vargr heitir dýr. Þat er rétt at kenna við blóð eða hræ svá at kalla verð hans eða drykk. Eigi er rétt at kenna svá við fleiri dýr. Vargr heitir ok úlfr, sem Þjóðólfr kvað:

(318) Gera var gisting ‹byrjuð›
gnóg en úlfr ór skógi—
sonr á sár at spenja
Sigurðar—kom norðan.

Hér er hann ok Geri kallaðr. Freki, sem Egill kvað:

(319) Þá er oddbreki
—sleit und Freki—
gnúði hrafni
á hǫfuðstafni.

Vitnir, sem Einarr kvað:

(320) Elfr varð unda gjálfri
eitrkǫld roðin heitu.
Vitnis fell með vatni
var‹m›t ǫlðr í men Karmtar.

Ylgr, sem Arnórr kvað:

(321) Svalg áttbogi ylgjar
ógóðr—en var blóði
grœðir grœnn at rauðum—
grandauknum ná—blandinn.

Vargr, sem Illugi kvað:

(322) Vargs var munr þat er margan
—menskerðir stakk sverði
myrkaurriða markar—
minn dróttinn rak flótta.

Bjǫrn: fetviðnir, húnn, vetrliði, bersi, fress, íugtanni, ifjungr, glúmr, jǫlfuðr, vilskarpr, bera, jórekr, riti, frekr, blómr, ysjungr. Hjǫrtr: *mótroðnir, dalarr, dalr, Dáinn, Dvalinn, Duneyrr, Duraþrór. Þetta er enn vargs heiti sem Hallr kvað:

(323) Heiðingja sleit hungri,
hárr *gylðir naut sára,
granar rauð gramr á Fenri,
gekk úlfr í *ben drekka.

Ok enn sem Þórðr kvað:

(324) Óð—en œrnu náði
íms sveit Freka hveiti,
Gera *ǫlðra naut gylðir—
Gjálpar stóð í blóði.

Þessi eru heiti hesta talið; þessi eru hesta heiti í Þorgrímsþulu:

(325) Hrafn ok Sleipnir,
hestar ágætir
Valr ok Léttfeti
var þar Tjaldari,
Gulltoppr ok Goti,
getit heyrðak Sóta,
Mór ok Lungr með Mari.

(326) Vigg ok Stúfr
var með Skævaði,
Þegn knátti Blakkr bera,
Silfrtoppr ok *Sinir,
svá heyrðak Fáks of getit,
Gullfaxi ok Jór með goðum.

Skáldskaparmál

(327) Blóðughófi hét hestr
       ok bera kváðu
       ǫflgan Atriða.
       Gils ok *Falhófnir,
       Glær ok Skeiðbrimir;
       þar var ok *Gyllis of *getit.

Þessir ró enn talðir í Alsvinnsmálum:

(328) Dagi reið Drǫsli
       en Dvalinn Móðni,
       ‹Hǫð› Hjálmþér
       en Haki Fáki;
       reið bani Belja
       Blóðughófa
       en Skævaði
       skati Haddingja.

(329) Vésteinn Vali
       en Vifill Stúfi,
       Meinþjófr Mói
       en Morginn Vakri,
       Áli Hrafni,
       til íss riðu
       en annarr austr
       und Aðilsi,
       grár hvarfaði
       ge‹i›ri undaðr.

(330) Bjǫrn reið Blakki
       en Bjárr Kerti,
       Atli Glaumi
       en Aðils Slungni,
       Hǫgni Hǫlkvi
       en Haraldr Fǫlkvi,
       Gunnarr Gota
       en Grana Sigurðr.

Snorra Edda

Árvakr ok Alsviðr *draga sólina sem fyrr er ritat. Hrímfaxi eða Fjǫrsva‹r›tnir draga nóttina. Skinfaxi eða Glaðr ‹fylgja deginum›. Þessi øxna heiti eru í Þorgrímsþulu:

(331) Gamalla yxna nǫfn
hefi ek *gerla ‹fregit›
þeira Rauðs ok Hœfis;
Rekinn ok Kýrr,
*Himinhrjótr ok Apli,
Arfr ok Arfuni.

Þessi eru orma heiti: dreki, Fáfnir, Jǫrmungandr, naðr, Níðhǫggr, linnr, naðra, Góinn, Móinn, Grafvitnir, Grábakr, Ófnir, Sváfnir, grímr.
Naut: kýr, kálfr, yxin, kvíga, vetrungr, griðungr, boli.
Sauðr: hrútr, bekri, ær, lamb, veðr.
Svín: sýr, gylta, runi, gǫltr, gríss.
Hver eru heiti lopts ok veðranna? Lopt heitir ginnungagap ok meðalheimr, foglheimr, *veðrheimr. Veðr heitir hregg, byrr, glygg, hret, gjósta, vindr. Svá segir í Alsvinnsmálum:

(332) Vindr heitir með mǫnnum
en *vǫnsuðr með goðum,
kalla gneggjuð ginnregin,
œpi kalla jǫtnar
en álfar gnýfara;
heitir í Helju hlummuðr.

Veðr heitir ok gustr.
Tveir eru fuglar þeir er eigi þarf at kenna annan veg en kalla blóð eða hræ drykk þeira eða verð, þat er hrafn ok ǫrn. Alla aðra fugla karlkenda má kenna við blóð eða hræ ok er þat þá nafn ǫrn eða hrafn, sem Þjóðólfr kvað:

(333) Blóðorra lætr barri
bragningr ara fagna,
Gauts berr sigð á sveita
svans ǫrð konungr Hǫrða.
Geirs oddum lætr greddir
grunn hvert stika sunnar

Skáldskaparmál 91

hirð þat er hann skal varða
hrægamms ara sævar.

Þessi eru nǫfn hrafns: krákr, Huginn, Muninn, borginmóði, árflognir, ártali, holdboði. Svá kvað Einarr skálaglamm:

(334) Fjallvǫnðum gaf fylli
   —fullr varð—(en spjǫr gullu)
   herstefnandi hrǫfnum—
   hrafn á ylgjar tafni.

Svá kvað Einarr Skúlason:

(335) Dólgskára kná dýrum
   dýrr magna‹n›di stýra
   —Hugins fermu bregðr harmi
   harmr—bliksólar garmi.

Ok enn sem hann kvað:

(336) En við hjaldr þar er hǫlða‹r›,
   hugþrútit svellr, lúta
   —Muninn drekkr blóð ór benjum
   blásvartr—konungs hjarta.

Sem kvað Víga-Glúmr:

(337) Þá er *dynfúsir *dísar
   dreyra mens á e‹y›ri
   —bráð fekk borginmóði
   blóð‹s›—skjaldaðir stóðum.

Sem Skúli kvað Þorsteinsson:

(338) Mundit efst þar er undir
   árflogni gaf ek sárar
   Hlǫkk í hundraðs flokki
   hvítinga mik líta.

92 Snorra Edda

Ǫrn heitir svá: ari, gemlir, hreggskornir, egðir, ginnarr, undskornir, gallópnir. Sem Einarr kvað:

(339) Sámleitum rauð sveita
—sleit ǫrn Gera beitu,
fekksk arnar matr járnum—
Járnsǫxu grǫn *faxa.

Sem Óttarr kvað:

(340) Ǫrn drekkr undarn,
ylgr fær at hræm sylg,
opt rýðr úlfr køpt,
ari getr verð þar.

Sem Þjóðólfr kvað:

(341) Segjundum fló sagna
snótar *úlfr at móti
í gemlis ham gǫmlum
glamma ó- fyr -skǫmmu.

Ok sem hér er:

(342) Hreggskornis vil ek handa
háleitan mjǫð *vanda.

Ok enn sem Skúli kvað:

(343) Vaki ek (þar er vel leizk) ekka
(víðis) áðr ok síðan;
greppr hlýðir þá góðu
(gallópnis *val) spjalli.

61 Hver ró sævar heiti? Hann heitir marr, ægir, gymir, hlér, haf, leið, ver, salt, †lǫg‹r›, grœðir, sem Arnórr kvað ok fyrr var ritat:

(344) Nemi drótt ‹hvé› sæ *sótti
snarlyndr konungr jarla.

Skáldskaparmál 93

Eigi þraut við ægi
óvæginn fram bægja.

Hér er nefndr sær ok svá ægir. Marr, sem Hornklofi kvað:

(345) Þá er út á mar *mœtir
       mannskœðr *lagar tanna
       ræsinaðr til rausnar
       rak vébra‹u›tar Nǫkkva.

Lǫgr er ok hér nefndr. Svá kvað Einarr:

(346) Lǫgr ‹þv›ær flaust en fagrir
       —flóðs vaskar brim *stóðum—
       þar er sær á hlið hvára
       hlymr, veðrvitar glymja.

Hér er flóð kallat. Svá kvað Refr, sem fyrr var ritat:

(347) *Fœrir bjǫrn, þar er bára
       brestr, undinna festa
       opt í Ægis kjapta
       *úrsvǫl Gymis vǫlva.

Haf, sem Hallvarðr kvað:

(348) Vestr léztu í haf, *hristir,
       harðviggs, *sikulgjarðar,
       umbands allra landa,
       íss, framstafni vísat.

Leið, sem hér er:

(349) Erum á leið frá láði
       *liðnir Finnum skriðnu.
       Austr sé ek fjǫll af flausta
       ferli geisla merluð.

Sem Egill kvað, ver:

94   Snorra Edda

(350)   Vestr fer ek of ver
                en ek Viðris ber
                munstrandar mar.
                Svá er mitt of far.

5   Marr, sem Einarr kvað:

    (351)   Kaldr þvær marr und mildum
                mart dœgr viðu svarta
                —grefr élsnúin—jǫfri—
                álmsorg Manar þjálma.

10 Salt, sem Arnórr kvað:

    (352)   Salt skar húfi héltum
                hraustr þjóðkonungr austan.
                Báru brimlogs rýri
                brún veðr at Sigtúnum.

15 Grœðir, sem Bǫlverkr kvað:

    (353)   Leiðangr bjóttu af láði
                —lǫgr gekk of skip—fǫgru.
                Gjálfrstóðum re‹i›stu grœði
                glæstum ár it næsta.

20 Hér er ok gjálfr kallat særinn. Víðir, sem kvað Refr:

    (354)   Barðristinn nemr brjósti
                *borðheim drasill skorðu
                —nauð þolir viðr—en víði
                verpr inn of þrǫm stinnan.

25 Húmr, sem Brennu-Njáll kvað:

    (355)   Senn jósu vér, svanni,
                sextán en brim vexti
                —dreif á hafskips húfa
                húm—í fjórum rúmum.

Þessi eru enn sævar heiti svá at rétt er at kenna til skips eða gulls: Rán, er sagt er at var kona Ægis, svá sem hér er:

(356) Hrauð í himin upp glóðum
       hafs; gekk sær af afli;
       bǫrð hygg ek at ský *skerðu;
       skaut Ránar vegr mána.

Dœtr þeira Ægis ok Ránar eru níu ok eru nǫfn þeira fyrr rituð: Himinglæva, Dúfa, Blóðughadda, Hefring, Uðr, Hrǫnn, Bylgja, Drǫfn, Kólga. Einarr Skúlason talði í þessi vísu er fyrr var ritat—

(357) Œsir hvast at hraustum
       Himinglæva þyt sævar—

sex nǫfn þeira: Himinglæva, Uðr, Dúfa, Blóðughadda, Kólga, Hefring. Hrǫnn, sem Valgarðr kvað:

(358) Lauðr var lagt í beðj‹a›,
       lék sollit haf golli,
       en herskipum hrannir
       hǫfuð ógurlig þógu.

Bylgja, sem Óttarr svarti kvað:

(359) Skáruð skǫfnu stýri
       —skaut—sylghár bylgjur
       —lék við hún á hreini
       hlunns *þat er drósir spunnu.

Drǫfn, sem Ormr kvað:

(360) Hrosta drýgir hvern kost
       hauk lúðrs gæi-Þrúðr
       en drafnar loga Lofn
       lǫstu rækir vinfǫst.

Bára, sem Þorleifr fagri kvað:

(361) Sjár þýtr en berr bára
       bjart lauð‹r› of við rauðan
       *gránn þar er gulli búnum
       gínn hlunnvísundr munni.

Lá, sem Einarr kvað:

(362) Ne framlyndir fundu
       fyrr—hykkat lá kyrðu—
       þar er sjár á við *varra—
       vini óra—fell stórum.

Fyllr, sem Refr kvað:

(363) Hrynja fjǫll á fyllar
       —fram œsisk nú Glamma
       skeið vetrliði skíða—
       skautbjǫrn Gusis nauta.

Boði, sem hér er:

(364) Boði fell á mik brálla;
       bauð heim með sér geimi;
       þá *ek eigi lǫð lœgis.

Breki, sem Óttarr kvað:

(365) Braut—en breki þaut—
       borð—óx viðar morð,
       ‹meðr fengu mikit veðr—
       mjó fyrir ofan sjó.›

Vágr, sem Bragi kvað:

(366) Vildit rǫngum ofra
       vágs byrsendir œgi
       hinn er mjótygil máva
       Mœrar skar fyrir Þóri.

Sund, sem Einarr kvað:

Skáldskaparmál

(367) Skar ek súðum sund
       fyrir sunnan Hrund;
       mín prýddisk mund
       við mildings fund.

Fjǫrðr, sem Einarr kvað:

(368) Næst sé ek orm á jastar
       ítrserki vel merktan
       —nemi bjóðr hvé ek fer—flœðar
       —fjarðbáls of hlyn máli.

Sœgr, sem Markús kvað:

(369) Sœgs mun ek síðr en eigi
       —sá er illr er brag spillir—
       sólar sverri málan
       —slíðráls reginn—níða.

Hver ró elds heiti? Svá sem hér er:

(370) Eldr brennat sá sjaldan—
       svíðr dyggr jǫfurr byggðir,
       blása rǫnn fyr ræsi
       reyk—er Magnús kveykvir.

Logi, sem Valgarðr kvað:

(371) Snarla skaut ór sóti—
       sve‹y›k of hús ok reykir
       stóðu stopðir síðan—
       steinóðr logi glóðum.

Bál, sem hér er:

(372) Haki var brendr á báli
       þar er brimslóðir óðu ...

Glœðr, sem Grani kvað:

98 Snorra Edda

(373) Glœðr hygg ek Glamma slóðar
—gramr eldi svá—feldu . . .

Eisa, sem Atli kvað:

(374) Øx rýðsk—eisur vaxa,
allmǫrg—loga hallir—
hús brenna, gim geisar,
góðmennit fellr—blóði.

Hér er ok gim kallat eldrinn. Eimr, sem hér er:

(375) Brunnu allvalds inni—
eldr hygg ek at sal feldi,
eimr skaut á her hrími—
hálfgjǫr við Nið sjálfa.

Hyrr, sem Arnórr kvað:

(376) Eymðit ráð við Rauma
reiðr Ey-Dana meiðir.
Heit dvínuðu *Heina.
Hyrr gerði þá kyrra.

Viti. Funi, sem Einarr kvað:

(377) Funi kyndisk [flj]ótt
en flýði skjótt
Hísingar herr
sá er hafði verr.

Brími, sem Valgarðr kvað:

(378) Bjart‹r› sveimaði brími
—brutu víkingar fíkjum—
vísa styrks *of virki
—varp [sorg á mey—borgar.

Leygr, sem Halldórr *skvaldri kvað:

Skáldskaparmál 99

(379) Ér knáttuð þar þeira
—þú vart aldrigi (skjaldar
*leygr þaut of sjǫt) sigri
sviptr—gørsimum skipta.

Þessi eru nǫfn stundanna: ǫld, forðum, aldr, fyrir lǫngu, ár, misseri, vetr, sumar, vár, haust, mánuðr, vika, dagr, nótt, morginn, aptann, kveld, árla, snemma, síðla, í sinn, fyrra dag, í næst, í gær, á morgun, stund, mél. Þessi eru enn heiti nætrinnar í Alsvinnsmálum:

(380) Nótt heitir með mǫnnum
en njóla í Helju,
kǫlluð er gríma] með goðum,
ósorg kalla jǫtnar,
álfar svefngaman,
dvergar draum-Njǫ‹r›un.

Frá jafndœgri er haust til þess er sól sezk í eyktarstað. Þá er vetr til jafndœgris, þá er vár til fardaga, þá er sumar til jafndœgris. Haustmánuðr heitir inn næsti fyrir vetr, fyrstr í vetri heitir gormánuðr, þá er frermánuðr, þá er hrútmánuðr, þá er þorri, þá gói, þá einmánuðr, þá gaukmánuðr ok sáðtíð, þá eggtíð ok stekktíð, þá er sólmánuðr ok selmánuðr, þá eru heyannir, þá er kornskurðarmánuðr.
Hver eru manna nǫfn ókend? Maðr er hverr fyrir sér. It fyrsta ok it œzta heiti manns er kallat maðr keisari, því næst konungr, þar næst jarl. Þessir þrír menn eigu saman þessi heiti ǫll. Allvaldr, svá sem hér er kveðit:

(381) Allvalda kann ek alla
austr ok suðr of flausta
—Sveins er sonr at reyna—
setr—hverjum gram betri.

Hér er ok gramr kallaðr. Því heitir hann allvaldr at hann er einvaldi alls ríkis síns. Fylkir, sem Gizurr kvað:

(382) Fylkir gleðr í fólki
fl‹agðs bl›akk ok svan Hlakkar.
Óláfr of viðr élum
Yggs gǫgl fegin Skǫg‹l›ar.

100 Snorra Edda

Fyrir því er fylkir kallaðr konungr at hann skipar í fylkingar herliði sínu. Vísi, sem kvað Óttarr svarti:

(383)   Vísi tekr—víg-Freys—
vist austr munlaust
—aldar hefir allvaldr—
Ósk‹a› víf—gott líf.

Harri eða herra, sem kvað Arnórr:

(384)   Harri fekk í hverri
Hjaltlands þrumu branda
—greppr vill grams dýrð yppa—
gagn, sá er *hæstr er bragna.

Hertogi heitir jarl ok er konungr svá kallaðr ok fyrir því er hann leiðir her til orrostu. Svá kvað Þjóðólfr:

(385)   Ok hertoga hneykir
herfengnum lét stinga
—leyfð ber ek hans—ór haufði
haugs skundaði augu.

Sinnjór eða senjór, sem Sighvatr kvað:

(386)   Lát auman nú njóta,
Nóregs, ok gef stórum
—mál halt†—svá sem sælan,
sinnjór, laga þinna.

Mildingr, sem Markús kvað:

(387)   Mildingr fór of óþjóð eldi,
auðit varð þá flotnum dauða;
hæstan kynduð, hlenna þrýstir,
hyrjar ljóma suðr at Jómi.

Mæringr, sem Hallvarðr kvað:

Skáldskaparmál 101

(388)   Erat und jarðar hǫslu
        —orðbrjótr Dǫnum forðar
        moldreks—munka valdi
        mæringr en þú nærri.

Landreki, sem Þjóðólfr kvað:

(389)   Eyss landreki ljósu
        lastvarr Kraka barri,

sem fyrr var ritat. Því heitir hann svá at hann rekr her um land annara konunga eða rekr her ór sínu landi.
[Konungr er nefndr Hálfdan gamli er allra konunga var ágætastr. Hann gǫrði blót mikit at miðjum vetri ok blótaði til þess at hann skyldi lifa í konungdómi sínum þrjú hundruð vetra. En hann fekk þau andsvǫr at hann myndi lifa ekki meir en einn mikinn mannsaldr, en þat mundi þó vera þrjú hundruð vetra er engi mundi vera í ætt hans kona eða ótiginn maðr. Hann var hermaðr mikill ok fór víða um Austrvegu. Þar drap hann í einvígi þann konung er Sigtryggr hét. Þá fekk hann þeirar konu er kǫlluð er Alvig in spaka, dóttir *Emundar konungs ór] Hólmgarði in‹s› ríka. Þau áttu son‹u› átján ok váru níu senn bornir. Þeir hétu svá: einn var Þengill er kallaðr var Manna-Þengill, annarr Ræsir, þriði Gramr, fjórði Gylfi, fimti Hilmir, sétti Jǫfurr, sjaundi Tiggi, átti Skyli eða Skúli, níundi Harri eða Herra. Þessir níu brœðr urðu svá ágætir í hernaði at í ǫllum frœðum síðan eru nǫfn þeira haldin fyrir tignarnǫfn svá sem konungs nafn eða nafn jarls. Þeir áttu engi bǫrn ok fellu allir í orrostum. Svá sagði Óttarr svarti:

(390)   Þengill var þegar ungr
        þreks gjǫrr vígǫrr.
        Haldask bið ek hans aldr,
        hann tel ek yfirmann.

Svá kvað Markús:

(391)   Ræsir lét af roðnum hausi
        Rínar sól á marfjǫll skína.

Svá kvað Egill:

(392) Gramr hefir gerðihǫmrum
       grundar upp of hrundit . . .

Svá kvað Eyvindr:

(393) Lék við ljóðmǫgu,
       skyldi land ver‹j›a,
       gylfi inn glaðværi
       stóð und gullhjálmi.

Svá kvað Glúmr:

(394) Hilmir rauð und hjálmi
       heina laut ágætum.

Svá kvað Óttarr svarti:

(395) Jǫfurr heyri upphaf
       —ofrask mun konungs lof,
       háttu nemi hann rétt
       hróðr‹s› míns—bragar síns.

Sem Stúfr kvað:

(396) Tíreggjaðr hjó tiggi
       tveim hǫndum lið beima;
       reif‹r› gekk herr und hlífar
       hizig suðr fyrir Nizi.

Svá kvað Hallfrøðr:

(397) Skiliðr em ek við skylja,
       skálmǫld hefir því valdit;
       vætti ek virða dróttins;
       vil er mest ok dul flestum.

Svá kvað Markús:

(398) Harra kveð ek at hróðrgjǫrð dýrri
       hauklundaðan Dana grundar.

Skáldskaparmál 103

Enn áttu þau Hálfdan aðra níu sonu er svá heita: Hildir, er Hildingar eru frá komnir; annarr Nefir, er Niflungar eru frá komnir; þriði Auði, er Qðli‹n›gar eru frá komnir; fjórði Yngvi, er Ynglingar eru frá komnir; fimti Dagr, er Daglingar eru frá komnir; sétti Bragi, er Bragningar eru frá komnir (þat er ætt Hálfdanar ins milda); sjaundi Buðli—af Buðlunga ætt kom Atli ok Brynhildr; átti er Lofði, hann var herkonungr mikill, honum fylgði þat lið er Lofðar váru kallaðir, hans ættmenn eru kallaðir Lofðungar, þaðan er kominn Eylimi, móðurfaðir Sigurðar Fáfnisbana; níundi Sigarr, þaðan eru komnir Siklingar, þat er ætt Siggeirs er var mágr Vǫlsungs ok ætt Sigars er hengði Hagbarð. Af Hildinga ætt var kominn Haraldr inn granrauði, móðurfaðir Hálfdanar svarta. Af Niflunga ætt var Gjúki. Af Qðlinga ætt var Kjárr. Af Ylfinga ætt var Eiríkr inn málspaki. Þessar eru ok konunga ættir ágætar: frá Yngvari er Ynglingar eru frá komnir, frá Skildi í Danmǫrk er Skjǫldungar eru frá komnir, frá Vǫlsungi á Fraklandi (þeir heita Vǫlsungar). Skelfir hét einn herkonungr ok er hans ætt kǫlluð Skilfinga ætt. Sú kynslóð er í Austrvegum. Þessar ættir er nú eru nefndar hafa menn sett svá í skáldskap at halda ǫll þessi fyrir tignarnǫfn. Svá sem Einarr kvað:

(399)   Frá ek við hólm at heyja
        hildingar fram gingu
        —lind varð grœn—inn grána
        *geirþing—í tvau springa.

Sem Grani kvað:

(400)   Dǫglingr fekk at drekka
        danskt blóð ara jóði.

Sem Gamli kvað Gnævaðarskáld:

(401)   Qðlingr drap sér ungum
        ungr naglfara ‹á› tungu
        innan borðs ok orða
        *aflgjǫrð meðalkafla.

Sem Jórunn kvað:

(402) Bragningr réð í blóði
—beið herr konungs reiði,
hús lutu opt fyrir eisum—
*óþjóðar sl**ǫ**g rjóða.

Svá kvað Einarr:

(403) Beit buðlungs hj**ǫ**rr,
blóð fell á d**ǫ**rr.
Raufsk Hildar ský
við Hvítabý.

Svá kvað Arnórr:

(404) Siklinga venr snekkjur
sjálútar konr úti.
Hann litar herskip innan
—hrafns góð er þat—blóði.

Sem Þjóðólfr kvað:

(405) Svá lauk siklings ævi
snjalls at vérom allir
—lofðungr beið inn leyfði
lífs grand—í stað vandum.

Lofða konungi fylgði þat lið er Lofðar heita. Sem Arnórr kvað:

(406) Skj**ǫ**ldungr mun þér annarr aldri
œðri, gramr, und sólu fœðask.

V**ǫ**lsungr, sem kvað Þorkell hamarskáld:

(407) Mér réð senda
of svalan ægi
V**ǫ**lsunga niðr
vápn gullbúinn.

Ynglingr, sem kvað Óttarr svarti:

Skáldskaparmál   105

(408)   Engi varð á jǫrðu
        ógnbráðr, áðr þér náði,
        austr, sá er eyjum vestan,
        ynglingr, *und *sik þryngvi.

Yngvi; þat er ok konungs heiti, sem Markús kvað:

(409)   Eiríks lof verðr ǫld at heyra,
        engi maðr veit fremra þengil
        —yngvi helt við orðstír langan
        jǫfra sess—í verǫld þessi.

Skilfingr, sem Valgarðr kvað:

(410)   Skilfingr, helztu þar er skulfu
        skeiðr fyrir lǫnd hin breiðu—
        auð varð suðr um síðir
        Sikiley—liði miklu.

Sinnjór, sem Sighvatr kvað:

(411)   Lát auman nú njóta,
        Nóregs, ok g[ef stórum].

Skáld heita greppar ok rétt er í skáldskap at kenna svá hvern mann ef vill. Rekkar váru kallaðir þeir menn er fylgðu Hálfi konungi ok af þeira nafni eru rekkar kallaðir hermenn ok er rétt at kenna svá alla menn. Lofðar heita ok menn í skáldskap sem fyrr er ritat. Skatnar váru þeir menn kallaðir er fylgðu þeim konungi er Skati mildi var kallaðr. Af hans nafni er skati kallaðr hverr er mildr er. Bragnar heita þeir er fylgðu Braga konungi inum gamla. Virðar heita þeir menn er meta mál manna. Fyrðar ok firar ok verar heita landvarnarmenn. Víkingar ok flotnar, þat er skipa herr. Beimar: svá hétu þeir er fylgðu Beimuna konungi. Gumnar eða gumar heita flokkstjórar, svá sem gumi er kallaðr í brúðfǫr. Gotnar eru kallaðir af heiti konungs þess er Goti er nefndr er Gotland er við kent. Hann var kallaðr af nafni Óðins ok dregit af Gauts nafni, þvíat Gautland eða Gotland var kallat af nafni Óðins, en Svíþjóð af nafni Sviðurs—þat er ok heiti Óðins. Í þann tíma var kallat alt meginland þat er hann átti Reiðgota-

106 Snorra Edda

land, en eyjar allar Eygotaland. Þat er nú kallat Danaveldi ok Svíaveldi.

Drengir heita ungir menn búlausir meðan þeir afla sér fjár eða orðstír, þeir fardrengir er milli landa fara, þeir konungs drengir er hǫfðingjum þjóna, þeir ok drengir er þjóna ríkum mǫnnum eða
5 bœndum. Drengir heita vaskir menn ok batnandi.
Seggir eru kallaðir ok kníar ok liðar, þat eru fylgðarmenn. Þegnar ok hǫlðar (ok hǫlða), svá eru búendr kallaðir. Ljónar heita þeir menn er ganga um sættir manna. Þeir menn eru er svá eru kallaðir: kappar, kenpur, garpar, *snillingar, hreystimenn, harðmenni, afar-
10 menni, hetjur.

Þessi heiti standa hér í mót at kalla mann blauðan, veykan, þjarfan, þirfing, blotamann, skauð, skreyju, *skrjáð, vák, vám, leyra, sleyma, teyða, dugga, dási, dirokkr, dusilmenni, ǫlmusa, auvirð, vílmǫgr.

Ǫrr maðr heitir mildingr, mæringr, skati, þjóðskati, gullskati,
15 mannbaldr, sælingr, sælkeri, auðkýfingr, ríkmenni, hǫfðingi. Hér í mót er svá kallat: hnøggvingr, gløggvingr, mælingr, vesalingr, féníðingr, gjǫflati. Heitir spekingr ráðvaldr, heitir ok óvitr maðr fífl, afglapi, gassi, ginningr, gaurr, glópr, snápr, fóli, œrr, óðr, galinn. Snyrtimaðr: ofláti, drengr, glæsimaðr, stertimaðr, prýðimaðr. Heitir hraumi, skrápr,
20 skrokkr, skeiðklofi, flangi, slinni, fjósnir, slápr, drǫttr.

Lýðr heitir landfólk eða ljóðr. Heitir ok þræll kefsir, þjónn, ǫnnungr, þírr.

66   Maðr heitir einn hverr,
            tá ef tveir ró,
25   þorp ef þrír ró,
            fjórir ró fǫruneyti,
            flokkr eru fimm menn,
            sveit ef sex eru,
            sjau fylla sǫgn,
30   átta bera ámælisskor,
            nautar eru níu,
            dúnn ef tíu eru,
            ærir eru ellifu,
            toglǫð er ef tólf fara,
35   þyss eru þréttán,
            ferð er fjórtán,
            fundr er þá er fimtán hittask,
            seta eru sextán,

Skáldskaparmál 107

sókn eru sjautján,
œrnir þykkja óvinir þeim er átján mœtir,
neyti hefir sá er nítján menn ‹hefir›,
drótt er tuttugu menn,
þjóð eru þrír tigir,
fólk eru fjórir tigir,
fylki eru fimm tigir,
samn‹að›r of eru sex tigir,
sørvar eru sjau tigir,
ǫld eru átta tigir,
herr er hundrað.

Enn eru þau heiti er menn láta ganga fyrir nǫfn manna. Þat kǫllum **67** vér viðkenningar eða sannkenningar eða fornǫfn. Þat eru viðkenningar at nefna annan hlut réttu nafni ok kalla þann er hann vill nefna eiganda eða svá at kalla hann þess er hann nefndi fǫður eða afa; ái er hinn þriði. Heitir ok sonr ok arfi, arfuni, barn, jóð ok mǫgr, erfingi. Heitir ok bróðir blóði, barmi, hlýri, lifri.

Heitir ok niðr nefi, áttungr, konr, kundr, frændi, kynstafr, niðjungr, ættstuðill, ættbarmr, kynkvísl, ættbogi, afkvæmi, afspringr, hǫfuðbaðmr, ofskǫpt. Heita ok mágar sifjungar, hle‹y›tamenn. Heitir ok vinr ok ráðunautr, ráðgjafi, máli, rúni, spjalli, aldaþopti, einkili, sessi, sessunautr. Þopti er *hálfrýmis félagi. Heitir ok *óvinr dólgr, andskoti, fjándi, søkkvi, skaðamaðr, banamaðr, þrøngvir, søkkvir, ósvifruðr. Þessi heiti kǫllum vér viðkenningar ok svá þótt maðr sé kendr við bœ sinn eða skip sitt þat er nafn á eða eign sína þá er einkarnafn er gefit. Þetta kǫllum vér sannkenningar at kalla mann spekimann, *ætlunarmann, orðspeking, ráðsnilling, auðmilding, óslœkinn, gæimann, glæsimann. Þetta eru fornǫfn.

Þessi eru kvinna heiti ókend í skáldskap: Víf ok brúðr ok fljóð **68** heita þær konur er manni eru gefnar. Sprund ok svanni heita þær konur er mjǫk fara með dramb ok skart. Snótir heita þær er orðnæfrar eru. Drósir heita þær er kyrrlátar eru. Svarri ok svarkr, þær eru mikillátar. Ristill er kǫlluð sú kona er skǫruglynd er. Rýgr heitir sú kona er ríkust er. Feima er sú kǫlluð er ófrǫm er svá sem ungar meyjar, eða þær konur er ódjarfar eru. Sæta heitir sú kona er búandi hennar er af landi farinn, hæll er sú kona kǫlluð er búandi hennar er veginn. Ekkja heitir sú er búandi hennar varð sóttdauðr. Mær heitir fyrst hver, en kerli‹n›gar er gamlar eru. Eru enn þau kvinna heiti er

108 Snorra Edda

til lastmælis eru ok má þau finna í kvæðum þótt þat sé eigi ritat. Þær
konur heita eljur er einn mann eigu. Snǫr heitir sonar kván. Sværa
heitir vers móðir. ‹Heitir ok móðir,› amma, þriðja edda. Eiða heitir
móðir. Heitir ok dóttir ok barn, jóð. Heitir ok systir dís, jóðdís.
Kona er ok kǫlluð beðja, mála, rún‹a› búanda síns ok er þat viðrkenning.
Hǫfuð heitir á manni. Þat skal svá kenna at kalla erfiði háls eða
byrði, land hjálms ok hattar ok heila, hárs ok brúna, svarðar, eyrna,
augna, munns; Heimdalar sverð, ok er rétt at nefna hvert sverðs heiti
er vill ok kenna við eitthvert nafn Heimdalar. Hǫfuð heitir ókent
hauss, hjarni, kjannr, kollr. Augu heita sjón ok lit eða viðrlit, ørmjǫt.
Þau má svá kenna at kalla sól eða tungl, skjǫldu ok gler eða gimsteina
eða stein brá eða brúna, hvarma eða ennis. Eyru heita hlustir ok
heyrn. Þau skal svá kenna at kalla land eða jarðar heitum nokkvorum,
eða munn eða rás eða sjón eða augu heyrnarinnar ef nýgjǫrvingar
eru. Munn skal svá kenna at kalla land eða hús tungu eða tanna, orða
eða góma, varra eða þvílíkt, ok ef nýgjǫrvingar eru þá kalla menn
munninn skip en vararnar borðit, tunga rœðit eða stýrit. Tennar eru
stundum kallaðar grjót eða sker orða, munns eða tungu. Tunga er
opt kǫlluð sverð máls eða munns. Skegg heitir barð, grǫn eða kanpar
er stendr á vǫrrum. Hár heitir lá, haddr þat er konur hafa. Skopt
heitir hár. Hár er svá kent at kalla skóg eða viðar heiti nokkvoru,
kenna til hauss eða hjarna eða hǫfuðs, eða skegg kenna við hǫku eða
kinnr eða kverkr. Hjarta heitir negg. Þat skal svá kenna, kalla korn
eða stein eða epli eða hnot eða mýl eða líkt ok kenna við brjóst eða
hug. Kalla má ok hús eða jǫrð eða berg hugarins. Brjóst skal svá
kenn‹a› at kalla hús eða garð eða skip hjarta, anda eða lifrar, eljunar
land, hugar ok minnis. Hugr heitir sefi ok *sjafni, ást, elskugi, vili,
munr. Huginn skal svá kenna at kalla vind trǫllkvinna ok rétt at
nefna til hverja er vill ok svá at nefna jǫtnana eða kenna þá til konu
eða móður eða dóttur þess. Þessi nǫfn eru sér. Hugr heitir ok geð,
þokki, eljun, þrekr, nenning, minni, vit, skap, lund, trygð. Heitir ok
hugr re‹i›ði, fjándskapr, fár, grimð, bǫl, harmr, tregi, óskap, grellskap,
lausung, ótrygð, geðleysi, þunngeði, gessni, hraðgeði, óþveri. Hǫnd
má kalla mund, arm, lám, hramm. Á hendi heitir *alnbogi, armleggr,
úlfliðr, liðr, fingr, greip, hreifi, nagl, gómr, jaðarr, kvikva. Hǫnd má
kalla jǫrð vápna eða hlífa, við axlar ok ermar, lófa ok hreifa, gullhringa
jǫrð ok vals ok hauks ok allra hans heita, ok í nýgjǫrvingum fót
axlar, bognauð. Fœtr má kalla tré ilja, rista, leista eða þvílíkt, renniflein
brautar eða gǫngu, fets. Má kalla fótinn tré eða stoð þessa. Við skíð

Skáldskaparmál

ok s‹k›úa ok brœkr eru fœtr kendir. †Á fœti heitir lær, kné, kálfi, bein, leggr, rist, jarki, ‹il›, tá. Við þetta alt má fótinn kenna ok kalla hann tré ok kallat er sigla ok rá fótrinn ok ken‹t› við þessa hluti. Mál heitir ok orð ok orðtak ok orðsnilli, tala, saga, senna, þræta, sǫngr, galdr, kveðandi, skjal, bifa, hjald‹r›, hjal, skval, glaumr, þjarka, gyss, þrapt, skálp, hól, skraf, dœlska, ljóðæska, hégómi, afgelja. Heitir ok rǫdd hljómr, rómr, ómun, þytr, gǫll, gnýr, glymr, þrymr, rymr, brak, svipr, svipun, gangr. Svá skal orrostu kenna við sverð eða ǫnnur vápn eða hlífar. Vit heitir speki, ráð, skilning, minni, ætlun, hyggjandi, tǫlvísi, langsæi, bragvísi, orðspeki, skǫrungskapr. Heitir undirhyggja vélræði, fláræði, *brigðræði. Læti er tvent. Læti heitir rǫdd, læti heitir œði, ok œði er ok ólund. Reiði er ok tvíkent. Reiði heitir þat er maðr er í illum hug, reiði heitir ok fargervi skips eða hross. Far er ok tvíkent. Fár er reiði, far er skip. Þvílík orðtǫk hafa menn mjǫk til þess at yrkja fó‹l›git ok er þat kallat mjǫk ofljóst. Lið kalla menn þat á manni er leggir mœtask, lið heitir skip, lið heitir mannfólk. Lið er ok þat kallat er maðr veitir ǫðrum *liðsinni. Líð heitir ǫl. Hlið heitir á garði ok hlið kalla menn oxa, en hlíð er brekka. Þessar greinir má setja svá í skáldskap at gera ofljóst at vant er at skilja ef aðra skal hafa greinina en áðr þykki til horfa in fyrri vísuorð. Slíkt sama eru ok ǫnnur mǫrg nǫfn þau er saman eigu heitit margir hlutir.

(412) Atli Fróði
       Áli Glammi
       Be‹i›ti Áti
       ok Beimuni
       Auðmundr Guðmundr
       Atall ok Gestill
       Geitir Gauti
       Gylfi Sveiði.

(413) Gœir Eynefr
       Gaupi ok Endill
       Skekkill Ekkill
       Skefill ok Sǫlvi
       Hálfr ok Hemlir
       Hárekr ok Gorr
       Hagbarðr Haki
       Hrauðn[ir Meiti.]

110 Snorra Edda

(414) Hjǫrólfr ok Hrauðungr
       Hǫgni Mýsingr
       Hundingr Hvítingr
       Heiti [M]ævill
       Hjálmarr Móir
       Hæmir Mævi
       Róði Rakni
       Rerr ok Leifi.

(415) Randvér Rǫkni Rǫknir
       Reifnir Leifnir
       Næfill Ræfill
       Nóri Lyngvi
       Byrvill Kilmundr
       Beimi Jórekr
       Jǫsmundr Þvinnill
       Yngvi Teiti.

(416) Virfill Vinnill
       Vandill Sǫlsi
       Gau‹t›rekr ok Húnn
       Gjúki Buðli
       Hómarr Hnefi
       Hyrvi Syrvi.
       Sékkat ek fleiri
       sækonunga.

(417) Ek mun jǫtna
       inna heiti:
       Ymir Gangr ok Mímir
       Iði ok Þjazi
       Hrungnir Hrímnir
       Hrauðnir Grímnir
       Hveðrungr Hafli
       Hripstoðr Gymir.

(418) Harðverkr Hrøkkvir
       ok Hástigi

Skáldskaparmál   111

Hræsvelgr Herkir
ok Hrímgrímnir
Hymir ok Hrímþurs
Hvalr Þrígeitir
Þrymr Þrúðgelmir
Þistilbarði.

(419) Geirrøðr Fyrnir
Galarr *Þrívaldi
Fjǫlverkr Geitir
Fleggr Blapþvari
Fornjótr Sprettingr
Fjalarr Stígandi
Sómr ok Svásuðr
Svárangr Skrati.

(420) Surtr ok Stórverkr
Sækarlsmúli
Skorir Skrýmir
Skerkir Salfangr
Ǫskruðr ok Svartr
Anduðr Stúmi
Alsvartr Aurnir
Ámr ok Skalli.

(421) Kǫttr Ǫsgrúi
ok Alfarinn
Vindsvalr Víparr
ok Vafþrúðnir
Eldr ok Aurgelmir
Ægir Rangbeinn
Vindr Viðblindi
Vingnir Leifi.

(422) Beinviðr Bjǫrgólfr
ok Brandingi
Dum‹b›r Bergelmir
Dofri ok Miðjungr
Nati Sekmímir.

Nú er upp talið
ámáttligra
jǫtna heiti.

(423) Skal ek trǫllkvinna
telja heiti:
Gríðr ok Gnissa
Grýla Brýja
Glumra Geitla
Gríma ok Bakrauf
Guma Gestilja
Grottintanna.

(424) Gjálp Hyrrokkin
Hengikepta
Gneip ok Gnepja
Geysa Hála
Hǫrn ok Hrúga
Harðgreip Forað
Hrygða Hveðra
ok Hǫlgabrúðr.

(425) Hrímgerðr Hæra
Herkja Fála
Imð Járnsaxa
Íma Fjǫlvǫr
*Mǫrn Íviðja
Ámgerðr Simul
Sívǫr Skríkja
Sveipinfalda.

(426) Ǫflugbarða
ok Járnglumra
*Ímgerðr Áma
ok Járnviðja
Margerðr Atla
Eisurfála
Leikn Munnharpa
ok Munnriða.

Skáldskaparmál 113

(427) Leirvǫr Ljóta
 ok Loðinfingra
 Kráka Varðrún
 ok Kjallandi
 Vígglǫð Þurbǫrð.
 Viljum nefna
 Rýgi síðarst
 ok Rifingǫflu.

(428) Þórr heitir Atli
 ok Ásabragr,
 sá er Ennilangr
 ok Eindriði
 Bjǫrn Hlórriði
 ok Harðvéorr
 Vingþórr Sǫnnungr
 Véuðr ok Rymr.

Ása *heiti: 17

(429) Burir eru Óðins
 Baldr ok Meili
 Viðarr ok Nepr
 Váli Áli
 Þórr ok Hildólfr
 Hermóðr Sigi
 Skjǫldr Yngvi-Freyr
 ok Ítreksjóð
 Heimdallr Sæmingr.

(430) Enn eru eptir
 jǫtna heiti:
 Eimgeitir Verr
 Ímr Hringvǫlnir
 Viddi Vingrípr
 Vandill Gyllir
 Grímnir Glaumarr
 Glámr Sámendill.

(431) Vǫrnir Harðgreipr
ok Vagnhǫfði
Kyrmir Suttungr
ok Kallgrani
Jǫtunn Óglaðnir
ok Aurgrímnir
Grimlingr Gusir
Ófóti Hlói Ganglati
ok Helreginn
Hrossþjófr Durnir
Hundallr Baugi
Hrauðungr Fenrir
Hróarr ok Miði.

(432) Enn skal telja
Ása heiti:
þar er Yggr ok Þórr
ok Yngvi-Freyr
Viðarr ok Baldr
Váli ok Heimdallr.
Þá er Týr ok Njǫrðr.
Tel ek næst Braga
Hǫðr Forseti.
Hér er efstr Loki.

(433) Nú skal Ásynj[ur]
allar nefna:
Frigg ok Freyja
Fulla ok Snotra
Gerðr ok Gefjun
Gná Lofn Skaði
Jǫrð ok Iðunn
Ilmr Bil Njǫrun.

(434) Hlín ok Nanna
Hnoss Rindr ok Sjǫfn
Sól ok Sága
Sigyn ok Vǫr.

Þá er Vár, ok Syn
verðr at nefna
en Þrúðr ok Rán
þeim næst talið.

(435) Grét ok at Óði
gulli Freyja.
Heiti eru hennar
[Hjǫrn Þrungra
Sýr Skjálf Gefn
ok it sama Mardǫll.
Dœtr eru hennar]
Hnoss ok Gersimi.

(436) Enn eru aðrar
Óðins meyjar:
Hildr ok Gǫndul
Hlǫkk Mist Skǫgul.
Þá er Hrund ok Mist
Hrist Skuld talið.

(437) Nornir heita
þær er nauð skapa.
Nipt ok dísi
nú mun ek telja.

(438) Snót brúðr svanni
svarri sprakki
fljóð sprund kona
feima ekkja
rýgr víf ok drós
ristill sæta
man svarkr ok hæll
mær ok kerling.

(439) Mál er at segja
manna heiti:

greppar ok gumnar
gumar ok drengir
gotnar rekkar
garpar seggir
sveit snillingar
ok sælkerar.

(440) Bragnar þegnar
beimar hǫlðar
firar ok flotnar
fyrðar hǫlðar
fǫruneyti drótt
flokkr harðmenni
kníar ok kappar
kenpur nautar.

(441) Ǫld ok ærir
ok afarmenni
liðar ok lofðar
lýðr ok sagnir
ljóðr *oflátar
ljónar ok ferðir
mildingr mæringr
mannbaldr spekingr.

(442) Þá er glæsimaðr
ok gullskati,
þá eru snyrtimenn
ok auðkýfingar
ok oflátar
herr ok helmingr
ok hǫfðingjar.

(443) Fólk ok fylki
fundr almenning,
nú er þrǫng ok þyss
þorp auðskatar
drótt ok syrvar
dúnn prýðimenn

Skáldskaparmál 117

sǫgn ok samnaðr
seta stertimenn
fjǫrr ok brjónar.

(444) Enn eru eptir
aldar heiti:
hirð ok gestir
ok húskarlar
inndrótt ok hjón.
Ef ek alt segi:
rúni ok þopti
ok ráðgjafi.

(445) Innhýsingar
aldaþoptar
sessi ok máli
serlar ok fylgðir.
Þá er félagar
ok frændr saman
vinr einkili
verðung halir.

(446) Ái ok áttungr
afi sonr faðir
bróðir barmi
blóði ok lifri
jóð burr nefi
ok arfuni.
Þá eru hlýrar
ok hǫfuðbaðmar.

(447) Niðr hle‹y›tamaðr
niðjungr ok barn
konr ok kynkvísl
kundr ættbogi
mǫgr málunautr
mágr ok spjalli
ættbaðmr æ‹tt›slóð
ofskǫpt ok sveinn.

(448) Sessunautar
ok sifjungar,
afspringr er þá
ok ættstuðill,
þá er ráðunautr,
þjónar þrælar
þírr ǫnnungar
verkmenn kefsar.

(449) Þau eru heiti:
hjaldr ok rimma
gǫll geirahǫð
ok geirþriful
róg ok róma
ranngríð ok storð
svipul ok snerra
sig fólk jara.

(450) Sóta morð ok víg
sókn ok íð
dólg ógn tara
drima ok ímun.
Þá er orrosta
ok ørlygi
hríð ok etja
herþǫgn þrima.

(451) Ek mun segja
sverða heiti:
hjǫrr ok Hrotti
hǫguðr Dragvandill
Gróa Gramr gellir
gjallr ok neðanskarðr
sigðr ok snyrtir
sómi skjómi.

(452) Skálkr skerkir stúfr
Skrýmir Laufi

Skáldskaparmál 119

    ǫltirr langbarðr
    ok ormþvari
    Leggbiti ok kyrr
    ok Leifnis grand
    herberi H‹n›eitir
    ok hafrakan.

(453) Lotti hrǫnduðr
    lǫgðir mækir
    mǫnduðr mundriði
    ok Mistilteinn
    málmr þrór ok marr
    ok miðfáinn
    Fetbreiðr *grindlogi
    ok fjǫrsoðnir.

(454) Vægir veigarr
    vallangr ok brandr
    verúlfr valnir
    vinnbjartr ok kvǫl
    askr Angrvaðill
    eggjumskarpi
    svipuðr ok svipaljótr
    salgarðr hnefi.

(455) Hvati hǫf[uðhv]essingr
    *hausamǫlvir
    hræva-Gautr herbrái
    ok hold-Mímir
    bensœgr brigðir
    Brim[ir] huglognir
    skygðir skreifir
    skarðr grindlogi.

(456) Mímungr ok fellir
    ok málvitnir
    taurarr hrævarðr
    trani vindþvari
    liðnir kvernbiti
    ljómi herðir

120 Snorra Edda

          vitnir yfrir
          veggjalestir.

(457)   Skelkvingr fylvingr
          flæmingr skerðingr
          skotningr skilfingr
          Skǫfnungr rifjungr
          brotni‹n›gr hvítingr
          Bæsingr Tyrfingr
          hœkingr ok hringr.
          Hittask mun nættingr.

(458)   Logi ok munngjallr
          langhvass ok eldr
          ǫrn ok eygir
          ok naglfari
          brigðir mǫrnir
          blær ok skerðir
          hyrr ok helsingr
          hríðir atti.

(459)   Fellir fǫlvir
          Fáfnir raufnir
          ímnir eimnir
          afspringr þinurr
          sigðir snyrtir
          svelgr skarr ok nár
          Góinn gest-Móinn ok gárr
          þrimarr níðhǫggr.

---

(460)   Oddr blóðvarta
          ok benknúar
          blóðrefill blóðvarp
          ok blóðiða
          blóðvaka ljúgfengr
          ok blóðhnefi
          iðhvarf ok brandr
          eggteinar fólk.

Skáldskaparmál

(461) Emjar þremjar
ok Ǫlrøðarnautr
merki véttrim
ok missifengr
ónn ok skafningr
undirdregni‹n›gr
vargr ok Kaldhamarsnautr
valbǫst ok herðr.

(462) Sverð ok gelmingr
ok samnagli
hugró sigrhnoð
hjalt ok tangi
mundriðr hǫggfáðr
ok meðalkafli.

---

(463) Øx ok jarðsparða
hyrna
skjáfa ok skeggja
skráma ok genja
reginspǫnn Gnepja
gýgr ok Fála
snaga ok búlda
barða ok vígglǫð
þveita ok þenja.
Þá er arghyrna,
hon er œzt talið
øxar heita.

---

(464) Darr spjót ok nǫt
dǫf len‹z› ok vigr
snata fleinn ok sváf
sviða hræmæki
geirr spjǫr nata
gefja kesja
gaflak Frakka
Gungnir Peita.

---

(465) Ǫr er ok akka
       oddr hvítmýlingr
       fenja ok drífa
       flug dynfara
       bǫsl bǫl bílda
       broddr ok Hremsa
       gǫgnflaug ok þrǫs
       gǫgn ok skaptsnǫr.

(466) Flugglǫð flugsvinn
       Fífa ok skeyti;
       geta skal fenna
       ok Gusis smíðis.
       Jól‹f›s smíði er
       en øfst þura.

(467) Álmr dalr bogi
       ýr ok tvíviðr
       sveigr glær ok þrymr
       sómr skalgelmir.

(468) Enn kveð ek heita
       ǫll vápn saman
       járn ǫr ok slǫg
       ísarn ok spjǫr.

(469) Skjǫldr þrunginsalr
       skaunn salbendingr
       bognir hlébarðr
       ok buklari
       véttlimi targa
       veðrglaðr ok hlíf
       víðbleiknir rít
       vígglaðr ok lind

(470) Gjallr dǫggskafi
       ok gimskýlir

Skáldskaparmál

*bǫðljós grýta
ok bǫðskýlir
svalinn ok randi
saurnir borði
skuttingr barði
skírr tvíbyrðingr.

(471) Yrlygr ok svarmr
eilífnir heiðr
baugr fagrbláinn
bera miðf‹j›ǫrnir.

(472) Hropts hattar skal ek
segja heiti:
hjálmr gullfáinn
hraunn valhrímnir
hallhrímnir *skólkr
ok hlífandi
fjǫrnir þokki
ok fík-Móinn.

(473) Hildigǫltr kellir
herkumbl ok velgr
gríma œgir
glævir stefnir.

(474) Brynja kund hjálmgǫll
hrauð ok nati
kǫld Finnsleif
bǫ‹ð›fœra þýð sýn
ok blóðleika.

(475) Sær sílægja
salt ægir haf
lǫgr sumr lœgir
lǫgr stop ok vágr

gjallr gnap geimi
gnarr svífr ok marr
súgr sog sami
svelgr rǫst ok fjǫrðr.

(476) Sund ǫgr [velf]œrr
s[imi] ok víðir
hríð ver breki
húm flóð ok brim
grœðir glýjuðr
gymir ok væg[ir]
gniðr ok órór
gjálfr fen snapi.

(477) Gnat vǫrr vika
vǫzt hóp ok mið
vatn djúp ok kaf
vík tjǫrn ok sík
stormr díki hylr
straumr lœkr ok bekkr
áll bruðr kelda
iða fors ok kíll.

(478) Hefring alda
hvítingr ok lá
Hrǫnn Rán kelda
ok Himinglæva
Drǫfn Uðr ok sólmr
Dúfa Bylgja
boði ok Bára
Blóðughadda.

―――――――――

(479) Gjǫll Glit Gera
Glóð ok Valskjálf
Ván Víð Vimur
Ving ok Ýsa
Síð Suðr Freka
Sœkin Einstika

Skáldskaparmál

Elfr Ró Ekla
Ekin Rennandi.

(480) Þyn Rín ok Nið
Þǫll Rimr Ysja
Dun Ógn Dýna
Dyn Hǫllfara
Órun ok Bró
Auðskjálg Lodda
Mun Merkriða
Mein ok Saxelfr.

(481) Tifr Durn Vína
Tems Vǫnd ok Strǫnd
*Mǫrn Móða Þrym
Morn ok Gautelfr
Alin Uðr Alkoga
ok Eufrates
Ógn Eiðrennir
ok Apardjón.

(482) Rǫgn Hrǫnn ok Raun
Raumelfr Hnipul
Hnǫpul Hjálmunlá
Humra Vína
Vil Vin Vella
Valin Semð Salin
Nepr Drǫfn Strauma
Nis Mynt Gnapa.

(483) Gilling ok Níl
Ganges Tvedda
Luma Vervaða
Leira ok Gunnþró
Viðsvǫl Vegsvinn
Yn Þjóðnuma
Fjǫrm Strǫnd ok Spé
ok Fimbulþul.

(484) Nyt Hrǫnn ok Nauð
Nǫt Slíðr ok Hríð
Kǫrmt Leiptr ok Ǫrmt
Kerlaugar tvær
Gǫmul Sylgr ok Yn
ok Geirvimul
Ylgr Vǫð ok Fold.
Jórdán er á lesti.

(485) Lax ok langa
lýsa brosma
birtingr hœingr
bust ok hrygna
humarr hrognkelsi
hveðnir flóki
ǫlunn aurriði
ok Andvari.

(486) Síld seiðr skata
síl reyðr ok ǫgr
skreiðungr ok síkr
skálgi flyðra
fyldingr styrja
ok fuðryskill
hámerr steinbítr
ok háskerðingr.

(487) Fjǫrsungr þrǫmmungr
ok marþvara
sílungr skelfingr
sverðfiskr ok lýr
hamarr sandhverfa
ok horngæla
marknútr glǫmmu‹n›gr
ok fengrani.

(488) Þyrslingr ufsi
þorskr vartari

Skáldskaparmál

grunnungr gedda
gjǫlnir keila
áll ok karfi
krabbi geirsíl
hár ok goðlax
hornsíl ígull.

(489) Hafrhvalr geirhvalr
ok hafgufa
hnísa hafstrambr
ok hnýðingar
reyðr reyðarkálfr
ok rauðkembingr
bunungr rostungr
blæjuhvalr.

(490) Norðhvalr kýrhvalr
náhvalr ok le‹i›ptr
skeljungr fiskreki
ok skútuhvalr
sléttibaka skjaldhvalr
ok sandlægja
hrosshvalr andhvalr
hrafnreyðr ok vǫgn.

(491) Nú mun ek skýra
of skipa heiti:
ǫrk árakló
askr Sessrúmnir
skeið skúta skip
ok Skíðblaðnir
nór Naglfari
nǫkkvi snekkja.

(492) Byrðingr búza
Barðkaldr ok Hreinn
bakki hǫmlungr
Hélugbarði

128 Snorra Edda

rǫst bátr ok regg
rǫð Hringhornir
lung kjóll langskip
Leifnir karfi.

(493) Hringr Gnoð freki
hrauð Móðrói
hemlir barði
ok hylbauti
ugla leðja
ok Askvitull
kœna ketla
kati reið ok Skálpr.

(494) Knǫrr kuggr knúi
keipull eikja
dreki Elliði
drómundr ok prámr
fura vigg galeið
ferja skalda
fley flaust ok þekkr
fartíðr ok lið.

(495) Segl skǫr sigla
sviðvís stýri
sýjur saumfǫr
súð ok skautreip
stag stafn stjǫrnv[ið
stuðill sikul]gjǫrð
snotra ok sólborð
sess skutr ok strengr.

(496) Sǫx stœðinga[r]
svipting‹r› ok skaut
spíkr siglutré
saumr lekstopar
laukr siglutoppr
lína eyru

flaug flaugarskegg
ok farnagli.

(497) ‹Húnn› húnbora
ok hjálmunvǫlr
húfr hlýr hremni
ok hálsstemni
hefill háls hanki
ok hǫfuðbendur
háir hæll hamarr
hjálpreip ok lík.

(498) Ró rakki rif
rengr ok hǫmlur
vindáss vengi
vǫndr langnefjur
vǫlt beitiáss
varta brandar
bitar bóglína
búlkastokkar.

(499) Barð kné bygði
belti ok kinnungr
kjǫlborð keili
ok kjǫlsýja
kraptar kerling
klœr ok þoptur
kalreip þrimir
klofar ok þiljur.

(500) Drengir dragreip
dæla árar
aktaumar rœr
arinn ok nálar
aurborð kjalarhæll
ok akkeri
*hnakkmiði ausker
ok húnspænir.

(501) Jǫrð fjǫrn rufa
eskja ok Hlǫðyn
gyma Sif Fjǫrgyn
grund hauðr ok rǫnd
fold vangr ok *Fíf
frón hjarl ok *barmr
land bjǫð
þruma ok merski.

(502) Holt háls ok fjǫll
hlíð ok leiti
hóll heiðr ok hvilpt
hváll ok brekka
hró dalr ok vǫllr
hvammr ok tunga
mold flag rimi
mór laut ok sandr.

(503) Enn skal segja
øxna heiti:
Árvakr drjóni
ok Jǫrmunrekr
simi Freyr Reginn
smiðr eyþvari
Rauðr ok rekningr
ok røkkvihliðr
viggi *bautuðr
Vingnis stjóri.

(504) Himinhrjótr simir
ok harðfari
*Hœfir digni
hjǫlluðr simull
Hliðr Stúfr ok Litr
Hríð‹r› forsimi
*Arfr Jǫrmuni
ok eikismiðr.

Skáldskaparmál 131

(505) Gneisti Apli
ok gollinhorni
auðr kvígr ǫldungr
ok Arfuni
griðungr ólgr gellir
glymr ok hre‹i›ði
tíðungr boli
tarfr aurgefinn.

(506) Kýr heitir skirja
kvíga ok frenja
ok Auðhumbla:
hon er œzt kúa.

(507) Hrútr ofrhyrningr
hornumskváli
gumarr hornglóinn
ok gjaldhróinn
hveðurr Hallinskíði
berr hornhróinn
ok Heimdali
bekri miðjungr
blær Mǫrðr ok veðr.

(508) Hafr heitir Grímnir
ok Geirǫlnir
Tanngnjóstr kjappi
ok Tanngrísnir
skimuðr ok brúsi;
bokkr Grímr *taliðr.

(509) Heitir ok Heiðrún
haðna ok kiðlingr.
Er *kolmúla
ok kið saman.

(510) Bjǫrn bersi blómr
bera elgviðnir
blájaxl ísólfr
ok breiðvegi
bestingr bassi
balti hlébarðr
úfr frekr vilnir
jórekr mǫsni.

(511) Fetviðnir húnn
fress vetrliði
íugtanni jálfuðr
ifjungr vilskarpr.

(512) *‹H›jǫrtr Duraþrór
hliðr Eikþyrnir
Duneyrr Dáinn
Dvalarr *mótroðnir.

(513) Gǫltr valglitnir
gríss ok *Hrímnir
svíntarr runi
Sæhrímnir *bǫrgr
tarr valbassi
‹røðr› dritroði
þrór vigrir skunpr
Þrándr vaningi.

(514) Vargr úlfr Geri
vitnir ok hninnir ok grádýri
H[ati] Hróðvitnir
ok heiðingi
Freki ok viðnir
Fenrir hlébarðr
Goti gildr glammi
gylðir ímarr
ímr egðir
ok skólkinni.

Skáldskaparmál 133

(515) Enn heitir svá
ylgr: vargynja
borkn ok íma
svimul.

(516) Níu [eru himnar]
á hæð talit.
Veit ek hinn nezta,
sá er Vindbláinn
5 sá er Heið‹þ›yrnir
ok H[regg]-Mímir.
Annarr heitir
Andlangr himinn
—þat máttu skilja—
10 þriði Víðbláinn;
Víðfeðmi kveð ek
vera hinn fjórða,
Hrjóðr, ok Hlýrni
hygg inn sétta,
15 Gimir, Vet-Mímir.
Get ek nú vera
átta himna
upp um talða.
Skatyrnir stendr
20 skýjum efri.
Hann er útan
alla heima.

(517) Sól ok sunna
sýn fagrahvél
leiptr hrjóðr leika
líknskin rǫðull
leiptr ifrǫðull
ok ljósfari
drífandi álfrǫðull
ok Dvalins leika.

TEXTUAL NOTES

The spelling of manuscript readings is normalised in the same way as the text, except that when necessary the spelling of the manuscript is quoted in inverted commas and italics are used for the expansion of abbreviations.

P. 1/1–2 *No heading in RTW, but both R and W have a large ornamental capital* E; *T has a line space.* U has the heading Frá heimboði Ása með Ægi. *The name* Skáldskapar mál *appears in U in its heading to its first version of ch. 3* (SnE *1848–87, II 302*) *and the words* Hér hefr (*or* hefir) mjǫk setning skáldskapar *in its heading to ch.* G57 (SnE *1848–87, II 295*). *Many words in the first few lines in R are unclear due to damage to the page.* 9 'THor' R. 13 Þar] Þ *in margin* R. 18 dal] *perhaps* dalinn (*with* -inn *abbreviated by a horizontal stroke*) R.

P. 2/7 spurði hverr annan W, spyrr hverr þeira annan T. 8 út *is supplied after* gekk *in* SnE *1848–87, I 212 and 1931, 80, but although there is a tear in the parchment and a space in the text, it is not certain that anything is missing. The word is not in the other MSS.* 14 í (2) TW; 'o' R. 34 í] *so apparently* R; *though it might be read* á.

P. 3/2 ef] *repeated and the second time deleted* R. 10 Hvaðan] *large capital in* R, W (*ornamented in these two*) *and* T, *which also has the heading* Frá Kvasi. 15 sínum TWU, sína R. 21 heita WU, heitu R (*perhaps for* hétu, *see Introduction p.* liv; *abbreviated* h. *in* T).

P. 4/15 er *written twice over page division* R. 20 kvazk T, kvezk W, lézk U; kvað R. ráð TWU, ráðs R. 24 til Suttungs TWU. 35 lá hjá T, ljá hjá R, hvíldi hjá U, ljá W (*omits* hjá). 37 all R. 39 Suttungr TU, Þjazi RW.

P. 5/2 þeir (*abbreviated*) TW, þú R. 6 'lut' (*i. e.* hlut) TW, lit R. 11 *Large capital* Þ *in* R, *and space* (*2 lines*) *for one in* W. 15 er TWB, eru R. 18 er TWB. 38 kǫlluðu] *abbreviated* kall *with a stroke through* -ll R.

P. 6/12 Rodduus ?R, Roduus W, Rodirus T.

Verse 4/4 hrafnásar W, hrafna sár T, hrafn á sár U, hranna lár B; hrafnálar R.

Verse 5/3 hróka TWUB, hráka R. 7 jarðráðendr TWUB, jarðráþrændr R.

Verse 6/2 goð B, g[..] U, kyn T, *lacking* RW.

Verse 8/1 blíðu RTWB, víðu U. Blíðu *would make sense* (*with* vilgi *as neg.*), *but ought to alliterate.*

Verse 9/2 vitinn W (*verse 9 omitted in T, and in U, which has an open space for it, though both include line 12*).

Verse 10/2 snarr *TUB*, þvarr *R*, svarr *W*. 3 barrhaddaða *WB*, barr hár haddaða *T*, barr hodduðu *U*; bjarr haddaða *R*. 4 biðkván und *U*, bifkván und *TWB*; bifkván of *R*.
Verse 11/6 hinig *altered from* hniginn *R*.
Verse 12/2 jarðhlutr *RTWU*; jarðhljótr Konráð Gíslason (*see* Skj A I 79).
Verse 13/4 lítinn *T*, litlum *RWUB*. Verse 16/3 vanr *TWUB*, vamr *R*.
P. 9/28 vinr *with abbreviation for* vinir *R*.
Verse 20/10 *perhaps* kœmi *R* (o *written for* œ; *W also has* 'komí'); kœmi *UB, abbreviated in T. Cf. Introduction p. liii.*
Verse 25/3 tekit hefi *TWU*, tekit hefir *B*; væri *R*.
Verse 28/4 'g^{V}milá' *R, i. e.* geymilá? (*Konráð Gíslason 1889, 302–3*; u *or* v *interchange with* y *in the orthography of R, see Introduction p. liv*); grymilá *TU*, grymi lá *W*, grynni lá *B*.
Verse 30/1 'rǽr' *R*, tér *TB*, tær (*i. e.* tér?) *W*, tel ek *U* (*cf. verse 39/1*). 4 lýða þá *R* (*over line division:* 'lyþa | þa').
Verse 31/2 þat *R* (*abbreviated*), þar *B* (*abbreviated*), nú *U*; *W omits*; *T has* þar er, *but omits* á ek.
Verse 32/3 biðjum *WUB*, biðju *T*, bjóðum *R*. 4 at *TWUB*, af *R*.
Verse 33/2 Hárs *TWUB*, hans *R* (*abbreviated*).
Verse 34/1 vágr *TW*, vargr *RUB*. 2 hagna] *emendation*; hǫgna *RTWUB*.
Verse 36/1 Verði þér *WUB*, Verðit ér *T*, Verðr ei *R*. 2 mæran *U*; mærar *RWB*; 'morar' *T, i. e.* mœrar, *cf. ÁBM 651*.
Verse 37/1 mína *TWB*, mínar *U*; míma *R*. 4 Egill *WUB*, Egils *RT*.
Verse 38/1 þurfut ala *WU*, þurfa at ala *T*, þurfu at ala *B*; þurfu at Ása *R*. 2 sný *WUB*, snýr *RT* (snýr *is a late form of the 1st pers. sg., see Noreen 1923, § 531.1*).
Verse 39/1 Hoddmildum tér *RTWB* (*all four omit* ek), Hjaldrgegnis tel ek *U*; ték SnE *1848–87, III 14*; *perhaps* telk? (*cf. verse 30/1*) 4 geð-Njarðar *R*, geðfjarðar *TWUB*.
Verse 41/1 Bæði *WUB*, Téði *R. T reads* 'bedia ec'.
P. 14/30 Hlóru *TWB*, Lóru *U*; Hjǫru *R*.
Verse 45/1 brattrar brautar *W*, brattar brautir *RU. T omits this verse.*
Verse 48/4 endiseiðs of *TW*, endiseiðs um *U*, endiskeiðs af *R*.
Verse 49/1 samði *RTW*, samðit *U*.
Verse 51/1 borðróins *TWU*, borðtóins *R*. 3 *So T*; á haus‹s›prengi Hrung‹n›is *W*, á haus prengju Hrungnis *U*.

Textual notes 137

Verse 52/2 Þrívalda *TW*, Þrívaldra *R*.
Verse 54/2 farin mikla *W*, firing mikla *R*, fyrir miklum *U*. 3 hǫfgum *W* (*blank space in R*). *T omits this verse*.
Verse 55/3 þat *TWU*. 4 reyrar *TWU*, 'reyrǫz' *R*.
Verse 57/2 lamðir *TWU*, limðir *R*. 3 Starkeði *W*, Starkaði *TU*, Stalkeði *R*.
Verse 58/5 heptir þú *W*, hepp ok þú *RT*, heptuð *U*. 8 lífi *TWU*, lifa *R*. P. 18/3 vagna] vanga *W*. Vana *altered from* vápna *R*. 4 gefjanda *R*; fégjafa *TWUB*. 15 hann] + vagna guð *deleted R*.
Verse 63/1 'borg' *W*, 'baurg' *TU*, 'baᵥgr' *R*. P. 19/30 son *TWU*, sons *R*; *illegible in B*.
Verse 64/3 slœgjan *TW*, slœgjum *R*. 4 mǫg *W*, mǫgr *RT*. 7 ok *T*, at *W*, en *R*. P. 21/21 ór meri nokkurri *TWU*, ok mann nokkvorn *R*. 28 '-iotuñ' *R*, jǫtunninn *TW*. P. 22/20 Þórr *TWU*, Tror *R*. 27 frerin *written* frer *with abbreviation for* -ir *R*.
Verse 65/2 sóttan *TW*, sóttum *R*. 3 bjǫr (*written* 'biaᵥr') á *R*, bǫrva *W*, maur á *T* (*see note on p. 170*). 7 móðr *with abbreviation for* -ur *R*.
Verse 66/4 'ginnivnga' *R*. brinna *W*, brinra *T*, hrinna *R*. 5 hafrir *R*, hafði *T*, hǫfðu *W*.
Verse 67/6 myrkbeins Haka *W*, meinþorns Haka *T*, myrk hreins baka *R*. 8 vátt . . . þátti *TW*, 'varr . . . þarri' *R* (*or* 'vatr . . . þatri'; r *and* t *have very similar shapes*).
Verse 68/3 und *TW*, ok *R*. 5 hǫrðu *RTW*. 6 hraundrengr *TW*, hraundrengs *R*. 8 tíðr *RTW*.
Verse 69/8 jǫrmunþrjóti *W*, jǫrman *T*.
Verse 70/1 *R appears to have* harðr brotinn. 3 hina (*perhaps with abbreviation for* -ar- *obliterated, i. e.* hjarna) *W*, hinka *RT*. 7 vikr *TW*, virtr *R*.
Verse 71/6 þeir (*abbreviated*) *RW*, 'þeyr' *T*. 7 bifum *T*, bifð *R* (*and* baugs *written twice*), bifa *W*. P. 24/34 fjǫrlausnar *TWU*, fjǫrlauslar *R*.
Verse 73/1 fellir *RTW*. 2 fjǫrnjóts *RT*, fjǫr|nats *over line break W*. hvetja *TW*, hverja *R*. 5 grœnar *TW*, greinar *R*.
Verse 74/3 *written* 'fyrstvz' *R*. 4 þoms *RT*, þóins *W*. 5 gjarð- *RTW*.
Verse 75/2 farmr *TW*, farms *R*. 3 hapts *written* 'hafsz' *R*. 4

Rǫgnir *TW*, tǫgnir *R*.   5 gran- *W*, gram- *T*, grunnstrauma *R* (*with abbreviation for* -ru-).   7 'opniz' *R*, 'apnís' *W*, opins *T*.   8 spendu *RTW*.

Verse 76/1 gangs *TW*, gagns *R*.

Verse 77/1 vǫrru *RTW*.   3 hagli *altered from* 'hiallti', *but first* i *not deleted R*; hagli *TW*.

Verse 79/3 gatat *TW*, gatar *R*.   4 gjarðar *altered from* fjarðar ?*R*.   6 Þons ljarna *R*; Þons barna *T*, Þórs barna *W*.

Verse 80/1 fríðar *RTW*.   4 sverðrunnar *R*, sverð runnit *TW*.   5 *spelled* 'hra/N' *R*, 'hraun' *T*, 'hroñ' *W*.

Verse 81/3–8 *Top of page damaged in R*; *gaps supplied from TW*.   5 Háðu stáli] óð óstáli *T*, 'að ostali' *W*.   6 Hrekkmímis] bekk Mími *T*.   8 -lyndr *T*.

Verse 82/1 akarn *RTW*.   2–3, 6 *R damaged, gaps supplied from TW*.   3 st[. .]ð *W*.   4 falli *W*, palli *RT*.   5 arfi *RTW*.   6 eiðs[. . .] *R*, eiðsfjarðar hug *TW*.

Verse 83/4 barði *RTW*.   5 heiði *RTW*.   8 skal eik *RT*; skáleik *W*.

Verse 84/2 kólgu *TW*, kólga *R*.

Verse 85/1 Þeirs *RTW*.   hersa *T*, bersa *W*.   2 Þornranns *RTW*.   3 hellis *W* (*the ending abbreviated and unclear*), hellir *RT* (*perhaps* bellir *T*?).   4 hrin *RW*, hrim- *T*.   5 Listi *RTW* (*TW also lack* var).   6 hreini *RTW*.   8 res (*i. e.* ræs?) *RTW*.

Verse 86/4 sólar *R*, -sólir *TW*.   6 -reyða *RTW*.   8 hundfornan kjǫl sprundi *W*, horn fornan kjǫl sprundi *T*, hornfornan kjǫl sporna *R*.

Verse 87/6 segu tǫngu *R*, segi tǫngu *W*, sega tungu *T*.   7 Óðnis *RTW*.

Verse 88/3 lypti- *TW*, sypti- *R*.   4 langvinr síu Þrǫngvar *TW*, síu langvinr Þrungvar *R*.   5 'avrþvrsis eisv' *R*, aurþrasir esju *W*, aurþrasir eisu *T*.   6 os *T*, ás *RW*.

Verse 89/3 fornan *TW*, fornar *R*.

Verse 90/4 arinbauti *TW*, arinbrauti *R*.   7 'beiti' *RTW*.

Verse 91/1 Hel blótin *R*, Helblótinn *W*, Hilblótinn *T*.   4 afli *T*, álfi *RW*.   6 Rygir *TW*.   7 aldar *W*, eldar *R*, elda *T*.

P. 30/11 Fensala *TB*, Fun- *R*, *W illegible*.   13 Óðs *WTB*, Óðins *R*, *altered from* Óðins *U*.

Verses 92–104 *and* p. 33/22–3 *in a different* (*contemporary*) *hand from the rest of the text in R*.

Verse 92/1–4 *Largely illegible in R, where line 3 has completely disappeared. Gaps in lines 2 and 4 supplied from TW. Line 3 is*

Textual notes 139

omitted in both T and W (space is left in W). 1 at *in TW before* gjǫldum (gjǫldu *T*); at *may have been written in R too.* 2 gunnveigar *T.* 4 nadd- *T, first letter illegible in W.* 5 framma *T.* 6 ok far *W*, ok fjár *T*, ok fia[. . .] *R. Gap in lines 6–7 is supplied from TW (of is emendation).* 7 hlein- *T.* 8 hildar *TW.* fats *emendation*; vets *RTW* ('vez' *or* 'uez' *in all three).*
Verse 93/2–3 *Gaps supplied from TW. Cf. verse 341.* 4 á *RW,* ó *T.* 6 ár Gefnar *T*, árgefnar *W*, ár gnæfar *R.* mat] mar *T; perhaps* mar *R*; ma *with perhaps an erased letter W.* 8 vǫndr *R* (*perhaps intended as* vándr *a. 'wicked'?*), 'vendr' *TW; cf. Introduction p. liii.* seyði *altered from* sendi *?T*, seiði *W.*
Verse 94/1 Tormiðlaðr *TW*, Tormiðlaðar *R.* 3 'kºþo' *R*, kváðu *W*, kveðu *T; cf. verse 305/3 and t. n.* 7 vinr *W*, vior *R*; [.]inr *T.*
Verse 95 omitted in *T.* 1 fyllar *W*, fullan *R.* 2–3 fet-Meila sér deila hlaut af helgu *W.* 5 vagna *W.* 6 *Perhaps* sigað *R.*
Verse 96/2 váru *R* ('vǫru'), 'uara' *W*, [..]ra *T.* 8 þjórir hluti fjóra *T*, þjór hlífi óra *R*, Þór hluti fjóra *W.*
Verse 97/3 -rótum *T*, -rótu *W.* 4 'niorna' *T*, 'morna' *W.* 7 hirði- *TW.* 8 herfangs ofan *T*, herfang ofan *W*, herfangs ofangs ofan *R.* stǫngu *altered to (or from)* strǫngu *?R.*
Verse 98/2 Sigynjar *TW*, Signýjar *R.*
Verse 99/4 úlfs faðir *TW*; álfs fǫður *R* (fǫðr *could be a possible nom. form, see note to 6/37).* 5 rúni *TW*, runni *R.* 6 þungrs *R*, þungs *TW.* 7 málunautr *R and T (with* -r *altered to* -z) *and W.* 8 Miðjungs *TW*, mildings *R.*
Verse 100/2 'sorg eyra' *RTW.* 5 bekkjar *TW*, kekkjar *R.*
Verse 102/2 hund *TW*, hrund *R.* 3 læva *TW. The* a *is invisible in R and was perhaps never written.* 6 leiðar *RT. From this line to the end of the poem was omitted in W, with space left vacant.* 8 hapta *lacking in both R and T.*
Verse 103/1 heyrða ek *T*, heyrðat *R.* 2 ept *RT.* leiku *T*, leikum *R.* 4 hauks *T*, hauðs *R* (= Hǫðs*?*)
Verse 104/3 'biþiss' *R*, biðils sviðnar *T.* 7 þá er *T; cf. verse 71.*
P. 33/21–2 *partly illegible R.* 21 Ásu *TB*, Ása *U*, [Á]sa *W.* 22 ættir *B*, ætt *TWU.* 23 *Large ornamental initial in R and space for one in B.*
Verse 112/3 mærð *TWUB*; meið *?R.*
Verse 115/1 sem *TWUB*, með *R.* 2 dróttinn *TWUB*, drótni *R.*
P. 35/20 elju *written* 'eleiv' *R.* 21 gólf *TWU*, gefl *R*, gólflok *B.*

Verse 118/2 snjallráðr *TWUB*, snjallaðr *R*.
Verse 120/4 far *TWB*, fjár *R*.
Verse 121/3 ítran *TWUB*, ítra *R*. einn at *TB*, ein at *W*, eina at *U*, ein a (*perhaps altered from* ein at) *R*. 4 systur *U*; 'þerssa' *B*, lacking *RTW* (*space left in W*).
Verse 122/4 'ymynda' *RTW*, *illegible B*; ómilda *U*.
P. 36/30 Bareyjarskáld *TW* (*but* Barr- ('Bar-') *at* 34/13 *in W*), Barreyja- *UB* (*also at* 34/13), Darreyjarskáld *R*.
Verse 124/3 hvalmœni *TWB*, hvalmæris *U*; hvalmuni (*or perhaps* 'hvalmoni', *i. e.* hvalmœni; *see Introduction, p. liii*) *R*.
Verse 125/3 fǫls *emendation* (*Konráð Gíslason 1889, 361, 609–10*); fals *RTWB* (*cf. Hreinn Benediktsson 1963*).
Verse 126/4 úr svǫl *U*; útsvǫl *RTWB* (*written as two words in RTW*).
Verse 128/3 blakkr lætr *WUB*, 'bla er letr'?*T*, blakkleitr *R*. 4 snæ- *TWB*.
Verse 129/3 stǫg *TWUB*, stǫng *R*. 4 stirðr *TWUB*; stirð *R*. keipr *TWB*, kipr *U*; skeipr *R*.
Verse 130/1 Grams U, 'Grans' (*i. e.* Gráns *or* Granns?) *RTW*, 'grās' *B*. gollna] *spelled* goldna *R* (*this may be a genuine form; cf. Noreen 1923, § 275*); gullna *TWB*, gyllta *U*. 3 hólm- *WB*; hjólm- *T*, 'hvm' *or* 'hom' *R*, 'hlomn-' *U*. 4 stafna *RTWUB*.
Verse 131/2 'varar' *RTB* (*this verse omitted in WU; W also omits verse 132*).
P. 38/25 Amlóða *TWU*, Amlona *R*.
Verse 134/4 bifgrund á *TWU*, bifgrunda *B*, bifgrundar *R*.
Verse 136/2 bálgrimmastan *RTWB*, bar grimmustum *U*. 3 of *TB*, um *W*, vin *U*, af *R*.
P. 39/21 hríðmál *TWUB*, hrímdal ?*R*.
Verse 139/2 Þrándheimi *TUB*, Þ[rá]ndheimi *W*, Þramheimi *R*.
P. 40/9 eða til *W*, eða *RB*, verka sinna eða *U*; *T omits*. farar *B*. 19, 20 lóg *and* lág *both written* 'log' *in RTW* (ð *W in line 19; see note on p. 184*) *and* lág, lag *in U*, lág *in B*. 21–2 er kona kend *TUB*; *R adds* er *after* kona; *W has* at kona er kend. 30 sáð Fýrisvallar *U*; ok Fýrisvalla *RTB*, fræ Fýrisvalla, sáð Kraka *W*.
39–41/1 *Missing text supplied from W*; *T lacks* þar (*and* sem, 41/1).
P. 41/3 Eldir *T*, El[d]ir *W*, Reseldr *R*.
Verse 141/4 fulli *WT*; *written* fylli *R* (*where* u/v *alternates with* y *in the scribe's orthography, see Introduction p. liv*).

Textual notes

P. 41/28 fegrstr *TW*, fegrst er *R*, frægr *U*.   30 varr *TWU*, varð *R*.
35 veðjaði *TWU*, 'veþaaði' *R*.   36 The name Brokkr *in W; left blank and filled in later R; also blank in T. Unnamed in U. Similarly on the later occurrences, where T simply omits the name or uses a pronoun:* 42/2 (Brokk bróður sinn *here in W*), 42/17, 25; *at the last occurrence the name before* fram *in W. Eitri W; left blank in R and filled in later as* Sindri; *not named in TU. Similarly at* 42/2.
P. 42/16 hamar *TWU*; *added in lower margin in a later hand with indicative sign R.*   22 geirrinn *TWU*, greirrinn *R*.
P. 43/9 rifaði *TWU* (*W omits* beit hann varrarnar), rifjaði (*with stop before*) *R*.
Verse 146/4 'ramsvel' *U*, ramsvelli *RW*, ramsvells *T* (*altered from* -snells).
Verse 147/3 gjálfrs *T*, gjálfs *W*.   4 hlífar *T*, hlíðar *RW*.   6 svans] s *above line* (*or the abbreviation for* -us *or* -ir?) *R*.
Verse 148/2 nálægt *WU*, 'ne legt' *R*, 'nelegt' *T*.
Verse 149/6 beð skaldi *TU*, beið skjaldi *R*, beið skaldi *W*.
Verse 150/1 verstan *first written* vísarstan *or* vístrstan *R* (?—*cf.* Skj A I 5).   2 '[v]atzt rodd' *U*, 'vazraud' *T*, 'uaz rodd' *W*; 'vatzravðla' *R* (*all these spellings probably imply a first element* vatns-).   4 óniðraðan *TW*, óniðjóðan *R*, 'o[...]þiaþan' *U*.
P. 45/1–2 Ála steinsins *TW*, Ála steins *U*, 'asa stensins' *R*.   3 *Chapters 39–43 omitted in W*.   22 Andvari *T*, Andvarri *U*, Andþvari *R*.   27 taka *repeated after* bauginn af sér, *which is written* af sér bauginn *with transposing signs R*; bauginn af sér *T*, af sér bauginn *U*.
P. 46/5 þat *repeated above line after* helzk *R*.
P. 50/8 hǫndin *TC*; *added above line in later hand R*.
P. 50/20 Sim- *RT*, Sin- *C* ('sínfiotli').
Verse 155/2 álfs *TC*, afls *R*.   3 þars] of *RT*, þar er *C*.   5 'blandin' *C*, brunninn *RT*.
Verse 156/2 fylkis *C*, fylkir *RT*.
Verse 157/3 næma *C*, náma *RT*.   5 bláserkjar *C*, bláserkjan *R*, bláserkja *T*.   6 'baullfagr gǫtu' *RT*, ballfagr gauta *C*.
P. 52/19 mala *TC*, mæla *R*.
Verse 162/2 snúðga *altered from* 'stivðga-' ?*R*.
Verse 163/3 mǫlum *T*.
Verse 179/7 járni varðar *T*, járnar fjarðar *R*.
Verse 180/8 þat *T*, þar *R*.

142 Skáldskaparmál

Verse 183/6 feldrar *T*, feldrat *R*.
P. 58/32 Véseti *TWC*, Viðseti *R*.
P. 59/14 Hrólfr *TWU*, Hlofr *R*; *abbreviated in C*.
Verse 185/1 alla *TWU*, allan *RC*.   2 -lauks *written* '-lecs' (*or* '-lets') *with* 'a' *written above* (*if this is not the sign for* -ur-, *giving* 'letvrs') *R*; leiks *C*, -lauks *TWU*.
Verse 187/3 -ins *TWAB*, -nis *RUC*.   bar *TWUAB*, bað *R*, haug *C*.   4 saman *UABC*, sama *RTW*.
Verse 189/1 Ýtti *TWUBC*, Ýti *A*, Veitti *R* (*the emendation is required for the alliteration, and* veitti *would require the acc. in lines 3–8*).   3 Sifjar *WUA*, Sif[...] *C*, 'sviar' *R*, 'suuar' *T*, sjáfar *B*.   4 dalnauðar *TWUABC*, dalnaunar *R*.
Verse 190/1 gunnveitir *UABC*, gunnveiti *RTW*.
Verse 194/1–4, 7–8 *Words in brackets supplied from TWCAB*. *A line has gone from the top of the page in R*.   2 -skildis *C*.   réðu *T*.   mildi *C*.   3 of] um *CU*.   4 hafley *B*.   7 'follir' *T*, fellis *C*.   8 ræða *C*.
Verse 195/1 *Gap supplied from TWUABC*.
Verse 198/2 holla *apparently altered from* þolla *R*.
Verse 200/4 'ta/gdrapu' *R*, 'taug drapo' *T*, 'taugdrapu' *C*, 'tǫgdrapu' *A*, 'taugdrapa' *W*.
P. 63/16 'lá/g' *R*, *i. e.* lóg; *written* 'lag' *WAC*, 'lág' *U*, 'log' *T*.   17 Lág *written* 'log' *RT*; 'lág' *WA*, 'la[g]' *U*, 'lag' *C*; *cf. p. 40/19–20*.
Verse 202/3 lág *CUA*, þá *R*; *space left open in W, T omits*.
Verse 203/2 Bil *A*, þér *RTWUC*.   3 væn *TWUAC*, 'vetz' *R*.
Verse 204/2 tróður *A*, tróðar *R*, tróða *TWC*, 'troþ[.]' *U*.
Verse 205/3 slǫng *A*, sǫng *RTWUC*.
Verse 206/2 logit *TWC*, *abbreviated in A*, 'logvt' *R*.   3 velti(-) *TWAC*, vilti *R*.
P. 64/27–8 *Gap supplied from TWC*; ræðr eða reynir *UA*.
Verse 210/2–3 *Gap supplied from TW(U)AC* (fyrir *abbreviated in TWUA*; frá *C*).
P. 65/5 *Gap supplied from TW*; Kormakr kvað *AC*.
Verse 211/2 morðreins *RTWUAC*.   3 hildibǫrrum *WA*, hildum bǫrrum *R*, hildibarrum ?*T* (*altered to* -bǫrrum), hildar bǫrrum *C*, [. . .]bǫrrum *U*.
Verse 213/4 regni *A*, r[..]ni *U*, regn *C*, rǫgni *W*, rogni *or* regni *T*, regin *R*.
Verse 214/3 viðr *TW*, vinnr *A*, við *RUC* (*abbreviated in R and C*).   4 as- *W*, es- *RT*, él- *CA*, egg- *U*.

Textual notes

Verse 216/1 bǫðgœði bjóða *TWUA*, 'baud auglis galla' *C*, bǫðœgði gjøða *R*.
Verse 217/1 hrafn ne *TWUA*, hrafn of *C*, hrafne *R*. 3 ógnar stafr *UAC* (*C lacks the rest of the verse*); *lacking RT, open space filled in a later hand W. Cf. verse 314.*
Verse 220/4 hrísgrísnis *RT*, hrísnis *W*, hrímgrímnis *A*, hergrímnis *C*, Hrungnis *U*.
Verse 222/2 gnast *C*, gnestr *TWUA*.
Verse 223/2 sóm- *written* 'svm' *R*.
Verse 226/3 þóttit *TWUA*, þóttir *R*; *abbreviated* þ *C*.
Verse 227/1 -faldinn *UA*, *RT omit*; -eldum *C*. *W also omits* -faldinn *and has* ólmum *after* hildi. 2 ok *TWUA*; með *C*. Sigvalda *WC*.
Verse 230/3 bjǫrt *TWUA*, bjǫrk *RC*. 4 benfúr *T*, 'ben fur' *WU*, ben fyr*ir R*; benfúr f*yrir C*, ben benfúr við A.
Verse 232/3 ræfrs *TW* (*altered from* ræfs *in T?*), ræfr *RCUA*. 4 -svell *TWUA*, -svells *RC*.
Verse 236/1 yngva *TAC* (-va *abbreviated in A*), yng[..] *U*, unga *W*, 'vnga' *R* (*this would normally be read* unga; v *and* y *alternate, however, in the scribe's orthography, see Introduction p. liv) and W.*
Verse 238/2 baugnafaðs *TA*, baugnafar *W*, baugnaðrs (*altered to* -nafrs) *U*, 'gaugn nafads' *C*, baugnafagðrs *R*.
Verse 241/4 Urðr *W*, uðr *RTA*, ruðr *U*; *C illegible*.
Verse 242/4 hjálmǫldum *RW*, hjálmeldum *T*, hjálmeldar *A*, hjálmseld þá er *U*; *C lacks this line*.
Verse 243/3 foldar *WUA*, fyldar *R*, fylda *T*.
Verse 246/4 borðs *A* ('borz'), [b]orðs *U*, bezt *R*, 'bez' *T*, 'bozt' *W*.
Verse 247/1 skók *TA*, skaut *R*, skóg *WU*. 3 hagl *TWU*, hagl þat *A*, hagls *R*.
Verse 248/4 hlóðut *RT*, 'hlǫðut' *W*, hlæður *A*.
Verse 249/1 kváðu þik *TWA*, 'q^oþvt þit' *R*.
P. 72/2 Konungr *has a large ornamental capital in R and space for one in W*. 11 mensætt *R*, sætt *TWU*.
Verse 250/1 um þeris áða *R* (*though the last* a *may belong to the next word, which may then be* 'avsc-' *rather than* 'osc-', *giving the phrase at* ǫsk- *rather than* áða ósk-), um þerris æða *W*, um þerris áðan *T*. 2 sínum *abbreviated* 'sin' *with superior stroke R*. 4 boga *altered from* boða *W*, boða *RT*. 6 'en' *TW*, of *R*.
Verse 251/3 hilmi *TW*. 4 dreyrugar *T* (*ending abbreviated*), dreyrugra *W*. 6 orrostu *TW*, orrosta *R*.

Verse 252/4 glammr *or* glamms ?*R*, glamma *TW*.   mun *W*, man *RT*.
6 Heðins *RTW*.   sóttu *TW*; *R is illegible, but may have read* sóttu.
7 svíra *W*, svika *R*; *T omits*.
Verse 253/4 *Line supplied from verse 158*; *R has* e(tc.), *WT omit*.
Verse 254/7 at *RTW*.   8 raðálfr of *R*, raðálfr af *TW*.
Verse 255/2 lék *TWUA*, lér *R*.   4 landa *WA*, handa *RTU*.
P. 74/3 orrosta *TWUA*, orrostu *R*.   5 svá er *TWUA*.
P. 74/14 hestr *T*, hest *R*, *WUA omit*.
Verse 257/1 ófrið *UA*, ófriðr *RTW* (*written with abbreviation for* -ur *R*).   2 *R adds* þat *after* segir.
Verse 258/1 Sveiða *TWA*, sveita *R*.
P. 74/25 Sjáreks- *W*, Sjárreks *T*, 'siaRaks' *altered from* 'snaRaks' *R* (*U and A omit this sentence*).
Verse 259/2 norðan *WUA*, norðra *T*.
Verse 260/3 húna *W*, hrútar (*or* hvítar?) *T*, hvíta *RA*.   4 rann] *emendation* (SnE *1848–87, I 442–3*); þann *R*; *T omits*; *W has* hranna *after* íugtanni, *A has* hvallands íugtanna (*apparently altered to* -tanni). *U omits the first half of this verse.*
Verse 262/4 nakkva *RW*, nǫkkva *T*, 'nockvt' *U and A* (*abbreviated*).
Verse 263/1 muntu *W*, montu *T*, 'm̄tv' *U*, mantu *A*, *written* mundu *R*.   otri *TWA*; akri *U*.
Verse 264/4 -vandil *RWTUA*.
Verse 266/1 støkkvi *WUA*, strøkkvi *T*.
Verse 267/1 hlœðir *WU*, hlœði *A*; *written* 'hloþir' *R*, 'hlodir' *T*.
P. 76/23 'heim̄s' *R*.
Verse 271/4 sólkonungr hreinni *UA*; Máríu sveini (*cf. verse 272/2*) *RTW*.
Verse 272/3 mildingr *UA*, milding *RWT*.
Verse 274/2 gramr *WTUA*.   3 hans *UA*, hann *RTW* (*abbreviated in all five manuscripts*).   4 heilagt *TUA* (*W illegible*).
Verse 275/4 launat *R* (*or perhaps* 'launac') *and T*, 'launag' *W*, launa ek *UA*.
P. 78/17 ok] *R adds* var.
Verse 278/3 jarðráðendr *TWU*, jarðaþrændr *R* (*cf. verse 5/7*).
Verse 279/2 á *TWU*, und *R*.
Verse 280/1 hirðar *TWU*, hildar *R*.
Verse 281/1 frœknu *U*, frœknum *RTW*.
P. 79/20 Ok *T*, *WU omit*; *perhaps written in margin in R; it is not visible in photographs.*

Textual notes

P. 80/9 at *TWU*, af *R*.   13 kallaðir *TWU*, kalla þeir *R*.
Verse 283/1 snjallir *TWU*.
Verse 284/2 opt *TWU*, optr *R*.
P. 80/27 heiðmenn *TW*, hirðmenn *R*, heið[e]ng *U*.
Verse 285/3 at *R*, en *W*, enn *T*, it *U*.
Verse 289/4 skæ *TU*, sér *R*, sæ *W*.
Verse 290/1 sýn um *U*, sín en *RTW*.
Verse 291/2 -mæltr *TW*, -ráðr *U*.   4 viði *TW*, vini (*for* víni?) *R*. gróna *W*; grœna *T*, *perhaps* 'givna' *R* (*U omits lines 3–4*).
Verse 292/3 lætr *RT*, lætk *W*, '[l]et ek' *U*.
Verse 296/1 hleyti *U*, hljóti *R*, hlœti *T* (*written with* ð), hlæti *W*.   2 herþarfr *TWU*.
Verse 297/1 þurðu *TW*, þurðir *R*, þurði *U*.
Verse 298/1 firr *U*, fiðr *RTW*.
Verse 299/4 mildi *RW*, mildri *U*, 'mild^i' *T*.
P. 83/13 *Most of the rest of* Skáldskaparmál *is lacking in W; the fragments that remain are not close enough to the text of R to be usable for emendation.*   15 mærð *TU*, mærð ok *A*, mærðr *R*.   16 nokkurn *TUA*, nokkvonr *R*.
Verse 300b/2 skapsmið *TUA*, skipsmið *C*, skapskíð *R*.   7 hagsmið *TUAC*, hagskíð *R*.
Verse 302/3 óðr *TUA*, áðr *RC*.   ok *TUA*, at *RC*.   skeiðar *U*, skeiða *RTCA*.
P. 84/19 Eyjólfr *TUA*, Eyvindr *R*, 'eyuuind' *C*. *C gives the nickname as* skáldaspillir (*abbreviated*).
Verse 305/1 Tormiðlaðr *TUAC*, Tormildaðr *R*.   3 kvað þú *UC*, kveðu *RTA* (*i. e. imperative sg. with suffixed pron.?—but R is abbreviated unclearly and may have* kváðu, *which might be interrogative pl.; cf. verse 94/3 t. n.*).   snytrir *T* (*altered from* snyrtir) *and UAC*, snyrtir *R*.
Verse 308/2 jarðhlutr *R* (*abbreviated* -hlr *with superscript curl*) *and TA*, jarðhlut *C* (*abbreviated*), 'iardr lvtr' *U*.   3 hún *A*, 'hvn̄' *U*, húns *RTC*.   beinan *TUC*, beinir *A*, beiðan *R*.
P. 85/20 mýlin *TA*, mýsin *RC*.
P. 86/1 Haraldr] *abbreviated* Har *with superscript stroke RC*, Hallvarðr *T*, Hallv(arðr) *A*.
Verse 311/3 heinlands *CA*, leinlands *RT*.   4 eitrsvǫlum naðri *C*, eitrsvǫlun nauðri (*with* u *subpuncted*) *R*, eitrsvalū naðri *T*, eitir (*ending abbreviated*) svǫlum naðri *A*.

Verse 313/1 frá *CA*, fram *RT*.
Verse 315/2 sendi] *emendation (Konráð Gíslason 1874, 458–61 (26–9); 1879, 189; 1892, 115)*; sendu *RA*, senda *TC*.
Verse 316/4 fránleitr] *with abbreviation for* -ir *R*.
Verse 317/1 Ǫrgildis *RTAC (spelled with* 'Au-' *or* 'Av-' *in all four*; *ending unclear in T*). Eldi *RTA*, aldri *C*.
Verse 318/1 byrjuð *UC*; *omitted in RTAB*.
Verse 320/2 roðin *TUA*, 'roþ' *with abbreviation sign R*; drifinn *C*.
P. 88/8 'motraudnir' *TU*, móðrauðnir *RC*.
Verse 323/2 gylðar *R* (*almost certainly*). 4 fen *RTAB*, ben *CU*.
Verse 324/3 ǫlðra *ABC*, ǫlðri *R*, 'aldra' *T*, ylðir *U*.
Verse 326/4 Sinir *T*, synir *RC*; Simr *U*, sínar ('sínaŕ') *A*.
Verse 327/4 Falhófnir *T*, Falljafnir *RC*, Falófnir *UA*. 6 Gyllis of getit *TA* (-it *abbreviated in A*), Gyllis um getit *UC*, Gullir of getinn *R* (*though the name is written* 'gvll' *with abbreviation sign i. e. perhaps for* Gullinn?—*but* v *may be for* y, *and it should perhaps be expanded* Gyllis).
Verse 328/1 Dagi *R and T*, Dagr *UAC (verse not in B)*. 3 Hǫð *U*, Há *T*, *lacking in R*; *the line reads* 'haulda huatra' *in C*, 'hialmr háfæta' (*i. e.* -feta) *in A*.
P. 90/1 draga *TCA*, dragu *R*. 2 fylgja deginum *C*; *RT omit*; daginn *A*.
Verse 331/2 gǫrla (*or* gerla) fregit *T*, gjǫrla fregit *U*, gjǫrla talit *C*; gerða *R*. 5 Himinhrjóðr *CU*, Himins hrjótr *R*, 'himins riotr' *T*.
P. 90/17 veðrheimr *TC*, veiðheimr *R*, víðheimr *A*.
Verse 332/2 vǫnsuðr *TA*, vǫnsundr *R*, með vǫfuðr (*altered later to* vǫnsuðr) *C*. 4 œpi *AC*; *written* 'opi' *R*, 'ǿpi' *T*. 6 hlummuðr] *written* 'hlav-' *with a subpuncted R*; hlumuðr *T*, hlǫmmuðr *A*; (kalla . . .) hviðuð *C*.
Verse 335/2 magnandi *TUAB*, magnaði *RC*. 3 bregðr *written with abbreviation for* -ir *or* -er *R*; berr *C*.
Verse 337/1 dynfúsir dísar] *emendation (Konráð Gíslason 1879, 191)*; dynfúsar dísir *RTUABC*.
Verse 339/2 Gera beitu *TUC*, Gera beitur *A*, geira beitur *B*; *apparently altered from* (*or to?*) gróa þeitu *R*. 4 faxa *TUAB*, fǫxu *RC*.
Verse 340/2 at *R*, af *TABC*. hræm *RC*, hræum *TA*, hræi *B*.
Verse 341/2 úlfr *TUABC*; ylgr *R*.
Verse 342/2 vanda *TUABC*; vandla *R*.
Verse 343/4 val *written* 'vel' *RTUBC*, 'væl' *A*. *Cf. the common Norwegian form* val *for* vel (*Noreen 1923, § 168*).

P. 92/26 R adds sem Arna *after* salt.
Verse 344/1 hvé *TAC*. sótti *TA*; sveiti *R*, s. *C*.
Verse 345/1 mœtir *A*, Meita *RTC*. 2 lagar *TA*, laðar *R* (*written* 'laþ' *with superior curl*) *and C*.
Verse 346/1 þvær *TA*, er *RC*. 2 glǫðum *RTAC* (*written with* o *in all MSS, i. e. perhaps for* glóðum).
Verse 347/1 Fœrisk *RTAC; cf. verse 126*. 4 úrsvǫl *TA*, útsvǫl *RC; cf. verse 126*.
Verse 348/1 hristir *TA*, hristum *RC*. 2 sikul- *TA*, svikul- *RC*.
Verse 349/2 liðnir *TA*, liðnum *RC*.
Verse 354/2 borðheim] *emendation* (SnE *1848–87*, *I 498*); borðheimr *RTAC*.
Verse 356/3 skerðu *C*, skerðu *or* skorðu *T*, skerði *AB*, skorða (*or* skorði *or* skorðu) *R*.
Verse 358/1 'bæþi' *R*, 'beði' *TB*, 'bædi' *C*; *the usual normalisation of these forms would be* bæði *or* beði; *the latter word would be the normal acc. pl. of* beð *but in this position in the line a long syllable is required. A has* beð; beðja *is an emendation* (*Konráð Gíslason 1879, 194*).
Verse 359/4 þat *A* (*abbreviated*), þar *RTC and B* (*abbreviated*).
P. 95/23: Verse 360 *attributed to* Kormakr, *altered to* Ormr *R*; Ormr *TAC; B illegible.* 28 Þorleifr *RC*, Þorleikr *TAB* (*cf.* 62/24, *where T has* Þorleifr *but RWAC* Þorleikr).
Verse 361/2 lauðr *TA*, lauð *RC; B illegible.* 3 gránn] *emendation*; gráns *RTCA*; [. . .]s *B*.
Verse 362/3 varra] *emendation* (*Konráð Gíslason, cf.* Skj *A I 482*); váru *RA and B* (*abbreviated*), vara *C*, fóru *T*.
Verse 364/3 ek *T*, er *RA; BC omit line 3, A has space for a fourth line.*
Verse 365/3–4 *Supplied from TA*(*B*) (*T lacks* mikit veðr; *B only partly legible*: mér þar (*or* þér) fengu miðir (*or* mikið) veð[. . .] fyrir ofan sjó); *lacking RC*.
Verse 366/3 *written* 'tygill' *R*, '-tygil' *TABC*.
Verse 367/1 súðum *BC*, 'suþo' *with nasal stroke* (?) *R*; súð um *TA*.
Verse 371/2 sveit *C*, su eik *T; lacking in UA, illegible in B.*
Verse 373/1 slóðar *C; altered from* flóðir *R*(?); flóðu *T*, flæðar *AB*.
Verse 376/1 Eymðit *UA*; *spelled with* Ø *in R*, Ô *in T*; Eimði *C*, *B illegible.* 3 Heina *UAB*, hveina *RT*, húna *C*.
Verse 377/1 fljótt *TUAB*, skjótt *C* (*the beginning of the word is erased in R; ótt is a possible word, see* **óðr** (2) *in Glossary*).

Verse 378/1 Bjartr *UC*, Bjart *RT*, Bratt *or* Brátt *AB* (*A has an accent*). 3 of *A*, af *RTC*, ór *B* (*U lacks lines 2–4*).
P. 98/27 *Part of a leaf of R has been removed* (*it must have been separate from what remains of the leaf, which does not have a line of writing above the top one extant*), *leaving a gap in the text to* 99/11*which is supplied from* T(U)AC (*B does not include ch. 63*). 28 skvaldri *ABC*, Skúlason *T*; *U omits*.
Verse 379/1 En knáttusk *U*. 2 *written* 'alldrei' *T*, 'alldregi' *ABC*, 'alldreginn' *U*. 3 leygr *UAC*, laugr *T* (*perhaps for* lǫgr?). of *T*, um *UAC*. sjó *U*.
P. 99/5–7 *C has the words in this list in a different order* (ár – aptan *after line 7*). 5 Þessi – stundanna] Stunda heiti *A*. ár] *U omits*. 6 vár, haust *transposed U*. mánuðr *lacking in C*. vikur *C*. 7 í morgin *AC*; *U omits*. 8 enn] *U omits*. náttarinnar *C* (*after next two words*). Alvíssmálum *AC*, Qlvismálum *U*.
Verse 380/2 en] *lacking in UA*. mola ?*T*. í Helju] *so U, but the* í *added above line in a later hand*; með goðum *AC*. 3 kǫlluð er] kalla *AC*. gríma með goðum] grímu ginnregin AC. 6 Njǫrun *TAC*; *the* r *is perhaps written in the margin of R*; *U omits*.
P. 99/21 *Large ornamental capital* H *in R and space for one in B* (*which omits the first sentence*) *and C*; *B has the heading* Hǫfðingja heiti. Capitulum. 22 kallat] + er *C*.
Verse 382/2 flagðs blakk *emendation* (*Konráð Gíslason 1889, 305–8*); flakk *RTB*, fleinblakk *C*.
Verse 383/4 ósk víf *RT*, óskvíf *C*; [. . .]fr *B*.
Verse 384/4 hæstr *C*, næstr *RT*.
Verse 385/1 hneykir *T*; n *altered from* a *or* e ?*R*; hnykkir *B*, hnekkir *C*.
Verse 386/3 halt ek *RTB* (*the* a *unclear in T and B*), helt ek *C*.
P. 101/10–18 *Text lacking in R due to part of page being missing* (*see t. n. to 98/27*); *supplied from T*. 18 Emundar *UC*, Eymundar *B*, Eyvindar *T*. hins ríka *C*, in ríka *R*, *lacking in TUB*.
Verse 395/4 hróðr *RTC*, hróðrs *U*.
P. 103/3 Qðling- *spelled with* 'au-' *or* 'av-' *in RTABC here* (o *in U*) *and at* p. 103/12 *in RTC* (o *with inferior or superior hook AB*; *U omits*) *and in* verse 401 *in RUBCT* ('Ǫ́-' *R*, 'Av-' *U*, 'Ǫ́-' *A*, 'Au-' *BCT*). 8 eru] *so TUA*; váru *B*, *clause omitted in C*; *altered from* (*or to?*) váru *R*. 10 Vǫlsunga *TC and* ?*R*, Vǫlsungs *U*; *omitted in AB*. 13 *large ornamental capital* Þ *R*.

Textual notes

Verse 399/4 geirþing *TUAB*, geirþings *RC*.
Verse 401/2 á *TUA*, lacking *RC* (*B illegible*). 4 aflgjǫrð *T*, aflgerð *UAB*, aflgjǫðr *RC* (*l added later in R, i. e. the word is altered from* afgjǫðr).
Verse 402/4 óþjóðar *TUA*, íþjóðar *R* (*i. e.* í þjóðar slǫg?), 'yþiodar' *C*.
Verse 405/1 ævi *altered from* ægi *R*; 'efi' *T*, 'ǽfi' *A*, 'êfe' *B*, 'ǽfí' *C*, 'ævi' *U*.   2 'vǽr om' *R*, vér erum *TUC*, 'verróm' *A*, 'uerrū' *B*.
Verse 408/4 und sik *TUABC*, við þik *R*.
Verse 410/3 auð] *so TABC* ('aud'); *apparently altered from* auld (*i. e.* ǫld) *R* (*though perhaps* audd = eydd *is intended? Cf.* SnE *1848–87, III xxvi; it might also be read* auðu); auðit *U*.
Verse 411/2 *Remainder of line cut off in margin R. Cf. verse 386.*

T completes the quatrain with a slightly different wording (*line 3* mál helt sem sælan); *AC quote line 1 only and add* ok fyrr er (var) ritat (*before line 1 in C*). *The verse is omitted entirely in U; in B it is omitted here, but included at verse 386.*
P. 105/26 þeir *A*; *repeated over line division R*; þeir menn *TUBC*.
P. 106/9 snillingar *TUABC*, slillingar *R*.   12 skrjáð *TA*, skjáðr *RC*, skrjóð *B*; *U omits*.   18 Snyrti- *TUABC*, 'Stnyrti' *R*.
P. 107/3 hefr *T*, hefir *BC*; *RAU omit*.   8 samnaðr eru *TC*, samnaðr *UA*, sǫfnuðr *B*, samnrof eru *R* ('sānr of'; *of may be a mistake for* ef).   22 hálfrýmis *UCA*, hálfrynis (hálfrýnis?) *R*, hálfmímis *T*. óvinr *TB*, óvin *A*, óvitr *R*, óvitr maðr *C*; *U omits*.   27 ætlunarmann *T*, ætlanarmann *UABC* (*written as two words in UAC*), ætlunarmaðr *R* (*written* -m *with* r *above*; *cf. note to p. 106/11–18, p. 224 below*).
P. 108/3 Heitir ok móðir *TAB* (*mostly illegible in B*), *RC omit*.   5 rúna *UC*, rún *RT*, *A omits*.   27 sjafni *TAB*, sjálfs *RC*; *lacking in U*.   34 alnbogi *A*, 'aulnbogi' *C*, 'Avlbogi' *U*, albogi *B*, álmbogi *RT*.   37 hauks *apparently altered from* 'havþs' *R*.
P. 109/1 skúa *TUAB* (*C omits*).   á] *written twice, small with a point after, then large, i. e.* kendir á. Á fœti *RT*.   2 il *TUAB*; *lacking RC*.   3 fótinn ok kent *T*, fótrinn ok kenn *R*; (kalla hann tré . .) ok kenna *U*, (kallaðr . . .) fótrinn ok kenna *C*, (kalla . . .) ok kenna hann *B*, (kall [*with curl for ending*] . . .) fótinn ok kenna *A*.   4 ok orðsnilli] ok orð *written above line R*; *but TUAB omit these two syllables*; *C has* orðsnilli *but omits* ok.   5 hjaldr *TABC*.   11 brigðræði *UABC*, brigð, reiði *RT*.   17 veitir] *so TAB*; *altered from* heitr *R*; heitr *C*.   liðsinni *TAB*, liði sínu *R*, liðsinni sínu *C*.
Verse 412 *Heading*: Hér eru rituð heiti sækonunga *A*, S[. . .]eiti *B*.

Verse 413/8 *Gap supplied from TABC.*
Verse 414/4 Mævill *AC*, 'mǫvill' *B*, 'Meuill' *altered to* 'Mefill' *T*.
Verse 416/3 Gautrekr *C*, Gaurekr *RT*; Gavér *AB*.
Verses 417–18 Jǫtnar *written in margin R (probably in a later hand)*. *TAB have the heading* Jǫtna heiti *(added in margin in C)*.
Verse 419/2 Þrívaldi *T*, Þvívaldi *R*; Þrífaldi *AC*.
Verse 423 *has the heading* Trǫllkvenna heiti *in TAB*.
Verse 425/5 Njǫrn *T*; *written* 'niavrn' *R*; 'ma͞rn' *A*, 'mǫrn' *B*, 'Morunn' *C*.
Verse 426/3 Ímgerðr *TA*, Ungerðr *RC*; *B illegible*.
Verse 428 *has the heading* Þórs heiti *in T*.
P. 113/17 Ása hetja *RT* (*as last line of preceding verse*). *As heading to verse* 429, *C has* Ása heiti, *T has* Sønir Óðins, *and A and B have* Heiti sona Óðins. *Cf. next note.*
Verse 432 *Heading* (*after verse* 428, *cf. p. 113/17*): Ása heiti *AB* (+ capitulum *B*).
Verse 433 *Heading*: Heiti Ásynja *A*, Ásynju heiti *B*.
Verse 435/4–7 *Written in margin with indicative sign in R, but now cut away*; *supplied from TCAB*. 4 Hǫrn ok Þungra *ABC*. 5 ok Gefn *AB*, ok Gjǫf *C*. 6 hit *ABC*. 8 Gersimi *A*, Gørsimi *T*, 'Gessemí' *C*; *B illegible*.
Verse 438 *Heading*: Kvenna heiti ókend *A*, Kvenna heiti *B*. 7 man svarkr *C*, mansvarkr *RT*; *the line reads* svarkr drós ok man *in A, illegible in B*.
Verse 439 *Heading*: Manna heiti *AB*.
Verse 441/5 oflátar *TAC*, ofla[...] *B*, aflátar *R*.
Verse 449 *Heading*: Orrostu heiti *AB*. 8 fólk jara *C*, fólkjara *RTA*; fjǫlkara *B*.
Verse 451 *Heading*: Sverða heiti *AB*.
Verse 452/7 Hneitir *TAB*, heitir *R and C, where it is placed before* herberi.
Verse 453/7 grindlogi *TAB*, grindlagi *R*; garinn lagi *C*.
Verse 455/1 hǫfuðhvessingr *TAB*, hǫfuðs spesingr *C*; *page damaged in R*. 2 hausamǫlvir *TAB*, hausa mjǫlvir *C*, hausamǫlnir *R*. 6 brimir *T*, brimarr *AB*, brumr *C*. 7 *written* 'skreive*r*' *in R*, skreyvir *T*, skryvir *A*, skryð[*ir*] *B*, 'skræuir' *C*.
Verse 456/8 *written* 'vægia lęstir' *R*, 'vegia lestir' *T*, 'vęgialæstir' *A* (*with dot above* g *for* gg*?*), '[..]eggia læ[..]ir' *B*, 'vexgía (*or* veægía) lestir' *C*.
Verse 460 *Heading*: Heiti á sverði *AB*.

Textual notes 151

Verse 463 *Heading*: Øxa heiti *A*, Øxar heiti *B*.
Verse 464 *Heading*: Spjóts heiti *AB*. 2 dǫf len *R* (*with accent over* e; *perhaps as one word*) *and T* ('doflen'), dǫf lenz *AB*, 'daufleínn' *C*.
Verse 465 *Heading*: Ǫrvar heiti *AB*.
Verse 466/5 Jólfs *A*, Júlfs *B*, Jóls *RT*, 'i auls' *C*.
Verse 467 *Heading*: Boga heiti *AB*.
Verse 469 *Heading*: Skjaldar heiti *AB*.
Verse 470/3 baðljós *RT*; bǫðljós *AB*, barð ljós *C*.
Verse 471/4 '-fornir' *RCA*, *perhaps for* -fǫrnir, '-fðrnir' *T*; -fjǫrnir *B*.
Verse 472 *Heading*: Hjálms heiti *AB*. 5 skolir *R*, skólkr *T*, 'skølkr' *A*, skálkr *B*, skollr *C*.
Verse 474 *Heading*: Brynju heiti *AB*. 4 'borofa' *T*, bǫðfara *A* ('-fᵃ'), blóðfara *B*, 'bofæda' *C*. þýð sýn *T* (*with a stop between*) *and C*, þýðsýn *R*; 'þyn syn' *AB* (*though B may have* þyð).
Verse 475 *Heading*: Sjóar heiti *A*, Sjófar (*or* Sjáfar?) heiti *B*. 7 sog sami *AC*, sogsami *RT*, sogsa[..]i *B*.
Verse 476/1–2 *Gaps supplied from T*. velfœrr sóm (*or* '-søni') A, [. . .]l ferr (*or* fœrr?) saman B, 'vel forsímí' *C*. 6 vægir *TABC*.
Verse 478/3 Ránkelda *R*; Rán Kólga *AB*, Rán. Kelda *TC*.
Verse 479 *Heading*: Á heiti *A* (V *written and deleted before* Á), Vatna heiti *B*.
Verse 480/5 'bro' *RTA*, 'bra' *B*, 'bro' *or* 'bra' *C*. *See Introduction*, *pp. liii–liv*.
Verse 481/3 *written* 'mavra' *RC*; Mǫrn *T* ('Maurn'), *A* ('maᵛrn') *and B* ('mðrn').
Verse 485 *Heading*: Fiska heiti *AB*.
Verse 486/3 síkr *TA*, síkr *or* sitr *R*; litr *C* (?), líkr *B*.
Verse 488/1 Þyrsklingr *TA*, Þysklingr *C*, Þ[...]klingr *B*.
Verse 489 *Heading*: Hvala heiti *AB*.
Verse 491 *Heading*: Skipa heiti *AB*.
Verse 495 *Heading*: Heiti á skipi *AB*. 5–6 *Gap supplied from TABC*; *top of page damaged in R*. stjórnvið TAB, stjórnviðr *C* (*ABC also add* ok *after* stuðill).
Verse 496/1–2 *Letters supplied from TC*. ok stœðingr *AB*.
Verse 497/1 Húnn *TAB*, *lacking in RC*.
Verse 500/5 kjalar- *TABC*, 'kiælar-' *R* (*with* i *above line*). 7 hnokkmiði *R*, hnakkmiði *TABC*. ausker *RT*, austker *AB*, austsker *C*.
Verse 501 *Heading*: Jarðar heiti *AB*. 1 'rvfa' *RTB*, rofa *AC*. 5 Fíf

152 Skáldskaparmál

AB, Sif *R*, *lacking TC*. 6 barmr *TAB*, barðmr *R* (*perhaps for* baðmr (*so C*); *cf.* **ættbarmr, ættbaðmr** *in Glossary*).

Verse 503 *Heading*: Øxna heiti *AB* (*perhaps* Yxna *in A as in line 2*).
9 bautaðr *A*, bautuðr *B*, bauruðr *RT*, baurruðr *C*.

Verse 504/3 Hœfir *C*, Bœfir *R* ('bevir'), 'begir' *T*, Kœfir (*or* Kæfir) *AB*. 6 Hríðr *AB*, Hríð *RT*, Her- *C*. 7 Arfr *AB*; Arnr *RT*, Arn *C*.

Verse 505/6 hreiði *C*, hreði *RTAB* (*see Introduction p. liv*).

Verse 506/2 'kvigia' *with second* i *subpuncted R*.

Verse 507 *Heading*: Hrúts heiti *A*, Hrúta heiti *B*.

Verse 508 *Heading*: Hafrs heiti *A*, Hafra heiti *B*. 6 taliðr *TA*; talaliðr *RC* (*B illegible*).

Verse 509 *Heading*: Geitar heiti *A*, Geita heiti *B*. 3 kolmúla *TAC*; kolmúsa *R*, 'kolm[..]a' *B*.

Verse 510 *Heading*: Bjarnar heiti *AB*. 3 *written* 'isǫlfr' *R*, 'isolfr' *TABC*.

Verse 512 *Heading*: Hjartar heiti *AB*. This verse follows on from the previous list without a break in RTC, and the names in it thus seem to be taken as names for a bear. 1 Hjǫrtr *AB* (*with the space for the initial* H *left blank in B*), jǫrtr *T*, jórir *RC*. 4 mótroðnir *AB*, mjǫðhroðnir *C*; metroðnir *RT*.

Verse 513 *Heading*: Galtar heiti *A*. 2 Hrímnir *T*; Hrinnir *R*, 'irminir' *A*, 'jvimnir' *B*, 'hrinir' *C*. 4 bǫrgr *TC* ('baurgr') *and AB*; baugr *R*. 5 tarr] rarr *or* 'rare' *T, and R may also have* rarr; 'rar' *C*, 'rai' *A*, 'ras' *B*. 6 røðr (*or* rǫðr, rǿðr?—*cf. ÁBM under* röður) *T*, 'roðr' *AB*; *lacking RC*.

Verse 514 *Heading*: Vargs heiti *AB*. 3 Hati *TABC*. 10 'skavllkini' *RTC*, 'skolkini' *A*, 'skollkine' *B*.

Verse 516 *has the heading* Himins heiti *in T*, Heima heiti *in AB*. 1 *Gap supplied from T*; eru heimar *ABC*; *top of page damaged in R*. 5 Heið|yrnir *over line division R*; Heiðþyrnir *TC*, Heiðornir *AB*. 6 Hregg- *TABC*. 19 Skatyrnir *TA*, 'scattvrnir' *R* (v *perhaps for* y, *see Introduction p. liv*), 'skaturnir' *C*, 'skathynir' *B*.

Verse 517 *has the heading* Sólar heiti *in AB*. 8 Háttatal *follows in RT, without any heading in R, though it there begins with a large ornamented capital. In T there is the heading* Upphaf Háttatals *and a large capital* H *in* Hvat.

GENERAL NOTES

P. 1/2 In *SnE* 1848–87, I, ch. 1 of *Skáldskaparmál* begins at 5/9; 5/25–6/29 is placed immediately before, and entitled 'Eptirmáli' (Epilogue); and 1/2–5/8, entitled 'Bragaræður' ('the speeches of Bragi'), is made into a continuation of *Gylfaginning* (which is what it appears to be in U, which begins at 1/2 'Þessir Æsir'; cf. 20/18 n.), and given ch. nos 55–8 (here G55–8).

P. 1/8 *dómendr*: it is not clear what they are going to be judges of in this episode, but the use of the word suggests that the conversation might have at some stage been conceived as a contest like that in *Gylfaginning*; cf. 42/19–20.

P. 1/9–11 Baldr and Hǫðr are absent (though no reason is given), but Nanna is present, so this must be before the death of Baldr (cf. *Gylf*. 46/33), and thus before the events of *Gylfaginning*. Compare the list of Æsir in *Gylf*. 21–6 (which also includes Óðinn and twelve other Æsir including Baldr and Hǫðr, but omits Hœnir).

P. 1/31 This whole story corresponds closely with the account in *Haustlǫng* (verses 92–104 below), and there is verbal correpondence here with verse 98/8.

P. 1/32 *fœtr*: i. e. *Loka* (so TWU).

P. 1/37 *at sinni* probably refers to the Æsir's journey home rather than to the conversation between Ægir and Bragi (i. e. it goes with *ferð* rather than *sǫgð*).

P. 2/2–4 The narrator assumes knowledge of the account of Iðunn and her apples in *Gylf*. 25/23–8; it is odd that though the narrator here is her husband Bragi, there is no hint of the fact in his narration. It looks as though it was first compiled for a different speaker.

P. 2/33 Though the description is not absolutely clear, it looks as though the author is implying that Loki was having oral intercourse with the goat. Bestiality would then be added to Loki's other sexual perversions.

P. 3/6–7 *felum í rúnum*: cf. 3/9, 5/27, 109/19–20. On poetic language as concealment cf. Spearing 1987, 97.

P. 3/35 *bróðurson*: probably an error for *son* (WU; W has *Suttungr jǫtunn son Gillings*).

P. 5/9–24 The analysis of poetic diction in U (*SnE* 1848–87, II 296) is quite different, and contains some details similar to parts of ch. 31 below.

P. 5/13 No question is asked here about *hættir*, and no explanation is given. Verse-forms are discussed in *Háttatal*, and the topic is clearly being reserved for there.

P. 5/18 Second *er* redundant, though there are other examples of *ok* being used to introduce a main clause after a subordinate one; see Glossary under **ok**.

P. 5/24 Since Snorri is discussing kennings which substitute the name of one god for the name of another it is clear that in this passage the element *-týr* is to be understood as the name of the god Týr (i. e. the Týr of victory = Óðinn; the Týr of the chariot = Þórr). Nevertheless it is likely that in early poetry the element would have been understood to be the common noun *týr* = god. See Glossary s. v. **týr** and Index s. v. Týr.

P. 5/25 It is difficult to say precisely what *þetta* refers to. It may refer to what went before rather than to what follows (cf. Wessén 1940, 13).

P. 5/32–5 Cf. the rather longer reference to the Prologue to *Snorra Edda* in B (*SnE* 1848–87, II 533; quoted in the Introduction, p. xlv above); von See 1988, 28–9, argues that *í upphafi bókar* could refer to the beginning of *Gylfaginning* rather than to the Prologue. But U omits the reference to the beginning of the book, B only mentions the contents of the Prologue, and RWT all continue 'er sagt er frá atburðum þeim er mannfólkit viltist frá réttri trú', which must refer to the Prologue. And anyway the reference of the rest of the sentence is more specifically to the last chapter of *Gylfaginning*.

P. 5/36–6/29 Some details in this account correspond to *Trójumanna saga* (compare 6/23–7 with *Trójumanna saga* 1963, 209, 229, 236–8), but others are rather different (e. g. compare 6/3–12, 28–9 with *Trójumanna saga* 1963, 179–80, 237).

P. 6/5–18: see *Gylf.* ch. 48 (cf. note to *Gylf.* 45/10).

P. 6/25–7: cf. *Vafþrúðnismál* 51.

P. 6/28 *stór verk*: perhaps a reference to the *Aeneid* and other accounts of Aeneas as founder of the Roman nation (e. g. those in *Breta sǫgur*, *Hauksbók* 1892–6, 231–302, especially p. 233).

P. 6/32 *hann*: Óðinn (TUB). The text at 6/30 follows on from 5/24, although Reiðartýr is actually a name for Þórr. Cf. the *þula* of names for Óðinn in A and B, *SnE* 1848–87, II 472–3, 555–6.

Verse 1 *Skj* A I 344, B I 316; verse 4 of *Þorfinnsdrápa*, composed in honour of Earl Þorfinnr of Orkney, probably soon after his death in 1064. Only in *SnE*. Other quotations from this poem are verses 290, 282 [= 344], 297, 384, 106, 298. See Fidjestøl 1982, 131–2, who points out that some of the verses Finnur Jónsson assigns to this poem could in fact be from *Rǫgnvaldsdrápa* (see note to verse 114), especially verses 1, 290 and 384. Cf. also note to verse 105. There are also verses from *Þorfinnsdrápa* quoted in *Orkneyinga saga*, *Morkinskinna*, *Fagrskinna*, *Hulda–Hrokkinskinna*, *Hkr* and *ÓH*.

P. 6/37 *fǫður* is the regular gen. form of *faðir* both as a simplex and as a second element in a compound (spelled *-r* in R at 6/37). In compounds, however the nom. can be *-fǫðr* (6/32) and the gen. *-fǫðrs* or *-fǫðr*. See Noreen 1923, § 420 n. 2. The first element is spelled *All-* each time in R.

Verse 2 *Skj* A I 191, B I 182; cf. *NN* 2256. Only in *SnE*; probably from a *lausavísa*, of which 13 others attributed to the same poet are quoted in *Hávarðar saga Ísfirðings* (cf. *ÍF* VI xcii).

Verse 3 *Skj* A I 119–20, B I 114; also quoted as verse 226. The second half of the verse is quoted as verse 337. The whole verse appears as one of 11 *lausavísur* attributed to Víga-Glúmr in *Víga-Glúms saga* (*ÍF* IX 95) and is also in *Landnámabók* (*Þórðarbók*, see *Skarðsárbók* 1958, 114 n.); half of one of the others appears in *Skáldskaparmál* as verse 255; one (half-)stanza is also quoted in *Reykdœla saga*, *ÍF* X 234. For the narrative contexts of the two verses quoted in *Skáldskaparmál* see *ÍF* IX 95, 89.

Verse 4 *Skj* A I 319, B I 295. On this poem see Frank 1978, 97–8. Thought to be from a poem in memory of Gizurr Gullbrá(rskáld), who fell at the battle of Stiklarstaðir in 1030; only in *Snorra Edda*. Verse 17 (also only in *SnE*) is taken to be from the same poem, and a third quotation is found in *Hkr* II 382 and *ÓH* 572. Quotations from at least four other poems by Refr are found as verses 30, 124, 126, 127, 214, 216, 234, 246, 264, 347, 354, 363, and in *Háttatal* after verse 8. A further couplet is attributed to him in *Edda Magnúsar Ólafssonar* (294 and 377). In *Hkr* II 358 and *ÓH* 543 Gizurr gullbrá is described as this poet's 'fóstri', which may mean that Refr was Gizurr's pupil (cf. verse 4/3–4: see Glossary under **koma**). Cf. Gizurr in Index. See also *Landnámabók* (*ÍF* I 100–01, 104–5), *Eyrbyggja saga*, *Njáls saga*. In line 2 alliteration falls on *er*, see *NN* 2070 D, 2338; Kuhn 1983, 116–20, 164–5, 173–4; and the *a* in *skaldi* has to be short to provide *aðalhending* (see Glossary under **skáld**).

Verse 5 *Skj* A I 69–70, B I 61; verse 11 of *Háleygjatal*. The reference is to Earl Sigurðr Hákonarson, who died in 962. Also in *Hkr* I 207, *Fagrskinna* 101, *Flb* I 67 (where the poem is called *Háleygjadrápa*); lines 5–8 also quoted as verse 278 and in *TGT* 27 and 103 (in W). Other verses of this poem are quoted as verses 33, 40, 23, 61, 220, 307. Further quotations appear in *Hkr*, *Fagrskinna* and *Flb*. The poem is largely a list of rulers, and clearly an imitation of *Ynglingatal* (hence perhaps Eyvindr's nickname), though less of it is preserved than of that poem; both use the metre *kviðuháttr*, cf. *Háttatal* 102. *Háleygjatal* was composed about 985 for Earl Hákon Sigurðarson and traced his ancestry back to Sæmingr son of Yngvi-Freyr, according to Snorri's Prologue to *Hkr* (I 4; *ÓH* 4; according to these sources Yngvi-Freyr (Ingunar-Freyr *ÓH*) was son of Njǫrðr, like Freyr in the Prose Edda); but Sæmingr was son of Óðinn according to the Prologue to *Gylf.*, p. 6, and also *Hkr* I 21, where his mother is said to be Skaði. WTBU have the acc. in line 1, but the nom. is perhaps explicable as anacoluthon ('It was S. whom . . .'). It is the obj. of *næmðu*. Cf. *Hkr* I 206–7.

Verse 6 *Skj* A I 78, B I 68; taken to belong to Glúmr's *Gráfeldardrápa* in memory of Haraldr gráfeldr of Norway who fell at Limfjorden in 970 (in spite of the appearance of Óðinn to aid a Christian king; see Fidjestøl 1982, 91, who thinks it somewhat doubtful whether this verse belongs in the poem). The striking idea that Óðinn was 'in' the king in battle is also commented on by Finnur Jónsson (1920–24, I 526). There are other quotations from *Gráfeldardrápa* in verses 32, 279 (uncertain according to Fidjestøl 1982, 91), 394 (= 279/1–2), 243 and in *Hkr*, *ÓTM*, *Fagrskinna*, *TGT* and *Landnámabók*. See Fidjestøl 1982, 230–33 for an appreciation of this poem. Glúmr Geirason appears in *Landnámabók* and a number of sagas of Icelanders, including *Laxdœla saga* and *Reykdœla saga*.

Verse 7 *Skj* A I 64, B I 57; verse 1 of *Hákonarmál*, probably composed shortly after Hákon góði's death *c*. 961 (or perhaps a few years later, see Fidjestøl 1991, 124). Like the anonymous *Eiríksmál* (quoted in verse 20 below), of which it is evidently an imitation (cf. note to verse 5), it is one of the skaldic poems composed in eddic style and/or using mythological and legendary motifs that seem to have been in vogue in Norway in the tenth century (cf. also notes to verses 9 and 407, and see Fidjestøl 1982, 179–80; 1991; de Vries 1964–7, I 136–46; *Háttatal* pp. 83–4); the

General Notes

metre is a mixture of *málaháttr* and *ljóðaháttr* (*Háttatal* 95, 100). Further verses from the poem are quoted in verses 11 and 393, but most of the surviving poem, including this verse, appears in *Hkr* I 186–97 and *Fagrskinna* 86–95. Hákon was a Christian, but did not succeed in making his country Christian, and this poem celebrates him as one of Óðinn's heroes (cf. *Gylf.* 21, 32).

Verse 8 *Skj* A I 137, B I 129; from *Húsdrápa*, of which 11 verses are quoted in *Skáldskaparmál*: verses 39, 64, 54 (this verse is attributed to Bragi except in U), 210 (repeated as verse 316), 55 and 56, 63, 8, 14, 19, 242, 303; one further quotation (verse 4) is only in the redaction of the second part of *Skáldskaparmál* in W, *SnE* 1924, 112. The poem is not known from elsewhere, though its composition in honour of Óláfr pái is described in *Laxdæla saga* ch. 29 (*ÍF* V 80), where it is said that the descriptions in it were of scenes depicted on the panelling of Óláfr's house at Hjarðarholt in western Iceland (*c.* 985). The subjects in the poem are all mythological, and that quoted here is one of several devoted to the funeral of Baldr (*Gylf.* ch. 49); the other topics treated in the surviving verses are Heimdallr's conflict with Loki (see note to verse 64 below) and Þórr's fishing for the Midgard serpent (see *Gylf.* ch. 48). Cf. Turville-Petre 1976, 67–8. Lines 1–2 have the same *aðalhending* in each line, cf. *Háttatal* 24 and 47. There is a *lausavísa* attributed to Úlfr in *Njáls saga* (*ÍF* XII, 263), *ÓTM* II 158 and *Kristni saga* (1905, 23–4) in which he refuses to side with the heathens against the missionary Þangbrandr.

Verse 9 Probably by Þorbjǫrn hornklofi, and from his poem *Haraldskvæði* or *Hrafnsmál* (verse 12; the poem contains a dialogue between a valkyrie and a raven) rather than Þjóðólfr (several verses thought to be from this poem are ascribed to Þjóðólfr in manuscripts, see Jón Helgason 1962, 10–14); *Skj* A I 26, B I 24; lacking in B and T (which attributes verse 10 to Þjóðólfr instead), open space in U (though U has 8/12). There is another quotation from *Haraldskvæði* in *Gylf.* 7 (there also attributed to Þjóðólfr), but the majority of the surviving verses are found in *Fagrskinna* and some in *Hkr*, *ÓTM* and *Haralds þáttr* in *Flb* II 53–63. The poem is mostly in *málaháttr* (*Háttatal* 95) and much of it is about Haraldr hárfagri's most important victory, that at Hafrsfjǫrðr *c.* 885, but the poem as a whole may have been composed much later in Haraldr's reign. Cf. note to verse 7 and Fidjestøl 1982, 55–6.

Verse 10 *Skj* A I 155, B I 147. The number of scribal errors perhaps indicates that scribes had difficulty with the language of this verse; in line 4 *bifkván* 'trembling wife' is a possibility, but might be more applicable to Iceland (a volcanic country) than Norway, and it would not provide the expected hending. It is thought to be from *Hákonardrápa*, composed in honour of Earl Hákon Sigurðarson *c.* 990 (cf. *Hallfreðar saga* 151); on this poem see Fidjestøl 1982, 102–6 and Frank 1978, 85–6 (it could as well be about some other earl). All the surviving verses are found as quotations in *Skáldskaparmál* and nowhere else (verses 212, 248, 10, 121, 118 [= 291], 119, 288, 229, 230). The poem is marked by a series of images of the earl gaining the land of Norway as a husband gains or subdues a wife (Óðinn's wife Jǫrð); such sexual imagery is found in verses 10, 118–19, 121 too, and also in verses 122, 214, 304, 309, 311, 408 (cf. also verse 149). Another poem by Hallfrøðr is quoted in verse 397.

Verse 11 *Skj* A I 66–7, B I 59; verse 14 of *Hákonarmál*, also in *Hkr* I 195; see note to verse 7.

Verse 12 *Skj* A I 79, B I 69; also quoted as verse 308. Taken to be from Kormakr's *Sigurðardrápa*, composed *c.* 960 in honour of Earl Sigurðr Hákonarson, like the other quotations attributed to Kormakr in *Skáldskaparmál* (except for verse 360, see note): verses 292, 211, 241, 301, 21. Some of these verses may, however, be from a poem about his son Hákon (see notes to verses 292 and 301), and Fidjestøl (1982, 92–4) and Frank (1978, 117) question whether all the quotations are from the same poem; moreover Kormakr is said in *Skáldatal* (*SnE* III 274, 280) to have composed also for Haraldr gráfeldr. Apart from the quotations in *Skáldskaparmál*, the only other verse preserved from *Sigurðardrápa* is in *Hkr* I 168, which is the only source to give the name of the poem. The poem is distinguished by the *forn minni* (references to ancient myths or legends) inserted at the end of most quatrains (*Háttatal* 13, *hjástælt*). Kock (*NN* 2511; cf. 261) tries to take *beitihún* as 'baited bear', but the interpretation is forced and requires further emendation.

Verse 13 *Skj* A I 417, B I 387. This is all that survives of the poetry of Steinþórr, about whom nothing further is known. The lines seem to be the beginning of a poem, since they have the conventional reference to the poet's talent. Line 1: perhaps emend to *forngervum*?—*hrósa* usually takes the dative case and most manuscripts have *litlum* in line 4.

Verse 14 *Skj* A I 138, B I 129; verse 9 of *Húsdrápa*, see note to verse 8. This verse is again about Baldr's funeral. Line 4 appears to be part of a *stef* (*klofastef*); the other part would have provided the subject of *hlaut*, presumably Óláfr pái's hall, and an object; see Glossary under **hljóta**.

Verses 15–16 *Skj* A I 43, B I 37, *ÍF* II 255–6; verse 23–24/4 of *Sonatorrek*, Egill's poem about the loss of his sons. The whole poem is found in one independent manuscript only of *Egils saga* and may not have been in the original (see *ÍF* II 245). The 12 lines quoted here constitute the only quotation from the poem outside the saga. The comment after verse 16 indicates that the text of verse 15/3 ought to read *guðjaðar*; manuscripts of *Egils saga* mostly have *goðs* (or *góðs*) *jaðar*.

Verse 17 *Skj* A I 319, B I 295. See note to verse 4. The verse-form is *alhent* (*Háttatal* 44) The poet seems to be expressing his gratitude to Óðinn for the gift of poetry. See Frank 1978, 97–8; Kuhn 1983, 305–6.

Verse 18 *Skj* A I 123, B I 117. See Foote and Wilson 1970, 366. Verse 3 of *Vellekla* (the title is given in *Hkr* I and *Egils saga*). Other quotations in verses 27, 28, 25, 34, 35, 247, 306, 197, 227, 223, 334; many other verses are quoted in *Hkr*, *Fagrskinna*, *ÓTM*; one couplet in *TGT*. Verse 222 (attributed to 'Einarr') may also be from this poem. The poem was addressed to Earl Hákon Sigurðarson and composed c. 986. The title ('lack of gold') is probably an ironic hint that the poet expects reward.

Verse 19 *Skj* A I 138, B I 129; verse 10 of *Húsdrápa* (see note to verse 8), again about Baldr's funeral.

Verse 20 *Skj* A I 174, B I 164; verse 1 of the anonymous *Eiríksmál* on the death of Eiríkr blóðøx (died in England 954). Otherwise the poem survives only in *Fagrskinna* 77–9, where it states that it was commissioned by Eiríkr's queen Gunnhildr. Cf. note to verse 7. It is not clear why this verse should be included in this chapter, as the only reference to Óðinn is by his proper name, and there are no kennings of any kind. Line 10: perhaps read *kœmi* (as U and B; cf. **blóta** in Glossary and Introduction p. liii).

Verse 21 *Skj* A I 80, B I 70; Frank 1978, 117–18; see note to verse 12. *Allvaldr Yngva aldar* 'he who has complete power over the people of Norway' is the kind of language more usually applied to a king, and is rather a flattering title for a jarl, even one as powerful as Sigurðr Hlaðajarl or Earl Hákon. See Yngvi in Index.

Verse 22 *Skj* A I 418, B I 388. Only known from here, and nothing further is known of the poet, whose name is given as Þórálfr in WB, as Þorvaldr in U. His date is uncertain, and the context of the verse is obscure.

Verse 23 *Skj* A I 68, B I 60. This quotation, which is thought likely to be from Eyvindr's *Háleygjatal* (see note to verse 5), does not include a complete sentence, only a relative clause; the antecedent is probably (a kenning for) the mead of poetry, and the subject of the clause must be Óðinn (*farmagnuðr*), who, in the form of an eagle, bore the mead back to the gods from where it had been kept under a mountain by the giant Suttungr (pp. 4–5). The name Surtr must be a giant-name used as a common noun to refer to Suttungr, and may be part of a kenning for the mead of poetry rather than dependent on *søkkdǫlum*.

Verse 24 *Skj* A I 3, B I 3; from Bragi's *Ragnarsdrápa*, according to Snorri addressed to Ragnarr loðbrók, and evidently an expression of gratitude for the gift of a splendid shield, depictions of myths and legends on which are described in the poem. This poem, except for verse 13, which is quoted both in *Gylf.* ch. 1 and *Hkr* I 15, and verse 3, which is also in *FoGT* (see note to verse 154 below), is only preserved in *SnE*. Other quotations are found as verses 237, 238, 154–8, 250–54, 48, 42, 51, 153, 366, 110. See also notes to verses 54 and 150. The topics of the extant verses are the fall of Hamðir and Sǫrli (cf. *Hamðismál*), Hjaðningavíg (cf. ch. 50 on p. 72 above), Þórr fishing for the Midgard serpent (see *Gylf.* ch. 48), the death of the giant Þjazi and Gefjun's winning land from the Æsir (cf. *Gylf.* ch. 1). See Turville-Petre 1976, 1, and cf. Úlfr Uggason's *Húsdrápa*, see note to verse 8. This verse is about Þórr's fight with the Midgard serpent.

Verse 25 *Skj* A I 123, B I 117; from Einarr skálaglamm's *Vellekla*, see note to verse 18.

Verse 26 *Skj* A I 492, B I 464. Not known from elsewhere, but evidently from the end of a poem. Cf. note to verse 199.

P. 11/26: presumably a reference back to 3/10–5/8. In U another list (somewhat different from the one here) of kennings for poetry precedes ch. 2 (*SnE* 1848–87, II 302) which is compiled from

4/1–5 and 5/7–8, see Introduction p. xli. The list of names here (11/26–9) mixes accusatives and nominatives, though they are all objects of *kalla*; cf. note to 14/25–30.

Verses 27–8 *Skj* A I 122, B I 117; verses 1–2 of *Vellekla*, not found elsewhere, see note to verse 18. See Foote and Wilson 1970, 365–6.

Verse 29 *Skj* A I 415, B I 385. Several verses are quoted in *Skáldskaparmál* from a poem attributed to Ormr Steinþórsson that seems to be in praise of a certain woman (the others are verses 38, 205, 207, 360). Apart from verse 205, the first couplet of which is also in *TGT*, this poem is not known from elsewhere, though there may be another verse in *Edda Magnúsar Ólafssonar* 397, see below. But it has been plausibly argued by Ólafur Halldórsson (1969) that the verses belong with the fragment said in *Flb* II 70 to be from Haraldr hárfagri's *Snæfríðardrápa* or *Snjófríðardrápa* (*Skj* A I 5) and that together they are part of a *drápa* by Ormr Steinþórsson addressed to an unknown woman. Verses 38, 207 and 360, as well as the verse in *Flb*, are probably from a *mansǫngr*, though verse 360 may be a *stef*. Nothing further is known about the poet, but he was probably composing in the latter part of the twelfth century (or maybe earlier, c. 1130, see below) and based his poem on a fairy-tale in which Haraldr hárfagri may have been a principal character. The story of Haraldr's love for Snæfríðr in *Flb* II 69–70 may be based on Ormr's *drápa* and give a better idea of its original content than the parallel version of the legend in *Ágrip* (*ÍF* XXIX 5–6; Driscoll 1995, 4–7). Two other fragments are attributed to Ormr, verse 138 and a half-stanza quoted in U at 84/18 (see notes to verses 138 and 303); a third is perhaps to be found in an anonymous verse in *Edda Magnúsar Ólafssonar* 397 (see Jón Helgason 1966, 177; Ólafur Halldórsson 1990, 230–32; Poole 1982, 126–32). If this verse also belongs to *Snjófríðardrápa*, it may give a hint as to the recipient (cf. Poole 1982, 128), and perhaps indicates a date of c. 1130, see Ólafur Halldórsson 1990, 231. The sentence quoted in verse 29 is incomplete; the whole of the half-verse (except the parenthesis) is an *at*-clause. The remainder of the sentence is not extant. It is perhaps more likely that the sentiment applies to the character in the story rather than to the poet (see Ólafur Halldórsson 1969, 155).

Verse 30 *Skj* A I 320, B I 296. One of four half-verses in *SnE* (and nowhere else) that seem to be from a poem by Refr about a certain

Þorsteinn, perhaps the son of Snorri goði mentioned in *Landnámabók* and *Eyrbyggja saga*; the other verses are *Skáldskaparmál* verses 216, 264 and *Háttatal* 8/34–7. Cf. note to verse 4 above.

Verse 31 *Skj* A I 35–6, B I 31. Part of verse 2 of Egill's *Hǫfuðlausn*, in praise of Eiríkr blóðøx; see *Egils saga* ch. 60. The poem is found in the Wolfenbüttel manuscript of *Egils saga* and in the fragment ε but is not in Möðruvallabók and so is unlikely to have been included in the original version of the saga (texts of the poem also appear in Worm 1636, 227–41, and in a transcript by Árni Magnússon). There are further quotations from the poem as verses 350, 319, 184.

Verse 32 *Skj* A I 75, B I 66. The opening stanza of *Gráfeldardrápa*, see note to verse 6 above; only found here. It confirms that the poem is a memorial poem, and to judge from the pl. *mildinga* in line 2 seems to be addressed to an assembly of rulers (or at least to more than one of the dead king's brothers; cf. verse 11 of the poem, *Hkr* I 243, and see Fidjestøl 1982, 230).

Verse 33 *Skj* A I 68, B I 60; verse 1 of *Háleygjatal*, see note to verse 5 above. The second half of the verse is also quoted as verse 40.

Verse 34 *Skj* A I 123, B I 117; verse 5 of *Vellekla*, see note to verse 18 above. The syntax of this verse is uncertain: *vágr* is clearly the base-word in a kenning for poetry, and is the subject of *eisar*; Kock (*NN* 2916) takes *aldrhafs* as the determinant, rather than *Rǫgnis*, which he takes with *verk*, though the kenning *vágr aldrhafs* would be unparalleled. It would surely require another determinant (Óðinn's) to be an acceptable kenning for poetry. If the determinant is taken to be *Rǫgnis* this leaves *aldrhafs* (if taken as a single word) unattached; in *NN* 391 Kock takes the kenning *alda Óðrøris ǫldrhafs* as the subject of *þýtr*, leaving *vágr* unattached as subject of *eisar*. *Verk Rǫgnis aldrhafs* might also be an acceptable kenning for poetry. Alternatively, *aldr* could be adverbial ('always'), and *hafs* has been taken as part of the kenning *alda hafs Óðreris* (so Reichardt 1928, 199, where *verk* is taken as absolute and *Rǫgnis* with *vágr*), though it is unnecessary, since *alda Óðreris* is a complete kenning for poetry in itself (subject of *þýtr við fles galdra*; so *NN* 2916). It seems natural to take *vísa* with *fyrir*, *Rǫgnis* with *verk* (subj. of *hagna*) and *mér* with *hagna*, but if *Rǫgnis* is required as the determinant in the kenning *vágr Rǫgnis*, *fyrir* must go with *mér* and *vísa* with *verk*, and *hagna* must be absolute.

Verse 35 *Skj* A I 123, B I 117; verse 6 of *Vellekla*, see note to verse 18. *Fley*, if dat. as is to be expected after *hlýði*, ought to be *fleyi*, but possibly the *-i* is elided before *j-* (cf. Noreen 1923, § 369 n.). Konráð Gíslason (1872, 13–14 (295–6)) suggests emending *hlýði* in line 3 to *heyri*, which takes the acc.

Verse 36 *Skj* A I 148, B I 139; taken to be from an otherwise unknown poem about Earl Hákon Sigurðarson, since there appears to be a pun on his name (*of kon mæran: ofljóst*, cf. **mærr** in Glossary; compare the verse attributed to Queen Gunnhildr in *Fagrskinna* 75 and see *NN* 249). It may have been composed *c*. 990. Cf. *Skáldatal* (*SnE* 1848–87, III 280). Kock (*NN* 441) reads *orða sáð oss grær á sefreinu Sónar* (cf. Frank 1978, 96–7).

Verse 37 *Skj* A I 98, B I 93. Together with verse 315, this is all that survives of the poetry of Vǫlu-Steinn, which is only found in *Snorra Edda*. The verses seem to be fragments of a poem about his dead son Ǫgmundr addressed to his other son Egill (see *Landnamabók*, *ÍF* I 159–60, 184, 186; Finnur Jónsson 1920–24, I 510–11). On the attribution see Frank 1978, 95: *Landnamabók* 184 could be taken to mean that this verse was actually composed for Vǫlu-Steinn by Gestr Oddleifsson (on whom see *Gísla saga*, *Hávarðar saga*, *Laxdœla saga*, *Njáls saga*).

Verse 38 *Skj* A I 415, B I 385; see note to verse 29 above.

Verse 39 *Skj* A I 136, B I 128; verse 1 of *Húsdrápa*, see note to verse 8 above. In *SnE* 1848–87, III 14, this verse is interpreted without emendation. Most commentators use the text of U (see t. n.), and in line 1 *telk* might be preferable to *ték*.

P. 14/13: see verse 33/5–8.

Verse 40 is lacking in TW. It has already been quoted in verse 33/5–8, see note to this verse.

P. 14/18–20 A different explanation (and one this time involving word-play between **lið (1)** and **líð**, cf. p. 109/16–18) from the metaphorical one at 4/3–5, where the mead of poetry was the means by which the dwarfs obtained a passage to the shore; here the mead of poetry is simply the possession of the dwarfs, and is called ship because of the similarity of the words for vessel and strong drink.

P. 14/19 *lið heitir skip*: cf. 109/16.

Verse 41 *Skj* A I 183, B I 173. Anonymous; perhaps from a love-poem. According to 108/28, *trǫllkvinna vindr* can mean thought, and maybe giant's wind can too. See Glossary under **bergjarl**; *ÍF* II 251.

P. 14/25–30 Note that in the lists of names here and elsewhere the nom. is sometimes used when grammatically the acc. would normally be required; some manuscripts (U and, in part, T) regularise the cases. Cf. also 11/26–9, 17/28–30, 18/15–16, 19/35–20/7, 39/1–2, 13–15, 40/27–31, 106/11–13. The variation in case perhaps implies that some lists were added to after being first written.

P. 14/30 Verse 42 seems to be part of Bragi's instruction of Ægir, and thus he seems to be either quoting his own verse or that of his namesake the human poet. The distinction is perhaps implied by the use of the word *skáld* after Bragi's name (see Bragi (1) and (2) in Index).

Verse 42 *Skj* A I 4, B I 4. Another verse from *Ragnarsdrápa* about Þórr's fight with the Midgard serpent; see note to verse 24. Kock, *NN* 219, takes *at sandi* with *lá slakr* and line 3 with *rakðisk*; cf. Turville-Petre 1976, 5.

Verse 43 *Skj* A I 6, B I 6. This also seems to be from a poem about Þórr's fight with the Midgard serpent (*Gylf.* ch. 48). The only other verse surviving from Ǫlvir hnúfa is a *lausavísa* in *Skáldasaga* in *Hauksbók* (1892–6, 447). *Sonr Jarðar* may be subj. of *æstisk* (parallel to *umgjǫrð*) or the sentence may have continued in the following (lost) lines.

Verse 44 *Skj* A I 152, B I 144. From Eilífr's *Þórsdrápa*, only known from *SnE*, and quoted in extenso as verses 73–91, see note to these verses. Another half-verse appears in verse 53. This one is placed by Finnur Jónsson at the end of the extant poem (*Skj* A I 152). Lines 1–2: the alliteration requires the archaic forms *Vreiðr*, *Vrǫsku*. Cf. verse 82: the last two lines of these two verses presumably form a *stef*. Cf. verses 36 and 268 and notes.

Verses 45–7 *Skj* A I 140, B I 131. Also from a poem about Þórr's fight with the Midgard serpent (*Gylf.* ch. 48), and only preserved here. Nothing else by Eysteinn has been preserved, and he is not referred to elsewhere. Verse 45 is lacking in T.

Verse 47 Finnur Jónsson's arrangement of the syntax (*Skj* B I 131) is very tortuous, and *rendi* must be emended to *rendu* if *sýjur* is the subj., cf. *NN* 421. It might be more natural to take *brá viðr* as impers. ('it came about') and *seiðr jarðar* as subj. of *rendi fram* (though actually *seiðr* could be the subj. of both verbs), and although *renna* usually has a dat. obj., it can take an acc. obj. with the sense of 'cause (something) to flow', though generally this will then refer to pouring a liquid (see Fritzner 1886–96 under *renna (nd)* 3, 8; there are no unequivocal examples of the acc. under 8).

Verse 48 *Skj* A I 3, B I 3. Another verse from *Ragnarsdrápa* about Þórr's fight with the Midgard serpent; see note to verse 24.

Verse 49 *Skj* A I 140, B I 132. Also from a poem about Þórr's fight with the Midgard serpent (*Gylf.* ch. 48), and only preserved here. Part of another poem by Gamli is found as verse 401.

Verse 50 *Skj* A I 144, B I 135. Together with verse 58, this seems to be part of a poem celebrating Þórr's victories over giants and giantesses. Verse 267, however, if it is by the same poet, must have been composed after his conversion to Christianity (cf. Eilífr Guðrúnarson). The poet is not referred to elsewhere.

Verse 51 *Skj* A I 4, B I 4. Another verse from *Ragnarsdrápa* about Þórr's fight with the Midgard serpent; see note to verse 24.

Verse 52 *Skj* A I 4, B I 4. Not found elsewhere. Since this verse seems to be addressed to Þórr, it may be from a separate poem about him, rather than from *Ragnarsdrápa*. *Mærum simbli sumbls* is taken to be a kenning for a giant, and the dat. to mean that Þórr is returning from an encounter with him (or *of* could be emended to *af*). A word *simbill* or *simblir* is unknown (*symblir* would be more plausible; 'the feaster of the feast'?); the word *sumbl* suggest a connection with the mead of poetry, though Þórr is not usually associated with that. On the interpretation given in the Glossary s. v. **simblir** see *SnE* 1952, 345.

Verse 53 *Skj* A I 151, B I 143; Frank 1978, 112–13. *Liðhent* (*Háttatal* 41, cf. notes to verses 88/4 and 334 below). See notes to verses 44 and 73–91. This quatrain seems to belong in the poem between verses 87 and 88 below.

Verse 54 *Skj* A I 137, B I 128. In spite of the attribution to Bragi, this is thought to be more likely part of Úlfr Uggason's *Húsdrápa*, see note to verse 8 (it is attributed to Úlfr Uggason here in U; both verse and attribution are lacking in T). It relates to the story told in *Gylf.* ch. 48, like several verses of *Ragnarsdrápa*, so the attribution in R and W is an understandable error.

Verses 55–6 *Skj* A I 137, B I 129, there taken to be two halves of the same verse from *Húsdrápa* about Þórr's fight with the Midgard serpent (they are not separated in U, though the capital *V* is out in the margin at 17/9, as well as a *v* = *vísa*); see note to verse 8 and Frank 1978, 110–12. In verse 56 (and the prose comment at 17/13)

Þórr is referred to in terms of his opponents, the giants (cf. the Anglo-Saxon poem *Beowulf*, where both the hero and the monster Grendel are referred to as *aglæca*, and where the hero, like his opponent, fights without weapons; see *Beowulf and the Fight at Finnsburg* 1950, 298 under *aglæca* and lines 435–40 and note); cf. ch. 31 (40/15) where Snorri says it is inappropriate to refer to people in terms of giants unless one wants to be satirical. On the other hand terms for giant or troll (though more commonly those for giantesses) can simply mean enemy or opponent or destroyer (e. g. 71/5 and verse 245; cf. Hveðra in Index and note to verse 68; *Egils saga Skalla-Grímssonar* verse 32, *ÍF* II 172; see also *SnE* 1931, 256/5–7, 257/7–10; Meissner 1921, 147–8; note to verses 451–62). Þórr can be seen as the opponent of the river Vimur (cf. 25/6–13, 15–18).

Verse 57 *Skj* A I 135, B I 127. A rare example of a verse addressed to Þórr (cf. verse 52): all the verbs are 2nd pers. sg. In verse 58, too, four of the verbs are 2nd pers. sg. Nothing more of Vetrliði's work is preserved, but see *Njáls saga* (*ÍF* XII 260–61) and *Hkr* I 320, where he appears as a determined opponent of Christianity; also *Kristni saga*, *Landnámabók* (*ÍF* I 348) and *Egils saga Skalla-Grímssonar* (*ÍF* II 59); and Finnur Jónsson 1920–24, I 471.

Verse 58 *Skj* A I 144, B I 135. See note to verse 50.

P. 18/1 *dœmi*: a story giving the reason for something; a reference to *Gylf.* ch. 49.

P. 18/3 On Njǫrðr's association with waggons see Turville-Petre 1964, 170–73; Wyatt and Cook 1993, xviii–xix.

Verse 59 *Skj* A I 330, B I 303–4; 'vers rapportés'. Lines 1 and 5, 2 and 6, 3 and 7, 4 and 8 make up respectively four different independent sentences about mythology or legend. If *sonar* is emended to *sona* in line 1 (as in WT), there is not only a more perfect rhyme, but it accords better with other sources about Guðrún, who is said in e. g. *Hamðismál* 8 to have killed two of her sons (cf. p. 49 below). The verse is only known from here, and its context is unknown. It is in *runhent* (*Háttatal* 80–94). Cf. notes to verses 259 and 375.

P. 18/14: a reference to *Gylf.* ch. 23.

P. 18/15–16: alternation of nom. and acc. in R and W, though T and U have *Van* for *Vanr.* Cf. 14/25–30 n.

Verse 60 *Skj* A I 46, B I 40; lacking in T and U as well as in B. Part of verse 17 of *Arinbjarnarkviða* (Arinbjǫrn's name is included in

General Notes 167

a pun, *Grjótbjǫrn*), which is preserved (incompletely legible) in Möðruvallabók, where it is written at the end of the text of *Egils saga* (in a different hand from the main text). The poem was probably not included in the saga originally. Four lines of verse 8 are also quoted in the redaction of the second half of *Skáldskaparmál* in W (*SnE* 1924, 112), and verses 15, 24 and 25 in *TGT*. The poem was composed in honour of the Norwegian nobleman Arinbjǫrn, celebrating Egill's friendship with him. See *Egils saga Skalla-Grímssonar* ch. 78.

Verse 61 *Skj* A I 68, B I 60; the quotation consists only of a subordinate clause ('when . . .'). The context (and so the identity of the earls' enemy and the locality of *útrǫst*) is unknown, though the lines are probably part of *Háleygjatal*, see note to verse 5. Finnur Jónsson (*Skj* B 60) suggests that the subject may be *bági Belja dólgs* (Surtr?—see *Gylf.* 50/30) and that *jarla* goes with *útrǫst*.

Verse 62 = *Grímnismál* 43. The only quotation in *Skáldskaparmál* from a mythological poem in the Codex Regius of the eddic poems except for the two quotations from *Alvíssmál*.

Verse 63 *Skj* A I 137, B I 129. From *Húsdrápa*, about Baldr's funeral; see note to verse 8.

P. 19/10 *fyrr*: cf. *Gylf.* ch. 27, where a verse from the poem mentioned at 19/12 is quoted. *Mensækir Freyju*: cf. 19/15, 20/3–4 and note and verse 64 n. On the theft of Brísingamen see *Sǫrla þáttr* (*Flb* I 304–5).

P. 19/11 *sverð* is subj. Cf. 108/8–9 and note on p. 225.

P. 19/18–19: cf. *Gylf.* ch. 34.

P. 19/20–21 The title *frumsmiðr bragar* might be expected to apply to Bragi gamli the human poet (the earliest known in Scandinavia) rather than to the god; Óðinn is elsewhere credited with being the divine originator of poetry (3/10–5/8). Cf. *Hávamál* 105–7; *Ynglinga saga* ch. 6 (*Hkr* I 17); *Sonatorrek* 24 (*ÍF* II 256). If the god Bragi is still the speaker, as at the beginning of *Skáldskaparmál*, the statement is even odder (cf. notes to 2/2–4 and 14/30).

P. 19/32 See *Gylf.* ch. 31. On Ullr's shield cf. 67/21 and note. 'Ullr's ship' is a kenning for shield (cf. Ullr in Index and see Meissner 1921, 166), but it is possible that Skjǫldr was the name of his ship, rather than that Ullr used a shield as a ship, since there is no story known to provide the origin for this idea. Cf. Turville-Petre 1964, 182, and Tolley 1996, 22–3 and 44 n. 53,

where it is suggested that the reference is to the use of a shield as a means of transport (i. e. as a ski or skate, cf. ǫndur-Áss and Saxo Grammaticus 1979–80, I 79, II 58).
P. 19/35–20/7 Note alternation between nom. and acc. in lists after *kalla*; cf. 11/26–9, 14/25–30 n. above.
P. 20/1: cf. *Gylf.* ch. 34.
P. 20/2 Áli is elsewhere in *SnE* said to be son of Óðinn (*Gylf.* 26; *Skáldskaparmál* verse 429; cf. *Skáldskaparmál* 6/20, 27), though he is not mentioned as a god in *PE*. In *Gylf.* 26 he is said to be the same as Váli. There appears to be a Váli son of Óðinn as well as a Váli son of Loki (*Gylf.* 49 and 53; *Vafþrúðnismál* 51, *Vǫluspá* 34), though the texts are not entirely certain (see *Gylf.* 177–8), and maybe Snorri took the names Váli and Áli to be alternatives for both persons, though they are listed separately in verse 429 (see *Gylf.* Index, Áli, Váli). The present passage can be punctuated to give various meanings: Loki may be called *fǫður . . . Ála* or *Ála frænda ok fǫðurbróður*; *Ála frænda ok fǫður*, *bróður, sinna ok sessa Óðins*; to call him either *fǫðurbróður Ála* or *Óðins*, or *bróður Óðins* is however problematic, though in *Lokasenna* 9 he claims to be Óðinn's sworn brother. The reading quoted in *SnE* 1848–87, I 268, giving *Váli* here instead of *Áli* in W, is wrong.
P. 20/2–4 *sinna ok sessa Óðins*: cf. *Lokasenna* (note also *rægjanda goðanna* and other titles below); *heimsæki ok kistuskrúð Geirrøðar*: cf. ch. 18; *þjófr jǫtna*: i. e. one who steals from giants, e. g. in his stealing back of Iðunn, see below and cf. his theft of Sleipnir, *Gylf.* ch. 42; or maybe one who steals on behalf of giants, as in the theft of Iðunn's apples; *þjófr hafrs*: cf. *Hymiskviða* 37; *þjófr Brísingamens*: see note to 19/10 above and verse 64 below (*Húsdrápa* 2) and note; *þjófr Iðunnar epla*: see p. 2 above and verses 100–103 below (*Haustlǫng*, verses 9–11); *Sleipnis frænda*: see *Gylf.* ch. 42. As can be seen, several of these descriptions of Loki correspond to parts of *Haustlǫng* and *Húsdrápa*.
P. 20/5 *hárskaði Sifjar*: cf. ch. 35.
P. 20/6 *ráðbani Baldrs, hinn bundni*: cf. *Gylf.* chs 49–50. *Þrætudólgr Heimdalar* is a reference to the conflict described in verse 64 about which nothing further is known; but cf. *Lokasenna* 47–8. *Þrætudólgr Skaða* presumably refers to *Lokasenna* 49–52 and the concluding prose.
Verse 64 *Skj* A I 136–7, B I 128. From *Húsdrápa*, about the conflict

General Notes 169

between Loki and Heimdallr (cf. 19/10–11, 14–15; Turville-Petre 1964, 128–9). There is no more detailed version of this story extant; see 19/10 n. and verse 100. See note to verse 8.

P. 20/18 Though it could be a reference to *Gylf.*, and thus be intended as a supplement to it, it is perhaps more likely that this is just a continuation of (and a reference to) the narratives of the first four chapters of *Skáldskaparmál*. In either case it seems to mark the following passages as afterthoughts. In fact these stories in chs 17–18 have little to do with the origins of kennings and have not given rise to many of them (except for shield = Hrungnir's pedestal, see Meissner 1921, 166), and they contain few references to poetic diction. The references to Bragi and Ægir in them link them with those at the beginning of *Skáldskaparmál*, however, which is where they also appear in U (before ch. 2; in U *Skáldskaparmál* is marked as beginning after ch. 18), and this may have been the original arrangement. The frame may have been imposed on *Skáldskaparmál* later, though ch. 4 and many later chapters also begin with questions and answers, and *Skáldskaparmál* seems to have been conceived from the start as a dialogue. Cf. Introduction pp. xviii–xx.

P. 20/31 Þórr's exploits as a drinker are referred to in *Gylf.* ch. 46.

P. 21/24 *ristubragð*: a sign for cutting or carving (cf. *rísta*). *Hrungnis* (or *Hrungners*) *hjarta* is mentioned by Gísli Brynjúlfsson (1823, 141; see Blöndal 1920–24, 361), but it is doubtful whether his information is derived from a medieval source (other than *Snorra Edda*), since there is no other early mention of this sign.

P. 22/32 One would expect *hǫfði*; but cf. 22/2–3. Either the cases are being used inconsistently (cf. Fritzner 1886–96, II 194b, under *í* (1) β; Cleasby and Vigfusson 1957, 316–17) or *hǫfuð* is a rare example of an endingless dative (otherwise known for certain only in the word *góz*, see Noreen 1923, § 361 n. 2).

Verses 65–71 *Skj* A I 19–20, B I 17–18, *Haustlǫng* verses 14–20. *Haustlǫng* is a shield-poem (*sér á baugi* verse 65/1, 3–4, i. e. on the shield or shield-boss or its surround, cf. 67/22–4), cf. note to verse 24. It describes a shield given the poet by a certain Þorleifr (thought to be inn spaki, son of Hǫrða-Kári) *c.* 900 (or somewhat later if it was the same Þorleifr who was involved in the setting up of the Alþingi in Iceland in 930; cf. *Hkr* I 90–91, 126–7, 163, 304; *ÍF* I 7 (cf. n. 5), 313; *Ágrip* and *Fagrskinna*); see verses 71/7–8,

92/4, 104/8. The poem is only preserved in *SnE*; there are further quotations as verses 92–104 and parts of these two passages are repeated in verses 341, 305, 108. The topics of the extant verses are the theft of Iðunn and the death of Þjazi (cf. 1/16–2/23 above), and Þórr's encounter with Hrungnir. See Turville-Petre 1976, 8–9.

Verse 65/3 *hellis hyrjar borr* is presumably a kenning for (generous) man, and probably vocative, since the rest of the sentence seems complete in sense; MS 'bia/r' clearly needs emending, and the tree-name *borr* is perhaps the most plausible (W has 'baur a' (*Skj* A I 19) or 'borua' (*SnE* 1924, 64; this looks the more likely reading), T 'maur á', but *hellis hyrr* is not a known kenning for gold, and the separation of *á* from *baugi* is unsatisfactory. Kock, *NN* 139, takes *hellis bor* = giant (acc.), *á hyrjar baugi* = on the shield (*hyrr* is a sword-name in verse 458/7; see *NN* 2722): 'also on the sword's circle can be seen how the terror of giants visited the cave-tree, the mound of Grjóttún.'

Verse 66/1–4 Kock (*NN* 140) takes (*en*) *Ullar fyrir mági* with line 3 rather than with lines 1 and 4 (or with both, cf. *NN* 1812?). Reichardt (1928, 161) and Finnur Jónsson (1924, 324) take *en endilág* with line 3 and *knáttu oll Ullar fyrir mági* with line 4 (cf. *Skj* B I 17).

Verse 67/2–3 Finnur Jónsson (*Skj* B I 17) reads *bjorg hristusk ok berg brustu* rather than *berg hristusk ok bjorg brustu* (cf. Reichardt 1928, 116); this perhaps links the nouns with more suitable predicates as well as being stylistically preferable in spite of making the word-order slightly more tortuous. Kock *NN* 141 reads line 3 as a complete sentence, in line 2 *bjargsólgnum* 'greedy for food' (or *bergfólgnum* 'rock-sheltered' *NN* 2506; *bergs* with *dólgi*, 'enemy in the mountain' *NN* 2409); in line 4 *upphiminn* with *manna*. Thus he makes lines 1–2, 3 and 4 three separate statements with *bjargsólgnum dólgi* the obj. of *þyrmðit* and *upphiminn manna* the subj. of *brann*.

Verse 67/5–8 It is clear that the three words in line 6 together with *vogna* and *vátt* must be a kenning (or perhaps two kennings, see *NN* 226) for giant, acc. with *frá ek*, though the elements can be taken in various orders. Reichardt 1928, 102 reads *myrkbeins Haka reinar vagna* (or *vagnar*) *váttr*, watcher of whale(s) of dark bone of land of Haki (whales of cliffs = giants) as subj. of *þátti*. See **váttr** in Glossary.

Verse 68/5–8 Keeping *hraundrengs* as gen. dependent on *trolls*

General Notes 171

(*varðat* would then be impers., 'there was not long to wait') would give the kenning *hraundrengs rúna trǫll* (rock-gentleman's friend's enemy = Mjǫllnir) dependent on *trjónu*; *hǫrðum* would need to be emended to *harðri* (with *trjónu*) as suggested by Meissner 1921, 427. Although this gives a full rhyme in the odd line, it does make the meaning easier.

Verse 71/1 *áðr* links with *stóð eðr ólaus* in verse 70, a rare example of a sentence continuing over the stanza-division. Cf. verses 81/1, 102/1; *Háttatal* 15. Line 3: though some whetstones are reddish in colour, it is likely that *it rauða* refers to blood.

P. 24/17–19 The motivation for including these stories seems to be similar to that in *Gylf.*: they have little to do with poetic diction. Cf. 20/18 n. This is the last reference to Ægir and Bragi as speakers in *Skáldskaparmál*.

P. 25/2 *ljá* can take either a gen. or acc. obj.; here the first of the three objects is gen. pl., the other two are acc. (in W and U the first two are gen.). Cf. 106/2–3 and **afla** in Glossary.

Verse 72: evidently a quotation from an otherwise unknown eddic poem (*PE* 317).

P. 25/27 Here U adds a further otherwise unknown verse, perhaps from the same poem (*PE* 318):

> Þá kvað Þórr:
>> Einu ‹sinni›
>> neytta ek alls me[gin]s
>> jǫtna gǫrðum í
>> þá er Gjálp ok Gneip
>> dœtr Geirraðar
>> vildu hefja mik til himins.

Verses 73–91 *Skj* A I 148–151, B I 139–44. The only record of *Þórsdrápa* (apart from further quotations probably also from this poem in verses 44 and 53). It is the most detailed skaldic account of any of Þórr's exploits (all the extant verses are about his journey to and encounter with Geirrøðr), though the series of strange kennings, especially those for giants, suggests it is only partly serious. This use of kennings for giant that use words referring to human beings (cf. giant-kennings that use names of gods as base-words), which is one of the main effects in this poem, is an extension of the frequent use of self-contradictory images in kennings (cf. *Háttatal* 6/15–16 n.), but the result is rather comic. There may have been a *stef* (verse 44/3-4, verse 82/7-8), see note to verse 44. Eilífr also composed Christian verse (see verse 268 and cf. note to verse 50) as well as a poem about Earl Hákon (verse 36), but all that survives of his work is preserved in *SnE* only. See Finnur Jónsson 1900; Reichardt 1948.

Verse 73/1-2 DD interprets *fellir fjǫrnets flugstalla goða* as 'tightener of the lifenet of the gods of precipitous altars', taking *fjǫrnet* as a device for killing giants.

Verse 74/1 DD takes *geðstrangrar* with *gǫngu*, 'a journey strenuous to the spirit'; Finnur Jónsson (*Skj* B I 139) emends to *geðstrangr*, adjective with *Þórr*. Kock, *NN* 2502A, 2756D, reads *geðstrangra* as gen. pl. with *gǫngu*, 'of the determined ones'.

Verse 75/2 *farmr meinsvárans arma* looks like a kenning for Loki (*meinsvárans* with *arma*, referring to one of Loki's mates; or *meins várans* (*vári* 'defender'), whether or not *sóknar hapts* is part of it. Kock's *meinsvarrans* (harmful woman, i. e. Angrboða, *NN* 2106) is quite attractive. DD reads *mein-Sváran‹g›s* as a term for a giant, the burden of whose arms is a giantess; *farms* gen. with *fǫr sóknar* ('a journey of attack against'), and *Hapt* = Þjálfi (*ofljóst, þjálfi* m. = fetter) as the subject (though it is n.). *Galdrs Rǫgnir* = Óðinn (*NN* 445) does not, however, fit well into the story, and DD takes it as a kenning for Loki. Kock also suggests (*NN* 2106) that *sóknar hapts* (i. e. Gunnarr (cf. *Atlakviða*) = *gunnar* 'battle', gen. sg.) goes with *svipti sagna*, meaning leader of the battle-crew, i. e. Þórr. Line 8 *Endils á mó* is taken by Kock (*NN* 1080) to mean 'on the sea, in the water (river)', and the subject of *spendi (spendu)* as *gallópnis halla manntælir (-endr)*, 'the destroyer(s) of the men of the eagle's halls' (of the giants, i. e. Þórr and his companion).

Verse 76 Kock (*NN* 446) takes *gunnvargs himintǫrgu* as a kenning for giant, genitive of destination; and *frumseyrir dreyra* = Þórr as subject of *kom til vers fríðrar fljóða*. DD takes *Gangr* as the name of a giant, his *vánir* as hunting-grounds (acc. of route travelled with *gengu*, the subject of which would then be unexpressed), *til vers gunnvargs fríð‹r›ar himintǫrgu* as the destination ('to the fishing-haunt of the war-wolf of heaven's fair targe' (i. e. of the sun, the wolf of which means giant); and *fljóða frumseyris kom dreyra* as a separate statement, 'the women's first rank spill of blood came'.

Verse 78 Kock (*NN* 447) interprets 'there on the bottom before the meeting-keen son (*bur*) of Jǫrð (*markar* = earth) they set shooting-snakes' net; the smooth round stones did not rest'. DD also takes *í mǫrk* to mean 'into the ground', *byr háf-markar* 'storm of the fish-snare land'.

Verse 79/1–4 Reichardt 1928, 8–9, 208 reads *mar* (for *maðr*) as obj. of *leit*, which is substituted for *sér* in line 1, as in *Skj* B I 141 (W and T have *lét*, see Introduction p. liv), and punctuates *(gatat) mar njótr in neytri njarð- (ráð fyrir sér) -gjarðar*, thus taking *in neytri* with *njótr*. Cf. **in** in Glossary.

Verse 79/5–8 Kock's interpretation (*NN* 450) simplifies the syntax: 'The diminisher of Þorn's children (Þórr) said (*lét* instead of *lætr*) that unless the surge of Mǫrn's blood diminished for him, his might would grow to the height of heaven (*til svíra salþaks*)'.

Verse 80/1–4 Kock's suggestion that *svarðrunnit fen* is the object of *óðu* is attractive, but the rest of his interpretation is unconvincing (*NN* 451). *Gunnar setr* might, however, be a kenning for shield (see *LP* under *setr*). Kock adduces *Vǫluspá* 36, *Á fellr . . . sǫxum ok sverðum*, as a parallel to *sverðrunnit fen* (*NN* 2250). DD takes *sverðrunnit* ('knife-streaming') *fen Fríðar* ('liquid of the woman' = river) as the subject of *flaut*.

Verse 80/5–8 Possibly 'Against the causer of trouble for the earth's swift runners (giants) surged a wave mightily blown by the storm of the *áss* of the earth's snowdrift (giant; see Áss in Index)', see *NN* 452. DD reads *runkykva* 'enliveners of the running stream', i. e. the giantesses causing the river to swell (cf. Reichardt 1948, 357: *jarðar skafls hauðrs runkykva*, 'enliveners of the flow of the land of the world of snow-drift'). Finnur Jónsson (*Skj* B I 141) emends to *rúmbyggva* (with *áss hauðrs* as a kenning for giants).

Verse 81/1–4 Kock (*NN* 453) takes *skaunar ýta sinni* as governed by *með*, *á seilhimin sjóla* as 'on the lord's shield'. Reichardt 1928, 53 reads *á skaunar seilhimin* ('on the shield') and takes *sjóla* with *aflraun* (i. e. a test of strength for Þórr). *Á seil skaunar himinsjóla* might be better.

Verse 81/7–8 *fór stríðlundr með*: *stríðlundr* is probably used as a virtual adverb, and *fara með* may have the sense of 'use s–thing (in a certain way)'. See **með** and **stríðlundr** in Glossary.

Verse 82/1–4 Kock (*NN* 454) takes *glamma stǫðvar dolgvamms firum* as a kenning for giants, dat. with *stríðkviðjundum*; and *djúpakarn* as a word for heart. The last at any rate is better than Finnur Jónsson's tmesis (*Skj* B I 141; see **djúp** in Glossary).

Verse 82/5–6 *arfi* in RTW looks like the base-word of a kenning (for Þórr); if so, *eiðs fjarðar* ought to represent a description of Óðinn in the gen.; *eiðs of fjarðs* 'of one remote from, i. e. lacking regard for, his oath' (cf. *Hávamál* 110)? But this fails to rhyme. Possibly a kenning for Jǫrð (cf. *NN* 2502B)? Kock's suggestion that it is a kenning for Loki is improbable (*NN* 455). Lines 7–8 seem to be a *stef*; cf. verse 44 and note.

Verse 83/1–4 Kock (*NN* 456) takes *sverðs sífuna* (sword's continual flame, i. e. blade) with *liðhatar*; *hlífar borðs Hǫrðar* as a kenning for warriors (i. e. in this context giants) and *dyn harðgleipnis barða* (noise of the hard fetter of the ship, i. e. of shields) as the kenning for battle. DD reads *hlíðar* for *hlífar* (which is probably unnecessary to the battle-kenning, which she takes as *dyn barða harð-Gleipnis*, din of the wolf of the shield, i. e. of the sword) as part of the kenning for giants (*Hǫrðar hlíðar borðs* 'Hǫrðalanders of the slope of the river-bank' (this is not one of the usual meanings of *borð*). RTW have *-hattar* in line 2, but this is probably just a spelling for *-hatar*, see Introduction p. liv. In lines 6–8 there seem to be two kennings for giants, one dependent on *hrjóðendr*, the other on *við*; if *hrjóðendr* governs *fjǫru þjóðar skytju* (those who lay waste the refuge of the beach-people), *skyld-Breta* might be taken as also governing *fjǫru þjóðar* (the Briton who is kin to the beach-people; cf. verse 78, where *háf-* seems to belong with both *mǫrk* and *markar*). Kock (*NN* 457) reads *hylriða fjǫru* (wolf's beach = desert) *þjóðar* as meaning 'of the giants' (gen. with *hrjóðendr*), and *skjald-Breta skytju* as meaning 'female defenders of shield-Britons', i. e. giantesses.

Verse 84/1–4 There seem to be three phrases that mean giants here. Kock changes *með* to *fyr* governing *kneyfi dróttar dólg-Svíþjóðar kólgu* and takes line 3 as a parenthesis, *flesdrótt* as the subj. of *dreif í vá nesja*: 'Because of the crusher of the troops of the wave of hostile Sweden (the giants)—the company took to flight—the rock-troop fled to the safety of the nesses' (*NN* 458). Reichardt (1928, 210) explains: *Flesdrótt dreif fyr kneyfi Svíþjóðar dolgkolgu dróttar* ('before the crusher of the band of the dangerous stream, i. e. of the giants'); *ferð nesja sótti á flótta í vá*. DD: 'At the approach of the oppressor of the hosts of the hostile Sweden of the icy wave, the rock-company fled; the troop of the headlands took to flight in danger.' It is better to take *flesdrótt* as subject of *dreif*

General Notes 175

í vá; Svíþjóðar kólgu with *dróttar kneyfi*; and the parenthesis as *dólgferð nesja sótti á flótta*; or *flesdrótt* as subject of *dreif í vá*, *nesja* with *dróttar*, and the parenthesis as *dólgferð Svíþjóðar kólgu sótti á flótta*.

Verse 84/5–8 In this half-verse there is a kenning for Þórr and one or perhaps two for giants. Kock (*NN* 459) takes *fasta* as a noun: 'When the flood-rib-Danes stood (facing, up to) the flame-shaker's (Þórr's) flame (*fasti*), the family of the Jólnir of the outlying sanctuary (the giants) had to give way'. DD takes *fyrir funhristis fasta* 'before the lightning of the fire-brandisher' with *knáttu lúta*.

Verse 85 Kock's readings provide simpler syntax (see *NN* 460–61): 'Where among (*í*) the mighty (*þróttar*) lords (*hersa*) of the giant's dwelling (*Þornranns*) the ones gifted with courage went forward— there was noise among the Cymri of the cave's round wall—the feller of peak-Lister reindeer (Þórr) was put into a fix—there was lack of peace there—on the dangerous grey (evil) hat of the wife of giants.' *Greypan* and *grán* (*grár* a. grey) ought to go with *hǫtt* if possible. DD takes *hugumbornir* as the subject of the first sentence, and *[við] hersa íþróttar Þornranns* ('against the chiefs of the sport of Þorn's cave') as (apparently) an accusative phrase indicating the destination after *gingu*. It might be preferable to read *íþróttar* with *hugum* and take *Þornrann* as acc. of the route. It is awkward to have *í* separated from *Þornrann*; cf. note to verse 65/3.

Verse 86/1–4 *Fylvingr* as a sword-name in the *þula* (verse 457/1) may well be a deduction from this verse, cf. Falk 1914, 50, and thus cannot confirm that that was the original meaning. *Fylvingar*, he points out, means 'nuts' according to *SnE* 1848–87, II 430, 514, and here may be part of a kenning for 'heads'. Kock takes *hám loga himni* 'the high heaven of the fire, i. e. the roof' as dat. after *þrungu*, and *hallfylvingum vallar* 'the field's leaning brown ones (rods)', i. e. walking-sticks, as instrumental. Lines 3–4: 'the spheres of the brow-sun (*tungl brásólar*, i. e. heads) pushed themselves there against the roof' (according to *NN* 462; cf. *NN* 2107: *húmloga* 'dark flame', *tungls brásalir* 'halls of the eyelash-moon'). DD reads *þar* in line 3, and *brásalir* as one word in line 4, so that the parenthetical statement becomes *tungls brásalir tróðusk þar við tróði* ('the halls of the eyelashes' moon', i. e. the giantesses' heads, 'were trodden down there under the roof', and the object of *þrungu* is *hám himni loga* ('the ceiling'), the instrumental phrase *hallvallar fylvingum* 'with the swords of the stone-plain', i. e. walking-sticks.

Verse 86/5–8 *húfstjóri hreggs vafr-eiða* 'controller of the hull of the stormy shifting necks of land, i. e. of the clouds' according to *NN* 463.

Verse 87/1–4 Possibly 'The son of Earth began to learn the hateful one of the fjord-apple's (giant's) game—the men of Møre's bone (giants; reading *leggs* for *legs*) did not repress their merriment' (cf. *NN* 464, 1833). *Kenna frœði* does not, however, mean 'to learn a game'.

Verse 88/4 *síu langvinr* R, *langvinr síu* WT; the latter order has the alliterating sound at the beginning of the line, where it should be. Lines 5–6: *liðhent* (but not quite like *Háttatal* 41: linked rhymes over the two lines, but not with alliteration falling on the same syllables as the rhymes; cf. notes to verses 53 and 334). See Frank 1978, 112–13.

Verse 89/4 Kock (*NN* 2253) reads *þrasir* (cf. Þurnir in Index) *veggjar* ('wedge-stormer') as a kenning for Þórr (subject of *kom*); if this is what is meant, it may refer to the function of a hammer as a tool, though some words for thunderbolt also mean wedge. Cf. Motz 1997, 337–8.

Verse 90/1–2 The expected hending is lacking in line 1. Emending *gǫrva* to *gumna* (or *griðja*) as gen. with *gramr* would provide one (see *NN* 466, 3056).

Verse 90/3–4 *salvanið-Synjar arinbauti* = *salvaniðbauti arin-Synjar*, assumed to be a kenning for Þórr and the subject of the clause. This may be interpreted as double tmesis, or perhaps rather as interchange of the elements of the kenning. Cf. note to verse 255. But *of* would be better as a preposition with acc. than as the pleonastic adv., and the following words perhaps contain a kenning for giant or giantess; then the subj. must be understood from the preceding clause. In *NN* 467 it is suggested that Arinbauti may be a name for a giant, so that reading *Arinbauta* as gen. with *salvaniðs* would make a kenning for giant in general, whose *Synjar* (goddesses) are giantesses, acc. with *of*.

Verse 90/5–8 Kock (*NN* 468) takes *tvíviðar tívi* and *tollur karms* as parallel kennings for Þórr (dat. with *komat*) and *brautarliðs bekkfall* as subject. In line 6 *sá* ought to be dat. too (Nygaard 1905, §§ 260, 264a); if *er* were omitted it could be a subj. pron. introducing an independent statement.

General Notes

Verse 91/5–6 Kock (*NN* 2254) points out that *látrval-Rygir* (*látrs val-Rygir* = *val[s] látrs Rygir*) would be a complete kenning for giants, and *lista* could be gen. pl. of *list* f. 'art' with *liðfǫstum*, 'mighty in skills'.

P. 30/10 *elja* ('rival') here perhaps implies that only Frigg was Óðinn's 'proper' wife; the others were illicit unions, and the four were probably all taken to be with giantesses (cf. 30/18; but such an implication is clearly not present at 35/20 or verse 122/3; cf. 108/2). Gerðr is elsewhere mentioned only as having a union with Freyr, so that the name here may be an error for Gríðr mother of Víðarr (in U the name looks as though it has been altered from *Rindar* to *Gríðar* (actually 'geiðar', see facsimile II 56, 138), but *Gerðar* is written in the margin).

P. 30/13–14 *eigandi valfalls . . . ok fressa*: see *Gylf.* ch. 24 and p. 47/3.

P. 30/20 Understand *kalla* before *eplin*.

P. 30/21 Another reference to *Gylf.* (25/29)? Or to the narrative at the beginning of *Skáldskaparmál* (2/1–23)?

Verses 92–104 *Skj* A I 16–19, B I 14–17. *Haustlǫng* verses 1–13, see note to verses 65–71. They may be an interpolation: they are only in R, W (which, however, omits verse 102/6–104) and T (which omits verse 95), and though the poem was clearly known to Snorri, it may be that he did not intend to include the whole text in *Skáldskaparmál*. He may, however, have kept a written text of it with his work on *Skáldskaparmál*, and that may be how a scribe came to include it. The vocabulary of his prose account (1/16 ff.) corresponds to that of the verses, showing that Snorri knew the whole poem; e. g. the phrases *leggja upp* (1/28, verse 96/6–8); *sígask* (1/27, verse 95/6); cf. note to verse 98/8. Verse 93/1–4 is also quoted as verse 341, verse 94/1–4 as verse 305.

Verse 92/1 add *at* after *gott*? Finnur Jónsson (*SnE* 1931, 111; *Skj* A I 16) thought *at* was maybe written in R, as in W (which has *góðs*) and T. But it is perhaps not necessary: *leggja gott gjǫldum gunnveggjar brú* = provide something good as repayment for the shield? Kock (*NN* 157) points out that if the first two lines are made complete in sense (he suggests by emending *brú* to *brag* or *orð*; or *hróðr NN* 2985 D), lines 3–4 could be filled out with the *stef* from verses 71/7–8 and 104/7–8. Line 8: perhaps *nets*, as suggested by Kock (*NN* 1809), which also can be the base-word in a kenning for shield, see *LP*.

Verse 93/1–4 = verse 341. Line 6: Kock (*NN* 135) suggests taking *Gefnar* (or *ár-Gefnar*) with *mat*, meaning the ox (cf. *Þrymskviða* 24), leaving *byrgitýr bjarga* ('god of the rock-refuge') as a kenning for the giant. See also *NN* 2004 (reading *árgnæfa mar* 'steed of giants' = ox). Reichardt (1928, 163–4) takes *árgefnar marr* as a kenning for ox (*ár-Gefn* = Gefjun (*ár* 'fruitfulness'); cf. *Gylf.* ch. 1), comparing *þrymseilar Várar hvalr* (Skaði's whale = ox, see verse 96). Ingegerd Fries (1994), pointing out that the reading of R may in fact be *mar* rather than *mat*, suggests that *ár gnæfa mar* is Orion's horse = Taurus, i. e. ox.

Verse 94/1–4 = verse 305. Kock, *NN* 1015, interprets lines 1–4:'The ox (*tólhreinn*) was difficult to carve among the bones for the gods; Óðinn said there was something that caused it.'

Verse 96/4 Kock (*NN* 137) points out that according to *Edda Magnúsar Ólafssonar* 266, *þrymseilar hvalr* is a kenning for ox (whale of the mighty tackle?) and that *Váru* (so R, 'vǫrv') should therefore be taken separately, with *þekkiligr* ('dear to Vár').

Verse 97/5 One might have expected the present subjunctive *drepi* (so R and T; 'drępí' W), but the metre demands a long vowel.

Verse 98/8 has unusually close correspondence in wording with Snorri's prose account at 1/31.

Verse 99/4 *álfs*, the apparent reading of R, would scarcely make sense; but *fǫðr* is perhaps a possible nom. form, see t. n. and cf. 6/37 n. Line 6: Kock (*NN* 3038) suggests *þá nam* to provide (a sort of) assonance with *rúni*.

Verse 99/8 R's *mildings* might perhaps be a word referring to Óðinn, though *málunautr mildings* would then be an unusual way to refer to Þjazi; but there is perhaps a reference implied to ch. G56.

Verse 100/1 *sagna hrærir* has been interpreted as 'starter of stories', i. e. Loki—an attractive but improbable idea (cf. Turville-Petre 1976, 10).

Verse 101/5 *Mættusk* would give a hending.

Verse 102/4 The repetition of *ǫl-Gefnar* looks like corruption. Cf. Kock's suggestion in *NN* 2721 (*lund-allgegnir* 'straightforward in character', of the gods; *læva* descriptive gen. with *leiðiþír*).

Verse 102/6 The older form *vreiðr* would provide normal alliteration.

Verse 102/7 The spelling 'mora' in R (and 'môra' in T) perhaps indicates the form *mœra* (cf. *LP* under *mærr* and *mœrr*; ÁBM under *mærr* (3)). Lines 1 and 5 also have *aðalhending*.

General Notes

Verse 104/1 Kock (*NN* 1811) emends *skjótt* to *skǫf* ('shavings') as subject of *hófu brinna*, with *skǫpt* as object of *skófu*. This also provides a *skothending* in line 1 (but in addition to the *aðalhending*). In *NN* 225 he had suggested taking *skǫpt* as subj. of *hófu skjótt brinna* and at the same time as obj. of *en skófu ginnregin*.
Verse 104/7–8 = verse 71/7–8 (*stef*). Cf. note to 92/1.
Verse 105 *Skj* A I 343, B I 315. Taken to be from Arnórr's *Magnúsdrápa*, composed about Magnús góði, and if this is correct the poem must have been composed after his death in 1046 or 1047; the verse may have been the last in the poem. The poem is also quoted in verses 213, 218, 352. Further substantial quotations from it are found in various versions of Kings' Sagas, particularly *Hkr*, *ÓH*, *Hulda–Hrokkinskinna*, *Flb* and *Fagrskinna*. Fidjestøl (1982, 130; see also 132) thought it uncertain that verse 105 really belonged to this poem; it has been taken to belong to *Þorfinnsdrápa* (cf. note to verse 1). Kock (*NN* 806, 825) understands *und gǫmlum Ymis hausi* with *þess var grams gnóg rausn*.
Verse 106 *Skj* A I 348, B I 321. From Arnórr's *Þorfinnsdrápa*, see note to verse 1. The lines also appear (twice) in *Flb* III 21 and 41 (*Orkneyinga saga* 83, 122) as the first half of a full stanza which goes on to say that these events will happen (i. e. the world will end) before a ruler finer than Þorfinnr will be born in Orkney. The four lines here quoted are reminiscent of *Vǫluspá* 57.
Verse 107 *Skj* A I 505, B I 478. These lines are taken to be in fact from Bǫðvarr balti's *Sigurðardrápa*; they are attributed to Bǫðvarr balti in U, but to Arnórr in T and W (anonymous in both according to Fidjestøl 1982, 159, but T has *ok enn sem hann* [i. e. Arnórr] *kvað*, and though there is no explicit attribution in W, it looks as though there too they are taken to be by the same poet as the preceding verse); they are attributed to Kolli only in R and B. *Sigurðardrápa* was composed *c*. 1150 about King Sigurðr munnr Haraldsson, d. 1155. Other verses from the poem are found only in *Morkinskinna*. Bǫðvarr balti is listed as having composed about Sigurðr munnr in *Skáldatal* (*SnE* 1846–87, III 277).
Verse 108 *Skj* A I 19, B I 17. See verse 65/5–8 and note to verses 65–71. Note the variant in line 3.
Verse 109 *Skj* A I 143, B I 135. Only this quatrain and the couplet in verse 123 (perhaps from the same poem) are found of this poet's work; the contexts are unknown, though verse 109 may be

about Óðinn (and perhaps refers to the poet's reception in Valhǫll or heaven). A *saga Orms Barreyjarskálds* with many verses is mentioned in *Þorgils saga ok Hafliða* (*Sturl.* I 27) as having been recited at a wedding at Reykjahólar in 1119. Kock (*NN* 427) suggests that *ramman spyr ek vísa* and *sá valdr ræðr fyrir veldi vagnbrautar* should be taken as two independent (parenthetical) statements and that the subject of *hvégi mér fagnar* should be understood.

Verse 110 *Skj* A I 4, B I 4. The quatrain consists only of a relative clause; the half-verse that contained the main clause is not extant. The antecedent should be Óðinn: the fragment is taken to be part of *Ragnarsdrápa* (see note to verse 24) and is evidently about the killing of Þjazi and Óðinn making his eyes into stars; cf. 2/36–7.

Verse 111 *Skj* A I 445, B I 414. Taken to be from *Eiríksdrápa*, in memory of King Eiríkr inn góði Sveinsson of Denmark (d. 1103), like verses 398, 409, 391; cf. also 36/8. This verse may be a *stef*, see Fidjestøl 1982, 152–3. Most of the surviving poem, which is in the *hrynhent* metre (see *Háttatal* 62–4, cf. pp. 82–3), is preserved in *Knýtlinga saga*. Cf. notes to verses 270, 387 and 398.

Verse 112 *Skj* A I 409, B I 379. Taken to be verse 1 of Steinn's *Óláfsdrápa* about King Óláfr kyrri, composed about 1070 (cf. Fidjestøl 1982, 147). More of the poem is found in *Morkinskinna*, *Hulda–Hrokkinskinna* and *Flb*; there are also some quotations in *Hkr* and *Fagrskinna*.

Verse 113 *Skj* A I 343, B I 316. Assumed to be from a poem (otherwise unknown) about Gunnlaugr ormstunga's brother Hermundr Illugason, who died *c*. 1055 (see *SnE* 1848–87, III 568).

Verse 114 *Skj* A I 332, B I 306. From *Rǫgnvaldsdrápa*, on Earl Rǫgnvaldr of Orkney after his death *c*. 1045. Verse 296 is also from this poem, and there is also a quotation in *ÓH* and in *Orkneyinga saga* (*ÍF* XXVII 440, XXXIV 54). See Fidjestøl 1982, 131–2 and note to verse 1.

Verse 115 *Skj* A I 318, B I 294. The *stef* from Hallvarðr's *Knútsdrápa* (on Knútr inn ríki), only found here, from which there are further quotations (only found in *Snorra Edda*) in verses 258, 348, 311, 239, 388, and others in *Knýtlinga saga* and *Hkr* (and *ÓH*). This is the only work of his of which anything has survived. It is mainly about Knútr's expedition to England and his becoming king there in 1015–16.

General Notes

Verse 116 *Skj* A I 353, B I 326. The poem of which this is a fragment is otherwise unknown, though it might be from *Hrynhenda* (see note to verse 387). See Fidjestøl 1982, 128.

Verse 117 *Skj* A I 73, B I 64. The second half of a *lausavísa* composed *c*. 965 (or somewhat later), after the fall of Hákon góði and the coming to power of the sons of Eiríkr blóðøx and Gunnhildr. The first half appears as verse 143, which is given twice in U, see *SnE* 1848–87, II 315, 319, 358. The whole stanza is also quoted in *Hkr* I 201, *Fagrskinna* 99–100 and *ÓTM* I 49. *Nú*: i. e. since Hákon's death wealth has been withheld. The parenthesis in lines 3–4 probably means 'the rulers' policies are having a great effect'. Cf. verses 185 and 249.

Verses 118–19 *Skj* A I 155–6, B I 148. Verse 118 is also quoted as verse 291 with variants. Part of *Hákonardrápa*, see note to verse 10 (and Frank 1978, 85–6.) On bird-names used in kennings for ships (verse 119/3) see 'Den lille Skálda', *SnE* 1931, 255/4, and cf. Hrafn in Index and Glossary.

P. 36/8 The first line of a verse is here used to refer to a quatrain (verse 111), as in modern usage. Cf. verse 357 n.

Verse 120 *Skj* A I 376, B I 346. Taken to be part of Þjóðólfr Arnórsson's *Sexstefja*, composed in honour of Haraldr harðráði *c*. 1065, like verses 122, 385, 186, 389, 309, 318, 333, 236, 280. There are two further quotations in *TGT*, but the major part of the extant poem is preserved in *Hkr* (and *ÓH*), *Fagrskinna*, *Morkinskinna*, *Hulda–Hrokkinskinna*. It is an ambitious poem (the title implies it had six *stef*) covering many of Haraldr's exploits, including his part in the battle of Stiklarstaðir and his campaigns in the Mediterranean, as well as the major battles of his own reign. Fidjestøl (1982, 136) is however doubtful whether any of the verses that are only in *Skáldskaparmál* or *TGT* (i. e. verses 25 and 27–35 in Finnur Jónsson's arrangement of the poem in *Skj*; these include all the verses that are in *Skáldskaparmál* except verse 122, which is also in *Fagrskinna* and is less doubtful) are necessarily from *Sexstefja*, even though several of them are clearly about Haraldr harðráði, but he provisionally includes verses 25 and 35 (= verses 385 and 280 in *Skáldskaparmál*); cf. Fidjestøl 1982, 172. Some of these verses in *Skáldskaparmál* and *TGT*, however, share similarities which suggest that they form a group (Fidjestøl 1982, 142, 172).

Verse 121 *Skj* A I 155, B I 147. See note to verse 10. *Fleygjanda* is incomplete as a kenning for ruler; Finnur Jónsson (*Skj* B I 147) emends *frægjan* to *frakna* ('of spears'; so also Frank 1978, 86).

Verse 122 *Skj* A I 369, B I 339. The whole stanza is in *Fagrskinna* 231 and *Hulda–Hrokkinskinna* (*Fms* VI 140). See note to verse 120. The second half of the verse places it among Haraldr harðráði's campaigns in Africa, and the *darrlatr dási* is the king of Africa. Cf. Fidjestøl 1982, 40–41.

P. 36/25–6 Note the different list of Ægir's daughters at 95/8–9 (Drǫfn instead of Bára; cf. also verse 357 and note). Both Drǫfn and Bára appear in verse 478, though there they are mixed with common nouns and it is difficult to be certain whether they are all ten to be taken as names. There is a further list (the same as at 95/8–9) in a verse in A, *SnE* 1848–87, II 493.

P. 36/28 *hringr eyjanna*: cf. the verses of Einarr Skúlason and the *þula* of island-names in A, *SnE* 1848–87, II 491–2 (and *Edda Magnúsar Ólafssonar* 267–8).

Verse 123 *Skj* A I 143, B I 135. See note to verse 109.

Verse 124 *Skj* A I 320, B I 296. One of 5 fragments (the others as verses 126 and 347, 127, 354, 363) that seem to be from a travel poem, only known from *Skáldskaparmál*.

Verse 125 *Skj* A I 418, B I 387. From a poem known as *Norðrsetudrápa* (39/15), apparently about an expedition to somewhere to the northwest in Greenland. Other fragments in verse 137 and *TGT* 30, 113 (compare this with *Húsdrápa* 12, verse 303 below), 114. Nothing else is known of this poet.

Verses 126–7 *Skj* A I 320, B I 296. Verse 126 is also quoted as verse 347. See note to verse 124.

Verses 128–32, 134 *Skj* A I 481–2, B I 453. Fragments from an unknown poem or poems about a sea journey. Verses 346, 351, 357, 362 may also belong; perhaps also verse 339. Cf. Fidjestøl 1982, 207–8. If verse 128/4 is correctly emended to *snægrund* (so WTUB) and this means Iceland, it is difficult to see all these verses as belonging to an account of Sigurðr Jórsalafari's journey to Jerusalem; but some of them may. See Fidjestøl 1982, 156.

Verse 133 *Skj* A I 211, B I 201. Only this verse and verse 289 are known of this poet's work. See Finnur Jónsson 1920–24, I 520 and Snæbjǫrn in Index. On the interpretation cf. Tolley 1995, 69–71. Kock (*NN* 572) interprets *Grotti skerja* as 'breakers'; Tolley

General Notes 183

1995, 69 suggests 'whirlpool', and for *brúðir eylúðrs* 'brides of the island quern-frame', i. e. the waves, though *brúðir eylúðrs skerja* might be the kenning for waves and *Grotta* might on its own be a metaphor for the churning sea. In the second half of the verse Kock (*NN* 573) takes *skipa hlíðar* (the waves') *lyngs* as a description of the foam on the surface of the sea, gen. with *líðmeldr*. *Skipa hliðar ból* 'the dwelling of the ships' sides' would make a good kenning for sea (see Tolley 1995, 72 n.), but *hlíðar* is required by the metre; on hendings between vowels of different quantity see *Háttatal* p. 54). Cf. Saxo Grammaticus 1979–80, I 85 (and II 59 and 60), where it is implied that *Amlóða meldr* could mean sand.

Verse 135 *Skj* A I 306, B I 284. A fragment of unknown context. An unusual example of nature poetry. Cf. note to verse 144.

Verse 136 *Skj* A I 479, B I 451. A fragment of unknown context, evidently about a ruler, but the sentence is incomplete: the main clause must have been in the other half of the stanza. Cf. notes to verses 128–32, 145–9 and 233.

P. 39/13–15 (ch. 27) and 18–19 (ch. 28): cf. 14/25–30 n. On Fornjótr see Holtsmark 1967, 73–4; Clunies Ross 1983. In *Flb* I 22 and *Orkneyinga saga* ch. 1 (*ÍF* XXXIV 3) the three sons of Fornjótr are Hlér (= Ægir, the sea), Logi (= fire) and Kári (a name for the wind; cf. ÁBM and the *þula* of *veðra heiti* in A, *SnE* 1848–87, II 486). See Fornjótr, Eldr, Logi and Vindr in Index. There is also a Kári in *Hyndluljóð* 19.

Verse 137 *Skj* A I 418, B I 388. See note to verse 125.

P. 39/18–19 With ch. 28 compare the *þula* of *elds heiti* in A and B, *SnE* 1848–87, II 486, 569–70.

Verse 138 *Skj* A I 416, B I 386. A fragment of an unknown poem, to which the verse quoted in U only at 84/18 (see note to verse 303) may also belong. The lack of alliteration here implies that the two lines do not belong to the same couplet.

Verse 139 *Skj* A I 540, B I 521. The only known fragment by this poet (taken to be the Ásgrímr Ketilsson of *Sturl*. I 166, 168, 203 and *Skáldatal*, cf. *SnE* 1848–87, III 646–8), which may be from a poem about King Sverrir composed *c*. 1200. See Fidjestøl 1982, 160.

Verse 140 *Skj* A I 50, B I 43; Frank 1978, 147–9; Turville-Petre 1976, 19. From a *lausavísa* quoted in full in *Egils saga* ch. 47 (*ÍF* II 119). Cf. verse 392. The second half of this verse locates the event referred to at Lund, and according to the saga this would have been before the Battle of Vínheiðr, i. e. in the mid 930s, but the verse is one of those thought by some not to be genuine. Cf. *Háttatal* 11: each couplet forms a separate sentence. *Glitra* can perhaps be taken as intrans., as it ought to be: 'we shall shine with our swords aloft.'

P. 40/9 *kalla* ... *eða til*: presumably to be understood *kalla* ... *eða* ‹*kenna*› *til* (cf. t. n.). Alternatively omit *eða til*, but some of the genitives in the list are unsuitable as dependent on *vinnanda eða fremjanda*.

P. 40/12 Like many of the suggestions in *Snorra Edda* about kennings originating in word-play, this explanation is unlikely to be correct (cf. p. 63/15–17 n.). Tree-names are used widely in kennings for both men and women and probably originally related to comparison of the shape of a tree with that of a human being. Cf. the *þula* of tree-names in A and B, *SnE* 1848–87, II 482–3, 566.

P. 40/15 Cf. *SnE* 1931, 257/23–5; 1924, 105/35; and see Miðjungr in Index and *LP*; and Glossary under **sómmiðjungr**.

P. 40/20 *lág* spelled 'log' in R (like *lóg* at 40/19; other manuscripts have *log* (*lðg*) or *lag* (*lág*) in both cases). See 63/15–17 and note and **lóg** in Glossary.

P. 40/21 Cf. the *þula* of tree-names in A and B, *SnE* 1848–87, II 482–3, 566.

P. 40/27–31 Alternation of nom. and acc., cf. note to 14/25–30.

P. 40/28 Cf. *Gylf.* 29/22.

P. 40/32 *fyrr*: see the beginning of *Skáldskaparmál*. If the whole of *Skáldskaparmál* is supposed to be part of the dialogue beginning there, we have the illogicality of its including narratives of events that took place after the feast at which the dialogue took place had ended.

P. 41/4 Understand *váru* after *níu* or *eru nefndar* after *þeira*? *Fyrr*: see 36/25–6 and note.

P. 41/9 In the kenning-type fire of the sea = gold, *ægir* was probably originally used as a common noun for sea, so that the story is unlikely to be the origin of the kenning, which most likely began with beliefs about gold being able to be found under water. Cf. Meissner 1921, 225; Faulkes 1994, 171.

P. 41/15 Understand *líkt* after *er* (1) and *er lík* after *áin* and *er líkr* after *lækr*?

Verse 141 *Skj* A I 4, B I 4–5. Only here; a fragment of unknown context, except that this also seems to be in response to a gift from

General Notes 185

a king. Line 4 *fulli* could be read *fylli* (*fyllr* f. 'a cupful'); see Introduction p. liv and *NN* 221.

Verse 142: from an otherwise unknown eddic poem in *ljóðaháttr* (*PE* 318).

P. 41/34 Cf. *Gylf.* ch. 43 and verse 62 above.

P. 42/2–6 Cf. *Hyndluljóð* 7, where Freyja says that the dwarfs Dáinn and Nabbi made her a boar called Hilldisvíni. While her boar is not mentioned elsewhere, however, Freyr's appears also in *Húsdrápa* (verse 63 above) and at 18/27, and in *Gylf.* ch. 49.

P. 42/3 Either understand *hann* before *tæki* or the verb is impers.

P. 42/10 Cf. *Gylf.* ch. 49; cf. note there to 47/4. There is another ring that can reproduce itself at 45/27–8 below.

P. 42/15 Finnur Jónsson (*SnE* 1931, 123) emends *at* (1) to *ok* (so TWU), but as it stands it could either be an adverb with *kom þar* or a relative.

P. 42/18 *veðjunina* is written *veðiū|na* over the line division. The emendation may be unnecessary, since the first vowel of the article could perhaps sometimes be omitted in such forms (see Noreen 1923, § 472).

P. 42/35 *í serk sér*: i. e. on a cord around his neck? If so, this remark may be related to the finds of small medieval representations of hammers designed to hang round the neck as amulets, e. g. those illustrated in Turville-Petre 1964, pl. 16–17. The shortness of the *forskepti* in the next sentence (q. v. in Glossary) is perhaps an allusion to Þórr's hammer having been perceived as similar to a Christian cross with a short top. This might well have been regarded as a *lýti* (flaw).

Verse 143 *Skj* A I 73, B I 64. Quoted twice in U (see *SnE* 1848–87, II 319, 358). From a *lausavísa* also quoted in *Hkr* I 201, *Fagrskinna* 99–100, *ÓTM* I 49. The second half is quoted as verse 117, see note to that verse. In line 2, the uncontracted form *bráa* would give a sixth syllable, cf. *Háttatal* 7 and note. Similarly verses 77/8, 86/4, 147/8, 154/3, 228/1, 317/4, 359/2; perhaps also verse 77/4, though this line already has six syllables, and verse 214/2. See under **á (2)** in Glossary and Introduction p. liv; Noreen 1923, § 130.

P. 43/17 *fyrr*: cf. *Gylf.* ch. 35, as well as p. 40/28 above and verse 435 below.

Verse 144 *Skj* A I 306, B I 284. Taken to be from a poem on the poet's various exploits, including the Battle of Svǫlð (AD 999 or

1000), probably composed many years later (cf. *Hkr* I 358, verse 157/3 and note 2), perhaps *c*. 1020. Other quotations as verses 343, 338, 187; otherwise there survives only the one stanza in *Hkr* I 358, *Fagrskinna* 154 and other versions of the saga of Óláfr Tryggvason (including that of Oddr Snorrason); see *ÓTM* II 264 and Fidjestøl 1982, 166. There is another quotation from a poem by Skúli as verse 135. *At þar várum* is taken by Kock (*NN* 770) to be correlative with *at fleiri* ('the more, in that we were there'; perhaps an ironical reference to those who were not).

Verses 145–9 *Skj* A I 477–8, B I 449–50. These verses seem to be part of a poem thanking a king for the gift of an inlaid weapon (perhaps an axe; cf. Hnoss, Gersimi in Index); thus the wish for long life for the king in verse 146. Verse 146 is repeated as verse 232. Other verses probably from the same poem are verses 183, 193, 194, 244, 245 and possibly the anonymous verse in *TGT* 19, 80. On this poem see *NN* 2057. See Fidjestøl 1982, 156, who suggests that the poem may have been about a series of gifts and that verses 136 and 368 may have belonged to the same poem.

Verse 147/8: cf. note to verse 143.

Verse 148/4 *varn*: unmutated form in R, as frequently in verse, for *vǫrn*. Rhyme of *a* and *ǫ* is not uncommon (see Hreinn Benediktsson 1963). Since this verse also seems to be about the gift of a weapon, it is tempting to follow Finnur Jónsson (*Skj* B I 450) and emend *ǫll* (spelled 'ávl' in R, 'a/l' in W, 'avl' in U, 'aul' in T) to *øx* as subject of *buðumk* (with *nýt*) and *vísa vǫrn* as the object ('a useful axe afforded me certain or secure protection'). Otherwise *buðumk* must be taken as 3rd sg. pass.

P. 44/29 *fyrr*: cf. 3/5–8.

Verse 150 *Skj* A I 5, B I 5. A fragment of an otherwise unknown poem, though since it seems to be praising a ruler for generosity it could be part of *Ragnarsdrápa*, see note to verse 24.

P. 45/1–2 The text seems to imply some hesitation (the redundant word *steinninn* is in RWT ('steininn' W), though not in U); *vazt-* (which belongs with *undirkúlu*) could perhaps be read *vatns* in the verse (cf. textual note) in spite of the prose.

Chs 39–43 are lacking in U here (*SnE* 1848–87, II 321), but the summary in U of kennings for gold derived from the stories in these chapters implies that the narratives were known to the compiler of the U redaction (so Boer 1924, 165–6, 192), unless the narratives are an expansion based on the list of kennings in U. The beginning (only) of the story of *otrgjǫld* and the Gjúkungar comes in U much later (*SnE* 1848–87, II 359–60).

P. 45/32 *fyrir því*: with *at*; i. e. Loki would repeat the curse to whoever next took possession of the ring; maybe implying that he would take malicious pleasure in passing on the curse.

Verses 151–2 = *Fáfnismál* 32–3.

P. 49/31 *lét* has no complement in R, leaving the construction incomplete (anacoluthon); *þá riðu þeir* in line 33 could be regarded as the virtual complement, or read *leit* instead of *lét* (there are other examples of *e* instead of *ei* in R, see Introduction, p. liv), and either regard *en Svanhildr drottning sat* as the implied object (*leit* abs.), or read *hvar Svanhildr drottning sat*. T has *þá leit Jǫrmunrekr konungr Svanhildi . . . hvar hon sat*. The whole sentence is rephrased in C.

Verse 153 *Skj* A I 4, B I 4. Taken to be from *Ragnarsdrápa*, about Þórr's fishing for the Midgard serpent (see note to verse 24).

Verses 154–8 *Skj* A I 1–2, B I 1–2. See note to verse 24; this is evidently the section of the poem that corresponds in content to *Hamðismál*. See von See 1981, 233–6. Verse 154 is also in *FoGT* 129; on verses 154–7 see Turville-Petre 1976, 1–4.

Verse 155 Cf. Dronke 1969, 205–6. *Ǫlskakki runna* is perhaps the equivalent of *skakki ǫlrunna*: 'generous giver (one who pours out) to ale-trees' (which then includes a complete kenning for men, cf. **runnr** in Glossary). Line 8: the form *haufði* (Noreen 1923, § 98.1) provides *aðalhending*, though rhymes are not regular in this poem anyway; cf. *Gylf.* 7/19, *Hkr* I 15.

Verse 156/3–4: explained as *naglfara siglur* (masts of the sword = warriors) *standa andvanar saums segls* (without sails of the rivets = shields) in *NN* 2720. Edith Marold (1994, 575) suggests *naglfara* means ship or ship's planking (see Index), and that the kenning is 'masts of the sails of the ship's planking (i. e. of shields), which do not have nails', i. e. warriors (cf. note to verse 401). Cf. von See 1981, 233–4.

Verse 157/5–8 Cf. Reichardt 1928, 23–4.

Verse 158/4 Hendiadys: 'shield and (i. e. with) with many stories'; cf. 157/7 ('forehead- and edge-blows') and *NN* 2002.

Verses 159–82 *Grottasǫngr*, an eddic-type poem, but only found here (in R and T; verse 1 only in C, in the middle of the preceding prose (52/14), introduced by the words *ok er þetta upphaf at*; C and U also omit verses 183–4). Apparently a literary reworking of what may originally have been an actual work-song.

Verse 161/3–4 The proposal may be to stop grinding rather than to start.

Verse 165/3–4: Kock suggests reading *Sofið eigi síðar en . . . eða lengr en svá . . .* (*NN* 71).

Verse 167/8 late alliteration; change word-order to *bornar erum þeim*? See also verse 176/6, where T reads *vill hlýða*.

Verse 183 *Skj* A I 478, B I 450. See note to verses 145–9. Line 7: Kock (*NN* 958) takes *fé Fenju* as the subject of *dýrkar*, leaving *þann meldr* as an expression for gold on its own as the object of *bera*.

Verse 184 *Skj* A I 39, B I 33. *Hǫfuðlausn* 17/7–8, see note to verse 31.

P. 58/11 *heyrðak*: archaic suffixation of first person pronoun, perhaps to indicate provincial speech?—though such a form may not yet have seemed archaic at the time Snorri was writing.

P. 58/12 *mestr*: deliberate play on the two meanings of the word ('tallest, largest in build' and 'greatest in reputation or achievement').

P. 59/15 and 17: perhaps these two speeches are lines of verse.

P. 59/32 Cf. the *þula* of *sáðs heiti* in A, *SnE* 1848–87, II 493.

Verse 185 *Skj* A I 73, B I 64. Appears twice in U, *SnE* 1848–87, II 321, 362. Part of a *lausavísa* the whole of which appears in *Hkr* I 201 (see note there on p. 200) alongside verses 117 and 143 above (which are given in *Hkr* as the two halves of a single stanza; see note to verse 117 above). Also in *Fagrskinna* 19, *ÓTM* I 49, and lines 1–2 in *TGT* 16, 71. (See Frank 1978, 82–3, and Ullr in Index.)

Verse 186 *Skj* A I 375, B I 345. Lines 5–6 also quoted as verse 389. See note to verse 120. Fidjestøl (1982, 137–9) suggests *brattakr vala* (so WTU) *spakra* should be taken as '(on) the steep field of the quietly resting falcons (i. e. arm(s))', with *bauga* emended to *bjúgri* (a. with *ǫrð*).

Verse 187 *Skj* A I 306, B I 284. See note to verse 144.

Verses 188–90 *Skj* A I 181, B I 170–71. Only fragments survive of the eddic poem *Bjarkamál in fornu*, one of the few such poems known that had Danish content. Besides these three verses, there are two quoted from the beginning of the poem in *Hkr* II 361–2 and *ÓH* 547 (cf. *Fóstbræðra saga*, *ÍF* VI 261–3), and two fragments of four and two lines respectively in *Edda Magnúsar Ólafssonar* 265, 272. But Saxo Grammaticus includes a Latin version

General Notes

of the poem in Book 2 (1979–80, I 56–63, cf. II 57). The original poem is thought to have been from the tenth century, though all the lines attributed to it may not be original. Bǫðvarr bjarki was one of the principal speakers in the poem (hence its name), and the subject of the verses quoted here was presumably Hrólfr kraki. The poem relates to the king's last battle.

Verse 190/8: Baldr þǫgli is not known and Baldr may be part of a kenning for warrior; *vakði* (*vakti*) . . . *þeygi* (WTAU) suggest that the line has something to do with the episode of the apparently inactive Bǫðvarr in the last battle of Hrólfr kraki (*Hrólfs saga kraka* 1960, 118; Saxo Grammaticus 1979–80, I 59–60).

P. 61/11–12 It seems natural to assume that snow and ice in kennings would refer only to silver (cf. verse 193 and note to 62/9), but cf. 'Den lille Skálda', *SnE* 1931, 256/22.

P. 61/16 *eru*: i. e. can be (referred to as, taken as); but it is not clear which is the subj. and which the complement, cf. 61/14 and Glossary under **vera**).

Verse 191 *Skj* A I 399, B I 368. Taken to be from Þorleikr fagri's *flokkr* on King Sveinn Úlfsson, composed *c*. 1051 (see *Hkr* III 113, *Knýtlinga saga* 130, *Fagrskinna* 253, *Morkinskinna* 161), like the fragment in verse 198 and verse 361, where the poet's name is again given as Þorleifr in RC, but Þorleikr in TAB (U omits the chapter). Here TCU give the name as Þorleifr, though it is Þorleikr in WAB; at verse 198 only T has Þorleifr (U has Þorleikr there); see Index. There are further quotations from the poem in *Knýtlinga saga* and *Hkr*, *Fagrskinna*, *Morkinskinna*, *Hulda–Hrokkinskinna*.

Verse 192 *Skj* A I 122, B I 116. Together with verse 299 thought to be all that remains of a poem about a king who must have been Danish (in view of the mention of Lundr here and his being said to be of the kin of Haraldr hilditǫnn in verse 299); it was possibly Haraldr blátǫnn, and the poem may have been composed *c*. 985. See Fidjestøl 1982, 96.

Verses 193–4 *Skj* A I 478–9, B I 450–51. See note to verses 145–9. With the word-order of verse 193 (*sjóðs* goes with *snær* and *geima* with *eldr*; both phrases are the subject of *liggr*) compare *Háttatal* 98. *Snær ok eldr* in line 4 constitute *refhvarfa bróðir* (*Háttatal* 23), as well as paradox.

P. 62/9 The sentence is fuller in AB: *Hér er gull kallat eldr áls* (B omits) *hrynbrautar, en silfr snær skálanna* (*SnE* 1848–87,

II 433 (the text here omits the word *silfr*, but it is in the manuscript), 517). Cf. 61/11–12 n.

Verse 195 *Skj* A I 419, B I 388. Part of an otherwise unknown poem by an otherwise unknown poet, probably in praise of some ruler. There seem to be two nominatives in apposition as the subj. of *átti*, both referring to the same person as *seima rýri*; *glaðsendir*, however, could be the subject of *sér* (though it would seem unlikely to refer to the poet; cf. verse 197 n.), or perhaps, if *sér* is impers., vocative (see *Skj* B I 388). Some manuscripts have *at* for *ok* in line 2, see under **ok** in Glossary.

Verse 196 *Skj* A I 290, B I 268. Quoted again as verse 287, with differences. Taken to be from Óttarr's head-ransom poem addressed to King Óláfr Haraldsson of Norway (*c*. 1022), see *Hkr* II 5 n. (the context of the poem is given by Styrmir fróði, *Flb* IV 6–7). Further quotations as verses 359 and 408 and in *FGT*, but most of the surviving poem is found in *Hkr* and *ÓH* (some brief quotations also in *Fagrskinna*, *Orkneyinga saga*, *Knýtlinga saga*, Legendary saga, etc.). Whether reading *gull-* (WTUB), *gulls* (RC) or *glóð-* (with A and verse 287), the kenning *gunnar gull(s) (glóð-)brjótandi* can only mean 'sword-breaker'; if the lines are not wrongly copied, the commentator must have overlooked the fact that there is not here a kenning of the type gold-breaker = generous man (62/14; cf. verse 228 n.).

Verse 197 *Skj* A I 130, B I 123. From *Vellekla*, see note to verse 18. Kock's interpretation (*NN* 410) avoids giving the poet the inappropriate kenning *gullsendir* (see Faulkes 1993b, 17–18; cf. verse 195 n.), but makes him the receiver of land as a gift (improbable though not impossible) and describes him as receiver (i. e. of the mead of poetry) rather than maker of poetry (cf. *Gauts gjafrǫtuðr* in verse 300b).

Verse 198 *Skj* A I 399, B I 368. See note to verse 191.

Verse 199 *Skj* A I 492, B I 464. Together with verse 283, this is all that remains of a poem presumed, because of the mention in *Skáldatal* (*SnE* 1848–87, III 276) of the poet having composed about him, to have been about Sigurðr Jórsalafari (d. 1130). These and verse 26 are all that remains of this poet's work. Finnur Jónsson (1920–24, II 72) suggests the possibility that the nickname is derived from his having composed a poem (from which verse 26 may come) about someone with the nickname *blanda* (perhaps the Norwegian

General Notes 191

Brynjólfr blanda, d. c. 1180; see *Sverris saga* 51). See Fidjestøl 1982, 158.

Verse 200 *Skj* A I 324, B I 299. Thought to be the last verse of Þórarinn loftunga's *Tøgdrápa* (the poet is named in A), composed for Knútr inn ríki *c.* 1028, otherwise known only from quotations in *Knýtlinga saga*, *Fagrskinna*, *Hkr*, *ÓH*, Legendary saga and other versions of *Óláfs saga helga*. See *ÍF* XXXV 125–6. The word *tøgdrápa* may be used as a common noun here (for the first time?), but subsequently it has come to be taken as the name of Þórarinn's poem. This may have been the first major poem to use this metre (*tøg(drápu)lag* is given as the name of the metre in *Háttatal* 68–9; *tøgdrápuháttr* in *Háttatal* 70), but it is uncertain whether the name relates to the metre or to the subject of the poem (Knútr's journeys or expeditions to Norway). Cf. **tøgdrápa** in Glossary.

Verse 201 *Skj* A I 552, B I 534. From a poem about an unknown woman which is also quoted in verses 203 and 204 and *TGT* 21, 85. Besides the poem quoted here Hallar-Steinn composed *Rekstefja* (preserved in Bergsbók (see note to verse 277) and *ÓTM*) about Óláfr Tryggvason and there survive fragments of a poem thought to be perhaps about Skáld-Helgi in *Edda Magnúsar Ólafssonar* 307, 398 (see Finnur Jónsson 1920–24, II 106–7).

P. 63/13 *kallat*: written thus without abbreviation in RWT; such lack of concord is not unusual when the participle precedes the subject (Nygaard 1905, § 66 n. 3; § 67 n. 2, 3). U and C have *kallaðir*. Cf. 67/23.

P. 63/15–17 *samheiti*: homonym; i. e. *selja* can be a word for a tree (a kind of willow) as well as a word meaning dealer, server, giver. *Fyrr*: i. e. ch. 31. *Lóg* is written 'lǽg' at 63/16 and *lág* is written 'log' at 63/17 (in R; the other manuscripts generally have *a* (or *á*) in both words, though T has *o*; at 40/19–20 R and T have *log*, W has *log* (the first time with *ð*), U and B *lag* or *lág*). The play is on the two words *lóg* and *lág* (*lǫ́g*) which would have been distinct in pronunciation but could both be written *log* or *lǫg* (see **lág** and **lóg** in Glossary). Cf. 40/19–20 and note. The explanation Snorri gives is improbable, cf. note to 40/12. On *lág* in kennings for woman cf. **skorða**, **tróða**; all three are likely to be variations of kennings with names of trees as base-words.

P. 63/16 Cf. 40/21 and note.

Verse 202 *Skj* A I 197, B I 188. From a *lausavísa* in *Gunnlaugs saga*

ch. 11 (*ÍF* III 96), about Helga in fagra after her marriage to Hrafn (*c.* 1006), though it is doubtful whether it is genuine. The man referred to in line 2 is Helga's father, Þorsteinn Egilsson. Verses 203–4 *Skj* A I 552–3, B I 534. See note to verse 201.
Verse 205 *Skj* A I 415, B I 385. See note to verse 29. Lines 1–2 are quoted in *TGT* (in W) 28, 104. This verse seems to refer to what was done with Snæfríðr's dead body.
Verse 206 *Skj* A I 417, B I 386. Apparently a fragment of a poem about an unknown woman; nothing further is known of this poet (called Steinn in A and T). Alliteration on the second half of a compound as in line 3 is unusual (cf. Kuhn 1983, 34, 49, 108), but although *stoð straumtungls* would be a sufficient kenning, *velti* (*vélti*?) will not fit in as a verb without *hǫfu-* being omitted (cf. *NN* 2314: *mik villti stoð stilltan*). The line is anyway rather heavy.
Verse 207 *Skj* A I 416, B I 385. See note to verse 29. *Ek hefi lagit mark (konunnar) á (kvæði)* may mean simply 'I have dedicated the poem to the woman' rather than 'I have fixed the image of the woman in the poem'.
Verse 208 *Skj* A I 185, B I 175. Anonymous fragment of an otherwise unknown love poem. It is doubtful whether Finnur Jónsson is right to class it as tenth century in *Skj* A I 185 (see Finnur Jónsson 1920–24, I 522).
Verse 209 *Skj* A I 184, B I 174. Anonymous fragment of an otherwise unknown poem. Cf. verses 224–5, 235, 317 and Fidjestøl 1982, 167.
P. 64/26 *reynir*: play on *reynir* 'trier' (cf. *reyna* 'try, test') and *reynir* 'rowan'; cf. ch. 31. It is more likely that in fact tree-names were used in kennings because of the similarity in appearance between a man and a tree. Cf. **selja (2)** and **(3)**, and **lág, lóg** in Glossary, and notes to 40/12 and 63/15–17.
Verse 210 *Skj* A I 137, B I 129. Another verse about Þórr fishing for the Midgard serpent (see note to verse 8), also quoted as verse 316.
Verse 211 *Skj* A I 79, B I 69. From *Sigurðardrápa*, see note to verse 12.
Verse 212 *Skj* A I 155, B I 147. From *Hákonardrápa*, see note to verse 10.
Verse 213 *Skj* A I 341, B I 314. Second half of verse 12 of *Magnúsdrápa*, see note to verse 105. The complete stanza is quoted in *Hkr* III 56–7, *Fagrskinna* 224, *Hulda–Hrokkinskinna* (*Fms* VI 83), the first half in *Flb* IV 53.
Verse 214 *Skj* A I 321, B I 297. A fragment of unknown context, see

General Notes 193

note to verse 4. Finnur Jónsson 1920–24, I 600, suggests that it relates to Vagn Ákason, cf. *Jómsvíkinga saga* 1962, 29, 42–3. In line 4, R appears to have *es-Freyr*, though it perhaps could be read *él-Freyr*, which would be synonymous with *as-Freyr*. The phrase *gekk í meyjar sæing* may be metaphorical if the woman concerned is symbolic (e. g. of death (= Hel) or battle (= Hildr (1) in Index), cf. *Háttatal* 49 and note). Kock (*NN* 1128) takes *Hárs drífu askr* as subject of *gekk* (parallel to *él-Freyr*) and *við* as a preposition with *ærinn þroska* (rather than present tense of *vinna*), though *við* would not normally be used with this meaning; cf. *NN* 2988H.

Verse 215 *Skj* A I 601, B I 601. Anonymous and of unknown context. If *brynja* is the subject of *kvaddi*, *handar svella hlynr* is vocative; it is sometimes emended to *brynju*, making *hlynr* the subject. (Kock *NN* 3132 points out that then *heill* ought to be feminine.) The remainder of the verse is not extant, and *brynja* may belong in sense to something in the following lines.

Verse 216 *Skj* A I 320, B I 296. See note to verse 30. Lines 1 and 3–4 do not comprise a complete sentence, and the main clause must have been in the other half of the stanza.

Verse 217 *Skj* A I 298, B I 275. From *Knútsdrápa*, addressed to Knútr inn ríki c. 1027; also quoted as verse 314; the whole stanza of which this is the second half appears in *Hkr* II 280–1, *ÓH* 438 and the Legendary saga; the first half only in *Fagrskinna* 186. It is about the battle at Áin helga which Knútr fought against King Ǫnundr Óláfsson of Sweden and King Óláfr Haraldsson of Norway (the *tveir jǫfrar*) in 1027. Ten other stanzas from the poem are quoted in *Knýtlinga saga* which mostly relate to Knútr's campaigns in England around 1015–16.

Verse 218 *Skj* A I 343, B I 315. The second half of verse 17 of Arnórr's *Magnúsdrápa*, see note to verse 105. The complete stanza appears in *Hkr* III 62, *Hulda–Hrokkinskinna* (*Fms* VI 89), the first half only in *Fagrskinna* 225 and *Flb* IV 53.

P. 66/15–16 I. e. *at kalla hana veðr vápna . . . eða gný eða glym þeira.*

Verse 219 *Skj* A I 23, B I 21. From *Glymdrápa*, the first half of verse 5. The whole stanza is found in *Hkr* I 105–6 (cf. 101 n. 2), *Fagrskinna* 70, and in *Flb* II 59 (*Haralds þáttr hárfagra*), where the lines of verse 219 appear as the second half of what is verse 9 of the poem in *Skj*. There are further quotations as verses 345, 256, and several verses appear in *Hkr*, *Fagrskinna*, *ÓTM*, *Haralds þáttr hárfagra* (*Flb* II 58–9). The poem is mainly about Haraldr hárfagri's battles by which he became ruler of all Norway. It may have been composed c. 890–900.

Verse 220 *Skj* A I 69, B I 61. See note to verse 5. It is unclear whom this verse is about.

Verse 221 *Skj* A I 93, B I 87. The first half of a *lausavísa* preserved like all Hólmgǫngu-Bersi's verse in *Kormaks saga* (see *ÍF* VIII 251). For the context see *Kormaks saga* ch. 12

Verse 222 *Skj* A I 480, B I 452. From an unidentified praise-poem. Cf. note to verse 136. Perhaps by Einarr Skálaglamm (*Vellekla*?); see note to verse 18 and Fidjestøl 1982, 99–100, where other ambiguous attributions are examined (e. g. verse 281).

Verse 223 *Skj* A I 131, B I 123. Taken to be from *Vellekla*, see note to verse 18. It is difficult to see how the words *rómu Hárs* fit into the sentence; since the other three kennings (*sigbjarka serkir, sómmiðjungum, Hǫgna skúrir*) seem complete without any further genitives, it is perhaps best to take *rómu Hárs* as an adverbial phrase, 'in battle'. See **sómmiðjungr** and **róma** in Glossary.

Verses 224–5 *Skj* A I 184, B I 173. Anonymous and of unknown context. See note to verse 209. Verse 224 is not a complete sentence and a main verb must have been included in an unquoted line. Cf. Fidjestøl 1982, 167.

P. 67/18 If *hjálm* is not an error, it is the first *heiti* in the list of names for helmet, though it would be unusual to use it as the base word in a kenning for helmet. R, W and T all include both *hjálma* (as first object of *kalla*) and *hjálm* (T has *hjálma eða hjálmhǫtt*).

P. 67/21 It seems that Ullr had a ship called Skjǫldr, though this is not mentioned elsewhere (cf. 19/32 and note); but kennings based on it (calling shields Ullr's ship) are common. See Glossary under **askr**, **ask-** and Ullr in Index.

P. 67/23 *er* (2): lack of concord when verb precedes subject (T and U have *eru*, C reads *skjǫldrinn kendr*). Cf. 63/13 n. But there is also similar lack of concord in the next sentence where the subject comes first (and the complement is also plural). But it is possible that there *hǫggvápn* is to be taken as sg. and *øxar eða sverð* as a parenthesis. U, however, has *eru kǫlluð* in line 24.

P. 67/28–9 Apparently 'because it is mostly in what is composed as eulogy [i. e. of warrior kings] that these kennings are required'. Since most poems are eulogies which require many terms for warfare

General Notes 195

and its attributes, there are many variations of such terms. Snorri's particular concern is to encourage the writing of traditional eulogies, and to encourage the use of the traditional diction associated with them.

P. 67/29 *Svá kvað Víga-Glúmr* add AC.

Verse 226 See verse 3 and note. The attribution in AC is lacking here in RTWU, probably omitted by a scribe (or scribes).

Verse 227 *Skj* A I 130, B I 123. Taken to be from *Vellekla*, see note to verse 18. Reichardt 1928, 138 reads *með Sigvalda* with *fór*.

Verse 228 *Skj* A I 145, B I 136. From a *drápa* about Earl Hákon Sigurðarson composed *c*. 987 (cf. *Fagrskinna* 131). The whole stanza of which this is the second half is preserved in *Hkr* I 281, *ÓTM* I 189–90 and *Jómsvíkinga saga* 1879, 81–2, and these sources preserve several further verses from the poem. The verse contrasts the hardships of battle with the luxury of sleeping with a beautiful woman (cf. verse 286 and *Krákumál* 20 (*Skj* A I 646–7)). Though *Róða serkr* could well be a kenning for coat of mail, it does not seem to be recorded as such in any extant verse, and in this verse it is difficult to see how *Róða* can belong with any other word than *rastar*. The heading to the quotation must be due to the writer's inattention. Cf. verse 196 n.

Verse 229–30 *Skj* A I 156, B I 148. From *Hákonardrápa*, see verse 10 n.

Verse 230 If *benfúr* is n., it might be the (pl.) subject of *rjóðask* (indicative rather than inf.) and *bjǫrt* might go with it; then it is necessary to read *fyrir* before *méilskúrum* (as in C; A has *við*, and R has *fyrir* instead of *fúr*; cf. t. n.) to provide a complement for *verða*. Cf. Reichardt 1928, 61–3: *Þaðan verða Sǫrla fǫt fyrða [fyrir] méilskúrum; bjǫrt benfúr rjóðask í blóði*.

Verse 231 *Skj* A I 313, B I 290. First half of a *lausavísa* preserved in *Grettis saga* ch. 72 (*ÍF* VII 234–5), supposed to have been composed during his visit to Hegranessþing, depicting the farmers' reaction to the discovery that Grettir is their unknown guest.

Verse 232 = verse 146, see note to verses 145–9.

Verse 233 *Skj* A I 480, B I 452. Two more lines are quoted in U:

  ylgr brunar hvatt ins helga
  hrægjǫrn í spor ǫrnum.

From an unidentified poem by Einarr Skúlason, cf. notes to verses 136, 222 and see note to verse 312. Parts of the description seem to imply a land battle, other parts a sea battle.

Verse 234 *Skj* A I 318, B I 295. From a poem addressed to a ruler or chieftain thanking for a gift; perhaps from the same poem as verse 246.

Verse 235 *Skj* A I 184, B I 173. Anonymous and context unknown. See note to verse 209.

Verse 236 *Skj* A I 376, B I 346. Thought to be from Þjóðólfr Arnórsson's *Sexstefja* (it is attributed to Þjóðólfr in A and U), see note to verse 120.

Verse 237–8 *Skj* A I 1, B I 1. Verses 1–2 of *Ragnarsdrápa*, see note to verse 24. Verse 237/3: see Þrúðr in Index.

Verse 239 *Skj* A I 317, B I 294. Another verse from *Knútsdrápa*, see note to verse 115. Are there two shields (of different colours) or just one? Is it the king's own?

Verse 240 *Skj* A I 182, B I 172. Anonymous fragment of unknown context. Kock (*NN* 85) compares the Old English Gnomic poems (*Maxims* I and II, *ASPR* III 162, line 153 and VI 56, line 37).

Verse 241 *Skj* A I 79, B I 69; Frank 1978, 117–18. From *Sigurðardrápa*, see note to verse 12. Line 4 contains a *fornt minni*.

Verse 242 *Skj* A I 138, B I 129–30. From *Húsdrápa*, about Baldr's funeral (*Gylf.* ch. 49). See note to verse 8.

Verse 243 *Skj* A I 77, B I 67. From *Gráfeldardrápa*, see note to verse 6; also quoted in *Fagrskinna* 108. Fidjestøl (1982, 91–2) suggests that this half-stanza belongs with stanza 10 of the poem in *Skj* (which in *Fagrskinna* is the first half of another stanza).

P. 70/29 *grand hlífar*: the kenning in verse 244/3 is *grand hjálms*. *Hlíf* 'protection' can refer to either shield or helmet, or indeed to any protective armour; cf. verse 472/6. Cf. also note to verse 245/3.

Verses 244–5 *Skj* A I 479, B I 451. See note to verses 145–9.

Verse 245/3 In view of the commentary, *fjǫrnir* perhaps here means shield rather than helmet (cf. verse 471/4); the axe as enemy of the shield is also a more usual image. Kock *NN* 959 takes *ríðendr* as vocative, *megu* as indefinite ('one can').

Verse 246 *Skj* A I 319, B I 295. See note to verse 234. Kock (*NN* 783) keeps the reading *bezt* (adv. 'best') in line 4, though *borðs* seems necessary to complete the spear-kenning: *myrkdreki marka* might mean spear on its own if *ofljóst* is being used (*myrkdreki marka* = *ormr* = spear; or *eikinn* could be taken as 'oaken' and thus qualifying the meaning of *myrkdreki*. This seems unlikely, as the only example in *LP* of *ormr* as a *heiti* for spear is in *Krákumál*

12 (*Skj* A I 644). Several serpent-names are, however, also names for swords (see Fáfnir, Góinn, Móinn in Index; **langbarðr, níðhǫggr** in Glossary; *naðr* in *LP*)

Verse 247 *Skj* A I 124, B I 118. Second half of verse 8 of *Vellekla*, see note to verse 18. The whole stanza appears in *Hkr* I 209 and *ÓTM* I 55–6.

Verse 248 *Skj* A I 155, B I 147. From *Hákonardrápa*, see note to verse 10.

Verse 249 *Skj* A I 72–3, B I 63–4. From a *lausavísa* about Haraldr gráfeldr (composed *c*. 962; cf. verse 117); the complete stanza appears in *Hkr* I 200, *Fagrskinna* 58, *ÓTM* I 48.

P. 72/11 It is possible that the scribe of R intended *mensætt* 'a settlement in the form of a neck-ring'.

P. 72/16 *mág sinn*: presumably ironical, since Heðinn did not actually marry Hǫgni's daughter.

Verses 250–54 *Skj* A I 2–3, B I 2–3. See note to verse 24.

Verse 250 Kock *NN* 1505 takes *færi* as a noun, object of *hugði* ('thought there was opportunity (to experience))', *til fárhuga veðrboða* '(for) the storm-offerer's (i. e. Heðinn's?) hostile intent'. There are various possibilities with *at*: *at þat* 'in this, after this'; *at sínum feðr*; *at færi þat veðr boga*.

Verse 251/5–8 Kock, *NN* 1853 I (cf. 1946–9, I 2), apparently reads *Svá lét ey, þótt etti, sem orrostu letti jǫfrum*, with *úlfs . . . lifru* parallel to *orrostu*. But *letja* takes an accusative object of the person, and *jǫfrum* must go with *etti*. Note the end-rhyme.

Verse 252/1–4 *glamma mun* is the object of *stǫðva*; stopping the wolf's desire, i. e. hunger, means fighting a battle and providing carrion. If *glamma mun* means wolf's pleasure, i. e. carnage, *Letrat* must be read as *Lætrat* 'does not cause'). *Hǫð* is either in apposition to *mun* ('battle, the wolf's pleasure') or dat., 'in battle' (or instr., 'by battle'); or possibly the first element of the compound *hǫðglamma* ('battle-wolf'; this might be a kenning for sword). See **hǫð** in Glossary.

Verse 253/3–4 Cf. verse 158 (*stef*). The stanza is perhaps complete, since a *stef* does not necessarily have to come in a full 8-line stanza.

Verse 254/7–8 It is uncertain whether these two lines contain one prepositional phrase or two. In any case *at* in line 7 is hard to reconcile with the context (*at* = close by, i. e. along the shore, is proposed by Kock, *NN* 217) and *af Reifnis skeiði* 'from the sea' would make better sense. In line 8 *raðálfs af mar* would presumably mean 'from the ship'. Finnur Jónsson in *Skj* B I 3 takes *skeiði* with *bráðum*, swift in sailing (with *Reifnis mar[i]*; and *bráðum at skeiði* might also be possible, though *bráðum* could also be adverbial, 'swiftly'), and reads *raðarálfs* (with *herr*), omitting the preposition in line 8. If one reads *of* (**of (3)** in Glossary) in line 8 (or omits the word), it is possible to interpret the phrase *af raðálfs Reifnis mar bráðum skeiði*, 'from the sea-king's swiftrunning Reifnir's horse (i. e. ship)'.

P. 73/31 See the beginning of ch. 48 (66/15–16 and verse 220).

Verse 255 *Skj* A I 119, B I 113–4. Part of a *lausavísa* quoted in *Víga-Glúms saga* ch. 26 (*ÍF* IX 89–90). Cf. verse 3 and note. In spite of the interpretation in the commentary, it seems more natural to take the kenning to be 'staves of the weather of Viðrir's rod' (and the rod to be a spear, since this is Óðinn's weapon, rather than a sword) rather than 'staves of the rod of Viðrir's weather'. Though there are parallels for the attachment of the first half of a compound to another element of the kenning (e. g. *dal-miskunn fiska* verse 140/4), this would not be expected unless there was no more straightforward alternative (see Introduction pp. liii). See *ÍF* IX 89 n. It is not clear also whether the kenning belongs in the main statement or in the parenthesis. There is poor manuscript support for *landa* in the last line; *mér til handa* ('for my own benefit' however leaves *rudda ek* without a complement. *Forðum* can be taken with *jarlar* ('earls of old'; or the equivalent of *sem jarlar gerðu forðum*) or *rudda* or *lék*, but since the adverb is probably contrasted with *nú . . . um síðir* in the second half of the verse (*ÍF* IX 90), it is perhaps best to take it with *rudda*.

P. 74/3–6 The author is here still basically concerned with kennings for man, even if they are made up of kennings for weapons or battle. Cf. Müller 1941, 124–5. In line 3 the subjects are *orrosta, sverðit, menn*.

Verse 256 *Skj* A I 22, B I 20. From *Glymdrápa*, see note to verse 219. Also quoted in *Fagrskinna* 69 and *Flb* II 58 (*Haralds þáttr hárfagra*); in both of these it appears as the first half of a stanza with what in *Skj* is *Glymdrápa* verse 4/1–4 as the second half, cf. *Hkr* I 103 and see Fidjestøl 1982, 87.

Verse 257 *Skj* A I 414, B I 384. This is all that survives of this poet's work, and he is not mentioned elsewhere. The context is unknown. *Þat* cannot be fitted into the sentence, since *ófrið þenna* is the object of *segir*. (But *þenna* could go with *mar* (*NN* 897); Kock also takes line 3 (with *þenna*) as the main clause and the first three words of line 4 as a parenthesis.) Keeping the manuscript readings, one might perhaps understand the verb *to be* in line 1 and take line 2 as a parenthesis. This would make each line a separate statement (*áttmælt, Háttatal* 10). On the rhyming of syllables with *ǫ* and *a* (line 2) see Hreinn Benediktsson 1963.

Verse 258 *Skj* A I 317, B I 293. From *Knútsdrápa*, see note to verse 115. In spite of the commentary, lines 3–4 *á Sǫlsa bekkjar trǫð* must mean 'on the path of Sǫlsi's bench', i. e. 'the path of the ship', though in itself *Sǫlsa bekkr* could be a kenning for the sea ('Sǫlsi's resting place or land', 74/24–5). It would also be possible to take *Sǫlsa bekkjar* with *hreinum* ('reindeer of Sǫlsi's resting place', i. e. ships) and *Sveiða* with *trǫð* ('Sveiði's path', i. e. sea). Cf. notes to verses 196 and 228 for other cases of apparent discrepancy between verses and commentary.

Verse 259 *Skj* A I 329, B I 303. Perhaps a *lausavísa*, but the context is unknown. Finnur Jónsson 1920–24, I 604, suggests it may relate to Óláfr helgi's expedition to Denmark in 1026 which culminated in the battle at Áin helga (Helgeå), and that it may be part of *Róðadrápa* (on which see *Hkr* II 281). There are other fragments that may be from this poem in the version of the second half of *Skáldskaparmál* in W (*SnE* 1924, 105) and in some manuscripts of *Edda Magnúsar Ólafssonar* (see Jón Helgason 1966, 176; Faulkes 1977–9, I 106, 152; *Skj* A I 329–30). Cf. verses 59 and 375 and see Fidjestøl 1982, 127.

Verse 260 *Skj* A I 452, B I 421. Probably a *lausavísa*; cf. verse 369. The verse-form is *fjórðungalok*, see *Háttatal* 11 (and t. n. there). Lines 5–6 are also quoted in *TGT* 27, 104 (in W). Lines 3–4 *of hvíta‹r› gnípur hvals ranníugtanni* 'over the white peaks the bear of the whale's house' would be closer to the manuscript (T may have *hvítar*), though it would be unusual to use *gnípur* on its own of the waves. (Cf. Frank 1978, 75–6.)

P. 75/15 In *SnE* 1931, 157 and *SnE* 1848–87, I 442 punctuated 'bjǫrn skorðu er hér kallat. Skip er ok kallat hreinn'. See **kalla** in Glossary.

P. 75/16 *áðr*: verse 258.

Verse 261 *Skj* A I 357, B I 329. The first half of a *lausavísa* quoted in *Hkr* III 89, *Fagrskinna* 237, *Morkinskinna* 85, *Hulda–Hrokkinskinna* (*Fms* VI 169). In *Morkinskinna* 86 and *Hulda* (*Fms* VI 170) the second half of this verse is also quoted as the second half of the verse attributed to Brennu-Njáll in *Skáldskaparmál* verse 355, and the whole is then attributed to King Haraldr. Cf. verses 284, 355 and notes.

Verse 262 *Skj* A I 483, B I 455. Probably part of a *lausavísa* by Einarr Skúlason. The king referred to is likely to be King Sveinn Eiríksson (d. 1157) and the verse may have been composed *c*. 1153. Cf. *ÍF* XXXV 275, where another verse by Einarr Skúlason complaining about his treatment by the king is preserved. Fidjestøl (1982, 100) discusses the possibility that this verse is by Einarr Skálaglamm.

Verse 263 *Skj* A I 539, B I 520. Probably part of a *lausavísa*. Also quoted in *TGT* 26, 100. The satirical tone is found in two other *lausavísur* by Máni, which are quoted in *Sverris saga* (1920, 91; nos 2 and 3 in *Skj* A I 539, B I 520; no. 4, quoted in *Sturl*. I 269, mentions gifts sent to Snorri Sturluson by Earl Hákon galinn). Line 2 *drengum*: see Noreen 1923, § 389 n. 4: this may be a genuine alternative form to *drengjum* (WTAU).

Verse 264 *Skj* A I 320, B I 296. See note to verse 30.

Verse 265 *Skj* A I 200, B I 190. The first half of a stanza also quoted in *Hkr* I 249 and *Fagrskinna* 138 from *Bandadrápa*, the *stef* of which is quoted as verse 304. Otherwise the only parts of the poem preserved are in *Hkr*, *Fagrskinna* and *ÓTM*. The poem, which is all that survives of Eyjólfr dáðaskáld's work, is about Earl Eiríkr Hákonarson, and composed *c*. 1010. See *Hkr* I 249 n., *ÍF* XXIX 165. The name of the poem probably relates to the occurrence of the word *banda* in the *stef*, the poet's nickname to the fact that he composed about the earl's *dáðir*.

Verse 266 *Skj* A I 417, B I 387. Context unknown, though the lines may be about the story of Hildr Hǫgnadóttir, ch. 50. Nothing further is known of the poet though he could be the lawspeaker who died in 1181 (*Sturl*. I 124, 130, 160).

Verse 267 *Skj* A I 144, B I 135. Apparently from a Christian poem, but it is not known who the person being baptised is (it could be the poet). If this is by the same poet as verses 50 and 58, he is evidently another example of a heathen poet who became Christian (cf. note to verse 50), and the lines must be from the early eleventh century.

P. 76/22. It is possible that the placing of the chapter on kennings for

Christ was determined by the words of verse 267, and that the beginning of ch. 53 was suggested by the words of verse 276.

Verse 268 *Skj* A I 152, B I 144. Like the previous verse, evidently part of a Christian poem by a poet known otherwise for his heathen verse. See note to verses 73–91. The context is unknown; the poem may have been addressed to Christ. Eilífr's verse is only known from *SnE*. In line 2, the form *sunnr* would give a better hending. Frank (1978, 118–19; see references there) takes *setbergs* as adverbial gen. 'on a table-mountain' with *sitja*; *banda lǫndum* then becomes 'over (with) lands where the (heathen) gods are worshipped'. It is difficult to be sure what the poet had in mind by his reference to *suðr at Urðar brunni*. It may mean at Rome, or at the centre of the world (i. e. Jerusalem?). If this extract really is from a Christian poem, the phrase presumably implies that Christ has taken over the reponsibility for fate (or providence) from the heathen norns. Cf. *Gylf*. chs 15–16, esp. p. 17/30–31: '. . . Urðar brunnr. Þar eigu guðin dómstað sinn.'

Verse 269 *Skj* A I 314, B I 291. Probably part of a poem about Christ; Finnur Jónsson (1920–24, I 543) suggests it was composed in connection with the dedication of a church built by Skapti (cf. *ÍF* XIII 326 and n.). This is all that survives of verse by him, though he is said to have composed various poems (see *Skáldatal*, *SnE* III 274, 280, 548–52; *Ǫlkofra þáttr*, *ÍF* XI 91). He appears in several of the Sagas of Icelanders and in *Hkr* II and *ÓH*, see Index.

Verse 270 *Skj* A I 452, B I 420. Probably from a poem about Christ; another fragment may be preserved in *TGT* 28 and 105 (in W). But Fidjestøl (1982, 153) suggests that both of these, together with a half-stanza (perhaps a *stef*) that replaces verse 398 in AB (*SnE* 1848–87, II 461, 540; see note to verse 398 below) may be parts of a poem about St Knútr Sveinsson, probably composed after his death in 1086 (Markús is named as one of his poets in *Skáldatal*, *SnE* 1848–87, III 283). Cf. note to verse 111. Line 2 *dyggjan* has the *ia* written like *v* and *a* run together, and perhaps *dyggvan* was intended. Cf. Noreen 1923, § 430 n. 4.

Verses 271–3 *Skj* A I 572, B I 565–6. The four verses attributed to Eilífr kúlnasveinn in *Skáldskaparmál* are thought to be from a poem about Christ—besides these verses, verse 276; a verse quoted in *FoGT* 131–2 (in W) may also belong. Otherwise all that survives of this poet's work seems to be part of a *lausavísa* in *TGT*

(14, 65); this is, however, attributed to Eilífr Guðrúnarson in all three manuscripts, *pace* Finnur Jónsson 1920–24, II 116–17.
Verse 272/4 Editors omit the second *ok*.
Verse 273/2 *sonar* is emended to *vinar* (following TWA) in *SnE* 1931, 159, which would then refer to some saint; see *SnE* 1848–87, 448–9 n.
Verse 274 *Skj* A I 265, B I 245. Thought by Finnur Jónsson (1920–24, I 595) to be from Sighvatr's memorial poem about St Óláfr, composed *c*. 1040, perhaps a *stef* that emphasised the king's sanctity (according to *ÓH* 553 the poem was *stælt eptir uppreistarsǫgu*, i. e. had interpolated sections referring to *uppreistarsaga*; *uppreist* here may mean the Ascension or Resurrection, or conceivably Creation). Other verses from this poem are to be found in *Hkr* and *ÓH* (one of these also in the fragments of the second half of *Skáldskaparmál* in W, *SnE* 1924, 105); one fragment perhaps in *TGT*. Fidjestøl (1982, 121) points out that verse 274 seems to be about the baptism of Christ and that there is little reason to assign it to a poem about St Óláfr (whatever *uppreistarsaga* means, it is unlikely to have referred to Christ's baptism). Cf. *SnE* 1848–87, III 345–6, where the verse is more plausibly assigned to an otherwise unknown religious poem about some saint.
Verse 275 *Skj* A I 353, B I 326. Thought to be from (the final verse of) Arnórr's memorial poem about Haraldr harðráði (composed *c*. 1067). Further quotations as verses 321, 376 and in *TGT* 14 and 65. The other extant verses from this poem are in *Hkr*, *Hulda–Hrokkinskinna*, *Morkinskinna*, *Fagrskinna*, *ÓH*. Fidjestøl (1982, 131, 132) is doubtful about whether any of the quotations in *SnE* and *TGT* except verse 376 really belong to this poem. In line 3 R has only one *k* in *Grikja*, though it has two at 78/3 (written 'ck') and 19, but it is not certain that the writer wished to distinguish the two forms of the name (W has *Girkja* on the first two occurrences, T and A on all three). 'Guardian of Greeks and Russia' is an unusual title, but *Garðar* can hardly mean anything other than the Scandinavian towns in Russia.
Verse 276 *Skj* A I 572, B I 566. See note to verses 271–3.
Verse 277 *Skj* A I 462, B I 431. The only quotation from Einarr Skúlason's *Geisli* in *Skáldskaparmál* (though there are others in the version of *Skáldskaparmál* in W (*SnE* 1924, 112), *TGT* and *Hulda–Hrokkinskinna*, *Hkr*, *ÓH*). The poem as a whole is preserved at the beginning of *Flb* and in Bergsbók (i. e. Royal Library

General Notes 203

Stockholm Perg. fol. nr 1). It was composed c. 1153 in honour of St Óláfr and commissioned by King Eysteinn. See Hallberg 1975, 169.

P. 78/17 *koma saman*: overlap, i. e. they are ambiguous. Most kennings for man or warrior or king are unspecific (i. e. they are *fornǫfn*, *pronominatio* or *antonomasia*), even though generally it is an individual that is referred to (they are not usually the equivalent of common nouns). Only the context (*stoð*) can decide who is meant, particularly in kennings for king/God (cf. 76/22 n.). Such kennings are *sannkenningar* or *viðkenningar*, but not *sérkenningar* (proper-noun kennings) in the sense of unambiguously indicating one particular person, even though they may mean an individual. Skaldic poets go to great lengths to avoid naming the persons who are the topics of their verse. See Introduction pp. xxix–xxxiii.

P. 78/21 *Engla konung*: presumably in addition to the general ambiguity about kennings for king which in some contexts may refer to God there is the further ambiguity in the word *Engla*, which can be gen. pl. of *engill* 'angel'.

P. 78/22 *ritat*: agrees with a generalised notion of what was written (*orð*), hence n., rather than with the actual word *kenning*; though the f. form *rituð* may be intended (the scribe of R wrote *ritað*; *ritat* WA, *rituð* T and U; cf. 95/9); *áðr*: 78/11 (cf. *hǫlða stillir* in verse 276).

Verse 278 = verse 5/5–8, see note.

Verse 279 *Skj* A I 76, B I 66. Assumed by Finnur Jónsson (in *Skj*) to be from *Gráfeldardrápa*, see note to verse 6, though Fidjestøl (1982, 91) points out that the content is too vague for it to be certain whether it belongs to that poem. The first two lines are also quoted as verse 394.

Verse 280 *Skj* A I 377, B I 346. Thought to be from *Sexstefja* (cf. Fidjestøl 1982, 136), see note to verse 120. In line 1 *hildar* is a possible reading, but conflicts with the list at 78/24.

Verse 281 *Skj* A I 480, B I 452. A fragment of unknown context, evidently about a king of Norway. Cf. note to verses 136 and 128–32. On the attribution, see Fidjestøl 1982, 100 and see also note to verse 312.

Verse 282 *Skj* A I 346, B I 318. From *Þorfinnsdrápa*, see note to verse 1. Quoted again as verse 344 (note variants), but not elsewhere.

P. 79/32–80/1 'Those judgments and punishments shall be there as valid as those of the king himself.'

P. 80/10 *veitanda, gætanda, sætti* are all, surprisingly, acc. sg. (though cf. Noreen 1923, § 422 n. 3).

P. 80/15 *forneskju*: it is perhaps not necessary to add the *j*; *fornesku* may be a genuine form, see Noreen 1923, § 263 n. 2; cf. verse 263/2 n.

Verse 283 *Skj* A I 492, B I 464. From a poem about Sigurðr Jórsalafari, see note to verse 199.

Verse 284 *Skj* A I 359, B I 330. The second half of a *lausavísa* about the Norwegian chieftain Einarr þambarskelfir, subsequently killed by the king *c.* 1056. The whole stanza appears in *Hkr* III 124, *Fagrskinna* 263, *Hulda-Hrokkinskinna* (*Fms* VI 270).

Verse 285 *Skj* A I 275, B I 254. From an unknown poem, context uncertain; though it is likely to be from a poem about St Óláfr. There is insufficient evidence to connect this fragment with any other known poem by Sighvatr, though if it did not seem to be other than an eyewitness report it might be taken to belong to the same poem as verse 286 (see Fidjestøl 1982, 123, where it is suggested that it may belong in *Tryggvaflokkr*). Kock (*NN* 683) takes the last line as a separate statement, 'in future I shall not tell about any minor engagements'. He also takes *nadda él* as parallel to *víg* and *at* is emended to *enn* (as WT; U has *it*): 'again recently'? The form *engin* would not be expected in verse earlier than the fourteenth century. In *LP* 110b it is suggested that the correct reading should be *engi en* (i. e. *in*)

Verse 286 *Skj* A I 229, B I 218. The second half of a stanza from *Nesjavísur*, about King Óláfr Haraldsson's battle with Earl Sveinn Hákonarson at Nesjar in Oslofjord in 1015. This is the only quotation from this poem in *Skáldskaparmál*; there are others in *TGT*, *Fagrskinna*, the Legendary saga, *Hkr*, *ÓH*. The whole stanza appears in *Hkr* II 63 and *ÓH* 93, the first half only in *Fagrskinna* 175. The picture painted is unusual (mead being served on board ship by a woman before the battle); but if *fyrir* means 'instead of' we have the conventional contrasting of battle with peaceful activities. It also depends on how the adverbial phrases are ordered; possibly 'It was not then on the ship like when a maid served mead ... instead of (or in return for?) battle.' Cf. verse 228 and note.

Verse 287 = verse 196, see note.

P. 81/10 *kallaðir*, i. e. *kallaðir eru*.

Verse 288 *Skj* A I 156, B I 148. From *Hákonardrápa*, see note to verse 10.

General Notes 205

Verse 289 *Skj* A I 211, B I 201. Context unknown, see note to verse 133. Kock, *NN* 574, suggests taking *stjór(n)viðjar* with *hlemmisverð* and *stáls* with *buðlunga máli*; thus leaving *húflangan skæ* on its own as a term for ship.

Verse 290 *Skj* A I 344, B I 316. From *Þorfinnsdrápa*, see note to verse 1. Kock, *NN* 827, takes the first two lines and the last two words as one statement (*sýn* = sight, glance) and *mein* as obj. of *taka*. At *NN* 2521 it is suggested that rather than *of* governing *enda, enda* may be an adverb and *sessa* acc. with *of*. Arnórr's sons do not seem to be mentioned elsewhere, any more than his marriage in verse 296.

Verse 291 = verse 118, see note.

Verse 292 *Skj* A I 79, B I 69. Assumed to be from *Sigurðardrápa*, perhaps the first verse; see note to verse 12. It is not certain to whom the poem is addressed. At 82/6 verse 292 is taken to be addressed to Hákon Sigurðarson, but the verse in *Hkr* I 168, which is thought to be from the same poem, is ascribed to *Sigurðardrápa*; Finnur Jónsson (1920–24, I 529) takes the recipient to be Earl Sigurðr. See Haraldr (1) in Index and note to verse 12; and cf. Frank 1978, 117. *Ǫrr* is perhaps more likely to go with *sonr* than with *ek*; but emending *greppa* to *greppr* would make it possible to keep the MS *lætr* ('the generous poet proclaims'; cf. Kock's *ǫrgreppa*, *NN* 2510), though the kenning 'ale of the giantess' = poetry would be unusual. *Sýrar* could be spared from the kenning but would be difficult to fit in elsewhere. Kock (*NN* 2510) suggests *Sýrar* (Freyja's) *sannreynir* = Óðr, cf. *Gylf.* ch. 35, = *óðr* (acc. with *á* after *heyri*), i. e. poetry (*ofljóst*), and takes *fentanna ǫrgreppa jastrín mína* as the object of *lætk uppi*. This of course would make it impossible for the addressee to be either Sigurðr or Hákon (it would have to be the son of some Haraldr), and conflicts with the commentary. *Fentanna jast-Rín* might be a parallel to *Hnitbjarga lǫgr*.

Verses 293–5 *Skj* A I 368, B I 338–9. From a *runhent* poem on Haraldr harðráði (*c.* 1055). There is another stanza from this poem preserved in *Hkr* III 70, *Fagrskinna* 228 (lines 1–4 only), *Hulda–Hrokkinskinna* (*Fms* VI 132), *Flb* IV 59. Verse 294 relates to his time in Russia after 1030 (*Hkr* III 69–70). The king lamented in verse 295 is Magnús góði (d. 1047).

Verse 293: it is not clear whether *harðræðit* or *veðr* is the subject, and whether *vex* is trans. or intrans. (see **vaxa** in Glossary). Kock (*NN* 3229) takes *svá at* as rel. with *harðræðit*.

Verse 294 *hlýri*: Haraldr harðráði (Sigurðarson) and St Óláfr (Haraldsson) were actually only half-brothers; their mother was Ásta Guðbrandsdóttir.

Verse 296 *Skj* A I 332, B I 306. From *Rǫgnvaldsdrápa*, see note to verse 114. This verse seems to be the only source for Arnórr's marriage with a member of the Earl's family.

Verse 297–8 *Skj* A I 346, 348, B I 319, 321. From *Þorfinnsdrápa*, see note to verse 1. Verse 297 is the second half of a stanza found in *Orkneyinga saga*, *ÍF* XXXIV 61; verse 298 is only found here. *Bitu* verse 297/1 is absolute; *kind* in line 3 dat. of advantage.

Verse 299 *Skj* A I 122, B I 117. See note to verse 192.

Verse 300a–b *Skj* A I 5, 182, B I 5, 172. The kennings in these verses are very obscure and even the literal meanings are in many cases far from certain. They are reminiscent of Irish *retoiric*. If either is genuine, both are likely to be by Bragi. They are not known from elsewhere. The first is only in R and (in part) C; the second is also in TUA. In both verses the first word may be the first of the list of complements rather than the subject, 'They call me troll/poet' rather than 'Trolls/poets call me . . .'

Verse 301 *Skj* A I 79, B I 69; Sigrøðr in line 2 is probably Earl Sigurðr (1); his *mǫgr* is Earl Hákon, and this stanza at least seems to be from a poem about him, though A has *Hákonar*, and Finnur Jónsson (*Skj* A I 79; 1920–24, I 529) ascribes the stanza to *Sigurðardrápa*. See notes to verses 12 and 292 and cf. Haraldr (1) in Index. The words *meir* and *fleira* imply that the verse is the beginning of a second or subsequent section of the poem, though conceivably they mean just that this is a new poem. Fidjestøl (1982, 93) suggests the possibility that the poem was about both Earl Sigurðr and his son Hákon.

Verse 302 *Skj* A I 213, B I 203. From *Eiríksdrápa*, thought to have been composed after the death of Earl Eiríkr Hákonarson (probably *c.* 1023, though neither the date of the earl's death nor that of the poem is certain; see *Hkr* II 32 n. and Fidjestøl 1982, 116). The complete stanza appears in *Hkr* I 276, *Fagrskinna* 129, *ÓTM* I 181–2 and *Jómsvíkinga saga* 1879, 69–70; these sources, together with *ÓH* and *Knýtlinga saga*, altogether preserve 13 stanzas of the poem (cf. *Hkr* I 275 n.). Another half-stanza is quoted (probably) in

Skáldskaparmál as verse 324, and half of stanza 6 appears as verse 313. Fidjestøl (1982, 116) took the verses assigned by Finnur Jónsson to *Belgskakadrápa* (*Skj* A I 212; in *Fagrskinna*, *Hkr*, *ÓTM*, *TGT*) as part of the same poem, which he thought was not necessarily a memorial poem. Kock (*NN* 580) takes *mærðar ǫrr* ('eager for glory') with *skjǫldhlynr*; this is possible, since *óðr* is the word for poetry that is being exemplified in this verse.

Verse 303 *Skj* A I 138, B I 130; see note to verse 8. U here (after 84/18) adds a verse (perhaps the last verse of a poem) attributed to Ormr Steinþórsson (*Skj* A I 416, B I 386; *SnE* 1848–87, II 340), see notes to verses 29 and 138:

Svá kvað Ormr Steinþórsson:
Ek hefi orðgnótt *miklu
(o[pt] finnum þat) minni
(fram tel ek leyfð fyrir lofða
ljós‹a›) en ek munda kjósa.

In line 1 U has *mikla*, which could be taken with *orðgnótt*, though that would be uncomfortable with *minni* following; *ljósa* in line 4 could go with either *orðgnótt* or *leyfð*, though more likely with the latter, and the omission of *-a* in the manuscript may simply indicate that the vowel would be elided before *en*.

Verse 304 *Skj* A I 202, B I 192; see note to verse 265. There is no alliteration; the three lines are part of a *klofastef*, and each line appears in other stanzas (lines 2 and 3 twice) as the second part of various couplets in the poem (quoted in *Hkr* I 250, 337, 339–40 and in two cases in *ÓTM* II 242), though they belong together as a continuous statement (there are also two more lines constituting probably part of a second *stef* that are not quoted here). See *Skj* B I 191–2; Fidjestøl 1982, 114. Cf. also note to verse 10.

Verse 305 = verse 94/1–4.

Verse 306 *Skj* A I 130, B I 123; see note to verse 18. The complete stanza is preserved in *Hkr* I 262 and the first half of it in *Fagrskinna* 119. C adds here *Vafþrúðnismál* 47/4–6 (cf. *Gylf.* 54).

Verse 307 *Skj* A I 71, B I 62; see note to verse 5. The first line may belong to words in the unquoted first half of the verse (*NN* 2305). The next word would then be a conjunction (*en*).

Verse 308 = verse 12.

P. 85/13 It is not clear where these names are supposed to be recorded; perhaps the author has access to written lists that he is using in this part of *Skáldskaparmál*. A adds *hér* (*er hér eru ritin*), but this may be a scribal rationalisation. Cf. *SnE* 1931, 258/31; verses 516-17 below; the *þula* of *himins heiti* in A and B, *SnE* 1848-87, II 485-6, 569. Cf. also 108/1 and note below. It is not clear whether *í kvæðum* would include *þulur*. Of the names for sky or the heavens at 85/17-18, *hlýrnir, andlangr* and *leiptr* (= lightning) appear in various (often rather late) poems (cf. *LP*), *hlýrnir* also in *Alvíssmál* 12 and the *þula* in verse 516; *ljósfari* and *drífandi* are found only in the *þula* of names for the sun in verse 517. The rest (or variants of them) all come in verse 516.

P. 85/19-20 Cf. *Alvíssmál* 14, 16; as well as the *þula* in verse 517. *Álfrǫðull* also appears in other eddic and skaldic poetry (also *rǫðull* in the latter; see *LP*). See Álfrǫðull in Index and Glossary.

P. 85/21-2 Cf. the *þula* of *tungls heiti* in A and B, *SnE* 1848-87, II 485, 569; and *Alvíssmál* 14.

Verse 309 *Skj* A I 375, B I 345. The Jarl is unidentified; the verse is usually taken to be part of *Sexstefja* addressed to Haraldr harðráði (see note to verse 120), and only C has the word *Jarl* in full; RAT have what may be the abreviation for it, *I* or *J*; editors have emended to *Qrr* (a. 'liberal'; with *herðir*) (or *Ár*, i. e. **ár (3)** in Glossary, Kock *NN* 3085) and assumed that the person referred to is the king. In line 2 *NN* 2032 suggests *optherðir* ('frequent promoter').

Verse 310 *Skj* A I 290, B I 267. From *Óláfsdrápa sœnska*, addressed to King Óláfr of Sweden in about 1018. The metre is *hálfhnept* (*Háttatal* 77, cf. p. 85 there). The only remnants of this poem are the quotations in *Skáldskaparmál*; besides this verse, verses 395, 383, 390, 340, 365. Cf. *Hkr* II 91-2; *ÓH* 688; Finnur Jónsson 1920-24, I 574.

Verse 311 *Skj* A I 317, B I 294. It is assumed that *Haraldr* (in R and C; written 'Har' with abbreviation sign in both) at 86/1 is a mistake for *Hallvarðr* (so T; written 'Hallv' with superscript *r* in A), and that this verse belongs to his *Knútsdrápa*, see note to verse 115.

Verse 312 *Skj* A I 458, B I 426. Thought to be possibly from a poem about the four sons of Haraldr gilli of Norway (note *dǫglinga*, line 2), composed after 1142 (see Finnur Jónsson 1920-24, II 65) but before the death of Magnús Haraldsson; this cannot be dated precisely, but was probably not long after 1142 (see *Hkr* III 321). There is a stanza in *Hkr* III 321-2 and *Hulda-Hrokkinskinna*

General Notes

(*Fms* VII 229) that is also taken to be from this poem. Fidjestøl (1982, 155) argues that the verse in *Hkr* III 331 (also in *Hulda–Hrokkinskinna*, *Fms* VII 238–9) assigned by Finnur Jónsson (in *Skj* A I 458) to *Sigurðardrápa*, the first verse Finnur Jónsson (in *Skj* A I 475) assigns to *Eysteinsdrápa* (in *Hkr* III 327, *Morkinskinna* 443, *Hulda/Hrokkinskinna*, *Fms* VII 235), and also verses 281, 233, 336 and possibly 335 in *Skáldskaparmál* all belong to this poem. Cf. note to verse 399.

Verse 313 *Skj* A I 215, B I 204. The second half of verse 6 of *Eiríksdrápa*, see note to verse 302. The whole stanza is found in *Hkr* I 371, *Fagrskinna* 166, 163 (here the two halves separated and the lines in verse 313 attached to a different half-verse), and *ÓTM* II 300.

Verse 314 = verse 217.

Verse 315 *Skj* A I 99, B I 93. See note to verse 37; about Ǫgmundr's burial.

Verse 316 = verse 210.

Verse 317 *Skj* A I 184, B I 174. Anonymous fragment, perhaps tenth century. See note to verse 209. It would be possible to take *hrynbeðs Fjǫrgynjar áls* with *hreggi* and *ár steðja Eldis mála* with *ǫrgildi*. Cf. Glossary under **mál** and **hrynbeðr**.

P. 87/8–9 The compiler is now discussing kennings, although this part of *Skáldskaparmál* is mainly about *heiti*. See also 90/16–17, 26–9, and chs 69–72. *Við* may be adverbial in line 8: 'It is right to refer to blood or carrion in terms of it (i. e. the wolf) so as to refer to them as its food or drink' rather than 'It is right to refer to it in terms of blood or carrion so as to call them its food or drink.' The next sentence is then more likely to mean 'It is not right to refer to them thus using names of other animals' than 'It is not right to refer to other animals in these terms'. Cf. note to 90/26–9.

Verse 318 *Skj* A I 376, B I 345; see note to verse 120. Finnur Jónsson (*Skj* B I 345, following Konráð Gíslason (1889, 75)) emends *úlfr* to *úlf*, object of *spenja*, and takes *á sár* as a prepositional phrase: *sonr Sigurðar kom norðan at spenja úlf ór skógi á sár.*

Verse 319 *Skj* A I 37, B I 32; see note to verse 31. The text of the first two lines agrees fairly closely with the text in Worm 1636, 233 (and less closely with the fragment ε) against *Wolfenbüttelbók*, which has *Sveit sárs freka svalg und dreka*. The kennings imply the hyperbole of blood described as a wave (*breki*) washing over the raven's beak described in terms of a ship's stem.

Verse 320 *Skj* A I 477, B I 449. Half of one of the two stanzas surviving from *Elfarvísur*, composed c. 1160 about the chieftain Grégóríús Dagsson and his battle on the Göta river in 1159. Both stanzas appear complete in *Hkr* III 358–9 and *Hulda–Hrokkinskinna* (*Fms* VI 266–7). This half-verse is also quoted in the fragment of the Fifth Grammatical Treatise in A, *SnE* 1848–87, II 397; Ólsen 1884, 159.

Verse 321 *Skj* A I 350, B I 323; see note to verse 275.

Verse 322 *Skj* A I 384, B I 354. Thought to be from a poem about Haraldr harðráði (cf. *Skáldatal*, *SnE* 1848–87, III 275, 596–7). There is another half-stanza in A, with the *þulur* (*SnE* 1848–87, II 493) and two more in *Hulda–Hrokkinskinna* (*Fms* VI 133, 139), one of which is also in *Hkr* III 75–6 and *Fagrskinna* 230, the other in *Flb* IV 59. Lines 2–3 of each half-verse constitute *forn minni*, in each case referring to part of the story of Sigurðr Fáfnisbani and the Gjúkungar, chs 40–42 above. Cf. *Háttatal* 13, though the verse-form is like that of *Háttatal* 12.

P. 88/9–18 In U verses 323–4 come immediately after verse 322, before names for bear. A and B also keep the verses illustrating kennings for wolf together, but T and C have the same order as R.

Verse 323 *Skj* A I 535, B I 516. Thought to be possibly the only surviving fragment of a poem about King Magnús Erlingsson of Norway (1161–84; cf. *Skáldatal*, *SnE* 1848–87, III 277, 643). Otherwise only two verses (probably *lausavísur*) in *Sverris saga* 1920, 72 survive of this poet's work. See Fidjestøl 1982, 160. Each line means that the king fought brave battles, thus providing carrion for wolves (*áttmælt*, cf. *Háttatal* 10). Verse 324 is similar.

Verse 324 *Skj* A I 217, B I 206; not recorded elsewhere, see note to verse 302. This presumably belongs with *Eiríksdrápa*, though there is nothing in particular to support this (Fidjestøl 1982, 117); Þórðr's patronymic (Kolbeinsson) is not given here (in U the verse is attributed to Þjóðólfr).

Verses 325–7 *Skj* A I 649–50, B I 656; a further verse from *Þorgrímsþula* as verse 331. Cf. the *þula* of horse-names in A and B (*Skj* A I 685–6; *SnE* 1848–87, II 487, 571). These *þulur* are assumed to be from the twelfth century, but nothing further is known of their origin or authorship.

Verses 328–30 *Skj* A I 650–51, B I 656–7. Though the genre of the two poems is related, the name *Alsvinnsmál* in RTC, lacking in U, seems to have nothing to do with the eddic poem *Alvíssmál*, also called *Alsvinnsmál* in SnE, see Index, and is given as *Kálfsvísa* in A. Cf. note to verses 325–7. In verse 329 *reið* needs to be supplied in lines 1–5, unless the five nominatives and five datives are all to be taken with *til íss riðu*, in which case 329/1–4 perhaps belongs with the same incident as that described in 329/7–10 (all taking part in the same battle?). It may however be pointed out that although *annarr* in verse 329/7 probably means *annarr [hestr]* (or *annarr [Hrafn]*, cf. *Hkr* I 57), this horse may have been named Annarr (cf. *Gylf*., Index), even though Aðils's horse is said to have been called Slungnir or Sløngvir (see Slungnir in Index); and lines 9–10 could be read *Grár [reið] Hvarfaði, Geiri Undaðr*, with Hvarfaðr and Geirr being the names of two more horses and Grár and Undaðr the names of their riders. The incident referred to in verse 329/5–10 does not seem to appear in any other source, though the battle between Aðils and Áli on the ice of Lake Vänern appears on p. 58 above. Cf. *Hkr* I 57–9, *ÍF* XXXV 29, 42. See Gering and Sijmons 1927–31, I 436. Verse 330 has two extra lines in A: *Ullr ýmissum | en Óðinn Sleipni*.

P. 90/1–2 The plural verbs *draga* and *fylgja* perhaps indicate that the pairs of names are not alternative names for the same horses but pairs of horses that drag alternate nights and days. Whichever is meant, it is likely that the explanation is that the writer had two traditions about the names of the horses of night and day (or even four in the case of the latter) and wanted to reconcile them. Cf. *Gylf*. chs 10 and 11; *sem fyrr er ritat* presumably refers to ch. 11.

Verse 331 See note to verses 325–7. Line 1 *yxna* written 'vxna' in R; cf. Hreinn Benediktsson 1986, 76.

P. 90/10–12 Compare the *þula* of *orma heiti* in A and B, *SnE* 1848–87, II 486–7, 570.

P. 90/16 *lopt* = sphere (in which a planet moves) in GkS 1812, 4to 2v, *Alfræði* II 246: *Sið eru kollut lopt í bokum, þau er himin tungl hverfi um. Ok er tungl í neðsta lopti*.

P. 90/16–17 Again the list includes kennings. Cf. 87/8–9 n. With ch. 59 compare the *þula* of *veðra heiti* in A and B, *SnE* 1848–87, II 486, 569.

Verse 332 *Alvíssmál* (this form of the name is found in A and C)

verse 20. Cf. also verse 380. Line 4 *ópi* (see t. n.) is perhaps a genuine form (and if so must here be n. or f.); cf. *Skírnismál* 29; ÁBM, s. v.
P. 90/26 With ch. 60 compare the *þulur* of *hauks heiti, hrafns heiti, hana heiti, ara heiti* and *fugla heiti* in A and B, *SnE* 1848–87, II 487–9, 571–2.
P. 90/26–9 'There are two birds that there is no need to refer to in any other way than by calling blood or carrion their drink or food, that is the raven and the eagle [i. e. any bird referred to as drinker of blood or eater of carrion means raven or eagle]. All other masculine birds can be referred to in terms of blood or carrion and then it means eagle or raven.' The object of *kenna* can be either the base word or the referent; the object of *kenna við* is normally the determinant, sometimes the base word. See **kenna** in Glossary. Again kennings are discussed in this section mainly about *heiti* (see 87/8–9 n.).
Verse 333 *Skj* A I 376, B I 346; see note to verse 120. Fidjestøl (1982, 139) argues that the two halves do not belong together (they are made into two separate quotations in A and C—the first adds after line 4 *Svá kvað hann enn*, in the second *ok enn* is added above the line) and following Björn Magnússon Ólsen takes verse 333/1–4 as belonging with the four lines in *TGT* 106 (verse 32 in *Skj*). Cf. his interpretations on pp. 140–1.
Verse 334 *Skj* A I 131, B I 123–4; see note to verse 18. But the description of battle in this verse is very general and it cannot certainly be said to be about Earl Hákon (see Fidjestøl 1982, 97). It uses two of the features of *liðhendr háttr* (cf. *Háttatal* 41 and 53), i. e. there is assonance (*skothending*) between each pair of lines (odd and even) and the first hending in the even lines falls on the first syllable. Cf. note to verse 88/4.
Verse 335–6 *Skj* A I 480, B I 452; fragments of an unknown poem or poems, perhaps about some ruler's successful warfare, like verse 339. See note to verse 312; cf. also notes to verses 128–32 and 136. In verse 335/4 *bliksólar garmi* must be a kenning for sword or other weapon (dat. with *stýra*) but 'dog of the sun' would not normally mean that. There has probably been some scribal confusion with Mánagarmr (see *Gylf.* ch. 12). *Borð-* or *barðsólar garmr* would make an acceptable kenning for sword (dog, i. e. damager of gunwale- or prow-sun, i. e. shield; *barð* could mean ship by synecdoche). Verse 335 is *dunhenda* (*Háttatal* 24). On the

General Notes

metre of verse 336, cf. *Háttatal* 8 and note there on pp. 50–51; line 1 has seven syllables, but *þar er* may originally have been *þars* (*bragarmál*, *Háttatal* 8/20). Line 3 may have resolution in *Muninn*. The rhythm and placing of the hendings and alliterative staves have some similarity to *Háttatal* 28 and 35 (*skjálfhenda*).

Verse 337 is the second half of verse 3, see note to that verse (*Víga-Glúms saga*, *ÍF* IX 95; note the extensive textual variants from the Möðruvallabók text of the saga).

Verse 338 *Skj* A I 306, B I 283. See note to verse 144.

Verse 339 *Skj* A I 481, B I 452–3. See note to verses 335–6 (and cf. note to verses 128–32) and Fidjestøl 1982, 156.

Verse 340 *Skj* A I 289, B I 267. See note to verse 310. The metre is again *hálfhnept*.

Verse 341 First half of verse 93. At line 2 the emendation is perhaps not necessary, though it would be unusual to refer to a giant by using a feminine base-word, so *ylgr* is presumably a mistake (all other manuscripts have *úlfr*). In verse 93 the text has *úlfr* in TW (R is there illegible).

Verse 342 *Skj* A I 184, B I 173. Only recorded here, and the authorship and context as well as the identity of the person addressed are unknown. In *Edda Magnúsar Ólafssonar* 262, 338 it is attributed to Þjóðólfr (i. e. the texts there have *idem/hinn sami* instead of *Ok sem hér er*). Kock (*NN* 844E) maintains that *hreggskornis handa mjǫð* is a kenning for poetry ('mead of, i. e. in the hands of, Óðinn in eagle shape') and that the two lines are complete in sense.

Verse 343 *Skj* A I 305, B I 283. See note to verse 144. Like verse 338, this is only preserved here, so the context is uncertain, as is also the text. It seems that the poet was anxious because a battle was going to take place (it looked good to the raven), but that then he heard good news. Fidjestøl 1982, 166, takes the verse to be an introductory one, in which case the good news is perhaps the poem itself and the *greppr* is the audience. Kock (*NN* 768) among other things takes *víðis greppr* to be a kenning for seafarer, and the object of *hlýði vel* to be *góðu gallópnis spjalli*. He also makes *ekka* the base-word of a kenning for battle.

Verse 344 = verse 282.

Verse 345 *Skj* A I 22, B I 20; also in *Hkr* I 102 as the second half of verse 34 there. See note to verse 219. Snorri (in *Hkr* I 103) clearly took *Nǫkkvi* as the name of a king against whom Haraldr hárfagri fought; if he was wrong (cf. *Ágrip* (*ÍF* XXIX 4), where *skeiðar brandr*, part of a ship, is taken to be the name of a king), and it is the common noun meaning 'boat', it must be acc. pl., object of *rak* parallel to *ræsinaðr*. Then the subj. would have to be *mætir lagar tanna vébrautar*, 'meeter of the sea'. See Fidjestøl 1982, 78. Reichardt 1928, 20–24, suggests *vé-* is the word that means standard or flag, *vébraut* then meaning flag-road, ship-road (since flags are characteristically carried on ships; cf. **vébraut** in Glossary and *LP* under *vé* n. (2)). The subject of the sentence is then taken as *mætir lagar tanna vébrautar*, opponent or antagonist of the stones of the sea or river, i. e. spender of gold (= *gullbrjótr*; the king). The object is taken to be *ræsinaðr ok rausnar*, i. e. *ræsiok rausnarnaðr*, with *Nǫkkva* as possessive.

Verse 346 *Skj* A I 482, B I 453. See note to verses 128–32. Fidjestøl 1982, 208, argues for keeping the reading of R (and all other manuscripts) in line 2, taking *flóðs glóðir* (cf. Glossary s. v. **glóðir**), a kenning for gold, as referring to the ornament on the ship's stem. Cf. verse 356/1. If an *-ó-* were not required by the rhyme, *glǫðum* would be a possible reading, see Glaðr in Index.

Verse 347 = verse 126.

Verse 348 *Skj* A I 317, B I 293. See note to verse 115.

Verse 349 *Skj* A I 185, B I 174. Only recorded here, and the authorship and context are unknown. Cf. verses 356, 364.

Verse 350 *Skj* A I 35, B I 30. Verse 1 of Egill's *Hǫfuðlausn*, see note to verse 31.

Verse 351 *Skj* A I 482, B I 454. See note to verses 128–32. In line 3 R has 'elsnuiN', i. e. *élsnúinn*, which could be m. acc. with *þjálma*.

Verse 352 *Skj* A I 338, B I 311. The lines appear as the second half of verse 2 in *Hkr* III 4; also in *ÓH* 614, *Hrokkinskinna* (*Fms* VI 22), *Flb* IV 28. See note to verse 105.

Verse 353 *Skj* A I 386–7, B I 356; the first half of verse 102 in *Hkr* III 109–10 (and *Fagrskinna* 251, *Morkinskinna* 156, *Hulda–Hrokkinskinna*, *Fms* VI 252). Taken to be from a *drápa* about Haraldr harðráði (composed after 1048) quoted in several places in *Hkr*, *Fagrskinna*, *ÓH*, *Morkinskinna*, *Hulda–Hrokkinskinna*. The words *it næsta* perhaps mean that the poem listed a succession of expeditions.

Verse 354 *Skj* A I 321, B I 297. See note to verses 124 and 4.

Verse 355 *Skj* A I 139, B I 130. In *Morkinskinna* 86 and *Hulda* (*Fms* VI 170) these lines form the first half of a verse attributed to Haraldr harðráði (cf. *Skj* A I 357). In *Hkr* III 89 (and *Fagrskinna* 237, *Morkinskinna* 85 and *Hulda–Hrokkinskinna* (*Fms* VI 169)) verse 261 appears as the first half instead (see Finnur Jónsson 1920–24, I 463). No other poetry is attributed to Njáll.

P. 95/1 *skips eða gulls*: but the following names for the sea are mostly not used in kennings either for ships or for gold, at any rate in the verses quoted here, though there are examples of the second in verses 360, 368 and 369. The verses illustrating them on the whole do not contain kennings (the words for wave in verses 358, 359, 361, 362, 364, 365, at any rate, seem to be used literally as ordinary common nouns). Nevertheless the reading of A, *skip eða gull*, is preferable, since the meaning must be 'to refer to ships and gold in terms of them'.

Verse 356 *Skj* A I 184, B I 174. Also quoted in *TGT* 29 and 110 (in W and A), but the authorship and context are unknown. Cf. verses 349 and 364.

P. 95/7–9 See the beginning of ch. 25 (36/24–6; cf. note to 36/25–6). Einarr Skúlason's verse, however, has not been quoted before in any version of the text; both references are in RC, but neither is in AB; the first only is in T. A fairly clear indication either that the arrangement of the author's original has been altered, or that the work was under revision and never completed by the author. See Introduction, pp. x–xi and xx–xxi.

P. 95/9 *ritat*: cf. note to 78/22.

Verse 357 *Skj* A I 482, B I 454. See note to verses 128–32 and cf. the verse in A, *SnE* 1848–87, II 493; also verse 478 below. A verse referred to by its opening lines (though not in T, which omits the quotation), cf. 36/8. The verse in AB (where it is placed after *þeira* in line 12 instead of the second list of names) continues:

> glymr Unnar vex—grenni
> Gǫndlar skúfs ok Dúfa;
> brædd strýkr Blóðughadda
> —brimsólgin fellr Kólga—
> hlýr—þar er Hefring stœrir
> haflauðr um við rauðan.

B has *skilr* for *þar er* in line 7, and *of* for *um* in line 8.

Verse 358 *Skj* A I 393, B I 362–3. The first half of a verse in

Morkinskinna 92 (and *Flb* IV 80 and *Hulda–Hrokkinskinna*, *Fms* VI 180; only the second half is in *Fagrskinna* 242) from a poem about Haraldr harðráði also quoted in verses 371, 378, 410 (these three are not found elsewhere); further verses in *Fagrskinna*, *Morkinskinna*, *Hulda–Hrokkinskinna*, *Hkr* (see Finnur Jónsson 1920–24, I 623; Fidjestøl 1982, 144). In line 1 R and C have *bæði*, but although *æ* can be for *e* in medieval manuscripts, and A has *beð*, this cannot be for *beði* (so T and B), because a long root syllable is required for the metre. See textual note and Noreen 1923, § 368.

Verse 359 *Skj* A I 296, B I 272. See note to verse 196. In line 2 the form *sylgháar* would make up the usual six syllables (cf. *Háttatal* 7).

Verse 360 *Skj* A I 416, B I 385. See note to verse 29. In R first attributed to Kormakr, but then altered to Ormr. The description appears to be of the unknown recipient of the poem rather than of Snæfríðr. Cf. Ólafur Halldórsson 1990, 226 and 230.

Verse 361 *Skj* A I 399, B I 368. See note to verse 191.

Verse 362 *Skj* A I 482, B I 454. See note to verses 128–32.

Verse 363 *Skj* A I 321, B I 297. See note to verses 124 and 4. The verse-form here, as in verse 371, is *stælt* (*Háttatal* 12). Kock (*NN* 785) takes *fyllar skautbjǫrn* as a kenning for ship (with *fjǫll hrynja á*), and *vetrliði skíða Gusis nauta* ('bear of the skis of arrows', i. e. of shields) as another (subject of *fram æsisk*). As Finnur Jónsson (*LP* 503) points out, *skautbjǫrn* would be an adequate kenning for ship on its own, and moreover *fjǫll* needs to be qualified (i. e. by *fyllar*) if it is to mean waves. *Gusis nauta* remains difficult to fit in, but since *skíða vetrliði* does not seem to make an adequate kenning for ship on its own, perhaps these four words do belong together ('bear of skis of flags'?). Cf. Glossary under **nautr (2)**.

Verse 364 *Skj* A I 185, B I 174. Only recorded here, and the authorship and context are unknown. Cf. verses 349, 356.

Verse 365 *Skj* A I 289–90, B I 267. See note to verse 310. Lines 3–4 are only in TAB.

Verse 366 *Skj* A I 4, B I 4. See note to verse 24. This verse is again about Þórr's fight with the Midgard serpent (cf. *Gylf.* ch. 48).

Verse 367 *Skj* A I 475, B I 447. From Einarr Skúlason's *Runhenda* (composed after 1152), about King Eysteinn Haraldsson of Norway. There are further quotations from this poem as verses 377 and

General Notes 217

403, and in *Morkinskinna, Hulda–Hrokkinskinna, Hkr*. It is mostly about the events of c. 1150–52, see *Hkr* III 326–30.

Verse 368 *Skj* A I 480, B I 452. It is evidently from a poem by Einarr Skúlason thanking a patron for the gift of a horn. Cf. notes to verses 128–32 and 136, and note to verses 145–9.

Verse 369 *Skj* A I 453, B I 421. Probably part of a *lausavísa*; see note to verse 260. It is not clear whether *sá slíðráls reginn* refers to the poet or his opponent, and whether the 'spoiling' of poetry means composing slander or just making bad verse. The words *síðr en eigi* are presumably ironical: even the poet's harsh criticism does not amount to slander, since it is justified. Cf. the verse of Hjalti Skeggjason in *Íslendingabók, ÍF* I 15.

P. 97/15 With ch. 62 compare the *þula* of *elds heiti* in A and B, *SnE* 1848–87, II 486, 569–70.

Verse 370 *Skj* A I 424, B I 393. Anonymous; probably from a poem about Magnús góði (Fidjestøl 1982, 168, 204). It may be about his burning of Jómsborg, described in *Hkr* III 38–40; cf. verse 387.

Verse 371 *Skj* A I 390, B I 360; see notes to verses 358 and 363.

Verse 372 *Skj* A I 182, B I 171; anonymous fragment (and probably an incomplete sentence, see under **vaða** in Glossary) of unknown context, though it seems to be about the sea burial of Haki, cf. *Hkr* I 45.

Verse 373 *Skj* A I 387, B I 357. Taken to be from a poem about Haraldr harðráði composed after 1048 (cf. *Hkr* III 111). Two further stanzas are found, one in *Hkr* III 111, *Fagrskinna* 252, *Morkinskinna* 158, *Hulda–Hrokkinskinna* (*Fms* VI 254), the other in *Morkinskinna* 158–9 and *Hulda–Hrokkinskinna* (*Fms* VI 254–5); part of the second appears also in verse 400 below. Nothing further is known of the poet, though he is mentioned as having composed about Haraldr harðráði in *Skáldatal* (*SnE* 1848–87, III 275). The quotation here is an incomplete sentence, and the objects of *feldu* and *eldi*, and the word on which *slóðar* depends (presumably the name of an animal, giving a kenning for ship, which might have been the obj. of *feldu*) would have been in the unquoted lines. Kock (*NN* 874), however, takes *Glamma slóðar* with *gramr* and *eldi* and *feldu* as absolute.

Verse 374 *Skj* A I 413, B I 383. A fragment probably of a poem about Óláfr kyrri composed c. 1070. The poet is presumably the Atli litli mentioned in *Skáldatal* (*SnE* 1848–87, III 275) as one of

Óláfr kyrri's poets, but he is otherwise unknown. See Fidjestøl 1982, 149.

Verse 375 *Skj* A I 327, B I 302. Also in *Hkr* II 57 (and *ÓH* 87, *Fagrskinna* 173), where it is said to come from a *flokkr* about the otherwise unknown Klœngr Brúsason (Brúna- or Bjarnason in some manuscripts of *ÓH*; some also make him the author). The name of the poet, Þórðr Sjáreksson, is given only in *Fagrskinna*; in *Hkr* and *ÓH* the verse is anonymous as here. The event referred to is Earl Sveinn's burning of Niðaróss in 1014.

Verse 376 *Skj* A I 350–51, B I 323; see note to verse 275.

Verse 377 *Skj* A I 473, B I 446; see note to verse 367.

Verse 378 *Skj* A I 391, B I 360; see note to verse 358. The context of the verse is unknown, but it may be surmised that the verse refers to one of Haraldr harðráði's exploits in the Mediterranean or Russia and that he and his men (referred to as vikings) are burning an enemy town. Kock (*NN* 1143) takes the first line as a separate sentence and *virki borgar styrks vísa* as the object of *brutu af* 'broke down' (*af* is the reading of R and TC; A has *of*, B *ór*). If the *vísi* is Haraldr harðráði this is unlikely. Perhaps the genitive goes with *víkingar* ('the strong leader's vikings rapaciously broke down the city's fortification').

Verse 379 *Skj* A I 488, B I 460. Taken to be from Halldórr's *Útfarardrápa*, c. 1120, about King Sigurðr Magnússon's expedition to Jerusalem in 1109. This verse is only found here, but others are quoted in *Hkr*, *Morkinskinna*, *Hulda–Hrokkinskinna*, *Fagrskinna*, and one in *TGT* (which may be a *stef*). Fidjestøl 1982, 157, points out that there is actually little in verse 379 to connect it with *Útfarardrápa*, and it may belong to another poem. Note the alternation of sg. *þú* and pl. *ér*: the latter perhaps refers to the king and his men. There is similar alternation in verses 3 and 8 of the poem (*Skj* B I 458–9), though generally the king and his men are referred to in the 3rd pers.

P. 99/5 With ch. 63 compare the *þula* of *dœgra heiti* in A and B, *SnE* 1848–87, II 485, 569. Lines 5–7 appear in a passage in AM 281 4to supposed to have been part of *Hauksbók* (1892–6, 502), with the heading 'Nǫfn stundanna'. The text there is more similar to that in U than to any of the other manuscripts that contain the passage (it omits *ár* and has *haust* before *vár*), though it contains the additional word *líf*. Cf. *Hauksbók* 1892–6, cxxxiv.

Verse 380 *Alvíssmál* (thus A and C; called *Qlvismál* in U) 30. Cf. verse 332.

P. 99/21 *Maðr er hverr fyrir sér*: possibly 'each man has a separate name' rather than 'each one in himself is simply "man"' or 'each man is an individual'. Cf. 108/30 and note. With the terms for king in ch. 64 compare the *þula* of names for kings in A and B, *SnE* 1848–87, II 469, 551.

P. 99/22 C adds *er* after *kallat* (written 'kalladr'): '[It is] the first and highest term for man when a man is called emperor'; but the first phrase of the sentence can be taken as adverbial: 'with the first and highest term for man a man is called emperor.'

Verse 381 *Skj* A I 424, B I 394. An anonymous fragment perhaps about Sveinn Úlfsson's son Knútr (the saint); or possibly Knútr inn ríki. See Fidjestøl 1982, 168.

Verse 382 *Skj* A I 316, B I 292. From an otherwise unknown poem about a King Óláfr, maybe the Swedish king Óláfr Eiríksson (died *c*. 1022), or St Óláfr Haraldsson of Norway (died 1030). See Fidjestøl 1982, 124–5. The poet is given the nickname *svarti* in B (cf. *Hkr* II 91–2, 95, 100). Otherwise only one *lausavísa* survives of Gizurr's work (if it is the same person; cf. Index) in *Hkr* II 358–9, *ÓH* 544 (where one manuscript gives the poet the nickname *gullbrá*) and the Legendary saga (where it is ascribed to Þormóðr Kolbrúnarskáld). Cf. note to verse 4 and Gizurr in Index.

Verse 383 *Skj* A I 289, B I 267; see note to verse 310. Kock's interpretation (1946–49, I 137; cf. 1933, 292–3), takes *víg-Freys* (i. e. Óðinn's) *munlaust* (joyless?) *óskvíf* as the object of *tekr*, and thus a kenning similar to *Þriðja biðkván*, verse 10/4; but in *NN* 717, *Víg-Freys* seems to be taken as in apposition to *Óska*. Falk (1922, 61–2) reads *mundlaust*, cf. verse 122 and **ómyndr** in Glossary. The verse seems to be inciting the Swedish king to invade Norway; cf. *Fagrskinna* 178.

Verse 384 *Skj* A I 347, B I 320; see note to verse 1.

Verse 385 *Skj* A I 375, B I 345; see note to verse 120. This verse perhaps relates to the same episode as verse 6 of *Sexstefja* (*Skj* A I 370), see *Hkr* III 86–7, *Fagrskinna* 235, *Morkinskinna* 83–4 and Fidjestøl 1982, 136, in which case *haugs skunduðr* refers to Constantine Monomachos; though actually it was Michael Kalafates who was blinded, see *Hkr* III 87–8 n.

Verse 386 *Skj* A I 256, B I 238; lines 1–2 also quoted as verse 411;

from *Bersǫglisvísur*, addressed to Magnús góði c. 1038, warning him to be careful how he ruled Norway. There are further quotations from this poem in *Hulda–Hrokkinskinna*, *Hkr*, *ÓH*, *Fagrskinna*, *Ágrip*, *TGT* and in other manuscripts of Kings' Sagas.

Verse 387 *Skj* A I 335–6, B I 309. The first half of a stanza that appears in *Hkr* III 39–40 (with the first word there *Skjǫldungr*) attributed, undoubtedly correctly, to Arnórr jarlaskáld, and taken to be from his *Hrynhenda* addressed to Magnús góði in 1046. Another verse is quoted as verse 406 (also attributed to Markús in A), and there are more quotations in *Morkinskinna*, *Hulda–Hrokkinskinna*, *Hkr*, *ÓH*, *Knýtlinga saga*, *TGT*, *FoGT*, and in the version of *Skáldskaparmál* in W (*SnE* 1924, 105; cf. also note to verse 116). *Hrynhenda* is the first major court poem in the *hrynhent* metre that survives. The error in attribution is presumably due to Markús Skeggjason's *Eiríksdrápa* being in the same metre (cf. verse 111 n.). On the incident referred to here, cf. verse 370 and n.

Verse 388 *Skj* A I 318, B I 294; see note to verse 115.

Verse 389 = verse 186/5–6; see note to verse 120. The explanation of *landreki* (101/8–9) is improbable. The second element is likely to be related to Old English *gerec* 'rule' and Old Norse *rekja* 'straighten out' rather than to *reka* 'drive'. See ÁBM under -*reki* (2).

P. 101/10–24 Cf. the *Ættartölur* following *Hversu Noregr byggðist* in *Flb* I 25–7. Parts of *Hyndluljóð* (e. g. verses 11–16) seem to be based on a similar tradition; see also *SnE* II 469. Cf. 103/1–17 and note and see Introduction p. xxv.

Verse 390 *Skj* A I 289, B I 267; see note to verse 310.

Verse 391 *Skj* A I 445, B I 415; see note to verse 111. See Fidjestøl 1982, 153.

Verse 392 *Skj* A I 51, B I 45; lines 5–6 of a *lausavísa* from *Egils saga* (*ÍF* II 145). The sentence and the kenning are incomplete: the words *af augum mér grímu* come in lines 7–8. For the context see *Egils saga* ch. 55.

Verse 393 *Skj* A I 65, B I 57; the second half of verse 4 of *Hákonarmál*; the whole stanza is quoted in *Hkr* I 186–7 and *Fagrskinna* 88 (both have *gramr* instead of *gylfi* in line 3); see note to verse 7.

Verse 394 = verse 279/1–2 (note the variant reading in the second line); see note to verse 6.

Verse 395 *Skj* A I 289, B I 267; see note to verse 310. This was evidently the first stanza of the poem. Exchanging *míns* and *síns* (as in C) and taking *bragar míns* with *háttu* and *hróðrs síns* with *upphaf* would perhaps make better sense.

Verse 396 *Skj* A I 405, B I 374; taken to be part of *Stúfsdrápa*, the only poem of Stúfr inn blindi of which anything survives (cf. *Stúfs þáttr, ÍF* V 290 and note). Other fragments are found in *Hkr, Morkinskinna, Hulda–Hrokkinskinna, Fagrskinna*. The poem was composed *c*. 1067 in memory of Haraldr harðráði. Haraldr's battle against Sveinn Úlfsson of Denmark by the Niz took place in 1062. See *Hkr* III 148–51.

Verse 397 *Skj* A I 165, B I 156; the second half of stanza 27 of Hallfrøðr's *Óláfsdrápa* (*erfidrápa*) composed in memory of Óláfr Tryggvason *c*. 1001; see note to verse 10. The complete stanza is quoted in *ÓTM* II 294, and other stanzas are quoted in *ÓTM, Hkr*, Oddr Snorrason 1932, *Fagrskinna, Hallfreðar saga*; and a half-stanza each in A (*SnE* 1848–87, II 493) and *Þiðreks saga* 4. On this poem see Fidjestøl 1982, 109–11, 234–5.

Verse 398 *Skj* A I 444, B I 414; verse 1 (and probably the original opening) of *Eiríksdrápa*, see note to verse 111. A and B replace this verse by:

> Ríkr er harra hneykir,
> heldr guð jǫfurs veldi
> sanndyggs, vitut seggir
> Sveins brœðr konung œðra.

(*Skj* A I 452, B I 420; in line 3 B has *sennir* for *seggir*). This seems to be from a poem about St Knútr Sveinsson, also by Markús Skeggjason. See note to verse 270 above. Knútr apparently had two brothers called Sveinn (one a half-brother; see *ÍF* XXXV 135, 366). P. 103/1–17 is again related to the *Ættartölur* in *Flb* I 25–7, see note to 101/10–24. Compare the *þula* of *konunga heiti* in A and B (*Skj* A I 671).

Verse 399 *Skj* A I 476, B I 448; Finnur Jónsson in *Skj* makes this verse 1 of *Ingadrápa*, composed about King Ingi Haraldsson of Norway after 1155 (the battle at Holmengrå took place in 1139, cf. *Hkr* III 316; other verses in the poem refer to the death of King Sigurðr in 1155, *Hkr* III 340–41). There are three further stanzas quoted in *Morkinskinna* and *Fagrskinna*. Fidjestøl (1982, 155) assigns these four stanzas, together with another half-stanza in *Hkr* III 346, *Fagrskinna* 341 and *Hulda–Hrokkinskinna* (*Fms* VII

251), assigned by Finnur Jónsson (*Skj* A I 475) to an *Eysteinsdrápa* (this verse apparently refers to events of 1157), to a poem about the sons of Haraldr gilli different from, and later than, the poem that verse 312 belongs to.

Verse 400 *Skj* A I 387, B I 357. See note to verse 373. A and B have two further lines:

> hirð hygg ek hilmi stýrðu
> Hugins jól við nes Þjólar.

In line 1 B has *hykk* for *hygg ek*; in line 2 *þjóðar* for *Þjólar*. The complete stanza is found in *Morkinskinna* 158 and *Hulda–Hrokkinskinna* (*Fms* VI 254–5). It is possible to take both *hirð* and *hilmi* as either acc. or dat., i. e. it is difficult to see whether it is the men who provided slain for the king or vice versa. In the texts in *Morkinskinna* and *Fms* where the verb is *gerðu* it perhaps seems more likely to be the latter. Cf. **stýra** in Glossary and *SnE* 1848–87, I 524.

Verse 401 *Skj* A I 140, B I 132; apparently all that survives of a poem in praise of an unidentifiable king (or hero). Cf verse 49. These two fragments are all that survives of Gamli's verse; because of the subject of verse 49 he is assumed to have lived in the tenth century. See Fidjestøl 1982, 165. Kock (*NN* 422) takes *innan borðs* as an adverbial phrase ('on a ship') and the phrase *á aflgjǫrð orða tungu naglfara ok meðalkafla* as 'into the mighty activity of the speech of sword's blade and hilt', i. e. of battle. Edith Marold (1994, 575) takes *naglfari* to mean 'ship' (cf. Index and note to verse 156), *innanborðs naglfara* as 'on board ship', *meðalkafla* gen. with *tungu ok orða* and this phrase gen. with *á aflgerð* ('Krafttat der Sprache und der Worte des Schwertes'). Lines 1–2 have *dunhenda* (*Háttatal* 24). Lines 3–4 both have *aðalhending* (cf. *Háttatal* 42).

Verse 402 *Skj* A I 60, B I 53. The only verse attributed to a woman in *Skáldskaparmál*. Taken to be from *Sendibítr*, apparently about Haraldr hárfagri, though it may have been addressed to Haraldr's son Hálfdan svarti; see *Hkr* I 142. There are four further half-stanzas in *ÓH* 12, one of them also in *Hkr* I 142 and *ÓTM* I 13 (the other three only in one manuscript of *ÓH*). Nothing further is known about the poetess, though she must have been Norwegian and a contemporary of Guthormr sindri (early tenth century; see *Hkr* I 141 and Finnur Jónsson 1920–24, I 445–6).

Verse 403 *Skj* A I 474, B I 446, where the first two lines are lines

1-2 of verse 6 and the second two are lines 3-4 of verse 7 of the poem, which is the arrangement in *Hkr* III 328-9, *Morkinskinna* 444 and *Hulda-Hrokkinskinna* (*Fms* VII 235-6); see note to verse 367.

Verse 404 *Skj* A I 354, B I 326; a fragment, not found elsewhere, of an otherwise unknown poem (or perhaps belonging to the lost *Blágagladrápa*), possibly about Haraldr harðráði. See Fidjestøl 1982, 132; Finnur Jónsson 1920-24, I 609, 611.

Verse 405 *Skj* A I 383, B I 353; second half of a *lausavísa* quoted in *Hkr* III 190 and in *Fagrskinna* 288, *Morkinskinna* 279, *Hulda-Hrokkinskinna* (*Fms* VI 420) and in *Hemings þáttr* 1962, 53 (*Hauksbók* 1892-6, 344-5); for the context see *Haralds saga Sigurðarsonar* in *Hkr* III, ch. 92. Besides the *lausavísur* attributed to Þjóðólfr Arnórs-son in the Kings' Sagas (two lines of one of which are quoted in *FGT*), there is a half-verse quoted in *TGT* and some further quotations in *Sneglu-Halla þáttr* (*ÍF* IX 267-8, 273, 293).

Verse 406 *Skj* A I 338, B I 311; see note to verse 387. Perhaps a *stef*, unless it is the conclusion of the poem (see Fidjestøl 1982, 191).

Verse 407 *Skj* A I 439, B I 409. Perhaps from a poem about Óláfr kyrri (d. 1093). Þorkell is named as one of his poets in one manuscript of *Skáldatal* (in U, perhaps as a result of dittography), though he also composed about Magnús berfœttr (d. 1103), see *SnE* 1848-87, III 275-6; and this verse was apparently composed in Iceland (cf. *of svalan ægi*) about a gift he had received. Kings of Norway did claim descent from Sigurðr Fáfnisbani (cf. *Flb* I 26), but Snorri seems to be taking *Vǫlsunga niðr* to mean just descendant of kings, i. e. king. Fidjestøl (1982, 152) points out that the metre (*fornyrðislag*) and the reference to eddic material make the fragment an interesting anticipation of the later twelfth-century skaldic poems influenced by eddic poetry, e. g. his no. 78 (Ívarr Ingimundarson, *Skj* A I 495-502) and 100c (Anonymous, *Skj* A I 597-9); cf. Gísl Illugason, who also composed in *fornyrðislag* about Magnús berfœttr *c*. 1104 (*Skj* A I 440-44; B I 409-13) and see note to verse 7 above. *Vápn* is probably sg. (the details of the gift are not known); in line 4 the manuscript spelling '-bvin' implies *gullbúinn*, which might be a mistake either for *gullbúin* (C has a single *n*) or for *gullbúit* (which is what TUAB have). Emendation to -*búit* would give a sense closer to what one might expect, but the text as it stands is neither ungrammatical nor meaningless (*gullbúinn* with *niðr*), though it may be unusual. Pl. *gullbúin* would also of course be possible if *vápn* is taken as pl. There also survive parts of a poem by Þorkell about Magnús berfœttr (composed c. 1104; in *Hkr, Fagrskinna, Morkinskinna, Hulda– Hrokkinskinna*) and one *lausavísa* (see *Hkr* III 217, *Morkinskinna* 305, *Fagrskinna* 306).

Verse 408 *Skj* A I 296, B I 272. The second half of verse 82 in *Hkr* II 172–3 (also in *ÓH* 254 and the Legendary saga 106, *Fagrskinna* 181, *Orkneyinga saga* 41); see note to verse 196. The reference of *þér* is to Óláfr Haraldsson of Norway. *Ógnbráðr ynglingr* might be vocative, or it could be taken with *engi* as part of the subject of *varð*. The rel. clause presumably is to be taken with *engi* or as the complement, and *á jǫrðu* as an adv. phrase meaning 'ever'.

Verse 409 *Skj* A I 444, B I 414; see note to verse 111. This may be a *stef*, see Fidjestøl 1982, 152–3.

Verse 410 *Skj* A I 390, B I 360; see note to verse 358.

Verse 411 See textual note and verse 386 and note.

P. 105/21 Cf. 103/6–8.

P. 105/23 Here begins the fragment of the redaction of the second part of *Skáldskaparmál* in W (*SnE* 1924, 103).

P. 105/24 Bragi (presumably the same person) also appears at 103/4.

P. 105/29–32 These seem to be euhemeristic explanations of the origins of names of countries, presumably based on the assumption that they were founded by a king called Óðinn. The *hann* in line 32 presumably refers to Óðinn too. Cf. *Gylf*. Prologue 5–6.

P. 106/7 *ok hǫlða* is not in T, U or C (or in the version of this section of *Skáldskaparmál* in W, *SnE* 1924, 103), but A has 'há́lldar ok hǫldar' (B seems to have had the same, but is only partly legible here), and R has the spellings 'havlþar ok havlda' (the ending of the third word in R here is anomalous). U has 'haulþa' (and omits *ok hǫlðar ok*). *Hǫlðr* and *hǫldr* are two forms of the same word, of which the first is the older (the later form first appears in fourteenth-century manuscripts in Iceland; see Noreen 1923, § 238 b); some scribes seem to have interpreted them as different words. It is possible that one of them represents the Norwegian form *hauld-* corresponding to Icelandic *hǫlð-* . Cf. verse 440 and note to verses 439–442.

P. 106/11–18 Some of the words in these lists are adjectives. They would be what are identified as *sannkenningar* in *Háttatal* p. 6, though in *Skáldskaparmál* ch. 67 all the examples of *sannkenningar* are (compound) nouns except for *óslækinn*. There is a similar alternation between nom. and acc. in 106/11–13 as in some earlier lists (cf. note to 14/25–30), resulting in some ambiguity as to whether the weak nouns ending in -*a* are acc. masculine or nom. feminine.

P. 106/30 *ámælisskor*: possibly a piece of wood with a charge or accusation (*ámæli*) indicated on it by a cut (*skor*; English *score*). This perhaps needs a number of people to deliver, to prevent the person charged rejecting it with violence or to provide witnesses. The second element may, however, be *skǫr* 'decision, verdict'; cf. *Ordbog over det norrøne prosasprog* I (1995), 412.

P. 107/8 *of* is perhaps an error for *ef*. Cf. t. n.

P. 107/23 *ósvifruðr* perhaps should have a long *i*, though before a consonant group vowels were often shortened (Noreen 1923, § 127). Cf. **ósvifrandi** in Glossary and ÁBM 1001.

P. 107/29 Cf. the *þulur* of names for women in verse 438 and the additional *þulur* in A, *SnE* 1848–87, II 489–91, and the verses in U, *SnE* 1848–87, II 363; and *Rígsþula* 25.

P. 108/1 *eigi ritat*, i. e. *hér*? The comment is unlikely to relate to unwritten poems, though it could relate to gaps in the writer's source; cf. 85/13 and note. Or it may be that the author is squeamish about including insulting words for woman; or that he intended to add to his list later. Cf. *SnE* 1931, 258/4–8 ('Den lille Skálda'); and 40/15 above.

P. 108/6–9 More kennings (see 87/8–9 n.). Note *ókent* line 9; the writer is deliberately listing both kennings and *heiti*. There are many other examples of kennings being included in the lists in the rest of the chapter and in chs 70–72.

P. 108/8–9 On kennings linking sword and head in relation to Heimdallr see also 19/11–13, *Háttatal* 7 (and Vindhlér in Index there) and *Gylf.* 26/1 (see note *ad loc.*). The reference is clearly to a lost myth.

P. 108/10 *ørmjǫt*: *ør*- intensive or = *ǫr* 'arrow'? The second element is maybe related to *meta* 'measure, evaluate'; or it should perhaps be read *mjótt*, n. of *mjór* a. 'slender'.

P. 108/17 *Tennar* (so R, A and C) is possibly a genuine alternative form of the pl. of *tǫnn*. Cf. Cleasby and Vigfusson 1957, 648; *Biskupa sögur* 1858–78, I 641/21; *Hrafns saga Sveinbjarnarsonar* 1987, t. n. to 3/29. T has *Tennr*, B *Tenn*, U *Tennrnar*.

P. 108/22 The syntax is rather compressed; presumably *(má) kenna (þat) til hauss eða hjarna eða hǫfuðs, eða skegg (má) kenna við hǫku* . . . U has *ok kent* for the first *kenna* and *en skegg kenna menn við hǫku*; ABC omit *eða* (3) and continue *Skegg skal kenna við hǫku*. T has the same as R except for *en skegg* instead of *eða skegg*.

P. 108/23–33 Cf. the *þula* of *hugar heiti ok hjarta* in A, *SnE* 1848–87, II 490 and the verse of Illugi, *SnE* 1848–87, II 493.

P. 108/30 *eru sér*: are on their own, i. e. form a separate group. (C has *eru enn sér*, T and U omit the sentence.) But it is not clear whether this refers to the preceding or the following names, though in R the next word has a slightly enlarged capital. Cf. 99/21 and note.

P. 108/33–8 Cf. the *þula* of *heiti á hendi* in A, *SnE* 1848–87, II 490.

P. 109/6 *ljóðæska*: the second element is probably related to *ætt*, the first to *ljóðr, lýðr* 'people'; the meaning 'childishness' is probably a later development due to the influence of *æska* 'youth'.

P. 109/8–9 The sudden introduction of comments on kennings for battle is probably because some of the words for voice in lines 7–8 (e. g. *gnýr, glymr, gangr*) can be used as base-words in kennings for battle with weapons as determinants (see Meissner 1921, 187, 192). Cf. *SGT* 26, 27.

P. 109/10 *bragvísi* is perhaps for *bragðvísi* rather than having *bragr* as the first element.

P. 109/11–22 In ch. 74 word-play is recognised between words with vowels of different lengths (*far* and *fár*; *lið* and *líð*; *hlið* and *hlíð*) as well (apparently) as between words beginning with *l-* and *hl-*, though the *hl-* words could be regarded as a different group. (From the references to *ofljóst* in *TGT* 66 and 89, it looks as though the author of that treatise saw *ofljóst* as consisting principally of play with words distinguished only by length of a vowel; cf. *Háttatal* p. 54.) The writer also disregards the *-r* ending in the nominatives of *liðr* (109/16) and the ox-name *hliðr* (109/18); his awareness of this is marked by the care he takes to make sure the masculine words appear in the accusative. It seems likely that his readiness to accept imprecise equivalences arose from the fact that he was influenced by the written forms of words, where vowel length would not usually have been marked.

Verses 412–517 *Skj* A I 653–79, B I 658–71. These *þulur* are all anonymous, though assumed to be from the twelfth century; cf.

verses 325–31. The verse divisions are not always apparent in R, though they are usually marked by a point and/or a capital letter. The beginning of each list (where horizontal lines are printed in SnE 1931 and this edition) is generally marked by a large capital, usually but not always in the margin. A and B have the following additional þulur: *konunga heiti* (after verse 416 in A, before verse 412 in B), *dverga heiti* (after *konunga heiti* in A, after verse 416 in B), *Óðins nǫfn (heiti)* (after verse 427), *viða(r) heiti* (after verse 502), and the rest after verse 517: *tungls heiti, dœgra heiti, himins heiti* (a different list from that in verse 516), *veðra heiti, elds heiti, orma heiti, hesta heiti, hauks heiti, hrafns heiti, hana (hœsna) heiti, ara (arnar) heiti, fugla heiti* (the extant text of B ends in the first verse of this þula), *kvenna heiti ókend* (a different list from that in verse 438), *hugar heiti ok hjarta, grýlu heiti, heiti á hendi, heiti valkyrja, kvenna heiti ókend* (a third list), *eyja heiti, fjarða heiti, sáðs heiti, nǫfn Ægis dœtra*.

Verses 412–16 That these are names of sea-kings is not revealed until the end of the list in R, C and T which (generally) have no headings for the *þulur*, though A and B do (see textual notes). (If R originally had headings in red, they have now disappeared. Headings have been added in the margins later than the main text in T, and in some cases also in C.) Cf. the list in *TGT* 25, 99 (in W and A) and the *þula* of *konunga heiti* in A and B (*SnE* 1848–87, II 469, 551).

Verse 416/3 For Gautrekr A has 'Gavær' and B has 'Gaver', perhaps the source of the name Gavir/Gavér in *Gylf*. Prologue 5. Cf. also Gevarus in Saxo Grammaticus (1979–80, II 51).

Verses 423–7 Cf. *Vilhjálms saga sjóðs* 66–8; Einar Ól. Sveinsson 1942, 140–43.

Verses 436 Cf. *Grímnismál* 36 (*Gylf.* ch. 36) and the *þula* of *heiti valkyrja* in A (*SnE* 1848–87, II 490).

Verse 438 There is the heading *kvenna heiti (ókend)* in A and B. Cf. the *þulur* in A and U, *SnE* 1848–87, II 363, 489–91, and *Rígsþula* 25.

Verses 439–448 Some of the words in these stanzas are given as proper names earlier in *Skáldskaparmál* (chs 64–5), but here seem unequivocally to be taken as common nouns. Cf. the *þula* of *konunga heiti* in A and B (*SnE* 1848–87, II 469, 551) and *Rígsþula* 12, 24, 41.

Verses 440–42 The repetitions presumably imply corruption. Kock,

NN 2160, suggests *aldir* for one of the occurrences of *hǫlðar* in verse 440 (cf. note to 106/7).

Verse 442/3 There is an additional line here in T and B (*ok sælkerar*) and A (*ok sælingar*) which would make the stanza of regular length.

Verses 449–50 contain names for battle (headed *orrostu heiti* in A and B). Some (or variants of them) are found as proper names elsewhere (for example among the valkyrie-names in *Grímnismál* 36, and in the *þula* of *heiti valkyrja* in A, *SnE* 1848–87, II 490).

Verses 451–62 In the sword-names, some are kennings, some half-kennings or base-words for kennings (e. g. *eldr, logi* in verse 458, if these are not metaphors; 'fire of battle' is a well known kenning-type, see Meissner 1921, 150–51); some are *nomina agentis* apparently used in a passive sense (e. g. *snyrtir, herðir, skerðir*, verses 451, 456, 458); some are found as names of swords in sagas or poems. Some seem to be names for persons (i. e. they are personified, sometimes using giant-names). Some words under 'parts of sword' (verses 460–62) seem to be sword-names. Rather surprisingly, most sword-names seem to be masculine (they may be based on *mækir* rather than *sverð*). Many words of all these types may be artificially created and so not in accordance with natural word-formation.

Verse 455/5 *bensœgr*: perhaps *sœgr* m. 'strip' (cf. *blóðrefill*), but the vowel is uncertain. R uses ø, T ǫ, A has æ and B has o. The second element may be related to *sax* n. 'short sword'.

Verse 460–62 The heading is *heiti á sverði* in A and B (cf. note to verse 495). Some of the terms clearly are for parts of a sword, others seem to be names for the whole sword. Cf. note to verses 451–62.

Verse 466/7–8 'Jólfr's artefact (made by him or owned, given by him?) is the best whizzer' or perhaps 'Þura is the best work of Jólfr'. But since *øfst* is strong, *en* must be an adverb or conjunction (*enn*?) rather than a pronoun or article, and the meaning might be 'there is Jólfr's artefact, but the best is Þura'.

Verse 472/1–2 I. e. names for helmet. See t. n.

Verses 475–8 Cf. the *þulur* for names of waves ('nǫfn Ægis dœtra') and fiords ('fjarða heiti') in A (*SnE* 1848–87, II 493). With verse 478 compare verse 357 and note, and see note to 36/25–6. It is difficult to know how many of the words for wave in verse 478 are to be taken as the names of Ægir's daughters.

General Notes 229

Verse 479–84 contain names for rivers (the heading in A is *Á heiti*, in B *Vatna heiti*). Many of the river-names are mythical, some geographical, in some cases beyond the travels of vikings (e. g. Ganges, for Old Norse occurrences of which see Index), and probably derived from books. Cf. the identifications in Cleasby and Vigfusson 1957, 780. Eufrates and several of the other rivers here are mentioned in *Heimslýsing* in *Hauksbók* (1892–6, 150); see Index.

Verse 485 contains names for kinds of fish. See t. n.

Verse 487 In *SnE* 1931, 207 and *SnE* 1848–87, I 579, the lines are reordered to make the alliteration regular (lines 2 and 8 exchanged); they also have lines 3–4 as the final couplet, as in TAB (but not in C).

Verses 489–90 contain names for kinds of whales (see t. n.), some of which can only tentatively be identified with modern terms, and some of which are fabulous (see Glossary). There are 22 varieties of whale described in *KSk* 15–17 (cf. also 29), of which 19 correspond more or less to items in Snorri's list of 26 (cf. **hrafnreyðr** and **vǫgn** in Glossary). 21 of the varieties in the *þula* correspond more or less to items in JG 5–13 and 28 (cf. **geirhvalr, reyðarkálfr, kýrhvalr, vǫgn** in Glossary). Three of the varieties in the *þula* have no equivalent either in *Konungs skuggsjá* or in Jón Guðmundsson: *bunungr*, probably a mistake for v. l. (in T) *búrungr*, which is perhaps the same as *búrhvalr* 'sperm whale', in *Konungs skuggsjá* and Jón Guðmundsson; *blæjuhvalr*, according to Blöndal 1920–24 the same as *stökkull* (this term is used to mean both a fabulous whale and a dolphin, see JG 35–36); and *skútuhvalr*, which perhaps, like *skútufiskur*, means one caught from a *skúta*. See also Þórunn Valdimarsdóttir 1989, 313–18.

Verses 495–500 Heading in A and B: *heiti á skipi*, i. e. names for parts of a ship, or in some cases for things on a ship. Cf. note to verse 460.

Verses 501–502 Cf. the *þula* of *fjarða heiti* in A (*SnE* 1848–87, II 493).

Verses 503–14 With the *þulur* of animal names, it is particularly uncertain how many are proper names, how many common nouns for particular kinds of animals, and how many familiar terms for them.

Verse 503/10 Perhaps emend to *Vingnir* (as in A and B), as another name for an ox; see Index.

Verse 509/3 *Kolmúla* ('coal-muzzle') is perhaps a name.

Verse 512/1 The first word in RTC (where this list appears as if a continuation of verse 511, see t. n.) could perhaps be read as a name *Jórir*. A and B have *Hjǫrtr*; A has a large (red) capital H, but in B there is space left for it, as elsewhere in this manuscript. The list is of names for stags (heading *Hjartar heiti* in A and B, see t. n.).

Verse 516 The names for the heavens are here treated as proper names; in ch. 56 they seem mostly to be common nouns (*heiti*) for the sky. Cf. the additional *þula* of *Himins heiti* in A and B (*SnE* 1848–87, II 485–6, 569).

Verse 517 On the additional *þulur* after this verse in A and B, see note to verses 412–517.

Snorri Sturluson

Edda

Skáldskaparmál 2

Snorri Sturluson

Edda

Skáldskaparmál
2. Glossary and Index of Names

Edited by

ANTHONY FAULKES

VIKING SOCIETY FOR NORTHERN RESEARCH
UNIVERSITY COLLEGE LONDON
1998

© Anthony Faulkes 1998

First published by Viking Society for Northern Research 1998
Reprinted with minor corrections 2007

ISBN:
978 0 903521 34 5 Set of two volumes
978 0 903521 36 9 Volume 1
978 0 903521 38 3 Volume 2

Reprinted 2023

Printed by Short Run Press Limited, Exeter

Contents of Volume 1

Introduction	vii
Title	vii
Synopsis	viii
The composition of the work	x
Date and authorship	xi
The verse quotations	xiii
The *þulur*	xv
The dialogue frame	xviii
The prose narratives	xxii
The analysis of poetic diction	xxv
Purpose	xxxvii
Manuscripts	xxxix
This edition	li
Table of verse quotations and their preservation	lv
Bibliographical references	lx
Manuscript sigla	lxx
Glossary of technical terms	lxxi
Text	1
Textual notes	135
General notes	153

Contents of Volume 2

Glossary	231
Index of names	443

GLOSSARY

The glossary is full but not complete: some ordinary words are omitted, and references are selective for words of frequent occurrence, but all technical words and all kennings in the verses are included with virtually complete references. References to the text are by page and line number except when preceded by 'v', when they are to verse and line number. In references, 'n.' refers to a word in the General Notes, 't. n.' to a word in the Textual Notes. The following abbreviations are also used:

a.	adjective	nom.	nominative
abs(ol).	absolute(ly)	num.	numeral
acc.	accusative	obj.	object
adv.	adverb(ial)	ord.	ordinal
art.	article	o–self	oneself
aux.	auxiliary	p.	past
comp.	comparative	part.	partitive
conj.	conjunction	pass.	passive
dat.	dative	pers.	person
def.	definite	pl.	plural
e–m	einhverjum	poss.	possessive
e–r, e–n	einnhverr, einhvern	pp.	past participle
e–r(ri), e–rar	einhver(ri), einhverrar	prep.	preposition(al)
e–t	eitthvert	pres. (p.)	present (participle)
e–s, e–u	einhvers, einhverju	pret.-pres.	preterite-present
f.	feminine	pron.	pronoun
gen.	genitive	rel.	relative
imp.	imperative	sg.	singular
impers.	impersonal	s–one	someone
indecl.	indeclinable	s–thing	something
inf.	infinitive	subj.	subject
instr.	instrumental	subjunc.	subjunctive
interrog.	interrogative	subst.	substantive
intrans.	intransitive	sup.	superlative
irreg.	irregular	sv.	strong verb
m.	masculine	trans.	transitive
md.	middle voice	vb.	verb
n.	neuter	v. l.	variant reading
neg.	negative	wv.	weak verb

-a *neg. suffix* v44/3, v59/2, v82/7, v93/7, v94/7, v168/1, v172/5, v175/5, v178/7, 59/17, v192/3, v217/1, v314/1

á (1) see **eiga**

á (2) *f.* river 17/13, 25/3, 4 (gen. pl.), 41/11 (gen. pl.), 41/15, 45/4, 48/10, v303/1 (metaphor for a poem reaching its end), v479 t. n. (gen. pl.); in kenning for rock, *ár steði* v317/4 (the form *áar* would make up the usual complement of syllables; see note to verse 143 and *Háttatal* 7 and note)

ábyrgð *f.* liability; *hafa mikit í á.* have a great deal at stake 21/17

áðan *adv.* a little while ago v250/1 t. n.
áðr *adv.* before v64/7 (with *ræðr*, 'was the first to'), 42/5, 109/20; previously, already v58/3, 85/15; above (in a book) 11/26, 18/1, 20/18, 69/5, 75/16, 78/22; *áðr ok síðan* early and late v343/2; as conj. before 21/6, v83/5, v309/3, until v45/3 (or adv., previously?), v71/1 (links with *eðr ólaus* in preceding stanza), v97/5, 41/31, v160/7, v172/6, v175/7, v408/2
afar *adv.* extremely v205/2
afarmenni *n.* mighty man, overbearing person 106/9, v441/2
áfenginn *a.* strong (of drink) 1/13, 49/11
afgelja *f.* blather 109/6
afglapi *m.* simpleton (someone who can be completely taken in) 106/17
afi *m.* grandfather 107/15, v446/2
afkvæmi *n.* offspring, progeny 50/15, 107/19
afl (1) *n.* strength 46/23, v166/5; gen. obj. of *freista* v24/3 (i. e. his strength); *af afli* with force, powerfully v80/7 (with *þurði*), v91/3 (with *vá*), v356/2; *af ǫllu afli* with all his strength 1/29
afl (2) *m.* forge v87/7 (dat. with *soðnum*, in a forge), 42/2, 3, 5
afla (að) *wv.* with dat. be able to do v269/2; with gen. *a. sér* build up for o–self, increase for o–self, earn, acquire 106/2 (the second obj. is acc., though T and C have gen.; cf. **ljá** and 25/2 n.)
afláti *m.* inactive person, one who gives up v441/5 t. n.
aflgjǫrð (-gerð) *f.* powerful activity, in kenning for battle, *orða a. naglfara borðs ok tungu meðalkafla* mighty word-activity (parliament, meeting) of shield and sword v401/4 (acc. with *drap sér á*, cf. note)
aflraun *f.* test of strength, difficult achievement, great feat of strength v81/2
afspringr *m.* offspring, progeny, descendant 107/19, v448/3; sword-name, 'which springs back, rebounder'? v459/4
ágætr *a.* magnificent, splendid, famous 5/37, 6/3, v325/2, 101/22, v394/2 (with *hjálmi*, but cf. v279), 103/14; sup. 46/22, 101/10; *ágætastr af* most notable for 58/4
ái *m.* forefather, great-grandfather 107/15, v446/1
aka (ók) *sv.* drive, travel in a vehicle (*at* to) v65/5, v108/1, 83/16; with the vehicle in dat. (of sailing ships conceived as waggons) v266/2
ákafliga *adv.* furiously, violently 6/8, 21/15, 37, 59/25
ákafr *a.* furious, violent; sup. n. as adv. *sem ákafast* as hard as he could 4/39
akarn *n.* acorn; in kenning for heart, *dólgs a.* v82/1 (pl., subj. of *drápu*; see note)
akka *f.* arrow (of bone or with a bone point) v465/1

akkeri *n.* anchor v500/6 (Falk 1912, 78)
akr (rs) *m.* ploughed field, cornfield v263/1 t. n.
aktaumar *m. pl.* ropes attached to a bar across the rudder to steer a ship (LK 179; not used in medieval times, see Falk 1912, 76); ropes attached to the ends of the yard (or to the clews of the sail, see Foote and Wilson 1970, 246) to adjust the angle of the sail (Falk 1912, 65; LK 208) v500/3
ákveðinn *a.* (*pp.*) agreed, appointed 2/1
ala (ól) *sv.* nurse; metaphorically, have in one's mind, brood over v38/1 (inf. with *þurfut*); pp. bred v169/3; *alnar við* bred on v125/3 (of Ægir's daughters or the winds); *alin var at* was born for (i. e. in order to bring about) v202/1
alda *f.* wave v478/1 (most of the other words in this list are proper names); in kenning for (the mead of) poetry, *Óðreris (hafs) a.* v34/3 (see note)
aldaþopti *m.* old rowing-bench mate 107/21, v445/2
aldr *m.* life v143/4, v390/3 (acc. with *bið ek*); (long) period of time, lifetime 99/5; *at aldri* in age 58/8; acc. as adv. always v34/4?
aldrhaf *n.* eternal, ancient sea? sea of life? in kenning, *vágr aldrhafs* v34/4, see note
aldri(gi) *adv.* never v105/1 ('never will any young ruler . . .'), v194/5, v379/2 (v. l. *aldre(g)i, aldregin* (U, 'alldreginn')), v406/1
aldrminkandi *m.* (*pres. p.*) who diminishes the life (*e–s* of s–one), life-curtailer; in kenning for Þórr, killer of giants, *a. Ellu steins aldar* v91/7 (dat. with *of bella*)
álfheimr *m.* the world of elves, where elves dwell v91/4 (gen. with *bliku*). See Index
álfr *m.* elf 5/20, 40/16, v332/5 (understand *kalla*, call it), similarly v380/5; in kenning for war-leader, *sóknar á.* (Jǫrmunrekkr) v155/2 (gen. with *sveita* or *dǫgg*)
álfrǫðull *m.* 'elf-wheel', a name for the sun 85/20, v517/7 (*Gylf., Vafþrúðnismál, Skírnismál* 4; cf. Index); in kenning for gold, *á. elfar* v117/1
algífri *n.* complete monster v251/8 (descriptive gen., 'completely monstrous', with *úlfs*: that complete monster of a wolf (i. e. Fenrir); or *úlfs algífrislifra* 'the wolf's most monstrous sister', see *NN* 193)
algildr *a.* completely worthy, excellent v21/1 (with *allvald*)
alinleygr *m.* (fore)arm-flame, gold ring v234/2 (gen. with *fleygjendr*)
alinmunnr *m.* '(fore)arm's mouth', hand, fist; dat. (instr.) with the mouth of his arm v53/4 (with *gein*)
alinn see **ala**
álit *n.* appearance (pl.) v166/6
áll *m.* **(1)** trench (in the sea) v477/7; cf. **hrafnáll**

áll *m.* (2) eel v488/5; in kenning for sea, *áls hrynbraut* v194/6, for snake, *áll Fjǫrgynjar* (i. e. of the earth) v317/2 (gen. with *hrynbeðs*)
allfrægr *a.* very renowned 2/23, much spoken of 21/16
allhræddr *a.* very frightened, quite terrified 21/29
allmargr *a.* very many v374/2 (with *hús* or *øx?*)
allmikill *a.* a very great deal of 45/25
allr *a.* all v66/1 (with *vé*), v98/3, v101/5, 72/24, v257/2, v271/3, v348/3, v381/1, v405/2; the whole v28/1 (with *asksǫgn*), v106/4 (with *sjár*), v143/3, 50/15, v185/1 (with *ævi*), v254/5, v269/4, v277/4; the whole of, completely v58/2 (with *Kjallandi*); complete v148/4 (with *varn*, i. e. *vǫrn*); (my) entire 25/27 n.; every, all kinds of v194/7 (with *framræði*); *allir* everyone (else) v295/2, they all (sc. Jǫrmunrekkr's warriors) v157/6; *ǫllu* everything v270/3 (obj. of *of valda*), with comp. than everything v273/3; n. as adv. *alt* all the way 72/9; gen. sg. as adv. *alls ekki* in no way at all 50/3; *alls engi* never any v107/1; as subst. of everything, of all v115/2 (with *dróttinn*), v276/2, 78/11; as conj. since v36/1, v72/2, v216/1
allreiðr *a.* very angry 21/1
allríkr *a.* very powerful, all-powerful v298/2 (with *Torf-Einars*)
allvaldr *m.* very powerful, all-powerful one 99/23, 29; one who has complete power, earl (Sigurðr or Hákon, see note to verse 12) v21/2 (acc. with *bið*), king (Óláfr Haraldsson) v375/1; *aldar a.* i. e. King Óláfr of Sweden v383/3; pl. rulers v381/1 (with *alla*)
allþarfliga *adv.* most earnestly 1/34
álmbogi *m.* 'elm-bow' (cf. **álmr**, **bogi**) 108/34 t. n.
almenning *f.* the general public v443/2
álmr *m.* elm; in kenning for (unidentified) warrior, *a. dynskúrar málma* v209/2 (vocative); bow (made of elm) v249/4 (subj. of *bugusk*), v467/1
álmsorg *f.* 'elm's sorrow, trouble(r)', the wind v351/4 (subj. of *grefr*)
álmtaug *f.* bow-string; in kenning for warrior, the giant Geirrøðr, *álmtaugar ægir* v87/5
alnbogi *m.* elbow 108/34 (v. l. *álmbogi*)
alnenninn *a.* totally well-motivated, very eager to act, energetic v196/3
alr *m.* awl 43/8 (cf. Index)
alskír *f.* all-bright, name for the sun 85/19
alsæll *a.* perfectly blessed v163/2 (understand as obj. *auð?* or *Fróða*, grind him happy, i. e. so that he becomes perfectly happy?—or adv. acc.? Or understand *meldr*, what brings blessedness; see *NN* 70)
alvápnaðr *a.* (*pp.*) fully armed 59/22
ámáttligr *a.* very powerful-looking v422/7

Glossary 235

ambátt *f.* female slave 52/6, 11, v160/8 (gen. with *hljóm*)
amma *f.* grandmother 108/3
ámælisskor *f.* 'accusation-tally'? 106/30 (see note)
andaðr *a.* (*pp.*) dead v295/1
andhvalr *m.* bottle-nose(d whale) v490/7 (*KSk* 15, 16; JG 7, 35; = *andarnefja*; beaked whale LML 120, 123)
andi *m.* breath, spirit 108/26
andskoti *m.* opponent 107/22
andsvar *n.* reply, response 101/13 (pl.)
angrþjófr *m.* 'grief-, sorrow-stealer', comforter, helper; in kenning for Þórr, *Óðins a.* v87/6 (dat. of respect with *gin*)
annarr *a.* other v271/3, 90/27; next 72/26; another (i. e. *stilli*) v172/2, v406/1 (with *skjǫldungr*); another (person) v164/2 (obj. of *granda*, also with *búa* and *orka*, for another), 109/17; another (nine) 103/1; some other 107/14; another (horse) v329/7 (subj. of *hvarfaði*); the other, a second one (i. e. *igða*) v152/1; different 109/20 (*aðra greinina* the other type of meaning); the second v516/7 (with *himinn*); *annat sinn* secondly 78/11; *annarr . . . annarr* one . . . the other 21/1–2
annvanr (i. e. **and-**) *a.* lacking (*e–s* s–thing); *saums a.* which do not have nails, of men conceived as masts (*siglur*) v156/4 (see note)
apli *m.* 'dapple', ox-name v505/1; see Index
apt *adv.* back v103/2
aptann *m.* evening (the latter part of the day, from mid-afternoon onwards) 99/6
aptr *adv.* back v102/8 (with *leiðir*)
ár (1) *n.* year v353/4 (acc. of time), 99/5
ár (2) *f.* oar v500/2
ár (3) *adv.* once v221/2 (perhaps with *sagt er*? *NN* 329); long ago v93/6 (with *settisk* or with *báru*; but see note)
áraklό *f.* probably a kind of rowlock (cf. Falk 1912, 24, 69, 70) v491/3 (as name of ship? perhaps *áraklό*, 'eagle-claw'?); cf. **klό**
árdagar *m. pl.* days of yore; *í árdaga* long ago v62/2
arfi *m.* heir 107/16; son v26/4, v42/1 (gen. with *vaðr*), v82/5 t. n.
árflognir *m.* early flier, name for a raven (or other carrion bird?) 91/3, v338/2 (dat. with *gaf ek*)
arfr *m.* inheritance 3/3, 48/15, v280/3 (obj. of *leifa*); *e–s a.* s–one's legacy 48/30, 35, 49/5; ox-name v504/7, see Index
arfuni *m.* heir, inheritor 107/16, v446/6; ox-name v505/4, see Index
arghyrna *f.* 'cowardly, useless point', (ironic?) name for an axe with long but weak points on the blade v463/10
árguð *n.* god of plenty, harvest god 18/16
árheiti *n.* river-name 41/11 (gen. pl.)

ari *m.* eagle 92/1, v340/4, v400/2 (gen. with *jóði*); in kenning for carrion, *ara barr* v333/2 (or acc. with *lætr*, subj. of *fagna*, if *blóðorra* is taken as the gen.), for blood, *ara hræsær* v333/8 (see **hrægammr**)

arinn *m.* hearth; (hearth-)stone, in kenning for giantess, *arin-Syn*, stone-Syn (separated by tmesis, see note) v90/4; a stage or bridge on a ship for the commander? (Falk 1912, 115) v500/4

árla *adv.* early (in the day) 99/7

armleggr *m.* (upper) arm 108/34; in kennings for gold, *eisa armleggs* v191/4, *glóðir armleggs* v199/4

armr *m.* arm 108/34; *farmr e–s arma* = s–one's husband or lover v13/2, v75/2, v98/2

arnarhamr *m.* eagle-shape, -form 2/4, 15, 4/38, 5/1

arngrennir *m.* eagle-feeder, one who provides corpses for birds of prey, war-leader (Magnús góði) v218/2 (obj. of *téðu*)

arnsúgr *m.* 'eagle-sucking' or 'eagle-noise': the wind (or its sound) caused by an eagle's wings 2/16, the pressure of the wind from the eagle's wings v103/8 (obj. of *lagði*; lit. directed it against Loki, i. e. perhaps 'pursued L. with powerful wing-beats'; or instr. with *lagði at*, 'made after Loki with powerful wing-beats') (cf. *Gylf.* 20/29–38)

árr *m.* messenger; pl. *ærir* embassy? 106/33, v441/1; in kenning for Æsir (perhaps a calque on *angelus*?), *ærir Yggs* v50/1; for warrior, man, *árr sverðregns* deliverer of sword-rain v303/1 (Óláfr pái; dat. with *mærð*, for)

ártali *m.* year-counter (a name for the moon) 85/21; (a name for a raven) 91/4

árvǫxtr *m.* swelling of a river 25/15

as-Freyr *m.* tumult-Freyr, battle-Freyr, kenning for warrior (*ǫs* f. 'tumult') v214/4. Cf. **él-Freyr**

ásjándi *pres. p.* (cf. *sjá á*) looking on: *at ásjánda Akille* while A. was looking on 6/4

askr *m.* ash(-tree) 40/13, 65/20; in kenning for warrior, *Hárs drífu a.* v214/3; ship (made of ash) 69/19 (cf. Ullr in Index and note to 67/21), Viking ship v491/4 (Falk 1912, 87); sword-name v454/5 (name for a horse *SnE* 1848–87, II 487)

asksǫgn *f.* (ash-)ship's crew; *Ullar a.* are the shield-crew, warriors with shields v28/2 (*þess er*: of him who, who follow him who)

askþollr *m.* '(ash-)ship-tree', in kenning for warriors, *Ullar askþollar*, the trees of Ullr's ship (i. e. of the shield) v212/1 (dat. of advantage (for) with *stendr*)

ásmegin *f.* Áss-strength, divine strength v72/5

ásmóðr *m.* Áss-rage, divine fury 21/37

áss *m.* (mountain-) ridge; in kenning for mountains, *áss* (gen. sg.) *hauðr* v80/8 (cf. note)
ást *f.* love 108/27
-at *neg. suffix* v68/5, v72/1, v79/3, v90/5, v166/1, v178/1, v209/1, v252/1, v362/2, v388/1, v416/7
at (1) *conj.* that; so that, in such a way that v173/3 (*því* . . . *at* thus that, so such an extent that?), 109/19 (2; or as rel.?)); *þat* . . . *at* such that v285/3; as rel. 42/15 (1)? (see note), *hér* . . . *at* here what 8/23
at (2) *prep.* with dat. to v65/5; as 48/21, 59/28; elliptically with gen. at the home of 50/17, v159/5, v174/8; with acc. *at þat* after that, thereupon v96/6, v101/2, v243/2; in v250/2 *at* seems to be the conj. after *hugði* and *þat veðr boga* the obj. of *fœri* (see note); as adv. there 42/15 (1) (see note); *at þar várum* we were there, present v144/4 (or *at fleiri* . . . *at þar várum*, the more because we were there, **at (3)** and **(1)**, see *NN* 770)
at (3) *adv.* with comp. *at fleiri* the more (because of the killing) v144/3 (with *tár*; cf. **at (2)**)
atburðr *m.* event, what had happened 3/30, 5/32 (pl.)
athǫfn *f.* activity 40/10, 26, 64/27
átján *num.* eighteen 101/18
atkvæði *n.* decision 42/19
atseta *f.* residence 51/30
átt(-) see **eiga**
átt *f.* family line, tribe; kin(sfolk); *allar áttir Ingi-Freys* i. e. all the gods v101/5 (subj. of *gǫrðusk*)
átta *num.* eight (with *mœðra*) v64/8
áttbogi *m.* branch of family line; lineage; descendants, relatives; *á. ylgjar* = wolves v321/1 (subj. of *svalg*)
atti *m.* sword-name, 'attacker' or 'inciter' v458/8
áttruðr (-runnr) *m.* member of a family line (*ætt*); *á. e–s* s–one's relative, kinsman: *á. Hymis* = Þjazi v100/4 (subj. of *bað sér fœra*), *á. Suðra* = Geirrøðr (see Suðri in Index) v87/8 (in apposition to *œgir*, subj. of *laust*)
áttungr *m.* relative 107/18, v446/1
auðit *pp.* granted (by fate; with gen.); *auðit varð* (impers.) *e–m e–s* s–thing was fated for s–one v387/2
auðkýfingr *m.* an amasser, heaper up of wealth 106/15, v442/4
auðmildingr *m.* one generous with wealth, munificent person 79/28, 107/27
auðr (1) *m.* wealth v163/1 (obj. of *mǫlum*), v163/5; precious gifts, gold v199/2; *til auðar* in order to gain wealth (i. e. plunder) v187/2; ox-name v505/3 (cf. Index); in kenning for woman, *lág auðs* v202/3, for man, *auðar þorn* v218/3

auðr (2) *a.* empty, waste, devastated v410/3 (complement of *Sikiley varð*)
auðskati *m.* wealthy (and generous) man (prince) v443/4
auðsúgr *m.* 'wealth-sucker, -wind'? in kenning for troll-wife, *a. jǫtuns* v300a/3 (*NN* 1095C proposes *auðsúð*, a kenning for woman ('plank of wealth'), which provides a hending)
auga *n.* eye 2/37, 24/31, v110/4 (obj. of *varp*), 40/29, 42/12, 44/27, v385/4 (obj. of *stinga*), 108/8, 10, 14; dat. pl. (instr.) v45/2; *af augum mér* from my eyes v392 n.; in kenning for gold, *regn augna Óðs beðvinu* v146/1 (gen. with *regni*)
auka (jók) *sv.* increase, add to 59/15, 18; *a. e–n með e–u* honour s–one with s–thing v12/1; pp. *aukinn e–u* strengthened by, with the help of s–thing v103/4 (with *hugreynandi Hœnis*)
aumr *a.* (the) poor v386/1 (as subst., acc. with *lát*)
aur- see **eyrir**
aurborð *n.* the second plank or strake from the keel (Falk 1912, 52; cf. LK 154, where it is the third), sand-strake? v500/5
aurgefinn *m.* ox-name, 'dirt-given, inclined to become dirty' v505/8
aurkonungr *m.* 'mud-king'? (or *ǫr-*, swift or liberal? arrow? possibly an error for *ár-* harvest, prosperity?) 19/34
aurr *m.* mud v174/5 (subj. of *etr*)
aurriði *m.* trout v485/7 (*urriði* JG 28)
ausa (eyss, jós) *sv.* pour, bail (water from a ship) v355/1; of producing (the mead of) poetry v18/3; of gold conceived as grain, pour (with dat.) v186/5
aus(t)ker (austsker in C) *n.* a vessel for bailing, bailer, scoop v500/7 (Falk 1912, 6)
austan *adv.* from the east, westwards (across the Baltic from Russia) v352/2; *fyrir a.* as prep. with acc. to the east of v177/2
austr (1) (austrs) *m.* liquid pumped or poured (or abstract, the pumping?—cognate acc.); in kenning for poetry, bilge-water v18/4 (obj. of *ausa*)
austr (2) *adv.* east; in the east v349/3, v381/2; i. e. in Norway v212/2, in Sweden? v383/2; *á jǫrðu a.* i. e. in Norway v408/3; eastwards v329/7 (with *hvarfaði*; i. e. back to Uppsala)
auvirð *n.* contemptible person 106/13

báðir *pron.* both; f. *báðar* we both v180/8
baðmr = barmr v501/6 t. n. (cf. de Vries 1977, 22 and 27; ÁBM 35, 42)
baga (ð) *wv.* cause trouble, injury to (*við*) v69/7
bági *m.* opponent, enemy; *úlfs b.* = Óðinn v16/2 (subj. of *gáfumk*), 9/28; *jarla b.* v61/2 (subj. of *vildi*, see note)
bágr *m.* hostility; *brjóta bág á e–m* open hostilities with s–one v76/8
bak *n.* back 22/25, 47/19

bakki *m.* a small transport vessel v492/3 (Falk 1912, 87)
bál *n.* bonfire, pyre 97/25; funeral pyre v8/4 (that of Óðinn's son Baldr), v372/1
bálgrimmr *a.* 'hostile to fire'; *Beita borgar b.* hostile to the fire of the sea, i. e. to gold, because he gives it away; generous; sup. v136/2 (with *hnossvin*)
ballfagr *a.* 'boldly fair', harshly shining v157/6 (with *ennihǫgg*; perhaps *bǫlfagr*, 'evilly fair'; MS has 'bavll-')
ballr *a.* bold, tough; sup. most bold v97/6 (with *dólg*)
balti *m.* bear, 'plodder' v510/6
banamaðr *m.* slayer 58/20, 107/23
banaorð *n.* news of s–one's death; *bera b. af e–m* i. e. kill s–one, gain victory over s–one 6/18
band *n.* bond; *í bǫndum* in his bonds v98/4 (with *eygja*; on the binding of Loki cf. *Gylf.* ch. 50); cf. **bǫnd**
bani *m.* death 2/9, 6/15, 18, 49/34, v164/4; cause of death, slayer 14/28, v59/5 (complement of *varð*, cf. note), 19/24, 28, 30, 39/14, 19, v164/7 (obj. of *finni*), 58/20; *sinn bani* his slayer, the one who was about to slay him v67/8 (obj. of *bátti*); cause of (s–one's) death 46/5, 31, 48/38, 49/13, 72/19; *b. Belja* = Freyr (see *Gylf.* ch. 37) v328/5; *Fáfnisbani* slayer of Fáfnir 103/9
banvænligr *a.* likely to bring death, deadly 6/7
bára *f.* wave, bore (also the name of one of Ægir's daughters, see Index) v126/1, 74/8, 95/28, v361/1, (v478/7); *berg-Mœra b., Boðnar b.* (the mead of) poetry v30/3, v35/1 (subj. of *tér*); in kenning for ship, *báru fákr* v256/3, for blood, *valkastar b.* v94/6 (gen. with *már*)
barð *n.* (1) front stem of ship, prow v133/7 (instr. with *rístr*), v256/2 (obj. of *þrungit*), v356/3 (subj. of *skerðu*), v499/1 (= *framstefni* LK 90; cf. **barði**); the part of the front stem extending above the water-line, the middle of three pieces comprising the *stafn (stefni)* (Falk 1912, 36); *fyrir bǫrðum* before the prows v132/2. (2) slope, rise, bank, edge (of a hill); in kenning for giants, *Hǫrðar barða* v83/4. (3) beard 108/19
barða *f.* 'bearded axe', axe with a long lower point on the blade v463/8
barði *m.* a kind of ship, 'beaked' (cf. **barð**; *barði* perhaps means one with strengthening or a projection on the stem for ramming, cf. *járnbarði* Falk 1912, 37–8) v51/1 (gen. with *brautar*), v493/3; in kenning for shield(-wall), *garðr barða* v235/2 (or **barð** *n.*); shield (perhaps a shield with a long lower point) v470/7
barðristinn *a.* 'prow-cut', cut by the prow v354/1 (with *borðheim*)
barðsól see **bliksól**
bargrimmr *a.* 'barley-fierce'? v136/2 t. n. (sup.)
barmi *m.* poetical word for brother (fed at the same breast) v154/8

(*Erps barmar* = Hamðir and Sǫrli, subj. of *hefndu*; though according to *Hamðismál* 13 they were only half-brothers to Erpr and had different mothers), 107/17, v446/3; *Baldrs b.* = Þórr (again of half-brothers) v67/1 (subj. of *þyrmðit*)

barmr *m.* edge, shore, cliff v501/6 (written *barðmr* in R, perhaps for **baðmr** *m.* (so C) 'bosom, surface'?—cf. **ættbarmr, -baðmr**)

barn *n.* child 47/26, 48/8, 33, v148/4 (with *því*, dat. obj. of *hrósa*; the child of Njǫrðr's daughter is Hnoss (or Gersimi), the precious gift), 107/16, 108/4, v447/2; *fira bǫrn* sons of men v202/4 (dat. of respect with *rógi*, for, among men); *ǫglis b.* = Loki in falcon form v103/7; in kenning for giants, *b. Mǫrnar* v79/6 (gen. with *þverrir*)

barnungr *a.* 'child-young', (still) a child in age (of Haraldr hárfagri) v256/4 (with *hrjóðr*)

barr *n.* (1) foliage 40/27, 41/22; cf. v10/3 t. n.

barr *n.* (2) barley; in kenning for gold, *Kraka b.* v186/6 and v389/2 (dat. with *eyss*); for carrion, *ara* (or *blóðorra*) *b.* v333/1 (dat. with *fagna*); cf. v10/3 t. n.

barrhaddaðr *pp.* foliage-haired, with hair made of pine needles (or barley, Frank 1978, 186); of Norway perceived as female v10/3 (with *biðkván*). Cf. *Gylf.* 3/23–26, 12/32 (*Grímnismál* 40)

barún *m.* baron 80/4

bassi *m.* bear v510/5

batna (að) *wv.* improve, get better; pres. p. *batnandi* perhaps means ambitious, referring to those who want to improve their abilities or reputation (upwardly mobile?) 106/5

bátr *m.* boat (ship's boat?) v492/5

batt see **binda**

baugjǫrð *f.* 'ring-land', that on which the shield-boss stands, kenning for shield 70/5, v239/3 (acc. with *sér*)

baugnafaðr *a.* 'circle-hubbed', (of a shield conceived as a wheel) having a disk (i. e. the shield-boss) as its hub v238/2 (with *hjóls*)

baugr *m.* ring v2/2 (acc. pl. obj. of *þiggi* parallel to *heimboð*; i. e. plunder), 45/27, 30, 48/5, v186/3 (gen. pl. with *brattakr*), v187/4 (dat. pl., in, consisting of, rings; with or in, i. e. using, shields *NN* 2264, see below); *háls(-)baugr* neck-ring v250/8 (obj. of *bar*); boss of a shield (or its surround) v65/4 (dat. with *á*), 67/23, 69/29, 70/5, v240/1 (Falk 1914, 140); in kenning for shield, *baugs bifkleif* v71/7; by synecdoche for shield v471/3; i. e. encircler, in kenning for Midgard serpent, *brattrar brautar b.* v45/2 (dependent on *leit á*); in kenning for generous man, *spillir bauga* v151/6, *baugs friðstøkkvir* (vocative; unidentified, see note) v262/1

baugskerðir *m.* 'ring-damager, -diminisher', he who gives away rings, generous ruler (unidentified) v133/7

bauti *m.* beater, striker, killer; in kenning for Þórr, *arin-Synjar salvanið-bauti* (separated by tmesis, see note), striker of the ones accustomed to visit the dwelling of the giantess (i. e. of cave-dwellers) v90/4 (subj. of *hlaut sigr*)

bautuðr *m.* striker, stabber, ox-name v503/9 (v. l. *bauruðr*). A horse, *SnE* 1848–87, II 487

baztr *a. sup.* best (with gen. pl.) v62/4 (apposition to *Skíðblaðni*); *b. e–m* very kind towards s–one v150/2. Cf. **betr**

beðja *f.* bedfellow 108/5; i. e. wife: *Glens b.* = the sun v135/1

beðr *m.* bed; pile, heap v358/1 (acc. pl. *beðja*); *á beð e–m* to s–one's bed (Hnoss (or Gersimi) is led to the poet's bed, i. e. the precious weapon is presented to him like a bride) v149/6; *Grafvitnis b.* = gold (snakes were supposed to sleep on gold) v183/4 (obj. of *mólu*)

beðvina *f.* bedfellow; *Óðs b.* = Freyja v146/2 (gen. with *augna*)

beiða (dd) *wv.* with gen. ask (for s–thing); *b. e–n e–s* ask s–one for s–thing, try to get s–thing from s–one 24/33; demand, force (*e–s e–t* s–thing from s–thing) v160/4; challenge (to battle) v171/5 (or constrain, tame, subdue, see *NN* 73); md. *beiðask e–n e–s* ask s–one for s–thing for o–self 4/23; *beiddusk af nokkvors* demanded something of it for themselves 46/8; *beiðask at hafa (taka)* demand, request (to have) 45/11, 58/34; *beiddusk at flytja* asked if they might convey 58/36.

beiðir *m.* demander, ruler; *hapta b.* Óðinn v32/1 (gen. with *gildi*)

beimar *m. pl.* warriors, men v217/4 (gen. with *kyn*), v271/2 (gen. with *lið*), similarly v396/2, 105/26, v440/2. See Index

bein *n.* bone 41/31, v94/2 and v305/2? (cf. **beini**); lower leg, shank 109/2; in kenning for rocks, *Hlǫðynjar b.* v315/4 (gen. with *Danar*; the Dane of rocks is a giant)

beina (d) *wv.* set in motion; *b. fluginn* exert o–self to fly, start to take off 24/29

beini *m.* service, hospitality, i. e. provision of food v94/2 and v305/2 (gen. with *tormiðlaðr*; the word could also be gen. pl. of **bein** here)

beinir *m.* supporter, promoter, causer, in kenning for war-leader (Haraldr harðráði), *b. bragna falls* v275/1

beinn *a.* straight (with *hún*; predicative: 'so that it is straight'); or of character, honourable (with *breyti*; cf. *NN* 261) v12/3

beita (1) *f.* bait, food; *Gera b.* = dead bodies v339/2 (obj. of *sleit*)

beita (2) (tt) *wv.* use (*e–u* s–thing) on (*e–n* s–one); *b. e–u e–n* inflict s–thing on s–one v90/7 (after *sá er*)

beitiáss *m.* tacking boom, a pole attached to the lower corner of a sail and to some part of the hull to hold the sail out straight when tacking v498/5 (Falk 1912, 61; LK 208–9)

bekkr (1) (gen. **bekks** or **bekkjar**) *m.* bench, platform, plank 74/25;

the benches in the hall v20/7, v90/8 (as first half of compound *bekkrekkar* m. pl. bench-fellows; acc. with *of beitti*); resting place, land, or seat, dwelling-place: *ǫlna b.* = sea v141/2 (gen. with *eld*; the preceding prose suggests that the word is **bekkr (2)** here); *Sǫlsa b.* v258/3 (gen. with *trǫð*) must be a kenning for ship, although the commentary (74/25) claims it means 'sea'); seat: *Brunnakrs b.* v100/5 is either gen. with *dísi*, forming a kenning for Iðunn, or is the name of a place in giantland (gen. of direction, to, with *of kom*)

bekkr (2) *m.* brook v477/6. Cf. **bekkr (1)**

bekkrekkr *m.* bench-champion, bench-fellow; in kenning for giants, *bekkrekkar jǫtuns* (separated by tmesis; acc. with *of beitti*) v90/8

bekri *m.* ram, tup ('bleater') 90/14, v507/8

belgr *m.* **(1)** bellows 42/14. **(2)** (animal) skin 45/37

bella (1) (ball) *sv.* strike with a ringing noise, clang; impers. there was a clang v58/1

bella (2) (ld) *wv.* with dat. bring about (s–thing violent), put into (violent) action, wage (war) (act violently with s–thing, cf. *NN* 2218B) v241/2 (the clause *hinn er styr beldi* belongs with *glaðfæðandi*); stand up to, do harm to (*e–m*) (act violently against, cf. *NN* 2218C) v91/8 (*of bella* inf. after *ne máttu*; = **bella (1)**?)

belti *n.* belt 4/10; a rope passed round the underside of a ship to strengthen it? (Falk 1912, 14) v499/2

ben *f.* (*n. pl.* v219/3) wound v173/7, 67/25, v249/3, v251/4 (gen. pl. with *bœti-Þrúðr*), v336/3; n. pl. v219/3 (subj. of *fnýstu*); *í ben* i. e. from wounds v323/4

benfúrr *m.* 'wound-fire', i. e. sword v230/4 (instr. with *rjóðask*, though the last line of this quatrain may be part of the *stef*, and thus of a different statement; if the word is *benfúr* n. it might be the subj. of *rjóðask* and *bjǫrt* might belong with it; cf. Reichardt 1928, 61–3)

bengagl *n.* 'wound-gosling, -bird', i. e. arrow v219/4 (pl., subj. of *gnúðu*)

benknúar *m. pl.* 'wound-knuckles', part of a sword-hilt v460/2

bensœgr (or **-sægr**; but written with 'ø' in R) *m.* sword-name, 'wound-strip' v455/5 (see note)

bera (1) *f.* she-bear 88/7, v510/2; shield-name ('that which is carried'?) v240/1, v471/4. Cf. *Berudrápa, Egils saga Skalla-Grímssonar* 275

bera (2) (bar) *sv.* bear, carry v23/4, v29/1, 22/25, v124/1, 40/38, 80/6, v326/3, v327/2 (inf. with *kváðu*), v350/2, v352/3, v361/1; *b. e–m* take for s–one v250/7; suffer v290/1 (inf. with *taka*); *berum* i. e. I (the poet) carry v145/3, v244/3; pres. *bera* i. e. have on them, are adorned with v130/1, v183/5; wear v185/1, v220/4,

Glossary 243

v281/1; bear, i. e. be covered with v147/5; deliver 106/30; bring forward, perform, utter v385/3; serve v20/9, v286/4 (subjunc. after *pági var sem*); put v93/6, 59/10; pour 48/11; *b. á* bring to, i. e. use on v333/3; *b. af hendi* hand over, deliver v303/2; *b. fram* bring out, produce 42/18, 25, 45/24, perform, deliver v207/2 (with suffixed pron., 'which I am performing'; clause goes with *full*, so that the verb means more literally 'serve'); *b. saman* collect, amass v187/3, ponder, compose, plan, make, compile v152/5 (i. e. comes to wrong conclusions?); *b. saman ok hin* compare (them) with the others 2/3; pp. *borinn* born 51/34, 101/19; *þeim erum bornar* from them we are descended v167/8; *borinn e–u* endowed with, imbued with (carried forward by?) v85/2 (with *hersar*); impers. *e–n berr* one is carried, brought (to a place), one gets 25/18

berg *n.* rock, crag v67/2 (pl., subj. of *hristusk*), 108/25; in kenning for mead of poetry, *bergs geymilá* v28/4

berg-Danir *m. pl.* rock-Danes, giants v69/7 (gen. with *brjótr*)

bergjarl *m.* 'mountain-earl', giant, whose bride is a troll-wife v41/2 (if *bergjarls vindr* can mean 'thought' on its own without *brúðar*, the latter word could be gen. after *til*; cf. *NN* 1098)

berg-Mœrir *m. pl.* Mœrir (inhabitants of Mœrr, Møre in Norway) = people; rock-people = giants; *berg-Mœra bára* = (the mead of) poetry v30/3

bergrisi *m.* rock giant, mountain giant v167/7 (gen. pl. with *brœðr*), v168/6 (with *mær*), v182/1 (with *brúðr*)

berg-Saxar *m. pl.* 'rock-Saxons' = dwarfs; *berg-Saxa fley* = (the mead of) poetry v35/2

berja (barði) *wv.* thrash 20/19; *b. grjóti* pelt with stones, stone (impers. for pass.) 50/14, pp. *barðir e–u* pelted with s–thing v156/8; md. fight 72/12, 23, 26; *berjask við e–n* fight s–one 21/7, 48/36

berr (1) *a.* bare; uncovered, unsheathed 72/20; *útan á þá bera* on their bare flesh 50/21

berr (2) *m.* ram-name ('beater'?) v507/6

berserkr *m.* berserk, a warrior who fights in a frenzy 58/30, 35, 59/3

bersi *m.* '(little) bear', hypocoristic or diminutive of **bjǫrn** (cf. **bjarki**) 75/15, 88/6, v510/1; in kenning for ship, *skorðu b.* v260/8 (subj. of *braut*)

bestingr *m.* bear-name, 'haltered' (*bast*: a rope of bast) v510/5

betr *adv.* better 48/12 (see **hugaðr**); *b. væri at* it would have been better if 50/8; sup. *bezt* v246/4 t. n.; cf. **baztr**

betri *a. comp.* better v107/3 (complement of *verðr* after *né*), more perfect v273/2 (*en* than); *er b. at reyna* is better to make trial of, to deal with v381/4; *betri væri* would be better 43/7; *it betra* the better, better than (most) others (or adv., 'if I consider better'?) v15/8

bíða (beið) sv. with gen. wait for 21/27, v68/8 (*at b*. inf. with *varðat lengi*), 72/31; pres. perfect *beið* has been waiting for v284/1; with acc. suffer v402/2, v405/3

biðill m. suitor, wooer, in kenning for giant, *b. Greipar*, whose son = Þjazi v104/3

biðja (bað, báðu) sv. ask, beg, pray (*e–n e–s e–m* s–one for s–thing for s–one) 1/33, 3/37, v32/3, v99/8, v298/2; *láta e–n b. sik gǫngu* let s–one urge one to go v74/4; with acc. and inf. v21/1, v27/1, v30/4, v95/1, v96/1, v390/3; order, tell (s–one to do s–thing) 4/31, v20/6 (*bæða* subjunc. after *hugðumk*), 20/30, 24/31, v100/1, 42/2, 52/12, v213/1; *b. e–n* with *at*-clause v161/5; *b. e–m konu e-rar* to ask for s–one as wife for s–one 47/30 (*til* goes with *fóru*); *biðja e–rar e–m til handa* ask for s–one's hand on s–one's behalf 49/21

biðkván f. waiting, i. e. abandoned, wife; *b. Þriðja* (Óðinn's) is Jǫrð, i. e. *jǫrð*, the land of Norway v10/4; the reference is to Óðinn having apparently abandoned the goddess Jǫrð (on whom he begot Þórr) for Frigg; cf. **munlauss**. Frank (1978, 187) suggests 'courted woman' (*biðja* 'woo'); cf. *NN* 1911B, 1955.

bifa f. shivering, quavering; narrative? 109/5; image, picture, story (which gives rise to terror?) v71/7 (dat. pl. with *fáða*; perhaps *bifi* m. or *bif* (*bíf*?) n.)

bifask (fð) wv. shake, tremble v89/1

bifgrund f. shaking, undulating ground; *Rakna b.* = the sea v134/4 (subj. of *bleikir*)

bifkleif f. quivering, moving rock-face or cliff; in kenning for shield, *baugs b.* v71/8 (obj. of *þá ek*)

bifkván f. trembling wife v10/4 t. n.

bifvangr m. quivering land (resting-place); *ýs b.* hand v21/3 (dat. obj. of *halda*)

bígyrðill m. belt v89/8 (acc. with *niðr í miðjan*)

bil n. moment 25/18

bila (að) wv. fail 21/13, 42/32, 72/20

bílda f. arrow with a broad flat point v465/5 (Falk 1914, 97)

binda (batt) sv. bind, tie (up) v102/4 (linked by *ok* with *fundu*, after *unz*; subj. is the gods), 45/16, 47/19; fasten v12/4 (the clause goes with *jarðhljótr*); confirm (with dat., by or with s–thing) 45/18; *b. við* of ships, tie up to (along the coast, i. e. he lines the coast with them (if *far* is collective)) v120/1; *b. um* tie (a cord) round 2/32; with cord in the dat. 2/33; pp. bound 52/3, v164/8 (with *bana*, 'find [him] bound'); *bundinn e–u* i. e. surrounded by, wrapped round by s–thing v311/1 (with *grund*); pp. as subst. *hinn bundni* the bound one 20/6

birki n. birch-trees (collective), birch-wood, in kenning for warriors

(Hamðir and Sǫrli), *bláserkjar b.* v157/5 (gen. with *ennihǫgg ok eggjar*, i. e. caused by)
birta (rt) *wv.* illuminate 40/39
birti *n.* brightness 41/8
birtingr *m.* sea-trout v485/3
bíta (beit) *sv.* bite, cut, pierce 43/9; abs. 4/11, 29, 43/7, v297/1, v403/1
biti *m.* cross-beam, transom (Falk 1912, 47–8); in later times behind the aft-most thwart or rowing bench; this bench itself (LK 156–63); v498/7 (pl.)
bjarg *n.* crag, rock 4/28, v67/3 (pl., subj. of *brustu*); in kenning for giant (Hrungnir), *bjarga gætir* v68/1; in kenning for giantess or troll-wife, *bjarga Gefn* v93/7 (gen. with *byrgitýr*, cf. note); *blóðeisu b.* axe-head v193/2 (gen. with *tveim megin*)
bjarga (barg) *sv.* with dat. save, protect v247/2
bjarki *m.* 'little bear', a nickname 58/31 (cf. **bersi**)
bjartplógaðr *a.* (*pp.*) brightly ploughed, i. e. ploughed so as to look bright, or ploughed with a shining plough; or the rings on the arms look like shining furrows in a field v186/3 (with *brattakr*)
bjartr *a.* bright, shining 1/6, v101/1 (with *borða*), v106/1 (with *sól*), v230/3 (with *fǫt* or *benfúr*, q. v.), v361/2, v378/1, splendid, resplendent v312/2 (with *seggir*; perhaps refers to armour; but cf. *Háttatal* 4/8, where the word is glossed as 'glaðr' (4/17))
bjóð *n.* table, food-board v96/5 (*af* from off)
bjóða (bauð) *sv.* invite (*e–m at* s–one to) 3/27, v32/3 t. n.; offer (*at* to) 4/18, 42/38; offer (*e–m e–t* s–one s–thing) 3/37, v227/1, 72/10, 16, with suffixed pron. 72/18; with suffixed neg. *bauða* did not offer v251/1; *bauð heim með sér* invited [me] to his home, issued an invitation to his home v364/2; *buðumk* offered me (Noreen 1923, § 465.3) v31/1, was offered (given) to me v148/1; *b. e–m e–t* present s–one with s–thing v216/1 (inf. with *hefi ek einráðit*); instruct, command v209/3 ('this is what . . . commanded'); *b. at sætt* say one is willing to accept in atonement 46/32; *b. e–m til e–s* invite s–one to s–thing 20/29, 21/4; *b. e–m til sín* invite s–one to visit one 3/26, 40/34, 48/33; give notice: *boðit til varnanar* taboo 22/31
bjóðr *m.* offerer, giver (i. e. of the horn being described) v368/3 (subj. of *nemi*)
bjórker *n.* beer-cup v20/8 (pl.)
bjórr *m.* beer; *hróka b.* = blood (see **hrókr**), to give which to ravens is to engage in battle v5/3; in kenning for woman, *bjórs brík* v29/1 (here *bjórr* could be the word which means a piece of cloth, a gore or gusset in clothing, see *NN* 2925)

bjórsalr *m.* beer-hall 5/38
bjúgask (bugusk) *sv. md.* bend, be bent v249/4
bjúgrendr *a.* (cf. **rǫnd**) curved-edged v239/4 (with *rít*)
bjǫð *n. pl.* (tract of) land v31/4, v501/7
bjǫrg *f.* help, deliverance, salvation 25/20
bjǫrk *f.* birch 64/13, v230/3 t. n.; in kenning for woman, *hramma hrynbáls b.* v207/4 (gen. with *mark*)
bjǫrn *m.* bear 75/14, 15 (complement), 88/6, v510/1 and t. n.; in kennings for ship, *b. undinna festa* v126/1 (obj. of *fœrir*), *b. flóðs* v260/5; in v171/5 (acc. pl. *bjǫrnu*) the word perhaps means 'bear-like warrior' (cf. Old English *beorn*)
blað *n.* blade, leaf; referring to the shield on which Hrungnir stood 69/24, v237/4 (= the shield given the poet by Ragnarr; obj. of *leyfa*). The word is here used with *-gróit*, so the poet is extending his metaphor
blájaxl *m.* 'dark-tooth' (*jaxl*: molar), name for a bear v510/3
blakkleitr *a.* black- or pale-looking 128/3 t. n.
blakkr *m.* (black or pale-coloured) horse (see Index); in kennings for ship, *svana strindar b.* v128/3, *Heita b.* v194/3 (gen. with *hlýrskildir*); for wolf, *flagðs b.* v382/2 (cf. *Gylf.* ch. 49)
blanda (blett, blendu) *sv.* mix (*e–u við e–t*) 3/22; impers. *e–u er blandit við* s–thing is mixed in it 49/8; pp. *blandinn* (having been) mixed (*e–u* with s–thing) v155/5 (with *brunn*), v321/4 (with *grœðir*)
blása (blés) *sv.* blow 4/30, v95/4 (inf. with *hlaut*; i. e. blow the fire (to make it burn hotter), or perhaps 'puff with rage', *NN* 1016), 42/2, 4, 5, 9; with dat. 6/14, v210/4; blow out, belch forth v370/3; pp. *blásinn e–u* blown by s–thing v80/8 (with *hrǫnn*, i. e. the river)
bláserkr *m.* 'dark shirt', coat of mail, in kenning for warriors, *bláserkjar birki* v157/5
blástr (dat. **blæstri**) *m.* blowing 42/7, 11
blásvartr *a.* blue-black (of a raven) v336/4 (with *Muninn*)
blauðr *a.* weak, cowardly, effeminate 106/11
bleikja (kt) *wv.* bleach, wash 48/9; become white (of the sea, i. e. with foam) v134/3 (*þar* may be for *þar er*, where)
bleikr *a.* pale, light in colour v256/3 (with *fáks*)
bleyði *f.* cowardice v93/8 (dat. with *vændr*); *til b.* as an excuse for cowardice v251/1
blíðr *a.* pleasant, cheerful v8/1 t. n.
blik *n.* gleam 40/31, 67/21
blika *f.* gleam (in the sky), (bank of) gleaming cloud (or of (buried) gold?); *álfheims bliku undirfjálfr* = cave v91/4
bliksól *f.* gleaming sun, in kenning for sword, *bliksólar garmr* v335/4

(perhaps an error for *barðsólar* or *borðsólar*, sun of prow or gunwale, i. e. shield). *Bliksól* ('sun of shining metal') could perhaps also be a kenning for shield (*NN* 3102). See note and cf. **íss**
blindr *a.* blind 19/29, v138/2 (with *manni*)
blóð *n.* blood 3/20, 22, 4/2, 14/11, v70/8 (dat. with *stokkin*), 42/12, 49/8, v155/5 (dat. with *blandinn*), v173/7 (obj. of *skorðu vit*), v219/3 (obj. of *fnýstu*), 67/24, v230/3, 87/8, v321/2 (dat. with *blandinn*), v324/4, 90/26, 28, v336/3, v337/4 (gen. with *bráð*), v374/4 (instr. with *rýðsk* or dat. with *fellr*, 'in blood', *NN* 896), v400/2 (obj. of *fekk*), v402/1, v403/2, v404/4 (instr. with *litar*); *Ymis b.* = sea (see *Gylf.* ch. 8 and *Grímnismál* 40) 36/24, v123/2
blóðeisa *f.* blood-ember, i. e. (gold-adorned) axe v193/1 (gen. with *bjargs*)
blóðhnefi *m.* 'blood-fist', name for (part of) sword-hilt v460/6
blóði *m.* poetical word for brother ('blood-brother') 107/17, v446/4; *Meila b.* = Þórr (dat. of respect or gen. with *móðr*) v108/3
blóðiða *f.* 'blood-eddy', patterning on sword-blade v460/4
blóðleika *f.* 'blood-player', 'that which is splashed in blood', coat of mail v474/5
blóðorri *m.* 'blood-grouse', kenning for raven or eagle v333/1 (acc. with *lætr*, subj. of *fagna*; or gen. with *barri*, making a kenning for carrion, if *ara* is acc.)
blóðrefill *m.* 'blood-stick', sword-point v460/3 (cf. Refill in Index; Hines 1995, 94–5)
blóðvaka *f.* 'blood-wakener', name for the point of a sword v460/5
blóðvarp *n.* 'blood-warp', patterning (pattern-welding, as if woven?) on a sword-blade v460/3
blóðvarta *f.* 'blood-strip', a strip of patterning on the sword-blade v460/1 (cf. ÁBM under *varta* (2))
blómr *m.* bear-name, 'snorer' or 'mighty one' 88/7, v510/1. Cf. **bólmr**
blót *n.* (heathen ritual) sacrifice, sacrificial feast 101/11
blóta (blét or **að)** *sv., wv.* worship, sacrifice to 60/11; *b. til* offer a sacrifice to obtain, in order to be granted 101/11; 1st sg. pres. *blót* v15/1 (weak form *blóta* UB)—or read *blæt* (cf. Noreen 1923, § 530 n. 1; Introduction p. liii)
blotamaðr *m.* weak, soft person 106/12
blótfé *n.* money, wealth offered in sacrifice 60/12
blunda (að) *wv.* doze; pres. p. with eyes (half-) closed 45/6
blæjuhvalr *m.* a kind of whale, perhaps right whale or nordcaper v489/8 (or maybe the same as *blökuhvalur*, see JG 36, = *stökkull*, a dolphin or a fabulous whale according to Blondal 1920–24; see note to verses 489–90)
blær *m.* sword-name, 'bright' or 'bleater' v458/6; ram-name v507/9

blæstri see **blástr**
blǫnduskáld *n.* (nickname) 'poet of "blanda"' (perhaps a name or nickname of s–one about whom Þorvaldr composed; see Finnur Jónsson 1920–24, II 72) 11/20, 62/27, 80/16
boð *n.* invitation 21/5; request 58/26
boði *m.* (1) submerged rock, shoal 3/28; breaker, sea breaking over rocks 96/15, v364/1, v478/7
boði *m.* (2) messenger, herald v250/4 t. n. (*veðrboði* storm- (i. e. of battle) messenger, i. e. warrior ('offerer of battle'), Heðinn, see note
bogi *m.* bow 19/32, v240/2, 71/15, v467/1 and t. n.; in kenning for arrows, *bogna hagl* v247/1, for battle, *þat veðr boga* v250/4 (cf. note)
bóglína (bog- ?) *f.* 'bowline', a rope from the middle of the forward edge of the sail to the bow or prow of the ship to hold the edge of the sail steady when sailing across or into the wind (perhaps the 'bow' is the curved part of the sail rather than the bow of the ship) LK 209, 211, Falk 1912, 65–6; v498/7
bognauð(r) *f.* 'bow-compeller', kenning for arm 108/38
bognir *m.* shield-name ('bowed') v469/3
bógr *m.* shoulder 1/28; pl. of a ship, bows v124/4 (obj. of *berr*)
bók *f.* book 5/28, 32
bokkr *m.* billy-goat, buck v508/6
ból *n.* lair 46/18, 47/18, 21; dwelling; *skipa hlíðar b.* dwelling of the wave, i. e. the sea v133/8 (obj. of *rístr*). Kock, *NN* 573, takes *Amlóða b.* = sea and *skipa hlíðar lyngs* with *líðmeldr*
boli *m.* bull 90/13, v505/7
bólmr *m.* 'sleeper, snorer' or 'fierce one, mighty one', name for a bear (cf. **blómr**); in kenning for giant (Hrungnir) *fjálfrs gjálfra b.*, bear of the mountain refuge v69/4 (obj. of *lét falla*)
bóndi (pl. **bœndr**) *m.* farmer, householder, freeholder 106/5 (cf. **búandi**)
bora (að) *wv.* bore (a hole in) 4/28
borð *n.* (1) gunwale (of a boat), ship's side 6/1, 108/17 (Falk 1912, 54); *út at borði* out to (onto) the side of the boat v47/3; *fyrir borði* over the gunwale v210/2; pl. of the ship's boards in general (or the gunwales? cf. *fyrir ofan sjó*) v365/2 (obj. of *braut*). (2) shield v246/4 (in kenning for spear, snake of the shield; gen. with *myrkdreki*); in kenning for giants, *bjartra borða byggvendr*, dwellers on bright shields (cf. Hrungnir in ch. 17) v101/1. (3) board, in kenning for shield, *naglfara b.* v401/3 (gen. with *orða aflgjǫrð*, see note), *hlífar harðgleipnis b.* v83/3 (gen. with *dyn*)
borðheimr *m.* 'board-, plank-, gunwale-world', land of ships, the sea v354/2 (obj. of *nemr*)
borði *m.* 'boarded', shield-name v470/6
borðker *n.* goblet 49/6, 8

Glossary 249

borðróinn *a.* 'side-rowed', with oars at the side v51/1 (with *barða*) (cf. Perkins 1984–5, 210–11)
borðsól see **bliksól**
borg *f.* fortification 2/19; funeral pyre v63/1; stronghold (or funeral pyre?): *Beita b.* = the sea v136/1 (gen. with *bál-*); city v177/2, v378/4 (gen. with *virki*, see note)
borgarveggr *m.* wall of fortification 2/19
borginmóði *m.* 'one secure in mood', haughty, self-confident one, name for a raven 91/3, v337/3 (subj. of *fekk*, collective)
borkn (or **bǫrkn**) *f.* she-wolf ('barker') v515/3
bót *f.* improvement; pl. *bœtr* alleviation, consolation v15/7; amends, compensation; *at bótum* to make amends 72/17
botn *m.* bottom, base 35/21; *élkers b.* the earth v111/2; end (of a bay), *við hafs botni* on the inside of a bay v120/4; in kenning for shield, *randar b.* v158/2 (after *á*, (which is depicted) on)
brá *f.* eyelash; gen. pl. *brá* (cf. note to verse 143) in kennings for gold, Freyja's *brá driptir* v147/8, 44/27, for eye(s), *tungl brá* v86/4, 108/12, for forehead, *brá vǫllr* v143/2 (could be a compound but the metre requires *bráa*, see note; *vallar* is gen. with *fallsól*); of an axe, the curved edge (?): *við b. fjǫrnis Gríðar* by the brow of the axe-head v245/2 (with *liggja*)
bráð *f.* meat, food; *b. blóðs* food (consisting) of blood, a portion of blood v337/3 (obj. of *fekk*)
bráðr *a.* quick, fast (*e–u* or *at e–u* in s–thing; cf. note) v254/8 (with *mar*); n. as adv. *brátt* soon 2/6, swiftly v68/1, v378/1 t. n.
bragð *n.* sudden movement; *af bragði* all of a sudden, soon v177/6
bragðmildr *a.* liberal with activity, prone to swift action v76/6 (with *bǫlkveitir*, i. e. Þórr)
bragðvíss *a.* clever at tricks, cunning v96/6 (with *ósvifrandi*)
bragnar *m. pl.* (of a common noun **bragi*, cf. Bragi and Bragnar in Index) men 105/23, v440/1; *bragna fall* i. e. battle v275/2; chieftains v384/4 (gen. with *hæstr*) (cf. *bragr* m. chief and **skeggbragi**; note Ásabragr in Index)
bragningr *m.* ruler (lit. descendant of a chieftain?) (Haraldr harðráði) v333/2, (Haraldr hárfagri) v402/1
bragr *m.* poetry, poem v38/4 (phrase belongs with *ugg*), 19/21, 83/14, v369/2; *b. sinn* a poem about himself v395/4 (gen. with *upphaf*—or with *háttu*; *síns* must refer to *jǫfurr*); *at brag þeima* in this poem v112/2 (cf. **kveðja**); in kenning for poet, *hagsmiðr bragar* v300b/7; *bragar stýrir* i. e. the poet (the recipient of the axe) v183/8 (obj. of *dýrkar*) (cf. Bragi (1) and (2) and Ásabragr in Index; de Vries 1964–67, I 32)
bragvísi *f.* cunning, subtlety 109/10 (see note and cf. **bragðvíss**)

brak *n.* crash, crack 109/8

brak-Rǫgnir *m.* 'crash-Rǫgnir', in kenning for warrior (Earl Hákon), *hjǫrs b.*, R. of the sword-crash, i. e. of battle v247/1 (see Rǫgnir in Index)

brálla (i. e. **bráðla**) *adv.* quickly v364/1

brandr (1) *m.* one of a pair of carved ornamental strips of wood along the sides of a ship's prow (or stern?) (Falk 1912, 44; Shetelig and Falk 1937, 359) v498/6; *fyrir brandi* in front of, over the prow, i. e. ahead v124/2; *stefknarrar brandar* the (ornamented) prow of the refrain-ship, i. e. the beginning of the poem v203/4 (obj. of *hefi skafna*)

brandr (2) *m.* blade, sword v173/8 (collective), v454/2, v460/7; in kenning for battle, *þruma branda* v384/2

brandr (3) *m.* firebrand; in kenning for gold, *b. gjálfrs* v147/3

brattakr *m.* steep field; in kenning for men's arms, the resting-places of rings, *b. bauga* v186/4 (acc. with *sær*)

brattr *a.* steep (with *brautar*) v45/1; cf. v378/1 t. n.

braut *f.* road, way v73/6 (acc. with *kvað liggja*), 108/39; in kennings for sea: wave's road v17/2 (gen. with *salar*), *barða b.* v51/2 (gen. with *hringr*, constituting a kenning for the Midgard serpent), 36/28, *Gautreks svana b.* v149/8 (gen. with *glóðum*); in kenning for Midgard serpent, *brattrar brautar* (i. e. of the cliffs, shore? or of the heaving sea?) *baugr* v45/1; *braut, á b., í b.* as adv. away 2/5, 6/29, 42/8, 45/33, 46/13, 18; *koma b.* escape 6/27

brautarlið *n.* 'help on the way', support v90/7 (gen. with *fall*). Reichardt (1969, 215) takes *fall brautarliðs* to mean 'death of a supporter, companion (sc. Þjálfi)'

bregða (brá) *sv.* with dat. move; bring (so as to touch) 4/14; put 46/25; change 2/14, i. e. put an end to v335/3 (the raven puts an end to its trouble by finding food); move, scatter, destroy, i. e. distribute v199/3; draw (a sword) 47/23; *b. við(r)* respond, react in response to s–thing, flinch v47/1 (or impers., 'come about'; see note), act against, compete with (see **ráðgegninn** and cf. *NN* 420) v64/1; impers. *hvert jǫfri brá* in what direction the prince developed or whom the prince took after v294/2, *er of alla brá* who surpassed everyone v295/2; md. change o–self, turn 4/33, 46/18; *bregðask við* jerk away in response to 1/30

breiðleitr *a.* broad-faced, i. e. extensive of surface v119/1 (with *brúði*, sc. the land of Norway)

breiðr *a.* broad (with distance in gen.) 21/20, v77/6 (with *veg*, i. e. the river), v96/5; extensive v311/2 (with *grund*), v410/2 (*fyrir hin breiðu lǫnd*; with *helztu*); of planks of a boat v47/2 (with *sýjur*); of a giant's head, huge v89/2 (with *hǫfði*)

breiðvegi *m.* bear-name, 'broad-fighter, -killer' v510/4
breki *m.* breaker, surf, wave breaking over rocks 96/19, v365/1, v476/3
brekka *f.* slope v3/4 (phrase goes with *ganga*), 109/19, v502/4
brenna (1) (nd) *wv.* burn (trans.) v177/7 (with *herr mun*, parallel with *koma*); cremate 48/29, v372/1; *sá er brendr var* with which was consumed 6/22
brenna (2), brinna (brann) *sv.* burn (intrans.), be burned 6/26, v66/4 (inf. with *knáttu*), v104/2 (inf. with *hófu*), 46/36, 49/14, v155/5 t. n., v177/1 (inf. with *sé ek*), 59/10, 16, v374/3, v375/1; with suffixed neg. *brennat* v370/1
bresta (brast) *sv.* crash 22/2, v229/1 (*á* onto), v249/2 (*í* into; after *er*, when); burst apart v67/3, v106/3; break, of waves v126/2; *b. sundr* be shattered v239/2
brestr *m.* crack (sound) 25/25
breyta (tt) *wv.* with dat. vary, change 5/9; impers. pass. 44/26, 67/28
breytir *m.* provider v12/3 (obj. of *eykr*; *b. díafjarðar* (of poetry) is the poet, Kormakr)
brigð *f.* change(ableness) 109/11 t. n.
brigðir *m.* sword-name, 'wielder, drawer' or 'breaker of trust, betrayer, deceiver, failer' v455/5, v458/5
brigðræði *n.* fickleness, betrayal 109/11
brík *f.* plank; in kenning for woman, equivalent to a tree-name: *bjórs b.* v29/2 (gen. with *lík*; parallel to *mitt*)
brim *n.* surf, breakers v302/4, v346/2 (subj. of *vaskar*), v355/2 (obj. of *vexti*), v476/4; in kenning for poetry, *Alfǫður hrosta brim* v1/4 (subject of *þýtr*), v27/4 (obj. of *heyra á*)
brími *m.* poetical word for fire 98/23, v378/1
brimlog *n.* 'surf-, sea-flame', gold v352/3 (gen. with *rýri*)
brimslóð *f.* 'surf-track', route across surf; pl. i. e. the sea v372/2 (obj. of *óðu*; see under **vaða**)
brimsólginn *a.* 'surf-greedy', eager to make surf, rough v357 n. (with *Kólga*)
brinna see **brenna**
brjónar *m. pl.* men v443/9
brjóst *n.* breast 108/24, 25; i. e. the front of a ship v127/4 (obj. of *slítr*), v354/1 (instr.); *greipar b.* i. e. the palm of the hand v88/8
brjóta (braut) *sv.* break (*af* off) v57/1, v58/2, 22/27, 25/26, v86/5, v171/6, v260/7 (the sea conceived as a fetter); *b. bág á* open hostilities against v76/5 (inf. with *vildi*); abs. cause destruction v378/2; impers. *braut e–t* s–thing was broken v365/1; *b. uppi á* wash up against 25/6; pres. p. in kenning for warrior (St Óláfr), *brjótandi gunnar gulls* v196/2 (see note; gen. with *góðmennis*); md. *brjótask við* strive against, fight against v204/4 (inf. with *munt*)

brjótr *m.* breaker 39/14, 62/14; destroyer, in kenning for Þórr, *berg-Dana b.* v69/8 (subj. of *bagði*)
broddr *m.* point; arrow v465/6; arrow or spear, in kenning for battle, *brodda ferð* v239/3
bróðir (pl. **brœðr**) *m.* brother v15/2, v44/1, v152/8 (obj. of *hefna*; his, i. e. Reginn's, brother), v164/7 (gen. with *bana*), v167/7 (understand *váru*), v180/7 *(hennar sonr ok (hennar) bróðir* complement of *heitinn verða*), v446/3; dat. (sg.) of comparison *brœðr* (after *œðri né betri*) v107/4 (brother of Ingi = Sigurðr munnr), (with *œðra*) v398 n. (Sveinn's brother = St Knútr); *Meila b.* = Þórr (dat. of respect or gen. with *móðr*) v65/7
bróðurbani *m.* one's brother's killer 52/3
bróðurgjǫld *n. pl.* payment in requital for death of a brother 46/8
bróðurson(r) *m.* nephew 3/35, v295/4
brosma *f.* cusk, torsk v485/2 (= **keila**)
brotna (að) *wv.* break (intrans.; *sundr*: apart, in two) 21/39
brotningr *m.* sword-name, 'broken' or (?) 'breaker' v457/5
brú *f.* bridge v307/4 (comparison of the poem with a bridge; linking the earl with his ancestors?); *gunnveggjar brú* 'shield-wall bridge', shield?—perhaps the one that is the subject of the poem v92/2 (perhaps dat. with *at gjǫldum*, as payment for the shield? cf. note); in kenning for shield (cf. 21/35), *á fjalla Finns ilja brú minni* on my shield (the gift being described in the poem) v104/6
brúðfǫr *f.* bridal party, the journey to fetch the bride home 105/28
brúðlaup *n.* wedding, marriage 48/1
bruðr (brunnr) *m.* spring, well v241/4, v477/7; pool, font v267/2; pool (of spilt drink?) v155/6 (acc. after *í*)
brúðr *f.* bride, consort 35/20, 44/24 (cf. Vanabrúðr in Index), 107/29, v438/1; in kennings for troll-wife, *bergjarls b.* v41/1 (gen. with *vind*; Kock, *NN* 1098, takes it straighforwardly with *til*, 'to a (the) woman', after *senda*; see under **bergjarl**), *sef-Grímnis mága b.* v76/7 (dat. sg. with *brjóta bág á*, i. e. Gjálp); for Jǫrð, i. e. the land of Norway (cf. 35/20), *b. Báleygs* v119/1; *níu skerja brúðir* = Ægir's daughters, the waves v133/4, see note (acc. with *kveða*, subj. of *hrœra*); *bergrisa b.* giantess (either Fenja or Menja) v182/2
brumaðr *a. (pp.)* budded, having buds (with *(rœki)lundr*, 'grove', in kenning for war-leader); *b. hári* budded with hair, i. e. having hair for buds or foliage v212/4
brún *f.* (eye-)brow 108/7, 12
bruna (að) *wv.* rush forward v233 n.
brunn- see **bruðr**
brúnn *a.* sharp, keen (of weather or wind) v352/4
brúsi *m.* goat-name, 'tufted' v508/5

brýna (d) *wv.* sharpen, hone 4/9, 10
brynja *f.* mail-coat 2/24, 47/23, 49/36, 58/37, 67/18, v215/2 (subj. of *kvaddi*, or obj. if emended to *brynju* as in ACUT), v474/1 and t. n.; in kennings for warriors, *viðir brynju* v228/2, for sword, *brynju eldr* 70/24, *hryneldr brynju* v243/2, for arrows, *brynju hagl* v249/3, for axe, *Hveðra brynju* v254/2
brýnn *a.* sharp, keen; n. as adv. swiftly v261/3
bræða (dd) *wv.* (1) (paint with) tar v357 n. (pp. with *hlýr*). (2) impers. with acc. melt v194/8 (inf. with *má*: the silver (snow) can never be melted before the fire of gold (which is not hot))
bræði *f.* hastiness, wrath v76/7 (dat. with *vændr*)
brœðralag *n.* (sworn) brotherhood 47/29
brœkr *f. pl.* breeches 109/1
bú *n.* dwelling 2/5
búa (bjó, bjoggu) *sv.* (1) prepare; *búum* let us get ready or we are (I am) getting ready v262/3; with suffixed 2nd pers. pron. *bjóttu*, you fitted out, set out with v353/1; *b. fram* bring out v46/1; *b. til* plot v164/3; *búinn til heimferðar* about to return home 40/33; md. get ready (*til* for) 49/35, 72/14; pp. *búinn* ready 72/12; *svá búit* how matters stood, how it had turned out 59/4; adorned, ornamented (*e–u* with s–thing) v361/3 (with *munni*). (2) live, dwell 45/10
búandi *m.* householder, farmer 45/10, 12, 80/8, 106/7; husband 48/12, 107/35, 108/5 (cf. **bóndi**)
búð *f.* dwelling; in kenning for sea, *ǫggs b.* v45/4 (subj. of *œstisk*)
buðlungr *m.* prince, king v177/8 (Fróði), v403/1 (King Eysteinn); *buðlunga máli* = 'speech-friend of kings', royal counsellor, king's officer or earl (unidentified, unless it means the poet) v289/2 (subj. of *lætr*)
bugusk see **bjúgask**
buklari *m.* buckler (a small round shield) v469/4
búlauss *a.* without an establishment, not being a householder, not settled down 106/2
búlda *f.* 'bulger'; chubby-faced woman; axe v463/7
búlkastokkr *m.* the part of the rib that lies in the bottom of the boat; bulk-head (*bunkastokkur* LK 142, 145); beam across the bottom of the ship to provide support for the cargo and to partition it off (Falk 1912, 30); v498/8
búnaðr *m.* adornment 40/22
bunungr *m.* a kind of whale (v. l. (T) *búrungr* m., perhaps = **búrhvalr** *m.* sperm whale; see note to verses 489–90) v489/7
burðr *m.* birth; the one born; offspring, son: *Yrsu b.* = Hrólfr kraki, in kenning for gold v186/1 (gen. with *ǫrð*)
búrhvalr *m.* see **kýrhvalr** and **bunungr**

burr *m.* son v429/1, v446/5; *Óðins b.* = Þórr v70/6 (gen. with *hausi*); *b. Bors* = Óðinn v26/3 (gen. with *miði*); *Njarðar b.* = Freyr v62/6 (in apposition with *Frey*); *Billings b.* = a dwarf or giant, in kenning for poetry v207/3; *hennar burr ok bróðir* her son and her brother (i. e. Yrsa's) v180/7 (complement of *heitinn verða*; *sá* = *Yrsu sonr*)
burst *f.* bristle(s) 42/6, 30
búss *m.* box (tree) 65/15
bust *f.* a kind of fish, perhaps a perch v485/4
búza *f.* a large ship, usually a merchantman (Falk 1912, 110–11) v492/1
byg(g)ð *f.* abode 47/21, dwelling v370/2
bygði *n.* part of a ship ('frame'?) v499/1 (v. l. (AC) *byrði* n. planking, ship's sides)
byggja, byggva (gð) *wv.* inhabit, live on v61/4 (inf. with *vildi*); pres. p. *byggvandi* inhabiter 19/28; *byggvendr bjartra borða*, inhabitants of (those who dwell on, stand on) bright shields, giants (cf. Hrungnir in ch. 17) v101/2 (subj. of *urðut*) (cf. next)
byggvi-Áss *m.* inhabiting Áss, Áss who inhabits (with gen.) 19/24
bylgja *f.* billow, wave 95/18, v359/2 (obj. of *skáruð*). Cf. Index
byrðingr *m.* coaster, ship for transporting heavy cargo (especially driftwood; with high sides, cf. Foote and Wilson 1970, 236; Falk 1912, 111–12; LK 91) v492/1
byrðr *f.* load 2/18, burden 33/24, 47/21, 108/7 (parallel to *erfiði*)
byrgi *n.* fortification; *bǫðvar b.* = shield v28/3 (gen. with *sorgar*)
byrgitýr *m.* 'refuge-god', in kenning for giant (Þjazi), *bjarga [Gefnar] b.* god of the refuge of the rock-Gefn (giantess; see note and cf. Gefn in Index), cave(-dwelling) god v93/7 (subj. of *vara vændr*)
byrja (að) *wv.* begin; *b. ferð sína* set out 59/5; bring forward, provide (*e–m* for s–one) v318/1
byrr *m.* (fair) wind, sailing wind 36/29 (gen. with *land*), 42/23, 90/17; in kennings for ships v6/1, v10/3 (with *viggjar*), *byrjar drǫslar* v250/7; *háfmarkar b.* = current of the river v78/2 (with *fyrir*)
byrsendir *m.* 'wind-sender', giant (cf. *Gylf.* ch. 18) v366/2 (here Hymir; subj. of *vildit*)
byrstr *a.* bristled; *gulli b.* with bristles of gold v63/4 (*ok gulli byrstum* clearly refers to *bǫrg*: 'which also had gold bristles'? U has *enum gulli bysta*, 'the gold-bristled')
bæði *conj.* both v41/1 (links *vind* and *skip*, objects of *á ek*), v193/1 (links *snær* and *eldr*, subjects of *liggr*), v259/6 (links *Kǫrmt* and Agðir)
bægja (gð) *wv.* strive against, oppose; *b. (fram) við ægi* i. e. sail boldly (forward) v282/4 (inf. with *þraut*), v344/4
bœn *f.* prayer (*fyrir e–m við e–n* for s–one to s–one) v275/1
bœr *m.* dwelling, farm 45/9, 107/25; town v177/7 (obj. of *brenna*)

bœti-Þrúðr *f.* 'curing Þrúðr', in kenning for Hildr (2), *sú b. dreyrugra benja*, this Þrúðr who is a curer of bloody wounds v251/2 (subj. of *bauða*; cf. 72/25). Cf. **ósk-Rán**
bœtr see **bót**
bǫð *n.* battle v107/3 (gen. with *hvatr*); in kenning for shield, *bǫðvar byrgi* v28/3
bǫðfróðr *a.* experienced in battle, battle-skilled v63/2 (with *Freyr*)
bǫðfœra *f.* 'battle-bringer', coat of mail v474/4 (v. l. **bǫðfara** *f.* that which moves in battle, **blóðfara** *f.* 'blood-goer')
bǫðgœðir *m.* battle-enhancer, -promoter, i. e. Óðinn, in kenning for (the mead of) poetry, *bǫðgœðis ógnstǫðvar ægir* v216/1
bǫðljós *n.* 'battle-light', shield-name v470/3
bǫðskýlir *m.* 'battle-protection', shield-name v470/4
bǫðœgja (gð) *wv.* 'battle-terrify' v216/1 t. n.
bǫl *n.* evil, trouble, mischief, (source of) grief v15/7, 20/5, v164/3; *dúks b.* sail's troubler, i. e. the wind v134/3 (subj. of *hrindr*); malice v250/6 (gen. with *fylda*), 108/32; arrow-name v465/5; in kenning for troll-wife, *élsólar b.* v300a/4
bǫlkveitir *m.* 'trouble-overcomer', in kenning for Þórr, *b. Loka*, Loki's supporter v76/5
bǫlvasmiðr *m.* forger, maker of mischiefs v152/7 (i. e. Reginn)
bǫlverðung *f.* evil(-causing) troop, following, in kenning for giants, *b. Belja* v69/3 (gen. with *fjǫrspillir*)
bǫnd *n. pl.* bonds, a term for the heathen gods v68/2, 84/19, v304/1 (gen. with *mun*); in kenning for giants, *b. setbergs* v268/4 (gen. with *lǫndum*; i. e. heathen lands); cf. **band**
bǫrgr *m.* (castrated) boar, barrow v63/1, v513/4
bǫrkn see **borkn**
bǫrr *m.* conifer 65/28; in kennings for warrior, sword-tree, *gunnvita gǫtu gráps leygs b.* v200/2 (acc. after *of*), *b. hjǫrva* v216/2 (i. e. Þorsteinn? or the poet? or some other person?—see **ráða**); for man, *b. hólmfjǫturs leiðar* (Knútr inn ríki) v311/1, *hellis hyrjar b.* v65/3 (vocative, i. e. Þorleifr?—see notes to verses 65–71 and 65/3)
bǫsl *f.* arrow-name, 'twig'? v465/5

dáð *f.* deed, achievement v9/4; valour, valorous action, s–thing daring v140/3 (obj. of *drýgja*)
dáðaskáld *n.* 'poet of deeds (exploits)' (he composed about the deeds of Earl Eiríkr) 76/7, 84/20
daga (að) *wv.* impers. it dawns, day comes 72/29
dagr *m.* day, dawn v20/2, v113/2 (gen. with *grundar*); *d. . . . sá er* that day when v234/1, 90/2; *síð um dag* late in the day v265/2. Cf. Index

dalarr *m.* 'with curved antlers', 'having (antlers with) many curves', name for a stag 88/8

dalmiskunn *f.* in kenning for summer, *d. fiska,* i. e. *miskunn dalfiska,* mercy or grace of valley-fish, i. e. of snakes; the warm weather makes them happy v140/4

dalnauð(r) *f.* bow's necessity, bow-forcer, i. e. arm; in kenning for silver (or gold?), *svell dalnauðar* v189/4

dalr *m.* (1) valley 1/18, v502/5. (2) name for a stag ('curved' (of horns)) 88/8. (3) bow v467/1

dalreyðr *m.* 'valley-trout or -whale', i. e. snake; in kenning for gold, *dalreyðar látr* v145/4

danskr *a.* Danish v400/2; = Scandinavian 52/1, 80/3 (see Dǫnsk tunga in Index)

dapr (n. **daprt**) *a.* sad, dull v174/8

darr *n.* (throwing-) spear v403/2, v464/1

darrlatr *a.* spear-reluctant, spear-shy, unwarlike v122/2 (with *dási*)

dási *m.* lazy, useless person, wretch v122/1 (subj. of *hefir*; king of Africa), 106/13

dauði *m.* death v387/2 (gen. with *auðit*)

dauðr *a.* dead 6/19, 50/15, 72/25; as he lay dead 58/34; *stíga yfir, standa of e–n dauðan* i. e. cause s–one's death 6/16, v57/4; *dauðs* adv. gen. (of the noun *dauðr?*) when dead or gen. with the noun implicit in *mitt* v29/3 (Kock, *NN* 898, takes it with *drykk Dvalins* as 'poem of (i. e. for) the dead person'; Ólafur Halldórsson (1969, 154–5) takes the word as *ofljóst* for *Dáins,* dwarf's, with *drykkr* = poetry, *Dvalins* with *salr,* see Dvalinn in Index)

degi dat. of **dagr** *m.* 90/2

deila (d) *wv.* deal out, share out (*sér* to him) v95/2 (inf. with *bað*), (*með* among) v96/4 (inf. with *bað*); *d. við e–n* dispute, contend with s–one 19/15

deyja (dó) *sv.* die 3/2, v58/6, 49/3

díafjǫrðr *m.* 'fiord of the gods', (the mead of) poetry v12/2 (gen. with *breyti*), v308/2

díar *m. pl.* gods (loan-word from Old Irish) 85/8

digni *m.* ox-name, 'stout' v504/3

digulfarmr *m.* crucible-cargo, i. e. gold (obj. of *kastar;* i. e. he puts rings on their arms) v191/4

digull *m.* crucible 61/13

digulskafl *m.* crucible-snowdrift, i. e. silver; *of hvítum digulskafli* upon the white silver (after *þrymr*), i. e. gold is piled upon silver ('fire on snow') by the king's generosity v194/4

díki *n.* ditch v477/5

dirokkr *m.* worthless person 106/13

dís *f.* lady (usually supernatural, a female deity) 30/14; pl. *dísir* the norns or valkyries v68/4, 40/25; as a poetical word for sister 108/4; for woman, or the name of a norn?—it is not clear whether this line belongs with the previous one or with what follows v437/3 (acc. sg.); in kenning for woman, *Draupnis drógar d.* (vocative) v109/2, for valkyrie, *d. dreyra mens* v337/1 (gen. with *dynfúsir*); for Iðunn, *goða d.* or *Brunnakrs bekkjar d.* v100/6 (obj. of *of kom*)

dísarskáld *n.* 'lady's poet', though *dís* usually refers to a supernatural female figure; possibly Þorbjǫrn composed about Freyja (cf. 30/14) 16/8, 17/19

djúp *n.* deep v477/3; as first half of compound *djúpfall* n. deep-fall, that which falls (flows) deeply (in the mountains), river-gorge (river-torrent?) v82/1 (dat. with *við*, at, in opposition to, facing; Kock, *NN* 454, takes the compound as *djúpakarn*, see note)

djúphugaðr *a.* deep-minded (who keeps his thoughts hidden?) v97/5 (with *hirðitýr*)

dólg *n.* hostility v450/3; in kenning for the mill Grotti, *dólgs sjǫtull* that which quietens warfare, creator of peace (cf. 52/12 and v163–4) v174/7; for the heart, *dólgs akarn* v82/2; as first part of compound separated by tmesis, *dólgferð* hostile troop v84/2 (subj. of *dreif*; cf. note)

dólgljós *n.* hostility-light, light of battle, kenning for sword v122/1 (gen. with *skyndir*)

dólgr *m.* enemy 14/28, 29, 17/29, 19/10, 24, 27, 30, 20/4, 107/22; in kennings for Freyr, *Belja d.* 18/22, v61/3 (gen. with *útrǫst*, cf. note), for Þórr, *jǫtna d.* v117/2 (gen. with *móður*), for Hrungnir, *d. manna* v67/2 (obj. of *þyrmðit*), for Þjazi, *d. vallar* v97/6 (obj. of *dræpi*)

dólgskári *m.* 'hostility-, battle-gull' (*skári* = a young seagull), i. e. eagle or raven v335/1 (gen. with *magnandi*)

dómandi (pl. **-endr**) *m.* judge 1/8 (though it is not clear what they are judges of here; see note and cf. 42/19–20)

dómari *m.* judge 80/5

dómr *m.* judgment, decision 42/36, 79/32

dómstóll *m.* judgment seat 42/19

dorg *f.* fishing-tackle 36/29; in kenning for sea, *dorgar dynstrǫnd* v129/1

dóttir (pl. **dœtr**) *f.* daughter 25/26, 25/27 n. (line 5 of verse), 108/4, 30, v435/7; in kenning for waves, *Ægis dœtr* (obj. (or subj.? *NN* 2989H) of *ófu ok teygðu*) v125/2; *Njarðar d.* = Freyja v148/1 (gen. with *því barni*, i. e. Hnoss (or Gersimi), the precious gift); *d. Vanabrúðar* = Hnoss, the precious weapon v149/4 (obj. of *gaf mér*)

draga (**dró**) *sv.* draw 6/1, 6, (a sword) 48/2, 72/18; pull v66/6 (*fram* *at* forward to), 90/1, 2; fish up 63/13; drag, move (or perhaps 'turn', cf. v174/7) 52/8; drag (round) v174/7; make, cause (by pulling) 2/16 (impers.?); *dregit af* (it was) derived from 105/30; *d. fram* get out, take out 4/27, 46/1; *d. und sik* extend one's power over v304/1

dragreip *n.* halyard, rope to raise the yard and sail to the top of the mast v500/1 (Falk 1912, 62; LK 207–8)

dramb *n.* pomp, haughtiness, arrogance 107/31

drápa *f.* a formally constructed poem (usually with a *stef* or refrains) 50/28, 72/32

drasill (pl. **drǫslar**) *m.* horse, in kennings for ship(s), *d. skorðu* v354/2 (subj. of *nemr*), *byrjar drǫslar* v250/7 (gen. with *bar til*) (cf. Drǫsull in Index)

draugr *m.* trunk (of a tree), in kenning for warrior (Hǫgni), *ørlygis d.* v250/8 (dat. with *bar*, to or for; perhaps with *til byrjar drǫsla*, to Hǫgni on his ships, to H.'s ships; cf. *NN* 2205D)

draum-Njǫrun *f.* 'dream-Njǫrun', goddess of dreams, kenning for night v380/6

draumr *m.* dream v20/1 (gen. pl. with *hvat*: 'what sort of dream . . .'), v154/4 (with *við illan*), v206/4 (*e–s* of, about s–one; *allir draumar* subj. of *hafa logit at mér*)

dregg *f.* yeast; *dreggjar brim* = mead; mead of dwarfs (or giants) = the mead of poetry v27/4

dreki *m.* dragon 90/10; dragon ship, large warship with dragon head on the prow (and also, sometimes, the stern) v494/3 (Falk 1912, 39–42, 105–7); engraved image of a dragon v245/4 (subj. of *liggja*)

drekka (1) (drakk) *sv.* drink 4/36, 20/31, 35, v323/4, v336/3, v340/1, v400/1; *er drekka skyldi* when drinking was about to take place 1/5; *ok mjǫk drukkit* and a great deal (was) drunk 1/13; *hverr er af drekkr* whoever drinks from which 3/23; pp. *drukkinn* drunk 20/32

drekka (2) *f.* drink 4/2; in kenning for poison, *Vǫlsunga d.* v153/4 (gen. with *hrøkkviáll*, i. e. the Midgard serpent)

drengr *m.* (1) a young man 106/2 (complement); servant 106/3, 4; manly man 106/5, v439/4; fine fellow 106/19; man, warrior, comrade (refers to the poet (Haraldr harðráði) and his men) v261/4 (dat. pl. *drengjum*), v262/2 (subj. of *getr*), v263/2. (2) a rope band (perhaps to attach the *beitiáss* to the lower corner of the sail, Falk 1912, 61; or possibly a guy-rope? or a post?) v500/1

drepa (drap) *sv.* strike v97/5; kill 2/22, 3/20, 6/3, v58/3 (with suffixed pron. *-tu*, 41/2, 45/14; *d. e–n til e–s* kill s–one for s–thing 46/10, 13; with dat. put s–thing, insert 46/36; *d. sér á* launch o–self into v401/1; *d. e–m stall* quail, fail in s–one (of the heart) v82/1; md. kill one another 4/17; pp. as subst. the slain one 6/5

dreyra (ð) *wv.* impers. bleed (of a wound); *láta d. e–m* cause bleeding in s–one, cause s–one to bleed v58/4

dreyrfár *a.* blood-stained, bloody v154/3 (acc. pl. (= *-fáar*, see note to verse 143) with *dróttir*)

dreyri *m.* blood, gore; in kenning for (mead of) poetry, *Kvasis d.* 11/26, v27/2 (obj. of *heyr*); in kenning for sword, *dreyra men* v337/2 (gen. with *dísar*); for water, i. e. the river Vimur, *d. himintǫrgu vers*, blood of the sky (*Fríðar frumseyris fljóða* of, i. e. flowing from, the two giantesses) v76/4 (gen. with *kom til*)

dreyrugr *a.* bloody v90/2, v251/4 (with *benja*)

drífa (1) *f.* snowfall, driving snow 67/27; in kennings for battle, *Hárs d.* v214/2 (gen. with *askr*), *Hlakkar d.* v221/3; arrow-name v465/3

drífa (2) (dreif) *sv.* drive (intrans.); be driven, surge v84/1, v129/1, v355/3 (impers.?); *d. á hæla e–m* i. e. be in s–one's (eager) following v284/2; impers. with dat. s–thing is driven, drives, flies v222/4 (after *þar er*); pres. p. as name for the sky, 'sprinkler, drifter' 85/18; for the sun, driver, fast-goer v517/7; pp. *drifinn e–u* soaked in, covered with (decked, clothed with) s–thing v149/7 (with *mey*), v244/4 (with *ís*); cf. v320/2 t. n.

drima *f.* battle v450/4

dript *f.* snow, rain; i. e. tears, in kenning for gold: Hnoss's mother's *brá driptir* v147/8 (obj. of *berr*)

dritroði *m.* name for a boar (= v. l. (AB) *drittroði*, 'dirt-treader'?) v513/6

drjóni *m.* boor, churl; name for an ox v503/3

drjúgr *a.* persistent, unmitigated, proficient, effective, industrious (with *at* and inf. in doing s–thing) v73/3 (complement)

drjúpa (draup) *sv.* drip 42/26

dróg *f.* strip, band; or from *draga*, that which is drawn from s–thing (*e–s*); *Draupnis d.* = gold (see *Gylf.* ch. 49), in kenning for woman v109/1 (*NN* 1895: *dróg* 'that on which s–thing is drawn', *Draupnis d.* = arm)

drómundr *m.* a very large war-ship used on the Mediterranean (Greek δρόμων; Falk 1912, 87–8) v494/4

dropi *m.* drop 4/25, 44/26; collective, dripping, that which drips 40/29

drós *f.* lady, poetical word for woman v359/4, 107/32, v438/5; in kenning for giantess(es), *Hrímnis d.* v88/6 (gen. with *ǫrþrasis*; collective)

drótt *f.* household, following of a ruler (a group of men led by a *dróttinn*) v154/3 (pl., troops), 107/4, v440/5, v443/5; court v282/1 (subj. of *nemi*); = mankind or the host of angels, *mildingr dróttar*

= Christ v272/3; in kenning for giants, *nesja d.* v84/1 (gen. with *kneyfi*, cf. note)
dróttinhollr *a.* true to its lord, beneficial to its owner 72/22
dróttinn *m.* lord 14/29, v322/4 (Haraldr harðráði); *alls d., munka d.* = God v115/2, v269/1 (gen. with *máttr*); *virða d.* (i. e. Óláfr Tryggvason) v397/3 (gen. after *vætti ek*, 'I expect the return of'); *foldar d.*, lord of the earth (i. e. of Jǫrð?), Óðinn v96/1 (subj. of *bað*)
drottning *f.* queen 30/11; as title 49/32
drýgja (gð) *wv.* carry out, achieve v140/3; cultivate v360/1
drykkja *f.* drinking 1/7, 14, 20/30, 21/4; drink 20/30; in kenning for (mead of) poetry, *d. Fjǫlnis fjalla* v141/2 (*við*: in exchange for)
drykkr *m.* drink, draught 4/19, 36, 5/8, 40/17, 87/9, 90/27; in kenning for the mead of poetry, *Dvalins* (or *dauðs*, see **dauðr**) *d.* v29/3 (obj. of *nemi*)
drǫfn *f.* wave 95/23; in kenning for gold, *drafnar logi* v360/3 (cf. Drǫfn in Index)
drǫsl- see **drasill**
drǫttr *m.* slow, lazy person; sluggard 106/20
dúfa *f.* wave v289/4 (dat. after *við*; cf. Dúfa in Index)
dugga *f.* coward, worthless person 106/13
dúkr *m.* (piece of) cloth 42/24; i. e. sail, in kenning for wind, *dúks bǫl* v134/3
dul *f.* delusion v397/4 (with *er mest*, parallel to *vil*)
dúnn *m.* (1) down v163/6; bed: *d. Grafvitnis* = gold (because snakes sleep on gold) v188/8
dúnn *m.* (2) crowd 106/32, v443/6
durum see **dyrr**
dusilmenni *n.* wretch 106/13
dveljask (dvalðisk) *wv. md.* stop, stay 47/28
dvergr *m.* dwarf 3/19, 23, 33/24, 41/33, 36, 42/37, 72/19, v380/6; in kennings for poetry, *dverga skip* 11/26, 14/20, v41/2, *dverga mjǫð* 11/27, *sjár, lǫgr dverganna* 14/10, *bergs geymilá dverga* v28/4
dvína (að) *wv.* lessen, diminish, disappear v209/4 (inf. with *skalat*), v376/3
dyggr *a.* virtuous, fine, good v270/2, v370/2; faithful, loyal, true (*e–m* to s–one) v317/3 (complement of *var ek*)
dynfara *f.* 'noisy-traveller', arrow-name v465/4
dynfúss *a.* 'noise-eager', with *dreyra mens dísar*, i. e. eager for the din of the lady of the gore-jewel, i. e. valkyrie, whose noise is battle v337/1 (with the implied subj. of *stóðum*, we)
dynja (dunði) *wv.* resound, thunder v108/2, v302/4 (inf. with *lét*; i. e. made them sail on the rough sea)
dynr *m.* noise; in kennings for battle, *hlífar harðgleipnis borðs d.*

noise of the shield v83/4 (obj. of *gerðu*), *d. fleina* v211/2, *d. Skǫglar* v219/4 (*at* in); cf. **dynfúss**
dynskúr *f.* resounding shower, in kenning for battle, *d. málma* v209/2 (gen. with *álmr*)
dynstrǫnd *f.* resounding shore, land; in kenning for sea, *dorgar d.* v129/2 (subj. of *drífr*)
dýr *n.* animal 35/21, 87/8 (subj.), 87/9; in kennings for ships, *Atals d.* (in kenning for Viking) v6/4 (gen. with *sækiálfi*), 74/7, *sunds d.* v258/2 (subj. of *liðu*), 74/24
dýrð *f.* glory, splendour v271/3 (with *en*, than), v272/1 (gen. with *mátt*, i. e. glorious; or with *sveini NN* 1214, or *hirð NN* 2112B), v276/1 (subj. of *lofar*), v384/3 (obj. of *yppa*)
dýrka (**að**) *wv.* make splendid, adorn v183/7
dyrr *f. pl.* doorway 3/33, 41/22
dýrr *a.* precious 3/38, v147/2, v335/1 (with *garmi*), worthy, noble v298/3 (with *tiggja*), v335/2 (with *magnandi*), dear v113/1 (with *konungr* and *Hermundi*); ornate, finely-wrought v398/1; comp. *dýrri* nobler, more splendid (with *vǫrðr*) v111/1, more worthy v112/4 (refers to *helgan ræsi heimtjalds*), more glorious v273/4
dýrshorn *n.* animal's horn 59/19
dýrsveiti *m.* precious sweat; *Draupnis d.* that which drips from D., gold (cf. *Gylf.* ch. 49) v188/7
dæla *f.* gutter or channel to take the water out of a ship, dale (cf. *OED dale*[3]; Falk 1912, 6) v500/2
dælligr *a.* pleasant-looking 21/28
dœgr *n.* day (period of twelve hours); acc. of time, *d. hvert* every day, continually v194/1, *mart d.* many a day v351/2. The *þula* in *SnE* 1848–87, II 485, 569 (see v412–517 n.) includes words for day-time and night-time
dœlska *f.* impertinence, silliness 109/6
dœma (**ð**) *wv.* adjudge, decree 42/37; execute, administer (laws) 79/31
dœmi *n.* example 6/30, 8/22; *eptir dœmum e–s* in imitation of s–one 41/13; a story which accounts for the origin of s–thing 6/3 (*eptir þeim dœmum er þetta sagt er* this story is based on the ones about how; *dœmum* refers to the following account, *þetta* to the preceding), 20/17 (*af hverju . . . eru* from which are derived); *d. til e–s* a story giving the origin or explanation of s–thing 18/1, 20/18; *svá er tekit til dœma at* this is the origin of the expression that 14/19 (Sverrir Tómasson 1983, 154: = *exemplum* rather than *fabula*)
dœmistóll *m.* judgment seat v116/4
dǫf *f.* spear-name ('club'?) v464/2 (v. l. *dǫflen, dǫf⟨f⟩leinn*)
dǫgg *f.* dew; in kenning for blood, *hræva d.* v155/3 (subj. of *flaut*)

dǫggskafi *m.* 'dew-scraper', name of a long shield v470/1
dǫglingr *m.* ruler, king (cf. Daglingar in Index); gen. pl. v312/2 (i. e. the sons of Haraldr gilli, see note; with *hauðr* or *seggir*); (i. e. Haraldr harðráði) v400/1
døkkr *a.* dark (of the sea) v106/2

edda *f.* great-grandmother 108/3
eðli *n.* nature, what is natural, the nature of things 41/17
eðr *conj.* = **enn**, moreover, furthermore, and then v65/1, v154/1; still v70/5 (with *ólaus*)
efri *a. comp.* higher (with dat., than) v516/20
efstr *a. sup.* last v432/10; n. as adv. v338/1 (with *líta mik*: (have) seen me (to be) last, found me in the rear or regarded me as least worthy)
egðir *m.* 'edged one' (i. e. with sharp claws or beak) or 'frightening one', name for an eagle 92/1; for a wolf v514/9
egg *f.* edge 46/26, v157/7 (gen. with *(enni)hǫgg*, i. e. caused by the sword(-edge); Kock (*NN* 2002) suggests it is acc. pl. hendiadys, head-blows and swords, i. e. head-blows from the sword, rather than zeugma, head- and sword-blows)
egghríð *f.* 'edge-storm', storm of weapons, battle v312/4
eggja (jað) *wv.* urge, incite 46/24, 48/23; *e. til* urge to (do) s–thing 48/25, 49/34
eggjumskarpi *m.* sword-name, 'sharp-edged' v454/6
eggteinar *m. pl.* edge-strips, steel edges welded on to a sword-blade v460/8
eggtíð *f.* egg-time (May–June) 99/19
egna (d) *wv.* with dat. use as bait 6/1 (spelled *engði*)
eiða *f.* poetical word for mother 108/3 (complement)
eiðr *m.* oath 24/35 (*þess, at* about this, that), 80/14
eiðsfjǫrðr *m.* ?kenning for Jǫrð v82/6 t. n. Cf. **eirfjarðr**
eiðsvari (1) *m.* one under oath (*e–s* to s–one), bound by oaths (to s–one) 48/24
eiðsvari (2) *a.* bound together by oaths v80/2 (with *víkingar*)
eiga (á, átta) *pret.-pres. vb.* have (in one's possession) 2/12; own, possess 22/17, 40/7; *er e–r átti* owned by s–one 41/35; have (a name) 107/25; i. e. have applied to one 78/23, 80/11; rule (over) 49/16, 105/32; hold (an assembly) 2/7; have (children or other relations, friends) v150/1, 48/7, 33, 49/17, v195/2 ('. . . that he also had': other MSS (TWUAB, but not C) have *at* for *ok*), 101/18; possess (a woman) v202/3 (inf. with *óðgjarn at*); marry 47/32, 49/24, be married to 48/33, 58/23, 108/2 (cohabit with?); gain possession of (i. e. of Norway, becoming ruler expressed

as marrying the land) v118/3; have a right to 43/5; be concerned in, be involved in 1/15 (Fritzner 1886–96, *eiga* 5: 'which related to the Æsir'), 58/30; provide v318/3; with *at* and inf., have s–thing to do, intend to do s–thing v140/3, must do s–thing v193/3; *e. (at)* with inf. have reason to v13/1, v17/1 (ought to); *e. saman* share, have in common 99/23, 109/21; *e. e–t til at* have s–thing ready to v41/1 (but see under **brúðr**; perhaps *e. e–t at*); *e. við* have to do with, have dealings with 24/18; md. *eigask við* exchange, share, have (s–thing) together 1/14

eigandi *m.* (*pres. p.*) owner, possessor 14/27, 17/29, 18/27, 19/14, 23, 30/13, 107/15 ('its possessor')

eign *f.* possession 6/22; one of one's possessions 40/6, 26, 107/25; characteristic, attribute 5/20, 30/15, 33/22

eignask (að) *wv. md.* gain possession of, become possessor of, get 58/28; *e. hann nafnit* he becomes the one referred to 5/21; subjunc. (optative) *eignisk svá elli* may he thus (i. e. with such actions, behaving in this way) gain (reach) old age v146/3

eik *f.* oak 1/22, 64/18; in kenning for woman, *aura e.* v208/2 (subj. of *stendr*)

eikinn *a.* furious v246/4 (with *myrkdreki*, but equivalent to an adv.; or it could perhaps mean 'oaken')

eikirót *f.* root of an oak; *af eikirótum* from (where it lay at) the roots of the oak-tree v97/3

eikismiðr *m.* ox-name, 'oaken-smith, mighty smith' v504/8

eikja *f.* a small row-boat or ferry (originally made of a dug-out oak-trunk; Falk 1912, 92) v494/2

eilífnir *m.* 'giver of eternal life' or for *eihlífnir*, 'for ever protecting', shield-name v471/2

eimnir *m.* sword-name, 'fiery, sooty', or 'fire-hardened' v459/3 (also name of a sea-king, *TGT* 99 (in A))

eimr *m.* vapour, steam, smoke 98/8, v375/3 (original meaning perhaps 'fire')

eineygr *a.* one-eyed (epithet of Óðinn) v9/2

eingadóttir *f.* only daughter; *e. Ónars* = Jǫrð, i. e. the land of Norway v118/3 (obj. of *átti*)

einhendr *a.* one-handed 19/18

einherjar *m. pl.* Óðinn's warriors in Valhǫll (cf. *Gylf.* ch. 20) v20/5

einkarnafn *n.* proper name 107/25

einkili *m.* shipmate (one who shares the same keel? See *SnE* 1952, 318) 107/21, v445/7

einmánuðr *m.* 'single-month', mid-March to mid-April 99/18

einmæli *n.* private discussion 3/20

einn *a.* alone 2/13, 4/20 (for himself), v121/3 (with *systur*, predicative

after *láta*); alone (on his own) or sole v270/3, 271/4; only 6/7, 47/32; a single person 6/16; the same 40/11 (*ok* as); *alt er eitt* they are all the same 37/18; *einn hverr* each one, each individual 106/23 (subj.); num. one 25/27 n., v165/6; *átta ok einnar* i. e. nine (with *mœðra*) v64/7
einnhverr *pron.* any one 33/21, some one or other 5/19, 108/9
einráðit *pp.* absolutely determined v216/4 (with inf. *bjóða*)
einvaldi *m.* sole ruler 99/29
einvígi *n.* single combat 21/13, 101/16
eirfjarðr *a.* (*pp.*) made remote from pity, pitiless, relentless v82/6 (with *hug*). DD reads *Eirfjarðar* with *arfi* (thus R), meaning 'heir of the goddess-fiord', i. e. son of Jǫrð (= Þórr; cf. Eir in Index), but this interpretation is problematical (the compound cannot really mean 'fiord-goddess')
eisa (1) *f.* glowing ash 98/3; cinder, of the lump of molten metal v88/5 (subj. of *fló*); pl. i. e. fires v374/1, v402/3; in kenning for gold, *e. armleggs* v191/3. Cf. **blóðeisa**
eisa (2) (**að**) *wv.* rush, (be) pour(ed) (of the mead of poetry) v34/1
eitr *n.* poison 6/14, v77/7 (obj. of *fnœstu*), 50/19, 21, v210/4 (obj. of *blés*)
eitrkaldr *a.* deadly cold, bitterly cold v320/2 (with *Elfr*)
eitrsvalr *a.* deadly cold, bitterly cold v311/4 (with *naðri*)
ekki (1) *m.* sobbing, sorrow; dat. with, in sorrow v343/1
ekki (2) n. of **engi** *pron. a.* no, nothing (see **enskis**); as adv. not v166/8
ekkja *f.* widow 107/37, v438/4; i. e. abandoned wife (Jǫrð) v66/7 (subj. of *gekk*); woman, in kenning for giantesses, *Hrekkmímis ekkjur* (i. e. Gjálp and Greip) v81/6 (subj. of *háðu*; cf. *Ægis ekkjur* = Ægir's daughters in *Heiðreks saga* 41)
él *n.* (short) storm (usually of hail or snow) 44/26, 72/1; pl., in kennings for battle, *él Ullar skips*, storms of the shield v236/1, *nadda él* v285/3 (pl., obj. of *tel*), *hrings él* v309/4 (acc. pl. with *lætr gjǫr verða*), *él Skǫglar* v382/3 (instr.)
elda (ld) *wv.* kindle, set fire to v373/2
elding *f.* lightning; pl. 21/36
eldr *m.* fire 2/20, 6/22, 25/28, v91/7 t. n., 39/2, 14, 18, 40/27, 30, 32, 39, 41/8, 47/36, v177/1 (acc. with *sé ek*), 67/24, 70/14, 72/1, 97/15, v370/1 (with *sá*), 98/8 (subj.), v375/2 (subj. of *feldi*), v387/1 (instr. with *fór*); *við eld* by, on a fire 46/33; sword-name v458/2; in kennings for gold, *e. ǫlna bekks* v141/1 (obj. of *þák*), *e. Órunar* (a river) v189/7, *geima e.* v193/4 (subj. of *liggr*), *e. áls hrynbrautar* v194/5; for sword, *Gauts e.* v241/2 (with *með*). See Eldr in Index
elfr *f.* river; *álfrǫðull elfar* = gold v117/1 (cf. ch. 33). Cf. Index

él-Freyr *m.* storm- (of battle) Freyr, kenning for warrior v214/4 t. n. (subj. of *gekk*; *as-Freyr* (cf. *ǫs* f. 'tumult') means the same)
elgr *m.* elk 75/22; in kenning for ship, *e. flóðs* v262/3
elgver *n.* 'elk-sea', i. e. land; *elgvers endi* = shore v120/2
elgviðnir *m.* bear-name, 'frequenter of the elk-forest'? v510/2
elja *f.* rival 30/10, 18, 35/20; *e. Rindar* = Jǫrð, the land (of Africa; *ofljóst*) v122/3 (obj. of *tók*); concubine 108/2
eljun *f.* energy 108/26, 31
élker *n.* 'storm-vat', the sky, in kenning for earth v111/2
elli *f.* old age v146/4 (obj. of *eignisk*)
ellilyf *f.* medicine, cure of old age; *e. Ása(nna)* the cure for the Æsir's old age, i. e. Iðunn's apples, which prevented the Æsir getting old 30/20, v100/3 (obj. of *kunni*)
élreifr *a.* storm-happy, who is happy when it is stormy v125/1 (with *dœtr*)
elskugi *m.* love, loving thought 108/27
élsnúinn *a.* (*pp.*) storm-twisted v351/3 (with *álmsorg*, cf. note)
élsól *f.* 'storm-sun', in kenning for troll-wife, *élsólar bǫl* v300a/4. NN 1095D suggests *élsalr* 'storm-hall' = the heavens
élvindr *m.* storm-wind, wind accompanied by rain or snow, squall v128/2 (subj. of *hefir hrundit*)
emjar *f. pl.* part of a sword; perhaps rather a sword-name, **emjarr** *m.* 'crier' v461/1
en *conj.* but, and v66/1 (with line 3?—cf. note); and also (understand *loddu*) v98/7; than (after *minni*) v303 n.
enda *adv.* moreover; see under **endi** and **sessi**
endi *m.* end 1/31, 2/33; *(loddu) við stangar enda* v98/8; *við elgvers enda* i. e. to the shore v120/1; death v290/2 (*of enda þess þengils sessa* because of this earl's death; or, if *enda* is taken as adv. or conj. 'and so, moreover', *sessa* is acc. with *of*; cf. NN 2521)
endilágr *a.* low from end to end, over its whole low surface v66/2 (with *grund*)
endilangr *a.* lengthwise; *eptir endilangri hóllinni* along the (whole) length of the hall, all the way along the hall 25/29
endiseiðr *m.* 'boundary-coalfish' (or 'boundary rope', NN 1412F; see **seiðr**), in kenning for the Midgard serpent, *allra landa e.* the fish that bounds (surrounds) all lands v48/4 (obj. of *kendi*)
endr *adv.* once, once upon a time v74/7, v122/3, v274/1, v315/2 (with *gein*); again, further v303/2
engði see **egna**
engi *pron. a.* no v38/2 (with *háði*), 101/14 (with *kona eða ótiginn maðr*), v408/1 (with *ynglingr*), v409/2; *alls engi* never any v107/1 (with *landreki*); n. *ekki orð* no word v165/1; n. pl. *engin* v285/4

(with *él*; see note); as pron. no one v164/1 (subj. of *skyli*). Cf. **enskis, ekki (2)**
engill *m.* angel 76/23, 24, 77/21, v273/3, v274/1 (obj. of *senda*); word play with *Engla* 'of the English' 78/21?
enn *adv.* in addition, further, again 7/29, 18/16, v161/5 (= again, with *bað* or *mala*), v432/1, v436/1, v444/1; *enn sem kvað* . . . as . . . also said 33/32, 34/3; still v257/1 (with *sunnan* or with *þótt*, 'even though'); again v307/2; with comp. still, yet v179/8, v180/1
enni *n.* forehead 108/12
ennidúkr head-band v12/1, v308/1
ennihǫgg *n. pl.* blows on the forehead; *ennihǫgg ok eggjar* i. e. *ennihǫgg og eggjar hǫgg* v157/7 (acc. with *launa*; cf. note)
enskis gen. of **ekki** *pron. n.* nothing 4/20 (genitive with *ráð*; *e. af miðinum* over no part of the mead; cf. Fritzner 1886–96, *ráð* 6)
epli *n.* apple 1/36, 20/4, 30/20, 108/24
ept *prep.* with dat. after, in pursuit of v266/1; with acc., of time, after v313/1
eptir *prep.* with dat. after 72/8; in accordance with, using (in imitation of?) 6/31, 11/25; based on, following (a story) 17/30, 19/16, 25/35, 30/21, 72/31; as adv. *vera e.* be left, remain 52/20, v430/1, v444/1
erfi *n.* funeral feast 49/7
erfiði *n.* toil; burden 33/24, 108/6; *e. Austra* = the sky v106/3 (subj. of *brestr*; see *Gylf.* ch. 8)
erfiðliga *adv.* with trouble, difficulty, hard work 24/27
erfingi *m.* heir, inheritor 107/17
ermr *f.* sleeve 108/36
ern *a.* energetic v103/7 (with *reginn*; perhaps equivalent of adverb with *lagði*, 'energetically'; cf. *NN* 138C)
ern- see **ǫrn**
erring *f.* valour, doughtiness v149/1 (obj. of *ofrar*)
eruma (see **vera**) we are not v178/7
erumk = *er mér* v24/1
eskja *f.* 'ash(tree)-covered', name for land v501/2
es-Freyr *m.* 'horse-Freyr'? kenning for warrior v214/4 t. n.
eta (**át**) *sv.* eat v97/3 (was eating, went on eating), 45/6, v151/8 (subjunc.), 49/9; eat away, eat at v174/5
etja (1) *f.* incitement, fighting, battle v450/7
etja (2) (atti) *wv.* incite (*e–m at* s–one to); *þótt etti* although (really) she was inciting v251/5
ey (1) *f.* island 1/2, 36/28, 72/15, 106/1; *eyjar vestan* i. e. Orkney and Shetland v408/3 (obj. of *þryngvi*)
ey (2) *adv.* always, continually v251/5

Glossary 267

eyða (pp. **eyddr**) wv. lay waste v410/3 t. n.
eyðimǫrk (pl. **-merkr**) f. wilderness 1/17
eyðir m. one who lays waste, destroyer; in kenning for (righteous) ruler, *óþjóðar e.* v199/3 (subj. of *bregðr*)
eygir m. sword-name, 'eyer'; or for **œgir**, 'terrifier' v458/3
eygja (gð) wv. eye, watch, see (obj. is *sá er*, whom, referring to Loki) v98/3
eyglóa f. 'ever-shiner' 85/19
eykr m. beast of burden or draught-animal; referring to Þórr's goats v52/1 (obj. of *haldit*)
eyktarstaðr m. the position of the sun in the middle of the afternoon (none, ninth hour), 3 or 3.30 pm., south-west, the direction of the setting sun at the beginning of winter in (parts of) Iceland (mid-October) 99/15
eylúðr m. island-(mill-)box, box or encloser of islands, i. e. the sea; *eylúðrs Grotti* = the mill of the sea, the churning sea v133/4 (obj. of *hrœra*) (or gen. with *brúðir*, i. e. the daughters of Ægir NN 572; see note). See **lúðr**
eyma (ð) wv. weaken, soften, let become less harsh, make pusillanimous v376/1 (with suffixed neg.)
eyra n. ear v55/4 (with dat. of the one it belongs to), 108/7, 12; *þeim til eyrna er* to the ears of those who 45/32; upper part of ship's rib (LK 143); a triangular piece of wood holding in position a wedge across the inside of a ship's bows (LK 146; at the top of these 'ears' there would have been a hole for ropes to be attached, see Falk 1912, 47, 80, where he refers to various holes or pieces of wood with holes in them for cables) v496/6
eyrir m. a coin; pl. = gold, wealth in kenning for woman, *aura eik* v208/1
eyrr f. sand-bank v123/1, v337/2 (phrase goes with *stóðum*)
eyss see **ausa**
eyþvari m. 'continually prodding' or 'island-borer', ox-name v503/6

fá (1) (**fekk, fengu** or **fingu**) sv. **(1)** get (possession of) 2/12, 4/22; find 21/20; gain 21/17, v384/1; *fá af e–m at* obtain from s–one that 41/32; receive 48/26, v267/4, v337/3, 101/12; *heldr en þeir of fingu* rather than (that they should) accept, instead of accepting v252/8; suffer, experience v365/3; subjunc. *fengi* received, suffered 6/17; *fá e–m e–t* provide s–one with s–thing, give s–one s–thing v15/6, 20/30, 49/35, 59/19, win s–thing for s–one v211/3, grant, delegate s–thing to s–one 80/5; *e–m var fengit e–t* s–one was provided with s–thing 48/39; *fá e–t at e–u* get s–thing from s–thing v340/2; *fá e–t í hendr e–m* hand s–thing over to s–one

42/16; *fá e–t e–m at eta* give s–thing to s–one to eat 49/9, *at drekka* v400/1; with pp. be able (to do s–thing) 22/8, 50/13, manage (to do s–thing) 25/19; md. for passive, *fekksk* was provided (with instr.) v339/3. (2) with gen. marry 47/28, 48/32, 49/17, 101/17

fá (2) (ð; pp. **fátt)** *wv.* paint, depict; *þats of* (*þat er*) *fátt* this is depicted v104/5, v155/8; *fáðr e–u* painted, decorated with s–thing v71/7 and v104/7 (with *bifkleif*)

faðir *m.* father v167/2, v179/1 (*míns fǫður* gen. with *mær*), v195/4 (obj. of *átti*), v250/4 (dat. *feðr sínum* against her father, with *fárhuga* or *fœri*), v446/2; dat. of respect, *Óláfs feðr* in Ó.'s father v293/1; in kennings for Þórr v44/2, v45/4 (subj. of *leit*), for Þjazi v110/4 (gen. (or dat. of respect?) with *augum*), *f. Mǫrnar* v97/4 (subj. of *át*), v103/8 (in apposition to *reginn*, subj. of *lagði*); for Loki, *lǫgseims f.* v73/4 (subj. of *réð at hvetja*), v99/4

faðmbyggvir *m.* one who dwells in s–one's (*e–rar*) embrace, husband; *Friggjar f.* = Óðinn v9/3

fagna (að) *wv.* with dat. welcome 1/4 (impers. pass.), 22/14, v109/4 (refers to future time), 59/7; rejoice in v9/4, i. e. have plenty of v333/2 (inf. with *lætr*)

fagr *a.* beautiful, fine 1/12, 2/28, v64/6 (with *hafnýra*), 45/34, v158/1 (with *botni*), v183/8 (with *hlýr*), v234/1 (with *hlýrtungli*), v346/1 (with *veðrvitar*), lovely v353/2 (with *láði*); weak *fagri* as nickname 61/17, 95/28; n. as adv. beautifully v245/3 (with *of skornir*); sup. *fegrstr* 41/28, 49/20

fagrahvél *n.* fair wheel, name for the sun 85/19, v517/2

fagrbláinn *m.* 'fair-dark', shield-name v471/3

fagrbúinn *a.* (*pp.*) beautifully adorned (i. e. with gold) v190/2 (i. e. we, implied subj. of *gengum*), v208/2 (with *eik*)

fagrbyrðr *f.* fair (shining) burden; *f. Grana* = gold v188/6

fákr *m.* horse (poetical; implies a fine, lively horse); in kenning for ship, *báru f.* 74/8, v256/3 (gen. with *hrjóðr*). Cf. Index

fala (að) *wv.* offer to buy, ask to buy 4/11

faldr *m.* (a woman's) head-dress, cap, wimple 67/18; *snáks f.* = œgishjálmr, helmet of terror v281/1 (obj. of *berr*; i. e. he rules firmly)

fall *n.* fall, death in battle 50/28; *þat fall flotna* this fall of men, this defeat v158/1 (obj. of *segik*); *bragna fall* i. e. battle v275/2 (gen. with *beini*); as second half of compound separated by tmesis, *djúpfall* (see **djúp**) v82/4 (dat. with *við*); failure, lack (*e–s* of s–thing) v90/8 (subj. of *komat*; Reichardt 1969, 215 takes it to mean death here too—Þjálfi's)

falla (fell) *sv.* fall 3/34, v155/5, 63/17; fall in battle 22/5, v69/1 (inf.

with *lét*), 48/28, 50/15, v172/6, 72/27, v374/4; flow down 52/21, v320/3, flow over (*of*) v79/2 (inf. with *sér*), (*um*) v357 n., flow onto (*á*) v403/2, crash down (*á* on) v362/4, v364/1; fail, pause, stop 42/11; pp. fallen, dead (with *mǫg*) v19/4; *betr fallit* more fitting, more suitable 49/24; md. *láta fallask* let o–self drop 2/19, 34

fallsól *f.* falling, setting sun (the sun that can fall, i. e. is not in the sky?); in kenning for gold, *f. Fullu vallar brá* the falling sun of Fulla's forehead v143/2 (referring to Fulla's golden head-band)

fálma (að) *wv.* fumble, waver, hesitate v249/4 (inf. with *láta*)

falr *m.* socket of spear-head 59/29

falsa (ð) *wv.* falsify, distort, alter so as to deceive 5/34

fangboði *m.* fight-offerer, challenger; *Litar flotna f.* = Þórr v153/2 (gen. with *ǫngli*)

fangsæll *a.* happy in (with) its booty (successful with its catch?) v99/2 (with *sveita nagr*)

far *n.* (**1**) vessel, ship, boat v120/4 (obj. of *bindr*; sg., presumably collective?), v123/2 (gen. pl., perhaps with *eyri*, but possibly with some word in the unquoted rest of the verse; and perhaps from **fǫr** *f.* journey), 109/14; in kenning for poetry, *f. dverganna* 14/18

far *n.* (**2**) way, manner of behaviour; *svá er mitt of far* that is my way (of going on), that is my practice v350/4; situation (behaviour, dealings?) v92/6 (obj. of *sé ek*)

fár (1) *a.* few; not many, i. e. no v310/2 (with *konungr*); n. as subst. little (i. e. nothing) 2/29

fár (2) *n.* hatred 108/32; fury 109/14

fara (fór) *sv.* go 21/30, v227/3 (clause probably goes with *Búi*), 83/17, move 25/23; with predicative a. (equivalent of adv.) v81/7 (cf. with pres. p. below); travel 42/30, v350/1, 101/15, 106/3; come v11/4; continue 72/27; *e–t hefir farit* it has happened with s–thing 41/12; *f. it neðra* travel by the lower route, underneath (*í jǫrðu* underground) 21/33; *f. at e–u* comply with s–thing (?) 48/34; *f. með e–t* take s–thing v21/4, 42/17, behave with s–thing 107/31 (cf. v81/8 n. and **með**); *f. með e–u* be in accordance with s–thing 41/17; with dat., use: *f. of e–n máli* treat of s–one in speech v368/3; *f. of e–n eldi* subject s–one to burning v387/1; *f. e–m* destroy s–one v90/1; *f. sem* suffer the same fate as 46/14; *f. til* go there 3/36; *f. und* become subject to, submit to v121/2; with *at* and inf. go and 20/35; with pres. p., go, begin v170/4; pp. *váru farnir* were come (to), were situated v96/8. Md. with dat., behave with s–thing, wield s–thing v48/1

fárbjóðr *m.* 'hostility-, danger-offerer', in kenning for warrior, *f. morðelds* one who offers damage, attempts hostility to or with swords (*morðelds fár* = battle) v144/4 (subj. of *hlaut*)

fardagar *m. pl.* 'moving days', four days (Thursday to Sunday) in spring (at the end of May) when annual work and tenancy contracts came to an end 99/16

farðir *f. pl.* events, doings; *þær of f.* these happenings (*á* depicted on) v71/6 (pp. of *ferja* 'carry'?—but if *þær* refers to *sǫgur* the form should be *farðar*; or pl. of **fǫrð*?)

fardrengr *m.* seafarer, merchant 106/3

fargervi *n.* tackle, gear 109/13

fárhugir *m. pl.* evil thoughts, hostile intentions; *til fárhuga* with hostile intentions, for a hostile purpose (to arouse hostility?) v250/3

farmr *m.* cargo; in kenning for poetry, *f. Óðins* 11/29 (cf. 4/37–9); in kenning for Óðinn (part of kenning for poetry) *f. Gunnlaðar arma* v13/2 (gen. with *fors*), *gálga f.* v33/7 (cf. *Hávamál* 138); for Loki, *f. Sigynjar arma* v98/2 (subj. of *varð fastr*), *f. arma galdrs hapts* v75/2 (subj. of *varð gǫrr*; Kock, *NN* 2106, takes the kenning as *farmr meinsvarrans* (cf. **svarri**) *arma*, husband of Angrboða; see note); for gold, *Grana f.* (obj. of *bregðr*) v199/4

farmagnuðr *m.* enhancer of the speed of travel, of Óðinn in the form of an eagle v23/3

farnagli *m.* a long nail to pass through a wide bracket into the piece it supported in a ship (LK 122, 149); ? plug (in bilge; Falk 1912, 7) v496/8

farskostr *m.* means of transportation, conveyance 4/3

fartíðr *m.* 'frequent traveller, travelling delight', name for a ship v494/8

fasta *adv.* firm(ly) v84/5 (with *stóðu*)

fasti *m.* a fix v85/5 (*færðr í fasta*)

fastr *a.* (stuck) fast (*við* to) 1/31, 24/30, v98/1; n. as adv. hard 24/29, 25/24, v80/1; firmly (with *of séðir*) v223/4; strongly, fast v260/2; comp. 42/9

fat *n.* (cf. **fǫt**) article of clothing, garment; vessel, vat; in kenning for shield, *hildar fat* v92/8 (gen. with *hlýri*)

fátíðr *a.* uncommon, unusual v87/1 (with *frœði*)

fátœkr *a.* poor 58/7

faxi *m.* 'maned one', horse; in kenning for wolf, *Járnsǫxu f.* v339/4 (dat. of respect or advantage with *grǫn*)

fé (gen. **fjár**) *n.* wealth 40/14, 45/17, 25, v163/3 (gen. with *fjǫlð*), 106/2; (heap of) treasure 45/34, v183/7 (subj. of *dýrkar*); money 80/10

feðgar *m. pl.* father and sons 45/15

feginn *a.* happy, pleased 22/29, 58/21 (*e–u* at, with s–thing); *gera e–n feginn* give s–one pleasure 22/24; *viðr e–n feginn* makes s–one happy v382/4 (by providing carrion for them)

Glossary

feginslúðr *m.* happy mill-box (i. e. the container of a hand-mill, in which the meal is collected), mill-box of happiness v163/4
fégjafa *a. indecl.* wealth-giving 18/4 t. n.
fégjafi *m.* wealth-giver 18/16
fegrstr see **fagr**
feigð *f.* closeness to death, being about to die, approaching death v179/3 (obj. of *sá*)
feima *f.* poetical word for woman 107/34, v438/4
fela (fal, fólginn) *sv.* hide, conceal 3/6 (R has *fellum* 'place, fit'; cf. **fella** (2) and Introduction, p. liv), 3/9, 48/35; i. e. bury v117/2; *yrkja fólgit* compose with concealed meaning 109/15
félagi *m.* companion 25/21, 48/6, 107/22, v445/5
fella (ld) *wv.* (1) fell v242/4; cause to fall v375/2; i. e. kill in battle; p. inf. after *hygg ek* v373/2; md. reciprocal, fell one another v144/2. (2) fit, fasten; pp. *feldr* joined, fitted, fastened (*við* to; with *øxar*) v183/6
fellihryn *f.* 'felling roar', crashing that knocks down; *f. fjalla* i. e. violent river v78/7 (subj. of *þaut*)
fellir *m.* feller, killer, in kennings for Þórr, *flugstalla goða fjǫrnets f.* destroyer of the life of giants v73/1 (obj. of *hvetja heiman*; see note), *fjall-Gauts f.* v55/1; as sword-name, 'feller' v456/1, v459/1; in kenning for war-leader, *fólka f.* v194/7
fen *n.* fen, lying water v323/4 t. n., v476/8; of a river, *svarðrunnit f.* v80/4 (subj. of *en flaut*; see note)
fengari *m.* 'shiner', name for the moon 85/21
fengeyðandi *pres. p.* 'who vitiates achievement or success, prevents victory' i. e. prevents the conclusion of the battle, of Hildr Hǫgnadóttir v254/3 (with *fordæða*; or 'destroyer of booty', referring to 72/28–9?)
fengr *m.* booty; in kennings for poetry, *f. Óðins, f. Viðurs* 5/7, 11/29, v38/2
fengrani *m.* a kind of fish v487/8
féníðingr *m.* one who is mean or niggardly with money 106/16
fenja *f.* (feathered) arrow v465/3 (cf. Index)
fenna *f.* arrow-name (gen. is required after *geta*; v. l. (A) *fennu* would have nom. sg. *fenna*; or *fenna* could be gen. pl.) v466/3 (cf. Index)
fentǫnn *f.* 'fen-tooth', kenning for rock (i. e. = sea-tooth), in kenning for giantess, *Sýr fentanna* v292/2 (cf. note)
ferð *f.* (1) journey 1/3, 49/35, 64/27; *verða til ferðar* undertake a journey 40/35; expedition v130/2; *í ferðinni* on the expedition 58/28; flight (of arrows; or perhaps group (of arrows) flying, cf. (2)), in kenning for war-leader, *brodda ferðar ræsir* v239/3. (2) a group of men travelling, a troop 106/36, v441/6; host (i. e. of

angels), *heims hróts f.* v271/2 (subj. of *lýtr*); as second part of compound separated by tmesis, *dólgferð* hostile troop v84/3 (subj. of *dreif*—or *sótti*? Cf. note)

ferill *m.* track; *flausta f.* = sea v349/4 (with *af,* from)

ferja *f.* ferry v494/6 (Falk 1912, 92–3, 112–3; LK 89)

ferma *f.* provisions, food; *Hugins f.* = carrion v335/3 (gen. with *harmr*)

festa (st) *wv. f. á* fasten on to, fix on to, bite, penetrate 49/36, 59/1

festr *f.* rope; in kenning for ship, *bjǫrn undinna festa* v126/2

fet *n.* tread, step 108/39

fet-Meili *m.* 'step-Meili', apparently a kenning for Hœnir (cf. ch. 15) v95/2 (acc. with *bað*; sometimes emended to *bauð feðr Meila* 'invited the father of M., i. e. Óðinn')

fetrunninn *pp.* crossed by stepping, crossed by foot; *vinna hlaupár fetrunnar* cause the swollen rivers to be crossed by foot, i. e. wade through them v77/2

fetviðnir *m.* 'forest-walker', name for a bear 88/6, v511/1

fiðr = *finnr* ?v298/1 t. n.

fiðri *n.* feathers (collective) 2/21

fífa *f.* cotton-grass; arrow-name v466/2 (see Index)

fífl *m.* fool 106/17

fík-Móinn *m.* 'greedy serpent', helmet-name v472/8 (or *móinn* 'brown'?). Cf. **gest-Móinn** and Móinn in Index

fíkr *a.* greedy; dat. pl. as adv. rapaciously v378/2

fingr *m.* finger 46/35 (instr.), 36, 108/35

finna (fann, fundinn) *sv.* find, come across 47/22, 85/13; discover, catch v102/2 (linked by *unz* to preceding stanza; subj. is *áttir Ingi-Freys,* the gods); *finnum* we notice, feel v303 n.; *finn ek opt at* I have often seen, noticed, that v284/2; *má þau f.* they can be found 108/1; *finni hann* one (i. e. the poet in question) finds 85/15 (subjunc. after *nema*); meet, go to meet 22/12 ; with acc. and pp. v164/8 ('find [him] bound'); realize 4/31; feel 22/22; *e–r finnr eigi fyrr en* the first thing one knows is 20/28; *ne fundu fyrr* did not notice before, were taken unawares v362/1; *varð of fundinn* was to be found v279/4; md. be found, (re)discovered 48/36, 52/7; be found, appear, be presented 5/32, be examples of 41/16; meet one another (i. e. in battle) v246/2

firar *m. pl.* men 105/25, v82/2 (dat. with *drápu stall,* in the men; refers to the Æsir), v129/4 (gen. pl. with *greipum*), v179/3 (gen. with *feigð*), v202/4 (gen. with *bǫrnum*), v440/3

firinmikill *a.* mightily, amazingly, enormously great, tremendous v54/2 (with *hætting*)

firna *adv.* extremely v64/3

firnum *adv.* mightily v13/1 (with *forngervan* or *hrósa*?)

Glossary 273

firra (rð) *wv.* separate from, deprive of; *f. e–n e–u* keep s–one from s–thing v298/1 (imp.); pp. *firðr e–u* lacking s–thing, void of s–thing v16/4 (with *íþrótt*)
fiskr *m.* fish 36/28, 45/22, 63/14, 67/27, v485 t. n.; in kenning for Midgard serpent, *grundar f.* ('earth-fish' or 'sea-bed fish') v49/3; in kenning for snakes (valley-fish): *í dalmiskunn fiska* i. e. *í miskunn dalfiska*, in the mercy for valley-fish, i. e. in the summer v140/4 (tmesis)
fiskreki *m.* fin whale, common rorqual, or minke whale, lesser rorqual v490/3 (*KSk* 15, 162; see JG 11, 37; translated 'fish driver' LML 120, where the note quotes the suggestion that it may be the nor(d)caper or fin-fish, i. e. fin whale)
fjaðrlauss *a.* without feathers 49/30
fjálfr *n.* hiding-place, refuge; in kenning for mountains, *gjálfra f.* v69/2 (gen. with *bólm*)
fjall *n.* mountain v78/7 (gen. with *fellihryn*), v106/4, 47/22, 34, v168/2, v349/3, v502/1; *salr fjalla* = sky v115/2; in kenning for men's arms, *fjǫll Ullar kjóls*, the resting-places of Ullr's boat (i. e. a shield) v143/1, *hauka fjǫll* (dat. with *á*; i. e. on our arms) v185/3; in kenning for head, *of skarar fjalli* above, on his head v281/4; in kenning for giantess, *fjalla Hildr* v242/1; for giant, *fjalla Finnr* v104/5, *fjalla Fjǫlnir* (in a kenning for poetry, gen. with *drykkju*) v141/3; for waves, *fjǫll fyllar* v363/1
fjallgarðr *m.* mountain range v125/4 (gen. with *rokur*, coming from the mountain range)
fjall-Gautr *m.* 'mountain-Gautr', kenning for giant, in kenning for Þórr, *fjall-Gauts fellir* v55/2
fjallgylðir *m.* wolf of the mountains, kenning for giant (Þjazi) v95/1
fjallvaniðr *a.* 'mountain-accustomed', mountain-haunting v334/1 (with *hrǫfnum*)
fjándi *m.* enemy v225/1, 107/23
fjándskapr *m.* hostility, enmity 108/32
fjara *f.* beach; *fjǫru þjóð* = giants v83/6
fjárafl *n.* power of possessions, (the power arising from) wealth, store of wealth v60/4
fjarðbál *n.* 'fiord-fire', fire of the sea, gold, in kenning for generous man, *fjarðbáls hlynr* v368/4
fjarðbein *n.* 'fiord-bone', stone; = jewel in kenning for woman, *skorða fjarðbeins* v205/2 (cf. ch. 31)
fjarðepli *n.* 'fiord-apple', kenning for stone or rock; *fjarðeplis Mærr*, land of rock = mountains v87/2 (gen. with *legs*)
fjarðleggr *m.* 'fiord-leg, -bone', rock; in kenning for dwarfs (or giants), *fjarðleggjar fyrðar* v27/4 (part of kenning for poetry)

fjarðlinnr *m.* fiord-serpent, i. e. ship (or fish)? Frank 1978, 190) v260/1 (gen. pl. with *fannir*)
fjárhald *n.* economic affairs 4/16
fjarri *adv.* far off, out of the way v122/2; *f. e–m* far off from s–one 79/32; *fjarri hefir* it is far from likely v111/1
fjórir *num.* four v96/8, v274/2 (with *engla*), v355/4
fjósnir *m.* cow-shed worker (or *fjǫsnir* m. 'shaggy one') 106/20
fjúk *n.* gust of snow, blizzard v137/1
fjúka (fauk, fuku) *sv.* fly, be blown 4/33
fjǫðr *f.* feather v103/6 (gen. with *leikblaðs*, part of kenning for Þjazi), 49/28
fjǫlð *f.* multitude, large number (with gen.) v158/4 (obj. of *gáfumk*, parallel to *mána*: 'and a multitude of stories with it, i. e. on it'), v184/1 (obj. of *glaðar*); a large amount v163/3
fjǫlkara *f.* battle v449/8 t. n.
fjǫlkostigr *a.* very splendid, having many fine qualities v25/1 (with *mæringr*)
fjǫlkunnigr *a.* skilled in magic 1/3, 45/11
fjǫlkyngi *f.* magic 72/25
fjǫllami *weak a.* or **fjǫllama** *indecl. a.* 'much battering', which batters many v68/8 (with *trǫlls*, i. e. Þórr's hammer; or with *rúna*?)
fjǫlmargr *a.* very many, a great multitude of v179/4 (with *fira*)
fjǫr *n.* life; dat. *fjǫrvi* v5/6, v157/3 (with *næma*), v247/4 (obj. of *barg*, i. e. his life)
fjǫrðr *m.* fiord 49/15, 97/5, v475/8
fjǫrlausn *f.* deliverance (from death) 4/4; ransom 45/17, 23; *til fjǫrlausnar* to redeem his life 24/34
fjǫrn *f.* 'life-containing', name for land v501/1
fjǫrnet *n.* 'life-net', soul, in kenning for Þórr, *fellir flugstalla goða fjǫrnets* v73/2. Kock, *NN* 2249 suggests *fjǫrnnet*, land-net = sea, gen. with *flugstalla* = cliffs. DD takes *fjǫrnet* as a device to kill giants, *fellir* as 'tightener'
fjǫrnharðr *a.* mighty strong, amazingly strong; acc. sg. m. as adv., *fjǫrnharðan* mighty strongly v243/4 (or parallel to *heinþyntan*, with *hryneld*; or with *sik*? cf. *NN* 1062)
fjǫrnir *m.* 'life-giver, -protector', helmet-name v472/7; *fjǫrnis Gríðr* = axe v245/3
fjǫrnjótr *m.* 'life-benefitter' v73/2 t. n.
fjǫrr *m.* man v443/9 (name of a tree; perhaps a half-kenning)
fjǫrsegi *m.* 'life-morsel, -steak', heart v151/7
fjǫrsoðnir *m.* sword-name, 'life-quencher'? v453/8 (v. l. (C) -*sváfnir* queller, destroyer, see *Njáls saga* ch. 130, *ÍF* XII 334: Kári's sword)

fjǫrspillir *m.* life-destroyer, in kenning for Þórr, *f. Belja bǫlverðungar* v69/1 (subj. of *lét falla*)
fjǫrsungr *m.* weeverfish v487/1
flá (fló, fleginn) *sv.* skin 45/19
flag *n.* turfless ground v502/7
flagð *n.* giantess, troll-wife; in kenning for wolf, *flagðs blakkr* v382/2
flagðbrjóska *n.* the cartilage of the breast-bone 49/2
flakk *n.* wandering v382/2 t. n.
flangi *m.* wanton person, clown, joker, one who behaves madly 106/20
fláræði *n.* deceit, falseness 109/11
flaug *f.* (1) flight; *arnar f.* i. e. (prospect of) battle (flight of eagles as sign of approaching carnage) v2/2
flaug *f.* (2) flag (Falk 1912, 59; or perhaps a (metal) weather-vane); arm or fluke of an anchor (LK 194); v496/7 (cf. **flug** and Gusir in Index)
flaugarskegg *n.* 'flag-beard', flaps or frayed ends at the end of a flag? (Falk 1912, 59) v496/7
flaumr *m.* torrent; in kennings for battle (or flood of blood), *sverða f.* v154/4, *stála f.* v157/3 (gen. with *støkkvir*)
flaust *n.* a word for ship (general term, cf. *fljóta*; Falk 1912, 86) v346/1 (pl.), v494/7; *at flausti* into, onto the boat v45/3; in kenning for seamen v18/4 (gen. with *ǫrþeysi*); in kennings for sea, *flausta ferill* v349/3, *flausta setr* v381/2
fleinblakkr *m.* 'shaft-horse' v382/2 t. n.
fleinn *m.* shaft; light spear v464/3; *dynr fleina* = battle v211/2
fleiri *a. comp.* more v301/2 (with *hróðr*: more, i. e. another poem or a new section of a poem?), v416/7; other 87/9; *sem f.* like other v204/1 (with *tróður*); *sjá ekki fleira af* see nothing more of (them) 2/27; *hvat fleira* what else 46/7; *at f.* the more v144/3 (with *tár*)
fles *f.* flat rock (in or by the sea); in kenning for teeth v34/4
flesdrótt *f.* slab-, rock-troop, i. e. giants v84/4 (subj. of *sótti á flótta* or of *dreif*)
flestr *a.* most, nearly every v25/2 (with *mæringr*); nearly all, mostly 40/15, 49/11, v162/4 (with *man*, collective); dat. as subst. v25/1 ('in most things'), v269/2 (most things, i. e. everything; obj. of *aflar*); *flestum* for most people v397/4
fletbjǫrn *m.* 'platform-, bench-bear', kenning for house v89/3 (gen. with *veggjar* or *fótlegg*)
fley *n.* wherry, ferry; also used of warships and merchantmen (Falk 1912, 93, 98–9, 111; cf. *Sverris saga* ch. 86, p. 92) v494/7; in kenning for poetry (see pp. 3–4 and 11/27), *berg-Saxa f.* v35/4 (obj. of *hlýði*; see note)
fleygjandi *pres. p.* one who flings, causes (s–thing) to fly, distributor; i. e. ruler or warrior (Earl Hákon; one would expect a gen. pl., of

rings or weapons) v121/1 (see note); pl. *fleygjendr alinleygjar* i. e. generous men v234/2

fljóð *n.* (poetical word for) woman v182/6 (pl., = Fenja and Menja), v254/3 (gen. pl. with *fordæða*), 107/29, v438/3; *Fríðar frumseyris f.* (pl.) = giantesses (sc. Gjálp and Greip) v76/3 (gen. with *himintǫrgu vers dreyra*; see note)

fljóta (flaut) *sv.* stream, flow v80/2 (after *en*, and, while); flow (*of over*) v155/1

fljótr *a.* quick; n. as adv. v96/1 (with *deila*), v377/1

fljúga, fljúgja (flaug or **fló)** *sv.* fly 1/30, 4/39, v68/1, 24/22, v88/6 (*til* towards), v99/1 (*með* carrying), 42/33, v239/4 (inf. with *sér*), v341/1; pres. p. v23/4

fló *f.* layer 60/12, 13

flóð *n.* flood 93/13, v476/4; in kennings for gold, *fúrr flóðs* v204/2, *hyrr flóðs* v266/4, for ship(s), *bjǫrn flóðs* v260/6, *elgr flóðs* v262/3, *flóðs stóð* v346/2

flóðrif *n.* 'flood-rib', bone of the sea, i. e. rock v84/6 (gen. with *útvés*)

flóki *m.* a flat fish, fluke, a kind of flounder v485/6

flokkr *m.* herd 1/18; party, body of men 106/27, v440/6; *í hundraðs flokki* in a company of a hundred men v338/3 (with *efst*)

flokkstjóri *m.* leader of a troop 105/27 (subj.)

flotnar *m. pl.* sailors 105/26, v440/3; men, subjects, followers v184/1 (gen. with *fjǫlð*); men, warriors v158/2 (gen. with *fall*), v387/2 (dat. with *auðit*); in kenning for king, *flotna vǫrðr* v111/2; for giants, *Litar f.* v153/1 (gen. with *fangboða*)

flótti *m.* flight; *sækja á flótta* take to flight v84/3; rout, group of men in flight; *rak margan flótta* often put his enemies to flight v322/4

flug *n.* flight; arrow-name v465/4 (cf. **flugr**; A and B have *flaug*, i. e. **flaug (2)**, see under Gusir and Flaug in Index))

fluga *f.* fly 42/4, 8

flugastraumr *m.* rushing current v134/2 (dat. after *í*)

flugbjálfi *m.* 'flight-skin', flying shape; *hauks f.* the shape of a flying hawk v103/4 (dat. with *aukinn*)

flugglǫð *f.* 'flight-glad', arrow-name v466/1

flugr *m.* flight, flying 2/16, 21, 4/39, 21/39, 24/29 (cf. **flug**)

flugstallr *m.* 'flight-ledge', mountain top, in kenning for giants, *flugstalla goð* v73/1 (gen. with *fjǫrnets*). Since the base-word means 'gods', the word **stalli** meaning 'altar' may be intended (DD)

flugsvinn *f.* 'flight-strong or -swift', arrow-name v466/1

flyðra *f.* flounder v486/4

flýja (flýði) *wv.* flee (*undan* from) 6/7, 46/17, take to flight v377/2; *f. e–t* 59/12; with suffixed neg. *flýra* does not flee 59/17; pp. *flýiðr* 6/11

Glossary

flytja (flutti) *wv.* carry, transport 3/36, 39; bring 45/32; convey (*e–m e–t* s–thing to s–one) 58/36; *f. e–m e–t* bring s–one s–thing 4/4
flæmingr *m.* sword-name, 'router' or 'Flemish sword' v457/2 (cf. *Ynglingatal* 17, *Hkr* I 53)
flœðarsker *n.* skerry, a rock submerged at high tide 3/37
flœðr *f.* flood, in kenning for ale, *jastar f.* v368/3 (gen. with *ítrserki*)
fnýsa (t) *wv.* with dat. spew out v219/3
fnœsa (t) *wv.* with dat. spew out v77/8
foglheimr *m.* bird-world, name for the sky 90/17
fold *f.* field, designation for the earth or land v501/5; ground v170/3 (subj. of *fór*); land v106/2, 85/28, v310/1 (obj. of *verr*); in kenning for ruler, *foldar vǫrðr* (cf. **foldvǫrðr**) v27/3 (Earl Hákon; acc. with *bið*), v243/3 (Haraldr gráfeldr; subj. of *lét*); *foldar dróttinn*, lord of the earth, Óðinn v96/1 (subj. of *bað*)
foldvigg *n.* 'land-horse', in kenning for ship, *Ræfils foldvigg*, part of kenning for seafarers, men, *ríðendr Ræfils foldviggs*, riders of the horse of Ræfill's land v245/4 (subj. of *megu sjá*)
foldvǫrðr *m.* land-defender, ruler v281/2 (subj. of *berr*)—to judge from the commentary at 78/24–5 it probably ought to be *fólkvǫrðr* (defender of the people, nation) as in WTU; cf. **fold**
fólginn see **fela**
fóli *m.* fool, rogue 106/18
fólk *n.* people 3/13, 49/11, 14; host, army v20/4, v63/3 (obj. of *stýrir*), 79/28, v297/4 (pl., subj. of *þurðu*), 107/6, v443/1; battle v171/4, v382/1, v449/8; sword v460/8 (perhaps a misunderstanding of *Merlínússpá* II 66 (*Skj* B II 37), see *Háttatal*, note to 60/8); in kenning for war-leader, *fólka fellir* v194/7, for giants, *fróns leggs f.* v210/3 (gen. with *reyni*)
fólk-Baldr *m.* kenning for war-leader (King Óláfr of Sweden) v310/1; see Baldr in Index
fólkjara *f.* great battle v449/8 t. n.
fólskuverk *n.* act of foolishness, a foolish thing to do 21/9
fordæða *f.* evil-doer, wicked creature, witch; *f. fljóða* evil creature among women v254/4 (subj. of *nam ráða*)
forða (að) *wv.* with dat. save v388/2; *at f. sér* for protection 25/32
forðum *adv.* formerly 99/5; of former times, of ancient times v255/2 (with *jarlar* or *rudda ek*; cf. note)
forkunnar *adv.* exceptionally 2/27
formáli *m.* pronouncement 45/32
forn *a.* ancient, of olden times 5/26, 29, v89/3 (with *fótlegg*), v153/1 (with *fangboða*, i. e. Þórr, or *Litar*), v176/8, 60/18, 67/22, 76/25; ancient, of a tree v94/8, of the sea v260/5 (with *slóðir*)
fornafn *n.* pronoun *Háttatal* 1/23; substitution (of a name or descrip-

tion for the normal one), replacement (of a proper name), 'pronominatio' 5/18, 107/13, 28
forneskja *f*. antiquity, ancient times 40/22, 80/15
forngerr *a*. made in ancient times (of the mead of poetry) v13/1 (with *fors*)
fornkonungr *m*. ancient king, king of ancient times 58/5
fors *m*. waterfall, cascade 44/27, 45/5 (*við forsinn* by the waterfall), v477/8; of the water of baptism v274/3 (subj. of *þó*); in kenning for mead (of poetry, Óðinn's mead), *horna f*. v13/3 (obj. of *hrósa*)
forsimi *m*. ox-name ('front-*simi*', leading ox?; see **simi (2)**) v504/6
forskepti *n*. end of the handle, or perhaps the part of the shaft that goes through the head of the weapon (see note) 42/35
forstreymis *adv*. downstream, on the side away from the current 25/4
forverk *n*. labour (done for another), slave-labour; *Fenju f*. = gold v188/3
forvitni *f*. curiosity 24/23 (gen.)
fóstr *n*. fostering; *til fóstrs* into fosterage 46/21; i. e. members of a household, servants: *Fróða fóstr* = Fenja and Menja; their *sáð* is what they grind, i. e. gold (see ch. 43) v147/7. *Fóstr* is taken as the first half of the compound *fóstrsáð*, separated by tmesis; gen. obj. of *unni*. Kock, *NN* 956, reads *fóstrgœðandi* 'feeding-improver', 'food-provider', and takes *Fróða sáð* as the kenning for gold; see under **sáð**
fóstri *m*. (1) foster-son 14/30; fosterer, i. e. father: *f. ǫndurguðs* = Þjazi v98/1. (2) feeder 19/19 (see *Gylf*. ch. 34)
fótleggr *m*. leg; *f. veggjar* i. e. pillar (in a house conceived as an animal, *fletbjǫrn*) v89/4 (acc. with *und*)
fótr (pl. **fœtr**) *m*. foot, leg 2/27, 19/34, 21/35, 22/4, v155/4, 108/37, 38, 39, 109/3 (subj.); hoof 49/33
frá see **fregna**
frakka *f*. a (Frankish) spear v464/7
fram *adv*. forward v66/6, v85/4, v254/6 (with *gekk*), v344/4, v363/2, v399/2; i. e. into the sea v242/2; *fyrir fram* along 3/28; *um fram* further, in addition 58/36; *halda e–u f*. carry on s–thing v173/1; *telja fram* perform v303 n.; comp. *framar* further, longer, more v179/8, v180/1
frami *m*. benefit, advancement, (source of) honour, glory; *e–m er þat lítill frami* that is no honour to s–one 21/6; glory, glorious deeds v281/3 (obj. of *telr*)
framlyndr *a*. ambitious, confident, bold v362/1 (used as subst., subj. of *fundu*)
framr *a*. outstanding, bold v17/4 (with *valdi* or *Valgautr*), v265/4 (with *hersi*), v294/3 (with *grams*, or as subst. ('the outstanding one', *NN* 1154) in apposition to *grams*), v310/4, v312/4

framræði *n. pl.* bold, glorious exploits, undertakings v194/8 (with ǫll; obj. of *viðr*)
framstafn *m.* fore-stem, prow v348/4 (obj. of *vísat*)
framvíss *a.* having knowledge of the future, fore-knowing v159/3 (with implied subj. we, Fenja and Menja), v171/3 (with *vit*)
fránleitr *a.* with piercing look, with glittering eyes v210/4 (with *stirðþinull*)
fránn *a.* shining, glittering (perhaps particularly of the eyes) v56/2, v151/8 (with *fjǫrsega*)
frásaga *f.* story, narrative 19/17
frásǫgn *f.* story, narrative, account 1/16, 5/34, 39, 6/17; *mikillar frásagnar vert* worth detailed treatment 24/19; *fært í frásagnir* celebrated in stories 58/6
frauð *n.* juice, froth 46/35
fregna (frá) *sv.* hear of, learn of v32/4 (the clause is introduced by *því at*; the meaning may be pres. perfect, we (= I) have heard), pp. *fregit* v331/2; *fregn ek þat* I learn (have learned) of this v230/2; *frá ek at* I have heard that v183/1, v399/1; with acc. and inf. v67/5, v285/1
freista (st) *wv.* try, test (with gen.); *f. afls við* try one's strength against v24/4; have a try (*ef* to see whether) 4/21; *f. véla ef* try tricks to see whether 4/26
freki *m.* 'bold one, greedy one', name of a ship v493/1 (cf. Index)
frekr *m.* 'bold one, greedy one', name for a bear 88/7, v510/7
fremja (framði) *wv.* promote, perform; pres. p. *fremjandi* performer, achiever, worker 40/9
fremri *a. comp.* more outstanding v409/2 (with *í verǫld þessi*)
frenja *f.* 'roarer' or 'skittish one', name for a cow v506/2
frerinn see **frjósa**
frermánuðr *m.* 'frost-month', mid-November to mid-December 99/18
fress *m.* tom-cat 30/14; name for a bear 88/6, v511/2 ('hisser, snarler'?)
frest *n.* delay; *á þriggja mánaða fresti* after an interval of three months 40/35
friðr *m.* peace 51/34, 52/1, 12, 17; quarter, truce 1/34, v99/8 (gen. with *varð biðja*)
fríðr *a.* fair, beautiful v80/1 (with *víkingar*), v234/1
friðsein *f.* peace-delay, i. e. disturbance of peace, warfare (litotes) v85/6 (*þar var f.* there was warfare there)
friðstefna *f.* peace-conference 3/13 (*með sér* between each other)
friðstøkkvir *m.* one who drives away or scatters peace, in kenning for generous man (unidentified; perhaps King Sveinn Eiríksson), *baugs f.* (i. e. he does not leave the ring in peace, he gives it away) v262/4 (vocative)

frjósa (freri, frerinn) *sv.* freeze 22/27
fróðleikr *m.* knowledge, learning, information 3/25; scholarship, scholarly inquiry 5/28
fróðr *a.* well-informed, learned 3/24; *f. e–s* wise in s–thing v116/2
fróðugr *a.* full of wisdom v99/1
frón *n.* (poetical word for) land, country 86/26, v501/6; in kenning for rock, *leggr fróns* v210/3 (cf. *Gylf*. Prologue ch. 1)
frost *n.* frost v125/3
frumseyrir *m.* first defiler, in kenning for giant, *Fríðar f.* v76/4 (gen. with *fljóð*; cf. note: *f. dreyra* 'first drier up or spiller of blood', = Þórr, *NN* 446)
frumsmiðr *m.* first maker, inventor, originator 19/20
frýja *f.* reproach for failure to do s–thing; incitement (*of þat* for that) v18/2 (obj. of *ne hlítir*)
fræ *n.* seed; in kenning for gold, *f. Fýrisvalla* 40/30 t. n., v185/4 (obj. of *bárum*; i. e. gold arm-rings)
frægð *f.* fame, glory v296/4 (gen. obj. of *orkat*)
frægr *a.* renowned v64/3 (with *vári*), 21/23, v121/1 (with *fleygjanda*), 41/28 t. n.
frændi *m.* kinsman, relative 20/2, 4, 107/18, v445/6
frœðamaðr *m.* man of learning, scholar 3/23
frœði *n.* or *f.* knowledge 3/18; skill v87/1 (obj. of *nam kenna*); pl. records, historical accounts, sources 101/22
frœkn *a.* bold 22/21, v281/1 (with *fjalli*)
frœknleikr *m.* valour 58/5, 58/22
fuðryskill *m.* sea-scorpion, sculpin v486/6
fugl *m.* bird 24/25, 46/37, 90/26, 27
fuku see **fjúka**
full *n.* (full) cup, drink; *með fulli* with (as well as, at the same time as) a full cup, with a toast v141/4 (cf. **fyllr**); in kennings for the mead of poetry v4/3 (to bring s–one to this is to instruct him in (or inspire him to?) poetry), *á Billings burar f.* in the poetry, in the poem v207/3
fullafli *a.* having complete power v284/1 (refers to Einarr þambarskelfir, the implied subj. of *beið*)
fullgóliga *adv.* very splendidly, with great energy v183/2
fullmalit *pp.* fully ground, plenty (has been) ground v175/7 (with *þykki*). Cf. **mala**
fullr *a.* full 45/36, 59/20, v334/2 (complement of *varð*); i. e. complete, absolute 80/9; n. as subst. *með fullu* completely, totally, with great force v236/2
fullspakr *a.* completely wise, altogether wise (*um þik* about yourself, about your own interests) v166/2

Glossary 281

fullstaðit *pp.* 'fully stood' (*at e–u* in a certain work), worked fully at, done a full stint of v182/5 (cf. **standa**)
fullsteiktr *a.* (*pp.*) fully roasted, done 46/34 (cf. **steikja**)
fullǫflugr *a.* most mighty v55/1 (with *fellir*), v242/1 (with *Hildr*)
fund- see **finna**
fundr *m.* (1) find; in kennings for poetry, *f. Óðins* 5/7, 11/29, *f. Þundar* v37/2. (2) meeting, encounter (*e–s* with s–one) v66/8; assembly 106/37, v443/2; *á fund e–s* to meet s–one, to see s–one 72/10; *við e–s fund* from, as a result of meeting with s–one v367/4
funhristir *m.* 'flame-shaker', in kenning for warrior, *Jólnis f.* shaker of Óðinn's flame, i. e. sword-wielder v84/5 (gen. with *ættir*). Kock takes *funhristir* as a term for Þórr, see note
funi *m.* flame, blaze, fire v151/4, 98/18, v377/1
fura *f.* poetical word for ship (made of fir or pine, metonymy; see Falk 1912, 31, 87; cf. **eikja**) v494/5
furðu *adv.* amazingly 20/22
fúrr *m.* fire; in kenning for gold, *f. flóðs* v204/1 (gen. with *hirði-Sif*)
fyldingr *m.* a kind of (flat?) fish v486/5
fylgð *f.* accompaniment, following, attendance, support; *til fylgðar með sér* in their service 80/11; pl. followers, attendants v445/4; gen. sg. *fyldar* ?v243/3 t. n. (cf. Noreen 1923, § 291.5, § 238.1 b)
fylgðarmaðr *m.* follower, member of s–one's following 106/6
fylgja (lgð) *wv.* with dat. accompany v14/2 (inf. with *hykk*), 25/25 (i. e. it occurred at the same time), 90/2; conduct 59/7; follow 103/7, 104/20, 105/19, 24 (*þeir er fylgðu* 'the following of'); belong to 52/9; be an essential part of 58/15; *nema nakkvat fylgi því* unless something comes (is given) in exchange for it v262/3
fylki *n.* battalion 107/7, v443/1
fylking *f.* troop, division, battle array, battle line 100/1
fylkir *m.* ruler of a *fylki*, a district, or of a *fólk*; one who marshals troops (cf. **fylkja**) 99/30, 100/1; i. e. Jǫrmunrekkr v156/2 (gen. with *gólfhǫlkvis sá*), King Óláfr (of Sweden or Norway) v382/1
fylkja (lkt) *wv.* (with dat.) marshal, draw up, muster 72/15
fylla (ld) *wv.* fill (*e–t af e–u* s–thing with s–thing) 45/20, 35; complete, constitute 106/29; pp. *fyldr e–s* full of s–thing: *in bǫls of fylda* the malice-filled v250/6 (with *hristi-Sif*)
fyllr *f.* fill (one's fill of food or drink) 1/25, 4/2, v95/1 (pl., obj. of *deila sér*), v334/1; a cupful, see note to v141/4 and t. n.; contents, in kennings for mead of poetry, *f. Óðreris, Boðnar, Sónar* 11/28; that which fills, name for the sea 96/10, in kenning for waves, *fjǫll fyllar* v363/1; filling: *f. e–s* (for) s–thing to be filled (that is, by himself) v284/1 (*beið fyllar* i. e. he has been waiting to occupy)

fylvingr *m.* sword-name, 'pale-maker', one who makes men go pale? v86/2 (instr. with *þær tróðusk*, see note), v457/1

fyr *prep.* with dat. = **fyrir**, before, in the face of, against v217/3; of time, ago v93/4, v341/4; because of, as a result of s–one's actions v370/3 **fyrðar** *m. pl.* men, warriors v230/1 (gen. with *blóði* or with *fǫt*), v243/3 (dat. with *varði*), 105/25, v440/4; *fyrr en fyrða* rather than men or rather than one (i. e. a ruler) of men v112/3 (obj. of *kveð*, parallel to *helgan ræsi*; or parallel to *heimtjalds*); in kenning for dwarfs (or giants?), *fjarðleggjar f.* v27/3 (part of kenning for poetry)

fyrir *prep.* (1) with dat. before, in front of v142/3, v281/3, 80/6, in the face of v312/3, v314/3; *suðr f.* south of v396/4; at v194/5; against 79/31; because of, as a result of v66/2 (see note), v69/6, v146/1 (with *regni*), 58/29, v402/3; for (the benefit of) v79/4, v277/4; for (i. e. belonging to, to the detriment of, equivalent of dat. of disadvantage) v177/8, v366/4; *f. því* (. . . *at*) for this reason (that), to this extent (that), inasmuch as 45/32 (see note); *f. því er* because 100/12; of time, ago v97/2. (2) with acc. before, in front of v303 n.; against (with *byr*) v78/1; off, near v187/2; over v3/4, over, past v259/6; past v259/7, v261/1, v410/2 (with *helztu*; *suðr f.*?); *f. land fram* along the coast 3/28; *suðr f.* southwards past v259/4; *f. sunnan* (to the) south of v297/2, v367/2; *norðan f.* southwards past or to the north of v259/1; *f. austan* to the east of v177/2; *f. neðan* beneath v169/4; *f. ofan* above v365/4; instead of 41/2; *f. hǫnd e–s* on behalf of, instead of s–one v254/1; for (the benefit of) v218/3; *f. mik* for my part, as much as I intend, my turn v175/3; of time, before v20/2, v286/3 (or instead of? in return for?). (3) as adv. in front; already there, waiting for him 72/10; to meet (them) 48/36; *hvat sem f. væri* whatever the target, whatever he was up against 42/32; because of it v170/3; before them, because of them v84/8. Cf. **fyr**

fyrr *adv. comp.* before 21/14, v362/2 (see **finna**); previously, earlier 41/14, 16; above (in a book) 14/13, 18/14, 19/10, 30/21, 36/8, 40/32, 41/4, 43/17, 44/29, 63/15, 64/26, 73/31, 90/1, 92/26, 93/13, 95/7, 9, 101/8, v411/2 t. n., 105/21; *f. en* as conj. until 21/21, 42/7, rather than v112/4; *f. en at* before 42/2

fyrri *a. comp.* previous 72/27, 109/20 (pl.); sooner (*en* than) v75/1; *fyrra dag* the day before yesterday 99/7; *ekki orð it fyrra* no word before (this one), he said nothing else (but this) v165/2. In v58/6, although an a. with *Hyrrokkin*, the word is the equivalent of an adv., previously ('H. was the earlier one to die'); cf. v75/1

fyrst *adv. sup.* first; to begin with 25/21, v137/1; at the front v63/4; primarily 58/5

Glossary

fyrstr *a. sup.* first 99/17 (predicative, 'the first'), 99/21; *(h)it fyrsta* as adv. to begin with 1/28, 2/26
fýsask (st) *wv. md.* be eager (with *at* and inf.) v74/3
færi *a. comp.* fewer; dat. n. as subst. (obj. of *ræðr*) less (fewer things) v25/4
føða (dd) *wv.* feed; md. be born v111/1, v406/2 (inf. with *mun*); *fœðask upp* be brought up 49/19; pp. brought up 50/17
fœra (ð) *wv.* bring 2/9, 24/25, v100/2 (*sér* to him; inf. with *bað*), v126/1, 49/23, v250/3 (*at fœri* that she would bring, after *hugði*, cf. note); *var fœrðr* was brought, found himself v85/5; take, remove 20/33, 34, v169/7; put v205/1; *f. til* adduce 6/18, make into 40/23; *f. upp* lift up 21/38; *f. á lopt* raise up 25/31
fœri *n.* opportunity v250/3? See note and cf. **fœra**
fǫðurbani *m.* one's father's killer 52/3
fǫðurbróðir *m.* (paternal) uncle 20/2
fǫðurgjǫld *n. pl.* compensation for one's father's death 3/38; in kenning for poetry, *f. jǫtna* 11/28
fǫðurtoptir *f. pl.* father's homestead, the place where one's father had dwelt 19/25, 28
fǫlr *a.* pale, white; i. e. snow-covered v125/3 (with *fjallgarðs*; spelled *fals* in R; cf. Hreinn Benediktsson 1963)
fǫlvir *m.* sword-name, 'pale one' (referring to gold hilts?) v459/1
fǫnn *f.* snowdrift; *hrannvalar f.* wave v17/3 (gen. with *braut*); *fjarðlinna fannir* = the sea v260/1 (acc. with *óð*); *Heiða fannir* the waves v266/3 (*á* on, over)
fǫr *f.* journey, expedition 21/16, v123/2? (see **far (1)**), 40/9; travel, movement: *í f.* on his way (*með* with; in company with?) v75/1; i. e. in his travel, course v104/4
fǫrlask (að) *wv. md.* fail, diminish, fade v263/3
fǫruneyti *n.* company 106/26, v440/5
fǫt *n. pl.* (cf. **fat**) clothes, clothing v205/1; in kenning for coats of mail, *f. Sǫrla* 68/18, v230/1

gaflak *n.* a small throwing spear v464/7
gagl *n.* gosling; in kennings for raven or eagle, *Hanga g.* v248/2 (gen. with *hungreyðundum*), *Yggs g.* v382/4 (acc. pl. after *viðr*)
gagn *n.* victory v44/2, v384/4 (obj. of *fekk*)
gagnvart *adv.* (*prep.*) with dat. opposite (to) 25/29
gala (gól) *sv.* chant 22/21; *g. e–t ór e–u* get, enchant s–thing out of s–thing by chanting v71/4 (p. subjunc. 'would try (begin) to enchant')
galdr (drs) *m.* chant, incantation, spell 22/22, 30, 109/5; in kenning for teeth, *fles galdra* v34/4; *galdrs hapt* = Sigyn v75/4 (cf. note and *NN* 2106)

galeið *f.* galley, a type of ship used in the Mediterranean (Falk 1912, 88) v494/5
gálgi *m.* gallows 49/27; in kenning for Óðinn, *gálga farmr* v33/7 (cf. *Hávamál* 138)
galinn *a.* (*pp.*) crazy, frantic, bewitched 106/18
gall v75/6 see **gallópnir**
galli *m.* defect, damage, cause of damage, in kenning for axe, damager of shields: *Gauts meginhurðar g.* v145/3 (obj. of *berum*; *þar er* belongs with this word, i. e. in which)
gallópnir *m.* 'shrill-crier', name for an eagle 92/2; in kenning for blood, *gallópnis víðir* v343/4; for mountains, divided by tmesis *gall-ópnis hallir* v75/6 (gen. with *Endils*)
gamall *a.* old 2/7, v101/8 (complement of *gǫrðusk* with *ok hárar*), 49/25, 107/38; ancient, of olden times 41/13, v331/1 (with *uxna*); primeval v105/3 (with *hausi*); it is difficult to see which meaning is implied at v341/3; as nickname ('of old'?) 50/28, v297/4 (with *Rǫgnvalds*: 'the former'?), 83/15, 101/10, 105/24
gammleið *f.* 'vulture-way', sky, air = *lopt*, i. e. acc. of *Loptr*, Loki (*ofljóst*; note inappropriate gender) v74/2 (acc. with *lét*)
ganga (1) (gekk, gingu or **gengu)** *sv.* go 2/8, v3/2 (*fyrir* over, down), v76/1 (went on); imp. v11/3; walk 50/6; move 47/37, v356/2; advance v171/7, v190/2, v241/1 (*með* carrying), v396/3 (*g. reifr* advance cheerfully); flow, wash (*of* over) v28/1 (of the mead of poetry; when it flows or washes over men, like the sea (*lá*) over a crew (*sǫgn*), they hear it), v353/2; rage (*of* around) v236/1; with (*at* and) inf. go and, set to work to v62/2, v323/4; *fram gingu heyja* advanced to fight v399/2; *g. at e–u* begin, institute 1/8, enter into 48/1; *g. at e–m* attack s–one 49/38; *g. frá* leave, separate from 18/14; *g. fram* advance v254/5, walk forward, of a ship conceived as a bear v260/5; *g. fram í* (*Þornrann*) enter v85/4 (see note); *g. fyrir* go before, into s–one's presence 58/8; *láta g. fyrir* substitute for, use instead of 107/12; *g. með* go along (the side of) 45/5; *g. sundr* split open, apart (*seðr* practically) v66/7; *g. til* approach, go up 22/7, 45/36; *g. um* concern o–self with, undertake, negotiate 106/8
ganga (2) *f.* walking, going v74/1 (gen. with *biðja*, i. e. to go), 108/39
gangr *m.* movement, activity v160/4 (gen. with *beiddu*); sound of movement, clatter 109/8; *g. gunnvargs* = battle v76/1 (gen. with *vanir*)
garðr *m.* courtyard 5/2; fence, wall, enclosure 67/21, 108/26, 109/18; *g. risa* perhaps = mountain (or *miðgarðr*?) v170/2; in kennings for shield(-wall) 69/14, *g. barða* v235/2 (probably collective, i. e. shields; *næfrar* is pl.), *Geitis g.* v71/6; pl. courts, dwelling: *jǫtna gǫrðum (garða) í* (í postposition) v72/3, 25/27 n., *í garða grjót-Níðaðar* into the giant's home (i. e. Giantland?) v100/7

Glossary

garðvenjuðr *m*. 'enclosure-frequenter', in kenning for Þórr, *g. Iðja* frequenter of Iði's dwelling-place, i. e. of Jǫtunheimar v74/5. Cf. **gjarðvenjuðr**; **-venjuðr** may be derived from *venja* f. 'custom' rather than the vb.
garmr *m*. dog; damager, enemy, in kenning for a weapon, sword: *bliksólar* (or *borð-, barð-*, see note) *g*. v335/4 (dat. with *stýra*). Cf. Garmr in *Vǫluspá* 44, 49, 58; *Grímnismál* 44 (*Gylf.* 34, 50) and Fenrir in Index
garpr *m*. fine fellow, brave man 106/9, v439/6
gárr *m*. sword-name, referring to incised pattern on blade? or 'tearer'? 'scorn'? v459/7
gassi *m*. frenzied, crazy person 106/18
gata *f*. road 59/24; *gǫtu eina* the same way v41/4 (adv. phrase with *senda*); in kenning for shield, path of sword: *gunnvita g*. v200/3 (gen. with *gráps*)
gaukmánuðr *m*. 'cuckoo-month', mid-April to mid-May 99/19
gaukr *m*. cuckoo 52/13; *né of sal gaukar* more than the cuckoos above the hall (if the text is not corrupt) v165/4
gaupa *f*. lynx; *ver gaupu* = mountains v77/4
gaupn *f*. palm; *ilja g*. sole of the foot v75/7 (instr. with *spendi*)
gaurr *m*. boor 106/18
gedda *f*. pike (fish) v488/3
geð *n*. mind, disposition 108/30; heart, spirits, i. e. courage v249/4 (acc. with *láta*, subj. of *fálma*)
geðfjǫrðr *m*. 'mind-fiord', kenning for breast, part of kenning for poetry v39/4 t. n. (gen. with *lá*)
geðleysi *n*. capriciousness, inconstancy, instability of mind; or possibly lack of spirit, pusillanimity 108/33
geð-Njǫrðr *m*. in kenning for Óðinn, part of kenning for poetry, *geð-Njarðar hildar lá* liquid of battle-Njǫrðr's mind (i. e. breast) v39/4
geðrein *f*. 'mind-ground', i. e. breast or mind? (see **rein**), in kenning for strong drink, part of a kenning for poetry, *geðreinar gildi* v30/2
geðreynir *m*. 'mind-tester', mind-knower, confidant, friend; in kenning for Loki, Þórr's friend *herþrumu Gauts g*. v73/5 (subj. of *kvað*)
geðsnjallr *a*. brave in disposition, character v281/4 (with *foldvǫrðr*)
geðstrangr *a*. 'mind-tough', determined v74/1 (with *Þórr*, if emended to *geðstrangr*; see note)
gefa (**gaf**) *sv*. give 22/16, 40/7, v141/3, v149/1, v191/3, v199/2, v334/1, v338/2 (after *þar er*); imp. v386/2; impers. *muna vel gefa* will not be freely given, granted v175/6; delegate 80/3; *g. við* give in exchange 4/12; pres. p. 18/4; pass. p. (or impers.) 59/9, given in marriage 107/30, of the mead of poetry v37/2; *þá er gefit* to which is given 107/26; *gáfumk* gave me v16/1, v158/3
gefja *f*. spear; perhaps an error for *glefja* v464/6

gegn *a.* effective, reliable, ready to serve, helpful v191/2 (with *gramr*), v235/1 (with *gnýstærir*; or with the implied subject of *skaut* if *sá gnýstærir* is taken as subject of *var*; or it could be adv., 'straight'; cf. **gǫgn (1)** and **(2)**)
gegna (d) *wv.* with dat. mean, signify, be a consequence (of); *hverju þetta mun gegna* what could be the reason 1/22
gegnum *adv.* (*prep.*) throughout, all through v213/4; *í gegnum* as prep. with acc. through v171/7. Cf. **gǫgnum**
geimi *m.* 'extensive one', name for the sea v475/5; personified v364/2 (subj. of *bauð*); in kenning for gold, *geima eldr* v193/2
geirahǫð *f.* spear-war v449/3 (name of a valkyrie in *Gylf.* 30; cf. *Grímnismál* 36)
geirhvalr *m.* minke whale (*KSk* 15); or perhaps the same as *geirreyðr* m. sei whale (Balaenoptera borealis; see JG 11, 37) v489/1 ('spear whale' LML 120)
geirr *m.* spear 41/34, 42/20, 22, 46/3, v173/6 (instr. with *skorðu vit*), v329/10 (instr. with *undaðr*), v333/5, v339/2 t. n., v464/5; in kennings for battle, *geira hregg* v219/2, *gnýr geira* v279/3, *geira veðr* v304/3; for warrior, *gnýstærir geira* v235/3
geirrota *f.* 'spear-storm, -shower', i. e. battle v248/1 (gen. with *gǫtvar*)
geirsíl *n.* garfish or stickleback? v488/6
geirþing *n.* 'spear-parliament', battle v399/4 (obj. of *heyja*). Cf. **þing**
geirþriful *f.* 'spear-grasper', name for a valkyrie (?—cf. Geirdriful, *SnE* 1848–87, II 490 (A)); a word for battle v449/4
geisa (að) *wv.* surge, rage v374/3
geisli *m.* ray, beam (of light) v135/3 (*með geislum* with brightness, shining; perhaps goes with *veðr* rather than *kemr*); sunbeam v349/4 (instr. with *merluð*)
geit *f.* (she-)goat 2/32, v509 t. n.
geitahús *n.* goat-house, goat-shed 25/22
gellir *m.* yeller, ringer (sword-name) v451/5; 'bellower', ox-name v505/5
gelmingr *m.* sword-name, 'clanger' v462/1
geltir see **gǫltr**
gemlir *m.* 'old one', (year-old) hawk 92/1, v341/3
gengi *n.* following, troop v265/3
genja *f.* large frightening creature; axe ('that which towers, towering') v463/4
gera, gjǫrva (gerði, gǫrði, pp. **gerr, gǫrr, gjǫrr)** *wv.* do 2/31, 40/6, 43/4; make 1/3, v35/3 (subjunc. pl. *gørvi*, let them make), 41/34, v200/2 (pp. with *tøgdrápa*; *of* about), 72/19, v301/1; *réð gjǫrva hleyti* decided to arrange a marriage connexion v296/2; hold 49/7,

Glossary 287

101/11; wage (battle) v83/2; create 109/19; build 59/8; cause 25/15; *g. e–t e–m* make s–thing for s–one 41/32, 46/18; *g. af* make out of them, it 2/37, 22/28; with acc. and a., make s–one s–thing v376/4; with acc. and pp. *gerðu gyrðan* caused (s–thing) to be encircled v156/1; md. be made 14/11, become 2/6, 20/32, v101/5 (or *gerask at e–u* set about s–thing), 46/20; take place 5/35; set off (*til* to) v74/5; p. inf. (with *frá*) v285/2 (*g. víg*: fight a battle); pp. *vera (verða) gjǫr(r)* be made 14/11, v309/2 (with *él*); see **gǫrr, gjǫrr**
gerð *f.* activity, deed ('with a prince's deeds'? or with clothing, armour, gear, i. e. by giving them gifts—but the phrase may belong with the lines not quoted in the text) v198/1
gerðihamrar *m. pl.* 'cliffs that enclose or fence', in kenning for brows, *g. grímu grundar* (of the mask's ground, of the face: the word *grímu* is in the next (unquoted) lines, see *ÍF* II 145) v392/1 (obj. of *hefir of hrundit*)
geri *m.* see Geri in Index
gerla, gǫrla, gjǫrla *adv.* fully, completely; precisely, accurately, in detail v230/2, v331/2 and t. n.; clearly v71/5
gessni *f.* insolence, presumption 108/33
gest-Móinn *m.* sword-name, 'guest-Móinn' ('guest-serpent') v459/7
gestr *m.* guest; title for one belonging to a certain (lower) class of retainers at the Norwegian court v444/3
geta (gat) *sv.* (1) with acc. get, gain v200/1; receive v340/4; achieve, produce, provide: *vér gátum* i. e. I have provided v307/2; with suffixed neg. *gatat maðr* a man could not have found v79/3; beget v327/6 t. n. (2) with gen. mention, make mention of 5/21, v327/6, v466/3 (*fenna* ought to be gen., see Index); make reference to 18/14, 19/17 (*þess . . . er* how), 20/16, 40/33; *heyra getit e–s* hear s–thing mentioned, hear tell of s–thing v325/6, v326/5; impers. *getr þess* it is mentioned, it is implied 44/9; with acc. and inf. guess, suppose v516/16. (3) with pp. be able 22/6, 52/8; with inf., be able, can v46/3, v262/1; manage to, succeed in v119/1, v157/6
geymilá *f.* 'kept sea'; *bergs g.* liquid which is kept in a mountain (of the mead of poetry, cf. pp. 3–4) v28/4 (subj. of *gengr*). Kock, *NN* 390, suggests *grymmilá*, surging, rushing, thundering sea, but the word is doubtful (see ÁBM 284 s. v. *grym(m)a*)
gil *n.* gully, cleft, gorge; in kenning for mountains, *gilja grund* v69/5
gildi *n.* feast, banquet 1/8, 21/3; in kennings for (the mead of) poetry, *grjótaldar geðreinar g.* v30/1, *hapta beiðis g.* v32/2 (obj. of *hefk*)
gildir *m.* one who gives power to s–thing (*e–s*); in kenning for warriors, berserks: *hjálmelda g.* v242/3 (subj. of *feldu*)
gildr (1) *a.* valid, of full worth; having full status (*at* as regards) 80/9
gildr (2) *m.* worthy, stout, strong one, name for a wolf v514/7

gim *n.* poetical word for fire, glowing vapour v374/3, 98/8 (complement)
gimskýlir *m.* shield-name, 'fire-protection, protection from fire (of battle?)' v470/2 (v. 1. *gunn‹s›kýlir* AB)
gimsteinn *m.* jewel 40/17, 22, 108/11
gin *n.* (the open) mouth; *í gin e–m* at s–one's mouth v87/8
gína (gein) *sv.* yawn (*e–u við e–u* with s–thing over s–thing), open (*e–u* s–thing) wide so as to enclose (*við e–u* s–thing) v53/1, v315/4; gape (used of a ship, probably with a figurehead in mind, conceived as a bison) v361/4
ginnarr *m.* deceiver, name for an eagle 92/1
ginningr *m.* dupe 106/18
ginnregin *n. pl.* the mighty powers, the gods v104/2 (subj. of *skófu*), v332/3 (subj. of *kalla*, 'call it')
ginnungagap *n.* mighty, yawning (or magic, deceptive) abyss, the primeval emptiness 90/16 (*Gylf.*)
ginnungr *m.* name for a hawk (cf. **ginnarr**); *ginnunga vé* = the sky v66/4 (subj. of *knáttu brinna*)
gipta *f.* grace v267/4 (obj. of *fekk*)
girðiþjófr *m.* 'girdle-thief', in kenning for Loki, *Brísings g.* or *Brísings goða g.*, thief of Brísingr's girdle or of the girdle of Brisingr's gods, the Brísingamen v100/7 (subj. of *of kom*)
girnask (d) *wv. md.* desire 5/25, 27
gisting *f.* being a guest; *koma til gistingar til* go and lodge for the night with 24/36; hospitality, food v318/1 (for the wolf, i. e. men were killed in battle)
gjafrǫtuðr *m.* gift-finder, -getter, in kenning for poet, *Gauts g.* the getter of Óðinn's gift v300b/3
gjalda (galt) *sv.* pay 59/3; *g. e–m e–t* repay s–one for s–thing; *eiga g. e–m e–t* owe s–thing to s–one v17/4 (i. e. we owe you gratitude for); *g. e–m haptsœnis heið* pay s–one the stipend of Óðinn, make poetry about s–one v301/3 (*galt ek* I have been paying)
gjaldhróinn *m.* ram-name, 'tall noisy one'? v507/4
gjálfr *n.* splash, gurgle, surge, a name for the sea v111/4 (instr. with *kringðum*), 94/20, v476/8; in kenning for gold, *brandr gjálfrs* v147/3, for blood, *unda g.* v320/1 (instr. with *roðin*); storm (?), in kenning for mountains, *gjálfra fjálfr* v69/2 (or perhaps the kenning means 'bear of the seas of the mountain refuge', i. e. of the mountains)
gjálfrstóð *n.* 'surge-horses', (a fleet of) ships v353/3 (instr.)
gjalla (gall, gullu) *sv.* resound, ring (of spears in battle) v334/2
gjallr (1) *m.* noisy one, ringer, clanger (sword-name) v451/6; shield-name v470/1; name for the sea v475/5
gjallr (2) *a.* ringing, resounding; of a shield v238/1 (with *hjóls*), of a sword v241/1

gjarðvenjuðr *a. pp.* 'belt-accustomed', of Þórr, who wears the *megingjarðar* v74/5 t. n. (thus R, and adopted by DD; *gjarðvariðr* 'belt-girded' would be more plausible, but Kock, *NN* 444, suggests *gjarðvaniðr*; cf. **venja**). With one of these readings *Iðja* can be taken with *setrs*

gjarna *adv.* with eagerness; used with vb. to be, eager v15/4

gjósta *f.* gust, squall 90/18

gjǫf *f.* gift 58/15, v275/4 (obj. of *launak*; probably collective); dole 81/5 (subj.); *at g.* as a gift 59/28; in kennings for poetry, *g. Óðins, Grímnis* 5/8, 11/29, v39/3 (*at* in, with)

gjǫflati *m.* gift-grudger, one who is slow to give 106/17

gjǫfrífr *a.* gift-liberal v214/2 (with *as-Freyr*)

gjǫfull *a.* generous, munificent; sup. *hinn gjǫflasti* v188/1

gjǫld *n. pl.* payment, compensation (*e–s* for s–one); *Gillings g.* = (the mead of) poetry v33/4 (cf. p. 3); *Otrs g.* = gold v189/5 (cf. **otrgjǫld**; see ch. 39); repayment, recompense (*e–s* for s–thing) v92/1 (cf. t. n.: [*at*] *gjǫldum* as recompense (i. e. for the gift of the shield; or *gunnveggjar* may depend on *gjǫldum*), v238/2 (obj. of *vildi*)

gjǫlnir *m.* 'gilled' (?), name for a fish v488/4

gjǫrð *f.* girdle, belt; second half of compound separated by tmesis, *njarðgjǫrð* v79/4

gjǫrla v331/2 t. n. = **gerla**

gjǫrr *a.* complete 2/35; *g. e–s* imbued with s–thing v390/2 (attributive with *þengill*; or predicative, parallel to *vígǫrr*); *g. við* fitted out with, filled with v283/2 (with *óð*); as pp. of **gera**, q. v., cf. **gǫrr**

gjǫrva see **gera**

glaða (að) *wv.* gladden, cheer (i. e. with gifts) v184/1 (*við* at, because of; subj. is unexpressed; it is the king (Eiríkr), or possibly the vb. is impers.: 'a multitude of men becomes glad'), v197/2. Cf. **gleðja**

glaðfœðandi *pres. p.* mount-feeder, in kenning for war-leader (Earl Sigurðr), *g. Gríðar*, feeder of Gríðr's mount (the wolf, i. e. one who provides wolves with carrion; see Glaðr in Index) v241/3 (subj. of *gekk*)

glaðr *a.* happy v257/4 (with *vér*; i. e. happily)

glaðsendir *m.* glad sender or distributor, in kenning for generous man, *g. hrauns handa* v195/3 (vocative, or perhaps subj. of *sér*; or nom., parallel to *Hermóðr*, subj. of *átti*, *NN* 904)

glaðværr *a.* cheerful (of disposition) v393/3

glamm *n.* noise; gen. pl. used adverbially v341/4

glammi *m.* noisy person; wolf-name ('howler') v514/7; *glamma munr* wolf's hunger (stopping which means to fight a battle to provide carrion) v252/4 (cf. **hǫð** and see note); in kenning for mountains, *glamma stǫð* v82/2

glámr *m.* gleam, gloam 85/21

glaumberg *n.* joy-mountain, merriment-mountain, breast; in kenning for poetry v37/4 (gen. with *strauma*)

glaumr *m.* noisy merriment 109/5

gleðja (gladdi) *wv.* gladden, cheer, make happy (*e–n e–u* s–one with s–thing) v190/1, v382/1 (gladdening the birds and beasts of prey is to fight successful battles and so provide them with carrion)

gler *n.* glass 108/11

glersteinn *m.* (glass) bead 40/22

gleyma (ð) *wv.* with dat. forget; *ekki er at g.* one must not consign to oblivion 5/28

glitra (að) *wv.* with dat. cause to shine (*upp* aloft; that is the swords, i. e. by drawing them or lifting them up in the sunshine; see note) v140/2

gljúfr *n.* cleft; pl. gorge, gully, ravine 25/14

gljúfrskeljungr *m.* 'gorge-whale', giant; in kenning for Þórr's hammer, *grand gljúfrskeljungs* v49/4

glóa (að) *wv.* glow; pres. p. 25/30

glóbarr *n.* glowing, shining foliage; *Glasis g.* = gold v188/5

glóðbrjótandi *m.* (*pres. p.*) 'ember-breaker', in kenning for warleader, *g. gunnar*, breaker of the ember of battle, i. e. of the sword v287/2 (gen. with *góðmennis*)

glóðir, glœðr *f.* pl. glowing material, red-hot embers v346/2 n. and t. n., v371/4 (obj. of *skaut*), 97/28; i. e. fire v373/1 (acc. with *hygg ek*); in kennings for (articles of) gold, *g. Gautreks svana brautar* v149/7 (dat. with *drifna*), *g. armleggs* v199/1; *hafs g.* = surf v356/1 (obj. of *hrauð*; cf. **gull** and Glóð in Index)

glópr *m.* simpleton 106/18

gluggr *m.* window 24/24

glúmr *m.* dark one, one who gives dark looks 88/6 (cf. Index)

glygg *n.* wind, breeze 90/17

glyggrann *n.* the house, hall of the winds, the sky, heaven v270/2 (gen. with *gramr*)

glýjuðr *m.* 'bright, transparent one' or 'glad one', name for the sea v476/5

glymfjǫturr *m.* noisy fetter, in kenning for the sea, *skers g.* (that which binds or surrounds the rocks) v260/8 (obj. of *braut*: it is broken by the bear representing the ship)

glymja (glumði) *wv.* resound; bang (*við* on, against) v78/6 (inf. with *knátti*); crash, beat, of the sea v106/4; of a wave or streams (i. e. the mead of poetry) v30/3, v37/3 (inf. with *heyr*); of armour,

Glossary

jangle v288/1 (inf. with *lætr*; *of sik* on himself, i. e. as he puts it on); rattle v346/4

glymr *m.* resounding noise, roaring, din 66/16, v357 n., 109/7; in kenning for battle, *g. Gǫndlar* v225/1; ox-name v505/6

glymvindr *m.* noisy wind, in kenning for storm of battle, *g. Gǫndlar* v222/1 (i. e. missiles flying like rain; dat. with *taka*)

glysmál *n. pl.* shining speeches, in kenning for gold, *Iðja g.* v189/8 (see p. 3)

glær *m.* 'the bright', name for a bow v467/3

glæsimaðr *m.* a person of splendid appearance, dandy 106/19, 107/28, v442/1

glæstr *a.* splendidly ornamented v191/1 (with *valstǫðvar*; predicative, so that they look splendid?), v353/4 (with *gjálfrstóðum*)

glævir *m.* 'shining one', helmet-name v473/4

glœðr *f. pl.* see **glóðir**

glǫðuðr *m.* gladdener; *g. e–s* one who gladdens s–one (with gifts); *g. hersa* one who is generous to lords, king (Haraldr harðráði) v120/2

glǫmmungr *m.* a kind of fish, perhaps a gurnard v487/7

gløggvingr *m.* a mean, close person 106/16 (*gløggr* a. 'careful')

gnap *n.* 'overhanging one, towering one', name for the sea v475/5

gnarr *m.* 'noisy one, murmurer', name for the sea v475/6

gnat *n.* 'crashing', name for the sea v477/1

gneggjuðr *m.* name for the wind, 'neigher' v332/3

gneisti *m.* spark; ox-name v505/1

gnesta (gnast) *sv.* clash, crash v222/2

gniðr *m.* 'murmur', the sea v476/7

gnípa *f.* mountain-top, peak; in kenning for waves, *of hvals ranngnípur* over the peaks of the whale's house v260/3; in kenning for giants, *hreinar gnípu Lista*, reindeer of peak-Lister, of the mountains v85/7

gnógr *a.* enough, ample v318/2 (with *gisting*); i. e. very great v105/4 (predicative with *rausn*)

gnýfari *m.* 'noisy traveller', name for the wind v332/5

gnýja (gnúði) *wv.* roar, of the sea v123/1; fly noisily, of missiles v219/1; *g. á* knock or rub against, wash over v319/3

gnýr *m.* clash, din 66/16, 109/7; in kennings for battle, *odda g.* v224/1 (gen. with *œsi*), *g. Gunnar* (i. e. the Battle of Hjǫrungavágr) v227/3 (clause probably goes with *Búi*), *þar í gný geira* in that battle v279/3; cf. next

gnýstœrir *m.* 'clash-increaser', in kenning for warrior, war-leader: *g. geira*, increaser of the clash of spears, of battle v235/3 (subj. of *skaut*, or perhaps *sá gnýstœrir* is the subj. of *var*; it could be part of the syntax of both clauses)

gnæfa (að) wv. project high in the air or **gnæfr** a. towering: cf. v93/6 t. n.

goð, guð n. god 3/12, 5/31, 35, v6/2 (pl., subj. of *stýrðu*), v15/3 (= Óðinn, in apposition to *bróður*), v19/2 (subj. of *hlóðu*), 17/30, v95/8 (gen. with *varnendr*), 36/25, 40/38, 41/2, 28, 84/19; goddess 30/14; *til goða* back to the gods v33/8; *með goðum* i. e. belonging to the gods v326/6, cf. 41/28 (cf. *Alvíssmál* (v332 and v380), *Hávamál* 143), among, i. e. by the gods v332/2, v380/2 t. n., v380/3; in kenning for Iðunn, *goða dís* v100/6 (or with *Brísings girðiþjófr*, thief of the girdle of Brísingr's gods; if B. were a dwarf or a dwarf's dwelling, these would be the dwarfs, one-time possessors or makers of the Brísingamen); in kenning for giants, *flugstalla g.* v73/2 (gen. with *fjǫrnets*); cf. **guð (1)**

góð n. what is good, benefit v404/4 (*e–s* for s–thing)

goðbrúðr f. god's bride (i. e. Skaði) v59/6 (subj. of *nama*)

goðlax m. moonfish, opah v488/7

góðmenni n. fine, noble band of men (*e–s* belonging to s–one) v196/1 and v287/1 (gen. obj. of *njóta*), 374/4

góðr (n. **gott**) a. good v92/1 (the noun it qualifies is illegible; W has *góðs*, with *gunnveggjar*), v135/3 (with *ljós*), v172/3, v195/4, v238/1 (with *gjǫld*), 72/22, v343/3 (with *spjalli*), v383/4; *e–t þykkir e–m gott* s–one is pleased at s–thing 24/27; *allt it góða* all the good, obj. of *vegr* (parallel to *þat er misgert þykkir*) v116/2

gói f. 'snow-month', mid-February to mid-March 99/18. Cf. *ÍF* XXXIV 3–6, *Flb* I 22

gól see **gala**

goldinn v130/1 t. n. = **gollinn**

gólf n. (floor of) room 22/31, 35/21, v155/2; room? 67/20

gólfhǫlkvir m. 'floor-horse' (cf. Hǫlkvir in Index), kenning for house, part of kenning for bed, *gólfhǫlkvis sár* v156/2. Kock, *NN* 1916, takes *hǫlkvir* to mean ship.

goll see **gull**

gollinhorni m. 'golden-horn', ox-name v505/2

gollinn a. golden, gilded v130/1. Cf. **gullinn**

gómr m. gum (in the mouth) 108/16; tip of the finger 108/35; in kenning for teeth, *góma sker* v37/3

gormánuðr m. 'slaughter-month' (?) (mid-October to mid-November) 99/17

goti m. horse (the name of Gunnarr's horse; originally perhaps 'Gothic horse', cf. Index); in kenning for ship, *sólborðs g.* v259/2 (subj. of *lét sveggja*).

gotnar m. pl. poetical word for men v120/4 (gen. with *far*), 105/28, v439/5. Cf. Index (sg. *goti* is generally only found as a proper name)

Glossary

grádýri *n.* 'grey-beast', wolf v514/2
grafa (gróf) *sv.* dig 46/28; dig into, cut through, make furrows in v351/3; pp. **grafinn** dug open v315/3 (with *munni* = grave)
gramr (1) *a.* angry v90/2 (referring to Þórr, the implied subj. of *fór*)
gramr (2) *m.* ruler (lit. 'hostile, fierce one'; used of kings, earls and gods; cf. Index) v130/1 (gen. with *snekkju*), v225/2 (gen. with *fjándr*), v381/4 (*hverjum gram* dat. of comparison with *betri*, 'better than any other'), 99/29; earl (Þorfinnr) v282/4 (acc. with *þraut*), v384/3; king, i. e. Eiríkr blóðøx v11/3; i. e. Magnús góði v105/3 (*þess grams* gen. with *rausn*), v406/2 (vocative); i. e. Hrólfr kraki v188/1; (Sveinn Úlfsson) v191/1, v198/1 (gen. with *gerðum*; or with *hirð*); (Haraldr hárfagri) v219/1; (St Óláfr) v196/4, v277/4; (Magnús Erlingsson) v323/3; (Haraldr harðráði) v373/2; (King Aðalsteinn) v392/1; *grams rúni* = Earl Hákon (the *gramr* may not be any specific ruler here) v288/1; *inn helgi gramr* = St Óláfr v294/4; *Svía g.* (Óláfr Eiríksson) v310/4; *Hliðskjálfar g.* = Óðinn v22/2; *Bilskirnis g.* = Þórr v49/1 (subj. of *nam*, antecedent of *hinn er*); *g. glyggranns* = Christ, God v270/1; *engla gramr*, *Jórdánar g.* = Christ v273/3, v274/2; *gilja grundar g.* (mountain-ruler) = giant (Hrungnir) v69/6 (subj. of *hné*)
granahár *n.* whisker 45/39, 46/1
grand *n.* (causer of) harm (*e–s* to s–thing), damager 39/19, 70/29; destruction: *lífs grand* i. e. death v405/4; in sword-name, *Leifnis g.* v452/6; *g. gljúfrskeljungs* = Þórr's hammer Mjǫllnir v49/3; in kenning for axe (or sword), *g. hlífar* v147/3, *g. hjálms* v244/3
granda (að) *wv.* with dat. harm 52/2, v164/2 (inf. with *skyli*); harming gold or hoards means to give it away, be generous v192/2, v311/3
grandaukinn *a.* (*pp.*) damage-, wound-swollen or greatly harmed (which has had its harms increased), much-wounded v321/4 (with *ná*); Kock, *NN* 2522, suggests 'sand-filled'
gránn *a.* grey (cf. *grár*) v361/3 (with *sjár*, or *hlunnvísundr*?), v399/3 (*inn grána* with *hólm*, q. v.); metaphorically = grim, evil, dangerous, dire v85/8 (with *friðsein*). Cf. v130/1 t. n.
grannligr *a.* slender-looking 58/8
grannr *a.* slender, slim v204/3 (with *hirði-Sif*). Cf. v130/1 t. n.
granrauðr *a.* red-whiskered; as nickname 103/11 (*grǫn* refers to facial hair, particularly on the lips, the moustache, but also sometimes the beard)
gránserkr *a.* 'grey-shirted', grey-clad, of the moon v135/4
granstraumar *m. pl.* 'lip-streams', in kenning for (the mead of) poetry, *g. Grímnis* v75/5 (obj. of *ek þyl*)
gráp *n.* hail-storm v66/3 (dat. with *hrundin*); in kenning for battle, hail-storm of the shield: *gunnvita gǫtu g.* v200/4 (gen. with *leygs*)

grár *a.* grey (cf. **gránn**) v329/9 (with *annarr*, sc. *hestr*)
gráserkjaðr *a.* (*pp.*) 'grey-shirted', mail-coated v171/8
gráta (grét) *sv.* weep 3/31; *g. e–u at e–m* weep (tears of) s–thing for s–one v435/1
grátfagr *a.* tear-fair, who has beautiful tears (they were made of gold, see v435/1–2, *Gylf.* 29/27) 30/14
grátr *m.* weeping, lamentation; tears 40/28 (ungrammatically nom.), 43/17; in kenning for gold, *Mardallar g.* v145/4 (subj. of *liggr*); pl. 17/30
greddir *m.* feeder, in kenning for war-leader (Haraldr harðráði), *g. hrægamms ara sævar* v333/5 (subj. of *lætr*)
greiða (dd) *wv.* pay 45/35
greifi *m.* count (German *Graf*) 80/4
grein *f.* division (into categories) 5/15; category, class 5/17; distinction (between homonyms) 109/19; distinction of meaning 109/20; branch v73/5 t. n.
greina (d) *wv.* divide, distinguish 5/11; make a distinction: *ef eigi er annan veg greint* if no other details are given 61/16
greip *f.* grip, grasp, the space between thumb and fingers v88/8 (gen. with *brjósti*), v129/4 (instr. with *verða spend*), 108/35
greipa (að) *wv.* grip, grasp; ?comprehend: *g. mart* in the mead of poetry means to make a long poem, or to include much material in a poem v26/2
grellskap *n.* anger, passion 108/32
grennir *m.* feeder, in kenning for warrior, *g. Gǫndlar skúfs* v357 n. (dat. after *at*)
greppr *m.* poetical name for a poet v300b/4, 105/18; the poet, I v281/3 (subj. of *telr*), v343/3, v384/3; or for man in general v439/3; in kenning for giants, *Sýrar fentanna g.* v292/3 (gen. pl. with *jast-Rín*)
greypr *a.* grim, harsh, dangerous v85/7 (with *fasta*)
grið *n. pl.* truce 3/13; safety, safe-conduct 21/2; *á e–s griðum* under s–one's protection 21/5; *lætr g. gulli slitna* i. e. makes war on gold, gives it away, is generous v183/3 (acc. with *lætr*)
griðalauss *a.* without truce, without promise of free passage, without guarantee of security, i. e. without permission to enter 59/7
griðamark *n.* symbol of truce 3/16
griðastaðr *m.* place of sanctuary 6/24
griðungr *m.* bull 90/13, v505/5
gríma *f.* (mask-)helmet v392 n., v473/3; a name for night v380/3. Cf. Index
grimð *f.* cruelty, ferocity 108/32
grímr *m.* 'masked one', name for a snake 90/12. Cf. Index

Glossary

grindlogi *m.* sword-name, 'shield-flame' v453/7, 455/8 (in Víga-Glúmr's verse in *ÍF* IX 70 part of a kenning, g. *Gǫndlar*)
grípa (greip) *sv.* grasp 1/29; g. *e–u til* snatch at it with s–thing 42/13
gripr *m.* precious object 42/1, 17, 21, 25, v147/2, 59/3; precious possession: *er e–m munu gripir í þykkja* which one will think worth having 2/3
gríss *m.* pig, young swine 90/15, v513/2
grjá *n.* machine, mill v160/3 (acc. with *beiða*, i. e. they demanded movement from it), v168/2 (gen. with *fjalli*); the word is doubtful, and may be a form of the word *grár* a. grey (with *grjóts*, which would then be gen. with *gangs*, and with *fjalli*), or of a noun meaning 'greyness'. Kock, *NN* 68, suggests that *grjóts grjá* means 'grey ones of stone', i. e. the millstones, and that *grjá fjall* means 'mountain of the grey one','wolf-mountain'
grjót *n.* rock, stones (collective) 1/32, 40/31, 50/14, v160/3 (millstones; gen. with *grjá* or with *gangs*), v170/1, 60/13, 61/14, 72/29, v257/3 (dat. with *hlǫðum*; rocks would be used as missiles in a sea-battle), 108/18; in kennings for gold, *Rínar* g. v192/4, g. *Hjaðninga* v204/4 (gen. with *tróður*; see Index under Hjaðningar)
grjót-Níðuðr *m.* kenning for giant (Þjazi), rock-N. v100/8 (gen. with *garða*)
grjótǫld *f.* rock-people, giants or dwarfs, in kenning for the mead of poetry v30/1 (gen. with *gildi* or *geðreinar*)
gróa (greri) *sv.* grow; heal 72/20; grow, i. e. be expressed (of poetry, conceived as seed; *oss*: for me, in me, dat. of respect with *sefreinu*) v36/2; pp. *viði gróinn* tree-grown, forest covered (with *eingadóttur*, i. e. of the land of Norway) v118/4
gróðr *m.* growth 39/30
gruna (að) *wv.* impers., *e–n grunar* one suspects, has a feeling 24/31
grund *f.* (grassy) ground 86/1, v501/4; territory (personified?) v311/1; land, shore v258/2; the earth v66/3, v270/1; = *jǫrð*, i. e. the goddess Jǫrð, mother of Þórr (*ofljóst*) v70/4; sea-bed or earth, in kenning for Midgard serpent, *grundar fiskr* v49/3; *sólar* g., *dags* g. sky v107/2, v113/2 (gen. with *konungr*); [*grímu*] g. = face v392/2 (gen. with *gerðihǫmrum*); land, in kennings for rulers: *grundar hljótr* ground-, land-getter, i. e. successful ruler (Hákon Sigurðarson) v197/1 (or *grundar* might be the obj. of *njóta*, see note), *grundar vǫrðr* (Haraldr gráfeldr) v279/4; *Dana* g. = Denmark v398/2 (gen. with *harra*); *gilja* g. = mountains v69/5 (gen. with *gramr*)
grunn *n.* shallow (in the sea), i. e. coast-line v333/6 (obj. of *stika*)
grunnr *m.* foundation, ground; *hlusta* g. = head v56/3 (obj. of *laust*)
grunnungr *m.* (small) cod, 'haunter of the shallows' v488/3
grýla *f.* fox (vixen) v412–517 n. (see Index)

grynna *wv.* become shallow; **grynni** *n.* shallow: cf. v28/4 t. n.
grýta *f.* pot; shield-name v470/3
grœðir *m.* healer, enricher, growth-increaser, name for the sea v321/3, 92/26, 94/15, v353/3 (obj. of *reistu*), v476/5
grœnn *a.* green v73/5 (with *brautir*, i. e. a direct, easy route), v315/3 (with *Hlǫðynjar* = earth), v321/3, v399/3 (attributive with *lind*)
grǫf *f.* pit, trench 46/28, 30
grǫn *f.* (usually pl.) lips (of a wolf), obj. of *rauð* v323/3, v339/4; moustache, hair round the mouth 108/19
guð (1) *m.* God v269/2, v272/4, v273/2, v298/4 (vocative), v398 n.
guð (2) *n.* see **goð**
guðblíðr *a.* 'god-blithe', with the joy of a god, i. e. divinely happy v135/1 (with *beðja*)
guðjaðarr *m.* god-defence, kenning for Óðinn 9/28
gull, goll *n.* gold 3/3, v63/4 (instr., i. e. of the material, with *byrstum*), 40/16, 27, 32, 41/7, 9, 22, 32, 42/6, 43/11, 44/25, 28 (subj.), 45/20, 47/20, v183/3 (dat. of respect with *slitna*), 61/11, 61/14 (complement?), v214/1 (instr. with *stokkna*), 95/1, v361/3 (dat. with *búnum*), v435/2 (instr., tears of gold); of glittering water v358/2 (the sea was as if tossing pieces of gold about; cf. **glóðir** v356/1); in kenning for sword, *gunnar g.* v196/2 (gen. with *brjótanda*)
gullauðigr *a.* rich in gold 3/2
gullbaugr *m.* gold ring 45/26, 48/4, 20
gullbrjótr *m.* 'gold-breaker', i. e. distributor of gold, generous man 79/27
gullbúinn *a.* (*pp.*) decorated with gold, gold-adorned (see note) v407/4
gullfáinn *m.* 'gold-coloured or -decorated', shining with gold (cf. ÁBM under *fáinn*), helmet-name v472/3
gullhjálmr *m.* golden helmet 20/21, v393/4
gullhringr *m.* gold (arm-)ring 42/10, 52/4, 58/17, 59/1, 108/36
gulli *m.* stepfather (lit. treasure?); *g. Ullar* = Þórr (cf. 19/31) v89/5 (subj. of *laust*)
gullinn (= **gollinn**) *a.* golden v142/2
gullsendir *m.* gold-sender, gold-distributor, i. e. generous man 62/19, v197/1 (the poet; according to Kock, *NN* 410, however, it refers to the earl, see note)
gullskati *m.* gold-prince, one generous with gold 63/3, v200/1 (i. e. as a friend; Kock, *NN* 787, compares Old English *goldwine*), 106/14, v442/2
gullstríðir *m.* gold-afflicter, enemy of gold, generous man 62/27, v199/1 (Sigurðr Jórsalafari)
gullu see **gjalla**
gullvífiðr *a.* gold-wrapped v147/4 (with *hróðrbarni*, i. e. the precious weapon; or with *grandi*?)

Glossary 297

gullvǫrpuðr *m.* gold-thrower (distributor), generous man 62/24, v198/2 (subj. of *viðr*)
gumarr *m.* ram-name, 'gamboller' v507/3
gumi (pl. **gumar, gumnar**) *m.* man v281/3, 105/27, v439/3, 4; = *brúðgumi* 'bridegroom' 105/28
gunndjarfr *a.* battle-bold v227/4
gunnr *f.* battle v80/4 (gen. with *snotrir*, in battle), v235/4 (gen. with *æfr*), v241/4 (subj. of *svall*); in kenning for raven, *gunnar svanr* v147/6 (gen. with *gæðandi*); for sword, *gunnar gull* v196/1; for man (warrior), *runnr gunnar* v202/2, *gunnar glóðbrjótandi* (i. e. sword-breaker) v287/1; for Þórr, *hraðskyndir gunnar* v88/2; cf. v80/1–4 n., v221/4. See Index
gunnríkr *a.* battle-powerful, powerful in battle v288/2 (with *rúni*)
gunnvargr *m.* 'battle-wolf', sword; *gunnvargs gangr* = battle v76/2
gunnveggr *m.* 'battle-wall', shield(-wall) v92/2 (gen. with *brú*; or with *gjǫldum*)
gunnveitir *m.* battle-giver, warrior, war-leader (Hrólfr kraki) v190/1
gunnviti *m.* battle-beacon, -flame, i. e. sword v200/3 (gen. with *gǫtu*)
gustr *m.* squall, gust, draught 90/25; a strong wind v259/3 (subj. of *skaut*)
gyðja *f.* goddess; gen. with *vé*, i. e. divine v135/1 (refers to Sól)
gýgjarsonr *m.* giantess's son (i. e. Magni, son of Járnsaxa; cf. 22/9) 22/19
gýgr *f.* giantess 24/37; axe v463/6
gylðir *m.* 'howler', wolf v323/2, v324/3 (subj. of *naut*), v514/8
gylfi *m.* ruler (Hákon góði) v393/3 (see Index; cf. *Helgakviða Hundingsbana* I 49, II 27)
gylltr *a.* (*pp.*) golden, gilded v130/1 t. n.
gylta *f.* sow 90/15
gyma *f.* earth v501/3
gymir *m.* 'the wide, yawning one', name for the sea (cf. Gymir in Index) 92/25, v476/6
gyrða (rð) *wv.* encircle v156/1 (pp. with *gerðu*, caused to be encircled, made a circle round)
gyss *m.* mockery 109/6
gæfa *f.* (good) fortune v204/3
gæimaðr *m.* heedful person 107/27
gæi-Þrúðr *f.* 'goddess who cares for, looks after s–thing (*e–s*)', in kenning for woman (unidentified), *hrosta lúðrs g.* keeper of the malt-box (mash-tub) or ale-vessel v360/2
gær *adv.*, *í gær* yesterday 99/7
gæta (tt) *wv.* with gen. look after, take care of, pay regard, attention

to 5/5; guard, keep watch over v277/1; pres. p. as subst. keeper, guardian 30/19, 80/10 (with *fjár*, of money)
gætir *m*. guardian, in kenning for giant (Hrungnir), *bjarga g*. i. e. inhabitant of the mountains or of rocks v68/1 (dat. of respect with *und iljar*)
gæzla *f*. keeping, guardianship; *þar til gæzlu* in charge of it 4/1
gœða (dd) *wv*. endow (*at e–u* with s–thing) v60/2; benefit, enrich, equip (*e–n e–u*) v188/2; pres. p. benefitter, strengthener, in kenning for warrior, *gœðandi gunnar svans* feeder of the raven (by providing it with dead bodies) v147/7 (subj. of *unni*)
gœli see **gala**
gǫfugligr *a*. magnificent, noble in appearance 1/12
gǫfugr *a*. splendid, glorious, bringing honour v130/2
gǫgn (1), í g. *prep*. with dat. towards, to meet v11/3
gǫgn (2) *f*. '(that which flies) through or direct', arrow-name v465/8
gǫgnflaug *f*. 'direct flier' or 'through-flier', arrow-name v465/7. Cf. Gusir in Index
gǫgnum *adv*. and *prep*. with acc. through 4/29, 32, 25/32, 33; *í gǫgnum* 46/30, v235/1; *e–n* . . . *í gǫgnum* through s–one 48/26; *lostinn í gǫgnum* struck through 19/12. Cf. **gegnum**
gǫll *f*. noise, din, tumult 109/7; battle v449/3 (name of a valkyrie in *Gylf*. (*Grímnismál* 36) and *SnE* 1848–87, II 490 (A))
gǫltr (pl. **geltir**) *m*. boar 18/27, 42/6, 27, 90/15, v513/1 and t. n.; in kenning for whale, *Viðblinda g*. v201/2 (gen. with *svalteigar*), 63/13
gǫr(-), gør-, gjǫr- see **ger-**; **gǫrla** see **gerla**
gǫrr *a*. complete; *g. e–s* full of, prone to s–thing v75/1 (with *farmr*, i. e. Loki; *gǫrr í fǫr* perhaps 'ready to go, ready for a journey' or 'ready on his way' (*NN* 445). Cf. **gjǫrr** and **gera**
gǫrva *adv*. completely v90/1 (with *fór* or with *gramr*, extremely)
gǫtvar *f. pl*. gear, clothing; *geirrotu g.* = armour, coats of mail v248/1 (subj. of *hléðut*). Cf. *Egils saga* 2003, 85 (v. 24)
gørsimi *f*. treasure v379/4 (with *þeira*, obj. of *skipta*). See Gersimi in Index

haddaðr *pp*. with hair (of a certain kind) v10/3 t. n.
haddblik *n*. bleaching, washing one's hair 49/33
haddr *m*. (a woman's) hair, head of hair, coiffure(?) 40/28 (nom., see note to 40/27–31), 41/29, 32, 34, 42/20, 48/10, 108/20
háð *n*. satire 40/15; scorn, spite v38/3 (obj. of *sný*)
haðna *f*. young nanny-goat v509/2 (subj. of *heitir*?)
háðu see **heyja (1)**
haf *n*. sea 6/2, 38/25 (subj.), 52/20, 63/13, 72/8, 92/25, 93/18, v348/1, v356/2, v358/2, v475/2; *við hafs botni* in or round a bay

of the sea v120/4; in kenning for (the mead of) poetry, *Óðreris hafs alda*? v34/4, see note; in kenning for ship, *hafs otr* v263/1
hafa (ð) *wv.* have 21/10, v283/3; i. e. offer v275/1 (but perhaps it should be *hef ek*, I raise, cf. **hefja**; A has *hefik*); possess v303 n.; lead (a life) v383/3; use 1/7, 3/3, 25/20, 109/15; take, make use of 109/20; include 85/15; wear 40/23, 61/15; hold 2/14, 21/26, 32; put, keep 42/25, 35; get 2/30; *h. e–t af e–u* take s–thing from s–thing 6/6; *h. at e–u* use as, keep as s–thing v159/8, v174/4; *h. eptir* have left, keep 45/29; *h. e–t fyrir* meet (s–one) with s–thing 48/36; *h. fyrir e–t* have as s–thing, use as s–thing 21/27, 41/1; *h. með sér* take away with one 52/17; *h. til* use for 5/14, 74/4, have ready, have available, have to give 58/16, 17; *h. uppi* brandish 20/37; *h. verr* behave worse (or get the worst of it?) v377/4. Impers. *fjarri hefir* it is far from likely v111/1. With pp. *hefir varðan* (cf. **verja**) v50/1, *of gæddan hefr* (with two subjects) v60/2, *hefir staðit* v122/1, *hefir hrundit* v128/1, *malit hefi ek* ('I have finished grinding') v175/3, *malit hǫfum* v182/3, *hafa fullstaðit* v182/5, *hafa logit* v206/1, *hefi ek lagit* v207/4; *hefi ek einráðit* v216/3; *hefir remðan sik* v268/3; *hefi ek fregit* v331/2; *hefir of hrundit* v392/1; *hefir valdit* v397/2; *hǫfumk* = *hefir mik* v206/3 (with *stiltan*)
hafgufa *f.* a kind of fabulous sea-monster v489/2 ('sea-fumer'; 'kraken' LML 125; see *KSk* 17; JG 8, 36; *Ǫrvar Odds saga*, *Fas* II 289; Fritzner 1886–96, I 686)
haflauðr *n.* sea-foam v357 n. (obj. of *stærir*)
hafleygr *m.* sea-flame, i. e. gold v194/4 (subj. of *þrymr*)
hafnýra *n.* 'sea-kidney', jewel = Brisingamen v64/6 (obj. of *rœðr áðr*)
hafr *m.* goat 20/3, v66/5 (subj. of *drógu*), v508/1 and t. n.; in kenning for Þórr, *hafra njótr* v54/3
háfr *m.* fishing net (in the form of a bag on a pole); as first part of compound in kennings for river, *háfmǫrk* (separated by tmesis; *háf-* seems to belong with both *mǫrk* and *markar* in line 1) v78/4
hafrakan (probably *n.*) sword-name, 'sea-borne'? v452/8
hafreið *f.* lifting carriage, carriage that moves up and down (see **hefja**; or sea-carriage = ship, cf. **haf**), in kenning for ship, *h. hlunns* (gen. with *hlæðir*) v267/1 (Kock, *NN* 428, suggests *háreið*)
hafrhvalr *m.* dolphin v489/1 (= *höfrungur*, Delphinus delphis ÁBM; perhaps could be used of any male whale, cf. JG 6, 34; not in *KSk*)
hafskíð *n.* 'sea-ski', ship v260/6 (gen. pl. with *slóðir*)
hafskip *n.* ocean-(going) ship v355/3
haf-Sleipnir *m.* sea-Sleipnir, kenning for ship v242/2 (acc. with *lét*, subj. of *þramma*)
hafstrambr *m.* a kind of sea monster v489/3 (*KSk* 27, where it is

300   Skáldskaparmál

described with some features of the hooded seal (see *KSk* 163); cf. Blöndal 1920–24; not in JG)
haga (að) *sv.* with dat. arrange, order, construct v38/4
hagl *n.* hail v77/3, 44/26, 67/27, 71/15, 74/6; in kennings for arrows, *h. strengjar* v222/3 (dat. with *drífr*), v248/2, *bogna h.* v247/3 (obj. of *skók*), *brynju h.* v249/3 (subj. of *brast*)
hagna (að) *wv.* with dat. benefit v34/2 (it is unclear whether the obj. is *mér, vísa* or unexpressed; see note)
hagsmiðr *m.* skilled maker v300b/7 (v. l. *hagskíð* ('skill-ski') gives no sense; cf. **skapsmiðr**)
haka *f.* chin 108/22
hála *adv.* greatly v218/1
halda (helt) *sv.* with dat. hold (*of e–m* over s–one) v21/2; keep (possession of) v178/1 (inf. with *munat*); *heltu, helztu* you held, defended successfully v217/1 and v314/1 (*fyr(ir) e-m* against s–one), you took, led v410/1; keep, preserve 6/2, 45/28; support, maintain v398 n.; *h. hróðri* uphold his praise, pursue, continue his praise, make poetry in praise of him v299/3; abs. hold on 25/5; impers., *e–u heldr* s–thing continues, lasts v213/3; *h. aptr* hold back, restrain or drive back (home) v52/2; *h. e–u fram* go on with, carry on, continue with s–thing v173/1 (cf. **at (1)**), *h. saman* put together v231/1; with acc. possess, occupy v409/3; imp. *halt* keep v386/3; *h. fyrir* treat as, use as 101/23, 103/18; md. remain valid, be fulfilled 45/31, 46/4, 5, continue, last v390/3 (inf. with *bið ek*: that his life may last)
hálfgjǫrr *a.* (*pp.*) half-built v375/4 (with *inni*)
háleitr *a.* noble, splendid in appearance v342/2 (of a poem)
hálfa *f.* region, area 41/14
hálfr *a.* half; dat. sg. n. *hálfu* as adv. with comp. 42/9
hálfrými *n.* half a rowing bench, the rowing position on one side of the ship; *hálfrýmis félagi* the man who sits on the same side of the rowing bench 107/22 (cf. **rúm** 'rowing position'; v. l. *-rýnis*)
háll *a.* slippery v78/3
hallardyrr *f. pl.* entrance to the hall 20/29
hallargólf *n.* hall-floor, the middle of the hall 40/39
hallhrímnir *m.* 'hall-crier', helmet-name v472/5
hallland *n.* '(whet)stone-land', that on which the whetstone travels, sword; in kenning for warrior (Þórr), *hallands herðir* v79/2
hallr *m.* stone (millstone) v175/2, v181/8; *sá hinn harði h.* that hard stone, i. e. mill-stone v168/4; *hall* as first part of compound separated by tmesis, *hallvǫllr* plain of stones, mountain v86/2 (gen. with *salar*)
hallvǫllr see **hallr**
halr *m.* man, hero v220/1 (unidentified), v445/8; human being v170/8
háls *m.* (1) neck (usually with dat. of person) 4/14, 22/4, 40/23,

42/8, 43/5, v250/6 (gen. with *baug*, or the first half of a compound separated by tmesis, i. e. neck-ring; Kock, *NN* 1505, links it with *hringa*), 108/6. (2) front lower corner of a sail (Falk 1912, 64); fore-part of ship, front rowing position (Falk 1912, 84); the ends of the planks where they curve up to the stem (Falk 1912, 51–2; LK 134, 160; cf. English *hawse*); v497/5. (3) ridge (of hills) v502/1
hálsgjǫrð *f.* neck-ring, necklace 61/15
hálsstemni *n.* *háls* = fore-part of ship, front rowing position; the joints between the planks and the stem; *stemni* or *stefni* = stem (collective for the three parts of the stem Falk 1912, 35); *hálsstemni* is perhaps the inner part of the stem of a ship; or perhaps = 'grooved stem', where the planks were grooved into each other or into the stem, see LK 134–5; the front stem? v497/4
haltr *a.* halt, lame; weak form *halti* as nickname 6/37
hamarr *m.* (1) hammer v48/1 (dat. (instr.) with *fórsk*), 20/37, 21/37, v69/6, v90/2, 42/16, 31, v288/3 (instr. with *slegnar*), v497/7 (Falk 1912, 13)
hamarr *m.* (2) male porbeagle (cf. **hámerr**) v487/5
hamarskáld *n.* nickname 104/23 (perhaps from *hamarr* 'crag', relating to a place of origin?)
hámerr *f.* porbeagle, mackerel-shark (modern Icelandic *hámeri*) v486/7
hamla *f.* rowlock (a thong to hold the oar in position), grummet, thole-strap v498/2 (Falk 1912, 71; LK 167–8; also a thong holding the top of the steering oar to the side of the ship (Falk 1912, 76); cf. **hemlir, hǫmlungr**
hamljótr *a.* ugly in form v101/8 (complement of *regin váru*)
hamr *m.* skin, form, shape (*e–s* of s–thing) v341/3
handgenginn *a.* (*pp.*) having entered s–one's (*e–m*) service, owing allegiance, liege 80/12
handtekinn *a.* (*pp.*) captured 48/37
hanga (1) (ð) *wv.* hang 49/3; **hanga (2) (hekk)** *sv.* hang v153/4
hangferill *m.* 'hanging way', in kenning for arm, *í hangferil hringa mér* onto my arm v234/3
hangi *m.* hanged man; see Index
hani *m.* cock v412–517 n.
hanki *m.* a loop or band on the side of the ship to attach a rope to (Falk 1912, 69) v497/5
hapt *n.* shackle, fetter; pl. a name for the heathen gods 84/24; in kennings for Óðinn, *hapta beiðir* v32/1, *hapta snytrir* v94/3 and v305/3, for Iðunn, *munstœrandi hapta* v102/8, for Sigyn, incantation-goddess, *galdra h.* v75/3 (gen. with *arma*; or possibly a name for Þjálfi, see v75/2 n.)
haptsœnir *m.* a name for Óðinn ('gods' atoner, reconciler', 'fetter-

looser' or 'captives' sacrifice'?), in kenning for poetry, *haptsœnis heiðr* v301/3 (cf. *NN* 262)

hár (1) *a.* high 21/20 (with distance in gen.), 24/26 (*hann* = *vegginn*), v112/1 (with *heimtjalds*); long v86/1 (with *fylvingum*; see note); high (up in the sky; *of* above) v136/3 (with *vafrlogi*); elevated, noble v111/3 (acc. with *ævi*), v280/1 (with *stjóri*); n. as adv. loudly 2/34, 3/31; *hátt svá at* at such a height that 1/32

hár (2) *n.* hair v71/2 (gen. with *hneigihlíðum*), 41/30, 33, 48/12, v212/4 (instr. with *brumaðr*), 108/7, 20, 21

hár (3) *m.* rowlock, thole, thole-pin v497/7 (Falk 1912, 70)

hár (4) *m.* a kind of small shark (= modern Icelandic *háfur*, spurdog, piked dogfish) v488/7

harðbrotinn *a.* (*pp.*) hard-fragmented, broken into hard fragments v70/1 (with *hein*)

harðfari *m.* 'hard-goer', ox-name v504/2

harðgeðr *a.* harsh-minded, spiteful, defiant (not necessarily pejorative; the word is used of kings in praise poetry, where it perhaps means 'stern-minded' or 'resolute') v51/4 (with *hringr*, i. e. the serpent)

harðgleipnir *m.* 'hard-fetter' (cf. Gleipnir in *Gylf.*), i. e. strap; or 'harsh swallower, destroyer', in kenning for sword (or 'harsh gaper' = axe?), *hlífar h.* v83/4 (gen. with *borðs*; board of the shield-strap or of the sword (axe) = shield)

harðmenni *n.* tough person (people) 106/9, v440/6

harðr *a.* hard 21/23, v125/4, v156/7, v168/3, v229/3 (with *hryngráp*); tough v68/5 (with *rúna*), 46/35, 50/20, v167/1, v309/4; strong v128/1 (with *élvindr*), v289/3 (with *dúfu*); unbending v176/2; n. as adv. strongly v312/2

harðráðr *a.* harsh-ruling, firm in decisions, determined (of Haraldr hárfagri) v256/2 (with *hrjóðr*)

harðræði *n.* difficult undertaking, trial of one's determination v293/3 (subj. of *vex*; though since this verb is usually intrans., perhaps *harðræðit hvert* is adv., 'with every difficulty')

harðvaxinn *a.* (*pp.*) mightily grown, swollen; f. pl. as subst. (i. e. rivers, waters) v79/1 (acc. with *sér*)

harðvigg *n.* 'tough horse', in kenning for ship, *h. umbands allra landa*, tough horse of the ocean v348/2 (gen. with *framstafni*)

hárfagr *a.* 'hair-fair', having beautiful hair (it was made of gold, see ch. 35) 30/18

harmr *m.* grief, sorrow, pity 22/11, 108/32; trouble, i. e. (its) hunger v335/3 (obj. of *bregðr*); injury v90/6 (dat. with *beitti*), v154/8 (pl., obj. of *hefndu*, for injuries done to them, i. e. the death of their sister); in kenning for eagle or raven, *h. Hugins fermu* that which causes trouble to carrion, i. e. eats it v335/4 (subj. of *bregðr*)

Glossary 303

harpa *f.* harp 48/39
hárr *a.* hoary, grey 2/6, v101/7 (*ok* links this word with *gamlar*; both adjectives form the complement of *allar áttir gǫrðusk*), v323/2
harri *m.* lord (Old English *hearra*; cf. **sinnjór**) 100/7; *h. Hjaltlands* (Earl Þorfinnr) v384/1; *h. Dana grundar* (King Eiríkr of Denmark) v398/1 (obj. of *kveð ek*); *harra hneykir* = ruler (St Knútr Sveinsson) v398 n. Cf. Index; *Hallfreðar saga* 157, verse 9
hárskaði *m.* hair-harmer 20/5
hárslitr *m.* the colour of the hair 49/18
háskerðingr *m.* Greenland shark v486/8
hasla *f.* a pole (of hazel); in kenning for the ash Yggdrasill, *und jarðar hǫslu* under the pole of the earth, under Yggdrasill, i. e. on earth v388/1
hásæti *n.* throne 1/8, 58/12
hatt- see **hǫttr**
háttr (dat. **hætti**) *m.* manner, way 61/13; verse-form 5/13, v395/3 (pl., obj. of *nemi*; = style?); custom 80/2
hauðr *n.* surface, (poetical word for) land 86/6, v312/1, v501/4; in kenning for giants or giantesses, *h. áss* = mountains v80/6 (gen. with *runkykva*)
haufuð see **hǫfuð**
haugr *m.* (burial) mound 60/12; (dwelling place of a giant) v65/4 (acc. with *lét of sóttan*); in kenning for warrior (Constantine Monomachus? q. v. in Index), *haugs skunduðr* v385/4 (see note)
haugþak *n.* mound-roof 40/30 in kenning for gold, wealth: *Hǫlga h.* (see 60/12) v187/4 (pl., obj. of *bar*)
hauklundaðr *a.* hawk-spirited, with a hawk-like character; or bold-spirited v398/2 (with *harra*)
haukr (1) *m.* hawk v103/4 (gen. with *flugbjálfa*), 49/27, 29, 30, 108/37; in kennings for arms, resting places of hawks, *hauka fjǫll* v185/2, *hauks kálfur* v186/8
haukr (2) *a.* spirited, bold v360/2 (with *gæi-Þrúðr*)
haukstallr *m.* nobleman, warrior, king; *haukstalla konr* (= Magnús góði) v295/3 (gen. pl. with *konr*); probably a variant of *haukstaldr*, see *SnE* 1848–87, II 469; cf. Old English *hagosteald*
hauldr *m.* Norwegian form of **hǫlðr**, 106/7 n.
hausamǫlvir *m.* sword-name, 'skull-crusher, -shatterer' v455/2 (**-mǫlnir** or **-molnir** (cf. *molna* wv. 'crumble') *m.* grinder? see t. n.)
hauss *m.* skull 22/3, v70/6 (dat. with *eðr ólaus þar í*), 33/23, 49/6, 108/10, 22; figurehead (on a ship) v391/1; *Ymis h.* = sky v105/4 (with *und gǫmlum*; phrase goes with *stígr aldri*; see *Gylf.* ch. 8)
haussprengir *m.* 'skull-burster, -splitter, -shatterer', in kenning for Þórr, *h. Hrungnis* (see p. 22) v51/3

haust *n.* autumn 99/6, 15
haustkaldr *a.* 'autumn-cold' v131/1 (with *hólmrǫnd*)
haustmánuðr *m.* 'autumn-, harvest-month', September–October 99/16
haustnótt *f.* autumn night v213/4 (acc. of time with *helt*; strengthened by *gegnum*)
háv- see **hár (1)**
hefill *m.* plane (tool for smoothing wood; LK 124); gear to raise or lower a sail; rope or loop of rope to furl or shorten sail; clewline or reefpoint v497/5 (cf. Fritzner 1886–96, s. v. *hefill, hefla*; Falk 1912, 67–8)
hefja (hóf, hafinn) *sv.* lift 25/27 n.; raise, pres. p. *hefjendr Hlakkar tjalda* raisers of shields, warriors, men v231/2; begin (trans.) 1/16, v32/2 (with suffixed pron.; cf. *NN* 2745), 72/23; with inf. begin (to do s–thing) v104/1; md. begin (intrans.) 3/10; reflexive, raise o–self, advance o–self, become renowned v294/3. In t. n. to 1/1–2 the form *hefir* may be used to mean 'begins' (the scribe of U used the abbreviation for *-ir*, see Introduction pp. liv–lv); cf. v275/1, and see **hafa**
hefna (d) *wv.* with gen. avenge 2/25, 6/20, v152/8, v154/7; *h. e–s við e–n* avenge s–one on s–one v180/4
hefnd *f.* vengeance (*eptir e–n* for s–one) 49/35
hefni-Áss *m.* avenging Áss, god who avenges (*e–s* s–one) 19/24, 27
hégómi *m.* rubbish, nonsense, fabrication 109/6
heiðfé *n.* salary (of a soldier) 81/5 (complement)
heiðingi *m.* 'heath-dweller', wolf v323/1 (gen. with *hungri*), v514/4
heiðinn *a.* heathen, pagan 5/31
heiðmenn *m. pl.* paid men (*heið-* 'reward for honourable service', see **heiðr (4)**), stipendiaries 80/27
heiðr (1) *m.* 'bright one', shield-name v471/2
heiðr (2) *f.* heath v502/3; cf. v83/5 t. n.
heiðr (3) *m.* honour (*e–m* to s–one) v317/3 (*h. sé ok* and honour be)
heiðr (4) *m.* (or **heið** *f.* or *n.*) reward, salary, gift (perhaps the same as **heiðr (3)**); in kenning for poetry, *haptsœnis h.* v301/4 (obj. of *galt*)
heiðþegi *m.* salary-receiver, paid man, stipendiary v286/4 (*þessum heiðþegum* to or for these paid men, dat. with *bæri mjǫð*)
heiðþornir *m.* 'bright-clouded', a name for the heavens 85/17; cf. v516/5 t. n. and Heiðþyrnir in Index
heilagr (inflected **helg-**) *a.* holy v4/3 (of the mead of poetry), v112/1 (of God), of Óláfr Haraldsson v233 n.; belonging to the gods (of a table) v95/3; of Christ's hair v274/4; of Baldr's body (*tafns*) v14/3; of the Cross v271/1; *h. maðr* saint 76/25; *inn helgi gramr* = St Óláfr v294/4; comp. *helgari* holier v273/4

Glossary 305

heili *m.* brain 108/7
heill *a.* whole, unharmed; *heill (kom þú)* welcome, hello, hail, greetings v215/1, v283/1; sup. with imp. *gef þú allra konunga heilastr* may you be blessed above all kings in your giving 58/19
heim *adv.* home; *h. með sér* back home, to his home 20/34, v364/2; back (to where it belongs) 42/34
heima *adv.* at home 21/10, 58/11; in the dwelling 2/14
heiman *adv.* from home 48/35; out (into the world) 1/16, 4/8; *hvetja h.* urge to leave home, urge to set off (on an expedition) v73/4
heimboð *n.* invitation to stay 40/33, 48/34, 52/5; *at heimboði* as a guest 3/19; *h. Hangagoðs* Óðinn's hospitality (in Valhǫll, i. e. they will die) v2/3; *h. e–s með e–m s*–one's visit to s–one 1/1–2 t. n.
heimferð *f.* journey home 40/34
heimr *m.* world 3/18, 45/4, 51/34, 76/23, v277/4 (gen. with *umgeypnandi*); pl. v516 t. n., v516/1 t. n., v516/22; in kenning for sky, *heims skáli* v136/4, for heaven, *heims hrót* v271/2
heimsœkir *m.* visitor (*e–s* to the home of s–one), guest 20/3 (Loki), 36/24 (Ægir, cf. p. 1 and ch. 61)
heimtjald *n.* 'world-tent', sky v112/2 (gen. with *ræsi*)
heimþinguðr *m.* one who meets or visits s–one (*e–s*) in their home, visitor, friend, lover; in kenning for giant (Hrungnir), *h. herju Vingnis* v70/2 (gen. with *hein*, i. e. belonging to)
hein *f.* whetstone 4/10, 21/10, 21/27, 36, 38, 22/1, v70/4 (subj. of *hvein*); in kenning for sword, *heina laut* v279/2
heinberg *n.* whetstone rock, hone-stone 22/1
heinland *n.* land of the whetstone, that which the whetstone travels over, sword; in kenning for warrior (Knútr inn ríki), *heinlands Hǫðr* v311/3
heinvandill *m.* 'whetstone-rod' (cf. *vǫndr*) or 'whetstone-land' (where the whetstone travels; cf. the place-name Vendill in Jutland); or '-giant' (see Vandill in Index), i. e. -destroyer, a kenning for sword; *hermðarspjǫll heinvandils* = battle v264/4 (cf. the sword-name Dragvandill in Index)
heinþyntr *a.* (*pp.*) 'whetstone-thinned', sharpened with a whetstone v243/1 (with *hryneld*)
heipt *f.* hatred, wrath, fury v252/3 (subj. of *svall*)
heiptbráðr *a.* quick in wrath, in fierceness, i. e. in fighting v288/4 (with *rúni*)
heiptyrði *n. pl.* spiteful words (talk, speech) 50/5
heit *n.* vow 47/32, 58/19; threat; pl. defiance v376/3
heita (**hét**) *sv.* (**1**) (pres. *heitr*) threaten (*e–m e–u*); impers. pass. 2/9; promise (*e–m e–u*) v160/5 (i. e. grant), 109/17 t. n.
heita (**hét**) *sv.* (**2**) (pres. *heitir*) be called 5/17 (2), 6/24, 32; *heitinn*

verða come to be called v180/6 (*sá* = *Yrsu sonr*); be known as 104/20, 105/18, v428/1, v468/1; *þeir hétu svá* their names were as follows 101/19; *er svá heita* whose names are (were) 36/25, 103/1; be a word for, be the name of 40/12, v327/1, 99/17 (1), 105/27; mean, be a word for 109/12, 13, 16, 18 (1); *nornir h.* they are called norns v437/1; abs. *heitir* there is a term 106/19 (cf. **hraumi**); *hǫfuð heitir* there is what is called a head 108/6; it is called v332/1, 6, v380/1; *á hendi heitir* on the hand there is what is called 108/34 (similarly 109/1, 109/18 (2)); *sem heitir* by its (normal) name, by a name which properly belongs to it 5/17 (1), 83/14 (1); *þar sem heitir* to the place called 72/9; *heitir ok niðr nefi* a relation can also be called *nefi*, *nefi* is also a term for a relation 107/18

heiti *n.* name, appellation, designation, term (*e–s* for s–thing) (usually, though not always, of a name which is not the normal one by which a person or thing is called (cf. *nǫfn* 107/12); thus to use a *heiti* is not the same as *at nefna hvern hlut sem heitir*, 'to call each thing by its (normal) name' 5/17, and *heiti* can refer to kennings (5/23, 41/11, 107/24)) 4/7, 40/24, 41/10 (*hans* its), 44/24, 60/18, 67/25, 83/14, 85/14, 16, 88/9, 19, 90/3, 10, 16, 92/25, 95/1, 97/15, 99/8, 22, 23, 105/5, 28, 106/11, 107/12, 29, 108/8, 13 (instr.), 37, 109/21, v439/2, v444/2, v449/1, v451/2, v463/12, v472/2, v491/2, v503/2; in headings for various *þulur*, see textual notes to v412, v417, v423, v428, v432, v433, v438, v439, v449, v451 etc. (when *heiti* is the first word in the phrase, it often means 'names (of, for)'; when it is last, it usually means 'terms (for)'); *h. á e–u* v460 t. n., v495 t. n. seems to mean names for parts of s–thing, for things on s–thing (cf. 108/34, 109/1, 18); *e–s h.* an expression for s–one; *h. Óðins* a name for Óðinn 5/23, 105/31, similarly v435/3; *jǫtna h.* names of giants v417/2, v422/8, v430/2, similarly v423/2, 113/17, v432/2; *viðar h.* tree-name 40/13, 21, 108/21; term 5/20, 24, 26, 6/31, 11/26, 40/12, 41/11, 16 107/24; term or proper name (?) 36/27, 40/15; *eiga h. við* share designations with, be also terms for, be synonyms for 41/10 (cf. 109/21)

heitr *a.* hot v320/2 (with *gjálfri*, i. e. blood)

héla *f.* (hoar) frost 61/12

heldr *adv. comp.* rather (*en* than), instead (of) v252/7; quite, i. e. very v59/7, v101/7 (with *hamljót*; perhaps making it the equivalent of a comparative, = more); *eigi h.* no more, neither 59/3

héldr, héltr *pp.* covered with frost v131/1 (with *ǫndri*), v352/1 (with *húfi*)

helg- see **heilagr**

hellir *m.* cave v85/3 (gen. with *hringbálkar*); in kenning for gold, *hellis hyrr* v65/3; for giantess, *hellis sprund* v86/7

Glossary 307

helmingr *m.* half; *í helminga* equally 46/11; band (of warriors) v442/6 (perhaps originally 'helmeted troop')
helsingr *m.* sword-name, derived from a tribal name (cf. **skilfingr**) or 'fitted, used with a baldric' v458/7
hemlir *m.* 'having rowlocks', a ship v493/3 (see **hamla**)
hend- see **hǫnd**
henda (nd) *wv.* catch in the hand 4/14; *e–t hendir e–n* s–thing befalls, happens to s–one 24/22
hengiligr *a.* slouching v263/2 (with *karl*)
hengja (ngð) *wv.* hang 49/29, 103/11
hepta (pt) *wv.* shackle, (cause to) halt, i. e. kill v58/5
her- intensive prefix, see **hergrimmr, hermargr, herþarfr**; cf. **þjóð-**
herað *n.* district 80/1, 2
herbergi *n.* lodging; private room 59/8; *til herbergis* as a lodging 25/22
herberi *m.* sword-name, 'host-striker' v452/7
herblótinn *a.* (*pp.*) worshipped (sacrificed to) by hosts (of men; of Þórr) v91/1 (with *hneitir*)
herbrái *m.* sword-name, 'host-shining' v455/3
herðimýll *m.* 'shoulder-lump' or 'hardness-lump', in kenning for stones, *herðimýlar Hergauts vinu*, lumps of the shoulders (i. e. mountains; or hard lumps) of Óðinn's mistress, i. e. of Jǫrð, earth v156/7 (instr. with *barðir*)
herðir *m.* that which (one who) hardens, increases, promotes (cf. *Háttatal* 37); fire; sword-name ('hardened, tempered'?) v456/6; in kenning for war-leader, battle-promoter, *odda skúrar h.* v309/2 (subj. of *lætr*, in apposition to *jarl*); for Þórr, *halllands h.*, sword-impeller v79/1 (subj. of *sér*), *h. nauðar hauðrs áss runkykva*, he who increases the trouble of giants (or perhaps giantesses) v80/5 (with *at*; see note)
herðr *f.* shoulder (i. e. top) of sword-blade v461/8; pl. *herðar* shoulders v97/7
herdrengr *m.* host-man, warrior v197/2 (obj. of *glaðar* (v. l. (C) *her drengja*, a host of men))
herfang *n.* plunder, loot 52/16; *at herfangi* as booty, as a prize in a plundering raid 72/3; in kenning for Loki, *hirðitýr herfangs* the god who refuses to hand over booty (referring to the cooked, and stolen, ox) v97/8
herfenginn *a.* (*pp.*) captured in battle v385/2 (with *skundaði*; the form *-fing-* would give a better rhyme; cf. **fá (1)**)
herfylginn *a.* 'host-accompanying', assiduous in warfare v187/3 (with *Hǫlga*)
hergrimmr *a.* fierce towards men (hosts) or very fierce (*her-* intensive); sup. v133/2 (with *Grotta*)

hergrímnir *m.* host-masked, war-masked one, the one who wears a mask in battle? v220/4 t. n.
herja (1) (jað) *wv.* raid; impers. pass. *herjat var* a raid had been made 72/5
herja (2) *f.* (female) member of a *herr*, one of a host or clan; in kenning for troll-wife, *h. Vingnis* v70/1 (gen. with *heimþinguðar*)
herklæði *n. pl.* armour 67/17
herkonungr *m.* war-king (i. e. *dux* rather than *rex*) 46/22 (Sigurðr Fáfnisbani), 66/16, 67/18, 103/7 (Lofði Hálfdanarson), 16 (Skelfir)
herkumbl *n.* 'host-crest', helmet v473/2
herlið *n.* troop, army 100/1
hermaðr *m.* warrior 101/15, 105/20 (subj.)
hermargr *a.* extremely numerous v190/4
hermðarspjǫll *n. pl.* angry talk (conference, meeting), in kenning for battle, *h. heinvandils* v264/3 (gen. with *til*, with regard to)
hernaðr *m.* warfare 101/22
herr *m.* host 5/36, v3/1, v375/3, v377/3 (subj. of *flýði*), v396/3, 107/11, v442/6; host (of angels or mankind?) v270/2 (obj. of *skóp*); people v402/2; (invading) army 52/15, v177/5, 58/27, 59/22, v254/5, 100/13, 101/8, 9; *skipa h.* naval force 105/26
herra *m.* lord 100/7 (Old Saxon *herro*; cf. Index)
hersir *m.* lord (originally of a *herað* or of a *herr*?), a man of high rank in early Norway (though probably only a historical term by Snorri's time) v120/2 (gen. with *glǫðuðr*), v265/4 (Skopti Skagason; see *Hkr* I 249; dat. with *at móti* (in battle against) or with *með jǫfnu gengi* (the same size as Skopti's)), 79/26, 80/3, 81/10; of Þórr and Þjálfi v85/1 (subj. of *fram gingu*); *hans* (so UA, abbreviated in both) *á hersi* to (of) its or his lord v274/3 seems to refer to Christ (i. e. it was his hair), and *hans* may refer to *lopt* or to some word in the other half of the stanza, which is not recorded; Finnur Jónsson emends to *heims* (*Skj* B I 245)
herskip *n.* warship 67/20, v358/3 (dat. of respect with *hǫfuð*), v404/3 (pl.)
herstefnandi *m.* (*pres. p.*) host-musterer, -director, war-leader (Earl Hákon) v334/3 (subj. of *gaf*)
herstjóri *m.* battle-commander, army commander 80/7
hertogi *m.* war-leader, army-leader, general; earl or duke? 100/12 (complement), v385/1 (gen. (pl.?) with *hneykir*)
hervápn *n. pl.* weapons of war 2/24
herþarfr *a.* useful, beneficial to the people (or very beneficial, see **her-**) v296/2
herþruma *f.* war-thunder, in kenning for Þórr, *herþrumu Gautr* v73/6 (gen. with *geðreynir*) (taken as equivalent to *her-Gautr þrumu* DD)
herþǫgn *f.* 'host-receiver', probably a name for a valkyrie (cf. Þǫgn, *SnE* 1848–87, II 490 (A)); as a word for battle v450/8

Glossary 309

hestr *m.* horse v19/3 (dat. with *ríðr*), 20/22, 22/16, 42/29 (*hverr h.* any horse), 47/35, 74/7, 14, 75/3, 88/19, v325/2, v327/1; in kenning for ship, *h. lauks* v259/7 (among proper names in *SnE* 1848–87, II 487)
hetja *f.* brave warrior, hero 106/10, 113/17 t. n.
hey *n.* hay 4/9
heyannir *f. pl.* hay-making time (July–August) 99/20
heyja (1) (háði) *wv.* set up, put into effect; bring about, make v81/5 (*NN* 1507 suggests *œddu*, 'made furious'); conduct, hold (battle) (*við e–n* against s–one) v83/5, v219/1, v399/1 (inf. with *gingu*)
heyja (2) (heyjaði) *wv.* make hay; *h. sér e–t* furnish o–self with s–thing, increase one's stock of s–thing 5/26. Cf. Foote 1984a, 83, n. 15
heyra (ð) *wv.* hear, listen v27/1 (*á* to), 21/36, v160/7, v237/1 (inf. with *vilið*), v409/1; imp. v27/2, v37/1 (with acc. (*mína strauma*) and inf. (*glymja*)); subjunc. (optative) *heyri* may he hear v395/1, *heyri á* (adv.) let him hear, may he listen v292/1; with suffixed pron. *heyrðak sagt* I heard it said 58/11; *heyra (of) getit e–s* hear s–thing mentioned, hear tell of s–thing v325/6, v326/5 (both with suffixed pron.); *heyrðak svá þat* (= *at*) I heard this, that v103/1; inf. be heard 44/28, be presented 11/25; *láta h.* present 6/30; impers. it can be heard 43/11
heyrn *f.* hearing 108/13, 14
hildibarr *a.* battle-ready, -keen v211/3 (with *Sigurði jarli*)
hildigǫltr *m.* 'battle-boar', helmet-name v473/1 (see Index)
hildingr *m.* ruler (lit. probably warrior; cf. *Helgakviða Hundingsbana* I, II, *Helgakviða Hjǫrvarðssonar*, *Hávamál* 153, *SnE* 1848–87, II 469, 551; dwarf-name in *SnE* 1848–87, II 470; cf. Hildingar in Index); pl. (Ingi and Sigurðr, sons of Haraldr gilli; see note) v399/2 (subj. of *gingu*)
hildr *f.* battle v227/1 (obj. of *bauð*), v304/3; in kenning for shield, *hildar fat* v92/8; for war-leader (Haraldr harðráði), *hildar stjóri* v280/1 t. n. (see note); for Óðinn, *hildar Njǫrðr* v39/1. Cf. Hildr (1) and (2) in Index
hilmir *m.* poetical word for king (originally helmet-, protection-provider? Common in eddic poems) v31/1 (Eiríkr blóðøx), v189/1 (Hrólfr kraki), v251/3 (Hǫgni; dat. with *bauða*), v279/1 (Haraldr gráfeldr), v284/3 (Haraldr harðráði, speaking of himself), v400 n. (dat. of advantage, for the king (Haraldr harðráði)). Cf. Index
himinn *m.* sky 2/37, 22/28, v72/6, 25/27 n., 33/23, 39/2, 85/17, v356/1, the heavens v276/1 (gen. with *dýrð*), 85/13; heaven 76/22, v516 t. n., v516/8; pl. v516/1, 17; in kenning for troll-wife v300a/7; in kenning for head, *himinn brá tungls loga*, sky of the eyelashes' moon's flame, of the light of the eye v86/1 (dat. obj. of *þrungu*);

pl. the heavens, the sky 76/24, 77/6, v270/1; *hirð himna* = the host of angels v272/1 (or *hirð himna dýrðar*, see *NN* 2990K, 2112B)

himinríki *n.* the heavenly kingdom, the kingdom of heaven 76/23, v277/2 (acc. with *lét opna*)

himinsjóli *m.* king of heaven (or of the sky), i. e. Þórr v81/3 (gen. or dat. with *þat var aflraun*, i. e. for him)

himintarga *f.* shield of heaven (or of the sky), i. e. the sun v76/2 (gen. with *vers*)

himintungl *n. pl.* heavenly bodies 33/25

hinig *adv.* hither v11/6, v177/6

hinn *pron.*; *hinn er* who or whose v49/1 (see under **hjarta**); the one who 5/22, he who v110/1, v227/3 (with *Búi*?); *hitt er* that which, what v22/1; *hinn* the other one 42/4. Cf. **neytri** and **in**

hirð *f.* retinue, following 49/32, v188/2, v198/1 (obj. of *viðr*), v333/7 (acc. with *lætr*, subj. of *stika*), v444/3; band of warriors, army v400 n. (acc. with *hygg ek*); court; *hirð himna (dýrðar)* = the host of angels v272/1; in kenning for king (Haraldr harðráði), *hirðar stjóri* v280/1

hirða (ð) *wv.* keep, put for safe keeping 3/39

hirði-Sif *f.* 'keeping-Sif', Sif who keeps, in kenning for woman, possessor of gold, *flóðs fúrs h.* v204/2 (vocative)

hirðitýr *m.* 'keeping god', god who keeps, in kenning for Loki, *h. herfangs*, the god who refuses to hand over booty v97/7

hirðmenn *m. pl.* the king's men 50/13, v218/2 (subj. of *téðu*); men in a ruler's service, followers, courtiers, retainers 80/12, 13, 14, 15 (subj.), 26, 81/10

hirðstjóri *m.* ruler, commander, director of the court or the king's retinue 78/24 (*Egils saga*, *ÍF* II 134)

hitta (tt) *wv.* encounter 50/2; get back to 72/13; *h. fyrir sér* come upon 52/2; md. meet together 106/37; for pass. v457/8

hizig *adv.* thither, there v396/4 (with *gekk*?—or line 4 can be taken with lines 1–2)

hjal *n.* chatter 109/5

hjaldr *m.* or *n.* noise; talk, conversation 109/5; battle v449/2; *við h.* in (response to) battle v336/1

hjaldrgegnir *m.* 'noise-meeter or -benefitter', in kenning for Óðinn, *Hildar h.*, meeter (benefitter, cultivator; performer?) of the noise of Hildr (i. e. battle) v39/1 t. n. (gen. with *geðfjarðar*)

hjaldrǫrr *a.* battle-swift, -keen v227/2 (with *Sigvaldi* or *Búi*?)

hjálmeldr *m.* 'helmet-fire', sword v227/1 t. n. (i. e. with swords); in kenning for warriors, berserks, *hjálmelda gildar* v242/4

hjálmfaldinn *a. (pp.)* helmet-capped, with his head covered with a helmet v227/1 (with *Búi*), v305/4 (of Óðinn)

hjálmgǫll *f.* 'helmet noise' i. e. that which clangs against the helmet, a coat of mail v474/1. Kock (*NN* 2565C) points out that this word ought to mean 'sword', and suggests that it ought to be *jálmgǫll*, 'uproar noise'

hjálmr *m.* helmet 2/24, 33/24, 26, 46/15, 47/23, 49/36, 58/34, 37, 67/18, 70/19, v312/3, 108/7, v472/3 and t. n.; *und hjálmi* wearing a helmet, helmeted v279/1; *sólar h.* = sky (gen. with *tiggi*, i. e. God) v116/4; in kenning for axe (or sword), *grand hjálms* v244/3

hjálmunvǫlr *m.* tiller, bar through the rudder to control its direction (Falk 1912, 75–6; by attached ropes LK 179; cf. *ÍF* VIII 294) v497/2

hjálmǫld *f.* helmet-people v242/2 t. n.

hjálpa (halp) *sv.* with dat. help, save; imp. v113/1, v114/1

hjálpreip *n.* 'help-rope' v497/8; a rope attached to the bottom of the steering oar to raise it (Falk 1912, 77; cf. *ÍF* VIII, facing p. 294); *hjálparól* was a thong to tie the rudder to the rear stem (LK 179, 272); the *hjálp* was also a plate between thole-pins on which the oar rested (LK 170)

hjalt *n.* hilt; crossbar of hilt v462/4; pommel on the end of the hilt, in kenning for stone, *varra h.* v77/3 (gen. with *Nǫnnu*)

hjarl *n.* (tract of) land v211/4 (obj. of *fær*), v501/6

hjarni *m.* brain; skull 108/10, 22; in kenning for (the top of the) head, *hjarna mænir* v70/3

hjarta *n.* heart 21/21, 22, 46/32, 35, v151/3 (obj. of *steikir*), 48/38, 49/9, v336/4 (i. e. valour; subj. of *svellr*), 108/23, 26; instr. with or dat. obj. of *ræðr*, *hjarta mildu* (rules) with generous heart or (rules) over (i. e. possesses) a generous heart v194/1; adv. dat. in (his) heart v49/2 (with *samðit*; or 'did not reconcile treachery to his heart'?—or nom., 'whose heart never planned treachery', *NN* 1893)

hjartablóð *n.* blood of the heart 46/36

hjogg- see **hǫggva**

hjól *n.* wheel 70/5; in kenning for shield, *Hǫgna meyjar h.* v238/3 (gen. with *gjǫld*)

hjón *n. pl.* household v444/5

hjǫlluðr *m.* ox-name, 'roarer, bellower' v504/4

hjǫrr *m.* sword (in sg. often collective) v211/3, v222/2, v312/1, v403/1 (subj. of *beit*), v451/3; in kennings for warrior, *bǫrr hjǫrva* v216/2, *hjǫrs brak-Rǫgnir* v247/4

hjǫrtr *m.* hart, stag 75/16, 88/8, v512/1 and t. n.; in kenning for ship, *vengis h.* (subj. of *skreið*) v261/4

hlaða (hlóð) *sv.* heap up v19/2 (clause goes with *kesti*), v218/1; *hlǫðum* let us load (*e–t e–u* s–thing with s–thing) v257/3

hlátrelliði *m.* 'laughter-ship' (see Elliði in Index), breast or trunk (of the body); *hlátrelliða kjǫlr* = backbone v86/7

hlaupa (hljóp) *sv.* run, jump, leap 20/25, 25/31, 47/37, 48/6, 49/15; gallop 47/35; of a ship conceived as an animal v260/3

hlaupá *f.* swollen river, river in spate v77/4 (pl. (-*ár* = -*áar*, see note to verse 143), obj. of *vann fetrunnar*)

hlébarðr *m.* shield-name ('shelter-brim'; or possibly = leopard, from the use of the animal as decoration on shields) v469/3; = bear v510/6; = wolf v514/6; name for a giant in *Hárbarðsljóð* 20

hléð- see **hlýja**

hlémildr *a.* shelter-generous, providing shelter (*e–u* for s–thing) v186/7 (of arms, providing a place for flesh (*holdi*) to sit; with *kálfur*); some read -*myldar* (so U, *SnE* 1848–87, II 362; but -*mildra* at *SnE* 1848–87, II 321), 'covered over with (warm) earth', *h. holdi*: 'warmly earth-covered with flesh', i. e. warmly covered with flesh (like land with earth; see Fidjestøl 1982, 139; Turville-Petre 1976, 99–100)

hlemmisverð *n. pl.* 'noisy, resounding swords', in kenning for (ornaments on) prow (*ofljóst*, synonym of **brandr (2)**, but here meaning the same as **brandr (1)**), as they crash into the waves: *stáls h.* v289/3 (obj. of *styðja*)

hlenni *m.* robber, thief v387/3 (gen. with *þrýstir*)

hlér *m.* 'calm one' or 'pure one' or 'foaming one', name for the sea (cf. Hlér in Index) 92/25

hleypa (t) *wv.* with dat. make (a horse) gallop 20/26, 27, 21/15 (in each case understand *honum*, the horse)

hleytamaðr *m.* connection by marriage 107/20, v447/1

hleyti *n.* relationship by marriage; *gjǫrva h. við e–n* arrange a marriage between a member of one's family and s–one v296/1; cf. **létta**

hlið (1) *f.* side; *á aðra h. e–m* on one side of s–one 21/28; *á h. hvára* on each side v346/3

hlið (2) *n.* gateway 109/18

hlíð *f.* slope 109/18; hillside v147/4 t. n., v502/2; *skipa h.* = wave, in kenning for sea, *skipa hlíðar ból* v133/6 (see note)

hliðr *m.* name for an ox 109/18, v504/5, cf. v503/8 (see **røkkvihliðr**); for a stag v512/2. Cf. Index

hlíf *f.* shield (or other protective armour) v83/3 (gen. with *harðgleipnis*), 66/15, 70/29 (here = helmet? see n.), 71/5, 15 (here = coat of mail? cf. v249), 72/29, v396/3, 108/36, 109/9, v469/6; *hlífar styggr* shy of (using) a shield, who disdains to use a shield (of Óðinn) v22/3; in kenning for axe (or sword), *grand hlífar* v147/4

hlífandi *m.* 'protector', helmet-name v472/6

hlíta (tt) *wv.* put up with; impers. *ne hlítir e–u* there is no need for s–thing, s–thing shall not be submitted to, I shall not want s–thing (it is no good, it will not do) v18/1 (cf. *NN* 1923)

Glossary 313

hlítstyggr *a.* mediocrity-avoiding ('shy of what will just do'); with *farms* (i. e. Óðinn) v13/4
hljóð *n.* (1) tune, song (cf. **ljóð**) 52/13. (2) silence (*at* for) v33/1, v35/4 (obj. of *gørvi*)
hljómr *m.* sound 109/7; i. e. the sound of them working (or singing?) v160/8
hljóta (hlaut) *sv.* get, receive, gain v82/5, v90/4, v144/1, v147/2 (1st pers. pl. of the poet), v197/3, cf. v296/1 t. n.; come to be decorated (with) v14/4, v56/4 (probably only half the refrain, which would then have been a *klofastef*; the rest of the sentence, including the obj., would have appeared in the last line of another (lost) stanza); with inf. have to, get the job of v95/3; with *at* and inf. get to do s–thing, succeed in doing s–thing v18/1
hljótr *m.* receiver, getter (*e–s*), in kenning for ruler (Earl Hákon), *grundar h.* (or for the poet, *h. Yggs mjaðar*, *NN* 410) v197/4 (acc. with *lætr*)
hlummuðr (or **hlǫmmuðr**) *m.* resounder, roarer, boomer, name for the wind v332/6 (see t. n.)
hlunnvísundr *m.* 'slipway-bison', kenning for ship v361/4 (subj. of *gínn*)
hlunnvitnir *m.* slipway-wolf, i. e. ship, in kenning for seafarer, man, *hlunnvitnis runnr* v264/2 (dat. with *hollr*)
hlunnr *m.* plank (for supporting a ship or for standing it on); a piece of wood forming part of a slipway (for launching ships); in kennings for ships, *vagnar hlunns* v266/3, *hafreið hlunns* v267/2, *hreinn hlunns* v359/4
hlust *f.* earhole 108/12; ear, in kenning for head, *hlusta grunnr* v56/3
hluti *m.* part 58/33
hlutr *m.* thing 1/5 (understand *váru*, were), 3/17, 5/17, 40/9, 18, 83/13, 109/3, 22; *annarr h.* something else 107/14; share 5/6; part 22/1–2 (*annarr . . . annarr* one . . . the other); lot, treatment 59/4
hlýða (hlýddi) *wv.* listen v30/4; imp. (subjunc.?) listen! or let them listen! v32/1; with dat., listen to, hear, heed v176/6, v343/3 (*þá* after that, now), subjunc. pl. let them listen (to), hear v35/3 (see note); obey v264/1
hlýja (hléði) *wv.* protect (*e–m við e–t* or *við e–u* s–one from s–thing); with suffixed neg. *hléðut* did not protect v248/4, with suffixed reinforcing neg. *ne hléðut* v223/4
hlymja (hlumði) *wv.* thud, bang v346/4
hlymr *m.* noise, uproar (with gen. among, caused by) v85/3 (subj. of *varð*)
hlymþél *f.* 'banging file', point of iron-shod pole v78/6 (subj. of *knátti glymja*)
hlynr *m.* maple 40/13, 65/25, v183/6 (i. e. the handle of the axe); in

314 Skáldskaparmál

kenning for man (warrior?), *handa svella h.* v215/2 (vocative, or subj. of *kvaddi* if *brynju* is read), for generous man, *fjarðbáls h.* v368/4
hlýr *n.* cheek, side of face 44/27; side or face of a shield v92/7; pl., of an axe v183/8 (subj. of *bera*); bow, curve of the ship's side towards the prow (Falk 1912, 52) v357 n. (pl., obj. of *strýkr*), v497/3 (cf. *stýrishlýri*, a plate on the side of a rudder to hold the tiller; *hlýri* is also the name for the end of the *hjálmunvǫlr* 'tiller', see LK 179)
hlýri *m.* cheek; poetical word for brother (of St Óláfr, i. e. Haraldr harðráði, though actually they were only half-brothers, sons of Ásta Guðbrandsdóttir) v294/3 (subj. of *hófsk*), 107/17, v446/7
hlýrnir *m.* 'double-faced', 'twin-faced', a name for the heavens, containing the two faces of sun and moon 85/17 (see Index)
hlýrskildir *m.* he who decks the bows (of Heiti's horse) with shields, in kenning for sea-captain, war-leader, *h. Heita blakks* v194/2
hlýrtungl *n.* 'bow moon', kenning for shield (as hung on the side of a ship) 69/9, v234/4
hlæja (hló) *sv.* laugh 2/35, 48/19; *h. við* laugh in response (to s–thing) 58/21
hlœðir *m.* loader, in kenning for seafarer, man (i. e. the poet?), *h. hlunns hafreiðar* v267/1
hlœgja (gð) *wv.* make (s–one) laugh 2/32
hlœti, hlæti v296/1 t. n. spellings for *hleyti*? Cf. *SnE* 1848–87, III xxvi; Hreinn Benediktsson 1965, 64–5, 68 (*ey* used for *ø*) and 70–71; Introduction pp. liii, liv
hlǫðr *m.* one who heaps, fells, kills; in kenning for Þórr, *h. hreina gnípu Lista*, killer of giants v85/7 (subj. of *var fœrðr í fasta*)
hlǫmmuðr see **hlummuðr**
hnakkmiði *m.* a rope tied to a buoy and attached to the bottom end of an anchor to raise it when it got stuck on the bottom; apparently sometimes used for the buoy itself (Falk 1912, 79; LK 195; *ÍF* VIII 153) v500/7 (**hnokk-** v. l.; cf. de Vries 1977, s. v. *hnokkan*)
hnefi *m.* fist v47/4, v55/2 (acc. with *lét*), 22/12; sword-name, 'grip'? v454/8
hneigihlíðar *f. pl.* inclined, tilting slopes, of the curve of the skull, *hárs h.* v71/1
hneitir *m.* striker, one who troubles, overcomes, a defeater (*e–s*; cf. Index); in kenning for Þórr, defeater of giants, *h. álfheims bliku undirfjálfrs kálfa* v91/1 (subj. of *vá*)
hnekkir *m.* one who halts, routs, checks v385/1 t. n.
hneykir *m.* one who suppresses, humiliates, puts down; in kennings for ruler, *hertoga h.* (King Haraldr harðráði) v385/1, *harra h.* (St Knútr Sveinsson) v398 n.

Glossary 315

hníga (hné or **hneig)** *sv.* sink down v225/1; fall, die (*e–m* so as to leave s–one; at s–one's hand according to Kock, *NN* 2463E) v4/2, v69/5 (*fyrir* before, because of); pp. v11/6 t. n.
hninnir *m.* name for a wolf v514/2 (omitted in *Skj* B I 670 and Kock 1946–9, I 335)
hnísa *f.* porpoise (Phocaena phocaena) v489/3 (*KSk* 15, JG 5, 6)
hnossvinr *m.* precious friend (friend who gives jewels?—cf. Hnoss in Index) v136/3 (dat. after *of*, above; *várum*: i. e. my)
hnot *f.* nut 2/14, 108/24
hnúfa *f.* a nickname, 'stub-nose'? 15/3
hnýðingr *m.* blackfish, a kind of small whale, or porpoise; white-beaked dolphin v489/4 (*KSk* 15, JG 7; blubber-cutter LML 119)
hnykkir *m.* snatcher, puller v385/1 t. n.
hnøggvingr *m.* a stingy person 106/16
hodd *n.* hoard, wealth, gold; to harm it is to give it away, be generous v311/3
hoddmildr *a.* 'hoard-kind', generous with gold v39/1 (with *Óleifi*)
hoddsviptir *m.* hoard-robber, one who snatches, takes, from hoards, generous man (the poet?) v267/4 (in apposition to *hlæðir*, with *sá er*)
hoddvǫnuðr *a.* hoard-diminisher, generous man (the poet?) v264/1
hof *n.* temple 6/25
hóf *n.* moderation, what is reasonable 4/12 (obj. of *gefa*; to take *hóf* with the preposition *við*, 'in accordance with what is reasonable', and *gefa* as abs., seems less satisfactory)
hofregin *n.* (or **hofreginn** *m.*) temple-power; *h. hógreiðar* = Þórr v66/5 (obj. of *drógu*)
hógbrotningr *m.* s–thing easily broken, thin piece (or 'handy fragment'); *h. skógar* = Gríðarvǫlr v91/2 (instr. with *vá*)
hógdýr *n.* gentle, tame (or pliant?) beast, in kenning for ship, *húna h.* v124/4 (subj. of *berr*)
hógreið *f.* gentle, comfortable or well-controlled chariot v66/6 (gen. with *hofregin*; or with *hafrar*, *NN* 2985D; or adv., 'on the gentle chariot')
hol *n.* cavity, hole 49/3
hól *n.* praise, flattery 109/6
hold *n.* flesh 35/19, v186/7 (dat. with *hlémildar*)
holdboði *m.* 'flesh-indicator, -announcer, -messenger', name for a raven (which being a carrion bird indicates by its presence that there is carrion about) 91/4
holdgróinn *a.* rooted in the flesh 42/22
hold-Mímir *m.* sword-name, 'flesh-Mímir', i. e. giant, destroyer, of flesh? v455/4

hóll *m.* a small hill, knoll v502/3
hollr *a.* well-disposed, kind, devoted v4/3, v94/8 (*e–m* to s–one), v98/7; loyal (*e–m* to s–one) v198/2 (complement of *viðr*, 'makes his men loyal to him'); *vera e–m h.* stand by s–one v264/3 (*til* for the purpose of, in)
hólmfjǫturr *m.* 'island-fetter', that which surrounds islands, sea v130/3 (subj. of *skýtr*); the Midgard serpent, in kenning for gold, *hólmfjǫturs leið* v311/2 (gen. with *bǫr*; Kock, *NN* 1126, suggests *hólmfjǫturr* here too means sea, *hólmfjǫturs leiðar bǫr* = tree of sea's path, seafarer)
hólmganga *f.* duel 21/11
hólmr *m.* island v254/1 (*í hólmi* i. e. on Háey, q. v. in Index); (site for a) duel 21/14; *h. inn gráni* = Holmengrå, an island off Norway (in Oslofjord; see Hólmr in Index) v399/1 (phrase belongs inside *at*-clause); *á randar hólmi* on the shield-island (the shield on which Hrungnir stood) v69/4 (*randar h.* could be a kenning for shield, but it is still more likely to refer to Hrungnir's shield than to the shield on which the story was depicted)
hólmrǫnd *f.* island-circle, -rim, that which encircles islands, the sea v131/2 (subj. of *skotar*)
hólmstefna *f.* appointment for a duel, meeting for a duel 21/30
holr *a.* hollow; of a ring (i. e. with a hole in the centre rather than made of a hollow tube) v207/1 (with *hrynbáls*)
holt *n.* a low hill v502/1
hóp *n.* lagoon, a lake formed at the estuary of a river v477/2
horfa (ð) *wv.*, *h. til* point to, indicate 109/20
horn *n.* point, corner 21/23; horn 59/23; in kenning for mead (of poetry), *horna fors* v13/3; cf. v86/8 t. n.
hornglóinn *m.* 'horn-glowing, shining-horn', ram-name v507/3
horngæla *f.* garfish, hornfish (or stickleback?) v487/6
hornhróinn *m.* ram-name, 'high-horned'? v507/6
hornsíl *n.* stickleback v488/8
hornstraumr *m.* 'horn-stream', mead, in kenning for poetry, *h. Hrímnis* v46/3 (obj. of *hrœra*)
hornumskváli *m.* 'clamourer with horns', ram-name v507/2
hraðgeði *n.* impetuousness, hastiness of temper 108/33
hraðskyndir *m.* 'speedy hastener', in kenning for Þórr, *h. gunnar* v88/1 (subj. of *svalg*)
hrafn *m.* raven 49/18, v217/1, v319/3 (dat. of respect with *hǫfuðstafni*; the raven's head-prow is its beak), 90/27, 29, 91/3, v334/3 (dat. with *gaf*; feeding the ravens is to wage war), v334/4 (subj. of *varð*), v404/4 (gen. with *góð*); acc. pl. parallel to *valkyrjur* v14/3; in kennings for ship (*hrafn* may mean horse in these, see Hrafn (1)

Glossary 317

in Index, but cf. *SnE* 1931, 255/4; and see under **svanr**), *stǫðvar h.* v119/3 (gen. pl. with *stefnir*), *Heita h.* v130/4 (dat. with *skýtr*)
hrafnáll *m*. raven-sea or raven-seed (-sprout), i. e. the mead of poetry (though neither is a usual type of kenning for this concept, and the gen. of both *áll* 'channel in the sea' (cf. **áll (1)**) and *áll* 'sprout' (cf. *SnE* 1848–87, II 493) would normally be *áls*) v4/4 t. n.
hrafn-Áss *m*. raven-god, i. e. Óðinn (*Gylf*. ch. 38), whose drink is the mead of poetry v4/4 (cf. t. n.), v95/4 (gen. with *vin*: his friend is Loki—or Hœnir?)
hrafnblár *a*. raven-black (of hair) v154/7 (with *barmar*; cf. 49/18)
hrafnfreistuðr *m*. 'raven-tester, -trier, -user', i. e. Óðinn v19/3 (gen. with *mǫg*; Óðinn's son is Baldr)
hrafnreyðr *f*. minke whale or lesser rorqual v490/8 (JG 10, 37; cf. *hrafnhvalr* sei whale *KSk* 15, 165 and *reyðr*, *KSk* 17)
hráki *m*. spittle 3/14 (dat. with *spýttu*), v5/3 t. n.
hrammr (also **hrammi**?) *m*. paw 108/34; foot, claws (of a bird) v225/2 (to sink under the eagle's feet is to die in battle and become prey to birds); hand, arm, in kenning for gold ring, *hramma hrynbál* v207/2
hrannvalr *a*. wave-horse (or -falcon, cf. **hrafn**), i. e. ship (see Valr in Index); in kenning for wave, *hrannvalar fǫnn* v17/3 (gen. sg. is usually *vals*, and Finnur Jónsson in *Skj* B I 295 emends to *-vala* as in WT)
hrapa (að) *wv*. with dat. hasten, push forward, i. e. extend, exaggerate 6/16
hrapmunnr *m*. 'quick mouth'; *hrapmunnar handa* the quick (biting) mouths of his hands, i. e. his (fingers') swift grasp v88/2 (instr. with *svalg*)
hrauð *f*. (1) 'covering'; coat of mail v474/2. (2) a ship v493/2 ('plunderer'? or *hrǫð*, 'swift'?)
hraumi *m*. braggart or wretch 106/19 (subj.?)
hraun *n*. heap of rocks, rocky ground; rock (collective), in kenning for gold, *h. handa* v195/3 (gen. with *glaðsendir*)
hraundrengr *m*. 'rock-gentleman', giant (Hrungnir) v68/6 (subj. of *varðat*)
hraunn (or **hrǫnn**) *m*. helmet-name v472/4
hraustr *a*. tough, bold, valiant v222/4, v352/2, v357/1 (with *grenni*, see note)
hreðjar *f. pl*. scrotum, testicles 2/33
hregg *n*. (rain-, snow- or sleet-)storm v78/5 (instr. with *hǫggvin*), 90/17; *hreggs váfreið* = Þórr's chariot v86/6; *geira h.* = battle v219/2 (obj. of *háði*); in kenning for generous lord, *h. ár steðja Eldis mála*, destroyer, enemy of gold v317/3 (dat. with *heiðr sé ok*)
hregg-Mímir *m*. storm-Mímir, a name for the sky 85/17, v516/6, see Index
hregg-Nirðir *m. pl*. storm-Njǫrðrs, in kenning for men (warriors),

Hildar veggs h., Njǫrðs, gods, of the storm of the shield, of battle, v231/4 (subj. of *hjoggusk til*)
hreggskornir m. 'storm-cleaver', name for an eagle 92/1, v342/1 (gen. with a word meaning 'feeder' (i. e. warrior, man) in the unquoted part of the verse, where it would have been dependent on *handa*; see note)
hreiði m. ox-name ('stormer'? 'horned'? 'bellower'?) v505/6
hreifi m. wrist, palm (of hand) 108/35, 36
hreingróinn a. (*pp.*) clearly, brightly (or beautifully?) grown (grown beautiful, Marold 1993, 298–9); h. *steini* i. e. with bright colours (or precious stones?) growing on it, covering it (of the shield conceived as a leaf) v237/2 (with *blað*)
hreingǫrr a. brightly made, brightly finished, made bright, i. e. polished v92/7 (with *hlýri*)
hreinn (1) a. pure, bright v120/3 (with *hafs*), v272 (with *hirð*); clean (i. e. white?) v205/2 (with *fǫt*); comp. *hreinni en* brighter than v271/4
hreinn (2) m. reindeer 75/15; as name for ship v492/2 (Falk 1912, 87; *Morkinskinna* 1932, 428, *Hkr* III 313, *Sverris saga* 1920, 92; cf. Index); also in kennings for ships, *Sveiða* h. 74/19, v258/4 (dat. with *komt*), h. *hlunns* v359/3; in kenning for giants, *hreinar Lista gnípu* v85/6 (gen. pl. with *hlǫðr*)
hremni n. = *hrefni*, strake on a ship's side, usually fifth or sixth from the keel (Falk 1912, 53; LK 153–5) v497/3
hremsa f. arrow-name v465/6 ('clawed'? 'snatcher'?) (see Hremsa and Gusir in Index)
hret n. cold wind (with snow), tempest, snowstorm 90/18
hretviðri n. stormy weather v80/8 (instr. with *blásin*)
hreystimaðr m. tough, strong, valiant, brave man 106/9
hríð f. (period of) time 47/28, 52/20; storm; attack, (onset of) battle v450/7; name for the sea v476/3
hríðir m. sword-name, 'stormer' v458/8
hríðmál n. (snow-)storm-season 39/21
hríðr m. ox-name ('stormer'?) v504/6 (cf. Index)
hrím n. rime; soot v375/3 (obj. of *skaut*)
hrímdalr m. frost-valley 39/21 t. n.
hrímnir m. boar, 'dark, sooty, rimy' or 'screamer' v513/2 (cf. Index)
hrímþurs m. frost-giant 42/37 (cf. Index and *Gylf.*)
hrinda (hratt) *sv.* with dat. push, drive v128/4 (pp. with *hefir*), v134/3 (*á* against); h. *upp* raise, cause to lift (and stop frowning) v392/2; pp. *var hrundin e–u* was battered by s–thing v66/3
hringbálkr m. circular partition, circular wall or enclosure; in kenning for giants, *Kumrar hellis hringbálkar*, Cumbrians of the cave's circular wall, i. e. of the rock or of the mountain range v85/4

hringfár *a.* having few rings, short of rings, of a mail-shirt, i. e. damaged (or possibly 'ring-shining', shining with rings) v228/1 (*-fám*: the form *-fáum* would give better metre; see note to verse 143)
hringr *m.* (1) ring, that which encircles 36/28; in kenning for Midgard serpent, *barða brautar hringr*, i. e. sea's encircler v51/2. (2) gold ring v178/3 (obj. of *halda*); arm-ring 42/26, 59/20, 61/15 (complement or subj.?); *svíra h.* neck-ring v252/8 (pl., obj. of *fingu*); in kenning for arm, *hangferill hringa* v234/3. (3) name for a ship v493/1 (Falk 1912, 38: with a curled or spiral stem; cf. LK 130: *hringlot* = having a curved or bowed stem; cf. Hringr and Hringhorni(r) in Index). (4) sword-name (a sword with a ring on the hilt, metonymy) v457/7; in kenning for battle, sword's storm, *hrings él* v309/3; in kenning for Hildr Hǫgnadóttir, *hristi-Sif hringa*, sword-wielding Sif v250/5 (cf. **hristi-Sif**)
hringvǫrpuðr *m.* ring-thrower, generous ruler v111/4 (i. e. *Eiríkr góði*; gen. with *ævi*)
hrísgrísnir *m.* wolf ('bush-grinner', 'bush-thinner' or 'bush-scraper', 'bush-terrifier'; v. l. *Hrímgrímnir*, a giant-name, see Index) v220/4; *hrísgrísnis serkr* is the wolf-shape assumed by shape-changing warriors. Cf. Tanngrísnir in Index; Kock (*NN* 2744) suggests that *-grísnir* means 'grey one', but it is perhaps more likely to mean 'gnasher' (see ÁBM under *-grísnir*) and *hrísgrísnir* 'one who gnashes his teeth in the bushes'.
hrista (st) *wv.* shake; md. be shaken v67/3
hristir *m.* shaker; in kenning for warrior (Knútr inn ríki), *h. sikulgjarðar íss*, shaker, wielder of the sword v348/1 (vocative)
hristi-Sif *f.* 'Sif who shakes', in kenning for Hildr daughter of Hǫgni, *h. hringa*, the Sif who shakes ring-swords, sword-wielding Sif v250/5 (subj. of *bar*). Kock, *NN* 1505, takes *h. hálshringa* as the kenning, the Sif who shakes (brings, offers) neck-rings.
hrjóða (hrauð, hruðu) *sv.* strip, clear (*e–t e–u* s–thing of s–thing); md. be cleared (*e–u* of s–thing) v228/3; impers. *hrauð e–u* s–thing was driven, tossed v356/1; drive away, get rid of (with dat.) *Háttatal* 37/6; pres. p. *hrjóðandi fjǫru þjóðar*, destroyer of giants v83/6 (pl., in apposition with *hylriðar*)
hrjóðr *m.* (1) one who strips, clears, disables, i. e. in battle, attacker, destroyer; in kenning for Viking (Haraldr hárfagri), *h. báru fáks* v256/1
hrjóðr *m.* (2) 'coverer' or 'streamer', 'strewer', a name for the sky 85/18 (see Index); for the sun v517/3 (cf. **leiptr (1)**)
hrjóta (hraut) *sv.* fly, be flung 4/30, burst v181/7
hró *f.* a low hill v502/5
hróðr (rs) *m.* fame, glory, praise v293/4 (gen. with *vert*; i. e. worthy of a poem of praise?—perhaps referring to *veðr* rather than to

harðræðit hvert?), v299/3 (dat. obj. of *halda*), 83/15; i. e. praise-poetry v31/2, a poem of praise v301/1 (*of* about), v395/4 (gen. with *háttu*; or with *upphaf*, see note)
hróðrbarn *n.* glorious, famous child; *h. Hǫrnar* = Hnoss or Gersimi, i. e. treasure (a decorated weapon; *ofljóst*) v147/1 (obj. of *stýra*)
hróðrgjǫrð *f.* (construction of a) work of praise, eulogy v398/1
hróðrmál *n. pl.* speeches of praise (poetry) (subject of *líða*) v8/4
hróðrsmíð *f.* the making of praise (poetry), works of praise v38/3 (obj. of *haga*)
hrognkelsi *n.* lumpsucker v485/5
hrókr *m.* shag (bird) (or raven?—cf. English *rook*); in kenning for blood, *hróka bjórr* (*hrókr* meaning raven), or perhaps *bjórr hróka Haddingja vals* (beer of the shag of the Haddings' carnage) is the complete kenning v5/3. Cf. Index under Haddingjar
hrósa (ð) *wv.* with dat. boast about, be triumphant at 45/7; be proud of v13/3, v148/3 (object is *því barni*)
hross *n.* horse 109/14 (gen.)
hrosshvalr *m.* a fabulous whale (JG 8, 35; *KSk* 16), though the etymology suggests 'walrus' (**rostungr**) v490/7 ('horse whale' LML 123)
hrostabrim *n.* malt-surf; *h. Alfǫður* kenning for mead of poetry 6/37; as two words v1/4
hrosti *m.* malt, mash, wort v1/4 (see **hrostabrim**), v360/1 (gen. with *lúðrs*; perhaps metonymy for ale)
hrót *n.* roof; *heims h.* = heaven v271/1 (gen. with *ferð*)
hrútmánuðr *m.* 'ram-month' (mid-December to mid-January) 99/18
hrútr *m.* ram 90/14, v507/1 and t. n.; cf. v260/3 t. n.
hryggr (1) *m.* back, spine 25/26
hryggr (2) *a.* sad, unhappy v101/2 (complement of *urðut*; litotes, i. e. they became very happy)
hrygna *f.* female (spawning) fish, especially trout or salmon v485/4
hrynbál *n.* ringing, clanging fire, in kenning for gold ring, *hramma h.* v207/1 (gen. with *bjarkar*)
hrynbeðr *m.* 'ringing bed', in kenning for gold, snake's bed, *h. Fjǫrgynjar áls* v317/4 (gen. with *ǫrgildi*)
hrynbraut *f.* flowing or falling (or possibly crashing) road, in kenning for sea, *áls h.* v194/6 (gen. with *eldi*)
hryneldr *m.* ringing, clanging fire, in kenning for sword, *h. brynju* v243/2 (acc. with *lét*)
hryngráp *n.* ringing, crashing hail, in kenning for the rain of missiles v229/4 (subj. of *brestr*)
hrynja (hrunði) *wv.* fall with a crash, crash down (*á* on) v363/1
hrynserkr *m.* 'ringing shirt', in kenning for coat of mail, *Hanga h.* v228/2 (dat. with *kasta*)

Glossary 321

hrynsær *m.* 'flowing, streaming sea', in kenning for blood, *h. hræva* v102/1 (gen. with *hund*)
hræ *n.* corpse, carrion 87/8, 90/27, 28, v340/2 (dat. pl. *hræm*); in kennings for blood, *hrynsær hræva* v102/1, *hræva dǫgg* v155/3
hræddr *a.* afraid, filled with terror 2/10
hræðask (dd) *wv. md.* with acc. be afraid of 46/16
hrægammr *m.* 'corpse-vulture', in kenning for raven or eagle, *h. ara sævar*, i. e. *gammr ara hræsævar*, vulture of the eagle's corpse-sea, of blood v333/8 (gen. with *greddir*). This kenning has redundant determinants: either *hrægammr* or *gammr ara sævar* would in themselves be sufficient as a kenning for a carrion bird; Kock, *NN* 864, reads *greddir ara sævar hrægamms* 'feeder of the vulture of the corpse of the eagle's sea', i. e. of the bird which eats bloody corpses
hrægjarn *a.* 'corpse-eager', greedy for carrion v233 n. (with *ylgr*)
hræmæki *n.* 'corpse-sword', spear-name v464/4
hræva-Gautr *m.* sword-name, 'corpse-Gautr' (perhaps 'a Gautish sword', or personification (Gautr is one of Óðinn's names, see Index)) v455/3
hrævarðr *m.* sword-name, 'corpse-wrapped' v456/3
hrœra (ð) *wv.* move (trans.); stir, of producing (the mead of) poetry v46/4 (inf. with *getum*); turn v133/1; md. be moved 22/32
hrœrir *m.* mover, i. e. leader; *sagna h.* leader of the three Æsir, Loki v100/1 (acc. with *bað*)
hrǫnduðr *m.* sword-name, 'shover' v453/1
hrǫnn *f.* wave v4/4 t. n., v260/4 t. n., 95/13, v358/3 (subj. of *þǫgu*); *við hrǫnnum* by the waves, near the surface of the sea v56/3; of a river, *jarðar skafls h.* v80/5 (subj. of *þurði*). Cf. Index and **hraunn**
hrøkkva (hrǫkk) *sv.* curl up; pp. coiled up v153/3; move, react violently v67/5 (inf. with *frá ek*)
hrøkkviáll *m.* coiling eel, in kenning for Midgard serpent, *h. Vǫlsunga drekku* v153/3
húð *f.* hide, skin 50/20
húflangr *a.* having a long side, long-sided v289/4 (with *skæ*)
húfr *m.* the side of a ship, the middle planks between bow and stern (Falk 1912, 51, 53: perhaps one particular strake?) v355/3, v497/3; instr. v352/1, *húfi róinn* 'hull-rowed', rowed by hulls, frequented by ships, of a bay v120/3
húfstjóri *m.* 'hull-controller, -driver', in kenning for Þórr, *hreggs váfreiðar h.* controller of the hull of the storm's (storm-causing?) swaying (or floating, hovering) chariot v86/5
hugaðr *a.* (*pp.*) endued with courage (*betr*: more, greater, to a higher degree) 48/12
huglétt *a. n.* as adv. with dat. light of heart; comp. *henni mundi hug-*

322 Skáldskaparmál

léttara she would feel happier, she would be consoled, it would be a comfort to her 3/31
huglognir *m.* sword-name, 'unreliable pommel' (or 'courage-betrayer'?) v455/6. Cf. **hugró**
hugprúðr *a.* gallant, brave; as nickname 58/31
hugr *m.* thought 108/25, 27, 28, 30, 32; mood 109/13; courage 46/23; *kemr e–m í hug* it occurs to s–one 49/29; mind, purpose v82/6 (obj. of *hlaut*); *þróttar h.* valorous thought, determination v85/2 (dat. pl. with *bornir*)
hugraun *f.* test, proof of valour 21/7
hugreifr *a.* heart-cheerful, heart-glad, glad of mind v39/2, v280/2
hugrekki *f.* heart's courage v209/4 (subj. of *skalat*; with *okkur*)
hugreynandi *m.* (*pres. p.*) 'thought-trier', friend, in kenning for Loki, *h. Hœnis* v103/3 (subj. of *sveik apt*)
hugró *f.* upper hilt, pommel of a sword v462/3. Hugróin *f.* is the name of a ship in *Hákonar saga Hákonarsonar* 1887, 191, and *Sverris saga* ch. 159, pp. 167–8. Cf. **ró (1)**
hugstórr *a.* magnanimous v27/1 (with *vǫrð*)
hugþrútinn *a.* swollen with courage, bulging with courage v336/2 (with *konungs hjarta*)
húm *n.* 'the dark, dim one', name for the sea v355/4 (subj. of *dreif*; if *dreif* is impers., *húm* must be dat. of **húmr**), v476/4
humarr *m.* lobster v485/5
húmr *m.* 'the dark, dim one', name for the sea 94/25; perhaps **húm** *n.* in v355/4; cf. v130/3 t. n.
hunang *n.* honey 3/22
húnbora *f.* mast-head hole, hole at the top of a mast for a rope (the halyard) to pass through v497/1 (Falk 1912, 59; LK 198)
hundforn *a.* very ancient, age-old v86/8 (with *kjǫl*)
hundr *m.* dog (i. e. attacker, savager) 39/14; in kenning for wolf (dog of blood), i. e. ravager, thief, *hrynsævar hræva h.* v102/2 (obj. of *fundu*; thief of Iðunn = Loki; v. l. Hrund, see Index)
hundrað *n.* hundred 101/12; a hundred men v338/3, 107/11
hundvíss *a.* very wise, cunning 21/1, 25/1 (*hund-* intensive; perhaps also associated with *hundr* 'dog')
hungr *m.* hunger v323/1 (obj. of *sleit*)
hungreyðandi *m.* (*pres. p.*) 'hunger-abolisher', 'he who abolishes the hunger (*e–s* of s–one)', in kenning for warriors, those who assuage the hunger of the raven (by providing dead bodies) v248/3 (dat. pl. with *hléðut*)
húnn *m.* **(1)** (bear-)cub 88/6, v511/1
húnn *m.* **(2)** 'hound', mast-top, a four-sided structure fixed to the top of a mast, crow's-nest (Falk 1912, 59; cf. *OED* hound[2]) v12/3

Glossary 323

(obj. of *bindr*; the rel. clause presumably belongs with *jarðhljótr*; see note), v359/3, v497/1; in kennings for ship, *húna hógdýr* v124/3, *húna íugtanni* v260/3
húnspænir (or **-spœnir**) *m. pl.* the flat pieces of wood forming the *húnn* (Falk 1912, 59) v500/8
hurð *f.* door, hurdle; in kenning for shields, *hurðir Hjarranda* v254/5
hús *n.* house 33/26, 36/29, 39/19, v371/2, v374/3, v402/3, 108/15, 25, 26; building 47/22; pl. buildings, premises 59/15, dwelling v159/2, v174/2
húskarl *m.* housecarl, member of the king's (or earl's) bodyguard or following 80/12, 14, 15 (complement), v283/4 (vocative), 284/4 (gen. with *lið*), 80/26, v444/4
hvaðan *adv.* whence; *h. af* from where, from what origin 3/10
hváll *m.* small hill, knoll v502/4
hvalland *n.* whale-land, kenning for sea v260/4 t. n.
hvalmœnir *m.* whales' roof-ridge, surface of the sea; obj. of *skefr* v124/3
hvalr *m.* whale 63/13, v489 t. n.; in kenning for the sea, *hvals rann* v260/4 (*rann* to be taken as first half of the compound *ranngnípur*); in kenning for ox, Skaði's whale (presumably because whales were seen as Njǫrðr's oxen?), *þrymseilar Várar h.* v96/4 (obj. of *deila*, cf. note)
hvammr *m.* depression in a hillside, a small valley, dell, coomb v502/6
hvaptar *m. pl.* cheeks, jaws, mouth (*of* = over, past; *mér* i. e. my) v8/3
hvarf *n.* disappearance 2/6
hvarfa (að) *wv.* wander, go aimlessly v329/9
hvargi er *adv.* (*conj.*) wherever v136/1
hvárigr *pron.* neither v160/5 (dat. with *hét*; he promised neither of them, i. e. he promised, declared neither would get)
hvarmr *m.* eyelid 42/12, 44/27, 108/12
hvarmþeyr *m.* 'eyelid-thaw', i. e. tears, in kenning for gold, *h. Freyju* v244/4 (instr. with *drifinn*, of the axe conceived as ice)
hvárr *pron.* which (of two) 78/18 (with *konunginn*, i. e. whether it is Christ or an earthly king); each v346/3; each (of two, *tveggja*, i. e. both, see next) v86/5 (with *sprundi*)
hvártveggja *pron.* each of the two, both; n. *hvárttveggja* 2/34, 61/14
hvass *a.* sharp 46/25, v164/6; n. as adv. sharply, violently v357/1
hvassligr *a.* keen(-looking), piercing (of eyes) v45/2
hvat *pron.* = **eitthvat**, something v305/3 (acc. with *kvað*)
hvati *m.* sword-name, 'sharp(ened)', 'the keen one' v455/1
hvatr *a.* bold, active, swift, keen v107/3 (*e–s* in s–thing; with *landreki*), cf. v328/3 t. n.; as nickname 58/31; n. as adv. fast v133/1 (with *hrœra*), vigorously, quickly, with speed v233 n. (with *rýðr*; or with *brunar*, NN 2539)

hvatráðr *a.* quick to act (*við* against), unhesitating, effective v217/2
hvats = **hvat er**; *h. mátti* as much, as hard as he could v99/7
hvé *adv.* how v92/1, v237/2 (noun clause after *heyra*, 'how I shall
. . .' rather than a separate question, 'How shall I . . .), v245/1
(after *sjá*), v282/1 (after *nemi*), v368/3 (after *nemi*)
hveðnir *m.* a kind of fish, perhaps milter v485/6
hveðurr *m.* ram-name, 'roarer' v507/5
hvégi er *adv.* (*conj.*) however, no matter how v109/1 (with *ramman*)
hvein *f.* marshy land v376/3 t. n.
hveiti *n.* wheat; meal; *Freka h.* = carrion v324/2 (obj. of *náði*)
hvelfa (lfð) *wv.* impers. with dat. overturn, capsize 3/28
hvélsvelgr *m.* 'wheel-swallower', in kenning for troll-wife, *h. himins*, swallower of the sky-wheel, i. e. of the sun, = the wolf that swallows the sun v300a/7 (cf. *Gylf.* ch. 12)
hvélvala *f.* 'wheel knob', round stones in the bed of the river v78/3 (subj. of *ne sváfu*)
hvergi *adv.* nowhere; not at all 22/6, 8
hverlǫgr *m.* pot-liquid; in kenning for (mead of) poetry, *h. Óðins* 14/12, *h. gálga farms* v33/6
hverr *pron.* (1) who, which, what v7/4 (after *kjósa*); *af hverju* from which 20/17, why 46/6. (2) each 59/24, 72/19; every v111/3, v333/6 (with *grunn*), v360/1, v384/1 (with *þrumu*); (than) every other v381/4 (dat. of comparison); any 105/18; *h. er* anyone who, whoever 3/22, 105/23; *hvert er* whatever or whichever (i. e. sword) 72/22; *h. at ǫðrum* one after another, each in turn 59/18; *hverr* . . . *sína* i. e. each in turn 3/4; *hvern dag eptir annan* day after day 72/27; *jafn hverr við annan* each one equivalent to any other, indistinguishable from any other 79/17; *hverr fyrir sér* each one in himself (each one separately?—each (kind of) man has his appropriate designation?) 99/21; *einn hverr* each one, each individual 106/23 (subj.) (cf. **einn, einnhverr**)
hvetja (hvatti) *wv.* urge; *h. heiman* urge to leave home, urge to set off v73/2 (inf. with *réð at*)
hviðuðr *m.* name for wind v332/6 t. n.
hvíla (d) *wv.* rest; *h. hjá* sleep with 4/55 t. n.; md. stop moving, be still v175/1
hvíld *f.* rest 52/13, v160/6, v175/6 (obj. of *gefa*)
hvilpt *f.* (grassy) hollow v502/3
hvína (hvein) *sv.* whistle (through the air), fly with a whistling sound v70/3 (*at* against, at), swish v243/1
hvinverskr *a.* from Hvinir (Kvin in Agder/Kvinesdal in the south of Norway) 8/12, 22/33, 30/22, 34/8, 84/24
hvítingr *m.* name for a sword, 'white(ned), shining', see Index;

Glossary 325

name for the sea or a wave v478/2; for drinking horns (cf. *Þorsteins þáttr bæjarmagns*; Saxo Grammaticus 1979–80, II 145), in kenning for woman, *hvítinga Hlǫkk* v338/4 (also a personal name, see Index)
hvítmýlingr *m.* arrow-name, 'white-pointed, shining-nosed' v465/2
hvítr *a.* white 19/10 (i. e. white-haired? or bright?), v127/2 (with *Ránar*, white with foam); *hin hvíta*, of a shield v239/2 (with *rít*); of silver 61/12, v194/3
hvǫt *f.* eagerness, boldness, brave deeds v288/2 (subj. of *líkar*); in kenning for battle, sword's eagerness (incitement?) v28/2
hyggja (hugði) *wv.* think; (1) followed by subjunc., with suffixed pron. and neg. *hykka* I do not think (that) v192/3. (2) followed by *at*-clause, think 1/19, 2/31, v356/3; by *at* and subjunc., expect, guess v2/3, v375/2; *hugði at fœri* planned that she would bring, intended to bring v250/4 (cf. note). (3) abs., think v22/1 ('what he thought'), *en menn of hyggi* than people think, can imagine v273/1. (4) with prep. *h. at* examine 45/38. (5) with inf. intend, with suffixed pron. *hykk* v1/1; with *at* and inf. intend 20/26; (6) with acc. and inf. v14/1 (*hykk*, 'I perceive, I think I can see'); with acc. and p. inf., *hygg ek* I believe v373/1, v400 n. (with suffixed pron. *hykk* v. l.); with suffixed pron. and neg. *hykkat* I do not believe v362/2. (7) with acc. and a. that s–one is s–thing v121/1 (1st pers.; perhaps read *hyggk* or *hykk*), *hygg* (I) think, believe (to be) v516/14. (8) md. with inf. think (dream) that one is doing s–thing v20/2
hyggjandi *f.* intellect 109/10
hylbauti *m.* 'depth-striker', name for a ship v493/4
hylja (hulða) *wv.* conceal, cover so as to hide 45/20, 36, 38, 39; pp. n. as adv. *hulit* obscurely 5/27 (or predicative a. 'so as to be obscure')
hylr *m.* pool, deep place in a river v477/5
hylriði *m.* 'pool-rider', one who passes over pools, river-crosser v83/5 (pl., subj. of *hæði*; i. e. Þórr and Þjálfi)
hyrna *f.* horn of an axe-blade, or an axe with horned blade v463/2
hyrr *m.* burning, glowing, fire 98/13, v376/4, v387/4 (gen. with *ljóma*); sword-name v458/7; in kenning for gold, *h. flóðs* v266/4 (gen. with *støkkvi*), *hellis h.* v65/3 (gen. with *bǫrr*, see note)
hyrrunnr *m.* fire-bush, -tree, in kenning for men (warriors), *Gunnar* (or *gunnar*) *hyrrunnar* trees of Gunnr's (battle's) fire, i. e. of the sword (cf. **gunnr** and Gunnr in Index) v221/4 (dat. with *þótta*)
hæð *f.* height; *á h.* on high v516/2
hæði p. subjunc. of **heyja (1)**
hæll (1) *m.* heel; *á hæla e–m* on s–one's heels, in s–one's following v284/3; the back of the lower end of a rudder (LK 178) or the rear end of a keel (= **kjalarhæll**; Falk 1912, 34; LK 131) v497/7
hæll (2) *m.* widow (of a slain husband) 107/36, v438/7

hæstr *a. sup.* highest v267/3 (with *giptu*), v384/4 (antecedent of clause is *harri*); very high v387/3 (with *ljóma*). Cf. **hættr**
hætta (tt) *wv.* (1) with dat. stop, cease from 42/7; *sem munum hætta so far that we shall (now) stop, we must stop* v182/4
hætta (tt) *wv.* (2) venture, take a risk (abs.) v3/3
hætting *f.* risk, danger (*at* in) v54/4 (acc. with *kvað þykkja*; understand *vera*)
hættr *a.* dangerous; sup. *hæztrar tíðar* at the most dangerous time (adv. gen., Heusler 1950, § 376; cf. Noreen 1923, § 439) v256/1 (WTUA and *Fagrskinna* 69 read *hæstrar*, highest, i. e. most appropriate, auspicious)
hœfir *m.* ox-name, 'hoofed'? 'rider'? 'hitter'? v504/3; see Index
hœfr *a.* suited (*at e–u* to s–thing), effective (in), good (at) v221/3 (complement of *þótta*)
hœgri *a. comp.* right (as opposed to left) v48/1, 59/23
hœingr *m.* milter salmon v485/3 (cf. modern Icelandic *hængur*, a male fish of any species)
hœkingr *m.* sword-name, 'hooked' (of the hilt) v457/7
hœla (d) *wv.* with dat. boast about, glory in 72/21
hœlibǫl *n.* 'boasting-bale, -destruction', in kenning for the whetstone lodged in Þórr's head, *it rauða ryðs hœlibǫl*, that red thing which can boast that it destroys rust (boasting, i. e. noisy, self-advertising destroyer of rust) v71/4 (obj. of *gœli*)
hœsn *n. pl.* chickens v412–517 n.
hǫð *f.* battle v252/4 (instr. with *stǫðva*, or adv. 'in battle'; Kock, *NN* 156, reads *hǫðglamma*, battle-wolf, gen. with *mun*, and *lætrat* in line 1; Krause (quoted Reichardt 1928, 94–5) takes *hǫð* as acc. parallel to *mun*; Reichardt suggests *hǫðglamma* is a compound meaning 'sword')
hǫfðingi *m.* ruler, lord 5/36, 106/4; chieftain, nobleman, prince, man of rank 80/11, 80/26, 81/5, 106/15, v442/7
hǫfgahallr *m.* heavy stone, millstone v170/7 (obj. of *sløngðum* in apposition to *snúðgasteini*)
hǫfuð, haufuð (-*au*- is sometimes presupposed by the rhyme, cf. *Gylf.* 7/19 and note to verse 155) *n.* head 6/5, v52/4 (gen. with *sundrkljúfr*), 19/11 (complement), 19/13 (subj.), v89/1 (dat. with *of kom*), 41/35, v385/3, 108/6, 22; instr. 19/12; *at haufði* onto his head, head-first v155/8 (with *fell*); *í hǫfuð (hǫfði) e–m* onto (in) s–one's head 3/34, 22/2; figurehead v358/4 (pl., obj. of *þógu*)
hǫfuðbaðmr *m.* principal member of a clan, kinsman on the male side, agnate 107/19, v446/8
hǫfuðband *n.* head-band, snood 40/28, 43/11
hǫfuðbenda *f.* back-stay, shroud, one of the ropes from the top of

the mast to the side of the ship (Falk 1912, 59; LK 199) v497/6
hǫfuðhvessingr *m.* sword-name, 'mighty sharp(ened one)' v455/1
hǫfuðniðjar *m. pl.* chief kinsmen; *Randvérs h.* = the royal house of the Gothic kings v154/6 (gen. with *ranni*)
hǫfuðsbani *m.* complete destruction, deadly destruction 45/30
hǫfuðskáld *n.* major poet, 'classical' poet 5/30, 6/30, 85/15
hǫfuðstafn *m.* 'head-stem'; the stem of the raven's head is its beak v319/4
hǫfugr *a.* heavy v54/3 (with *megindrætti*), v181/7
hǫgg *n.* blow, stroke 1/30, 6/8, v68/5 (obj. of *bíða lengi*), 45/8, 72/20
hǫggfáðr *m.* 'blow-coloured or -polished', sword-name (or a name for the blade?) v462/5 (A and B read *hǫggstaðr*, 'blow-place', the part of the blade that strikes, though this word would normally mean 'a place to strike a blow')
hǫggva (hjó, hjoggu, hǫgg(v)inn) *sv.* strike 6/14, 43/4, 49/2, v164/5 (*e–u* with s–thing; *því* [not even] for this reason), cut 49/39, 50/10; hew, cut down (with a sword) v396/1; pp. cut down v22/3 (a. with *liðar*; or passive); *hǫggvin* beaten (*e–u* by s–thing) v78/5 (with *fellihryn* or with *hlympél*; cf. *NN* 448); severed v155/3 (with *hendr*); md. *hǫggvask e–u til* strike at each other with s–thing, jab at each other with s–thing v231/3
hǫggvápn *n.* cutting weapon (axes and swords as opposed to spears) 67/24
hǫguðr *m.* name for a sword, perhaps 'striker' or 'serviceable' v451/4
hǫlðr *m.* always pl., yeomen, free farmers, freeholders 80/8, v328/3 t. n., 106/7, v440/2, 4; warriors, heroes v176/1 (gen. with *hendr*), v336/1 (subj. of *lúta*); men, mankind v276/1 (gen. with *stilli*). Cf. **hauldr**
hǫll *f.* (feasting-)hall 1/6, 5/38, v35/3, 24/24, 35/21, 40/39, 58/7, 67/19, v374/2 (subj. of *loga*); of a giant's cave, *h. Þurnis* (or *Heiðreks*) v89/1 (subj. of *bifðisk*); i. e. Valhǫll v11/6, 20/30, 37; *Rúms hǫll* = the city of Rome (the Vatican?) v269/4 (obj. of *reisti*); *gallópnis hallir* = mountains v75/6 (gen. with *Endils*; cf. 35/21)
hǫmlungr *m.* 'oar-strapped', name for a ship v492/3 (or 'having rowlocks', cf. **hamla**)
hǫnd (dat. **hendi**, pl. **hendr**) *f.* hand, arm 1/33, v48/2, 21/20 (under his arms, i. e. round his chest), v88/1 (gen. with *hrapmunnum*), v98/8 (understand *loddu*), 40/31, 42/4, 13 (instr.), 45/26, v155/4 (obj. of *kendu*), v175/1, v175/5 (i. e. to my hands; dat. with *gefa*), v176/1, 59/23 (instr.), v244/3, 108/33, 34; *heiti á hendi* names for (parts of) the arm v412–517 n. (cf. 108/34); *tveim hǫndum* with both hands v396/2; *af e–s hendi* on s–one's part 2/35, on s–one's behalf 72/11; *bera af hendi* hand over, deliver v303/2; *fyrir h. e–s*

on behalf of s–one, instead of s–one v254/1; *e–m í hendr* into s–one's charge 49/22; *e–m til handa* for s–one, on s–one's behalf 49/21, 58/37, v255/4 t. n.; *taka hǫndum* see **taka**; in kenning for gold, *hraun handa* v195/3; for sword (or silver), *handar svell* v215/1; gen. pl. as prep. with dat., for, on behalf of v342/1 (the dat. word would have been in the unquoted part of the verse, cf. note)
hǫrleikr *m*. bowstring-play, warfare with bows v59/8 (obj. of *spara*; WT have *hjǫrleik*, 'sword-play')
hǫss *a*. grey v220/3
hǫttr *m*. hat, hood 67/18, 108/7; *Hangatýs h.*, *Hropts h.* = helmet v3/1, v472/1; i. e. head v85/8 (*á hǫtt* onto the head, but possibly dat. (cf. Noreen 1923, § 395.3), on the head; giantess's hat is perhaps a kenning for the stool pressing down on her head?—cf. 25/25)
íð *f*. activity, action v450/2; doing, achievement (labour?) v139/3 (*þínar* perhaps refers to King Sverrir)
iða *f*. eddy v477/8
iðhvarf *n*. 'repeated-turn', patterning on sword-blade v460/7 (v. l. (ABC) *iðvarp*, 'repeated warp'; cf. **blóðvarp**)
iðrask (að) *wv. md*. with gen. regret 21/5
ifjungr *m*. 'hooded one'? 'haltered one'? 'doubtful one', i. e. unreliable?—name for a bear 88/6, v511/4
ifrǫðull *m*. 'doubt-wheel', a name for the sun 85/20, v517/5
igða *f*. a kind of bird; in modern Icelandic a nuthatch 46/37
ígull *m*. sea-urchin v488/8
il *f*. sole of the foot v68/3, v75/7 (gen. with *gaupnum*), v174/5 (obj. of *etr*), 108/38, 109/2; in kennings for shield, Hrungnir's *ilja blað* 69/24, v237/4, giant's *ilja brú* v104/6 (dat. with *á*)
illa *adv*. badly; *verða i. við* be badly affected by 2/6; *kunna i.* see **kunna**
illr *a*. evil, bad 109/13; unpleasant, cruel v154/1 (with *draum*); wicked v369/2; poor, unsuccessful 4/16; *er ilt til e–s* s–thing is difficult to obtain 1/17; with gen. *i. viðreignar* awkward to deal with 25/1; n. as subst. evil (treatment) 21/18
íma *f*. she-wolf ('dusky') v515/3
ímarr *m*. 'dusky', wolf-name v514/8
ímnir *m*. 'battler', sword-name v459/3
ímr *m*. 'dusky', wolf-name v514/9; *íms sveit* = wolves v324/2
ímun *f*. battle v450/4
ímunfǫlr *a*. 'battle-pale', i. e. having lost its colour by use?—or 'shining in battle?—of a shield v68/3 (with *íss*; Finnur Jónsson,

Glossary 329

LP 323, takes *ímun* as first part of the compound *ímundísir* 'valkyries', separated by tmesis; cf. *NN* 142)
ímunlaukr *m*. 'battle-leek', sword, in kenning for warrior, man: *Ullr ímunlauks* v185/2 (vocative)
ímynda (að) *wv*. imagine, cf. v122/4 t. n.
in *adv*. pleonastic with comp. a. v299/4. Cf. **neytri**
inna (t) *wv*. tell, enumerate v417/2
innan *adv*. inside (i. e. on the interior walls of the hall, see note to verse 8) v14/4; on the inside: *herskip innan* i. e. the insides of warships v404/3; out (with *drap sér*; i. e. abroad? or away from home?) v401/3 (cf. note)
inndrótt *f*. domestic troop v186/2 (*i. sinni* dat. of advantage or respect with *brattakr*, i. e. their arms), v196/4, 80/26, v444/5
innhýsingar *m. pl*. members of a household v445/1
inni (1) *adv*. inside; *hér inni* in this household v196/3; *þar i*. in it 47/22
inni (2) *n. pl*. lodgings, dwelling v375/1 (subj. of *brunnu*)
ísarn *n*. iron; weapon made of iron v468/4
ísarnleikr *m*. 'iron-game', battle v65/5, v108/1
ísólfr (or **ísǫlfr**: spelled with *ǫ* in R) *m*. 'ice-wolf', name for a bear v510/3 (see Index)
íss *m*. ice 36/28 (pl., i. e. ice-floes?), 58/25; i. e. an ice-covered lake v329/6; in kenning for axe (or sword), *randa(r) íss* 70/29, v244/2 (obj. of *þá ek*); for sword, *íss sikulgjarðar* v348/4 (gen. with *hristir*); for shield, *randa íss* v68/4 (subj. of *fló*; contrast v244/2; presumably refers to the iron fittings on the shield, or to its shiny surface, cf. Meissner 1921, 168; Bjarni Einarsson 1987, 159–60)
ítr *a*. splendid v89/5 (with *gulli*), v115/1 (with *sal*), v121/3 (with *Auðs systur*, although strong in declension; Finnur Jónsson in *SnE* 1931, 115 emends to *ítran*, with *menþverri*), v266/1, v298/1 (with *ættbœti*)
ítrserkr *m*. splendid shirt, i. e. decorated container, in kenning for ale-horn, *í. jastar flœðar* v368/2 (dat. after *á*)
íugtanni *m*. 'greedy-tooth(ed)', name for a bear 75/14, 88/6, v511/3; in kenning for ship, *húna í*. v260/4 (subj. of *hlaup*)
íþrótt *f*. craft, art 3/10, v16/1; skill, sport v85 n.

jaðarr *m*. side or edge (of hand) 108/35
jafn *a*. equal, equivalent, indistinguishable (*við* to, from) 79/17, 19; of equal size, of the same size (?with dat., i. e. as his opponent, see under **hersir**) v265/3
jafna (að) *wv*. with dat. compare (*til* with), make equivalent (to), see as corresponding (to) 6/5, 23
jafndœgri *n*. equinox (in September and March) 99/15, 16
jafnfrœkn *a*. equally brave, as brave (as) 48/15

jafngóðr *a.* equally good, as good 20/23, 41/36
jafnhár *a.* equally high; n. as adv. as high (*sem* as) v72/6
jafnhǫfugr *a.* as heavy (*sem* as) 42/27
jafnmargr *a.* equally many, the same number 3/4
jafnmildr *a.* as generous (i. e. as Magnús góði) v105/2
jafnréttr *a.* equally valid (*sem* to), just as valid (as those of) 80/1; just as legitimate (*sem* as) 80/7
jafnskjótt *n. a.* as adv. immediately 59/4; *j. sem* immediately that, as soon as 43/8,
jálfuðr (or, if a compound, **jalfuðr**) *m.* = **jǫlfuðr** v511/3
jara *f.* battle v449/8
jarðhljótr (**-hlutr** v. l.) *m.* land-getter, Earl Sigurðr Hákonarson v12/2 (subj. of *eykr* and probably the antecedent to *sá er bindr*), v308/2
jarðráðendr *m. pl.* rulers (of a land; Gunnhildarsynir) v5/7 (subj. of *næmðu*), v278/3
jarðsparða *f.* 'earth-sparth', a kind of axe v463/1
jarki *m.* side of the foot 109/2
jarl *m.* earl, ruler next in rank to a king (and technically subject to one) v1/4 (referring to Þorfinnr), v61/2 (gen. with *bági*), 79/18, 27, 30, 80/7, 11, v284/4 (indefinite; dat. of respect with *hæla*), 81/10, 82/6 (Sigurðr Hákonarson), v309/1 (unidentified; subj. of *lætr*, in apposition to *herðir*), 99/23, 100/12 (subj.); as title v211/4, 79/21, 82/6, 7; vocative v27/2 (Hákon Sigurðarson); *nafn jarls* the title of earl 101/24; high-born man, noble warrior: *sem jarlar forðum* like free (noble) men of old v255/1 (see note); *konungr jarla* outstanding one among earls (Earl Þorfinnr) v282/2; *styrk jarls mægð* strong (i. e. close) relationship by marriage to the earl (Rǫgnvaldr (1)), strong links with the earl v296/4
jarlaskáld *n.* earls' poet (nickname: reference is to the earls of Orkney) 6/32, 33/27, 35/5, 79/21
járn *n.* iron 42/10, 49/36 (i. e. a weapon), v179/7 (instr.), 59/13, v248/4 (dat. with *séðar*); pl. weapons v339/3 (instr., by means of weapons); name for a weapon of any kind v468/3
járngreipr *f. pl.* 'iron-grips', = *járnglófar*, Þórr's iron gloves 24/21, 25/2 (here the word ought to be gen., like *megingjarða* (as in WU), but *ljá* can take an acc. obj., see note), 31. Cf. *Gylf.* ch. 21
járnsía *f.* lump of molten (red-hot) iron 25/30
járnskór *m.* iron shoe 19/24 (cf. *Gylf.* ch. 51)
járnsúla *f.* iron pillar 25/32 (cf. verse 89)
jartegn *f.* sign, proof (pl.) 22/26
jast-Rín *f.* 'yeast-Rhine', i. e. ale, in kenning for (the mead of) poetry, i. e. a poem, giants' ale, *Sýrar fentanna greppa j.* v292/4 (with *mína*; obj. of *lætk uppi*)

Glossary 331

játa (tt) *wv.* with dat. agree (to s–thing) 1/27, 4/10
jóð *n.* newborn child, offspring 107/16, 108/4, v446/5 (cf. Ítreksjóð in Index); *ara j.* i. e. eagles v400/2 (dat. sg. (collective) with *fekk*)
jóðdís *f.* 'child-lady', poetical word for sister; probably the same as *jódís* (horse-lady?) 108/4
jódraugr *m.*, *ægis j.* sea's horse-trunk, ship-tree, kenning for man v2/1 (dat. pl., 'for men')
jól *n. pl.* feast; in kenning for carrion (to provide which is to fight a successful battle), *Hugins j.* v400 n. (obj. of *stýrðu*). Cf. Index and *Fagrskinna* 61 (*Haraldskvæði*)
jólnar *m. pl.* the jule-gods, a name for the heathen gods (usually taken to be *jóln* n. pl.; Jólnir *m.* is also a name for Óðinn, see Index; cf. *jǫln* = *goð*, SnE 1848–87, II 494) 85/3, v307/1
jór *m.* horse; in kenning for ship, *á jó strengjar* v286/2 (with *þá(gi)* rather than with *bæri*, see note); also a proper name, see Index
jórekr *m.* personal name used as name for bear ('horse-powerful') 88/7, v510/8. See Index
jórir *m.* name for a hart v512/1 t. n.
jósu see **ausa**
jótr (trs) *m.* tooth (grinder); in kenning for rock, *vegtaugar j.* = *taugar veg-j.*, tooth of the (fishing-)line's way, of the sea v89/6 (gen. with *þrjóti*, i. e. who lives in the rock or in rocky places)
jǫfurr *m.* prince (king or earl) v35/4 (Hákon Sigurðarson; gen. with *þjóðir*), v130/2 (dat. of respect, for the prince; perhaps Sigurðr Jórsalafari), v141/1 (unidentified), v186/2 (subj. of *sær*; i. e. Haraldr harðráði), v192/2 (Haraldr blátǫnn?), v217/3 (*fyr jǫfrum tveim* i. e. against Óláfr of Norway and Ǫnundr of Sweden), v251/7 (Heðinn and Hǫgni; dat. pl. with *etti*), v275/4 (Haraldr harðráði; dat. with *launak*), v285/2 (perhaps St Óláfr), v294/2 (Haraldr harðráði; dat. with *brá*), v351/3 (dat. after *und*; unidentified), v370/2 (Magnús góði), v398 n. (St Knútr Sveinsson), v395/1 (Óláfr of Sweden), v409/4 (gen. pl. with *sess*). Cf. Jǫfurr in Index
jǫlfuðr *m.* 'roarer' or 'yellow-bum', name for a bear 88/7; cf. **jálfuðr**
jǫrð *f.* land 8/22 (cf. Jǫrð in Index), v115/1, v121/2 (i. e. Norway), v128/1 (i. e. from shore), v133/3, v309/4 (i. e. Norway; obj. of *þryngvi und sik*), v501/1; *á jǫrðu austr* i. e. in Norway v408/1; ground 22/1, 25/34, v168/4, v169/4 (with *fyrir neðan*); (the) earth v15/3 (gen. with *guð*), 33/26, 35/19 (cf. Jǫrð in Index), 76/23, 85/23, v315/1 (subj. of *gein*; Jǫrð?), v388/1 (gen. with *hǫslu*); *jarðar heiti* names (terms) for (the) earth (land) 108/13, v501 t. n. (cf. Jǫrð in Index); *í jǫrðu* in the ground, underground 21/33; i. e. resting place, in kennings (that on which s–thing rests, or over which it travels) 108/25, 36, 37; in kenning for sea (part of kenning

for gold), *j. stafna* v4/1 (gen. with *leiptra*); in kennings for Midgard serpent, *jarðar reistr* v24/4, *jarðar seiðr* v47/3; i. e. Jǫrð (see Index), whose son is Þórr (subj. of *æstisk*, parallel to *allra landa umgjǫrð*) v43/2, cf. 35/19; in kenning for mountain, *jarðar skafl* v80/7 (gen. with *hrǫnn*)

jǫrmuni *m.* ox-name, 'mighty one' v504/7 (cf. Index)
jǫrmunþrjótr *m.* mighty opponent, obstinate one (Hrungnir) v69/8 (obj. of *bagði við*)
jǫstr *m.* yeast; in kenning for ale, *jastar flæðr* v368/1
jǫtunmóðr *m.* giant fury 20/28, v181/4
jǫtunn *m.* giant (cf. Index) 3/6, 4/15, 14/28, 25/1, 25/27 n., v90/8 (gen. with *bekk-rekka*), 40/15, 29, 44/28, 63/13, v300a/3, v332/4, v380/4, 108/29, v417/1 and t. n., v422/8, v430/2; *með jǫtnum* (to dwell) among the giants v101/3; as title 2/4, 6/13, 30/20; in kenning for Þórr (i. e. enemy of the river?—see note to verse 56) 17/13, *jǫtna ótti* v65/1, *jǫtna dólgr* v117/2 (gen. with *móður*)

kaf *n.* dive, depth v477/3
kafna (að) *wv.* become choked, suffocate 3/24
kaldr *a.* cold v351/1
kálfa *f.* strip of land; in kenning for arms, *hauks k.* v186/8 (acc. with *á*)
kálfi *m.* calf (of leg) 109/1
kálfr *m.* calf (animal) 90/13; in kenning for giants, *kálfar álfheims bliku undirfjálfrs*, cave-calves v91/4 (gen. with *hneitir*)
kalla (að) *wv.* call; with two acc., call s–one (or s–thing) s–thing 5/5, 23, 38, 30/9, 39/18, 67/18–19, v300a/1 and v300b/1 (or *kalla mik* they call me, see note), 107/14, 26; *vera kallaðr* be known as 5/18, 47/24, 48/21, 49/4, 52/14, 101/19, 103/7, 105/20, 106/1, 109/15; *er kǫlluð er* who is known as 101/17; often with ellipsis of subj., *kallat, er ok kallat, kǫlluð er* it is (also) called 44/26, 75/15, v380/3; *at kallaðir* by calling them 81/10; *er kallat* with pl. subj., are described as 63/13; n. pp. with m. subst. 52/14 (also with a pl. subj.), 109/3 (cf. t. n.); *k.* (they) call it v332/3, 4, v380/4; *gumi er kallaðr* there is one called *gumi* 105/28; *kallaðr af* called after 105/29, 31; *gotnar eru kallaðir af* the term *gotnar* comes from 105/28; *þeir menn eru er svá eru kallaðir* there are men who are known by the following designations 106/8; *mun kallaðr* must be what is called v177/4; *er svá kallat* there are the following designations 106/16; with acc. and a. declare (s–thing to be s–thing) 4/16, 72/21; with only one acc., speak of, name (use a term), refer to (call s–one?) 5/19, 22, 24, 11/26 (refer to as), 74/24, 75/15 n., 93/13, 99/29; often with ellipsis of obj., (*svá at*) *kalla* by calling (it, him, her, them) 19/35, 30/12, 39/29, 66/15, 74/7, 80/9, 87/8,

90/26, 108/13, 21; *k. hann* it may be called 109/2, see t. n.; with dat. (instr.) call (s–one or s–thing) by (a name) 40/20, 67/25; *k. með* refer to by 4/6; *k. til* 40/9, see note; *k. á* call out to 50/11; md. for pass. 63/23

kalreip *n*. a rope fixed to the centre of the yard and held down in front of the sail to control its shape (*kalreipi* LK 208) v499/7 (apparently behind the sail according to Blöndal 1920–24, who states its purpose is to stop the sail blowing out the wrong way; so Falk 1912, 66–7); cf. **sikulgjǫrð**
kanna (að) *wv*. explore, get to know 45/4
kanpr *m*. moustache, beard; pl. whiskers 108/19
kapp *n*. spirit of rivalry, impetuosity 6/7; pl. *at kǫppum* for heroic deeds? v173/3 (cf. next)
kappi *m*. hero 6/4 (in apposition to *Volukrontem*), 12, v11/5, v173/3 (as heroes?), 106/9, v440/7
karfi *m*. (**1**) carvel, a kind of ship (between a small rowing boat and a large sailing ship (Falk 1912, 93–5, 98–9); larger than 10 *smálestir* (i. e. tons; LK 102); cf. Foote and Wilson 1970, 236, 249, 254; Foote 1984b, 225: probably not for ocean journeys) v492/8
karfi *m*. (**2**) carp or redfish v488/5
karl *m*. (old) man, fellow v46/2 (refers to the giant Hymir, *Gylf.* ch. 48), v263/3 (vocative; unidentified)
karlkendr *a*. masculine (in gender) 40/13, 90/28
karmr *m*. frame, container; body (of a chariot), in kenning for Þórr, *karms týr* v90/6
kasta (að) *wv*. with dat. throw 2/37, 4/13, 21/37, 22/9, 48/27, v191/1; discard v228/4; dig, throw up, raise (a mound) 60/12 (pass.); *k. til* aim at 25/18
kati *m*. a kind of small boat (English *cat*; Falk 1912, 88; cf. **ketla**) v493/8
katli see **ketill**
kaup *n*. bargain, agreement 4/24; (agreed) payment, reward 4/19
kaupa (keypti) *wv*. buy 4/12, 52/6, v166/4
kefsir *m*. slave (male partner of a slave-girl) 106/21, v448/8
keila *f*. torsk v488/4 (= **brosma**)
keili *n*. wedge, mast-wedge (Falk 1912, 57); or a wedge-shaped piece of wood to strengthen and protect the bottom of the ends of the keel (LK 131–2) v499/3
keipr *m*. rowlock v129/4 (subj. of *ríss*)
keipull *m*. coracle, kayak (Welsh *ceubal*, English *coble*; Falk 1912, 86; or diminutive of *keipr* m. 'boat', ÁBM 453) v494/2
keisari *m*. emperor 78/19, 21 (*Róms konung* is the complement), 79/16, 99/22; as title 51/34

kelda *f.* spring v477/7, v478/3 (v. l. (A and B) *Kólga*; combined with *Rán* as 'rankellda' in R)
kellir *m.* helmet-name ('cooler' or 'top'?) v473/1
kenpa (= **kempa**) *f.* champion 106/9, v440/8
kenna (nd) *wv.* teach (*e–m e–t*) 3/18; display (learn *NN* 1833) v87/4 (inf. with *nam*); attribute 52/1; refer to (*svá* 'thus, by this name') 105/18, 20; recognise, see v155/4 ('they, i. e. people, could see'), v253/2 (*má k.* one can see); describe, designate, refer to (using a kenning) 11/25, 14/25, 17/28, 18/2, 3, 30/9, 33/21, 40/19, 43/27, 66/15, 74/7, 76/22, 78/23, 79/27, 80/9, 26, 81/10, 90/26, 108/6, 11, 13, 15, 21; *má svá kenna at kalla hana* may be designated by calling her 44/9; *k. við* refer to in terms of, by (of both base-words and determinants, cf. 40/15, 63/16) 30/15, 33/21, 40/5, 15 (*kent er við* reference is made in terms of), 24, 63/16, 67/20, 24, 26, 76/25, 82/1, 87/8 (*við* adv.?—see note), 90/28, 107/24, 108/9, 22 (understand *má* or *skal*), 24, 109/1, 2, 3 (see t. n.), 109/8; = *k. til* (of both base-words and determinants) 40/6, 40/9 n., 40/14, 16, 22 (cf. 40/21 t. n.), 43/11, 61/13, 63/8, 64/26, 67/17, 22, 27, 95/1 (i. e. to refer to ships and gold in terms of them; cf. A: *skip eða gull*, see note), 108/22, 29; *k. við* name after 105/29; *k. svá við* use such kennings with 87/9 (see note); *k. til* qualify by, make into a kenning by adding 44/25; with gen. feel, perceive v48/4; pp. *kent heiti* descriptive term, periphrastic term, one using an attributive, involving a kenning, 'a *heiti* which designates' 5/23; *kendr at* renowned as (or for) v173/4. Cf. **ókendr, tvíkendr**
kenning *f.* description, designation 5/18, 29, 6/31, 20/17, 41/9, 12, 44/26, 61/11, 67/28, 29, 78/17, 22, 79/17, 19, 26, 80/10; *til kenningar* as, for the purposes of periphrastic description 40/21; *er fært til kenningar* it is made into a kenning 40/24; *haft til kenningar* used as a designation 74/4. In *Skáldskaparmál* the word is apparently always used of a periphrasis; cf. von See 1988, 50–52: *kenning* is a verbal noun, abstract to *kenna* = *kennzeichnen, benennen*. Cf. also *kenningarnafn, Grettis saga* (*ÍF* VII 224; = nickname), *Elucidarius* 1989, 29 (translates *agnomina*; *af atburð* = *ab accidenti*, cf. *Gylf.* 22/21–2). Note also *TGT* 103 (in W): *þessi fígúra er optast svá sett í norrænum skaldskap, at þeir hlutir er framfærast eru kendir við nokkur tilfelli sín*
ker *n.* vat 3/14, 21, 5/2
kerling (1) *f.* block of wood in the bottom of a ship in which the mast was fixed, mast-step (= kelson; Falk 1912, 56; LK 164) v499/5
kerling (2) *f.* old woman 107/38, v438/8
kesja *f.* a broad-bladed spear, halberd v464/6
kesti see **kǫstr**

Glossary 335

ketill (dat. **katli**) *m.* pot 3/21, 14/12
ketla *f.* a kind of small boat (diminutive of **kati**) v493/7
kið *n.* kid, young of a goat v509/4
kiðlingr *m.* young kid (of a goat) v509/2
kíll *m.* creek v477/8
kind *f.* offspring; *k.* Rǫgnvalds ins gamla = Earl Þorfinnr v297/3 (dat. of advantage with *bitu sverð*, for him, on his behalf); kin: *Ymsa k.* = giants v74/7 (gen. with *setrs*; or with *til* if *setrs* is gen. of direction)
kinn (pl. **kinnr**) *f.* cheek 44/27, 108/23
kinngrár *a.* grey-cheeked (i. e. pale-cheeked or grey-bearded?) v263/4 (with *karl*)
kinnungr *m.* the curved side of a ship towards the prow, bow (Falk 1912, 52) v499/2 (cf. **hlýr**)
kista *f.* box 24/32
kistuskrúð *n.* box-ornament 20/3
kjalarhæll *m.* rear end of keel (cf. **hæll (1)**) v500/5 (Falk 1912, 34)
kjannr *m.* jawbone, cheekbone 108/10
kjappi *m.* goat v508/3
kjaptr see **kjǫptr**
kjóll *m.* a kind of large ship (cf. Old English *ceol*, see Falk 1912, 88–9; Hofmann 1955, 125) v492/7; in kenning for shield, *Ullar k.* v143/3 (gen. with *fjǫllum*)
kjósa (**kaus, kuru**) *sv.* choose 2/26 (*sér* for o–self), 58/29, 37, v303 *n.*; *k. of* choose (from) among v7/3; *k. at* choose by, for, taking account of 2/26, v166/5 (2nd pers. sg. p. *kauss*)
kjǫlborð *n.* the plank next to the keel v499/3 (= *kjalborð, kjalsýgja* LK 155; cf. Falk 1912, 52)
kjǫlr *m.* keel 36/27; *hlátrelliða k.* = backbone v86/8 (obj. of *braut*)
kjǫlsýja (spelled '-sygia' in R) *f.* the plank next to the keel, garboard (Falk 1912, 52) v499/4 (= *kjalsýgja* LK 130, 155); cf. **kjǫlborð**
kjǫptr, kjaptr *m.* jaw; *í Ægis kjǫpta* into the jaws of the sea, i. e. under the waves v126/3, *í Ægis kjapta* v347/3
klippa (t) *wv.* clip, cut (off) 41/30
kljúfa (klauf) *sv.* cleave, split 46/27
kló (pl. **klœr**) *f.* claw 2/14; arm or fluke of an anchor (LK 194); upper corner of a sail (LK 212); an arm (or arm of a bollard) extending above the side of a ship to tie a mooring-rope to (Falk 1912, 24); a loop for attaching a rope to the side of a sail (Falk 1912, 69; LK 210); v499/6. Cf. **árakló**
klofi *m.* clamp (to fix a tent on board ship?); cloven end to the lower part of a mast to hinge the upper end on to (LK 197–9); the fixing for the mast at the level of the transoms (Falk 1912, 57); the area

around the mast (Falk 1912, 84); pl. *klofar* a hinged pair of slats for the end of a tent on board ship (Falk 1912, 11) v499/8
klyf *f.* pack (for a horse to carry on one side) 47/19
klæða (dd) *wv.* dress 48/4
klæði *n. pl.* clothing 59/10
kná (knátti, knáttu) *pret.-pres. vb.* with inf., be able to (i. e. be fortunate enough to be able to) v147/1, v197/3; have to (learn to), be forced to v84/7; know how to, with *at* and inf. v246/1; as meaningless aux. does (though sometimes the meaning 'know how to' may be present) v66/1, v78/5, v192/1, v326/3, v335/1, with *at* and inf. v154/1 (be forced to?); *ér knáttuð* you (honorific pl. of the king?—cf. note) were able to, did v379/1
kné *n.* knee 109/1; pl. lap 2/34; bracket; = *knélisti*, a triangular bracket or crooked piece of wood fastening the end of a thwart to the side of the ship (Falk 1912, 47; LK 148–9) v499/1
kneyfir *m.* one who crushes, crusher; in kenning for Þórr, *k. nesja dróttar* (or *k. Svíþjóðar kólgu dróttar*) v84/1 (with *með*, because of; cf. note)
kníar *m. pl.* men 106/6, v440/7
knífr *m.* knife 43/6, 7
knúi *m.* knuckle; name for a ship ('thruster'?) v494/1
knǫrr *m.* a large high-sided ocean-going ship usually used for transport and trade rather than warfare (Falk 1912, 107–10; LK 87) v494/1; *sem knǫrru* as well as merchant ships v302/2 (acc. with *lét*, parallel to *snekkjur*)
kólga *f.* coldness; in kenning for giants, *dólgferð* (or *drótt*) *Svíþjóðar kólgu* (hostile) troop of (from) Scythia v84/2 (see Svíþjóð and Kólga in Index)
kollr *m.* crown of the head v58/1 (*í* on), 108/10
kolmúla *f.* 'coal-muzzle', name for a goat (proper name?—cf. Index; v. l. *-músa*) v509/3
koma (kom, kómu, kvámu) *sv.* come 42/7, v177/5, v318/4; *erum komnar* we are come v159/1, v174/1; *þaðan kominn* descended from that person (that line) 50/18, 103/8; subjunc. *sem vísi komi* (or *kœmi*, see note and cf. **blóta**) as for the arrival of a prince v20/10; with suffixed neg. *komat e–m* did not come to, did not befall s–one v90/5, *kœmia* would not have come v168/1; with a. as complement v81/4; imp. v215/1; with dat. make come 1/35 (*með* bringing), 24/35, take, cause to go v100/5, move 22/8, bring v4/1 (with *mér*; unless this word goes with *hollr*, and it is the other who makes poetry?); impers. with dat., was brought v89/2, *honum var svá nær komit* it was such a close thing for him, it so nearly happened for him 5/3; sail (with dat. of ships) 59/5, v258/1

(2nd pers. sg.); with *at* (in order to) and inf. 6/26; *k. á* come about 21/16 (dat. *stefnulagi* would be expected if *komit á* meant brought about, arranged; see **stefnulag**), touch 46/37; *k. á leið* start off, get started 49/39; *k. á sæ* go to sea 41/7; *k. af* be descended from 40/7; *k. at* come up, arrive 42/15, 46/31, with dat. get hold of 4/7; *k. frá* be descended from 40/8, 51/30, 103/2; *k. í* enter 58/7; *k. ofan* i. e. shine down v135/3; *k. saman* coincide, have the same form (but different meaning), become ambiguous 78/17; *k. til* approach, come up, arrive 22/8, 21, reach v303/1 (subj. is *á*, see **á (2)**), *kom til e–s* (impers.) s–thing was reached v76/4; *k. út* get out 21/6; md. bring o–self, manage to get (somewhere) 24/26, v241/4
kona (gen. pl. **kvinna, kvenna**) *f.* wife 3/26, 8/22, 41/4 (subj.), 43/28, 47/30, 95/2, 108/29; woman 40/16, 20, 21, 22, 24, 25, 47/23, 49/20, 63/8, v438/3; female 101/15, 107/29, 108/20, v438 t. n.; *kveldrunnin kona* trollwife v53/3 (gen. pl. with *kunnleggs*)
konar *m.* gen. sg. in phrases *nakkvars k.* some kind of (i. e. some term for) 4/2, *alls k.* all kinds of 63/16
kon(r) *m.* kinsman, descendant, son v295/3 (Haraldr harðráði), v404/2 (with *siklinga*; Haraldr harðráði?), 107/18, v447/3; spiritual descendant or relation, successor v296/1 (Rǫgnvaldr Brúsason; see Heiti in Index and cf. **ætt**); in pun on name Hákon (Sigurðarson) v36/2; *kon Jarðar* = Þórr v87/2 (subj. of *nam kenna*)
konungdómr *m.* kingdom, kingship 51/33, 101/12
konungr *m.* king v7/3 (*of*: among), v11/4 (Hákon góði), v146/4 (subj. of *eignisk*), v159/2 (Fróði Friðleifsson), v174/2 (Fróði Friðleifsson), v183/7 (gen. with *fé*), 58/4, v199/2 (Sigurðr Jórsalafari), v283/1 (Sigurðr Jórsalafari; vocative), v310/2 (indefinite, *fár k.* = no king), v336/4 (unidentified), 99/22, v395/2 (King Óláfr of Sweden), v398 n. (indefinite, obj. of *vitut* = any king), v402/2 (Haraldr hárfagri); as title 5/36, 49/20, 58/7, 11, 75/16; *k. dags grundar* i. e. God v113/1 (vocative); *k. Róms* (i. e. Christ) v268/3, *alls k.* (i. e. Christ) v276/2; *konungs spjalli* i. e. earl (Hákon) v118/2; *k. Hǫrða* i. e. king of Norway v281/2 (gen. with *frama*), v333/4 (Haraldr harðráði); outstanding one among, *k. jarla* v282/2 (of Earl Þorfinnr; subj. of *sótti*)
korn *n.* corn 108/23
kornskurðarmánuðr *m.* corn-harvest-month (August–September) 99/20
kosta (að) *wv.* with gen. exert (to the utmost) v181/2
kostigr *a.* having good qualities, splendid v19/1 (with *Heimdallr*)
kostgripr *m.* treasure, precious possession 58/28, 36
kostr *m.* (1) choice; *at ǫðrum kosti* otherwise 45/39, 46/14, alternatively, since that cannot be the case, as a second best 21/11. (2) (good) quality, virtue v1/4 (obj. of *segja*), v360/1

krabbi *m.* crab v488/6
kraki *m.* pole 58/13; as nickname 58/15, 58/24
krákr *m.* crow 91/3
krapti *m.* bollard, a post (with two arms?) or hooked extension to a rib on the side of a ship to tie a mooring-rope to (Falk 1912, 24) v499/5
kraptr *m.* strength v263/3
krefja (krafði) *wv.* demand, claim (*e–s e–n* s–thing from s–one) 6/27
kringðr *a.* (pp. of **kringja**) encircled; *gjálfri k.* sea-girt, ocean-bounded v111/4 (with *botni*)
kristinn *a.* Christian 5/30
kroppa (að) *wv.* nibble 42/4, 8, 12
kroppr *m.* body 1/30
krúz *m.* cross v271/1 (dat. with *lýtr*)
kuggr *m.* cog, a broad-beamed ship with high rounded prow and stern used for trade in the later Middle Ages (Falk 1912, 89) v494/1
kulði *m.* cold(ness) v174/6 (subj. of *etr* parallel with *aurr*)
kúlnasveinn *m.* a nickname 77/11, 78/8 (*kúla* 'knob, lump, swelling'; perhaps refers to swellings or growths on the face or body, cf. Lind 1920–21, col. 225)
kund *f.* a coat of mail ('well-known', 'familiar' or 'inheritance') v474/1
kundr *m.* son, descendant, kinsman 107/18, v447/4
kunna (kann, kunni) *pret.-pres. vb.* know 3/17, 46/37, v381/1; *þá er kunni* who knew v100/4 (with *mey*, i. e. Iðunn); with inf. know (how to), be able (have the knowledge to) 3/25, 5/7, v38/3; feel (about s–thing), respond (in a certain way); *k. illa* be distressed 3/30
kunnleggr *m.* family line, kinfolk; *k. kveldrunninna kvinna* = trolls v53/4 (gen. with *þrøngvir*)
kván *f.* wife 108/2; *risa kván* = giantess (Gjálp or Greip) v85/8 (gen. with *á hǫtt*)
kveða (kvað) *sv.* say, speak, express (especially in verse) 5/27, 6/38, v11/2, 44/29, v162/5, v165/1, v182/2; with suffixed pron., *ljóð eitt kveðak* (the time it takes me to) recite one song v165/6; relate (in verse) 19/12, 41/24; recite, sing 52/13, 14; with acc. and inf., declare v73/5, v305/3, v306/1, v468/1, v516/11, *kveða* they say that v133/1, *kváðu* they said that v249/1, v327/2 ('he was said to have'), with suffixed neg. (which belongs with the inf.), *kváðut* they say that . . . not (. . . is said not to have) v59/4; *k. sitja* they say that (he) has his seat, (he) is said to have his seat v268/1; impers. with acc. and inf. it is said that v54/1; md. with inf. say that one is doing s–thing 1/23, 45/12; with p. inf. *kvezk (kvazk) mundu* says (said) he would 2/10, 4/21; *kváðusk vilja* said they wanted to 4/12; *k. á* decide, determine 45/18; *k. eptir* compose poetry based on 17/30, 19/16; *k. um* refer to, mean 78/18

Glossary 339

kveðandi *f.* recitation 109/5
kveðja (1) (kvaddi) *wv.* greet, address v215/2; *k. at e–u* greet, address with or in s–thing (or 'summon to (listen to) s–thing'?) v39/4 (inf. with *vil ek*; obj. is *hann*), v112/1, v398/1
kveðja (2) *f.* greeting; in kenning for battle, *fyrir málma kveðju* before (or instead of, *NN* 3066) the battle v286/3 (with *bæri*; or with *var*, see note)
kveld *n.* evening, nightfall 1/5, 48/1, 72/24, 83/16, 99/7
kvenbúnaðr *m.* female adornment or equipment 40/16
kveldrunninn *a.* evening-travelling, of trollwives (with *kvinna*) v53/3
kvenkendr *a.* feminine (in gender) 40/21, 63/16
kvenna see **kona**
kverkr *f. pl.* throat 108/23
kvern *f.* (hand-) mill 38/25, 52/9; pl. (of the two stones) 52/9
kvernarauga *n.* mill-eye, the hole in a millstone 52/21
kvernbiti *m.* sword-name (proper name?), 'millstone-biter' v456/5 (*-bítr* in A and B; cf. Kvernbítr in *Hkr* I 146, but *-biti* in *Ágrip*; both forms in *Fagrskinna*)
kvernsteinn *m.* millstone 3/34, 52/7
kveykva *wv.* kindle v370/4 (the clause goes with *sá eldr*)
kvíga *f.* heifer 90/13, v506/2
kvígr *m.* bull-calf, bullock v505/3
kvikva *f.* the quick (the flesh under the nails of the hand) 108/35
kvikvendi *n.* living creature 46/16
kvinna see **kona**
kvæði *n.* poem 41/13, 52/15, 72/30, 85/13, 108/1
kvǫð *f.* obligation, duty, requirement (*e–s* to provide s–thing) v31/2
kvǫl *f.* sword-name, 'torment' v454/4
kykr *a.* alive; while (still) alive 48/38
kyn *n.* family, origin 2/39; category 5/10; kin: *lýða kyn* mankind v30/4, *við kyn beima* i. e. against men v217/4 (with *hvatráðr*). Cf. v6/2 t. n.
kynda (nd) *wv.* kindle v387/3 (2nd pers. pl. in address to the king); md. be kindled v377/1
kynfróðr *a.* amazingly, strangely (very) wise v19/2 (with *hrafnfreistaðar*)
kynkvísl *f.* (branch of) family line, offshoot 107/19, v447/3
kynna (d) *wv.* make known, announce v64/7 (obj. unexpressed, 'it'; Kock, *NN* 1890, emends *áðr* to *óð*, 'poetry', see **óðr (1)**, to provide an object)
kynslóð *f.* family, group of descendants, clan 103/17
kynstafr *m.* member of a clan, scion 107/18
kýr *f.* cow 90/13, v506/1, 4
kýrhvalr *m.* 'cow-whale', a kind of whale v490/1. Cf. *nauthvalr*, an alternative name for *búrhvalr* m. sperm whale in JG 28; A and B

actually have *búrhvalr* here (spelled 'býr-' in B; R has 'kvr-', T has 'kur'). For *búrhvalr* see JG 8, 35 and *KSk* 15/36 t. n., 162, where it is said to be the humpback

kyrr (1) *m.* sword-name, 'quiet' v452/5 (or perhaps **kýrr**, q. v. in Index)
kyrr (2) *a.* quiet, submissive v376/4 (predicative with *þá*); unwavering, held firm v254/6 (with *hurðir*)
kyrra (rð) *wv.* pacify, make peaceful, give peace to v362/2 (p. inf. with *hykkat*)
kyrrlátr *a.* quiet, gentle in behaviour 107/32
kyrrseta *f.* sitting still; *vara k.* there was no peaceful existence, there was a violent battle v172/5
kœna *f.* a boat for a single oarsman (LK 304–6; Falk 1912, 89) v493/7
kǫld *f.* 'the cold one', coat of mail v474/3
kǫstr *m.* (dat. **kesti**) pile; funeral pyre v19/1
køptr *m.* mouth, jaws v340/3 (written *keypt*). Cf. **kjǫptr**

lá (1) *f.* wave at the shore, sea near the shore, offing v362/2 (acc. with *hykkat*), 96/5, v478/2; liquid, of the mead of poetry, Óðinn's breast-liquid *hildar geð-Njarðar l.* (or Óðinn's *geðfjarðar l.*, see t. n.) v39/4 (obj. of *ték*); pl. *lár* v4/4 t. n.?
lá (2) *f.* poetical word for hair 108/20 (but not recorded in extant poetry; perhaps metaphorical use of **lá (1)**)
láð *n.* land, territory, inherited land v217/2 (i. e. Denmark?—the battle was on what was at the time regarded as Danish territory, see note; obj. of *heltu*), 86/16, v314/2, v353/1 (i. e. Norway); *frá láði Finnum skriðnu* i. e. from Finnmǫrk or Lapland v349/1
laða (að) *wv.* invite v345/2 t. n. (or gen. of **lǫð**)
lag *n.* thrust 42/22
lág *f.* log (the word-play depends on the medieval spelling 'lǫg' or 'log' (thus R; spelled with *o* or *a* (*á*) in other manuscripts)) 40/20, 63/17 (cf. **lóg**); = tree in kenning for woman, *l. auðs* v202/3 (obj. of *eiga*; refers to Helga in fagra)
lagsmaðr *m.* companion, fellow 1/36
lagvápn *n.* thrusting weapon (e. g. spear) 67/26
lamb *n.* lamb 90/14
lámr *m.* fist, paw, large and clumsy hand 108/34
land *n.* land v43/1 (gen. with *umgjǫrð*), v48/2 (gen. with *endiseiðs*), 33/25, 36/26, v124/2 (obj. of *vætti*), v129/2 (dat. of respect, *lǫndum*), v132/1, v252/2 (gen. with *vanr*), 75/3, 86/11, v348/3 (gen. pl. with *umband*), v410/2, v501/7; country 78/24, 80/1, v313/3 (i. e. Norway; subject of *lagðisk*), v393/2 (i. e. Norway), 106/3, 107/36; *í landi* in this country v209/3 (Kock, *NN* 1836, takes this phrase to mean 'back home' with *bauð lind*); *lǫnd setbergs banda*, giants'

Glossary 341

lands, i. e. heathen lands v268/4 (dat. with *remðan sik*, with or over heathen lands); territory 48/31, 51/31, 79/31, v304/1, 101/8, 9; *mér til landa* to win myself lands v255/4; shore, bank (of a river) 25/19, 48/11; *fyrir l. fram* along the coast 3/28; *með landi* along the coast 72/7; in kennings, i. e. resting place, dwelling place 74/5–6, 108/7, 13, 15, 27; in kenning for sea, *Leifa lǫnd* v155/7 (gen. with *laufi*)
landamæri *n.* frontier, borderland 21/8
landfólk *n.* people of the country 5/35 (Sweden, cf. *Gylf.* Prologue), 78/25, 106/21 (subj.); people of earth, mankind, gen. obj. of *gætir* v277/1
landfrækn *m.* land-bold; *Lundar l. jǫfurr* i. e. *Lundar frækn landjǫfurr*, the valiant prince of Lund's land; or the land-bold, i. e. valiant in defending his land, prince of Lund; emended to *Lundar lands frækn jǫfurr* in *Skj* B I 116 (Konráð Gíslason 1892, 100); the king of Denmark (Haraldr blátǫnn?) v192/2
landráðandi *m. (pres. p.)* ruler of a country 78/24
landreki *m.* land-director, -ruler v107/4 (subj. of *verðr*), v186/5 and v389/1 (i. e. Haraldr harðráði), 101/5 (not related to **reka** *sv.*, see note to verse 389),
landstjórn *f.* governance of the land (*til* for) 79/30
landvarnarmaðr *m.* defender of the land 80/5, 105/25 (subj.)
landvǫrðr *m.* defender of the land, in kenning for ruler of Norway (Haraldr gráfeldr), *l. Hǫrða* v249/2 (vocative)
langa *f.* ling (fish) v485/1
langbarðr *m.* sword-name, 'long-beard' v452/3 (perhaps means a Lombardic sword, see *Hkr* I 194, *Fagrskinna* 89; cf. *Guðrúnarkviða II* 19, *Vǫlsunga saga*, *Skj* I A 370, v. 5; name of Óðinn and of a serpent in *SnE* 1848–87, II 473, 487)
langfeðgar *m. pl.* ancestors 59/2
langhvass *m.* sword-name, 'long-keen' v458/2
langnefja *f.* thole pin (Falk 1912, 71; presumably the longer if there were two, and then the front one; cf. LK 169) v498/4
langr *a.* long 19/34, v99/2; long-lasting v409/3 (with *orðstír*); *fyrir lǫngu* long ago v97/2, v133/4 (with *mólu*), 99/5; n. as adv. of time *langt til at* long until, before 22/29; as adv. of place, far 42/33; comp. longer (of time) 52/13; comp. n. as adv. *lengra* further; *eða lengra* or further (i. e. than from Veiga to Agðir) v313/3; further (in meaning) 41/16
langskip *n.* longship, a Viking warship (Falk 1912, 97–102) v492/7 (probably not a distinctive type, but a general term)
langsæi *f.* far-sightedness 109/10
langvinr *m.* friend for a long time, old friend, in kenning for Þórr, *l. Þrǫngvar* v88/4 (in apposition to *hraðskyndir handa*, subj. of *svalg*)

lastmæli *n.* criticism, pejorative or disparaging comment 40/15; *til lastmælis* for criticism or disparagement, in dispraise 108/1

lastvarr *a.* fault-wary, fault-shunning, fault-avoiding, sin-free v186/6 (with *landreki*)

láta (lét) *sv.* (1) leave, with acc. and a. (*l. eina*: leave alone or desert, as Óðinn did?—see Fritzner 1886–96, I 308b), inf. after *trauðan* v121/3; with inf. let 6/30 (pp.), cause (*e–m* in, from s–one; dat. of respect) v58/4; let itself, behave, make its way doing s–thing v259/1; with acc. and inf. cause, let, make s–one or s–thing (to) do s–thing 3/15 (allow), v55/1, v69/1, v74/1, v128/3, v183/3, v197/1, v222/1, v242/1, v243/1, v249/1 (inf. with *kváðu*), v288/1, v289/1, v302/1, v309/1, v333/1, 5, v391/1, allow s–one to do s–thing v386/1 (imp.); cf. 49/31 n.; with inf., often in pass. sense, cause s–thing to be done, have s–thing done 6/30 (inf.), 40/38, 48/37, 38, v157/1, 52/11, v277/1, v385/2, *l. kalla* have (s–one) called, summon 25/28; with pp. of impers. vb. v256/1, v296/3, v348/1 (*léztu* you caused to be); with acc. and pp. *l. e–n of sóttan* cause a place to be visited, pay a call on a place v65/2; with md. inf. *láta sígask, fallask* let o–self drop 1/27, 2/34, v95/5, *lét sígask* (= *lét sik síga*) made himself sink, pressed himself downwards 25/24; *l. eptir* leave behind 21/9, give way, draw back 2/33; *l. fram* hand over 45/26; *svá l. sem* behave as though, pretend that v251/5; *l. uppi* let be heard, recite v292/3 (with suffixed pron -*k*). (2) with acc. and inf. give as one's opinion, say 4/27, declare, threaten v79/5. Md. (1) with inf. say that one 4/20 t. n., 20/24, 33, 35, 45/27. (2) die 6/15, 21/18

látr *n.* lair, where s–thing lies; in kenning for gold (on which snakes lie), *dalreyðar l.* (gen. pl. with *þrútinn*) v145/4; for shield, *sigðis l.* v195/2 (gen. with *Hermóðr*)

látrval-Rygjar *m. pl.* in kenning for giants, *Lista látrval-Rygjar* = *val-látr-Lista Rygjar* (cf. Introduction p. liii), Rogalanders of falcon-lair-Lister, i. e. of the mountains (*val-látr* = falcon-lair) v91/6 (subj. of *ne máttu of bella*)

lauð *f.* melting pot or wire-drawing plate (a plate with holes for drawing metal into wires) 61/14

lauðr *n.* froth v358/1, v361/2

lauf *n.* leaf (usually collective), foliage 41/22, 23, v142/2, 67/21; in kenning for shield (the shield on which the scene was depicted), *Leifa landa l.* v155/8 (dat. after *á*; the shield perceived as if a leaf on a tree when fixed to the side of a ship)

lauk see **lúka**

laukr *m.* leek; mast of a ship 75/4, v496/5 (Falk 1912, 56); in kenning for ship, *hestr lauks* v259/7

Glossary 343

launa (að) *wv.* reward, pay back (*e–m e–t* s–one for s–thing) 20/26, 22/23, v157/8 (inf. with *gátu*), requite v275/4 (with suffixed pron.)
lauss *a.* free 1/34, 52/3; *l. frá* quit of 46/2; comp. looser 22/30
lausung *f.* untrustworthiness, unreliability, falsehood 108/33
laut *f.* depression, hollow v502/8; = land, that over which s–thing travels (see under **land**), in kenning for sword, *heina l.* v279/2 (obj. of *rauð*)
lax *m.* salmon 45/6, 8, v485/1
léði see **ljá**
leðja *f.* variant of *Ellíði*, see Index (from Old Slavonic word for a barge, lighter, wherry; Falk 1912, 88) v493/5
leg *n.* lair; *fjarðeplis Mærar l.*, mountain-lair, i. e. cave, in kenning for giants v87/3 (gen. with *menn*; cf. note)
leggja (lagði) *wv.* lay, place 42/1, 3, 6, 48/3; provide? establish? v92/2 (inf. with *hvé skal ek*; obj. perhaps *gott* or *brú*, but maybe in the illegible line, see note); pile v358/1; with dat. thrust 46/30; stab (*e–n e–u*) 48/26, 29; *l. fjǫrlausn* impose as a ransom 45/23; appoint 3/13; establish 51/34; set up (or lay down?) v161/3 (1st pers. pl., let us); *l. at* direct against, or make after, make for v103/5; *l. fyrir skut* put astern, i. e. sail past v259/8; *l. saman* bring into collision together v213/2 (inf. with *bað*); *l. upp* put away, swallow 1/28, v96/6; *l. e–t e–m við* place s–thing upon s–one, declare s–one subject to (guilty of), declare that s–one shall incur s–thing 21/11; impers. *lagði nær at* it had come close to (s–thing happening) 42/15; md. lie down 46/19; come to an end 52/17; be subjected v313/4; *leggjask niðr* lie down 46/33, be going down 42/14; pp. *lagit* placed, fixed (*á* in, sc. the poem) v207/4
leggr *m.* leg, arm, limb 61/11; lower leg, shank 109/2; bone v57/1 (obj. of *brauzt*), 109/16; in kennings for rock (cf. *Gylf.* ch. 8), *reyrar l.* v55/4 (gen. with *reyni*), *fróns l.* v210/2 (gen. with *fólka*). See also v87/1–4 n.
leið *f.* way, path 47/20; *fara braut l. sína* go on one's way 21/15; *um langa leið* over a long distance 21/38; referring to the sea 36/28, 92/25, 93/23, *á l.* on the route, away v349/1; in kenning for gold, *hólmfjǫturs l.* (serpents lie on gold), part of kenning for man, *bǫrr hólmfjǫturs leiðar* v311/2
leiða (dd) *wv.* lead 100/13; take, bring v149/5, 49/27, 52/11, v160/2; *l. aptr* bring back v102/6 (after *nema*); *l. út* send on one's way 50/4
leiðangr (rs) *m.* naval force, fleet, expedition v353/1
leiðask (dd) *wv. md.* impers. *e–m leiðisk e–t* s–one gets sick of s–thing, gets to hate s–thing 3/34, one gets tired of s–thing 20/36, 52/19
leiðiþírr *m.* 'leading-slave', thief, kidnapper, in kenning for Loki, *l.*

ǫl-Gefnar, thief of Iðunn v102/3 (obj. of *bundu* or of *fundu*, parallel with *hund* or *lund*?)
leifa (ð) *wv.* leave (*e–m* to *s*–one, i. e. after one's death), bequeath v280/2
leiga *f.* hire, wages 4/23
leika (1) *n.* and *f.* toy (or playmate?) 85/20, v517/3, 8; playfellow v169/2 (NB *vér* is pl., not dual); in kenning for Iðunn, playmate, girl-friend of the gods, *Ása l.* v103/2 (obj. of *sveik apt*)
leika (2) (lék) *sv.* play (i. e. fight; *á aldar lófum* i. e. be tossed from hand to hand, used by both hands?) v246/4 (inf. with *kná*), i. e. be current v255/2; move up and down, i. e. flap v359/3 (*við* against); *l. e–u* toss *s*–thing from side to side v358/2; *l. við e–n* be merry with *s*–one v393/1
leikblað *n.* 'play-blade', in kenning for Þjazi, *leikblaðs fjaðrar reginn = fjaðrar blaðs leikreginn*, god (or dwarf), i. e. causer, of the play (motion) of feather-blade, of the beating of wings (or god of the feather's playing (flapping) blade, *NN* 138) v103/6
leikr *m.* game, competition 25/28; pleasure, happiness: *stendr fyrir órum leiki* stands in the way of my happiness (presumably she will not grant him her love) v208/2
leiptr (1) *n.* flash, lightning; brightness, a word for the sky 85/18; name for the sun ('flasher'?) v517/3 (perhaps *leiptrhrjóðr* m. 'lightning-sender'), 5; in kenning for gold, part of kenning for man, *l. jarðar stafna* (flash of land of stems) v4/1 (gen. with *Baldr*). Cf. Index
leiptr (2) *m.* pilot whale or white-sided dolphin v490/2 (*KSk* 15; not in JG; caaing whale LML 119)
leir *n.* clay 21/19
leirjǫtunn *m.* clay giant 21/28
leistr *m.* foot of stocking 108/38
leita (að) *wv.* with gen. look for, (try to) find 72/6
leiti *n.* rise in the ground (forming part of horizon) v502/2; *á ǫðru l. fyrir* ahead on the next rise in the ground 20/27
lekstopar *m. pl.* 'leak-steps', something to stop leaks? bilge-boards?— perhaps for *lokstólpar* (so A ('løk-') and B), supports for the raised deck at the prow, forecastle-supports v496/4
lemja (lamði) *wv.* hit, batter 22/3; beat up v57/2; break 41/31
lén *n.* scythe-blade v464/2 t. n.
lendr *a.* 'landed'; *lendir menn*, like Scottish and Anglo-Saxon thanes, were those who held land in fief from the king (next in rank to *jarlar* in Norway) 80/3, 12
lengi *adv.* for a long time v201/4, long v68/6 (with *bíða*); *þeygi l.* nevertheless . . . not very long v262/2

Glossary 345

lengr *adv.* longer, for a longer time 52/19; *l. en svá* longer than so that, longer than the time that (it takes me to) v165/5
lengra *adv.*, **lengri** *a. comp.* see **langr**
lenz *f.* lance v464/2
lesti, á *adv. phrase*, last, in the rear v484/8
letja (latti) *wv.* be against, hold back from, resist; with suffixed neg., *letrat* v252/1 (with inf.; Kock, *NN* 156, reads *lætrat*, does not cause, see **munr**); *l. e–t* dissuade from s–thing, be against s–thing v251/6; md. (reflexive) with *at* and inf. hold back from doing s–thing v3/1
létta (tt) *wv.* stop, leave off 42/2; *of létti* has finished or let it finish v175/4 (*mitt* my turn, spell; T 'leiti' = *hleyti* has been taken to mean 'share, spell', obj. of *malit hefi ek*); lift up (with dat.) v161/4 (1st pl., let us); impers. with dat. come to an end, be finished 52/14; impers. with dat. of person and gen. of thing v1/2 (*mér* for me; 'it is relieved, there is relief from it')
leyðra (að) *wv.* wash, clean v20/8
leyfa (ð) *wv.* praise v111/3, v237/4 (inf. with *skal*); pp. *inn leyfði* the lauded, celebrated v405/3 (with *lofðungr*)
leyfð *f.* praise, poem of praise v303 n. (obj. of *tel*), v385/3
leygr *m.* brightness, flame, fire 98/28; in kennings for sword, flame of battle, *gunnvita gǫtu gráps l.* v200/2 (gen. with *bǫr*), flame of shield, *l. skipa sólar* v233/1 (obj. of *rýðr*), *skjaldar l.* v379/3 (collective)
leyniliga *adv.* secretly 48/39
leyra or **løra** *f.* or **løri** *m.* degenerate person 106/12 (possibly acc.; *-leri* in compounds, see ÁBM)
leysa (t) *wv.* redeem 42/38; discharge, fulfil (?) 42/18
lið *n.* (1) vessel, ship 14/19 (complement), 109/16, v494/8; in kenning for poetry, *l. dverganna* 14/18 (cf. **líða**; Old English *lid* 'ship'; Falk 1912, 86)
lið *n.* (2) troop, force of men 48/36, v171/8, 58/33, 59/21, 72/6, 10, 15, v266/2 (subj. of *ók*), v396/2 (obj. of *hjó*), 103/7, 104/20, v410/4 (obj. of *helztu*), 109/17; army 79/29; *l. beima* = mankind v271/2 (subj. of *lýtr* parallel with *ferð*); *minna húskarla l.* v284/4 (subj. of *drífr*)
lið *n.* (3) help v172/4 (obj. of *veittum*), 109/17 and t. n.
lið *n.* strong drink 14/18 (complement), 109/18 (complement); *Hárs l.* = (the mead of) poetry, a poem v33/2
líða (leið, liðinn) *sv.* pass, flow v8/2; (of time) 1/21; of ships, pass, float, i. e. sail v258/2; travel, sail: *erum liðnir* we have passed, sailed v349/2; with acc., pass over or through v77/5 (*l. mjǫk ór stað* traverse so as to disturb, travel with violent movement through)

liðbrandar *m. pl.* joint-brands, limb-brands, i. e. gold ornaments (for the arms) v192/1 (obj. of *granda*)
liðfastr *a.* firm in support, reliable (of Þórr; reliable to his followers?) v91/5 (with *aldrminkanda*)
liðhati *m.* 'help-hater', in description of Þórr and Þjálfi, *sverðs liðhatar* (spelled '-hattar' in RTW, see note), those who despise the help of swords, those who (were) fight(ing) without weapons v83/2 (subj. of *gerðu*)
liði *m.* follower, member of a troop (**lið (2)**) v22/4, 106/6, v441/3
liðmeldr *m.* 'ship-meal' (or, if it is read *líðmeldr* as the rhyme would suggest (see *Háttatal* p. 54), 'drink-meal'); perhaps for *meldrlið*, i. e. meal-ship = mill (cf. *LP*: *líðmeldr*); *Amlóða l.* = the sea v133/6 (obj. of *mólu*). If *Amlóða líð* is the sea, his *líðmeldr* might be the sand. Kock, *NN* 573, reads *skipa hlíðar lyngs* (*lyng* n. 'heather') *líðmeldr* which he takes to mean the foaming sea. Snorri, however, states that *Amlóða kvern* is the sea. See note and cf. Tolley 1995, 69–71
liðnir *m.* sword-name, 'limbed', i. e. angled, of the hilt v456/5
liðr *m.* limb 61/11; joint 108/35, 109/16
liðsemð *f.* help, support 50/1 (*at e–m* from s–one)
liðsinni *n.* help, support, assistance 109/17
liðveizla *f.* assistance, support (*við e–n* of or for s–one) 58/27
líf *n.* life 6/2, v58/8 (dat. with *numin*), v405/4 (gen. with *grand*); *gott víg-Freys l.* a good warrior life v383/4 (obj. of *hefir*)
lifa (ð) *wv.* live 50/8, 12, 101/12; *l. eptir* survive 50/17
lifr *f.* liver 49/3, 108/26
lifra *f.* poetical word for sister (cf. **lifri** and **lifr**); *algífris úlfs l.* = Hel (see ch. 16 and *Gylf.* ch. 34) v251/8 (with *at sinna með*: to join Hel's company is to die)
lifri *m.* poetical word for brother (cf. **lifr** and **lifra**) 107/17, v446/4
lífsgrið *n. pl.* quarter, sparing of one's life 3/37
lífshjálp *f.* deliverance, hope of rescue, a way to save one's life 6/7
liggja (lá, lágu) *sv.* lie (*hjá e–m* with s–one) 4/35, v9/1, v42/1, 22/4, 46/23, v152/1, 52/4, 72/28; lead (*til* to a place) v73/8 (acc. with *kvað*); be situated 79/32; i. e. be inlaid v145/2 (subj. is *grátr*, i. e. gold), v193/1; be placed: *l. skorinn* be engraved v245/4 (after *hvé*); *l. und* i. e. be subject to v311/1
lík *n.* **(1)** leech, a hem, border or band along the edge (side) of a sail v497/8 (Falk 1912, 64: sometimes a rope would be stitched along it; LK 211, 213)
lík *n.* **(2)** body; (dead) body, corpse v29/2; earth's (Jǫrð's) *lík* is the ground (cf. *Gylf.* Prologue ch. 1) v117/4
líka (að) *wv.* with dat. please 49/25; *hafa sér líka látit* have been

pleased to use 5/30; *hinn er hvǫt líkar* whom boldness pleases, who is pleased by boldness v288/2
líkbjartr *a.* bright in body v277/2 (with *umgeypnandi*)
líki *n.* shape, appearance, form 2/14, 4/33, 19/17, 46/19
líkindi *n. pl.* likeness, (genuine) similarity, verisimilitude 41/17
líkn *f.* relief, comfort, solace 39/29; mercy, grace v298/3 (gen. pl. with *bið*)
líknskin *n.* 'grace-shine', name for the sun 85/19, v517/4
líkr *a.* like, similar (*við* to; but with dat. in the subsequent phrases, where *líkt, lík, líkr* are to be understood) 41/14 (with *hálfur*); n. suchlike 108/24
lín *n.* linen; in kenning for woman, *lind líns* v209/4
lína *f.* anchor cable (Falk 1912, 80; LK 193) v496/6
lind *f.* linden, lime (tree) 64/21; shield (of lime-wood) v399/3 (collective), v469/8; in kenning for woman, *l. líns* v209/3 (subj. of *bauð*)
línfé *n.* morning gift (after the wedding night, = *morgingjǫf*; elsewhere the word seems to be used of a gift on the day of the wedding (= *bekkjargjǫf*), see Fritzner 1886–96, II 532; *at* as) 48/4, 48/21
linnr *m.* snake 90/11
lit *n.* look 108/10
lita (að) *wv.* colour, stain, cause to be stained v404/3
líta (leit) *sv.* look (*á* at, upon) v45/1 (subj. is *faðir*); with acc. see v71/5, 49/31 n.; *l. í móti e–m* look in s–one's direction, catch sight of s–one 24/24; *l. til (e–s)* look at, towards s–thing (i. e. the voice) 1/23, at s–thing 45/38; with acc. and adv. see s–one (to be) s–thing, regard s–one as s–thing (?) v338/4; md. impers. *lízk vel e–m* things look good to s–one, one thinks the prospect good v343/1
lítill *a.* small 42/35, 45/26; litotes, no 21/6, 22/5, 46/12; *ok þó lítinn* though it be meagre (i. e. *fors*, his poetry, or his poetical talent) v13/4; dat. sg. n. as adv. a little 49/5; as subst. (with) a small thing 58/21
lítillæti *n.* humility 58/5, 6
litr *m.* colour, appearance, form 47/36, 48/7 (cf. 5/6 t. n.); ox-name ('coloured'?) v504/5. Cf. Index
lítt *adv.* little, i. e. not at all v249/1 (with *fálma*)
ljá (léði) *wv.* lend (*e–m e–s*) 2/11, 25/2 (acc. used for second and third objects, see note and cf. **afla**)
ljár *m.* scythe 4/9 (probably pl.), 4/11
ljóð *n.* song (or perhaps 'stanza' here) v165/6 (obj. of *kveðak*); poem 52/14 (pl.; = *kvæði* 52/15). Cf. **hljóð**
ljóðmegir *m. pl.* sons of the people, men, subjects v393/1
ljóðr *m.* people 106/21 (parallel to *lýðr*), v441/5

ljóðæska *f.* accent, dialectal speech, idiom, or childishness 109/6; see note
ljómi *m.* brightness v387/4 (obj. of *kynduð*); sword-name, 'brightness' v456/6
ljónar *m. pl.* people 106/7 (perhaps = *ljóðnar*, members of a **ljóðr**?), v441/6
ljós *n.* light, lamp 1/7, v135/3, 41/1 (pl.), 41/8
ljósfari *m.* 'light-traveller', 'light-bringer', a name for the sky 85/17; for the sun v517/6
ljóss *a.* light, bright 42/30, v186/5 (with *barri*); (metaphorically) shining v303 n. (with *leyfð* or with *orðgnótt*)
ljósta (laust, lostinn) *sv.* strike (with dat. of instrument) 25/32 (probably impers.), 42/31; *l. e–u í e–t e–m* strike (with) s–thing at s–one's s–thing v87/5, v89/5; *l. af* strike off v56/1; *l. í* hit 45/7 (perhaps impers.); *l. í Hel* i. e. kill 22/12; pp. (with dat. of instrument) 19/11; impers. *laust eldinum í e–t* s–thing caught fire 2/21
ljótr *a.* ugly 2/29, v51/2 (with *hringr*, i. e. the serpent); terrible, horrible 22/11, v137/2
ljúga (laug, loginn) *sv.* lie v73/3 (inf. with *drjúgr*); *l. at e–m* tell lies to s–one, deceive s–one v206/2 (pp. after *hafa*)
ljúgfengr *m.* 'lying striker', unreliable striker, sword-name v460/5
loða (dd) *wv.* stick, adhere, cling, hang on (*við* to) v98/5 (*loddu* to be supplied in line 8)
loðbrók *f.* 'shaggy-breeches', nickname of the Viking Ragnarr 50/29, 72/32
lof *n.* praise, eulogy v283/2, 83/15, v303/4 (obj. of *ofra*), 84/18 (complement), v307/3 (apposition to *sumbl*, i. e. consisting of), v395/2 (subj. of *ofrask*), v409/1 (obj. of *heyra*)
lofa (að) *wv.* (1) permit (*e–m at gera e–t* s–one to do s–thing) 4/36
lofa (að) *wv.* (2) praise v276/1
lofðar *m. pl.* (poetical word for) men, warriors, chieftains v303 n., 104/20, 105/21, v441/3 (related to *lofa* 'praise'). Lofði (see Index) is probably an invented singular name derived from the plural (cf. *LP*: sg. otherwise only found in *Ynglingatal* (*Hkr* I 74), though even there it may be pl.). Cf. Lofðar in Index
lofðungr *m.* ruler, king (lit. leader of *lofðar*; cf. Lofðungar in Index) v405/3 (Haraldr harðráði)
lófi *m.* palm (of hand) v246/3, 108/36
lofkvæði *n.* praise-poem, encomium 67/29
lóg *n.* dispenser, consumer (usually abstract, 'consumption') 40/19 (spelled 'log' in R, with *ð* in W, *o* or *á* in other manuscripts), 63/16 (spelled 'lág' in R, with *o* or *a* (or *á*) in other manuscripts). The word at 40/19 could be acc. of *lógr* m. 'user, dispenser' to

lóga, cf. *brjótr* to *brjóta*, though at 63/16 it is nom.; cf. **lág**, which may originally have been spelled 'lǫg'; *ǫ* and *o* can represent both *á* and *ó* in thirteenth-century manuscripts, cf. Hreinn Benediktsson 1965, 61–2; *SnE* 1848–87, III xvi–xvii; Noreen 1923, § 107
loga (að) *wv.* flame v374/2
logi *m.* flame 97/20, v371/4 (subj. of *skaut*); sword-name v458/1; in kenning for gold, part of kenning for woman, *drafnar l.* v360/3 (gen. with *Lofn*); in kenning for head, *himinn brá tungls loga*, sky of the eyelashes' moon's flame, of the light of the eye v86/1. See Index
lokarspánn *m.* wood-shaving (from a plane) 2/18
lokarr *m.* plane (tool); metaphorically, of refining verse as with a plane, *óðar l.* v203/1 (instr. with *skafna*) (perhaps a kenning for tongue? in which case *skafna* would mean 'fashioned')
lómhugaðr *a.* (*pp.*) deceitfully-minded, with treacherous intention v103/5 (with *reginn*)
lopt *n.* sky, the air 33/26, 39/2, 90/16 (see note); *l. ok lǫg* across sky and sea 20/21, 42/28, 43/3; *á lopt* aloft 25/31, *koma á lopt* be hoisted 42/24; *á lopti* raised, in the air 20/37, in the air, as it flew, in flight v88/3; *í lopt upp* up into the air 4/13; *ór lopti* from the sky, from heaven v274/4
losna (að) *wv.* loosen, become loose 22/22
lotti *m.* sword-name v453/1
lúðr (rs) *m.* box; *hrosta l.* is perhaps a kenning for drinking horn or ale-vessel v360/2 (gen. with *gæi-Þrúðr*); mill-box (the box containing the mill-stones) v160/1, v179/6, v181/6; pl. v161/3. Cf. **eylúðr** and Tolley 1995, 70
lúka (lauk, lokinn) *sv.* with dat. finish; impers. *e–u lýkr* s–thing comes to an end v405/1; impers. pass. *væri lokit e–u* s–thing would be finished, it would be the end of s–thing 46/1; md. of a marriage, be closed, consummated (or arranged, concluded?) v118/1
lund *f.* manner 3/14; (*á*) *marga l.* in many ways 44/25, 67/28; *hversu á marga l.* in how many ways 5/9; disposition 108/31
lundr *m.* grove; tree 40/13, 41/23, 65/10; in kenning for Loki, *læva l.* (in apposition to *leiðiþír ǫl-Gefnar*, obj. of *bundu*) v102/4
lung *n.* longship (Old Irish *long*, Latin *navis longa*; Falk 1912, 89) v133/5 (gen. with *barði*, cf. note), v492/7
lúta (laut, lutu) *sv.* bow down, stoop 59/30; sink down, i. e. fall in battle v84/8 (inf. with *knáttu*; *fyrir* before them, because of them), v336/2; collapse v402/3; *l. e–u (e–m)* bow down to, before s–thing (s–one) v271/1, v272/1
lýðr *m.* people 106/21 (complement), v441/4; *lýða kyn* men, mankind (acc. with *bið*) v30/4; *lýða stillir* ruler of men, king v252/1 (subj. of *letrat*)

lyptisylgr *m.* raised drink (of the piece of molten metal) v88/3 (obj. of *svalg*; *síu* of (consisting of) molten metal)
lýr *m.* pollack v487/4
lýsa (1) (t) *wv.* make light, light up 40/39; impers. *lýsti* it shone, light was emitted 1/7, 42/30
lýsa (2) *f.* whiting v485/2
lýsigull *n.* glowing gold, gold that shines in the dark 40/39
lýti *n.* flaw, defect 42/35 (*á* in it)
læ *n.* injury, deceit; in kenning for Loki, *læva lundr* v102/3
lækning *f.* healing, treatment 22/24
lær *n.* thigh, ham 1/28, 109/1
læsa (t) *wv.* lock (up) 24/32
læti *n.* (1) noise 109/11 (second time complement). (2) behaviour 109/12 (complement)
lævísi *f.* mischievousness, destructiveness; *til l.* for love of mischief 41/30
lœgir *m.* sea ('that which lies (quiet)', a euphemism) v364/3 (gen. with *lǫð*), v475/3
lœkr *m.* stream 41/15, v477/6
lǫð *f.* hospitality v31/1, v364/3 (obj. of *þá*). Cf. **laða**
lǫg *n. pl.* law(s) v386/4 (obj. of *njóta*); *lands lǫg* the laws of the land 79/31
lǫgðir *m.* sword-name, 'thruster, stabber' v453/2 (cf. Saxo Grammaticus 1979–81, II 124)
lǫgr *m.* (1) sea (cf. **lopt**) 20/21, v124/4, 42/28, 43/3, v256/4, 92/26, 93/8, v346/1, v353/2, v379/3 t. n., v475/3, 4; *lagar tennr* = stones, gen. with *rœsinaðr*, i. e. it is *steindr*, painted; or with *vébraut*, making a kenning for the sea v345/2 (see note). (2) liquid 14/11; in kennings for poetry, *l. Óðreris, Boðnar, Sónar, Hnitbjarga* 4/2, 5, 11/28–29; *l. dverganna* 14/10
lǫgseimr *m.* 'sea-thread', the Midgard serpent; his father is Loki v73/4 (subj. of *réð*)
lǫstr *m.* vice v360/4 (obj. of *rækir*)

maðr (pl. **menn** or **meðr**) *m.* person (as opposed to animal) 24/31, v138/1 (dat. with *ræð*, for), 49/26, v166/3 (gen. pl. with *málvinr*), 106/23 (complement), 109/16; man 2/27, 40/5, 74/3, v272/4 (i. e. human), 99/21, 105/18, v439/2 and t. n., male 101/15; husband 2/26, 48/14, 107/30; pl. man(kind) 41/28; humans 39/30, v332/1, 380/1; *manna sjǫt* i. e. earth v110/3; *manna dólgr* (i. e. Hrungnir) v67/4; as indefinite subj. a man, one v79/3 (subj. of *gatat*), 109/13, 17; pl. people v273/1, v283/3, v365/3, i. e. one, equivalent to passive 107/12, 109/15, 16, 18; *hverr m.* everyone v111/3; *engi m.* no one v409/2; in kenning for giants, *menn legs fjarðeplis Mœrar* men of the mountain lair, of the cave v87/4 (subj. of *ne mýgðu*)

Glossary 351

magna (að) *wv.* strengthen, increase, imbue with power v306/2 (inf. with *kveð*); to increase battle is to be a good war-leader v28/2; pres. p. in kenning for war-leader, *dólgskára magnandi* feeder of ravens v335/2 (subj. of *kná stýra*)

mágr *m.* kinsman by marriage 72/16 (father-in-law), 103/10 (son-in-law), 107/20, v447/6; stepson 58/26 (or brother-in-law: Yrsa was Hrólfr's mother and sister); in kenning for Þórr, *Ulls (Ullar) m.* (stepfather) v47/4 (gen. with *hnefar*), v66/2 (see 19/31 and *Gylf.* ch. 31); *sef-Grímnis mágar* = giants v76/8 (gen. with *brúði*)

mál *n.* (**1**) speech 1/22, 3/7, 108/19, 109/3; word (i. e. promises) v386/3; words: *fara máli of e–n* treat of s–one in words v368/4; in kenning for gold, speech of giants (cf. p. 3): *ár steðja Eldis m.* v317/2 (gen. pl. with *hreggi*); language 5/13, 26; affair, business, case 105/25

mál *n.* (**2**) time (with inf., to do s–thing) v439/1

mála *f.* female friend, confidante, one with whom one talks 108/5

mala (mól) *sv.* grind 52/10, 19, v161/6, v175/3 (*malit hefi ek fyrir mik* I have ground my share), v179/1, v181/1, v182/3; *mǫlum* let us grind v179/8, v180/1; subjunc. *mœli* would have been grinding v168/5; grind out (*e–t e–m* s–thing for s–one) v133/8 (subj. is *þær er*, i. e. the waves, depicted as grinding the sea (or the sand) like a mill), 52/12, 15 (*at* against), 52/18, v163/1, 2 (1st pers. pl. let us grind), v183/2; *m. lengr* go on grinding 52/19; *þá er vel malit* then the grinding will have been well done v163/8; md. for pass. be ground out 52/9

málhvettr *a.* 'speech-urged', rushing forward with chatter, noisy (of the river) v78/2 (with *byr*)

máli *m.* (**1**) confidant, friend (one with whom one converses) 19/34, 81/11, 107/21, v445/3; *buðlunga m.* see **buðlungr** v289/2 (subj. of *lætr*)

máli *m.* (**2**) (a soldier's) pay 58/27, 35, 59/3, 81/5 (subj.?)

máll *a.* talkative, garrulous, who talks too much v369/3 (with *sverri*)

málmr *m.* metal 47/21; sword-name v453/5; pl. = weapons, in kennings for battle, *dynskúr málma* v209/2, *málma mót* v251/3, *málma kveðja* v286/3

málsgrein *f.* category of language, class of expression 5/18

málspakr *a.* wise, sober of speech, sagacious, eloquent; as nickname 103/13

máltak *n.* choice of language 5/14

málunautr *m.* speech-companion, friend v447/5; in kenning for giant (Þjazi), *m. Miðjungs* v99/7 (acc. with *biðja*)

málvinr *m.* 'speech-friend'; *m. manna* one who speaks in a friendly way to people v166/3 (in apposition to *Fróði*)

352 Skáldskaparmál

málvitnir *m.* sword-name, 'decoration-wolf' (wolf = destroyer), 'decorated destroyer'? (*mál*- perhaps refers to the pattern-welding in the blade of some swords) v456/2
man (1) see **munu**
man (2) *n.* slave-girl, maid, girl v438/7; collective v166/4 (obj. of *keyptir*); *at mani* as slave(s), in slavery v159/8, v174/4; i. e. household (of servants) v162/3
mánaðr, mánuðr *m.* month 24/33, 40/35, 99/6
máni *m.* moon v135/4 (gen. with *ljós*), 85/21, v356/4 (obj. of *skaut*); *mána vegr* = sky v65/8, v108/4; in kenning for shield, *Ræs reiðar máni* (the shield on the side of a ship looks like a moon) v158/3 and v253/3 (obj. of *gáfumk*). Cf. Index
mannbaldr *m.* prince of men, great prince (or if an a. (cf. **ballr**), very bold) 106/15, v441/8
mannfólk *n.* mankind 5/32 (-*it*); people 109/17
mannsaldr *m.* human life(-span) 101/13
mannskœðr *a.* harmful to men, dangerous v345/2 (with *mætir*; of the king, Haraldr hárfagri)
mannsverk *n.* the labour performed by a single man 4/22
mannvit *n.* intelligence 3/24; *mannvits fróðr* full of wisdom v116/2
mansvarkr *m.* arrogant maid v438/7 t. n.
mantælir *m.* 'girl-entrapper, -destroyer', in kenning for Þórr, destroyer of giantesses, *gallópnis halla Endils mantælir* entrapper of the maids of the Endil of the eagle's halls v75/6 (subj. of *spendi*; Kock, *NN* 1080, reads *gallópnis halla manntælir*, destroyer of the man of the mountains, and takes *Endils* with *mó*; see **mór** and cf. note)
mánuðr see **mánaðr**
már *m.* (sea-)gull, in kenning for sea, *máva Mœrr* v366/3, for eagle (Þjazi), blood-gull, *valkastar báru m.* v94/6 (subj. of *of nam mæla*; cf. p. 1)
marfjǫll *n. pl.* 'sea-mountains', i. e. waves (*á* onto, over) v391/2
margr *a.* many v110/3 (with *manna*, gen. with *sjǫt*, i. e. of mankind), v302/1; in sg., many a v129/1 (with *keipr*), v144/1 (with *fárbjóðr*), v322/1 (with *flótta*), v351/2; dat. of comparison, than many (other men, i. e. is on his own superior to a large number of others together) v211/1 (with *œðri*); *n.* as subst. much, a great deal v26/1
margspakr *a.* wise about many things, deeply wise v94/5 (with *már*, i. e. Þjazi)
mark *n.* sign, illustration (*um* of) 58/5, 58/22; image, likeness, characteristics v207/4 (obj. of *hefi lagit*; cf. note)
marknútr *m.* sculpin, sea-scorpion v487/7
marr *m.* **(1)** horse v59/7 (obj. of *tamði*), v93/6 t. n. (see note to verse 93), 74/14, mount v242/4 (here a wolf, the giantess's mount, cf.

Glossary 353

Gylf. ch. 49; obj. of *feldu*); in kennings for ship, *Reifnis* (or *raðálfs*) m. v254/8 (dat. after *af*, see note), *Geitis* m. v257/3 (obj. of *hlǫðum*); cf. Index

marr *m.* (2) sea v106/2, 92/25, 93/3, v345/1, 94/5, v351/1, v475/6; liquid, in kenning for poetry or a poem, *Viðris munstrandar marr* v350/3 (obj. of *ek ber*)

marr *m.* (3) sword-name, 'bruiser'? v453/5

marþvara *f.* a kind of herring v487/2

matr *m.* food 1/17, v93/6 (obj. of *báru*), v339/3 (subj. of *fekksk*)

máttr *m.* might, power v269/1, v273/1; *m. dýrðar* glorious works of might v272/3 (obj. of *viðr*; cf. **dýrð**)

máttugr *a.* mighty, tough 50/19; f. pl. *máttkar* v159/7

mauraskáld *n.* nickname, 'ant-poet'; perhaps originally Mœraskáld, poet of the Mœrir, inhabitants of Mœrr in Norway (see Mœrr in Index), or from *maurar* m. pl. 'possessions', referring to the hoarding of money? 62/9 (cf. *maur(r)* v65/3 t. n.)

máv- see **már**

með *prep.* with dat. together with v46/2, 79/30; together with or mixed with 320/3; between 3/38; *með þeim Þór* between him and Þórr 21/17; with the help of or among (if the phrase is taken with *orð lék á því*) v255/3; by means of, because of v84/1 (with acc.?); with (instrument) v90/2; among, i. e. by v332/1, 2, 380/1, 3, i. e. to dwell among v101/3; i. e. to join? v81/1 (with acc.?); with acc. carrying, wielding (*fara með* take) v81/8 (or with *stríðlundr*, 'behaved wrathfully with?—see **stríðlundr** and cf. note), v241/1; among, surrounded by (or as well as?) v154/3

meðal *adv.* middlingly, not very, as first half of compound (tmesis) *meðaltálhreinn* v94/2, v305/2; as prep. with gen. between v97/7

meðalheimr *m.* middle-world (i. e. sky; between earth and heaven?) 90/17

meðalkafli *m.* 'middle-piece', the part of the sword-handle between the hilt-plates or cross-pieces v462/6; in kenning for sword (-blade), *meðalkafla tunga* v401/4 (see note)

meðan *conj.* while v33/3, 5, v49/1

meðr = *menn*, see **maðr** v365/3

mega (**má, mátti**) *pret.-pres. vb.* can v194/5 (impers. with inf. *bræða*, equivalent to the passive), v245/1, v270/3; *má* one can v253/1; be able 2/31, v263/4 (inf. with *muntu*); *ne máttu* were not able (strong enough) v91/6; *má svá* has such ability, such power v310/2; *hvats mátti* as hard as he could v99/7

megin (1) *m. indecl.* (dat.) *tveim megin* on both sides (*e–s* of s–thing) v193/2; *standa tveim m.* stand astride (*e–s* of s–thing), straddle 25/15

megin (2) *n.* power, strength 25/27 n., v79/8 (acc. with *lætr vaxa*), v181/2 (gen. with *kostuðu*)

megindráttr *m.* (dat. **-drætti**) mighty haul v54/4 (dependent on *at*; refers to Þórr's hauling up the Midgard serpent to the side of the boat, *Gylf.* ch. 48)
megingjarðar *f. pl.* girdle of might 14/27, 24/20, 36, 25/2, 4. Cf. **gjarðvenjuðr**
meginhurð *f.* mighty door or gate, in kenning for shield, *m. Gauts* v145/2 (gen. with *galla*)
meginland *n.* mainland 105/32
meginverk *n.* mighty work, mighty action v169/6
meiðir *m.* injurer, destroyer, enemy; *m. Ey-Dana* i. e. King Haraldr harðráði v376/2 (subj. of *eymðit*)
meiðr *m.* tree, pole, post 65/5; cf. v112/3 t. n.; in kenning for warrior (Earl Sigurðr Hákonarson), *m. morðteins* v211/1
méilskúr *f.* missile-shower, hail of weapons, battle v230/4 (dat. pl., in battle; see note)
mein *n.* injury v55/3, v89/7 (gen. with *nestu*; i. e. which causes); pl. hurt, pain, anxiety v290/4 (obj. of *bera*), harm, trouble v298/4 (dat. with *firr*)
meinsváran *n.* perjury, swearing falsely v75/2 (gen. with *gǫrr*; cf. note)
meinþorn *m.* harmful thorn? v67/6 t. n.
meir *adv. comp.* more; longer 101/13; further, again (I shall continue to . . .) v301/2 (perhaps the beginning of a new section in the poem)
meira, meiri comp. of **mikill**
meiss *m.* basket, creel 22/25
mél *n.* interval of time 99/8
meldr (ldrs) *m.* (the action of) grinding; *til meldrs* to the grinding v162/6; *at meldri* at the grinding v182/6; what is ground, meal; *þann meldr Fenju* i. e. gold v183/6 (obj. of *bera*)
men *n.* neck-ring, gold collar, necklace 61/15, 72/11 (see note), v251/4 (obj. of *bauða*); *mens mjúkstallr* = neck v206/1 (gen. with *Synjar*); in kenning for sea, island-ring, -encircler, *m. Karmtar* v320/4; jewel, in kenning for sword, *dreyra men* v337/2 (gen. with *dísar*)
menskerðir *m.* neck-ring diminisher, damager, distributor, generous man (Sigurðr Fáfnisbani) v322/2
mensætt *f.* settlement to be brought about by (the gift of) a neck-ring 72/11 n. and t. n.
mensœkir *m.* necklace-seeker (-fetcher) 19/10 (see note; *m. Freyju* the fetcher of Freyja's necklace, cf. 20/3-4 (*þjófr . . . Brísingamens*) and verse 64 and note)
menþverrir *m.* neck-ring-diminisher, giver of neck-rings, generous ruler v121/2 (Earl Hákon)

merki *n.* significance, something remarkable (*at* in s–thing) 3/1 (pl.); standard 80/6; mark on a sword-blade (decoration or an identification sign (insignia), or inscription) v461/3
merkismaðr *m.* 'standard-man', person who has a standard borne before him 79/28 (or 'man of mark'?)
merkja (kt) *wv.* mark, engrave, inscribe, depict v368/2 (pp. with *orm*)
merla (að) *wv.* illuminate, shine on v349/4 (with *fjǫll*)
merr *f.* mare 21/21
merski *n.* marsh, land subject to flooding v501/8
mestr *a. sup.* (of **mikill**) greatest (with gen.) 25/4, v269/2; *er mest* it is the greatest, a very (great) . . . v397/4; most (of) or a very great v222/2 (with *glymvindi*); n. as adv. *mest* most 50/6; with very great force, most forcefully v89/8 (with *laust*); *sem m.* as hard (fast) as he could 2/15, *sem m. mátti hann* as much (full, tightly) as he could 45/35
meta (mat) *sv.* value, put a price on (s–thing) 4/11; assess 105/25
mey(-) see **mær**
mið *n.* fishing-bank v477/2
miðfáinn *m.* sword-name, 'decorated in the middle' v453/6
miðfjǫrnir *m.* 'which preserves life in the middle'? (v. l. *miðfornir*, 'old in the middle', with an old boss? see Falk 1914, 152, n. 3), shield-name v471/4
miðgarðr *m.* 'middle enclosure', world, land; *Fáfnis m.* = gold (because F. lay on gold) v188/4. See Miðgarðr in Index and *Gylf.* Index
miði see **mjǫðr**
miðja *f.* middle 48/27 (or dat. sg. n. of **miðr**?)
miðjungr *m.* 'middler', ram-name v507/8. Cf. Index
miðla (að) *wv.* share out, hand out 40/20; *m. við* share with 46/12
miðr *a.* middle (of), mid 22/3, 25/6, v89/7 (with *bígyrðil*), 52/18, 101/11
míga (meig) *sv.* urinate, wet o–self 21/29
mikill *a.* big 52/7; great 5/36, 21/9 (a very), v212/2, 101/11, v410/4; long 101/13; a great deal of 52/16; strong, harsh v365/3; *svá mikit* big enough 21/21; *svá miklir* at such a high pitch 6/9; *m. fyrir sér* mighty, of great importance or power, a great person 2/38, 22/15, 24/17, 45/11; n. as adv. hard, fast 20/27; dat. sg. as adv. *myklu* much, by far 4/11, 20/24, *miklu* v303 n. (with *minni*; or read *mikla* with *orðgnótt*?); comp. *meira* greater 24/18; comp. n. as adv. *meira* more v82/6 (with *ógndjarfan* and *eirfjarðan*; or a. with *hug*, stronger, greater?), faster 42/28. See **mestr**
mikillátr *a.* proud (in behaviour), arrogant 107/33

mildi *f.* generosity 58/5

mildingr *m.* kind, merciful, generous man, prince v367/4 (King Eysteinn), 100/23, v387/1 (Magnús góði), 106/14, v441/7; = Óðinn? v99/8 n. and t. n.; gen. pl. for princes v32/2 (see note); *m. dróttar* lord of hosts, i. e. Christ v272/3

mildr *a.* generous v194/2 (with *hjarta*), v351/1 (with *jǫfri*), 105/23; kind, gentle v206/1 (with *Synjar*); as nickname 103/5, 105/22; comp. *in mildri* v299/4 (with *ógnherðir*, complement of *ne mun verða*)

milli *prep.* with gen. between v145/1 (with *skurða*), 106/3; *sín á milli* amongst themselves 1/21

minjar *f. pl.* keepsake 48/5

minni (1) *n.* memory 108/27, 31, 109/9; image, motif, picture intended to call s–thing to mind v14/4 and v56/4 (instr.)

minni (2) *a. comp.* smaller v284/2 (with *lið*), v303 n. (with *orðgnótt*)

misgert *pp.* misdone, done wrong(ly) v116/1

miskunnlauss *a.* without mercy, treated mercilessly, shown no mercy v174/3 (with implied subj. *vit*)

missa (st) *wv.* (with gen.) miss, fail to catch 2/21; fail to hit 4/34, 6/11, 13 (cf. *Gylf.* ch. 48), 25/18, 42/33

misseri *n.* season, period of six months 99/5; acc. of time, *þau m.* for those (probably two) seasons, i. e. for a year v173/2 (see Fritzner 1886–96, II 714b)

missifengr *m.* sword-name, 'failing to get', 'mark-misser' v461/4

mistilteinn *m.* mistletoe 19/30 (see *Gylf.* ch. 49)

mjór *a.* thin v365/4 (with *borð*)

mjótygill *m.* thin string, in kenning for fishing line, *m. máva Mærar* v366/3 (obj. of *skar*)

mjúkr *a.* gentle, kind, gracious, condescending v183/5 (with *konungs*; or with *bragar*, = smooth, flowing?)

mjúkstallr *m.* soft stand(ing place); *mens m.* = neck (or arm, *NN* 902), in kenning for woman, *mens mjúkstalls Syn* v206/2

mjǫðr *m.* (dat. **miði**) mead 1/13, 3/22, 38, 4/7, 19, 5/6, 14/11, 49/8, v286/3 (obj. of *bæri*); in kennings for poetry, *Suttunga m.* 4/4, 11/27, *dverga m.*, *jǫtna m.*, *Óðins m.*, *Ása m.* 11/27–8, *m. burar Bors* v26/2, *Óðins m.* v31/3, *Yggs m.* v197/4 (gen. with *njóta*; or with *hljót* as a kenning for poet, *NN* 410; see note); in v342/2 the rest of the kenning (the obj. of *vil ek vanda*) was in the unquoted part of the verse (but see note); in kenning for woman (Snæfríðr), *mjaðar Hrist* v205/4 (a characteristic role of women was as server, and perhaps brewer, of mead)

mjǫk *adv.* very v121/4, v265/2, v302/1 (with *margar*; or = frequently); very much, hard v67/5 (with *hrøkkva*), v157/1 (with *styðja*); powerfully

Glossary 357

v77/5 (with *leið*, or = very much, with *ór stað*); frequently 67/27, 80/15, 107/31 (a great deal), 109/15; generally 109/15; more or less (?) 1/1–2 t. n.
mjǫl *n*. meal (what is produced from a mill) 51/29; *Fróða m.* = gold v184/2
mjǫtuðr *m*. doom 19/13 (complement)
móðir (pl. **mœðr**) *f*. mother 19/9, v64/5 (gen. pl. with *mǫgr*), 20/16, v147/5 (gen. with *brá*; the mother of Hnoss (and Gersimi) is Freyja), 108/3, 30; *jǫtna dólgs m.* = Jǫrð; her body is the ground (*ofljóst*; cf. Jǫrð in Index and *Gylf*. Prologue ch. 1) v117/4
móðr *m*. mood, anger, rage v108/3; *af móði* in fury v266/4
móðurfaðir *m*. maternal grandfather 103/9
móðǫflugr *a*. mighty of mood, bold v64/5 (with *mǫgr*)
mold *f*. soil, earth 60/13, v502/7
moldrekr *m*. 'soil-ruler' (i. e. soil-dweller), giant, in kenning for gold, *moldreks orð* (part of kenning for generous ruler) v388/3
moli *m*. fragment 22/4
mór *m*. moor, heathland v75/8 (Kock, *NN* 1080, takes *Endils* with *mó* as a kenning for water, i. e. the river, see note), v502/8
morð *n*. murder v450/1; killing, battle (gen. with *mærð*) v25/3; causer of death, destroyer, in kenning for wind or storm: *viðar m.* v365/2 (subj. of *óx*)
morðeldr *m*. 'killing-flame, battle-flame', i. e. sword v144/2 (gen. with *fárbjóðr*)
morðkendr *a*. renowned for battle v290/2 (with *sessa*—or with *þengils*?)
morðrein *f*. killing-ground; cf. v211/2 t. n., though *-s* is a m. ending; for *-hreins*?
morðteinn *m*. 'killing-twig, battle-twig, -rod', i. e. sword, in kenning for warrior, *meiðr morðteins* v211/2
morginn, morgunn *m*. morning v144/1, 99/6; dat. *morni* 48/3; *á morgun* tomorrow 99/7. Cf. Index
mót *n*. meeting; *at móti e–m* to meet s–one v93/2 and v341/2, against s–one (i. e. in battle; WTUA and *Hkr*, *Fagrskinna* have *fór* for *var*) v265/1 (though the dat. could belong with *með jǫfnu gengi*); *í mót* as adv., in return, in retaliation 21/39; (*standa*) *hér í mót* (are) contrary (in meaning) to these 106/11, 16; *í móti* as prep. with dat., towards 24/24, as adv. *taka í móti* receive 25/31; *móti* as adv. in opposition, in response, against him v67/5; in kenning for battle, *at málma móti* in the assembly of weapons v251/2
mótroðnir *m*. heath-treader, i. e. hart (cf. v. l. *móðroðnir* (second element spelled with *-av-*) 'mood-reddener'?) 88/8, v512/4
mótvaldr *m*. 'meeting-controller', in kenning for warrior or war

leader, *mækis m.* controller of the meeting of the sword, i. e. of battle v149/6 (subj. of *leiddi*)

muðr (munn-) *m.* mouth 43/7, 10, 46/36, v315/3 (instr. with *gein*, of the earth), v361/4 (instr. with *gínn*; referring to a figurehead), 108/8, 14, 15, 17, 18, 19; *hafa í munni* i. e. repeat v283/3; *ór munni Ránar* i. e. from the grip of the sea, from being engulfed or swallowed by the sea v127/4

múlinn or **mýlinn** *m.* 'horned' (?), name for the moon 85/21 (see Introduction p. liv)

muna (man, munði) *pret.-pres. vb.* remember 22/30, v201/4 (inf. with *mun*), v315/1 (*þat er* how)

mund *f.* hand v367/3 (with *mín*, subj. of *prýddisk*), 108/34

mundriði *m.* sword-name, 'hand-rider, that which swings in the hand' (or 'fitted with a handle (**mundriðr**)') v453/3

mundriðr *m.* handle (of a sword; the part between the crossbars or plates) v462/5

munkr *m.* monk; in kennings for God (or Christ), *munka dróttinn* v269/1 (gen. with *máttr*), *munka valdr* v388/3

munlauss *a.* lacking joy, loveless; of a country (Norway?) conceived as a woman (*Óska víf*) lacking a ruler (or referring to Jǫrð's abandonment by Óðinn? cf. **biðkván**) v383/2 (Falk 1922, 61–2 and Kock, *NN* 3396N, read *mundlaust*,'without a wedding-gift'; cf. **ómyndr**)

munn- see **muðr**

munnfyllr *f.* mouthful 3/4 (*hverr . . . sína* i. e. in turn)

munngjallr *m.* sword-name, 'hand-ringer' (if the first element is **mund**; 'edge-ringer' if it is **muðr**) v458/1

munnlaug *f.* (hand-)basin; *vinda m.* = sky v110/4 (dependent on *á*)

munntal *n.* 'mouth-count', 'mouth-tale' 3/6, 40/28

munr *m.* (1) difference; *fyrir øngan mun* by no means, certainly not 21/13

munr *m.* (2) desire 108/28; *glamma m.* wolf's hunger v252/4 (obj. of *stǫðva*; Kock, *NN* 156, reads *hǫðglamma mun*, 'wolf's pleasure', i. e. battle, and *lætrat* in line 1); pleasure: *þat var m. vargs er* that was a pleasure for the wolf when v322/1; *at mun e–s* in accordance with the will of, to the pleasure of, to the delight of s–one v304/1; joy, love, loved one, i. e. husband v157/4 (with Foglhildar, i. e. Jǫrmunrekkr; acc. with *næma*)

munstrǫnd *f.* 'desire-strand', the seat of feeling or thought, breast; in kenning for poetry, *Viðris munstrandar marr*, the sea (liquid) of Óðinn's breast v350/3

munstœrandi *pres. p.* who increases the joy (*e–s* of s–one), who brings joy to (s–one); in kenning for Iðunn, *m. hapta* v102/7 (in

Glossary 359

apposition to *mey*, obj. of *leiðir aptr*; she brings them joy by keeping them young)
munu (mun, mundi) *pret.-pres. vb.* will, shall v175/2, v177/5, v180/2, 5, v182/4 (must), v201/1, v252/4 t. n. (*man = mun*?—see Noreen 1923, § 524.2), v299/2, v369/1 (intend to), v395/2, v406/1; must (probability) 24/31, v177/4 ('must be what is called', or 'will in future be known as'); *munda* would v303 n.; *mundi* (it) would be 3/31, 22/29 (twice), was about to, was on the point of v99/4 (after *svá at*), 41/31; *þeim mundi* they might expect 50/1; *af mundi* would be off 50/12; with suffixed neg., *muna gefa* there will not be given v175/5, *munat þú* you will not v178/1, *mundit* would not v338/1; with suffixed pron., *mundak* I would have 22/12, *muntu* will you (interrog.) v263/1 (v. l. *mundu, montu, mantu*); p. inf. *mundu* would 2/10, 4/21, 22/14
mýgja (gð) *wv.* with dat. suppress; put aside, cease v87/3
myklu see **mikill**
mýlin *f.* ruddy(?), 'pointed one' (originally of the moon?), a name for the sun 85/20 (v. l. *mýsin*)
mýll *m.* lump, ball 108/24
myrkaurriði *m.* dark trout; in kenning for serpent (Fáfnir), *m. markar* v322/3 (dark trout of the forest or trout of the dark forest?— cf. Introduction p. liii; obj. of *stakk*)
myrkbein *n.* 'dark bone' in kenning for rock, bone of the sea, *Haka vǫgna reinar m.* v67/6 (gen. with *vátt*)
myrkdreki *m.* dark dragon, in kenning for snake, *minn m. marka*, part of kenning for spear (dragon of the dark forest? cf. **myrkaurriði** and see **borð** (2)) v246/1 (subj. of *kná*)
myrkheimar *m. pl.* worlds of darkness 42/29. Cf. Index
myrkr *a.* dark, obscure 4/6 (n. as adv.), 42/29 (*af nótt* from, because of night), v315/2 (with *jǫrð*; Kock, *NN* 342, takes the word as the first half of the compound *myrk-Danr*)
mægð *f.* relationship by marriage, marriage-connexion v296/4 (subj. of *lét*)
mækir *m.* sword v453/2; in kenning for warrior, *mækis mótvaldr* v149/5
mæla (t) *wv.* speak v94/5, v102/6; say, order 24/25; pronounce 46/4; *m. fyrir* prescribe 52/9; *m. við e–n* announce to s–one 45/19; *m. sér e–t til e–s* stipulate s–thing as s–thing for o–self 4/19
mæling *f.* measuring (*at e–u* of s–thing) 3/3
mælingr *m.* tight-fisted person 106/16 (*mæla* wv. 'measure')
mær (gen. sg., nom. pl. **meyjar**) *f.* girl, maiden v100/2 (i. e. Iðunn; the *þá er* clause goes with this word; obj. of *færa sér*), v102/8 (i. e. Iðunn; obj. of *leiðir aptr*), v159/7 (*þær meyjar*, i. e. Fenja and Menja), v161/5, v169/5, v178/6 (vocative), v181/1, v214/4 (gen.

with *sæing*), v378/4 (probably collective), 107/35, 37, v438/8; maid: *Óðins meyjar* i. e. valkyries v436/2; female servant v286/4 (subj. of *bæri*); *Fróða meyjar* = Fenja and Menja v183/1; daughter: *m. bergrisa* (Fenja or Menja or both) v168/6 (subj. of *mæli*); *míns fǫður m*. i. e. I myself or my sister Fenja? v179/2 (subj. of *mól*); *m. Gefnar* = Hnoss (or Gersimi), the precious weapon v149/5 (obj. of *leiddi*), *m. Hǫgna* = Hildr (2), i. e. battle, in kenning for shield, *Hǫgna meyjar hjól* v238/3 (in both these kennings *ofljóst* is used)
mæra (ð) *wv*. praise v193/4 (inf. after *á ek at*)
mærð *f*. glory, praise (-poetry), encomium v64/8 (gen. with *þáttum*), v112/3, 83/15, 84/13; poem of praise v303/2; praise v302/2 (gen. with *ǫrr*; if this word belongs with *skjǫldhlynr*, *mærð* would have to mean (deeds of) glory here: the quotation is exemplifying the use of *óðr* as a word for poetry, not *mærð*); *m. morðs* a poem about (in praise of) battle v25/3
mæringr *m*. famous, glorious man, prince v25/4 (subj. of *ræðr*), 100/28, 106/14, v388/4 (complement of *erat*, there is not), v441/7
mærr *a*. famous, glorious, noble v52/3 (with *simbli*; or with *Þrívalda* if this is dat.; see NN 220, where it is taken with *sumbls* to mean 'renowned for his drinking'), v102/7 (with *mey*; Kock, NN 2005, reads *mærra* with *hapta*), v238/4 (of King Ragnarr; with *mǫgr*), v301/1; = **hár (1)**, *of kon mæran* = *of háan kon*, *of Hákon* (*ofljóst*) v36/2
mæti *n. pl*. precious things, valuables (i. e. gifts); or respect? v197/3 (obj. of *hljóta*; i. e. I was valued by him)
mætr *a*. splendid, glorious v273/2 (with *máttr*), worthy v251/3 (with *hilmi*)
mœnir *m*. ridge (of a roof), in kenning for (the top of the) head, *hjarna m*. v70/3
mœrr *f*. see Index
mœta (tt) *wv*. with dat. meet 21/39; *þeim er átján mœtir* to one who meets eighteen 107/2; md. meet each other 109/16
mœtir *m*. meeter, one who meets (*e–s* s–one, i. e. in battle); *m. Nǫkkva* = Haraldr hárfagri v345/1 (see note)
mǫgr *m*. (poetical word for) son v301/1, 107/16, v447/5; *m. Sigurðar* = King Ragnarr v238/4 (subj. of *vildi*); *at mǫg* for the son (Óðinn's son is Baldr) v19/4, *Fárbauta m*. = Loki v64/4 (dependent on *við*), v96/2 (acc. with *bað*); *átta ok einnar mœðra m*., i. e. son of nine mothers = Heimdallr (see *Gylf*. ch. 27) v64/6; *Sveins m*. = Knútr inn ríki v258/4 (vocative); in kenning for winter, *þenna mǫg Vind-svals* this winter v138/1 (acc. of time); boy (Sigurðr Fáfnisbani; cf. **sveinn**) v152/3
mǫl *f*. stones, gravel v78/6
mǫnduðr *m*. sword-name, 'aimed, aimer' v453/3

Glossary 361

mǫndull *m.* handle v178/5
mǫrðr *m.* ram-name v507/9 (see Index)
mǫrk *f.* forest. (1) in kennings for snake, *myrkdreki marka* v246/1, *myrkaurriði markar* = Fáfnir v322/3. (2) in kennings for river, *háfmǫrk* (separated by tmesis) v78/1 (*háf-* belongs both with *mǫrk* and *markar*, gen. with *byr*; though DD takes *mǫrk* in line 1 to mean simply 'ground'). (3) = tree in kennings for woman 63/23; *m. skála* v203/3 (vocative)
mǫrnir (mørnir?) *m.* sword-name, 'bruiser'? v458/5
mǫsni *m.* bear-name, 'slumberer'? v510/8

ná (náði) *wv.* with dat. get hold of 4/27; catch 5/4; receive v324/1; impers. *mundi ná e–u braut s–thing* would be got out 22/23; *áðr þér náði* until you were got, until you appeared v408/2
nadd-Freyr *m.* spike-, spear-Freyr, kenning for man (warrior) (Haraldr hárfagri?—or Svási, see *Flb* II 70; cf. Ólafur Halldórsson 1969, 159) v205/3
naddr *m.* spike, spear; in kenning for battle, *nadda él* v285/3
naðr *m.* adder 90/10; serpent, of the Midgard serpent v56/2, v311/4 (dat. with *bundin*, see **binda**); cf. v238/2 t. n.
naðra *f.* adder 49/2, 90/11
nafarr *m.* auger, tool for boring 4/28
náfjǫrðr *m.* 'corpse-fiord', in kenning for troll-wife, *vǫrðr náfjarðar* v300a/6 (or *nafjǫrð* f. 'hub-land'; Kock, *NN* 2458, suggests *nafjǫrð* 'brink-, cliff-land', cf. *nǫf* f. 'brink, cliff-edge')
nafn *n.* name 5/22, 19/21, 47/36, 58/14, v331/1, 95/7, 12 (obj. of *talði* 95/9), 107/25; *Gauts n.* the name Gautr 105/30, similarly 105/31 (*n. Sviðurs*); *n. Óðins* one of Óðinn's names 105/30, 31 (similarly 108/9); *nǫfn e–s* names for s–thing(s) or some persons 84/19, 85/13, 91/3, 99/5, 21; instr. 30/15, 33/21; designation (i. e. kenning) 108/30; *þat nafn er* this name means, is a designation of, reference to 90/28; *svá sem konungs nafn* equivalent to the name (title) of king 101/23; *nǫfn manna* proper names, personal names 107/12; *rétt nafn* proper (i. e. normal) name 107/14 (instr.); *ǫnnur mǫrg nǫfn* many other words 109/21 (*þau er* where, such that)
nafnfestr *f.* attaching of a name, confirmation of a naming 58/15; *at nafnfesti* as a confirmation of (my) name, as a naming-gift 58/16
nagl *m.* nail (of finger) 108/35
naglfari *m.* sword-name, 'rivetted, decorated with nails or studs' v458/4; in kennings for shield, *naglfara borð* v401/2 (cf. note), *naglfara segl* v156/3 (cf. note). See Index
nagr *m.* a kind of bird; in kenning for eagle (Þjazi), *sveita n.* v99/3 (subj. of *fló*)

náhvalr *m.* narwhal v490/2 (*KSk* 16, LML 122; JG 8)
nakkvat *pron. n.* (cf. **nokkvorr**) something v262/4 (subj. of *fylgi því*; i. e. a gift)
nál *f.* needle (for sewing the sail on a ship; or possibly a peg with a hole in for fastening ropes, see Falk 1912, 13 and n. 1) v500/4
nálægr *a.* (situated) close (*e–u* to s–thing) v148/2 (*var þat* i. e. the gift took place?)
nár *m.* corpse v321/4 (obj. of *svalg*); sword-name v459/6 (or perhaps *narr* for *gnarr*, 'noisy one'; written 'naʀ' in R)
nata *f.* nettle; spear v464/5. Cf. **nǫt**
nati *m.* a giant name (see Index); coat of mail v474/2
náttstaðr *m.* lodging for the night 45/12; *til náttstaðar* for a night's lodging 4/15
náttúra *f.* quality, property 52/8
nauð(r) *f.* necessity (i. e. fate) v437/2; compulsion, pressure v354/3 (obj. of *þolir*); trouble, distress, in kenning for Þórr, giants' *nauðar herðir*, increaser of giants' distress v80/6
nauðgjald *n.* forced payment 46/6
nauðuliga *adv.* with difficulty 24/26
naut *n.* ox (cow or bull) 90/13
nautr (1) *m.* companion 106/31, v440/8
nautr (2) *m.* gift, something given (*e–s* by s–one), something which had belonged to s–one v461/2, 7; *Gusis n.* = *flaug*, flag (*ofljóst*) v363/4 (gen. with *skautbjǫrn*; *skaut Gusis nauta* = sail; see Gusir in Index; Kock (*NN* 785) takes *Gusis nauta* = arrows with *skíða* as a kenning for shields)
ne *neg. adv.* not v78/3, v82/1, v87/3, v91/5, v299/1, v362/1; reinforced by suffixed neg. *-t* or *-a* with vb. v217/1, v223/1, v314/1
né *conj.* nor v44/3, v82/7, v107/3 (links *œðri* and *betri*), v160/6, v164/4, 5, v168/3 (understand *kœmia*), v168/5, v178/4; more than (?) v165/4
neðan *adv.* from below v51/4, 21/33; *fyrir n.* (with acc.) beneath v169/4
neðanskarðr *a.* (*pp.*) notched at the end (sword-name) v451/6
neðri *a. comp.* lower 21/33 (see **fara**); sup. *neztr* v516/3
nef *n.* nose v231/2 (obj. of *heldu*, i. e. their noses)
nefi *m.* kinsman, nephew or grandson 107/18, v446/5
nefna (fnd) *wv.* name; invoke the name of 20/36, speak the name of 43/8, v433/2, v434/6; mention, use (a name) 65/15, 93/3, 8, 103/18, 108/8; refer to 107/14, 108/29 (use the name of); call by a certain name 5/17, 83/13; *nefna nafni* call by the name 30/15; *n. réttu nafni* call by its normal name 107/14; *einnhverr er nefndr* s–one's name was 41/3, 45/10, 47/26; *er nefndr er* whose name was 21/28,

52/6, 72/2, 105/29; *hinn er nefndr var* the one whose name it was 5/22; *konungr er nefndr* there was a king called 58/4, 101/10; *er sá nefndr* was his name 52/10; *þess er hann nefndi fǫður* the father of the one named 107/15; *n. til* mention 5/20, name for this purpose 108/29; *n. við* name after 60/11; md. say one's name is, give one's name as (*fyrir e–m* to s–one) 4/17, 47/24
negg *n.* poetical word for heart 108/23
nema (1) (nam) *sv.* acquire, learn 5/25; receive, pay attention to (subjunc., 'let men . . .'; the obj. is the (mead of) poetry, to be received as a drink) v29/3, similarly v282/1 ('let the court hear . . .'), v368/3; note, appreciate v395/3 (again subjunc.); (reach out so as to) touch v354/1; take: *n. e–n e–u* deprive s–one of s–thing v58/8; *n. staðar* stop, come to rest 42/22; aux. with inf. begin to v87/1 (*nam kenna*), v94/5; *nam rjúfa* did break apart v49/4, *nam ráða* had her way v254/4; with suffixed negative, did not come to, could not v59/2
nema (2) *conj.* except (that) 20/34; except, besides, other than v300a/8, v300b/8; unless v79/5, v102/5 (with *leiðir*), v262/3, 85/15; *nema svá at* unless it be that v238/1
nenna (nt) *wv.* want, like, care (to do s–thing); usually with neg., not to be disposed (to do s–thing) 6/15 (cf. **nenning**); abs. desire to go, undertake (a journey), travel v257/4 (*nennum vér*: we = the poet)
nenning *f.* eagerness, resolution, will 108/31
nes *n.* ness, headland v400 n.; in kenning for giants, *nesja drótt* v84/4 (gen. with *kneyfi*; or with *vá* or *(dólg)ferð*, see note)
nesta *f.* pin, brooch; *meina n.* pin of (which causes) injuries = the glowing lump of iron v89/8 (dat. with *laust*)
net *n.* net 41/6
neyta (tt) *wv.* with gen. use 25/27 n.
neyti *n.* companionship 107/3
neytri *a. comp.* more useful, beneficial, better; *hin n.* any better v79/3 (with *ráð* (pl.); DD, following in part Reichardt's suggestion (1928, 8–9, 208: *mar njótr in neytri*), reads *hinn neytri* 'the very useful' with *njótr*; W and T have 'eñ', cf. **in**). Cf. note
nezta see **neðri**
nið *n.* new moon (before it is visible); waning moon 85/21
níða (dd) *wv.* slander, compose insulting verse about v369/4 (inf. with *mun ek*)
níðhǫggr *m.* sword-name, 'mean-striker' (cf. the serpent-name, see Index) v459/8
níðingsskapr *m.* baseness, villainy 21/12
niðjungr *m.* relative, descendant 107/18, v447/2
niðr (1) *m.* descendant, relative 18/4, 16, v167/6 (or forefathers?),

v407/3 (subj. of *réð*), 107/18 (subj.), v447/1; grandson: *Gjúka niðjar* = Hamðir and Sǫrli v157/2 (obj. of *styðja*); in kennings for giants, *Þorns niðjar* v74/4 (obj. of *þrýsta*), *Glaums niðjar* v90/1 (dat. with *fór*)
niðr (2) adv. down; *n. í* down into v89/7
nipt *f.* sister, niece; *Freys n.* = Hnoss (or Gersimi), daughter of Freyja, i. e. the treasure, the decorated weapon (*ofljóst*) v147/8 (subj. of *berr*); lady, poetical word for woman; perhaps the name of a norn v437/3, see Index
nisting *f.* sewing, s–thing sewn, clothing v205/4 (obj. of *slǫng*; it is presumably *Svásanautr*, the magic covering (*blæja*) provided by Svási in the story in *Flb* II 70, see Ólafur Halldórsson 1969, 159)
níu *num.* nine (with *hǫfða*) v52/4, (with *brúðir*) v133/4, v169/1
njarðgjǫrð *f.* mighty girdle = *megingjarðar*, girdle of might, Þórr's magic belt v79/4 (separated by tmesis; gen. with *njótr*)
njóla *f.* darkness, obscurity, a name for night v380/2
njóta (naut) *sv.* with gen. enjoy, i. e. hear, receive v197/4 (inf. with *lætr*; the obj. may however be *grundar* rather than *mjaðar*, see note and *NN* 410); enjoy the favour of v196/2; benefit from v386/1 (inf. with *lát*); benefit from, receive, feed on v323/2, v324/3
njótr *m.* benefitter (*e–s* from s–thing), user (of), possessor (of); in kennings for Þórr, *n. hafra* v54/3 (gen. with *megindrætti*), *n. njarðgjarðar* v79/3 (in apposition to *herðir hallands*)
nokkvorr *pron. a.* (n. *nokkvot*, cf. **nakkvat**) any 24/18
nór *m.* boat (only in poetry and the name Nóatún; cf. Latin *navis*; originally a hollowed tree-trunk, Falk 1912, 85) v491/7
norðan *adv.* from the north v318/4; in the north v313/2 (with *frá Veigu*); *n. fyrir* southwards past or to the north of v259/2
norðhvalr *m.* Greenland right whale v490/1 (*KSk* 16, JG 10, 37; = **sléttibaka** LML 123, *sljettbakur* Blöndal 1920–24)
norn *f.* norn 40/25, v437/1 (cf. *Gylf.* ch. 15)
nótt (gen. **nætr**) *f.* night 99/8, v380/1. Cf. Index
nú *adv.* now v159/1, on the spot 21/11; in a moment v1/1, v2/1, 20/17 (1); from now on v175/5; just now 20/17 (2), 103/18; now, i. e. in future v386/1
ný *n.* new moon 85/21
nýgervingar (-gjǫrv-) *f. pl.* extension of meaning, metaphor 41/16; extended metaphor, allegory 74/6 (instr., using), 108/14, 16 (*eru* is being used), 108/37 (cf. *Háttatal* 1/54, 5/12, 6/9–20 (sg. in *Háttatal* 6/12); *TGT* 80)
nýkominn *a.* (*pp.*) newly arrived v101/4 (with *Iðuðr*)
nýla *adv.* recently v285/3 (with *gerðu*)

nýr *a*. new v205/3 (with *nisting*)
nýtr *a*. usable 72/30; beneficial, kind, bountiful v62/6 (with *bur*); helpful v148/1 (with *varn*)
næfr *f*. (birch-) bark; *svá sem næfrar* as if (through) pieces of bark v235/4 (parallel to *garð*)
næma (ð) *wv*. deprive (*e–n e–u* s–one of s–thing) v5/6, v157/3 (inf. with *vildu*)
nær *adv*. close by 2/22; present, in the area 80/6; prep. with dat. close to 5/3
nærri *a. comp*. closer (*e–m* to s–one) v388/4 (predicative with *mæringr*, 'who is closer than you are')
næst *adv*. next v368/1, v432/8; after that 5/33; *þar n*. after him 79/16, after that 79/18, 26, 80/8, 99/23; *því næst* next 21/36, after that 99/22; *þeim n*. after them v434/8; *í næst* next (or last, previously?—see Fritzner 1886–96, II 851–2) 99/7
næstr *a. sup*. closest v384/4 t. n.; next 1/13, 99/17; *ár it næsta* the next year (or last?—see Fritzner 1886–96, II 853a, *næstr* 2, 3) v353/4; closest, second in importance: *at tel engin smæstu n*. such that I consider none of the smallest (battles) second (to it) (i. e. comparable to it) v285/4 (predicative after *tel*; or next I recount none of the smallest, the next ones I recount will be none of the smallest either?)
nættingr *m*. sword-name, 'night-bringer'? or 'made by night' v457/8
nǫf *f*. nave, hub 70/5
nǫkkvi *m*. boat (originally a hollowed tree-trunk; Falk 1912, 85) v491/8; cf. v345/4, see note and Index
nǫt *f*. nettle; spear-name v464/1 (cf. **nata**; Nǫt and Nati in Index)

ó- *neg. prefix* separated from an adjective v93/4 and v341/4 (with *skǫmmu*; see **skammr**)
oddbreki *m*. 'point-breaker, -wave', wave of pointed weapons, i. e. blood v319/1 (subj. of *gnúði*)
oddnet *n*. point-net, spear-net or arrow-net, that which catches missiles, i. e. shield v224/2 (gen. with *þinul*)
oddr *m*. point (of spears) v333/5 (instr. with *stika*), (of a sword) v460/1, i. e. arrow v465/2; in kennings for battle, *odda gnýr* v224/1 (gen. with *æsi*), *odda skúr* v309/1
oddviti *m*. leader 79/28
ódjarfr *a*. not bold, timid, shy 107/35
óð(-) see **vaða**
óðaltorfa *f*. native ground (estate), land; inherited land v280/3 (obj. of *leifa*, with *sína*)
óðgjarn *a*. madly (frantically) eager (with *at* and inf.) v202/4

óðr (1) *m.* mind; fury, frenzy; (inspired) poem, poetry v203/1 (gen. with *lokri*), v283/3 (with *minn*; obj. of *hafa*), 83/15, v302/3; in kenning for poet, *óðs skap-Móði* v300b/6
óðr (2) *a.* mad, frantic, possessed 106/18; n. *ótt* as adv. furiously, very fast v377/1 t. n.
of (1) *prep.* with acc. over 2/19, 5/2, v28/1, v57/4, 22/4, v79/2, v99/2, v124/4, v155/1, v170/2, v205/4, v260/3 (with *gnípur*), v350/1, v353/2, v354/4, v361/2, v371/2, v378/3, v387/1, v407/2; i. e. past v8/3; across v381/2 (with *setr*); above v165/4; above, beyond v295/2; around v236/1 (above? with dat.?); on (of clothing) v288/4; about 5/39, v18/2, v36/2, v38/4 (dependent on *ugg*), v200/2, v301/1, v368/4, v491/2 (?); *of mik* on my behalf v290/1; among v7/3; because of, as a result of v290/3 (with *enda*); through 20/29, 24/24, v379/3; during v144/1, 72/24; throughout v143/3, v185/1 (with *alla ævi*); *út of* outside (over) 1/35; with dat. over v2/4, v21/2, above v136/3, i. e. on v281/1 (with *fjalli*); upon v194/3 (with *digulskafli*; after *þrymr*)
of (2) *adv.* too 72/18
of (3) *pleonastic particle* (= **um (2)**) v15/6, v24/4, v31/2, v48/4, v52/3 (or emend to *af*?), v59/3, v60/2, v65/1, 2, v67/1, v68/7, v70/7, v71/6, v89/2, v90/3 (with *hlaut*), v90/7, v91/8, v92/6, v94/5, v99/5, 6, v100/5, v104/5, v117/2, v125/3, v141/1, v144/1, v148/3, v153/3, v154/8, v155/4, v160/4, v175/4, v192/4, v223/4, v242/3, v245/3, v250/6, v252/8, v254/8 t. n. (**of (1)**?—see note), v270/4, v273/1, v279/4, v294/1, v296/3, v309/3, v326/5, v327/6, v350/4, v382/3, v392/2, 107/8 (perhaps a mistake for *ef*, conj. 'if'), v491/2 (**of (1)**?)
ófagr *a.* ugly, unpleasant, unsavoury 49/10
ofan *adv.* down 1/18, v95/6, v97/8 (i. e. from above, with *dræpi* and *meðal herða*), v135/4, 46/27, v181/6, 59/21; the upper part (of our bodies) v174/6 (understand *etr*): *ofan í* from down in 59/23; *fyrir o.* above v365/4 (Kock, *NN* 720, takes the phrase with *meðr*, 'men on the sea', rather than with *braut* or *þaut*; it perhaps goes loosely with all three, i. e. with the whole of the preceding three lines, though it is particularly the upper strakes of the ship (those above the surface) that might be broken by the waves)
ofar *adv.* higher up (in the river) 48/13
ofláti *m.* show-off 106/19, v441/5, v442/5
ófleygr *a.* unable to fly 49/30
ofljóss *a.* 'excessively clear', punning, using word-play (i. e. substituting homonyms, or synonyms of homonyms, especially when one is a proper name) 109/16; n. as subst. a pun, word-play 109/19. Cf. *Háttatal* 17/26, 18/13, 20/9; *TGT* 66, 89, 171–2

ofra (að) *wv.* with dat. raise up, perform, achieve v149/1, make known, increase v303/3; lift (out of the sea), fish up v366/1 (inf. with *vildit*); md. be extolled, performed v395/2
óframr *a.* not forward, not bold, retiring 107/34
ofrefli *n.* bullying 20/36 (v. l. *ofryrði* n. pl. (WU) 'boasting')
ofrhugir *m. pl.* recklessness, impetuosity, extreme courage, valour 6/9
ofrhyrningr *m.* 'mighty-horned', name for a ram v507/1
ófriðr *m.* hostility, war 58/29 (*fyrir* because of), v257/1 (belongs with *þenna*; obj. of *segir*), 79/31 (*fyrir* against)
ofrmæli *n.* 'excessive speech', extreme language, exaggeration, boasting 20/26
ofskǫpt *f.* family line, lineage 107/20, v447/8 (not found elsewhere)
ófu 3rd pers. pl. p. of **vefa**
ofvægr *a.* extremely powerful, irresistible v282/4 (with *gram*, or with *ægi?*—cf. verse 344)
ofþerrir *m.* too great drying (*æða* of veins), in kenning for Hildr (2) v250/1 (gen. with *ósk*)
ófœri *n.* peril, dangerous situation 6/6
ófœrr *a.* unviable, unable to function, unable to last, or unmanageable? 49/31
ógn *f.* threat, attack, battle v450/3; in kenning for war-leader, *ógnar stafr* v217/3 and v314/3
ógnbráðr *a.* battle-swift, -ardent, warlike v408/2 (with *ynglingr*)
ógndjarfr *a.* battle-bold v82/5 (with *hug*)
ógnherðir *m.* battle-increaser, -promoter, war-leader; of a Danish ruler, perhaps Haraldr blátǫnn v299/2 (complement of *mun verða* with *in mildri*, 'a more generous war-leader'; v. l. *ógnherði* (U), dat. of comparison, more generous than the war-leader)
ógnprúðr *a.* battle-gallant, gallant in battle v149/2 (with *þrǫngvir*)
ógnrakkr *a.* fierce in attack v209/1 (with *álmr*)
ógnstǫð *f.* seat of fear, the breast; in kenning for (mead of) poetry, Óðinn's *ógnstǫðvar ægir* v216/3
ógóðr *a.* evil v321/2 (with *áttbogi*)
ógurligr *a.* frightening, terrifying v358/4 (with *hǫfuð*)
óhneppr *a.* not scanty, not lacking (i. e. in art?) v300b/4
ok *conj.* and v67/3 (links *berg hristusk* and *bjǫrg brustu*, but see note), v92/8 (links *þriggja tíva* and *Þjaza*), v101/7 (links *gamlar* and *hárar*), v102/3 (links *fundu* and *bundu*), v156/5 (links *þeir Hamðir* and *Sǫrli*), v227/2 (links *Búi* and *Sigvaldi*), v371/2 (links lines 2–3 to lines 1 and 4), v401/3 (links *naglfara borðs* and *tungu meðalkafla*, both gen. with *orða aflgjǫrð*, see note); introducing a main clause after a subordinate clause 1/21, 5/18 (?—see note), 24/34 (first time), 49/30, 50/10(?); almost the equivalent of a

relative pronoun v63/3, 4 ('which is also'; cf. Turville-Petre 1976, 68); *alt eitt ok* just the same as 40/11; adv. also v16/2, v195/2 (TWUAB, but not C, have *at*), 100/12 (second time), 107/16, 17, 18, 108/4, 5, 109/4, 12, 21, v465/1
ók see **aka**
okbjǫrn *m*. 'yoke-bear', kenning for ox v97/4 (obj. of *át*)
ókendr *a*. (*pp*.) without periphrasis, without a qualifier or attributive (determinant) 83/13, 14, 99/21, 107/29, 108/9, v438 t. n. Cf. **kenna**
ólágr *a*. not low, noisy (litotes) v69/2 (with *gjálfra*; since *gjálfr* usually means (the surge of the) sea, *ólág gjálfr* perhaps means storms (or seas) that are not low down, but high in the mountains)
ólauss *a*. not free, stuck v70/6 (with *vikr*)
ólgr *m*. 'furious', ox-name v505/5
ólítit *adv*. not a little, with no small force v229/1 (or a. with *hryngráp*?)
olli see **valda**
ólmr *a*. furious v227/1 t. n., v312/3
oltinn pp. of **velta (2)**
ólund *f*. bad temper 109/12
ómun *f*. resonance 109/7
ómyndr *a*. without bride-price, i. e. by violence v122/4 (with *elju*; i. e. he raped Africa)
óniðraðr *a*. blameless (not subject to shame or degradation) v150/4 (with *vin*: 'who was . . .')
ónn *m*. patterning on sword-blade v461/5
ónýtask (t) *wv. md.* be made useless, be ruined 42/15
ónýtr *a*. useless, no good 42/11
óp *n*. crying, howling 3/35
opna (að) *wv*. open v277/3 (inf. with *lét*)
ópnir v75/7 (gen.) separated from *gall-* by tmesis, see **gallópnir**
opt *adv*. often, frequently v4/1, v126/3, v284/2, v303 n.; repeatedly v309/2 (Kock, *NN* 2032, takes it as part of a compound *optherðir* 'frequent promoter'), v312/3, v340/3; as intensive, i. e. many of them, in large numbers, copiously v402/3 (see Reichardt 1928, 171–2)
ór *prep*. with dat. from, out of v71/1, v168/4, v173/7, v241/4, v247/3 (off), v336/3, v371/1, v385/3; as adv. 43/9 (?—see **rífa**); *þar ór* out of it 3/16
óra see **órir**
óráð *n*. evil plan, terrible course of action; *verðr e–s ó.* s–one undertakes the terrible course of action 46/10
orð *n*. word 49/10, v165/2, 108/15, 18, 109/4; i. e. report, fame (*á e–u* about s–thing) v255/2; collective, i. e. my words, report (*at* about) v313/2; *stór orð* big words 20/32; *í ǫðru orði* in the next

word, in the next breath 72/11; pl. speech 24/34, v182/2 (obj. of
kvað); speeches, statements, allegations v152/6; in kenning for
tongue or breast, *á sefreinu orða* v36/1 (cf. note); in kennings for
gold, giant's words (cf. p. 3/1–8) 40/28, 44/28, *orð Danar Hlǫðynjar
beina* v315/1 (gen. with *sendi*); in kenning for battle, *naglfara
borðs ok tungu meðalkafla orða aflgjǫrð*, the mighty word-activity
(parliament, meeting) of shield and sword v401/3 (cf. **geirþing**,
'spear parliament'; see note)
orðaskipti *n. pl.* conversation 1/14
orðbrjótr *m.* 'speech-breaker', in kenning for generous ruler (Knútr
inn ríki), *o. moldreks*, breaker of the speech of soil-ruler (giant's
speech = gold, see p. 3/1–8), distributor of gold v388/2
orðfjǫlði *m.* multitude of words, wide vocabulary 5/26
orðgnótt *f.* supply of words, abundance of words v303 n.
orðnæfr *a.* sharp, clever of speech (or bold, harsh of speech?) 107/31
orðsnilli *f.* cleverness of speech, eloquence 109/4
orðspeki *f.* skill in speaking, eloquence 109/10
orðspekingr *m.* rhetorician, skilful speaker 107/27
orðstírr *m.* glory 22/5, fame, reputation v409/3, 106/3
orðtak *n.* saying, expression 3/6, 25/20; words, language 3/7, 109/4;
pl. vocabulary 5/9, choice of words 109/14
órir *poss. a. pl.* our (= *várir*) v362/4 (with *vini*); dat. pl. v140/1,
v208/1 (probably = my, the poet's; with *leiki*)
orka (að) *wv.* bring about (*e–s e–m* s–thing for s–one) v296/3 (pp.
with *lét*; *af því* as a result of that; *oss* for me, i. e. the poet); *o. til
e–s* work (for) s–thing, be the cause of s–thing v164/4 (inf. with
skyli)
órlausn *f.* solution, answer 3/17
ormgarðr *m.* snake-pit 48/39
ormr *m.* snake, serpent 4/33, 6/2, 13, 39/21, 30, 46/19, 49/1, 67/27,
71/10, 90/10, v368/1; in kenning for winter, *þann orms trega* that
winter v139/4 (acc. of time, with *var*)
ormstunga *f.* serpent-tongue (nickname) 63/18
ormþvari *m.* sword-name, 'worm-spike' v452/4
órór *m.* 'the unpeaceful', the sea v476/7
orrosta *f.* battle 6/1 (Trojan War), 9, 58/25, 32, 66/15, 67/17, 71/15,
72/1, 14, 23, 27, v251/6 (obj. of *letti*), 73/31, 74/3 (subj.), 79/29,
80/7, 100/13, 101/24, 109/8, v449 t. n., v450/5
ort, orti see **yrkja**
órum dat. of **órir**
ósanna (að) *wv.* demonstrate to be false, refute 5/28
ósk *f.* wish; *ó. mín er þat* that is my wish, desire, hope v280/4
óskammr *a.* split by tmesis v93/4 and v341/4, see **skammr**

óskap *n.* bad temper 108/32
ósk-Rán *f.* 'wish-Rán', in kenning for Hildr daughter of Hǫgni, *ofþerris æða ó.*, the Rán who wishes for too great drying of veins, for too much wounding, i. e. for slaughter to take place v250/2 (subj. of *hugði*). Kock (*NN* 2205B) takes the kenning to refer to Hildr as curer ('she who desires very great drying of veins, i. e. stopping of bleeding'; see Falk 1889, 270), cf. **bœti-Þrúðr**
óskvíf *n.* beloved wife (Óðinn's, i. e. Jǫrð = *jǫrð*, land (*ofljóst*)) v383/4 t. n.
óskyldr *a.* not obliged; n. *óskylt* unnecessary, uncalled for, improper 85/14
óslœkinn *a.* unsluggish, unfeeble, not lazy 107/27
ósorg *f.* 'un-sorrow', sorrow-free, carefree, a name for night v380/4
óss (1) *m.* outlet 25/17 (not here the mouth into the sea, but where the river issues from the cleft)
óss (2) *a.* sparkling v88/6 (with *eisa*)
ósvifrandi *m.* (*pres. p.*) unyielding, ruthless opponent v96/7 (sc. Þjazi; subj. of *lagði upp*). The *i* in this and the next word may originally have been long (see note to 107/23)
ósvifruðr *m.* unyielding, relentless opponent 107/23 (see note)
ósyndr *a.* unable to swim 3/29
ósætt *f.* disagreement, dispute; *hafa ó. við* be at war with 3/12, 58/24
ótiginn *a.* non-noble, of low birth 101/15
otr *m.* otter 45/6, 8 (see Index); in kenning for ship, *hafs o.* v263/1
otrbelgr *m.* otter-skin 45/19, 35
otrgjǫld *n. pl.* otter-payment, compensation for the death of Otter (Otr; an otter, see Index) 40/30, 45/3, 46/2, 6
ótrygð *f.* faithlessness, unreliability, falseness 108/33
ótt see **óðr (2)**
óttask (að) *wv. md.* be afraid 46/3
ótti *m.* fear; *við ótta* for fear v44/4, v82/8; in kenning for Þórr, *jǫtna ó.*, terror of giants v65/2 (subj. of *lét*)
óvarliga *adv.* unwarily, unguardedly 21/32
óvinr *m.* enemy 107/2, 22 (subj.)
óvitr *a.* lacking wisdom, foolish 106/17; as subst. a foolish person 107/22 t. n.
óvæginn *a.* unyielding v344/4 (with *ægi*, or with the implied personal obj. of *þraut*, i. e. the unyielding one, the earl, Þorfinnr); cf. v282
óx see **vaxa**
oxahǫfuð *n.* ox-head 6/1
oxi = **uxi**
óþjóð *f.* wicked people (i. e. Vikings?) v199/3 (gen. with *eyðir*), v387/1, v402/4 (gen. with *blóði*)

óþveri *m.* perhaps related to the modern word *óþverri* dirtiness, earlier *óþveri* scabbiness, itching, fidgeting, and may here mean restlessness; or, if the first element is *óð* 'haste, impetuosity', it may be for **óðveri** *n.* impetuousness 108/33 (or 'avoidance of impetuousness', steadiness?—cf. *grandveri* f. avoidance of harm, where *-veri* is an abstract suffix formed on *varr* a. 'wary'). The context leads one to expect *óð-* (*óþver(r)i* does not seem to be a quality of mind), but *-veri* is not well supported in the sense of 'the quality of being s–thing', though it might be from *verr* m. 'man'; *-væri*, perhaps related to *vera*, is also a possibility (cf. *óværi* 'restlessness', the reading of A and C); or *óðþveri* 'contrariness of mind', cf. modern Icelandic *þverinn*, a. R has 'oþve*ri*', U 'oþveri', B 'ðður*e*re', T apparently 'ðdner'
óþyrmir *m.* one who does not spare (*e–s* s–one), *ó. varga* i. e. just ruler (Earl Hákon) v247/2 (subj. of *barg*)

peita *f.* Poitou spear v464/8 (see Index)
penningr *m.* penny 45/29, 46/9
písl *f.* torture 2/10
plokka (að) *wv.* pluck 49/28
postoli *m.* apostle 76/25
prámr *m.* pram, a small flat-bottomed boat used as a ferry (Falk 1912, 89–90; cf. modern Icelandic *prammi*) v494/4
prúðr *a.* splendid, in fine array v261/2
prýðask (dd) *wv.* be made splendid, be adorned (i. e. with (a) gold ring(s)) v367/3
prýðimaðr *m.* splendid man 106/19, v443/6
pund *n.* pound (weight) 58/35
pungr *m.* purse, pocket 42/25

rá *f.* yard (of ship) 109/3 (complement); pole v98/5 (subj. of *loddi*). Cf. **ró (1)**
ráð *n.* rule; *r. e–s* control over, say in the disposal of s–thing 4/20; proposition, (proposed) course of action v79/4 (pl., obj. of *gatat*; *fyrir sér* for o–self, himself), 49/25; *leggja r. fyrir e–n* lay down a course of action for s–one, prescribe a procedure for s–one 49/37; resolve, determined action, treatment (*við* of, against) v376/1 (obj. of *eymðit*); undertaking, enterprise v117/3 (pl.); counsel, advice 109/9; pl. match, marriage arrangement v118/1, v291/1
ráða (réð) *sv.* (1) with dat. be the cause of s–thing, be responsible for s–thing 1/23, 21/1; have in one's power, under one's control 64/27; *rœðr áðr* is the first to gain control of, wins, gets hold of v64/5; rule over 48/31, 51/30, 78/19, 21, 79/29; *r. e–u* rule over,

i. e. possess or rule with, s–thing v194/2; decide about, determine v36/4 (inf. with *verði*); with acc. devise, bring about (*e–m* for s–one) v138/1 (probably refers to future time); *r. færa* achieve less v25/2; abs. have one's way v254/4; *r. fyrir* rule over v109/3, 58/23, 79/17; *ræðr til þess* determines upon, proposes this, urges this, demands this (perhaps: 'his qualities demand this'?)—or undertakes this v216/2; *r. um við e–n* discuss, deliberate, consult with s–one v152/2; pres. p. ruler, master, lord 76/25; md. *ráðask fram* be advanced, produced, brought forth v112/3. (2) with acc. interpret, read 78/17 (clause goes with *sá*). (3) as aux. *réð senda* did send v274/1, v407/1; *réð gjǫrva* decided or undertook to make, arranged v296/1; *réð rjóða* decided to redden, reddened v402/1; *r. at hvetja* set about urging v73/1

raðálfr *m.* ship-elf (cf. **rǫð**), seafarer, sea-king (Hǫgni?) v254/8 (gen. with *herr*; or with *mar*, making a kenning for ship, see note)

ráðbani *m.* contriver of (s–one's) death (causer of death by one's advice) 20/6

raddkleif *f.* 'voice-cliff', part of a kenning for shield? (the rest of the kenning, which would have comprised the gen. of a word for a weapon, the voice of which would be battle, and the verb of which the kenning is the object, perhaps 'I received', must have been in the illegible line) v92/4

ráðgegninn *a.* helpful in counsel, skilled in counsel; with an advantageous course of action, with a successful plan v64/1 (with *vári*; functions as adverb with *bregðr*: it is the way in which Heimdallr acts)

ráðgjafi *m.* counsellor 107/21, v444/8

ráðsnillingr *m.* wise counsellor, mentor 107/27

ráðunautr *m.* 'counsel-sharer', adviser, confidant 107/21, v448/5

ráðvaldr *m.* wielder of authority, decision-maker 106/17

ráðvandr *a.* careful in one's undertakings, righteous, upright v244/1 (with *vísa*)

rafkastandi *m.* 'amber-thrower', in kenning for (generous) man, i. e. the poet: *Viðblinda galtar svalteigar r.*, thrower (giver) of the amber of the sea, i. e. of gold v201/3 (subj. of *mun*) (*raf* n. 'amber' (or **rǫf** *f.*), as a shining substance, is used in kennings for gold as an equivalent of fire or light)

ragna see **regin**

ragnarøkr *n.* twilight of the powers, the end of the gods 5/39, 6/13, 72/31 (see *Gylf.*; *ragnarøkr* in *Lokasenna*, elsewhere in *PE* it is *ragna rǫk* 'doom of the powers'; cf. **regin, rǫgn**)

rakki *m.* fastening of yard to mast, parrel v498/1 (LK 207–8; Falk 1912, 61)

rakkliga *adv.* bravely v247/4 (with *barg*)

Glossary 373

ramliga *adv.* powerfully, mightily v179/2
ramligr *a.* powerful-looking, well armed v297/4
rammaukinn *a.* (*pp.*) mightily empowered, strengthened, very powerful v306/1 (with *rǫgn*)
ramr, rammr *a.* powerful, mighty v55/3, v98/5, v109/2 (with *vísa*: 'however mighty I find the ruler (to be)'), v117/3, v268/3; strong, firm v134/1 (with *reksaumr*; functions adverbially with *rek*-, 'firmly driven')
ramsvell *n.* strong ice, in kenning for axe (or sword), ice of shield: *r. Róða ræf(r)s* v146/4 and v232/4 (subj. of *þverr*; the kenning is taken to mean silver in *NN* 2793 and *þverr* to mean 'melts'; see **þverra**)
randfár *n.* (cause of) shield-peril or -damage, spoiler of shields, i. e. sword, in kenning for war-leader, *randfárs rækilundr* v212/4
randi *m.* 'rimmed', shield v470/5
ránfengr *m.* booty (what is taken by plunder or pillage) 30/20
rangr *a.* wrong; crooked, deceitful, false (unjust?) v152/6; twisted, coiled v366/1 (with *ægi*); n. as subst. 22/18
ránkelda *f.* wave ('plunder-spring', i. e. source of destruction?) v478/3 t. n. (cf. Rán and Ránkelda in Index)
rann *n.* house, hall v154/5, v370/3; in kenning for the sea, *hvals rann* v260/4 (*rann* to be taken as first half of the compound *ranngnípur*: the peaks of the whale's house are the waves)
ranngríð (i. e. **rand-Gríð**) *f.* 'shield-Gríð', name of a valkyrie (*Gylf.*, *Grímnismál* 36; *Randgnið SnE* 1848–87, II 490; -*Gríð* is a variant of -*Gríðr* (see Noreen 1923, § 384 n. 2), which one would expect to be the name of a troll-wife, while *rand-Gríðr* (thus C here) should be a kenning for axe (see Gríðr in Index); perhaps here 'shield-eagerness'); a word for battle v449/6
ránsmaðr *m.* plunderer, robber 52/4
raptr or **rapti** *m.* rafter 25/24
rarr see **tarr**
rás *f.* running; channel 108/14
rauðbiti *m.* red (i. e. glowing with heat) lump v53/2 (dependent on *við*)
rauðkembingr *m.* a kind of legendary whale ('red-crest') v489/6 (*KSk* 16, JG 8; 'red comb' LML 123; it is suggested that it is a kind of sea-lion in *KSk* 165; = *faxi*, JG 35, cf. **faxi** above)
rauðljóss *a.* red-bright (i. e. golden?) v239/1 (with *baugjǫrð*)
rauðmálmr *m.* red metal; in kenning for gold, *Rínar r.* v190/5 (instr. with *gladdi*)
rauðr *a.* red (of gold) 41/24, 45/20, v178/3, 61/12, v199/2; (of paint) v127/3; of a ship's timbers, painted red v357 n., v361/2; of the

whetstone, perhaps referring to blood on it v71/3 (with *hælibǫl*); (i. e. bloody) v219/3 (with *ben*); *var at rauðum* turned to (a) red (one) v321/3; of shields (referring to paint, gold or blood?), in kenning for sword or axe v244/1
rauf *f.* hole (*e–s* made by s–thing) 4/30, 43/6
raufa (að) *wv.* break open, uncover 1/19
raufnir *m.* sword-name, 'piercer, tearer' v459/2
rausn *f.* magnificence, splendour, liberality v105/4 (subj. of *var*); *til rausnar* magnificently, so as to achieve splendour v345/3
refsing *f.* punishment, sentence of punishment 79/32
regg *n.* a kind of ship (Falk 1912, 90) v492/5
reggbúss *m.* 'ship-(box-)tree', seafarer, man v213/2 (refers to Magnús góði)
regin *n. pl.* powers, gods v64/1 (gen. with *rein*), v98/3 (subj. of *eygja*), v101/8 (subj. of *váru*); cf. v213/4 t. n. Cf. **rǫgn**
regingrjót *n.* mighty stone (i. e. millstone(s); taken to mean jewels NN 211) v178/4 (obj. of *halda*)
reginn *m.* base-word in kenning for man; either the dwarf-name (see Index) or a name for a god (cf. **regin**), or a word meaning wielder, one who has power over s–thing (*e–s*): *slíðráls r.* (unidentified) v369/4 (with *sá*, subj. of *er illr*); in kenning for Þjazi, *leikblaðs fjaðrar r.*, the one who sets in motion the beating of wings v103/6 (subj. of *lagði*)
reginspǫnn *f.* 'mighty span', name for an axe v463/5
regn *n.* rain (in kennings for weapons) 74/6; in kenning for battle, *rógskýja r.* v213/4 (dat. with *helt*); i. e. tears, droplets, in kennings for gold, 40/29, 44/26, *r. augna beðvinu Óðs* v146/3 (dat. with *fyrir*, because of, as a result of); cf. v435 and *Gylf.* ch. 35
reið *f.* carriage, chariot 76/6, v301/4 (pl. in R ('-ū') and C, *í reiðu* TUA; 'normally travels in chariots'?); in poetry, ship (basic sense 'vehicle', Falk 1912, 86) v493/8; in kenning for ship, *Ræs reið* v158/3 and v253/3 (gen. with *mána*)
reiða (1) *f.* utensils 41/5
reiða (2) (dd) *sv.* swing 1/29, 21/37; *r. of ǫxl* carry on, let ride on one's shoulder 21/27
reiði (1) *f.* wrath, anger 6/11, v402/2 (obj. of *beið*), 108/32, 109/11 t. n., 109/13, 14; *af r.* in anger, because of his fury v152/5
reiði (2) *n.* (or *m.*) tackle, gear 109/13
reiðitýr *m.* god who hands out, in kenning for Þórr, *sára r.* god who hands out wounds, wound-giving god v71/3 (gen. with *hárs hneigihlíðum*). Kock, NN 1918, reads *reiðar-Týs* (see Reiðartýr in Index) and takes *sára* as attributive gen. 'wounded, bloody' with *hneigihlíðum* (= head)

reiðr *a*. angry 1/29, v44/1, 20/25, 50/4 (*e–m* with s–one), v254/7 (with *herr*, or predicative with *gekk fram*, 'advanced in anger'), v376/2; as subst., the angry one (Óðinn?) v102/6 (subj. of *mælir svá*)
reifa (ð) *wv*. make (s–one) glad (by giving them s–thing): *r. ǫrnu* gladden eagles (by fighting battles and providing corpses for them) v310/3
reifr *a*. cheerful, happy v396/3 (equivalent of adv. with *gekk*; or with *tiggi*?)
reik *f*. parting (in the hair), top of the head; in kenning for battle, *skálleikr Heðins reikar*, game of the bowl of Heðinn's head, i. e. of the helmet v83/8
reimuðr *m*. haunter, one who roams; or possibly 'one who rises high, giant' (see Kock, *NN* 158); *r. jǫtunheima* = giant (Þjazi) v98/6
rein *f*. a strip of ground; *ragna* (gen. pl. of *regin*) *rein* = Bifrǫst; *ragna reinvári* (compound split by tmesis) = trusty one, reliable defence or defender, of Bifrǫst, Heimdallr (see *Gylf*. chs 15, 27) v64/2; in kenning for sea, land of ships, *Haka vǫgna rein* v67/6 (gen. with *myrkbeins*)
reisa (st) *wv*. raise, build v269/3 (*ok reisti* parallel to *skóp*)
reist see **rísta**
reistr *m*. serpent (perhaps literally 's–thing twisted'; or 'curved', 'circular', cf. *reista* *wv*. bend, curve, see Marold 1993, 301); *jarðar r*. = Midgard serpent v24/4 (after *við*; with *þafðan*)
reka (rak) *sv*. drive 1/29, 6/29, v322/4, v345/4, 101/8, 9; impers. with acc., s–thing drifts 46/26, 49/15; pp. *rekit* extended (of a kenning with more than two determinants) 74/5 (cf. *Háttatal* 1/53, 2/11, 13, 8/29, 30)
rekja (rakði) *wv*. unwind; md. stretch out, uncoil v42/2
rekkja *f*. bed 48/20
rekkr *m*. warrior, hero, champion, man (always pl.) v29/3, v192/3 (acc. with *þrjóti*), 105/19 (complement), 20 (complement), v439/5; in kenning for giants, *bekkrekkar jǫtuns* v90/8 (separated by tmesis; acc. with *of beitti*). Cf. Rekkar in Index
rekningr *m*. name for an ox v503/7 ('driven'; cf. **reka**)
reksaumr *m*. driven (line of) nails (in a ship's hull); *ramr r*. the firmly-driven nails v134/2 (subj. of *viknar*)
remma (mð) *wv*. strengthen, extend v268/3 (pp. *remðan sik*: extended his power or rule; *e–u* over s–thing)
rengr *f. pl*. ribs (of a ship), frames v498/2 (Falk 1912, 46)
renna (1) (rann) *sv*. run 21/30 (*fram at þar er* ahead to where); with acc. of what is travelled over 43/3 (*er hann rann á* on which he ran over); gallop (*meira* faster) 42/28 (with acc., over); flow 46/25

(pres. p.), 46/35, 48/11 (*rynni* would have run); *láta r.* pour 3/20; pp. *runnit* washed over, suffused, covered (*e–u* with s–thing) v127/4 (with *brjóst*). Cf. Rennandi in Index
renna (2) (nd) *wv.* glide 49/2; cause to slide (*fram* forward, towards the serpent?—i. e. so as to come apart?) v47/2 (subj. is *seiðr*, cf. note), 59/29 (understand *honum*, the ring)
rennifleinn *m.* running shaft (in kenning for foot) 108/38
rétta (tt) *wv.* right, set upright 3/29
réttari *m.* adminstrator of justice 80/2
réttr (1) *a.* right, orthodox 5/33; proper, legitimate 80/4, 5; (*þat*) *er rétt* it is correct, normal, proper, (all) right 33/21, 40/14, 19, 25, 44/24, 78/18, 23, 79/15, 87/8, 9, 95/1, 105/18, 20, 108/8, 28 (*er* understood); *réttu nafni* with or by its normal name 107/14; n. as adv. right, just v245/1 (with *við*; or with *sjá*, clearly, precisely, truly); properly, correctly v395/3
réttr (2) *m.* (legal) right(s), status 80/9
reyðarkálfr *m.* young rorqual v489/5 (cf. JG 12)
reyðr *f.* (1) a kind of trout, Salmo alpinus, char or brook trout v486/2. (2) rorqual (whale) v489/5 (*KSk* 17, LML 124; JG 10)
reykr *m.* smoke v370/4 (obj. of *blása*); pl., of columns of smoke v371/2
reyna (d) *wv.* try, make trial of, put to the test, make use of 64/27; i. e. have dealings with v381/3 (inf. with *at*, after *betri*); hold (a contest), push to a decisive outcome, fight out 21/11
reynir *m.* (1) rowan 25/20, 40/12, 64/26 (cf. **reynir (2)**)
reynir *m.* (2) trier, user (cf. **reyna**) 40/11, (64/26); tester, i. e. opponent, in kenning for Þórr, opponent of giants v210/3 (acc. with *á*); one who is acquainted with, frequenter, in kenning for giant, rock-dweller *reyrar leggs r.* v55/4 (dat. of respect with *eyra*)
reynirunnr *m.* rowan-bush 25/19
reyrr *m.* reed; reed-bed, in kenning for rock, *reyrar leggr* v55/4
reyrþvengr *m.* 'reed(-bed)-thong', serpent; in kenning for gold, *rǫst reyrþvengs* v201/4
ríða (reið) *sv.* ride v8/1, v63/1, v329/6 (pl.; the implied subj. is *Áli* and *Aðils*); (with dat. of mount) 20/19, v19/1, v328/1, 5, v330/1; with acc. of route, ride through or over 20/21, 47/20, 33, 48/1, 17; abs. move back and forth, wave about, be waved, be swung v236/4; pres. p. in kenning for seafarers, men: *ríðendr Ræfils foldviggs*, riders of the horse of Ræfill's land v245/2 (subj. of *megu sjá*; Kock, *NN* 959, takes it as vocative, and *megu* as indefinite, 'one can')
riðmarr *m.* quivering, swaying, rocking, tossing horse, in kenning for ships, *r. Róða rastar* v228/3 (subj. of *hruðusk*)
rif *n.* reef (in a sail), horizontal strip of sail which could be tied up

to shorten the sail (Falk 1912, 68–9) v498/1; in pl., the sail as a whole (cf. Foote 1984b, 235) v134/4 (obj. of *hrindr*)
rifa (að) *wv.* stitch (*saman* up) 43/6, 9, 10
rífa (reif) *sv.* tear 43/9 (impers.; *ór* prep. or adv.?—'it tore (the lips) away from the holes'? or 'it tore out the holes', dat. obj.)
rifja (jað) *wv.* rake, spread out 43/9 t. n.
rifjungr *m.* sword-name, 'tearer' or 'rib-piercer' v457/4
ríki *n.* kingdom 6/29, 49/30, 72/5, 99/30; area of rule, realm 80/5; power, rule v306/1 (obj. of *magna*)
ríkismál *n. pl.* power-talk, political talk; *stála r.* the power-talk of weapons, i. e. warfare v119/4 (instr. with *teygja*; the earl wooed Norway with battle as his conversation)
ríkmenni *n.* powerful, magnificent or rich person 106/15
ríkr *a.* powerful, magnificent v149/5 (with *mótvaldr*); i. e. irresistible, unalterable, unstoppable v117/4; mighty v398 n.; rich 106/4; as nickname *hinn ríki* the great 49/21, v212/3, 101/18; great v269/3 (with *Kristr*); comp. *ríkri e–m* mightier than s–one v74/6 (with *garðvenjuðr*, i. e. Þórr); sup. greatest 51/35, 59/31, very rich or powerful 107/34
rimi *m.* strip of land, low ridge v502/7
rimma *f.* quarrel, conflict v449/2
rísa (reis) *sv.* rise (from sleep) v20/2 (inf. with *hugðumk*), 6; lift (intrans.), be lifted v129/1
risi *m.* giant v85/8 (gen. with *kvánar*), v170/2 (gen. with *garð*)
rist *f.* instep 108/38, 109/2
rísta (reist) *sv.* cut v133/7, 47/23, v353/3 (with suffixed 2nd pers. pron.)
ristill *m.* poetical word for a woman 107/33, v438/6 (cf. *Rígsþula* 25)
ristubragð *n.* carved or incised sign, symbol for carving 21/24 (see note)
rít *f.* shield (with an engraved decoration) v239/2, v469/7
rita (að) *wv.* write 11/26, 14/13, 18/1, 14, 19/10, 20/18, 36/8, 41/4, 63/16, 64/26, 69/5, 73/31, 75/16, 85/13 ('written down'), 90/1, 92/26, 93/13, 95/7, 101/8, 105/21, 108/1 ('written down'), v411/2 t. n., v412 t. n.; at 78/22 and 95/9 there is lack of concord of the pp. with the subj., unless the verb phrase is to be taken as impers. (at 95/9 *ritat* is emended to *ritot* (i. e. *rituð*) in *SnE* 1931, 175)
riti *m.* 'scratcher', name for a bear 88/7
rjóða (rauð, roðinn) *sv.* redden (with blood; to redden the sword etc. is to fight battles) v173/8, v187/2, v233/1, v279/1 (*á* on, in battle against), v320/2, v323/3, v339/1 (subj. unexpressed or in the unquoted earlier part of the verse), v340/3, v402/4 (inf. with *réð*); md. be reddened, stained red v230/3 (inf. with *verða*, see note), v374/1; pp. painted red v391/1

rjúfa (rauf) *sv.* break apart, break open, shatter, destroy (inf. with *nam*) v49/4; md. be broken, split, riven v403/3
ró (1) *f.* clinch-plate, a small metal plate through which a clinch-nail or rivet is passed and over or round which it is then hammered v498/1 (*rá f.* yard in AB); pl. *rær* v500/3 (Falk 1912, 50; LK 120)
ró (2) = *eru* v159/5, 89/7, 92/25, 97/15, 106/24, 25
róa (reri/røri, róinn) *sv.* row, go out in a boat 2/13, 3/27, v30/1 t. n.; pp. *húfi róinn* rowed over by hulls v120/3 (with *botni*)
rofa see **rufa** (cf. Introduction p. liv)
róg *n.* strife v449/5; *at rógi* in order to (or so as to) bring about strife v202/1 (*e–m* for s–one); cause of strife, in kenning for gold, *r. Niflunga* v190/6 (see ch. 42)
rógmálmr *m.* strife-metal (metal which causes strife), kenning for gold 46/6
rógský *n.* 'strife-cloud', shield, in kenning for battle, *rógskýja regn* v213/3
roka *f.* gust of wind v125/4 (pl., subj. (obj. *NN* 2989H) of *ófu ok teygðu*)
róma *f.* tumult, (clash of) battle v449/5; *r. Hárs* kenning for battle v223/2 (dat. in battle? or gen. with *skúrir* or with *serkir*? Kock, *NN* 412, takes it with *sǫmmiðjungum*, q. v.; it is less likely to be *Hárr rómu*, kenning for warrior, gen. with *skúrir*)
rómr *m.* the sound of the voice 109/7
rósta *f.* tumult, uproar, battle v154/5
rostungr *m.* walrus v489/7 (*KSk* 29, LML 140; JG 13). Cf. **hrosshvalr**
rota *f.* rainstorm, heavy shower of rain 67/28
rufa (v. l. **rofa**) *f.* 'broken, i. e. ploughed', word for land v501/1
rúm *n.* rowing-position, station (on a ship) v355/4 (phrase goes with *vér sextán*)
rúmbyggvir *m.* 'space-dweller', in kenning for giants, *áss hauðrs r.* dwellers in the spaces of the mountains, in caves v80/6 n. (gen. with *nauðar*)
rún *f.* secret; pl. secret language, hidden lore (secret writing?) 3/7, 9
rúna *f.* confidante 108/5
runi *m.* boar 90/15, v513/3
rúni *m.* confidant, sharer of secrets 81/11, 107/21, v444/7; i. e. friend (*grams r.* = Earl Hákon; cf. **spjalli**) v288/1; i. e. husband v46/1 (*Sifjar r.* = Þórr; subj. of *bjó*); *trjónu trǫlls of r.*, Mjǫllnir's friend, i. e. Þórr v68/7 (with *frá hǫrðum*); *Þórs of r.* = Loki v99/5
runkykvir *m. pl.* ones lively in running, swift runners, in kenning for the giantesses Gjálp and Greip (or perhaps for giants), *hauðrs áss r.* v80/6 (gen. with *nauðar*; see note); 'enliveners of the running stream' (DD)
runnr *m.* bush; = tree in kenning for man, *runnr gunnar* v202/2

Glossary 379

(refers to Þorsteinn Egilsson, Helga the fair's father), *unndýrs r.*
v229/2 (dat. of respect with *skyrtum,* i. e. onto their mail-coats),
hlunnvitnis r. (Þorsteinn ?Snorrason) v264/2 (dat. with *hollr);* as
half-kenning for men in kenning for ruler, *ǫlskakki runna* 'men's
ale-dispenser' v155/6 (Kock, *NN* 1003, suggests *runna at hǫfði* =
at his warriors' head)
ryð *n.* rust, in kenning for whetstone, *ryðs hælibǫl* v71/4
ryðja (ruddi) *wv.* clear, clear up (inf. in order to, or parallel to *rísa;*
fyrir in preparation to receive) v20/3; *r. til* win, fight to gain (*e–m*
for s–one) v255/1
rýgr *f.* powerful woman, lady v202/1 (refers to Helga the fair),
107/33, v438/5. Cf. Index
rymr *m.* (low) roaring noise 109/8
rynni see **renna (1)**
rýrir *m.* diminisher, i. e. one who gives away, in kenning for generous
man, *seima r.* (with *á:* in him or from his actions) v195/1, *brimlogs*
r. (Magnús góði) v352/3 (obj. of *báru*)
ræf *n.* roof; in kenning for shield(-wall), *Róða r.* v146/3 (gen. with
ramsvell; usually **ræfr** (so U and T; cf. verse 232), but cf. *ráf* n.)
ræfr *n.* roof 25/23, 67/19; in kenning for shield(-wall), *Róða r.*
68/28, v232/3 (cf. **ræf**)
ræfrviti *m.* 'roof-beacon, -fire', in kenning for sword, *r. Reifnis,* the
flame of Reifnir's roof (i. e. of the shield(-wall)) v187/1 (obj.
of *rauð*)
rækja (kt) *wv.* drive away, reject v360/4
ræsinaðr (rs) *m.* splendid (rushing?) serpent, dragon-ship v345/3
(obj. of *rak;* perhaps with *lagar tanna vébrautar,* splendid serpent
of the sacred road of the sea's teeth, i. e. of the sea)
ræsir *m.* ruler v192/3 (Haraldr blátǫnn?), v370/3 (Magnús góði),
v391/1 (King Eiríkr); *r. hás heimtjalds* i. e. God v112/1; one who
sets in motion, impeller, in kenning for war-leader, *r. brodda*
ferðar v239/1 (Knútr inn ríki; subj. of *sér*). See Index
rœði *n.* oar 108/17
rœgjandi *m.* (*pres. p.*) accuser, calumniator 20/5
rœkilundr *m.* 'tending, cultivating grove or tree', in kenning for
war-leader, *r. randfárs,* one who cultivates, wields, the sword
v212/3 (refers to Earl Hákon)
rǫð *f.* a kind of ship v492/6
rǫdd *f.* voice 40/28, 44/28, 45/2, 109/7, 12; speech 46/37; in kenning
for gold, *r. Ála vaztundirkúlu* v150/2 (dat. with *verstan*)
rǫðr, róðr see **røðr**
rǫðull *m.* wheel, disk, i. e. sun 85/19, v517/4; acc. or gen. pl. *-rǫðla*
v150/2 t. n.

rǫf f. amber 63/14 (perhaps pl. of *raf* n., but the f. word is used in *Háttatal* 26 and 44)
rǫgn n. pl. ruling powers, a name for the heathen gods 84/29, v306/2 (acc. with *kveð ek*). Cf. **regin**
rǫnd f. rim, border (of a shield or of the boss of a shield; perhaps sometimes the boss itself, cf. 70/5 and **baugr**) 67/23 (Falk 1914, 140); by synecdoche for shield v213/1 (obj. of *leggja saman*), v297/3 (*und randir* = in battle); in kenning for axe (or sword), *randa(r) íss* 70/29, v244/2; in kennings for shield, *randa íss* v68/2 (subj. of *fló*), *randar botn* v158/2, *randar hólmr* (the shield on which Hrungir stood; perhaps descriptive genitive, the island formed by the shield) v69/4; a word for land v501/4
rǫst f. (1) an indefinite unit of distance roughly equivalent to a league 21/20; = land, i. e. dwelling-place, in kenning for gold, *reyrþvengs r.* v201/3 (gen. with *selju*); in kennings for sea, *Róða r.* v228/4 (gen. with *riðmarar*), *Gylfa r.* v259/3 (gen. with *Glaumi*), for mountains, *r. glamma stǫðvar* land of the wolf's haunt v82/4 (gen. with *(djúp)falli*)
rǫst f. (2) current (in the sea), whirlpool v475/8; in kennings for ship, *vetrliði rastar* v260/2, *bjǫrn rasta* 75/14
rǫst f. (3) a kind of ship v492/5
røðr (or **rǫðr, róðr**; see ÁBM) m. boar v513/6
røkkvihliðr m. ox-name ('dark-sided'; or two names, *røkkvi* m. 'dark', and *hliðr*, q. v.) v503/8. Cf. Hliðr in Index
røkr n. dusk v213/1 (*r. ǫndurt* at the beginning of dusk, acc. of time)

sá (1) (søri) sv. sow (as corn), strew 59/23, v186/1 (the seed in dat., field in acc.; i. e. cover, adorn s–thing with s–thing)
sá (2) pron. demonstrative 78/17 (*sá . . . er* the one who)
sáð n. seed, grain 40/30, 59/32; = ale, in kenning for (the mead of) poetry, *Sónar s.* v36/4 (subj. of *grær*; Frank, 1978, 96–7, suggests it may be *orða sáð*, 'seed of words'); in kenning for gold (i. e. a gold object), *Fróða fóstr-sáð* (tmesis) v147/5 (gen. obj. of *unni*; Kock, *NN* 956, takes *Fróða sáð* as the kenning for gold and *fóstr* with *gæðandi*, see **fóstr**
saðr a. = **sannr**
sáðtíð f. 'sowing-time', = **gaukmánuðr** 99/19
saga f. story (*til e–s* about s–thing, explaining (the origin of) s–thing) 4/8, 5/29, 17/30, 22/33, 25/35, 30/22, 40/32, 41/7, 47/20, 50/27, v158/4 (gen. pl. with *fjǫlð*; i. e. the stories depicted on the shield), 51/29, v176/8, 72/2, 72/31, 109/4
saka (að) wv. harm 50/21; impers. *e–n sakar* one is harmed 50/19
sakna (að) wv. miss, find (*e–s* s–thing, s–one) gone 2/15

salbendingr *m.* shield-name (perhaps 'hall-binder' or '-bound', referring to the practice of hanging shields round the walls of a hall) v469/2

salgarðr *m.* sword-name, 'hall-fence' (either metaphorical, or referring to hanging the swords on the wall) v454/8

salpenningr *m.* 'hall-penny', in kenning for shield, *Svǫlnis s.*, penny (-like object) of (i. e. on) Óðinn's hall (Valhǫll was roofed with shields (*Gylf.* ch. 2) v253/2 (dat. with *á*)

salr *m.* hall 5/37, 47/31, v165/4, v375/2 (obj. of *feldi*); in kennings for sky, hall of the sea v17/2 (gen. with *valdi*), hall of the mountains v115/2 (obj. of *verr*, parallel to *jǫrð*); for a cave, dwelling of Geirrøðr: *hallvallar s.* v86/4 (gen. with *tróði*); *í einn sal* into the same hall (resting-place? grave?—the poet may have been describing a dream; Ólafur Halldórsson (1969, 155) takes *Dvalins s.* to mean *steinn*, i. e. a cave) v29/4; pl. *Sigtýs salir* perhaps means Valhǫll v142/3

salt *n.* salt 52/18, 19; metonymy for sea: 92/26, 94/10, v352/1 (obj. of *skar*), v475/2

saltr *a.* salty 52/21, v201/2 (with *svalteigar*)

salvaniðr *a.* hall-accustomed, hall-frequenting, -visiting; as subst. in kenning for giant, *s. arin-Synjar* who frequents a giantess's dwelling (i. e. cave), cave-dweller v90/3 (as first half of compound separated by tmesis, *salvanið-bauti*; see note and cf. **garðvenjuðr**, though that word refers to Þórr)

salþak *n.* 'earth's roof', the sky v79/8 (gen. with *vaxa til*, up to; *salr* = earth, cf. *Vǫluspá* 4)

sama (ð) *wv.* impers. with dat. befit, be proper (for s–one) 40/18

saman *adv.* together v231/2; *bera s.* amass v187/4 (see **bera (2)**); *leggja saman* bring into collision together v213/2; as well, along with them v445/6, v509/4; *s. eigu heitit* have the same designation, share the same appellation, are homonyms 109/21; *ǫll saman* all together, of every kind (or 'the following list includes names for all kinds of weapons'? *heita saman* = have the same name(s)?) v468/2

samheiti *n.* homonym, a word having the same sound but different meaning 63/15

sami *m.* 'the unchanging, peaceful one', euphemism for the sea v475/7

sámleitr *a.* dark-looking, grey (of a wolf) v339/1 (with *faxa*)

samnaðr *m.* gathering, assembly 107/8, v443/7

samnagli *m.* rivet, double stud (on a sword) v462/2; in kenning for swords, *samnagla siglur* v236/3

samnrof *n.* gathered line? breaking up of a crowd (*safn*)? 107/8 t. n.

samr *a.* same 6/19; n. as adv. *slíkt sama* similarly 1/10, 109/21; *it sama* likewise, also v435/6

sámr *a.* dark (in skin), swarthy v58/7
samráða *adv.* by common accord (i. e. on the part of their opponents) v156/6
sandhverfa *f.* turbot v487/5
sandlægja *f.* a kind of whale; perhaps = *sandæta*, bottle-nosed whale, or the same as *sandreyðr*, sei whale (cf. JG 9, 36; not in *KSk*) v490/6
sandr *m.* sand v9/1, 36/29, v502/8; *at sandi* i. e. on the sea-bed v42/4; *á sandi* i. e. on the shore v252/2 (with *hǫð*)
sanndyggr *a.* truly virtuous (with *jǫfurs*) v398 n.
sannkenning *f.* true description, a description (of a person) in terms of their qualities or essence 107/13, 26
sannr, saðr (n. **satt**) *a.* true 6/17, v114/1, v139/4 (with *íðir*), 59/12, v271/3 (with *dýrð*; Kock, *NN* 2546, reads *sannr* (with *sólkonungr*) which also provides a more regular rhyme), v272/4 (with *mátt*, i. e. truly glorious works; if the *ok* before *sannan* is not redundant, it links the second two lines with the first two); n. as subst. 25/1
sannreynir *m.* 'true trier', i. e. friend (cf. **reynir (2)** and **reyna**; 'one who has proved s–one true or has proved true to s–one'?), v292/2 (gen. with *sonr*, *s. Haralds* = Sigurðr Hákonarson or his father Hákon Grjótgarðsson, see note), 82/6
sannyndi *n. pl.* truth, truthfulness 5/31
sannyrði *n. pl.* true language, in kenning for battle, *s. sverða* v10/1 (instr.)
sár (1) *n.* wound 48/26, 72/20, v318/3 (with *á*, see **eiga**), v323/2; in kenning for Þórr, *sára reiðitýr* god who is a giver of wounds v71/2 (see under **reiðitýr**)
sár (2) *m.* vessel, tub, vat; in kenning for bed, *gólfhǫlkvis s.* v156/2 (obj. of *gerðu gyrðan*)
sárr *a.* wounded; *ok þó s.* in spite of being wounded, wounded though he was 6/8; sore, serious v338/2 (with *undir*)
sauðr *m.* sheep 90/14
saumfǫr *f.* line of nails in a ship's planking v495/3 (Falk 1912, 50)
saumr *m.* (ship's) nails (collective) v156/4 (gen. with *annvanar*; see note), v496/4 (Falk 1912, 50)
saurnir *m.* 'dirty one', shield-name v470/6
séðir see **sýja (2)**
seðr *adv.* (= **senn**) straight away; *gekk seðr sundr* was on the point of splitting open v66/7
sefa (að) *wv.* slake, appease 6/11
sef-Grímnir *m.* 'rush-Grímnir', kenning for giant (perhaps a proper name (cf. *Hávamál* 96!); DD reads *sef-Grísnis*, 'Sedge-Grinner's'; cf. **hrísgrísnir**); *sef-Grímnis mágar* = giants v76/8

Glossary 383

sefi *m.* mind; love 108/27
sefrein *f.* 'rush-, sedge-land', meadow; in kenning for tongue, *s. orða* (or mind-land of words = breast) v36/3 (*oss* = our, my). Frank 1978, 96–7, suggests it may be *sefrein sónar* 'spiritual land of reconciliation' = heart or breast.
seggr *m.* man, warrior v219/2, v312/4 (subj. of *verja*), 106/6, v439/6; pl. people as indefinite subj. v38/1, v398 n.; human beings v116/3 (obj. of *skiptir*)
segi *m.* piece, morsel, lump; *s. tangar* tongs-morsel, lump of iron v87/6 (dat. with *laust*)
segja (sagði) *wv.* say, tell v22/1, v439/1, v472/2; i. e. in verse 6/31, v1/1, 101/24; with suffixed pron. *segik* I tell, relate v158/1; *skal s.* shall be told 20/17, v503/1; impers. it says 22/34, 43/28, 60/19; *sagt er at var* is said to have been 95/2; *svá er sagt* it is said, told 45/3; *sagt er þat* so it is said v221/2; pp. *sagt* i. e. written 8/23, 20/18; utter (a decision) 42/19; *s. frá* relate 6/1, tell about 46/7; *s. til* tell, give information about 46/23; with inf. understood, *s. e–m e–t enn sunnan* tell s–one that there is still s–thing in the south v257/2; pres. p. *segjandi* commander, director, leader v93/1, v341/1 (dat. pl. with *at móti*)
segl *n.* sail 39/15, 42/24, v495/1; in kennings for shield, *Hildar s.* v222/3 (acc. with *lætr*, subj. of *taka*), *Hlakkar s.* v247/3, *s. naglfara* v156/3 (gen. with *siglur*; cf. note)
seglreiði *n.* or *m.* sail-rigging 39/15
seiðr *m.* **(1)** coalfish, saithe (= **ufsi**) v486/1; in kenning for Midgard serpent, *s. jarðar* v47/2 (subj. of *brá við*). Kock, *NN* 1412F, takes *seiðr* in the kenning to be a word that means band or string, but such a word is doubtful (ÁBM). Cf. **endiseiðr**
seiðr *m.* **(2)** sorcery, divination v93/8 t. n.
seil *f.* band, strap v81/3 (with *á*, on to)
seimr *m.* gold (thread); in kenning for generous man, *seima rýrir* v195/1
seimǫrr *a.* liberal with gold (thread), generous with gifts v139/2 (with *sigrgœðir*)
seinfyrndr *a.* (*pp.*) unforgettable, imperishable ('slow to decay') v41/4 (with *skip* (pl.))
sékkat 1st pers. pres. of **sjá** **(2)** with suffixed pronoun and suffixed neg., I cannot see v416/7
selja (1) (ld) *wv.* sell 4/13; give, guarantee (*e–m e–t*) 21/2; serve 40/17; *s. e–m í hendr* hand over to s–one 49/22
selja (2) *f.* dealer, server 40/19; giver 63/8, 15 (cf. **selja (3)**); in kenning for woman, giver of gold (according to Snorri; though originally probably understood as 'willow of gold (ornaments)'

(**selja (3)**; see notes to 40/12 and 63/15–17): *s. reyrþvengs rastar* v201/1 (obj. of *mun muna*)
selja (3) *f.* (goat) willow 40/20. See also under **selja (2)**
selmánuðr *m.* 'shieling-month', when cattle are kept at a shieling, = **sólmánuðr** 99/20
selr *m.* seal (sea-animal) 19/17
sem *conj.* as, like v115/1, v255/1, v307/4; as well as v155/4, v270/2, v302/2; so far that v182/4
semja (samði) *wv.* put together, create, plan, with suffixed neg. v49/1 (or 'reconcile', see **hjarta**); organise, bring about: *s. hildi* v304/3
senda (nd) *wv.* send v7/2, 45/21, 49/21, 28, v274/1, v407/1; inf. *at s.* after *á ek til* v41/3; *s. aptr* expel backwards 5/4; pp. *sent* conveyed (on the shield; U has *sýnt*, shown) v24/1
sendimaðr *m.* person sent, envoy, messenger 24/25
sendir *m.* sender, one who sends, distributes; in kenning for generous man, distributor of gold v315/2 (refers to the poet's dead son Ǫgmundr; dat. (or acc.?) after *við*)
senjór *m.* lord (cf. Latin *senior* 'elder'; this form not found elsewhere; see **sinnjór**) 100/18
senn *adv.* at once, (all, al-)together v355/1, 101/19
senna (1) (nt) *wv.* wrangle 41/2
senna (2) *f.* wrangle 109/4
sér *pron.* reflexive dat.; *þessi nǫfn eru sér*: these names form a separate group 108/30
serkr *m.* vest, shirt 67/18, 68/8; coat, skin, form v220/3; *í serk sér* inside one's shirt 42/35; *sigbjarka s.* = coat of mail v223/1 (subj. of *hléðut*)
serlar *m. pl.* warriors v445/4
sess *n.* seat; throne v409/4 (obj. of *helt*); rowing bench v495/8 (Falk 1912, 72: perhaps denoted a seat extending only part of the way across the boat)
sessi *m.* table-companion (bench-mate; perhaps sometimes could mean on board ship?) 19/33, 20/2, 81/11, 107/21, v445/3; *þengils s.* = Earl Þorfinnr v290/3 (gen. with *enda*; *þess* presumably goes with *sessa*, unless *of* governs *sessa* and *enda* is adv.)
sessunautr *m.* table-companion (bench-mate; cf. *sessi*) 107/21, v448/1
set *n.* bench, platform (for sitting on) v155/1
sét pp. of **sjá (2)**
seta *f.* occupation (by an army), garrison 106/38, v443/8
setberg *n.* flat-topped mountain (cf. *Gylf.* 43/4–5) v169/8; moor, heath; in kenning for giants, *setbergs bǫnd* v268/1 (Kock, *NN* 470, takes *setbergs Suðra* (q. v. in Index) as a kenning for Christ ('Suðri of the rock sepulchre') and the object of *kveða*)

Glossary 385

setja (tt) *wv.* set, put 3/36, 5/2; place, push (down); *fyrir* against) v78/2 (implied subj. is the Æsir); use, make use of 103/18, 109/19; establish 3/13; appoint 79/30, 80/2; construct, arrange 5/19; *er nú svá sett* the practice has now developed 41/9; *s. upp* stand (s–thing) up 45/36; *s. út* extend 41/13, 16; *s. e–t við e–m* oppose s–thing to s–one v224/2 (inf.; the main verb is in the unquoted lines); md. sit down, take one's place 1/8, 40/38, 42/19, 46/29; alight 1/27, 24/24, v93/5; settle 42/4, 8; establish o–self 6/29; set (of the sun) 99/15
setning *f.* arrangement; rule 83/13 ('the rule for poetry without periphrasis'); 1/1 t. n.; cf. *Háttatal*
setr *n.* seat, dwelling; *Ymsa kindar s.* = Jǫtunheimar v74/8 (gen. with *gǫrðisk til*; or *Iðja setrs* may be gen. of direction if *til* goes with *Ymsa kindar*); in kenning for sea, *flausta s.* v381/4 (acc. after *of*; 'east and south across the sea', i. e. to the east and south of the sea); *Gauta setr* = Ásgarðr v80/3 (gen. with *víkingar*)
sétti *a.* sixth v516/14
sextán *num.* sixteen; *vér s.* sixteen of us v355/2 (*senn* altogether or all together)
seyðir *m.* cooking-pit, earth oven 1/19, 20 (a fire was lit in a pit and covered with earth or ashes, the meat put on top and the whole covered with earth), v93/8 (phrase goes with *Æsir báru*)
sía *f.* molten or glowing lump (of metal) 25/31, 32, v88/4 (gen. with *lyptisylg*, 'consisting of')
síð *adv.* late 22/11, 72/18, v265/2, 83/16; i. e. it takes a long time for v1/2 (i. e. it will never?); as subst. (f.) *um síðir* in the end, eventually v410/3
síða (seið) *sv.* use magic; *s. til* win (as a mistress) by using magic v12/4
síðan *adv.* then, afterwards 6/28, v83/1, v97/1, v100/8, v103/1, v116/3, v118/1 (with *lukusk* or *átti*; cf. NN 318), v135/2 (perhaps with *veðr* rather than with *kemr*; cf. NN 771), v139/1, 47/17, v171/1, v259/5, v371/3; since then 19/13, 21/24, 41/14, 48/36, 101/23; ever after 46/5; *áðr ok s.* early and late v343/2
síðarst *adv. sup.* last 2/7, 8, v427/7
síðla *adv.* late 99/7
síðr *adv.* less; *eigi s.* no less, and likewise 36/28; *s. en eigi* less than not, not at all, by no means v369/1
síðskeggr *a.* long-bearded 19/21
sifjungr *m.* relation by marriage, affinitive 107/20, v448/2
sifuni *a.* bound together by friendship v83/1 (with *liðhatar*, i. e. Þórr and Þjálfi). DD emends to *stríðvana* 'free from distress'
sig *n.* battle v449/8
síga (seig) *sv.* sink; *láta sígask* let o–self drop 1/27, v95/6, push o–self downwards 25/24

sigbjǫrk *f.* 'battle-birch', kenning for warrior v223/1 (gen. pl. with *serkir*; it is unusual to use a f. tree-name in a kenning for man, see 40/13; cf. **birki**)

sigðir *m.* sword-name, 'scythe, sickle' v459/5; in kenning for shield, *sigðis látr* v195/2

sigðr *m.* scythe v451/7; *Gauts s.* = sword v333/3 (obj. of *berr*)

sigla (1) (gld) *wv.* sail 72/7, 8

sigla (2) *f.* mast 109/3 (complement), v495/1; in kenning for swords, *samnagla s.* v236/3; for warriors (Jǫrmunrekkr's men), *segls naglfara siglur* v156/3 (subj. of *standa*; the men's shields perceived as sails; cf. note)

siglutoppr *m.* top (section) of mast v496/5 (Falk 1912, 59; LK 199)

siglutré *n.* (the piece of wood forming the) mast (of a ship) 75/4 (subj.), v496/3 (Falk 1912, 55)

sigr *m.* victory 21/17, v90/4 (obj. of *hlaut*), 72/21, v379/3 (dat. with *sviptr*)

sigrakkr *a.* battle-bold v258/3 (with *mǫgr*)

sigrgœðir *m.* victory-, battle-enhancer, -promoter, war-leader, ruler (King Sverrir?) v139/1

sigrhnoð *n.* 'victory-rivet', fastening at the top of a sword-hilt v462/3

sigrunnr *m.* victory-tree or battle-tree, Óðinn v14/1 (dat. with *fylgja*)

sík *n.* ditch, canal v477/4

siklingr *m.* ruler (lit. descendant of Sigi, Siggi or Sigarr; cf. Siklingar in Index) v405/1 (Haraldr harðráði); *siklinga konr* = descendant of kings, i. e. king (Haraldr harðráði?) v404/1. Cf. *Ynglingatal* 1, *Hkr* I 26

síkr *m.* houting (a kind of fish) v486/3

sikulgjǫrð *f.* perhaps a rope passed from the centre of the yard down the front of the sail and tied to the ship's side to reduce the amount of sail affected by the wind (see Falk 1912, 66–7) v495/6 (cf. **kalreip**); sword-belt (or baldric?—see Falk 1914, 37), in kenning for sword, *sikulgjarðar íss* v348/2

síl *n.* young, newly hatched fish; or sand-eel v486/2

síld *f.* herring v486/1

silfr *n.* silver 49/6, 60/12, 61/12, 14 (probably the complement; cf. 61/16)

sílungr *m.* trout v487/3

sílægja *f.* 'ever lying (still)', a name (euphemism) to flatter the sea v475/1

simblir *m.* drinker? in kenning for giant, *s. sumbls* v52/3 (= Þrymr, which as a common noun means crash, here = thunder (*ofljóst*), dat. with or from thundering; see note). Kock (*NN* 220, reads *simbla* = *simla* adv. 'always' with *mærum*, see **mærr**)

simi *m.* (1) (or **sími**) name for the sea ('ship's wake'?) v476/2

simi *m.* (2) an ox v503/5

Glossary 387

simir *m.* an ox v504/1
simull *m.* an ox v504/4
sinn *n.* time 48/9, 72/19; *at sinni* on this occasion, for the moment 1/37 (see note); *annat s.* a second time, 4/32, secondly, in the second place 78/11; *einu sinni* on one occasion 25/27 n.; *í sinn* at once, at this moment 99/7
sinna (1) (nt) *wv.* travel, go; *s. með* accompany, go to join the company of v251/7 (inf. with *etti at*; to join Hel's company is to die)
sinna (2) gen. pl. of *sinn*, poss. a. 1/37
sinni *m.* companion 17/30, 19/30, 33, 20/2
sinnir *m.* friend, companion, helper, protector, in kenning for Þórr, *ýta s.* v81/1
sinnjór *m.* lord (Latin *senior* 'elder', probably adopted via Old French *seignor, senior, signor*; SnE 1848–87, II 469; cf. **senjór**) 100/18, 105/15; *s. Nóregs* i. e. Magnús góði v386/4 (vocative)
sitja (sat, sátu, setit) *sv.* sit 25/22, v151/1, 49/11, v301/4; subjunc. *siti hann* let him sit v163/5; *s. at e–u* sit doing s–thing 49/33; reside 47/31; have one's seat, throne v268/1; impers. pass. 'while they were sitting' 1/7
sjá (1) 1st pers. sg. subjunc. of **vera** v15/4
sjá (2) (sá, sét) *sv.* see 1/18, 21/30, v245/1, v294/1; foresee v179/4; *sé ek* I can see v92/5, v177/1 (with acc. and inf.), v349/3 (with acc. and pp.), v368/1 (with acc. and pp.); impers. *sér* one can see, it can be seen (that) v195/1 (cf. **glaðsendir**), *of sér er* one can see how v65/1; imp. *sé* 22/11; with suffixed 1st pers. pron. and neg. *sékkat* I cannot see v416/7; with acc. and inf. v79/1, 58/15, v239/1; look 3/32 (p. subjunc. *sæi* after *ef*), 24/24; *s. e–u til e–s* look with s–thing at s–one (eye s–one in a certain way) 21/3; *s. upp á* look up at 58/9; pp. *sét* seen 2/8, 21/33; md. *at sjásk þar um* to look around there 1/12
sjá (3) *pron. demonstrative* this 4/8, v206/3
sjafni *m.* mind, love 108/27
sjágnípa *f.* sea-crest, high wave; in kenning for ship, *sjágnípu Sleipnir* v127/1
sjaldan *adv.* seldom, infrequently v370/1 (litotes: i. e. he frequently kindles fires)
sjálflopta *a.* in the air of his own accord, i. e. flying v81/4 (with *Þjálfi*)
sjálfr *pron. a.* self; herself (with *Goðrún*) v59/1; itself v375/4; *sjálfum* to himself or to the man (men) himself (themselves): the context of the verse is not known v22/2; *mér sjálfum* i. e. to (for) the poet v186/8 (dat. of advantage or respect with *kálfur*, i. e. onto his arms; parallel to *inndrótt* in the first half of the verse); *sjálfar* ourselves v169/7

sjálfsást *f.* self-love 108/27 t. n.
sjálútr *a.* sea-bowing, sea-dipping, tossing in the sea v404/2
sjár *m.* sea v106/4, v148/4 (gen. with *skála*; i. e. by the sea), v282/1 (obj. of *sótti*), v361/1, v362/3 (subj. of *fell*); in kenning for poetry, *s. dverganna* 14/10; for land, 35/21. See **sær, sjór**
sjóða (sauð, soðit) *sv.* cook 1/19; pp. *afli soðinn* heated (made redhot, molten, melted) in a forge v87/7 (with *sega*)
sjóðr *m.* purse 61/13; in kenning for silver, *sjóðs snær* v193/3
sjón *f.* sight 108/10, 14. Cf. **sýn**
sjónhverfingar *f. pl.* optical illusions, magical deceptions, false appearances 1/5 (understand *váru*, were)
sjór *m.* sea 49/14, v365/4, v475 t. n.; cf. **sjár, sær**
sjǫt *n. pl.* dwelling v379/3 (or **sjót** *f.* or *n.* 'band of men'); *manna s.* i. e. earth v110/3
sjǫt-Rungnir *m.* 'dwelling-R.', in kenning for troll-wife v300a/2 (unexplained; Kock, *NN* 1095B, reads *tungls sjǫthrungni*, troll, i. e. destroyer, of the moon's dwelling)
sjǫtull *m.* that which settles, calmer, in kenning for the mill Grotti, *dólgs s.* creator of peace v174/7 (obj. of *drǫgum*)
skaðamaðr *m.* injurer, one who does harm to one 107/23
skaði *m.* damager 39/14
skafa (skóf, skafinn) *sv.* scrape, shave v104/1 (understand them, i. e. *skǫpt*, making shavings to start a fire); impers. *skefr*, of the sea (*hvalmœni*, acc.), spray rises from v124/3; smooth, as with a plane v359/1 (pp. with *stýri*), (of polishing verse) v203/2 (pp. with *ek hefi*)
skafl *m.* (snow)drift; *jarðar s.* = mountain v80/7 (gen. with *hrǫnn*)
skafningr *m.* 'polished', name for sword-blade (cf. Skǫfnungr in Index) v461/5
skaka (skók) *sv.* shake v247/1
skál *f.* cup, bowl 20/31; in kenning for woman, *mǫrk skála* v203/3; pl. scales (for weighing precious metals) in kenning for silver, *skála(nna) snær* v194/6, 62/9
skálaglamm *n.* 'scales-tinkle'; as a nickname 10/3, 11/30, 12/5, 13/10, 61/22, 62/19, 67/6, 68/3, 71/16, 83/8, 84/29, 91/4 (see *Jómsvíkinga saga* 1962, 33–4; the reference may originally have been to the scales used to measure the amount of reward for a poem)
skáld, skald (in some verses, e. g. v4/2, v143/4, v149/6, v257/2, the vowel would probably have been short when the verses were spoken aloud; cf. Noreen § 127.1) *n.* poet 3/23, 5/25, v4/2 (the poet of this verse), 11/25, 40/12, 41/12, v143/4 (dat. of respect with *fjǫllum*, i. e. on their arms, as arm-rings), v149/6 (dat. of advantage; refers to the maker of the verse), 50/27, v257/2 (i. e.

Glossary 389

the speaker; dat. with *segir*), 76/25 (*forn s.*, ancient poets), v300b/1 (perhaps the complement rather than the subj., *NN* 1005A), 300b/8, v302/3 (i. e. the speaker; gen. with *óðr*), 105/18; as nickname 14/30, 34/18, 41/17, 44/29, 50/21, 69/29, 72/31
skalda *f*. a kind of boat propelled by a pole (Falk 1912, 90) v494/6
skáldaspillir *m*. 'destroyer of poets' or 'spoiler of poets' (i. e. plagiarist?) 7/15, 18/22, 35/22, 43/12, 59/33, 71/26, 78/25, 84/19 t. n.
skáldfífl *n*. rhymester, poetaster 5/5
skáldskaparheiti *n*. poetical term 85/14
skáldskaparmál *n*. poetic language, the language of poetry 1/1 t. n., 5/15. This is identified in law texts as using words with different meanings from their everyday ones, see Fritzner 1886–96, III 277a
skáldskapr *m*. poetry, the making of poems 1/1 t. n., 3/7, 11, 4/6, 5/7, 9, 26, 29, 6/37, 8/22, 11/25, 14/19, 78/18, 79/18, 26, 83/13, 14, 84/18 (subj.), 85/15, 103/18, 105/18, 21, 107/29, 109/19
skalgelmir (or **skálgelmir**) *m*. bow-name (both elements relating to the noise made by the bow, 'noise shouter'; or 'that which makes a noise in the hall') v467/4
skálgi *m*. roach v486/4
skáli *m*. hall; *heims s.* = sky v136/2 (gen. with *vafrlogi*); *s. sjávar* i. e. a building by the sea v148/2 (dat. with *nálægt*)
skálkr *m*. sword-name; perhaps 'servant' or 'strip' v452/1 (cf. **skólkr** and **skelkvingr**)
skálleikr *m*. 'bowl-game', in kenning for battle or fight, *Heðins reikar s.* game of the bowl of Heðinn's (hair-)parting, helmet-game v83/8 (obj. of *hæði*)
skálmǫld *f*. 'time of swords', warfare v397/2 (cf. *Vǫluspá* 45, *Gylf.* 49)
skálp *n*. noise, chatter 109/6
skammr *a*. short 42/36; n. as subst. *skǫmmu* for (only) a short time, not for long v74/2; *fyr óskǫmmu* (*ó-* separated by tmesis) no short time ago, long ago v93/4, v341/4
skap *n*. character 108/31
skapa (**að** or **skóp**; the strong form may originally have belonged to the inf. **skepja**) *wv.* and *sv.* create, shape 3/16, v269/3, v270/1, v437/2
skapari *m*. creator 76/22
skap-Móði *m*. 'creating-Móði', in kenning for poet, *óðs s.* v300b/6
skapsmiðr *m*. in kenning for poet, *s. Viðurs*, Óðinn's mind-maker, thought-smith, or Óðinn's creating- (or creation-) maker v300b/2 (v. l. *skapskíð* n. ('creating-ski') does not give any sense unless perhaps as a kenning, 'plank that creates'?)
skapt *n*. shaft, a long thin piece of wood (or 'that which is shaved, shaving'? cf. **skafa**) v104/2 (pl., subj. of *hófu brinna*)

skaptsnǫr *f.* 'shaft-quick', arrow-name v465/8
skapttré *n.* shaft-wood, shaft-pole, part of the mill v181/5 (= **mǫndull**? axle?)
skarðr *m.* sword-name, 'notched' v455/8
skarpr *a.* tough, hard v69/6; sharp v173/6; comp. n. as adv. more tightly v178/6
skarr *m.* sword-name, 'tumult' v459/6
skart *n.* finery 107/31
skata *f.* skate (fish) v486/1
skati (pl. **skatnar**) *m.* (generous) man, prince 105/21, 23, 106/14 (see Index; *Háttatal*, *Egils saga* 190, 265, *Hyndluljóð* 9; pl. (meaning 'men') frequent in verse, see *LP*); *s. Haddingja* = Helgi (see Haddingjar in Index) v328/8 (*skaði* in *PE* 161). Cf. **auðskati** (pl. -*skatar*)
skattkonungr *m.* tributary king 79/15, 19, 20, 30
skattr *m.* treasure 49/5
skatyrnir *m.* 'rich-wetter' (?) a name for the sky 85/18. Cf. Index
skauð *f.* sheath; coward 106/12
skaun *f.* (or **skaunn** *m.*) shield v81/2 (gen. with *seil*; taken by DD in the more general sense of defence, and *skaunar seil* to mean Þórr's *megingjarðir*), v469/2
skaut *n.* sheet, lower corner of sail and/or the rope attached to it v496/2 (Falk 1912, 64; *OED sheet* sb.[2]); by metonymy, sail v359/2 (subj. of *lék*); skirt, edge v133/3 (*út fyrir jarðar skauti* beyond the edge of the land, out at sea)
skautbjǫrn *m.* 'sheet-bear', part of kenning for ship: *Gusis nauta s.*, bear of the sheet of Gusir's gifts, i. e. of the sail v363/4 (acc. after *á*); see note and Gusir in Index
skautreip *n.* sheet-rope (see **skaut**) v495/4 (Falk 1912, 64)
skefr pres. of **skafa**
skegg *n.* beard 2/32, 19/22, v231/4 (instr. pl. with *hjoggusk til*), 108/19, 22 (obj. of *[má] kenna*)
skeggbragi *m.* 'beard-Bragi', 'beard-chieftain'? 19/21 (cf. **bragnar** *m. pl.* 'men' and Bragi, Bragnar in Index)
skeggja *f.* 'bearded axe', axe with a long lower point on the blade v463/3
skeið (1) *n.* stretch of ground; in kenning for sea, *Glamma s.* v363/3 (acc. with *œsisk fram*, i. e. over); passage (in a poem) 18/1 (obj. of *hefir kveðit*? or adv., 'for a long time'); race, running: *skeiði bráðr* swift in running (of a ship conceived as a horse) v254/7 (with *mar*), or in kenning for sea, *Reifnis s.*, see note
skeið (2) (pl. **skeið(a)r**) *f.* large longship (Falk 1912, 104–5; larger than a *snekkja*) v302/3 (acc. with *lét*, parallel to *snekkjur*), v491/5; pl. *skeiðr* v410/2 (subj. of *skulfu*)
skeiða (að) *wv.* sheathe; gallop v302/3 t. n.

skeiðklofi *m.* bow-legged, bandy-legged person 106/20 (see Blöndal 1920–24)
skeina (d) *wv.* scratch, cut; md. for pass. *er þar skeinisk af* which is scratched by it 72/20
skelfingr *m.* for **skeljungr** (T) or *skelfiskr* (AB) m. shellfish v487/3
skelfr pres. of **skjálfa**
skeljungr *m.* (1) humpback whale (*KSk* 16, LML 123; JG 9, 36) v490/3. (2) shellfish v487/3 t. n. (T; see **skelfingr**)
skelkvingr *m.* sword-name, 'terrifier' v457/1 (cf. **skálkr** and **skólkr** and see *LP* **skǫlkvingr**; *Orkneyinga saga* 43)
skemta (mt) *wv.* with dat. entertain 24/22
skemtun *f.* entertainment 5/28
skenkja (nkt) *wv.* with dat. serve drink to, fill (s–one's) cup 20/35, 21/3, 49/7 (with drink in acc., *með* in, using)
skepja (skóp) *sv.* create; see **skapa**
sker *n.* skerry, rock covered at high water, reef 4/4, 36/29, 40/31, 108/18; *góma sker*, kenning for teeth, against which the streams of poetry crash like water on rocks v37/3; *skerja brúðir* = waves v133/2 (*Grotti skerja* is taken by Kock, *NN* 572, to mean 'breakers'); in kenning for the sea, *skers glymfjǫturr* v260/8
skera (skar, skáru, skorinn) *sv.* cut 48/37, v366/4; i. e. cut through the water v352/1, v359/1 (2nd pers. pl. in address to the king (Óláfr Haraldsson), 'you cut'), v367/1; pp. engraved v245/3 (with *drekar*)
skerða (ð) *wv.* clip, cut (pieces out of), damage, make a hole in v356/3
skerðingr *m.* sword-name, 'cutter' or 'notched' v457/2
skerðir *m.* sword-name, 'cutter, notcher (or notched)' v458/6; Falk (1914, 59) suggests a connection with the verse in *Kormaks saga* ch. 11 (*ÍF* VIII 243) where the poet says he has *brotit skarð í skerðum fetils þrafna* (broken a gap in a sword), but *skerðum* here is probably pp. of **skerða**)
skerkir *m.* sword-name, 'clanger' v452/1 (cf. Index)
skeyti *n.* something shot, an arrow v466/2
skíð *n.* (long) piece of wood 59/10, ski 74/7, 76/5, 108/39; in kennings for ship, *Meita útvers s.* v265/2 (dat., on a ship, by ship; the kenning is taken to be *Meita s.* in *NN* 550, see **útver**), *vetrliði skíða* v363/3 (it is unusual for *skíð* to be the determinant rather than the base-word of a kenning for ship)
skilfingr *m.* poetical word for king (from the name of a Swedish dynasty, see Index; *Hkr* III 21) 105/10, v410/1 (Haraldr harðráði; vocative); sword-name (possession of a *skilfingr*?) v457/3 (*Flb* III 1, *ÍF* XIII 454)
skilja (lð) *wv.* separate; understand 5/27, 46/37, 109/20, v516/9;

distinguish, deduce 78/17; subjunc. (optative) *skili hann* let him understand, apprehend, take (in a certain sense; *til* as for) 5/27; md. part from one another 59/32; pp. *skiliðr* parted v397/1 (*við* from)
skilnaðr *m.* parting 3/15
skilning *f.* reason, understanding 109/9
skimuðr *m.* goat-name, 'one who keeps looking in different directions' v508/5
skína (skein) *sv.* shine v143/1, v391/2 (inf. with *láta*)
skip *n.* ship 14/19 (subj.), v62/4, v128/4 (obj. of *hrundit*), v133/6 (gen. with *hlíðar*), 40/10, 14, 64/27, 74/7, v256/2 (gen. with *borðum*), 75/15 (subj.), v353/2 (probably pl.), 95/1, 107/25, 109/13, 14, 16, v491/2, 5 and t. n., v495 t. n.; in kennings for poetry, *skip dverga* 14/20, v41/2 (pl.), for sea 36/27, for mouth 108/17, for breast 108/26, for shield, *skipa sól* v233/2 (gen. with *leyg*), *Ullar s.* v236/2 (gen. with *él*)
skipa (að) *wv.* with dat. arrange, order 100/1; construct (or with acc.; man? provide? fit out?) v62/3 (inf. with *gengu at*; *skapa* in PE)
skipreiði *n.* or *m.* ship's tackle 74/8
skipsól *f.* 'ship-sun', kenning for shield (as hung at side of ship) 69/5
skipta (pt) *wv.* with dat. share out 3/3, divide up v116/3, (i. e. between you) v379/4 (inf. with *ér knáttuð*); *s. með* divide between 46/11; exchange 47/36, *s. aptr* change back 48/6; md. *skiptask við* deal with one another 4/14
skirja *f.* young cow, heifer v506/1
skírn *f.* baptism v267/2 (gen. with *brunni*)
skírr (1) *a.* bright v62/5 (with *Frey*)
skírr (2) *m.* 'bright one', shield-name v470/8
skjáðr *m.* wretch 106/12 t. n.
skjáfa *f.* a kind of axe v463/3 (v. l. (C) *skjarfa*, 'that which bites or gnaws, cutter')
skjal *n.* chat, babble 109/5
skjaldaðr *a.* carrying a shield v337/4 (with the implied subj. of *stóðum*, we)
skjaldborg *f.* shield-wall 67/19
skjaldhvalr *m.* killer whale or grampus (cf. **vǫgn**) v490/5 (*KSk* 15, JG 6; 'shield whale' LML 120)
skjaldi *m.* one with a shield? (cf. ÁBM) v149/6 t. n. (cf. **skjǫldr**)
skjálfa (skalf, skulfu) *sv.* tremble, shake, quiver v181/5, v410/1 (of ships sailing; clause goes with *hin breiðu lǫnd*); with suffixed neg. v44/3, v82/7; pres. p. v170/4 (with *fór*)
skjálgr *m.* squinter 85/21
skjalla (skall, skullu) *sv.* crash, bang v47/4, v55/2 (inf. with *lét*; *við* against, on)

Glossary 393

skjómi *m.* flickering, glint, glitter; sword-name ('glinter, polished one') v451/8

skjóta (skaut) *sv.* with dat. shoot v235/1 (abs.), v371/1, v375/3; push quickly, shove 21/35; push forward v130/3, v259/3; set (fire to s–thing) 49/13; with acc., strike against, hit v356/4; md. shoot, be flung v181/6; pres. p. *skjótandi* shooter 19/30

skjótr *a.* swift 19/34; n. as adv. fast, quickly, soon v104/1, v377/2; sup. 59/26; sup. n. as adv. *sem skjótast* as quickly as he could 42/13

skjǫldhlynr *m.* 'shield-maple', kenning for warrior, war-leader (Earl Eiríkr) v302/4 (subj. of *lét*)

skjǫldr (gen. **skjaldar**, dat. **skildi**, pl. **skildir**) *m.* shield 1/13, 19/32, 21/10, v171/6, 67/19, 22, 69/29, 74/5, 108/11, v469/1 and t. n.; in kenning for ship, *viðr skjaldar* (generic sg.; shields fastened along the side of a ship looked like leaves on a tree) v105/2; in kenning for sword, *skjaldar leygr* v379/2. Dat. *skjaldi* v149/6 t. n. (see Noreen § 369 n. 1; cf. **skjaldi**). Cf. Skjǫldr in Index

skjǫldungr *m.* prince, ruler (descendant of Skjǫldr or shield-bearer?) (indefinite) v105/1, v406/1. See Skjǫldungar in Index

skógr *m.* wood, forest 2/2, v91/2 (gen. with *hógbrotningi*, from the forest), 49/32, 63/17, 67/26, 83/16, v318/2, 108/21

skólkinni *m.* wolf ('dark-cheeked'? possibly *skǫl-*, see t. n. and cf. *ÍF* III 198–9 and note and ÁBM. Or perhaps two names, Skoll or Skǫll, see *Gylf.* 14, and Kinni; see Skǫll and Kinni in Index) v514/10

skólkr *m.* helmet-name (probably a variant of **skálkr**; or perhaps 'terrifier') v472/5

skopt *n.* poetical word for hair v274/4 (obj. of *þó*; *á e–m* i. e. belonging to s–one), 108/20 (complement)

skór (pl. **skúar**) *m.* shoe 43/2 (*er . . . á* on which), 46/3, 109/1

skora (ð or **að) *wv.* score, cut out v173/5; cf. v356/3 t. n.; mark out; *e–m er hólmr skoraðr* a duelling-place is marked out for s–one, s–one is challenged to a duel 21/14

skorða (1) *f.* prop, post 64/3; = tree in kenning for woman, *s. fjarðbeins* v205/1; as used to support beached ships, shore (see LK 189; Falk 1912, 30–31; also when building the ship), in kennings for ship, *skorðu bersi* v260/7, *bjǫrn skorðu* 75/15, *drasill skorðu* v354/2

skorða (2) (að) *wv.* prop ?v356/3 t. n.

skorinn see **skera**

skorta (rt) *wv.* impers. *eigi skortir e–t* s–thing is not lacking, there is no lack of s–thing 20/32, 49/11

skota (að) *wv.* with dat. impel, push forward v131/1

skotnaðr *m.* 'shooting adder', spear, pole v78/4 (pl., obj. of *settu*)

skotningr *m.* sword-name, 'missile'? 'decorated, inlaid'? v457/3

skotvápn *n.* weapon for shooting, missile (e. g. arrow or spear) 67/27
skraf *n.* chat 109/6
skráma *f.* axe-name, 'wounder' v463/4 (cf. Old Frankish *scramasax*; Skrámr is a giant in *ÍF* XIII 154, *ÍF* XIV; Skráma a giantess in *ÍF* XIV 362; cf. 67/25; see Falk 1914, 115)
skrámr *m.* glarer, dazzler (?); or 'pale one' 85/22
skrápr or **skrapr** *m.* 'rough-skin' or (if vowel short) babbler, blatherer 106/19
skreiðungr *m.* cod-fish v486/3
skreifir *m.* (for *skreyfir*? written 'skreiv*ir*' in R, 'skreuuir' (= *skreyvir*) in T) sword-name, 'heaper' or 'rattler' v455/7
skreyja *f.* miserable person, wretch 106/12
skríða (skreið) *sv.* crawl, glide along 4/33, 46/29; glide (through the water) v261/3; pp. travelled over on skis v349/2 (with *láði*; the land skied over by Finns is Finnmǫrk, i. e. Lapland)
skriðna (að) *wv.* slip 50/6
skrifa (að) *wv.* engrave, decorate, adorn with pictures 67/23
skrjáðr *m.* coward, skulker 106/12 (with -*ó*- t. n.)
skrokkr *m.* hulk 106/20
skrækja (kt) *wv.* screech, squeal (*við* at it) 2/34
skrækr *m.* shriek, scream 25/25
skúar see **skór**
skúfr *m.* a kind of bird, perhaps a skua; in kenning for raven, *Gǫndlar s.* v357 n. (gen. with *grenni*)
skulu (skal, skyldi) *pret.-pres. vb.* shall; with inf. signifying intention v140/1, v175/1, v237/3; shall be(come) (like, as if) v176/1; with suffixed neg., *skalat* v209/1; *skyldu* were about to 3/3; should v161/6; *skyldi* was to (i. e. it was decided that he should) 3/4; *hvert er fara skyldi* wherever it was intended to go 42/24; *er skyldu vera* who were to be 1/9; *skal* need to v333/7, *skyldi* had to v393/2; subjunc. (expressing a wish, optative) *skyli* shall v164/1 ('let no one'?), should v280/1 ('may he bequeath'); impers. *taka skyldi* should be caught 24/25; with pp. *þú skalt* you shall be v102/5
skunduðr *m.* hastener; in kenning for warrior (unidentified; see note), *haugs s.* 'burial-hastener', killer v385/4 (dat. of respect with *augu*; with *herfengnum*). Kock, *NN* 488, reads *hauks s.*, 'hawk-flier'
skunpr *m.* boar v513/7
skúr *f.* shower 40/29, 44/26; *Hǫgna skúrir* rain of weapons, storm of battle v223/3; *odda s.* v309/1 (gen. with *herðir*)
skurðr *m.* channel, groove v145/2 (*milli skurða*: in grooves cut in the axe; with *liggja*)
skúrǫrðigr *a.* standing up to showers or storms, shower-braving (of a ship conceived as a bear) v260/7

Glossary 395

skúta *f.* a kind of ship (Foote and Wilson 1970, 236; Falk 1912, 95–7; LK 89–90: a light but fairly large ship, larger than a *ferja*, though sometimes the words seem to be interchangeable; not all that common; perhaps generally = *tólfæringur*; sometimes a seagoing vessel of large size) v491/5

skutill *m.* that from which food is served, small table or tray v95/3 (phrase goes with *deila sér*; Kock (*NN* 1016) takes it with *hlaut blása* (q. v.), meaning 'from where he stood at the holy table')

skutr *m.* stern, the space at the rear end of a ship v495/8 (Falk 1912, 84; rear stem Falk 1912, 35); *lagði fyrir skut* put past the stern, put astern (i. e. went past them) v259/6

skuttingr *m.* 'protection', shield v470/7

skútuhvalr *m.* a kind of whale v490/4 (cf. *skútufiskr*, 'a fish caught from a small decked boat'; see **skúta** and note to verses 489–90)

skval *n.* babble, clamour 109/5

skvaldri *m.* talkative one, babbler, a nickname (perhaps given because the poet was prolific or prolix or both) 98/28

ský *n.* cloud v356/3 (pl., obj. of *skerðu*); dat. of comparison v516/20; in kenning for shield (collective), *Hildar s.* v403/3 (subj. of *raufsk*)

skygðir *m.* sword-name, 'highly polished' v455/7

skyld-Breti *m.* 'kin-Briton', in kenning for giant (Geirrøðr; or perhaps pl.), *s. skytju* v83/7 (acc. with *við*; see note)

skyldr *a.* obliged, under an obligation (*at* to, with inf.); *s. em ek* I cannot help, it is my duty to v299/3

skyli *m.* ruler (Óláfr Tryggvason; lit. perhaps defender or protector; see *SnE* 1848–87, II 469; cf. Index) v397/1

skyn *n.* and *f.* features, details (*á* of) 42/21

skyndir *m.* hastener 85/21; *dólgljóss s.* sword-impeller, warrior, king (Haraldr harðráði) v122/4 (subj. of *tók*)

skýra (ð) *wv.* make clear, expound v491/1

skyrta *f.* shirt, tunic 67/19; in kenning for coat of mail, *Hamðis s.* 68/13, v229/3

skytja *f.* hut, nook, grotto, cave; in kenning for giant, *skyld-Breti skytju* v83/7

skær *m.* horse; in kenning for ship, *stjórviðjar s.* v289/4 (acc. with *lætr*). Cf. Index

skǫlkinni v514/10 t. n. see **skólkinni**

skǫr *f.* overlap on the boards of a clinker-built ship v495/1 (Falk 1912, 49); (cut) hair; in kenning for head, *skarar fjall* v281/4 (with *of*)

skǫruglyndr *a.* of independent, assertive character, having initiative, impressive in behaviour 107/33

skǫrungskapr *m.* nobility of character 109/10

slá (sló, sleginn) sv. strike; forge (e–u by, with s–thing) v288/3 (pp. with váðir); mow 4/9; pluck 48/39; s. eldi í set fire to 2/20
slag n. 'striker', name for any kind of weapon v402/4 (obj. of rjóða), v468/3 (pl.)
slakr a. slack v42/2 (with vaðr (predicative))
slápr m. ill-made, lazy person; boor 106/20
sléttibaka f. = sléttbaka, rorqual, fin-whale (Blöndal) or sléttbakr (JG 9, 36; cf. sléttiblaka JG 28), right whale v490/5 (KSk 15, nordcaper KSk 166; right whale (Balaena mysticetus), bowhead or Greenland whale LML 121)
sleyma f. (or **sleymi** m.?) coward, wretch 106/12
slíðráll m. scabbard-eel, kenning for sword v369/4 (gen. with reginn)
slíðrdúkaðr a. (pp.) 'sheath-clothed', with sheaths for sails (cf. **dúkr**), of swords described in terms of masts v236/4
slíðrhugaðr a. fearsome-minded, hostile, warlike (with jarls) v1/1 (like **harðgeðr**, not necessarily pejorative; cf. **gramr**)
slíðrir f. pl. scabbard, sheath 48/3
slíðrliga adv. horribly v97/1
slíkr a. such v9/4; slíkt er fekk whatever, as much as he could get 59/25; slíkt sama as adv. likewise 1/10, 109/21
slinni m. lazy, clumsy, ill-made person 106/20
slíta (sleit) sv. tear v319/2, v339/2; i. e. pull violently (e–t ór e–u s–thing out of s–thing) v127/2; impers., e–u sleit s–thing was broken off, destroyed, ended, sated v323/1
slitna (að) wv. be torn 1/33, v99/3 (sundr apart; inf. with mundi); be broken v183/4 (of grið, peace; inf. with lætr)
slóð f. track, path, in kennings for sea 75/3 (complement), Glamma s. v373/1 (see note), hafskíða slóðir v260/6 (acc. after á)
slóðgoti m. 'track-, pathway-horse', in kenning for ship, s. sæðings horse of the gull's path v259/5 (subj. of lagði) (cf. **goti** and Goti (1) in Index)
slokna (að) wv. be extinguished 6/21
slyngja (-va) (slǫng, slungu) sv. with dat. fling, throw, cast, spread v205/3 (of over, onto); i. e. round v162/1
slœgr a. cunning, sly 20/5, v64/3
slǫggjald n. blows-payment, payment (to compensate) for violence 40/30
slǫngva (ngð) wv. with dat. throw, sling v170/5
smár a. small 22/4; sup. n. pl. smæstu very small, of the smallest kind v285/4 (with él)
smíði n. work, something made (with gen. of maker or owner, see note) v466/4, 5
smiðja f. workshop, smithy 42/1, 4
smiðr m. maker, creator 20/5; smith, craftsman 42/5, 9, 15, (artificer) 46/20; name for an ox v503/2

Glossary 397

snaga *f.* an axe with sharply curved or hook-like points on a crescent-shaped or D-shaped blade v463/7 (cf. Falk 1914, 107–8 and 202)
snákr *m.* snake; *snáks faldr* = **œgishjálmr**, helmet of terror (cf. ch. 40; the original one belonged to the dragon Fáfnir); if the king wears it he rules firmly, his subjects are in awe of him v281/1
snapi *m.* 'snatcher', name for the sea v476/8
snápr *m.* dolt, rascal, impertinent person 106/18
snarla *adv.* quickly, smartly v46/2, v371/1
snarlyndr *a.* keen-spirited, brisk or brave in character v282/2
snarr *a.* keen, swift, brave v10/2; n. as adv. quickly, smartly v49/2 (with *nam rjúfa*)
snata *f.* spike; spear v464/3
snekkja *f.* a kind of large warship, generally with 20 rowing benches and a 90-man crew (Falk 1912, 102–4: smaller than a *skeið*; Old English *snacc*) v130/4 (gen. with *stafnar*), v302/1 (acc. with *lét*), v404/1, v491/8
snemma *adv.* early, soon 99/7; before long v24/1; comp. *snemr* earlier v58/7; sup. *snemst* very soon v156/5
snerra *f.* a quick, sharp battle v449/7
snerriblóð *n.* mightily flowing blood, mighty (swirling stream of) blood, in kenning for water, *Þorns svíra s.* v79/7 (subj. of *þyrri*; equivalent of *Ymis blóð*, ch. 25)
snerta (rt) *wv.* drain (at a single draught), drink off (*ór e–u*) 20/31
sníða (sneið) *sv.* cut (*sundr* in two) 48/27; intrans., of a ship sailing (cutting through the waves?—cf. **víðr**) v261/1
snilli *f.* skill, prowess, eloquence 109/4, see t. n.
snillingr *m.* eloquent, clever or brave person 106/9, v439/7
snjallaðr *pp.* levelled v118/2 t. n.
snjallmæltr *a.* wise in speech, fine-spoken, eloquent v291/2 (on inflexion (so TW) cf. **snjallráðr**; U has *-ráðr* here as in verse 118)
snjallr *a.* wise v275/2 (with *vǫrð*); brave v283/1 (with *húskarlar þínir*); wise, brave, good or clever v114/1 (with *Rǫgnvaldi*), v277/4, v405/2 (with *siklings*)
snjallráðr *a.* excellent in counsel, wise-ruling v118/2 (with *spjalli*, strong inflexion in spite of the def. art. *sá*; i. e. the earl who rules wisely?), v291/2 t. n. Cf. **snjallmæltr**
snót *f.* poetical word for woman 107/31, v438/1; i. e. Iðunn 93/2 and v341/2
snotr *a.* wise, fine v59/2 (with *goðbrúðr*); *gunnar s.* skilled in battle v80/3 (with *víkingar* (i. e. the Æsir))
snotra *f.* weather-vane (perhaps consisting of a carved female head; cf. Falk 1912, 42) v495/7. Cf. Index

snúa (sneri) *sv.* with dat. turn, direct (*e–u til* s–thing to); *s. e–u til seyðis* put s–thing on to cook 1/19; twist, weave, i. e. include, use v38/2
snúðgasteinn *m.* (swiftly) turning stone v162/2 (obj. of *slungu*), v170/6
snyrtimaðr *m.* a polished, elegant person, gentleman 106/18, v442/3
snyrtir *m.* polisher, polished one (sword-name) v451/7, v459/5; used as a *heiti* for sword in *Háttalykill* 34a, 40a (pp. 30, 31; cf. pp. 88, 97; *Skj* B I 504, 507); but Snyrtir is the name of Bjarki's sword in Saxo Grammaticus (1979–80, I 61, see II 49 and Falk 1914, 60); variant of *snytrir* v305/3 t. n.
snytrir *m.* one who makes wise, informs, educates; *hapta s.* = Óðinn v94/3, v305/3
snægrund *f.* 'snow-ground', i. e. Iceland v128/4 (acc. with *lætr*)
snær *m.* snow 61/12; in kennings for silver, *s. sjóðs* v193/4 (subj. of *liggr*), *skála s.* v194/8 (obj. of *bræða*), 62/9
snǫr *f.* daughter-in-law 108/2
soðna (að) *wv.* cook, become cooked 1/23 (impers.)
sofa (svaf, sváfu) *sv.* sleep 46/34, 47/22, 49/12; lie quiet, be at rest v78/4; imp. *sofið eigi þit* you shall not sleep v165/3; subjunc. *sofi* let him sleep v163/6; pres. p. while he slept 48/26, 49/38
sofna (að) *wv.* fall asleep 49/1, 11, v162/4
sog *n.* 'sucking', name for the sea v475/7 (*sogsami* t. n.); *í s.* i. e. beneath the horizon v128/3
sókn *f.* (1) congregation 107/1. (2) attack v253/1 (*þá s.* this attack, battle; obj. of *kenna*), v450/2; in kennings for war-leader, *sóknar álfr* v155/2; for warrior, *sóknar Rǫgnir* = Þjálfi v75/3 (see note)
sóknǫrr *a.* swift, liberal with attacks, battle-keen v283/2 (with *konungr*)
sól *f.* (the) sun v106/1, 39/1, 19, 76/24, 85/19, 90/1, 99/15, v406/2, 108/11, v517/1; in kennings for the sky, *land sólar* 33/25, *sólar grund* v107/2, *sólar hjálmr* v116/4 (gen. with *tiggi*); in kennings for shield, *skipa (skips) s.* (from the way bright shields were hung along the sides of ships) 67/20, v233/2 (gen. with *leyg*); in kennings for gold, *sægs s.* v369/3 (gen. with *sverri*), *Rínar s.* v391/2 (acc. with *lét*). See Index
sólborð *n.* 'sun-board', the uppermost plank on a ship's side, or an extra row of planks above the rail (perhaps used in measuring the elevation of the sun in navigation; see Falk 1912, 19, 54); or the strake just above the surface of an unladen ship, which is perhaps more likely, cf. LK 153; = black-strakes? In LK 153–4 *sólborð* is said to be the second, third or fourth plank from the top of a ship's side; cf. *skjólborð*; Fritzner (1886–96, III 476b) and Falk assume that *sólborð* is the same as *sólbyrði*; gunwale v495/7; in kennings for ship, *sólborðs goti* v259/2, *sólborðs hestr* 75/3
sólginn *a.* greedy, ravenous v67/2 (with *dólgi*)

Glossary 399

sólkonungr *m.* king of the sun = Christ v271/4 (subj. of *er hreinni*)
sollinn *a.* (pp. of **svella**) swollen v358/2; of thought, i. e. powerful or filled with grief or anger? v41/3
sólmánuðr *m.* sun-month, mid-June to mid-July 99/19
sólmr *m.* 'sweller', name for the sea v478/5
sóltjald *n.* 'sun-tent', sky v114/2 (gen. pl. with *stillir*)
sóma (ð) *wv.* with dat. beseem, suit 21/21; *láta sér sóma* find it fitting 6/31
sómi *m.* honour; sword-name v451/8
sómmiðjungr *m.* bow-giant, kenning for warrior v223/2 (dat. with *ne hléðut*; Kock, *NN* 412 takes the kenning as *s. rómu Hárs,* 'honour-giants of battle'). Cf. 40/15 and note and Miðjungr in Index
sómr *m.* bow-name ('honourable, seemly one'; cf. v240 and *Atlakviða* 7) v467/4 (cf. **sómi** and Sómr in Index)
sonargjǫld *n. pl.* payment in requital for death of a son; *at sonargjǫldum* as compensation, atonement for his son 46/8
sonlauss *a.* having no son 49/31
son(r) *m.* son v8/4 (Baldr), v24/2 (Þórr), v59/1 (gen. with *bani*; i. e. of her (Guðrún's) own son; cf. 49/5), v157/8 (Hamðir and Sǫrli; dat. with *launa*), v180/2 (Hrólfr), v280/2 (Óláfr kyrri and Magnús; indirect obj. of *leifa*), v290/4 (*mínir synir ungir* subj. of *taka bera*), v318/3 (Haraldr harðráði; subj. of *á*), v381/3 (St Knútr? see note), 107/16, 108/2, v446/2; in kenning for Þórr v43/2; in kenning for Baldr, *s. Óðins* v63/2 (gen. with *borgar*); in kenning for dwarfs, *Ívalda synir* v62/1; in kenning for winds, *Fornjóts synir* v137/2 (subj. of *tóku*); *guðs s.*, Christ v273/2 (gen. with *máttr*); *s. sannreynis Haralds (hárfagra*?) = Earl Hákon or Earl Sigurðr (see note) v292/1 (subj. of *heyri á*); *son biðils Greipar* = Þjazi v104/3 (subj. of *sviðnar*). Pl. *synir* v429 t. n. Cf. **sunr**
sorg *f.* sorrow, trouble v378/4 (obj. of *varp*; i. e. because of the death of their male relatives); in kenning for sword, shield's trouble or damager, *byrgis bǫðvar s.* (gen. with *hvǫt*) v28/3
sorgœrr *a.* crazy with pain v100/2 (with *sagna hrœri*, i. e. Loki)
sót *n.* soot v371/1
sóta *f.* battle v450/1
sóttdauðr *a.* dead from sickness; *verða s.* die of sickness 107/37
sótti see **sœkja**
spakr *a.* wise; sensible v151/5 (complement of *þœtti mér*); as nickname 101/17
spánn (pl. **spænir** or **spœnir**, see Noreen 1923, § 63 n. 4) *m.* bit, chip (left by auger) 4/30, 33; wooden ornaments on a ship (cf. **húnspænir**) v130/1 (obj. of *bera*)
spara (ð) *wv.* spare, be niggardly with, hold back (from) v59/8 (inf. with *kváðut*)

speki *f.* wisdom 109/9
spekimaðr *m.* person of wisdom, sage 107/26
spekingr *m.* wise person, sage 106/17, v441/8
spenja (spanði) *wv.* draw, attract; *und sik* under o–self (of land perceived as female) v10/1; *á sár at s.* provides wounds to entice (it, the wolf) v318/3. Frank 1978, 86, suggests a connection with *speni* 'teat'
spenna (nt or **nd)** *wv.* stretch round or over (*á e–t*), enclose (*á e–t*) in a grasp v75/8 (*ilja gaupnum* with his soles' palms, i. e. stride quickly; *á mó* over the moor); clasp, gird on, fasten; *s. sik e–u* gird o–self with, buckle on s–thing 25/4; pp. with *verða* grasped, made tight v129/3
spíkr *m.* spike, perhaps a kind of nail v496/3 (Falk 1912, 50) (pl. of *spík* f.?)
spilla (t) *wv.* spoil, misuse v369/2 (of poetry, i. e. by composing slander; after *er* (2), who)
spillir *m.* damager, destroyer, in kenning for generous man, *bauga s.* (one who gives rings away freely, i. e. Sigurðr) v151/6
spinna (spann, spunnu) *sv.* spin v359/4 (the clause goes with *skaut*)
spjall *n.* news, tidings v343/4 (dat. with *hlýðir*; perhaps refers to the contents of the verse, see note; or contrasted with *ekka*)
spjalli *m.* someone one chats with, gossip, intimate 81/26, 107/21, v447/6; *konungs s.* i. e. Earl Hákon v118/2 (with *sá snjallráðr*; *konungs* may refer to the king of Denmark, Haraldr Gormsson, or it may be generic sg.; cf. **rúni**), v291/2
spjót *n.* spear 71/10, v464/1 and t. n.
spjótsoddr *m.* point of a spear 59/29
spjǫr *n. pl.* spears v334/2, v464/5, v468/4 (in the last two the word may be *spjǫrr* m. (sg.; R has 'spioR' and 'spiǫR'; cf. *spǫrr* m. 'spear'; see ÁBM)
spor *n.* track, footsteps; *í s. e–m* in s–one's tracks, immediately after s–one v233 n.
sporna (að) *wv.* kick, tread on v86/8 t. n.
sprakki *m.* splendid, outstanding woman v438/2
springa (sprakk) *sv.* spring (apart), split v132/1, v399/4 (inf. with *varð*); shatter, be shattered v312/3; *var of sprunginn* was (pretty well) split apart, had collapsed v99/6
sprund *n.* poetical word for woman 107/30, v438/3; *hellis sprund* = giantess (*hváru tveggja sprundi* dat. of respect with *hlátrelliða kjǫl*, i. e. in each giantess, Gjálp and Greip) v86/8
spyrja (spurði) *wv.* ask (*e–n e–s*) 3/17 (i. e. can ask), 3/24 (with *kynni*), 21/1, 50/1, 83/17; *s. at* enquire about v166/8; hear, learn 22/7, 49/20, 34, 72/5; *s. til e–s* get news, information about s–one 72/6; with acc. and a., learn that s–one is s–thing, hear s–one to be s–thing v109/8

Glossary

spyrna (d) *wv.* kick; *s. við* kick, push downwards with the feet 24/29
spýta (tt) *wv.* with dat. spit (*í* into s–thing) 3/14; *s. upp* throw up 5/3
staðr *m.* place; situation v405/4 (the phrase is the complement of *vérom allir*); *ór stað* from its place v169/8; *líða mjǫk ór stað* travel with violent movement over, traverse so as to disturb v77/5; *nema staðar* stop 42/22
stafn *m.* stem (of a ship; or the position at the prow, forecastle (Falk 1912, 84)) v130/4 (subj. of *bera*), v495/5; pl. by synecdoche = ship(s), in kenning for sea (with *jarðar*) v4/4
stafr *m.* staff, stave 25/3, 66/5, 74/4; in kenning for war-leader, *ógnar s.* v217/3 and 314/3 (vocative; = Knútr inn ríki)
stag *n.* rope from top of mast to prow, fore-stay v129/3, v134/4, v495/5 (Falk 1912, 59; Foote 1984b, 227–8; Foote and Wilson 1970, 234, 244)
stakk see **stinga**
stál *n.* (1) stem (of ship) 36/27, v289/2 (gen. with *hlemmisverð*) (see Falk 1912, 36: the top part of the three-part keel, on which the figure-head would be fixed)
stál *n.* (2) steel v81/5 (dat: against the steel (i. e. the end of Þórr's pole); with *háðu* or with *stríðan*); pl. = weapons, warfare v119/4 (gen. with *ríkismálum*); in kenning for battle or blood, *stála flaumr* v157/1, for whetstone, *stála vikr* v70/7
stalli *m.* altar 6/25
stallr *m.* stall; platform; *drepa stall* (of the heart) v82/4 see **drepa**
standa (stóð) *sv.* stand v44/1, 21/26, v84/6, v156/4 (*þar svá at* there so that), v337/4, v371/3, v393/4; stand still v175/2; stay, keep o–self v122/2; be situated v516/19; grow 41/23, v142/1, 108/20 (this clause presumably with *grǫn eða kanpar*, 'when they stand'?); be arranged (impers.) 41/13; stay, be stuck 22/20, 30, v70/8; *s. at e–u* be engaged in, work at, undertake s–thing v169/5; *s. e–m at e–u* provide s–one with s–thing, be s–thing for s–one v212/1; *s. fyrir* stand in the way of, prevent v208/1; *s. í mót* be contrary (in meaning) 106/11; *s. of e–n dauðan* stand over s–one dead, bring about s–one's death v57/4 (with suffixed 2nd pers. pron.); *s. ór* stick out of 22/26; *s. upp* get up 48/3, 50/13, 72/29; md. hold, be final 42/19; *standask fyrir* stand up to, withstand 6/10
stara (ð) *wv.* glare (*á e–n* at s–one) v51/4, v210/1
steði *m.* anvil 46/27; in kenning for rock, anvil of river (on which the water hammers), *ár steði* v317/4 (gen. with *Eldir*), *Feðju s.* v78/8 (acc. pl. with *með*, along with, taking)
stefja (að) *wv. s. á e–n* throw a verse at s–one, address s–one in verse, accost s–one with a verse 83/16 (*stef* n. verse, line of verse)

stefknǫrr *m.* refrain-(cargo-)ship, i. e. *drápa*, poem v203/4 (gen. with *branda*)
stefna (1) (fnd) *wv.* arrange, make an appointment for 58/25
stefna (2) *f.* conference 72/4
stefnir *m.* (1) 'stemmed', helmet-name (perhaps of a pointed helmet, or one with a spike at the front, if such existed) v473/4. (2) director, guider, navigator v119/3 (the navigator of ships is here Earl Hákon, subj. of *gat*)
stefnulag *n.* appointment, engagement 21/16 (subj. of *var komit á*; dat. *-lagi* would be required if *var komit* was impers. pass., though conceivably *stefnulag* could be acc. with *á* ('an engagement had been reached'))
steikja (kt) *wv.* roast (*við* at, against) 46/32, v151/4, 49/9
steinasørvi *m.* 'stone-(neck-)chain', necklace of stones 40/23
steinbítr *m.* catfish v486/7
steinfarinn *a.* (*pp.*) paint-covered v235/2
steinn *m.* stone, rock 21/23, 25/16, 40/24, 45/1, v161/4 (pl., millstones), v307/4 (gen. pl., made of), 108/12, 24; dwelling in rock, cave 45/24; in kenning for heart, *þróttar s.* v44/4 (subj. of *skelfra*), v82/8 (subj. of *skalfa*); in kenning for giant, *Ella steins* v91/8; paint, colour(ing) v127/3 (instr. with *runnit*), v237/2 (instr. with *hreingróit*; there may be a play on the meanings of *blað gróit steini*, 'leaf grown amid stone' and 'shield covered with colour', see Kock 1946–9, I 1 n.; Marold 1993, 298, takes the word to mean precious stone(s))
steinóðr *a.* madly furious v371/4
stekktíð *f.* 'lamb-fold-time', the time when lambs are shut in the fold, = **eggtíð** 99/19
stemma (ð) *wv.* stem, stop up 25/17
sterkr *a.* strong 49/36, 52/7; sup. 21/19
stertimaðr *m.* haughty person, dandy, fop 106/19, v443/8
steypa (t) *wv.* with dat. plunge, bury 49/3; cast down, cause to collapse v57/3, i. e. depose v172/1
steypir *m.* one who casts down, feller, destroyer; in kenning for Þórr, *stophnísa s.* v81/7 (subj. of *fór*)
stíga (steig) *sv.* step v105/1 (*á* onto; referring to future time); march v171/4; climb 25/19, 47/19; *s. yfir e–n dauðan* (predicative a.) overcome s–one in death, succeed in killing s–one 6/16
stika (að) *wv.* fence, i. e. stick poles in the ground to make a defence (of defensive stakes in shallow water) v333/6 (inf. with *lætr*; cf. *Háttatal* 16/5)
stikleið *f.* the way that has a pole stuck in it (or in which one has to stick a pole in order to cross it), the river being crossed with the support of a pole v77/6 (gen. with *veg*)

Glossary 403

stilla (t) *wv.* control, check; entrap v206/3 (pp. with *hǫfumk* = *hefir mik*)
stillir *m.* controller, ruler, king or earl v141/4 (subj. of *gaf*), v172/1, v183/3 (referring to the giver of the axe), v307/3 (Earl Hákon); in kennings for Christ, *stillir aldar* v270/3, *hǫlða s.* v276/2 (paraphrased *konungr manna* 78/11; obj. of *lofar*); in kenning for God, *s. sóltjalda* v114/1 (vocative); for king, *lýða stillir* ruler of men, king (Hǫgni, father of Hildr) v252/1 (subj. of *letrat*)
stinga (stakk) *sv.* stab (*e–u* with s–thing) 4/34, v322/2; poke, push 25/24; put out v385/2; pierce 43/6
stinnr *a.* stiff, firm v354/4
stirðr *a.* stiff; firm v129/4; n. as adv. *stirt* harshly, curtly 72/13
stirðþinull *m.* stiff (net-)rope, in kenning for Midgard serpent, *s. storðar* v210/1
stjarna *f.* star 2/37, 22/28
stjóri *m.* commander, governor, ruler 79/28; leader, guide (in *Vingnis s.*, name for an ox, cf. Old English *stēor* 'steer', Old Norse *stjórr*) v503/10; in kenning for king (Haraldr harðráði), *hirðar s.* v280/1
stjórn *f.* government, governance (*til* for) 80/6
stjórnvið *f.* steering-tie, the band attaching the steering-oar to the side of a ship (Falk 1912, 75) v495/5
stjórvið *f.* = **stjórnvið**; in kenning for ship, *stjórviðjar skær* v289/1
stjúpfaðir *m.* stepfather 14/26
stjúpr *m.* stepson 19/27, 31
stjúpsonr *m.* stepson 47/27
stoð (pl. **steðr**) *f.* post, support 64/8; leg v179/6 (subj. of *stukku*); pillar 108/39; surrounding words, context 78/17
stóð *n.* a (breeding) herd of horses, stud; in kenning for wolves, mounts of giantessess, *Gjálpar s.* v324/4 (subj. of *óð*); for ships, *flóðs s.* v346/2 (or read *glǫðum*, see n. and t. n.; obj. of *vaskar*)
stokkinn pp. of **støkkva**
stokkr *m.* stock, block, base (of anvil) 46/27
stóll *m.* seat 25/22; *hilmis s.* the throne v284/3 (gen. with *fyllar*); *Hleiðrar s.* v178/2 (obj. of *halda*)
stop *n.* unevenness, bumpiness, name for the sea v475/4
stopðr *a.* vertical, straight up v371/3 (with *reykir*)
stophnísa *f.* 'unevenness-, i. e. mountain-porpoise', kenning for giantess v81/7 (gen. with *steypir*; cf. **hnísa**)
storð *f.* (1) earth, land v210/2 (gen. with *stirðþinull*)
storð *f.* (2) tumult, battle v449/6
stórfetaðr *a.* long-paced, swift; comp. 20/24
stormr *m.* storm v477/5
stórr *a.* great 20/32, 21/36, huge v179/5; important 50/18; n. as

404   Skáldskaparmál

adv. mightily, heavily 42/31; dat. pl. as adv. v362/4, generously, munificently v386/2
stóttu 2nd sg. p. of **standa** with suffixed pron. v57/4
strá (stráði) *wv.* strew (with straw, rushes or coverings) v20/7
straumr *m.* current v81/6 (obj. of *háðu*), 46/26, v477/6; in kenning for (the mead of) poetry, *Míms vinar glaumbergs s.* v37/4 (with *mína*; acc. with *heyr*)
straumtungl *n.* current-(sea-)moon or -sun, i. e. gold; in kenning for woman, *veltistoð straumtungls* v206/4
strengja (ngð) *wv.* bind tight; *s. heit* make a solemn vow (*þess* to do this) 47/32, 58/19
strengr *m.* (bow-)string; *hagl strengjar* = arrows v222/4, 71/15, v248/2; cable (particularly to moor a ship; Falk 1912, 24) v495/8; in kenning for ship, *jór strengjar* v286/2
stríð *n.* torment v1/2 (gen. pl. with *léttir*)
stríðir *m.* tormentor, punisher, opponent; in kenning for ruler, *søkkva s.* (where *søkkva* can be gen. pl. of **søkk** (*søkkva s.* = 'generous man') or gen. pl. of **søkkvi(r)**) v193/3 (obj. of *á at mæra*)
stríðkviðjandi *pres. p.* who bans (votes against) strictly; *vamms s.* who firmly opposes evil or disgrace v82/3 (with *firum*, i. e. the gods)
stríðlundr *a.* harsh in disposition, temper, full of wrath v81/8 (*fór s.* i. e. advanced wrathfully)
stríðr *a.* harsh v81/5 (with *straum*; perhaps predicative, made the current harsh)
strind *f.* (bank of) land; in kenning for ship, *svana strindar blakkr* v128/2
strjúka (strauk) *sv.* stroke, rub, wash against v357 n.
stuðill *m.* support; perhaps for the (ridge-pole of the) tent on board ship (Falk 1912, 11–12) v495/6 (cf. OED *studdle*)
stúfr *m.* sword-name, 'stump' v452/1; ox-name v504/5; see Index
stund *f.* time 2/1, 99/5; while, a period of time 1/21, 99/8; a delay 24/27; *langa s.* for a long while, a long passage 19/16; dat. sg. *stundu* as adv. with comp., considerably v313/3; dat. pl. as adv. sometimes 108/18, i. e. frequently v129/3
styðja (studdi) *wv.* support 50/7, v172/2; *s. e–t (e–u?)* press down with s–thing, lean on s–thing 25/4; *s. e–t við e–u* rest, lean, press s–thing against s–thing v289/1 (inf. with *lætr*); push against, prod v157/2 (inf. with *lét*; Kock, *NN* 214, suggests *steðja flaums* check (s–one's) rush forward; *flaums* is not really necessary to the kenning *stála støkkvir*); md. support itself, be supported (*við* on, by) 50/3
styggr *a.* shunning, reluctant to use (*e–s* s–thing) v22/3
stýra (ð) *wv.* steer, guide (with dat., *þeim sækiálfi* or *þeim Beima*) v6/2; rule, govern, lead; *ok fólkum stýrir* v63/3 (i. e. with a huge following?); control (a child, i. e. the weapon), i. e. be the owner

of, possess v147/2 (inf. with *kná*); wield v335/2 (inf. with *kná*); p. inf. with *hygg ek* caused, provided v400 n. (*e–t e–m* s–thing for s–one, see note; v. l. (in *Morkinskinna* 158, *Hulda-Hrokkinskinna*, *Fms* VI 225) *gǫrðu, gerðu, gjörði*, see **gera**)

stýrandi *m.* (*pres. p.*) controller, ruler, possessor 14/26, 76/23

stýri *n.* rudder, steering-oar v359/1 (instr.), 108/17, v495/2 (Falk 1912, 73–7)

stýrir *m.* steerer, controller; *bragar s.* poet v183/8 (obj. of *dýrkar*)

styrkr *a.* strong v296/3 (with *mægð*), v378/3

styrr *m.* uproar; battle v241/2 (dat. with *beldi*); *at styr* about the battle v313/2

styrja *f.* sturgeon v486/5

stœðingar *m. pl.* braces; or perhaps rather ropes to help hold the mast on the windward side of the ship (Falk 1912, 60) v496/1. Cf. **aktaumar**

stœra (ð) *wv.* increase, make greater v357 n.

stǫð *f.* place where s–one (*e–s*) stops, haunt; *glamma s.* = mountains v82/3 (gen. with *rastar*); harbour, landing-place; in kenning for ships, *stǫðvar hrafnar* v119/3

stǫðugr *a.* stable, steady 21/22

stǫðva (að) *wv.* stop (impers. with *ǫrn* as obj.?) 2/20 (WTU add *sik*), v252/4 (inf. with *letrat*; stopping the wolf's hunger is to fight a battle and provide carrion)

stǫng *f.* pole 1/29, v97/8 (instr. with *dræpi ofan*), v98/8 (gen. with *enda*), v129/3 t. n.

støkkva (stǫkk) *sv.* jump; spring away, fly off, snap off v179/5; pp. *(of) stokkinn* sprinkled, spattered (*e–u* with s–thing) v70/7 (complement of *vikr stóð*), v151/2; *gulli s.* gold-adorned v214/1 (with *sæing*)

støkkvir *m.* scatterer, one who puts to flight, drives away; in kenning for generous man (Heðinn Hjarrandason), *s. hyrjar flóðs* v266/1; one who drives, causes to move fast, impeller, in kenning for war-leader, *s. stála flaums* (Jǫrmunrekkr) v157/1 (see **styðja**); in kenning for Þórr, giant-scatterer, -router, *s. urðar þrjóts* v77/5 (subj. of *leið*)

súð *f.* planking 36/27, v495/4 (i. e. the joining of the edges of the planks along a ship's sides, whether clinker- or carvel-built, see Falk 1912, 49; or 'clincher work' (Zoega 1942, 505), i. e. overlapping of planks? (cf. LK 136–8); abstract to **sýja (2)**; cf. **sýja (1)**); often by metonymy = ship v261/2 (subj. of *sneið*), v367/1 (instr. pl., 'with a ship')

súðlangr *a.* long-planked, long-sided v258/1 (with *hreinum*)

suðr *adv.* south; to the south v313/4; in the south v268/2, v381/2, v387/4, v410/3 (perhaps with *fyrir*); *s. fyrir* (with acc.) southwards past v259/4, (with dat.) south of (or off) v396/4

súgr *m.* 'that which sucks', the sea v475/7
súla *f.* pillar 25/33
sumar *n.* summer 4/22, 39/29, 99/6, 16. Cf. Index
sumbl *n.* feast, ale-drinking v52/3 (gen. with *mærum* according to *NN* 220, 'famous for his drinking', cf. note); in kenning for (the mead of) poetry, *jólna s.* v307/1 (obj. of *gátum*; see note)
sumr (1) *a.* some 5/4, v229/2 (i. e. many?)
sumr (2) *m.* sound (stretch of water between two pieces of land) v475/3
sund *n.* sound, strait 96/29, v367/1 (obj. of *skar*), 476/1; in kenning for ships, *sunds dýr* v258/2, 74/24
sundr *adv.* asunder, apart v66/8, v99/4, v132/1, v181/8, v239/2
sundrkljúfr *m.* cleaver-apart; in kenning for Þórr, *s. níu hǫfða Prívalda* v52/4 (vocative)
sunna *f.* sun 85/19, v517/1
sunnan *adv.* from the south (i. e. to giantland, in the north) v101/4; (i. e. from the Baltic to Norway, to the battle of Hjǫrungavágr; Búi is said to have been from Borgundarhólmr (Bornholm)) v227/4 (with *hinn er fór*, which belongs with Búi); in the south v257/1 (with *ófrið* or with *þjóð*); *fyrir s.* (to the) south of v297/2, v367/2
sunnar *adv.* further south, in the south v333/6
sunr *m.* = **sonr** v65/6 and v108/2 (subj. of *ók*; son of Jǫrð = Þórr)
svá *adv.* thus, in this way v102/6, (i. e. by being generous) v146/3, v168/5, (i. e. by praying for him after his death) v275/4, v303/3 (i. e. with this poem), v373/2; to such an extent, so far v268/3; also v326/5; *ok svá* and also 72/29, v283/1; *svá sem* just like, as well as v386/3; *svá at* so that v99/3; *svá . . . at* thus . . . that, i. e. by (doing s–thing) 6/2, in such a way, under such circumstances . . . that v405/1; *svá . . . at gera* so as to make 109/19; *svá . . . at kalla* in such as way as to call 44/9; *þar svá at* there so that v156/1 (with *standa*); *þar svá* so that there v70/5
sváf *f.* spear-name v464/3
sváfu see **sofa**
svalinn *m.* 'cool one', shield-name v470/5 ('Svalin' is the shield of the sun in *Grímnismál* 38, in A only)
svalr *a.* cool v132/1 (with *landa*), v407/2
svalteigr *m.* cool (strip of) land, in kenning for sea, whale's land, *Viðblinda galtar s.* v201/1 (gen. with *rafkastandi*)
svangr *a.* hungry v97/2 (with *faðir*)
svanni *m.* poetical word for woman v355/1 (vocative; unidentified), 107/30, v438/1
svanr *m.* swan; *Gautreks s.* = ship v149/8 (gen. pl. with *brautar*); *svana strind* = sea, in kenning for ship v128/2; in kennings for

raven or eagle, *s. Farmatýs* v5/2 (see *Gylf.* ch. 38), *gunnar* (or *Gunnar?*) *s.* v147/6 (gen. with *gæðandi*), *sveita s.* v333/4 (gen. with *ǫrð*), *s.* *Hlakkar* v382/2

svar *n.* reply ?v10/2 t. n.

svara (að) *wv.* answer, reply 24/32, 46/12, 50/2, 83/26

svardagi *m.* solemn promise, oath 1/35, 45/18

svarðfestar *f. pl.* scalp-strings, i. e. hair; *Sifjar s.* = gold (cf. ch. 35) v189/3

svarðrunninn *a.* flowing over sward or turf (of the swollen river) v80/4 (with *fen*)

svarkr *m.* proud, arrogant, bossy, loud woman 107/32, v438/7

svarmr *m.* noise, tumult; shield-name v471/1

svarri *m.* proud, arrogant, bossy, loud woman 107/32, v438/2

svartálfr *m.* black elf 41/32 (cf. Svartálfaheimr in Index and *døkkálfar* and Svartálfaheimr in *Gylf.*; *svartálfar* are not mentioned in sources older than Snorri and were possibly conceived as identical to dwarfs; see Holtsmark 1964, 37)

svartr *a.* black, dark v106/1 ('into a black one', of the sun); of ship's timbers v351/2 (with *viðu*); of hair 49/18; weak *svarti* as nickname 62/14, 81/5, 95/18, v382 n., 100/2, 101/25, 102/11, 103/12, 104/28. Cf. Index

svefn *m.* sleep 52/13

svefngaman *n.* 'sleep-joy, -delight', a name for night v380/5

sveggja (gð) *wv.* rock, toss from side to side; *lét sveggja* made its way tossing v259/1

sveigr *m.* flexible or bowed piece of wood; bow v467/3

sveima (að) *wv.* travel, float, hover (to) v136/4 (with *hvárgi er*); rove, surge (*of* over) v378/1

sveinn *m.* boy 49/8, 58/6, v447/8; i. e. son v272/2 (= Christ; dat. with *lýtr*); in kenning for Þórr, *grundar s.*, i. e. son of Jǫrð v70/4; as title or nickname (for Sigurðr Fáfnisbani) 49/20, 50/17; in direct address (to Vǫggr) 58/10, 14

sveipa (t) *wv.* with dat. sweep 42/14

sveipr *m.* a sudden change of movement, swerve v104/4 (subj. of *varð*)

sveit *f.* company, group of people, following, troop 106/28, v439/7; *íms s.* = wolves v324/2 (subj. of *náði*)

sveiti *m.* blood v151/2 (instr.), v155/1, v339/1 (instr.); in kennings for raven or eagle, *sveita nagr* v99/3, *sveita svanr* v333/3

svelga (svalg) *sv.* swallow (with dat.) v321/1; with acc. and dat. (instr.) swallow s–thing with (in) s–thing v88/2 (i. e. catch)

svelgr *m.* whirlpool 52/20, v475/8; sword-name, 'glutton' v459/6

svell *n.* (lump of) ice 61/12; *s. dalnauðar* = silver v189/4 (cf. ch. 46); *handar s.* = sword (or silver?) v215/1 (gen. pl. with *hlynr*)

svella (svall) *sv.* swell, well up (of emotions) v108/3, v252/3, v336/2; increase, rage (of battle) v241/1. Cf. **sollinn**
svelta (1) (lt) *wv.* starve (trans.) 24/32
svelta (2) (svalt) *sv.* starve (intrans.); with suffixed neg., *þar er hrafn ne svalta* where the raven did not go hungry, where there were plenty of dead bodies, i. e. there was fierce battle (litotes) v217/1
sverð *n.* sword 1/6 (pl.), 19/11 (subj.), v83/2 (gen. with *liðhatar*), v140/1 (obj. of *glitra*), 41/1, 46/16, v164/6 (instr.), 67/24, 70/14, 72/21, 74/3 (subj.), v297/1 (subj. of *bitu*), v322/2 (instr. with *stakk*), 108/8, 19, 109/8, v451/2 and t. n., v460 t. n. (*heiti á sverði* names for parts of a sword), v462/1; in kennings for battle v10/1, *sverða flaumr* v154/4 (perhaps means 'blood')
sverðfiskr *m.* swordfish v487/4
sverðregn *n.* 'sword-rain', battle; in kenning for warrior, man, *sverðregns árr* v303/4
sverðrunninn *pp.* 'sword-run', flowing with swords, of a river (*fen*) v80/4 t. n., see note
sverja (p. **sór** or **svarði**) *sv.* and *wv.* with gen. swear (to do s-thing) 41/31; swear, take an oath (*e–m* to s–one) 80/14; md. *sverjask í brœðralag við* swear oaths of brotherhood with 47/29
sverrigjǫrð *f.* roaring (swirling? cf. ÁBM under *sverra*) belt, girdle; in kenning for the sea, *landa s.* v132/2 (subj. of *springr*)
sverrir *m.* turbulent person, one who flings things about; in kenning for (generous) man, *sægs sólar s.*, one who treats gold badly (by giving it away), flings gold about v369/3 (obj. of *níða*)
sveykr *a.* insecure, tottering v371/2 (with *hús*)
sviða *f.* a long-bladed spear v464/4
svíða (sveið) *sv.* singe, burn v370/2
sviðna (að) *wv.* be singed, scorched, burned v104/3
sviðvís *f.* or *n.* (or **sviðvíss** *m.*) a clamp, holdfast; cf. *sviði*, a kind of clamp or fastening used in the construction of ships (LK 127; Falk 1912, 66–7, suggests a pole to hold back the centre of the sail, cf. **kalreip, sikulgjǫrð**) v495/2
svífr *m.* 'rocker', name for the sea v475/6
svig *n.* bend; pl. i. e. bays v129/2 (*lǫndum* in the land)
svik *n.* (often pl.) deceit, treachery v49/1 (obj. of *samðit*), v252/7 t. n. (gen. pl. with *hringa*, 'treacherous rings'?—but the metre requires a long vowel)
svíkja (sveik) *sv.* betray, cheat 4/31; *s. apt* get back by deception, trick back v103/2
svikulgjǫrð *f.* 'treacherous, unreliable band' (or 'curved band'?) v348/2 t. n.
svimul *f.* she-wolf ('roamer') v515/4

Glossary 409

svín *n*. swine, pig 90/15
svínbeygja (gǫ) *wv*. make bend like a pig, make grovel like a pig 59/31
svinnr *a*. wise (or bold? mighty?) v14/1 (with *sigrunni*), v196/4 (with *gram*)
svínskinn *n*. pig's hide 42/2
svíntarr *m*. boar (cf. **tarr**) v513/3
svipaljótr *m*. sword-name, 'ugly-flitting' v454/7
svipr *m*. thud, noise of a sudden movement? 109/8 (cf. **svipun, svipul**)
svipta (pt) *wv*. with dat. move quickly, sweep, snatch, slip (trans.) 45/25; *s. e–n e–u* deprive s–one of s–thing v379/4
sviptir *m*. swift mover (*e–s* of s–thing); determined leader: *sagna s.* = Þórr v75/3
sviptingr *m*. a tie to join parts of the ship's tent (Falk 1912, 10, 12); reef-point (Falk 1912, 13, 68); v496/2
svipuðr *m*. sword-name, 'swift mover' v454/7
svipul *f*. name of a valkyrie (*SnE* 1848–87, II 490; *Darraðarljóð*, *ÍF* XII 455; Svipall is a name for Óðinn in *Grímnismál* and *SnE* 1848–87, II 472); (a quick) battle v449/7
svipun *f*. smack, crack of a whip? 109/8 (cf. **svipr**)
svíri *m*. neck; *svíra hringar* neck-rings v252/7; in kenning for water, *snerriblóð Þorns svíra* (gen. sg.) v79/7
svǫrðr *m*. scalp 108/7
sværa *f*. mother-in-law 30/11, 35/20, 108/2
sýja (1) *f*. rivetting, clinching 36/28, v495/3 (see Falk 1912, 51: strake, but this is surely wrong; cf. the verb discussed there on p. 49). *Sýjur (breiðar)* perhaps means planks at v47/1 (obj. of *rendi fram*, see note). *Sýja* is perhaps an individual line of clenches, *súð* collective and/or abstract. Cf. **kjǫlsýja**
sýja (2) (séði) sew, fasten, link v223/4 (pp. with *serkir*); *séðir e–u* sewn, i. e. linked with s–thing v248/4 (with *gǫtvar*)
sylghár *a*. high enough to swallow, engulf v359/2 (with *bylgjur*; *-ár* = *-áar*, see v143 n.)
sylgr *m*. drink v340/2 (obj. of *fær*, or of *drekkr*?); gen. of direction or destination (with *fylgja*) v14/2 (the drink may mean the blood, i. e. the dead body; or the funeral feast or toast; Kock, *NN* 1891, suggests 'consumption', 'consumer', i. e. the funeral pyre)
sýn *f*. sight; sun v517/2; 'pleasant sight', coat of mail v474/4; or possibly dat. with *þýð* (if this is a. f., cf. **þýð, þýðr**), 'pleasant to the sight'; or a. f. (cf. **sýnn**) 'good-looking'
sýna (d) *wv*. show 45/12, 33; md. seem, look 45/34
syngja (sǫng, sungu) *sv*. sing v162/1, v205/3 t. n.
sýni *n*. sight, that which is seen 85/19
synja (að) *wv*. with gen. refuse 4/25

sýnn *a.* obvious, evident v290/1 (with *mein*)
sýr *f.* sow 90/15
syrvar *m. pl.* warriors (variant form of **sørvar**; cf. Syrvi in Index) v443/5
systir *f.* sister 108/4; in kenning for Jǫrð, i. e. the land of Norway (*ofljóst*), *Auðs s.* v121/4 (object of *láta*)
sæðingr *m.* seagull (common gull) 75/3; in kenning for ship, *sæðings slóðgoti* v259/6
sæfogl *m.* sea-bird 36/29 (cf. **fugl**)
sæfǫr *f.* sea-journey, voyage 40/10
sæing *f.* bed 48/2, v214/4 (with *í gulli stokkna*)
sækonungr *m.* sea-king (i. e. a king whose territory is the sea), leader of a band of Vikings 36/28, 52/16 (Mýsingr), 74/8, v412 t. n., v416/8
sæla *f.* prosperity 52/12
sælingr *m.* wealthy person 106/15, v442/3 n.
sælkeri *m.* wealthy person 106/15, v439/8, v442/3 n.
sæll *a.* rich v386/3 (as subst., 'the rich'; acc. with *lát*, parallel to *auman*)
sær (1) *m.* sea 2/13, 3/27, 36/24, 41/7, 15, 49/15, 52/20, 63/14, 74/8, 24, 75/3, v303/3 (*til sævar* with *á kømr*), 92/25, v344/1 (obj. of *sótti*), 93/3, v346/3, 94/20, 95/1, v356/2, v357/2, v475/1; water of the sea 52/20; in kenning for blood, *ara hræ-sær* v333/8 (gen. with *gamms*; see under **hrægammr**). Cf. **sjár, sjór**
sær (2) pres. of **sá (1)**
sæskip *n.* sea-ship, ocean-going vessel 36/27
sæta *f.* grass widow 107/35, v438/6
sæti *n.* seat, place 40/38; *til sætis* as a seat, to sit on 25/22
sætt *f.* settlement 2/25, 2/35; agreement 46/1; reconciliation 72/14, 106/8 (pl.); *til sættar* as atonement 3/38; atonement, terms of settlement, payment in settlement (*at s.* as atonement) 46/32, 72/11 (see note), 72/16; *varð þat* (*þat verðr, skal þat vera*) *at s.* this became (this was to be) the basis of settlement, these terms were agreed 3/38, 45/18, 21
sættargjǫrð *f.* terms of settlement 2/30
sættask (tt) *wv. md.* reach a settlement, make atonement 72/18
sættir *m.* reconciler; bringer of concord; guarantor (pledge, surety) of peace or truce (with gen.: among, between) 80/10 (cf. *mannasættir* in *Eyrbyggja saga* ch. 15 (*ÍF* IV 27); *sættir manna* in *Gylf.* 25/19)
sœgr *m.* swarm; drizzle; surge, tumult, roar; name for the sea 97/10; in kenning for gold, *sœgs sól* v369/1
sœkiálfr *m.* attack-, battle-elf, in kenning for warrior, Viking; *s. Atals dýra* (Haraldr gráfeldr) v6/3
sœkir *m.* attacker, invader, conqueror 78/24

Glossary 411

sœkja (sótti) *wv.* seek, pursue; press (an attack) 6/8; *s. á flótta* take to flight v84/3; *s. sjá* (or *sæ*) = undertake (a) sea-journey(s) or expedition(s) v282/1 and v344/1; *s. e–n* attack s–one 50/13, v252/6; *fá e–n sótt* overcome s–one 50/13; try to get 46/24; go and get, win 48/22; *s. at e–m* come at s–one 24/28; *s. eptir* go in search of 2/10; *s. inn* rush in 20/28; *s. til e–s* reach, get to s–one 24/27, visit s–one, call on s–one (*til e–s* for s–thing) 4/15, pay a visit to (a place), be on one's way to (a place) 17/14; *s. heimboð til* visit as a guest, respond to an invitation to 40/33, 52/5; *s. e–t heim* return to s–thing, find its way back to s–thing 42/34; pp. *lét of sóttan* paid a visit to v65/2
sœmstr *a. sup.* most seemly, most proper v240/1
sǫðull *m.* saddle 59/24
sǫfnuðr *m.* congregation 107/8 t. n.
sǫgn *f.* (1) account 5/31
sǫgn *f.* (2) troop, crew v93/1 and v341/1 (i. e. the Æsir; gen. with *segjǫndum* (*segjundum*); the word is less likely to be the gen. pl. of **saga**), 106/29, v441/4, v443/7; *sagna hrœrir* = Loki, leader of the three Æsir v100/1 (acc. with *bað*), *sagna sviptir* = Þórr (leader of Loki and Þjálfi) v75/3
sǫk *f.* cause, reason (*til e–s* for s–thing) 45/3, 59/32; *af þeim sǫkum* as a result (of it) 6/19; *fyrir e–s sakar* because of, out of s–thing 24/23
sǫngr *m.* song v176/7, 109/4
sǫx *n. pl.* the rail where it curves up towards the bows of a ship v496/1 (cf. LK 149; Falk 1912, 54); also used of the position next behind the **stafn** (Falk 1912, 84)
søkk *n.* gold, treasure v193/3? Cf. **søkkvi(r)**
søkkdalir *m. pl.* deep (sunken) dales; *Surts s. i. e.* underneath the mountains v23/2 (Kock, *NN* 1783B, suggests *søkk-* = gold here (cf. under **søkkvir**); *Surts* could be part of a kenning for the mead of poetry, see note)
søkkva (1) (kt) *wv.* with dat. sink (trans.), cause to sink, bury 20/33; md. (let o–self) sink, slide back 6/2
søkkva (2) (sǫkk, sukku) *sv.* sink v106/2 (of future time), v128/3 (inf. with *lætr*), 52/20
søkkvi(r) *m.* 'sinker', destroyer, enemy 107/23; *søkkva stríðir* enemy-tormentor, -punisher, -fighter, i. e. ruler v193/3; or *søkkva* could be gen. pl. of **søkk** *n.* 'gold': *søkkva stríðir* = generous man (cf. *NN* 1783C). Cf. *Háttatal* 43/1
søri see **sá (1)**
sørvar *m. pl.* warriors, army 107/9. Cf. **syrvar** and Syrvi in Index

-t *neg.* suffix with verbs v3/3, v38/1, v49/1, v59/4, v67/1, v101/1, v223/4, v248/4, v338/1, v366/1, v398 n. Cf. **-a, -at**
tá *f.* (1) toe 22/26, 49/1, 109/2
tá *f.* (2) pair 106/24
tafn *n.* food, carrion; *á ylgjar tafni* on she-wolf's food, i. e. on dead bodies v334/4 (phrase goes with *varð fullr*); offering, sacrifice (of Baldr's corpse; or the funeral feast? cf. *NN* 1891) v14/3 (gen. with *sylgs*, for)
taka (tók) *sv.* take 2/36, 3/15 (i. e. kept [it]), 21/21 (understand one, i. e. a heart), 45/6; take hold of, grasp 25/19, 30; seize, abduct 72/3; i. e. rape, take possession of (a country conceived as female) v122/4, v383/1 (refers to future time); use 50/27; succeed to 48/15, 30, 51/33; get out 20/30, 43/5; receive v222/2 (with dat.; inf. with *lætr*); get (possession of) v170/8 (understand it, i. e. the millstone); catch 24/25 (inf. in passive sense: be caught), 43/1 (imp. with suffixed 2nd pers. pron.), 43/2; arrest 2/9, 49/27 (1); *t. hǫndum* capture, take captive 24/30, 45/15, 22; *t. á* take hold of v178/5 (*tǫkum á* let us grasp), touch (*e–u* with s–thing) 46/35; *t. af* take from 45/29, take off, away from, remove from 45/34; *t. í braut* carry off 72/5; *t. í móti* catch (s–thing as it comes towards one) 25/31; *t. með* add, mention as well 5/20; *t. niðr* reach down so as to strike against 1/32; *t. til* pick up 59/29, take up, begin (to make, send, use) v137/1; *t. til mærðar e–s* attempt poetry about, take up s–thing as a subject for poetry v25/3; *t. til sín* take in 49/16; *t. upp* pick up 25/15, 45/6, remove 20/33, take out 24/33, undertake, take over 4/18; *t. við* (*e–u*) receive, take possession of (s–thing) 45/33, v189/2; impers. *tekr af e–t* s–thing is put a stop to 2/21; impers. for pass. *t. í sundr* cut in two 46/25; with inf., begin to v290/2
tal *n.* talk, tale 3/7
tala *f.* speech 109/4
tálhreinn *a.* free of deceit, of treachery; with *meðal*, middlingly, i. e. not very free of treachery, very deceitful (litotes) v94/2 and v305/2 (of Þjazi; Kock, *NN* 1015 takes the word as *tólhreinn*, a kenning for ox, cf. **hreinn (2)**, *tól* = farming implement?)
tamr *a.* practised (with *valdi*) v17/4 (*valdi* could be dat. of **vald** with *tamr*: accustomed to power over; then *tamr* would go with *Valgautr*)
tangi *m.* tang (of a sword) 462/4
tannlituðr *m.* in kenning for warrior, *úlfs t.*, stainer of wolf's teeth (i. e. with blood, by providing corpses for the wolf to eat) v140/2 (vocative, addressed to Egill's brother Þórólfr)
tár *n.* tear; in kennings for gold (see *Gylf.* ch. 35), *Freyju t.* v144/3 (pl., obj. of *hlaut*), *t. Mardallar* v189/6

Glossary 413

tara *f.* battle, warfare v450/3
tarfr *m.* bull v505/8
targa *f.* targe, a kind of round shield v469/5
tarr (or **rarr**, see t. n.) *m.* boar ('stabber, poker'?) v513/5
taurarr *m.* sword-name, 'with gold ring attached' or 'decorated with gold thread' v456/3
téa (ð) *wv.* show, provide, offer, present; with suffixed pron., I present v30/1, v39/1; assist, help, support (with dat.) v218/1; as aux. with inf., does ('now it is that [poetry] does grow...') v35/2; cf. v41/1 t. n.
teigr *m.* a strip of (grassy) land 63/14
telja (talði, tal(i)ðr) *wv.* (1) say, declare (with (acc. and) inf., that s–thing is so) 3/34; md. with inf. say that one 4/17. (2) enumerate, list 60/18 (tǫlð n. pl. pp.), 88/19, 89/7, v331/2 t. n., 95/9, v423/2, v432/1, 8, v436/6 (talið f. sg. pp.), v437/4, v516/2 (*eru talit*, n. sg. pp.: 'there are reckoned to be'); recount, give an account of v281/3; announce v30/1 t. n., v39/1 t. n.; trace v33/8; reckon, consider (to be), count (with n. a., to be s–thing) v15/8 (with suffixed pron. -*k*), v285/4 (1st pers., perhaps after *at*, such that; with acc. and a.), v390/4 (with double acc.), v434/8 (*talið* f. sg. pp.), v463/11, v508/6 (pp. with two nom.); *t. fram* perform v303 n.; *upp (um) talið (talða)* enumerated, listed v422/6, v516/18
temja (tamði) *wv.* break, tame, train (of horses) v59/3
teyða *f.* worthless person 106/13
teygja (gð) *wv.* entice, lure 2/1, 6/4; to lure or draw Jǫrð to o–self is to gain possession of the land of Norway, become its ruler v119/2 (inf. with *gat*); draw out, tease apart (contrasted with weaving together) v125/2
tíð *f.* time, period 51/33, v256/1 (adv. gen.)
tíða (dd) *wv.* impers. *e–n tíðir* with inf. one wants, desires to do s–thing v72/2
tíðindi *n. pl.* events 1/15, 5/34; tidings, news 22/24
tíðr *a.* frequent; swift v68/8 (with *hǫggs*; perhaps collective, for a swift succession of blows); *n. títt* customary, usual 58/15, 67/23; *er títt var* whose custom it was 61/15
tíðungr *m.* young bull v505/7 (or mature bull, one that has reached its time (i. e. one year old?), see *NN* 2158C)
tiggi *m.* ruler v298/3 (Þorfinnr; dat. with *bið*, for Þ.); *t. sólar hjálms* = God v116/3. Cf. Index and see *Háttatal*
tiginn *a.* noble, of high rank; sup. *tignastr* 5/37
tignarnafn *n.* honorific title 101/23, 103/19
til *adv.* available, ready v41/1 (with *ek á*; or prep. with gen. *brúðar*, *NN* 1098); prep. with gen., to 47/30 (with *fóru*), for, in order to

414 Skáldskaparmál

gain v187/2, as 2/36, 3/37, 48/5, as for 5/28, for the purpose of or in regard to v264/3 (see **hollr**)

tilsœkir *m.* visitor (*e–s* to a place), one who travels (to a place) 19/14

tími *m.* time; *í þann tíma* at that time 52/7, 105/32 (i. e. when Goti was king?)

tindóttr *a.* spiky, with sharp points 21/23

tíreggjaðr *a.* (*pp.*) spurred on by (desire for) glory v396/1 (with *tiggi*)

títt see **tíðr**

tív- see **týr**

tjald *n.* awning, curtain 67/19; in kenning for shields, *Hlakkar tjǫld* v231/1 (gen. with *hefjendr*)

tjalda (að) *wv.* cover, hang (*með e–u* with s–thing) 1/12

tjón *n.* loss (obj. of *fregnum*) v32/4

tjǫrn *f.* pool, small lake v477/4

toglǫð *f.* train, line of baggage animals or walkers (?) 106/34

tollurr *m.* stave, post; in kenning for warrior (Þórr), *tvíviðar t.* v90/6 (dat. with *komat*, in apposition to *tývi*)

torleiði *n.* difficult route 24/28

tormiðlaðr *a.* difficult, slow deliverer (*beina* of service (or of bones?), i. e. food) v94/1 and v305/1 (of Þjazi)

trani *m.* sword-name, 'snout; thin stick' v456/4

trauðr *a.* reluctant v121/4 (with *fleygjanda*, after *hygg*; that the earl is reluctant to leave Auð's sister, the land of Norway, alone means that he loves her passionately, is determined to hold on to her)

traust *n.* s–thing to be relied on, support, protection, security v212/2

tré *n.* tree 40/12 (1 and 2: both subj.), 20, 63/15, 17, 108/38, 39, 109/3

tregi *m.* sorrow 108/32; in kenning for winter (when snakes are inactive and so unhappy), *orms t.* v139/4 (acc. of time with *var*)

tregr *a.* reluctant v189/5 (i. e. reluctantly paid, paid under pressure; cf. pp. 45–6)

trjáheiti *n.* tree-name 63/16

trjóna *f.* muzzle, snout (of an animal); face (of a hammer; or its pein?—see Motz 1997, 331 and n. 1) v68/7 (gen. with *trǫlls*); shaft, pole? v176/2 ('warriors' arms shall become (as if) inflexible shafts', i. e. unyielding?)

tróð *n.* (collective) roof-battens (thin pieces of wood supporting the thatch), rafters v86/3 (dat. with (*þrungu*) *við*, towards, against)

troða (trað, tráðu) *sv.* tread (trans.) 49/33; md. pret. pl. *tráðusk þær* they (the giantesses) were trodden down (i. e. stabbed; with instr. *fylvingum*) v86/3

tróða *f.* pole, plank 63/28; = tree in kenning for woman, *t. Hjaðninga grjóts* v204/2 (with *sem fleiri*, 'like other women', or 'like other shield-maidens', see Hjaðningar in Index)

Glossary 415

trú *f.* faith 5/33; *at þeira t.* according to their religion or belief 6/24
trúa (trúði) *wv.* believe (*á* in) 5/30; with acc. and inf. 5/35; with dat. trust v152/4
trúr *a.* true v298/3 (with *líkna*)
trygð *f.* fidelity, troth 108/31
trygglauss *a.* unreliable, insecure, dangerous (deceitful, false?) v92/6 (with *far*)
tryggr *a.* reliable, trustworthy v73/7 (with *geðreynir*, i. e. Loki)
trǫð *f.* (trodden) path; in kenning for sea, *Sǫlsa bekkjar t.* v258/4
trǫll *n.* troll, monster 20/19, 24/18, 40/38, v300a/1 (perhaps the complement rather than the subj.), 8; in kenning for Þórr's hammer, Mjǫllnir, *trjónu t.* v68/7 (gen. with *rúna*; cf. 67/25, 71/5 and **trǫllkona**)
trǫllkona *f.* troll-wife 83/16; gen. pl. *-kvinna* 14/28, 67/25, 108/28, v423/1, *-kvenna* v423 t. n.; i. e. enemy, damager 71/5
tunga *f.* tongue 46/37, 108/15, 17, 18; language; *Dǫnsk tunga* the area where the Norse language was spoken, Scandinavia 52/1, 80/3; a tongue of land v502/6; in kenning for sword (-blade), *meðalkafla t.* v401/2 (gen. with *orða aflgjǫrð*, parallel to *naglfara borðs*)
tungl *n.* (the) moon 33/25, 67/20, 85/21, 108/11; in kenning for trollwife, *t. sjǫt-Rungnis* v300a/2; for eye, *t. brá* v86/4 (gen. with *loga*)
tveir *num.* two v217/4 (with *jǫfrum*); f. *tvær* v159/3, v171/3; both v396/2; *tveim megin* on both sides v193/2; *í tvau* in two (pieces) v181/8, v239/4, v399/4; gen. pl. in *hváru tveggja* (cf. **hvárr**, **hvártveggja**) both v86/6 (dat. with *sprundi*)
tvennr *a.* double, having two divisions; having two meanings, ambiguous, equivocal 109/11; in pl. two (of categories, i. e. they are double, in two classes) 5/11
tvíbyrðingr *m.* 'double-boarded', shield-name ('made of two layers of wood'?) v470/8
tvíhenda (nd) *wv.* hold with both hands 21/35
tvíkendr *a.* (*pp.*) equivocal, having two significations, referring to two things 109/12, 14 (cf. *Háttatal* 2/11–12: having two determinants; see **kenna**)
tvíviðr *m.* 'double wood', bow (perhaps meaning a bow made of two pieces of wood, a composite bow) v467/2; in kenning for warrior (Þórr) *tvíviðar tollurr* v90/5
týframr *a.* very bold, god-bold, divinely bold (?) v92/5 (with *tíva*) (cf. *týhraustr* in *Gylf.* 25/12)
týna (d) *wv.* with dat. lose; destroy 49/15; md. be lost, perish 3/15, 29
týr (tív- or **týv-)** *m.* god v92/5 (gen. pl. *tíva* with *far*); *fróðugr t.* = Loki v99/1; dat. of advantage, for the god(s) *tívi (tívum)* v94/1, v305/1 (with *tormiðlaðr* or *tálhreinn*); in kenning for Þórr, *karms*

t. v90/5 (dat. *týví* with *komat*, in apposition to *tollur*). Cf. **reiðitýr**; Hangatýr, Farmatýr, Hertýr, Sigtýr, etc., and Týr in Index; probably originally a common noun later understood in kennings as the name of the god Týr

tæla (d) *wv.* trick v152/3

tøgdrápa *f.* journey-*drápa*, poem (with refrains) about a journey(?); a poem in the *tøgdrápa* form or metre; the name of a poem by Þórarinn loftunga v200/4 (subj. of *gǫr er*) (cf. *Háttatal* p. 150; perhaps originally *togdrápa*, cf. *toga* 'pull', i. e. row)

tǫlvísi *f.* numeracy, calculation 109/10

tǫng *f.* (smith's) tongs 25/30; in kenning for iron, *þang tangar* v53/2; *tangar segi* a lump of iron v87/6

tǫnn (pl. **tennr, tennar** or **tenn**; see note to 108/17) *f.* tooth 108/15, 17; *lagar tennr*, sea's teeth = stones v345/2 (gen. with *ræsinaðr*, i. e. *steindr*, painted (see **steinn**), or with *vébrautar*, making a kenning for the sea)

uðr *f.* wave v478/5 (or the name of one of Ægir's daughters, see 36/26 and note to 36/25–6; cf. Uðr (2) in Index)

úfr *m.* bear-name, 'rough (shaggy; fierce)' v510/7

ufsi *m.* coalfish (= **seiðr (1)**) v488/1

uggr *m.* fear, anxiety (obj. of *ala*) v38/1

ugla *f.* owl; fastening or batten on a ship; name for a ship v493/5

úlfliðr *m.* wrist 108/35 (cf. *Gylf.* ch. 25)

úlfr *m.* wolf 87/10, v318/2 (subj. of *kom*), v323/4, v340/3, v514/1; harmer, snatcher, thief, abductor: *snótar ú.* i. e. Þjazi v93/2 and v341/2 (subj. of *fló*); in kennings, referring to Fenrir: for Óðinn, *úlfs bági* v16/2, 9/28, for Loki, *úlfs faðir* v99/4, for Hel, *úlfs lifra* v251/7; in kenning for warrior, *úlfs tannlituðr*, he who stains the wolf's teeth (i. e. with blood, by fighting battles and providing corpses) v140/2. Cf. **verúlfr**

ullarlagðr *m.* tuft of wool 46/26

um (1) (= **of (1)**) *prep.* with dat. around v261/4 (i. e. with men in it; v. l. (TWUA) *und*); with acc. over 2/1, v77/4, v357 n. (after *fellr*)

um (2) *pleonastic particle* (= **of (3)**) v182/2; with pp. v516/18

umband *n.* encircling band, in kenning for ocean, *umband allra landa* v348/3 (gen. with *harðviggs*)

umgeypnandi *m.* (*pres. p.*) one who encloses in his palms or hands, embracer, in kenning for Christ, *u. alls heims* v277/3 (subj. of *lét*; *sá er* belongs with this word)

umgjǫrð *f.* encircler, belt; *allra landa u.* the Midgard serpent v43/2 (subj., parallel to *sonr Jarðar*, unless one of the phrases is the subj. of a vb. in a later unquoted line)

Glossary 417

una (ð) *wv.* with dat. be content with; be happy with v59/2 (inf. with *nama*); *una e–u illa* be displeased with s–thing 59/4
unað *n.* pleasure, joy v138/2 (obj. of *ræð*)
und (1) *prep.* with acc. under (the power of) v10/4 (reference is to winning the land of Norway under his power as if she were a woman; cf. v121/2, v304/2, v309/4), v408/4; beneath v68/3, v225/2, underneath v89/3; i. e. carrying, *und hurðir Hjarranda* v254/5, *und hlífar* v396/3 (or *gekk und* 'raised'?), *und randir* i. e. in battle v297/3; with dat. beneath v105/3 (with *hausi*), v108/4, v279/2 t. n., v311/1 (i. e. subject to), v351/1; i. e. (while) wearing v279/1, v393/4; i. e. carrying v329/8; *und sólu* i. e. on earth v406/2, cf. *und jarðar hǫslu* v388/1
und (2) *f.* wound v319/2 (obj. of *sleit*; collective), v338/1 (obj. of *gaf ek*); in kenning for blood, *unda gjálfr* v320/1
undaðr *pp.* wounded (*e–u* with s–thing) v329/10 (with *annarr* i. e. *hestr*)
undarn *n.* a certain time in the morning, about 9 a.m.; the meal taken at that time v340/1 (obj. of *drekkr*, or of *fær*?)
undinn pp. of **vinda**
undirdregningr *m.* sword-name, 'that which is drawn under(neath)', i. e. into s–one's possession? or under one's cloak? v461/6
undirfjálfr *n.* refuge beneath; *u. álfheims bliku* refuge beneath the elf-world's gleam(ing cloud) (i. e. underground, in the darkness of mountains) = cave, in kenning for giants (deep hiding-place of gold, *NN* 469) v91/3 (gen. with *kálfa*)
undirhyggja *f.* dissembling 109/11
undirkúla *f.* 'under-ball, -globe'; *vazta u.* = stone at the bottom of the sea 45/1, *vaztundirkúla* v150/3 (separated by tmesis; gen. with *Ála*)
undskornir *m.* 'wound-cleaver', name for an eagle (as carrion bird) 92/1
ungr *a.* young v21/4 (with *ek*, 'who am (still) young, while I am young'), v105/1, 49/24, 25, 58/8, v191/3, v218/4 (with *þorn*: 'when yet a young man'), v265/3 (with (unexpressed) subj. of *var* (v. l. in TWUA: *fór*), or as subst., 'the young man', i. e. Earl Eiríkr Hákonarson), v290/4, v401/1 (with *sér*, 'while still a young man'), v401/2 (with *ǫðlingr*), 106/2, 107/34; *þegar ungr* already at an early age v390/1; *ungar* the young ones (girls) v181/3; *of unga* around, over the young (men) v236/1 t. n.
unna (ann, unni) *pret.-pres. vb.* (1) grant; *u. e–m e–s* let s–one have s–thing v147/6, 46/9. (2) with dat. love 50/6
unndýr *n.* wave-beast, i. e. ship, in kenning for warriors, seafarers, *unndýrs runnar* v229/2
unz *conj.* until v81/1 (links *kom* with preceding stanza), v102/1 (links *fundu ok bundu* with preceding stanza; cf. *áðr* v71/1 and n.)

upp *adv.* up v356/1, v392/2; aloft, in the air v140/1
upphaf *n.* beginning 5/32, v395/1 (obj. of *heyri*), v517/8 t. n.; pl. origin (*til e–s* of s–thing) 3/12
upphiminn *m.* the heaven above, high heaven v67/4 (subj. of *brann*). Cf. Old English *upheofon*
uppi *adv.* up 20/37; *láta u.* let be heard, proclaim v292/3
úr *n.* moisture, water (instr. with *þafðan*) v24/3
urð *f.* heap of stones, gravel 1/32; *urðar þrjótr* = giant v77/7
úrdrifinn *a.* (*pp.*) spray-driven v127/2 (with *Sleipnir*)
urðu see **verða**
úrsvalr *a.* spray-cold v126/4
út *adv.* out; i. e. out at sea, to the west: *út fyrir* out off, past, beyond v133/3
úti *adv.* outside; i. e. to be out at sea v404/2; *úti á* onto the outside of v229/1
útan *adv.* outside; on the outside, exterior 50/21; on the outside, i. e. out on the coast v120/1, v123/1; *fyrir útan* through to the outside 25/33; as prep. with acc. outside, beyond v516/21
útrǫst *f.* outlying land (coastal land? or out in the sea?—there may be word-play on some actual place-name) v61/1 (obj. of *byggja*)
útvé *n.* outlying sanctuary; in kenning for giants, *Danir flóðrifs útvés* Danes of the distant rock-sanctuaries, of the mountains, of giantland v84/8
útver *n.* fishing place in an outlying place, on an island; = land in kenning for sea, *Meita ú.* v265/4 (gen. with *skíði*). Kock, *NN* 550, takes *útvers hersi* as 'lord of the outlying island(s)'; *Meita skíð* is adequate as a kenning for ship
uxi, oxi (pl. **øxn**) *m.* ox 1/18 (*einn uxann* one of the oxen), 6/5, 76/6, 90/3, v331/1 (gen. pl. *yxna*), 109/18, v503/2 and t. n.

vá *f.* danger, distress v84/4 (cf. note)
vað *n.* ford v56/2 (gen. with *Víðgymnir*; the V. of the ford of Vimur is Þórr), 17/13
vaða (**veðr, óð**) *sv.* wade 17/13, 22/25, v72/2, v80/1, 48/10, v324/1; of a ship (conceived as an animal) sailing v259/7, with acc., step over, across or through v260/1, v372/2 (obj. *(brim)slóðir*; the subj. would probably have been in the part of the verse not quoted, though conceivably it was unexpressed); pres. *veðr* steps (of the sun) v135/1
váðir *f. pl.* clothes, clothing; in kenning for coat of mail, *Hǫgna v.* v288/4 (acc. with *lætr*, subj. of *glymja*)
vaðr *m.* (fishing-)line v42/1
váfreið *f.* swinging or hovering, floating (i. e. flying?) chariot; *hreggs v.* = Þórr's chariot v86/6 (gen. with *húfstjóri*)

Glossary

vafrlogi *m.* flickering flame 47/32, 33, 48/1, 17; moving, wandering flame: *heims skála v.* = the sun v136/4

vagn *m.* carriage, chariot, waggon 18/3, 18/15 t. n., 76/6; a constellation (English Wain, used of Ursa Major and Ursa Minor) 33/25; in kennings for ships, *v. hlunns* v266/2 (dat. with *ók*), *Haka v.* v67/7 (gen. pl. *vǫgna* (cf. Noreen 1923, § 81; or perhaps this is gen. pl. of **vǫgn** f. 'whale', see under **váttr**) with *reinar*)

vagnbraut *f.* road of the constellation Wain, i. e. the sky v109/4 (gen. with *valdr*)

vágr *m.* bay; wave 96/24, v495/4; *v. Rǫgnis* (the mead of) poetry v34/1 (see note); in kenning for the Midgard serpent, *vágs ægir* 'bay-menacer' v366/2. Kock (*NN* 2205F) takes *vágs byrsendir* as a kenning for Hymir ('sender of sea-storms') and leaves *ægir* as a term for the serpent on its own (i. e. without a determinant, but with *rǫngum*, *NN* 2206D)

vágþrýstr *a.* wave-pressed v124/1 (with *bógu*)

vaka (ð) *wv.* be awake, wake up 50/11; be aroused, kindled? v177/3; subjunc.*vaki* let him awake (*at* to) v163/7; imp. *vaki þú* v176/4, 5; stay awake v343/1

vakna (að) *wv.* awake 47/24, 50/10, v154/2 (inf. after *knátti at*; *v. við illan draum* wake in response to an evil dream, ironically, meaning awake to something that seemed an evil dream, i. e. awake to cruel reality)

vákr *m.* weakling 106/12

val *n.* choice(st), flower (with gen. pl., of) v5/4—but see **valr (2)** and cf. Haddingjar in Index

valbassi *m.* boar (*val-* 'slaughter'?—cf. **valr (2)**) v513/5 (cf. **bassi**)

valbǫst *f.* part of a sword-hilt v461/8

vald *n.* power 80/3; v17/4? cf. **tamr**

valda (olli) *irreg. v.* with dat. rule (over); have power (over s–thing), manage, bring about (s–thing) 22/7; control v270/4 (inf. with *má*); cause, be responsible for v68/2 (obj. *því*, this), 24/21, be the cause of v202/2, v397/2 (*því* it, i. e. what was said in line 1); *kvað hvat því v.* said s–thing was behind it v305/4 (inf. with *kvað*)

valdi *m.* ruler (with gen. *salar* of the sky) v17/4 (in apposition to *Valgautr*); cf. **vald**

valdr *m.* ruler (with gen. over), controller v109/3 (subj. of *fagnar*; cf. note); *munka v.* = God (or Christ) v388/3 (dat. with *nærri*)

valdreyri *m.* 'slaughter-blood', the blood of slaughter v178/8

valdreyrugr *a.* 'slaughter-bloody', bloody with slaughter v176/3 (understand *skulu*, shall become)

valfall *n.* the fall of the slain (those who fall slain), the fallen slain 30/13

valglitnir *m.* name for a boar, 'slaughter-shiner' or 'pleasant-shiner' (cf. **val** and v343/4 t. n.) v513/1

valhrímnir *m.* 'slaughter-crier', helmet-name v472/4

valkyrja *f.* valkyrie v14/2 (acc. with *hykk*, with inf. *fylgja*), 47/25, 66/16; acc. pl. with *bæða*, perhaps subj. of preceding infinitives as well as of the following one v20/9. Cf. *Gylf.* ch. 36 and 46/39

valkǫstr *m.* pile of men slain in battle; pl., obj. of *hlóð* v218/4 (heaping up corpses is to fight fierce battles); in kenning for blood, *valkastar bára* v94/6 (gen. with *már*)

vallangr *m.* sword-name, 'corpse-pain' (i. e. *val-angr* (ÁBM); it is written *valangr* in A and B) v454/2

valmar v178/7 is unexplained; it may be an a. f. pl. but if so the meaning is unknown; it may be intended for **valmær** (vocative) or *valmeyjar* (complement of *eruma*). Of the suggested emendations, *vaðnar* (pp. of **vaða**) is perhaps the most acceptable; or *varmar* (cf. **varmr**: 'we are not yet warm'?).

valmær (pl. **-meyjar**) *f.* slaughter-, death-maiden, valkyrie 67/17

valnir *m.* sword-name, 'chooser', 'choice'? v454/3

valr *m.* (1) falcon 2/17, 108/37; in kenning for raven, *gallópnis víðis v.* v343/4 (dat. with *vel leizk*: when things look good to the raven a battle is imminent). Cf. Index

valr *m.* (2) the slain in battle 72/25; slaughtered bodies, the fallen v5/4 (or from **val** *n.*; see Haddingjar in Index), v9/1

valshamr *m.* falcon shape 2/11, 24/22, 30/11

valstǫð *f.* falcon-perch, arm v191/2 (acc. with *á*)

vamm *n.* blemish v16/4 (dat. with *firða*; 'faultless'); evil, disgrace, shame, wickedness v82/2 (gen. with *stríðkviðjundum*)

vámr *m.* loathsome person 106/12

ván *f.* hope, expectation; *þess var engi v.* there was no chance of that 42/39; *lítil ván var* there was little likelihood 46/12; *eigi vita sér ván e–s* not know where to look for s–thing 4/17; *e–m er e–s v. at e–m* one can expect s–thing from s–one, one can look forward to s–thing from s–one 21/18; *ætti af honum øngrar vægðar ván* had no hope of his giving way 72/13; *þótti ván at* it seemed likely that 22/23; *til vánar* see **vǫrn**

vanda (**að**) *wv.* work carefully, shape with skill v342/2 (inf. with *vil ek*)

vandliga *adv.* carefully 45/39

vandr *a.* (n. **vant**) (1) difficult v405/4 (dat. *vandum* with *stað*; on the unmutated vowel see Hreinn Benediktsson 1963); n. as adv. (or a. n., *at* = which?) 109/19. (2) hard to please, painstaking, careful (*e–u* in, with s–thing) v203/4 (with *ek*); carefully chosen, polished (of words) v313/2

Glossary

vándr *a.* bad, wicked v93/8 t. n.
vandræðaskáld *n.* troublesome poet (nickname; cf. *Hkr* I 331; *ÍF* VIII, 155) 35/27, 65/10
vangr *m.* plain, field v501/5; i. e. battle-field (or *of vangi* on the landscape, in sight?) v2/4 (phrase belongs with *er arnar flaug*)
vaningi *m.* boar ('Van-born', see Vanr in Index; or 'castrated', cf. **vanr (2)**) v513/8
vanr (1) *a.* accustomed (with *at* and inf.) 20/31; with dat. (of Óðinn) v16/3; with gen., *vanir gangs gunnvargs*, accustomed to battle, of the Æsir v76/1 (or **vanr (2)**, wanting battle; as subst., subj. of *gengu*)
vanr (2) *a.* lacking (*e–s*); *landa v. stillir* ruler without lands, i. e. sea-king (Hǫgni father of Hildr) v252/2
vápn *n.* weapon 18/3 t. n., 21/10, 27, 40/10, 11, 50/14, v176/3 (understand *skulu* [*verða*]), 59/1, 64/26, 66/15, 67/17, 72/1 (subj., understand *eru kǫlluð*), 72/28, 74/4, 5, v407/4, 108/36, 109/9, v468/2; *Egils v.* = bow and arrows v229/4 (gen. with *hryngráp*)
vápnlauss *a.* (when one is) unarmed 21/7, 12
vár *n.* spring 99/6, 16
varða (að) *wv.* defend, guard; *þat er hann skal v.* which he has to defend (with *grunn hvert*) v333/7
vargr *m.* wolf v34/1 t. n., 76/1, 87/8, 9, 88/1, v322/1 (gen. with *munr*), 88/9, v514/1 and t. n.; (i. e. savager, enemy) 39/14; criminal v247/2 (gen. with *ópyrmir*); = *v. í véum*, one who commits a crime in a holy place 6/24; sword-name v461/7
vargynja *f.* she-wolf v515/2
vári *m.* trusty one or defender; *ragna rein-vári* = Heimdallr (see **rein**) v64/4 (subj. of *bregðr*)
varmr *a.* warm v320/4
varn = **vǫrn** v148/4 (see Hreinn Benediktsson 1963)
varna (að) *wv.* refuse, withhold (*e–s s–thing*) 59/2; defend: pres. p. *varnendr goða* defenders of the gods (Óðinn, Loki, Hœnir) v95/8 (subj. of *váru farnir*)
varnan *f.* caution; taking care to avoid; *boðit til varnanar* made (declared) something to be avoided, taboo 22/31
varr *a.* aware; *verða e–s varr* realise s–thing 25/23, discover s–thing 41/6, 30
varta *f.* a band, = *brandr* (Falk 1912, 45), i. e. a carved decoration on the side of a ship's prow (**brandr (1)**); or the block between the steering oar and the side of a ship (Shetelig and Falk 1937, 367) v498/6
vartari *m.* a kind of (ribbon-like?) fish v488/2 (cf. Index)
vaska (að) *wv.* with dat. wash v346/2
vaskr *a.* manly, bold 106/5

vatn *n.* water 46/25, 29, v285/1 (*á vatni*: at sea), v320/3 (i. e. with the river-water), v477/3 (= sea), v479 t. n. (= river); *allra vatna* of all kinds of waters (i. e. sea, rivers, lakes) 40/31; lake 41/11, 15, 45/22, 58/25
vatnsrǫdd *f.* 'water-voice', part of kenning for gold; *rǫdd Ála vatnsundirkúla* voice of the Áli of the water's depth-globe, Áli of stone = giant v150/2 t. n.; see **vǫzt**. *Vazt-* is required by the rhyme
váttr *m.* witness, watcher; frequenter, in kenning for giant (Hrungnir), *myrkbeins Haka vǫgna reinar v.*, frequenter of the rock, rockdweller v67/8 (acc. with *frá ek*). Since this kenning has an unnecessary number of determinants, Kock (*NN* 226) assumes two kennings, *reinar myrkbeins Haka*, 'Haki of the dark bone of earth, of stone, i. e. giant' as obj. of *frá*, and *vagna (vǫgna) váttr (vǫgn = hvalr* = Hvalr, a giant; *ofljóst*) as subj. of *þátti*
váveifliga *adv.* with frightening suddenness 6/14
vaxa (vex, óx) *sv.* grow 41/33; increase v357 n., v374/1; become stronger v365/2; (of a river) rise 25/6, v72/4, imp. with suffixed neg. and pron. *vaxattu* rise thou not v72/1; of Þórr's might, swell v72/5 (*e–m* for or in s–one), *vaxa sér til salþaks* would swell in him up to the sky v79/8 (inf. with *lætr*); of the mead of poetry conceived as a wave, swell, become audible v35/2, similarly v302/3 (i. e. it develops); causative, increase (trans.) v293/1 (or irreg. pres. of **vexa**? Cf. v. l. (U) *eykr* (see **auka**), which also adds alliteration; or *harðræðit hvert* is adv., at every trial)
vazt(-) see **vǫzt**
vé *n.* sanctuary, holy place; of the resting place of the sun at night, the sun's bed v135/2; *ǫll ginnunga vé* (pl.) = the whole sky v66/4 (subj. of *knáttu brinna*)
vébraut *f.* sacred road; = the sea? v345/4 (gen. with *ræsinaðr*, the rushing serpent of the sea, a kenning for a dragon-ship; or perhaps *lagar tanna v.* is a kenning for the sea). Kock, *NN* 228, 231, takes *vébraut* to mean 'standard-path, warpath'; see note
veðfé *n.* stake (in a wager) 42/38
veðja (að) *wv.* wager (with dat. of the stake; *þar fyrir* on it) 20/22; *við e–n* with s–one 41/35
veðjun *f.* wager 42/18
veðr (1) *n.* weather, esp. wind 33/26, 35/21, 66/15, 72/1, 73/31, 74/3 (complement), 74/8, 90/16, 17, 25, v352/4 (pl., subj.), v365/3; in kennings for battle, *Hárs v.* (*at* in) v220/2, *þat v. boga* v250/4 (obj. of *fœri*, see note; Kock, *NN* 1505, takes *veðrboða* as 'stormofferer, warrior', i. e. Heðinn, gen. with *fárhuga*); in kenning for thought, determination, courage (*hugr*, see 108/28), *Járnsaxa v.* v293/2 (subj. or obj. of *vex*)

Glossary 423

veðr (2) *m.* ram, wether 90/14, v507/9 (a horse, *SnE* 1848–87, II 487)
veðr (3) see **vaða**
veðrglaðr *m.* 'weather-glad' (i. e. 'rejoicing in battle'?), shield-name v469/6
veðrheimr *m.* weather- or wind-world 90/17
veðrmildr *a.* 'weather-liberal, wind-liberal', with *geira*, liberal with the wind of spears, i. e. with battle, warlike v304/3 (of Earl Eiríkr)
veðrstafr *m.* 'weather-stave', in kenning for warriors, *v. Viðris vandar*, stave of the weather of Viðrir's rod (sword, or perhaps spear), i. e. of battle v255/3 (but cf. 74/2–4 and note to verse 255). The phrase could belong with *orð lék* rather than with *rudda*
veðrviti *m.* weather-vane (on a ship) v346/4
vefa (óf) *sv.* weave, bring (blow) together, cause to cross each other v125/1
vefja (vafði) *wv.* wrap; *mátti v. (hann) saman* it could be folded up 42/24
vega (vá) *sv.* (**1**) strike; *v. gagn* strike a victorious blow, achieve victory v44/2; fight; *v. at* attack 22/5, 49/13; kill 48/15, 107/37; *v. e–u* wield, fight with s–thing v91/1; pp. as a. *veginn* slain v20/4
vega (vá) *sv.* (**2**) weigh v116/1
vegandi *m. (pres. p.)* killer 14/28
veggjalestir (spelled 'vægia-' in R) *m.* sword-name, 'wall-damager' (referring to the wall of shields, or to *veggr* as base-word in kenning for shield) v456/8
veggr (gen. **veggjar** or **veggs**) *m.* wall 24/26, 25/33, v89/4 (gen. with *fótlegg*), 67/19; in kenning for shield(-wall), *Hildar v.* v231/3 (gen. with *hregg-Nirðir*), 69/5, for house, *veggjar vigg* v73/7
veggþili *n.* wall-panel 1/12
vegr *m.* way; distance v99/2; path 46/28; *stikleiðar v.* the path through the river v77/6 (acc. with *leið ór stað*); *mána v.* = sky v65/8 and v108/4 (subj. of *dunði*); in kenning for sea, *Ránar v.* v356/4; *annan veg* in any other way 5/31, 61/16, 90/26
vegtaug *f.* 'way-thread', in kenning for rock, *vegtaugar jótr* = *taugar veg-jótr*, tooth of the (fishing-) line's way, of the sea v89/6
vegþverrir *m.* 'honour-diminisher', in kenning for Þórr, *v. varra hjalts Nǫnnu*, giantess-defeater, -destroyer v77/1
veiða (dd) *wv.* hunt, catch 41/6 (fish for; *þat er . . . í* in which); pp. n. *veitt* caught, hit 45/8
veiðarfœri *n. pl.* fishing-gear v46/4 (obj. of *bjó*; *sín* belongs with it)
veiði-Áss *m.* hunter-Áss 19/32
veiðr *f.* hunting, fishing (expedition) 40/10, 49/32; catch 45/8, 13
veig *f.* (cup of) (strong) drink (the mead of poetry) v17/1 (pl.)
veigarr *m.* sword-name, 'with gold thread round the hilt' v454/1

veita (tt) *wv*. give, grant, provide (*e–m* for *s*–one) v5/2, 40/6, 19, v172/3, 109/17; do (*e–t e–m* s–thing to or for s–one) 21/14; help (with dat.) 50/2, 8; pres. p. giver, payer (of money) 80/10
veitt see also **veiða**
veizla *f*. feast, banquet 41/1, 4, 5, 49/7
vekja (vakði) *wv*. wake (trans.) 72/25; subjunc. after *hugðumk* ('that I . . .') v20/5
vel *adv*. well v52/1 (i. e. it is a good thing that . . .), v59/7, v163/8, v343/1, 4 t. n.; properly 67/26, v175/6 (i. e. no proper rest, it will not be freely granted); finely v368/2; i. e. fast v261/3 (but see **vǫrn**); very v221/4 (with *hæfr*); very much, highly v148/3; *lætr þat vel vera* says that is a good idea, agrees 4/27; *vel þykkir* it is thought complimentary 40/16, it is considered acceptable 41/17
vél *f*. trick, cunning plan 4/26 (*ef*: to see whether); instr. pl. by stratagems v102/5 (with *leiðir aptr*; or (less likely) with *véltr*)
véla (t) *wv*. entrap or deal with; *þú skalt véltr* you shall be entrapped (dealt with? treated harshly? i. e. punished) v102/5
vélandi *m*. (*pres. p*.) tricker 20/5
veldi *n*. realm v109/3; rule v398 n. (dat. with *heldr*)
velfœrr *m*. 'the easily crossable', euphemism for the sea v476/1
velgr *m*. 'warm one', helmet-name v473/2
vélræði *n*. deception 109/11
vélsparr *a*. sparing of trickery, guileless v95/7 (with *varnendr*)
velta (1) (lt) *wv*. with dat. (cause to) roll v170/1
velta (2) (valt, pp. **oltinn)** *sv*. roll; *oltinn af hagli* swirled over by hail v77/3 (with *hlaupár*)
veltistoð *f*. rocking, moving support; in kenning for woman, *sjá v. straumtungls* v206/3 (subj. of *hǫfumk stiltan*; *velti-* may mean unreliable, or just that the *stoð* is living, not dead wood)
vendir see **vǫndr**
vengi *n*. poop, a raised deck in the stern of a ship, perhaps forming the roof of a cabin (Falk 1912, 10 (*vængi*); *LP vengi* (3)) v498/3; in kenning for ship, *vengis hjǫrtr* v261/4
venja (vanði, vaniðr) *wv*. accustom; *v. úti* accustom (ships) to be out, i. e. take them on frequent expeditions v404/1
ver *n*. (1) 'wetness' (?), name for the sea 92/26, 93/28, v350/1, v476/3; in kenning for mountains, *ver gaupu* v77/4 (perhaps belongs under **ver (2)**, i. e. 'lynx's hunting-ground'
ver *n*. (2) fishing place, fishing station, i. e. land; *himintǫrgu ver* (= *land sólar*) the sky v76/3 (gen. with *dreyra*)
vera (var) (forms in *-s*, such as *vesa*, *vas*, are rarely presupposed by the rhymes (as in v286/1) and are never used in the MS) *sv*. be v261/2; *váru* i. e. were now v101/7; *var þar* there was there v85/6;

with suffixed neg. *erat* there is not v388/1, *eruma* we are not v178/7, *vara* was not v93/7 (with pp. forming pass.), v94/7, there was no v172/5, *varattu* you were not v166/1; *vérom = vér erum* we are v405/2 (Noreen § 158 n. 2); *þá er várum* i. e. when I (?) was v221/2; subjunc. *ek sjá* v15/4, *sé ok* and let there be v317/3; stay v262/2 (inf. with *getr*); be present v144/4; mean, signify 61/14 (be signified by?), 16 (cf. note), cf. 90/28; *af hverju eru* from whence originate 20/17; (*ekki*) *er at* with inf. one must (not) = (it) must (not) be with pp. 5/25, 28; *v. at* turn to v321/2 (A and B have *varð at*); with pp. to form pass. *var fœrðr* v85/5, *ró hafðar* are kept v159/5, *leiddar váru* v160/2; *þú vart sviptr* you were deprived v379/2; with pp. of intrans. vb. v95/7, v99/6, v159/1; *þá var komin* when (now that) . . . was come v101/3
verða (varð, urðu, orðinn) *sv.* become 3/23, 25/23, v98/1, 52/21, v334/2; get 22/30; be 22/29, 72/19; come to be v75/1, v410/3; *heitinn v.* come to be called v180/6; take place 25/24, v85/3, v104/4, v154/5; originate 22/1; turn out to be v59/1, 21/22 (*e–m* for s–one); *varð* existed, came to be, appeared v408/1; of future, will (turn out to) be v107/1; *ne mun verða* i. e. there will never be one (*ættstuðill*) who will be v299/2; as aux. of pass. v129/3, 48/37, *urðu barðir* v156/5, v279/3, *verða gjǫr* v309/2 (inf. with *lætr*), *varð roðin* v320/1; impers., *varð auðit* v387/2; *e–t varð þar af* it turned into s–thing 3/22; *v. at* come to be (the instrument of), be the basis of 3/38, turn to (being) v106/1 (of future time), turn into 72/29; *verða til* undertake 40/35; with inf. must v36/1, v230/1, be forced to v99/5, be made to v399/3; *v. at* with inf. have to, must 78/17, v409/1, v434/6, be forced to v228/4 (subj. unexpressed, or impers., 'it was necessary to'); with suffixed neg., *varðat at* did not have to v68/5; *urðut* with a. did not become, were not v101/1
verðr (1) (n. **vert**) *a.* worth, deserving of (with gen.) 24/19, v293/4 (with *harðræðit* or *veðr*; or more generally, the king's achievements); *meira v.* of greater value, a greater achievement 48/17
verðr (2) *m.* food, meal 87/9, 90/27, v340/4
verðung *f.* mercenary troop ('worthy troop'?—cf. **heiðmenn**) 80/27, v285/2 (acc. with *frá*, subj. of *gerðu*), v445/8
verja (varði) *wv.* defend v115/1, v190/8, v310/1, v312/1, v393/2; (*fyrir* against, from) 79/31; *v. sik e–m* defend o–self from s–one v243/4; pp. inflected acc. m. sg. *varðan* v50/2; *varðr e–u* enclosed in s–thing, wrapped round (fastened?) with s–thing v179/7 (with *steðr*; perhaps a different verb, *verja* 'clothe')
verjandi *m.* (*pres. p.*) defender 14/27
verk *n.* work 4/18, v203/3 (dat. with *vandr*); cf. **mannsverk**; deed 5/21, 6/28, 30/16, 33/22, 40/5, 9 t. n.; *v. vísa* or *v. Rǫgnis*, i. e. poetry v34/2 (abs. according to Reichardt 1928, 199; see note)

verki *m.* (literary) work, poetry 85/15
verkmaðr *m.* workman, labourer 4/17, v448/8
vérom see **vera**
verpa (varp) *sv.* with dat. throw v110/1; i. e. give away v199/1;
  p. subjunc. *vyrpi* 42/33 (*til* at s–thing); impers. *verpr e–u* s–thing
  is thrown v354/4; *varp sorg á mey* (many a) maid was afflicted
  with sorrow v378/4
verr (1) *m.* husband 14/26, 17/29, 19/20, 20/4, 36/25, 108/3;
  man 105/25; cf. **verúlfr** and Verr in Index
verr (2) *adv. comp.* worse (see **hafa**) v377/4
verstr *a. sup.* worst; *þat er henni þætti verst* what would hurt her
  most 50/5; *v. e–u* harshest to, very harsh towards s–thing (viz.
  gold, i. e. he was always giving it away, he was very generous) v150/1
verúlfr *m.* sword-name, 'werewulf', or 'wolf, i. e. destroyer, of
  men' (or possibly two names, **verr**, **úlfr**, as in T, cf. A, 'ver*r* vifr',
  and B, 'ver vigr') v454/3
verǫld *f.* world 48/14, v409/4; *verǫld alla* the whole world v269/4
  (obj. of *skóp*)
vesalingr *m.* wretched, mean person 106/16
vestan *adv.* from the west, eastwards v124/1; in the west: *eyjar
  vestan* i. e. Orkney and Shetland v408/3
vestr *adv.* west(wards) v348/1, v350/1 (to England)
vétlimi (or **-límì**?) *m.* shield-name ('battle-limb' or 'battle-bundle')
  v469/5. The first element may be *vétt-* or *vætt-*, see ÁBM under *vætt-*.
vet-Mímir *m.* 'winter-Mímir' (*vet-* for *vetr-*; thus C at v516/15, see
  Index; or 'wetness-Mímir'?), a name for the sky 85/18
vetr *m.* winter 39/20, 99/6, 15, 17, 101/11; *at vetri* when winter
  came 4/23; i. e. year v169/1 (acc. of time), 101/12
vetrliði *m.* 'winter-passer', 'winter-survivor', a name for a (one-
  year-old?) bear (or refers to hibernation?) 75/14, 88/6, v511/2; in
  kenning for ship, *v. rastar* v260/2 (subj. of *óð*), *v. skíða* v363/3
  (subj. of *æsisk*)
vetrungr *m.* yearling 90/13
véttrim *f.* 'battle-strip', along the edge of a sword-blade or part of
  the hilt v461/3
vexa (t) *wv.* cause to grow, cause to rise; impers. *brim vexti* the surf
  increased, the sea rose v355/2. Cf. **vaxa**
veykr *a.* weak 106/11
við *prep.* with acc. by, at the side of 45/5, v375/4, near v399/1,
  v400 n. (off), v403/4; *rétt við* just next to v245/2 (cf. **réttr (1)**);
  with (enjoying) v409/3; as a result of v44/4 and v82/8; of time, at
  6/13; with dat. together with v155/1; in the face of v82/4 (with
  falli); towards, against v86/3; against v83/3, 7; for, to take v315/1

Glossary 427

víða *adv.* widely 3/18. Cf. **víðir, víðr**
víðbláinn *m.* 'wide-blue', a name for the sky (cf. dwarf/giant name Bláinn (*Vǫluspá* 9; *SnE* 1848–87, II 469)) 85/18. See Index
víðbleiknir *m.* 'far-shiner', shield-name v469/7
víðfeðmir *m.* wide-embracer, a name for the sky 85/18. See Index
víðfrægr *a.* far-famed (with *Hroptatýr*) v8/2
víðheimr *m.* wide world 90/17 t. n.
víðir *m.* 'wide one', name for the sea (cf. Viddi in Index) 94/20, v354/3 (obj. of *verpr*), v476/2; in kenning for blood, *gallópnis v.* v343/2 (gen. with *val*)
viðkenning, viðrkenning *f.* circumlocution, a description (of a person) in terms of something else (i. e. in terms of an attribute or 'accidental'; cf. *kenna við*) 107/13, 24, 108/5
viðnir *m.* 'forest-haunter', wolf v514/5
viðr (1) *m.* tree 1/32, v118/4 (instr. with *gróna*; collective, with trees, woods), 39/14, 19, 40/12, 13, 21, 41/28, 46/38, 64/26, 65/5, 67/26, 108/21, 36; wood (material, of a ship) v354/3, v357 n. (the phrase goes with *fellr*), v361/2; pl. timbers (of a ship) v351/2 (obj. of *þvær*); in kennings for ship, *v. skjaldar* v105/2, *v. varra* v362/3; in kenning for warriors, *v. brynju* v228/2 (dat. with *hruðusk*); for wind, destroyer of trees, *viðar morð* v365/2
viðr (2) *m.* (= *vinnr* or *vinnandi*, cf. **vinna**) performer, achiever 40/11
viðr (3) pres. of **vinna**
viðr (4) *adv.* = *við* v47/1 (cf. **við** and see **bregða**)
víðr *a.* wide, broad v8/1 (with *báli*), 21/25, v110/1 (with *munnlaug*), v261/1 (with *Sikiley*; Kock, *NN* 2266, wishes to read *víði* as obj. of *sneið*, see **víðir**; the word could also be **víða** *adv.*); gen. as adv. *víðs fjarri* far away 43/2
viðreign *f.* dealings (with s–one), management 25/2
viðrkenning = **viðkenning**
viðrlit *n.* look (at s–thing), glance (towards), (the act of) facing 108/10
víf *n.* wife 107/29, v438/5; *Óska v.* = Jǫrð, i. e. *jǫrð*, land (*ofljóst*; i. e. Norway?) v383/4 (obj. of *tekr*)
víg *n.* killing, slaying 2/23, 40/10, 11, 14, 64/27; slaughter, battle v16/3 (dat. with *vanr*), 19/19, 74/3, v285/1 (*þat v. at* such a battle as; obj. of *gerðu*), v313/1, v450/1
vígdjarfr *a.* battle-bold, bold in battle; *hinn vígdjarfi* v190/7
víg-frekr *a.* battle-bold, -greedy, rapacious in battle v95/6 (with *ving-Rǫgnir*)
víg-Freyr *m.* 'battle-Freyr', kenning for warrior (indefinite) v383/1 (gen. with *líf*; Kock, *NN* 717, apparently takes it to mean Óðinn, in apposition to *Óska* (*óskvíf* Kock 1946–9, I 137))
vigg *n.* horse (cf. Index); poetical word for a ship (Falk 1912, 87;

perhaps originates in kennings or is a 'half-kenning') v494/5; in kenning for house, dwelling, *veggjar* v. 'wall-horse' v73/8 (gen. with *til*)
viggi *m.* ox-name ('wedged', referring to shape of horns?) v503/9
vígglaðr *m.* 'battle-glad or -bright', shield-name v469/8
vígglǫð *f.* 'battle-glad or -bright', name for an axe v463/8 (cf. Index and 71/5)
viggr *m.* horse; in kenning for ship, part of kenning for sea-warrior, *viggr byrjar* v10/2 (gen. with *þiggjandi*)
vígligr *a.* warlike v67/7 (with *sinn bana*)
vigr *f.* spear v464/2 (perhaps originally a flexible piece of wood; see Index)
vigrir *m.* boar-name ('bearing spears', i. e. tusks? or 'warlike'?) v513/7
vígspjǫll *n. pl.* tidings of war, indicator of war v177/3
vígvǫllr (dat. **-velli**) *m.* battlefield 72/26, 28
vígǫrr *a.* battle-keen, vigorous, or liberal with warfare, active in warfare v390/2 (complement of *var*)
vík *f.* bay v477/4
vika *f.* (1) week 99/6
vika *f.* (2) a measure of distance at sea, league v477/1
víkingr *m.* Viking v378/2 (apparently referring to the men of Haraldr harðráði's army), 105/26; in kenning for Æsir, *Gauta setrs víkingar* v80/3 (subj. of *óðu*)
víkja (veyk) *sv.* turn 59/29
vikna (að) *wv.* give way, bend, flex v134/1
vikr *f.* pumice (stone); in kenning for whetstone, *stála v.* v70/7 (subj. of *stóð*)
vil *f.* desire, (pious or forlorn) hope v397/1 (complement, with *er mest*, it is the greatest hope)
vilgi *adv.* very (with *víðu*) v8/1; not at all (litotes) v8/1 t. n., v42/2, v73/7 (with *tryggr*)
vili *m.* wish, desire 108/27; joy v163/7
vilja (d) *wv.* (1) with acc., desire (to have) s–thing v33/1, v238/2; *v. e–t* agree to s–thing 3/32; *Loki vil þat* Loki agrees to this 1/36; impers. *ef þat vildi* if (one) so desired 42/25; *hvert (hverja) . . . er vill* any . . . one likes 108/9, 29; abs. *vildu svá* wished it (to happen) v68/4, *ef vill* if desired, if one desires 105/19. (2) with *at*-clause, want 4/9. (3) with inf. wish, be willing v24/2 (with *of freista*), v76/6 (with *brjóta*), 48/11, v176/6, 58/10, 107/14; try 25/27 n., 49/15, v157/4 (implied subj. is Hamðir and Sǫrli); intend v152/3, 7; *vilið þér* if you are willing, if you agree 1/25; *vilið* do you wish v237/1; with suffixed neg. *vildit* did not want v366/1; desire v61/4, v384/3
villask (lt) *wv. md.* go astray 5/33

Glossary 429

vílmǫgr *m.* miserable person, wretch; moaner 106/13
vilnir *m.* name for a bear, 'greedy one'? v510/7
vilsinnr *m.* 'pleasant company, journey'? 'pleasant companion'? or
vílsinnr *m.* dangerous journey, adversity, in kenning for troll-wife, v300a/5
vilskarpr *m.* 'shrivelled-gut', name for a bear (from its emptiness after hibernation?) 88/7, v511/4
viltistoð *f.* astray-making support? v206/3 t. n.
vin see **vinr**
vín *n.* wine v20/9, 40/17, ?v291/4 t. n.
vina *f.* female friend, mistress; *Hergauts v.* = Jǫrð, i. e. the earth (*ofljóst*), in kenning for stones, *Hergauts vinu herðimýlar* v156/8
vinaraugu *n. pl.* friendly eyes 21/4 (instr.)
vinda (**vatt**, pp. **undinn**) *sv.* wind, twist; pp. with *festa*, twisted v126/2
vindáss *m.* windlass v498/3 (Falk 1912, 81)
vindr *m.* wind 39/13, 90/18, v332/1; in kennings for thought, *v. trǫllkvinna* 108/28, *bergjarls brúðar v.* v41/3 (obj. of *á*; Kock (*NN* 1098) takes the kenning to be *bergjarls v.* and takes *brúðar* with *til*); for sky, *vinda munnlaug* v110/2
vindþvari *m.* sword-name, 'wind-spike', 'twisted, twisting spike'; or 'Wendish sword'? v456/4
vinfastr *a.* firm in friendship v360/4 (with *Lofn*)
vingjǫf *f.* gift of a friend, kindly gift (i. e. a reward for the poem; dat. obj. of *ráða*) v36/4
víngnoð *f.* wine-ship (Gnoð is the name of a ship, see Index); *Hertýs* (Óðinn's) *v.* is one of the vats containing the mead of poetry, bailing which is to produce verse v18/4 (gen. with *austr*)
ving-Rǫgnir *m.* 'land-Óðinn', i. e. 'land-lord' in kenning for giant (Þjazi), *v. vagna*, (= *Rǫgnir ving-vagna*), chief of the land-whales, of giants v95/5 (subj. of *lét sígask*). Cf. *NN* 136 and Vingþórr in Index
vinna (pres. **viðr**, p. **vann**) *sv.* work, perform 4/22, 24/17, v272/3; do 40/18, v263/4 (inf. with *mega*); achieve 6/28, v194/7, v214/3; *v. e–m þess eiða at* swear s–one oaths to this, that, promise s–one on oath that, swear to s–one that 24/34; with acc. and a., make s–one s–thing v198/1, v382/3; with acc. and pp. *v. hlaupár fetrunnar* cause the swollen rivers to be crossed by foot v77/2; pres. p. *vinnandi* achiever 40/9, 11; md. be worked, served (*sjálft* by itself, i. e. it did itself, served itself) 41/5
vinnbjartr *m.* sword-name, 'wind-bright' (i. e. *vind-*; thus C) v454/4
vin(r) *m.* friend v150/1, v291/4 t. n., v362/4 (pl., obj. of *kyrðu*), 107/20, v445/7; in kennings for Óðinn, *Míms v.* v15/5, 9/28, v37/1 (gen. with *glaumbergs*); for Loki, *Hœnis v.* v94/7 (subj. of

vara), v98/7 (gen. with *hendr*), *hrafn-Ásar* v. v95/4 (subj. of *hlaut blása*)
virðar *m. pl.* men v397/3 (gen. with *dróttins*), 105/24
virki *n.* fortification v378/3
virtr *m.* unfermented beer, wort v70/7 t. n.
vísa (1) (að) *wv.* with dat. direct v348/4 (pp. (impers.) with *léztu*); impers. pass. be shown 25/21
vísa (2) *f.* verse, stanza 95/9
vísi *m.* leader, director, ruler, king v20/10, v34/1 (Earl Hákon; acc. or dat. with *fyrir* or gen. with *verk*, see note), v148/3 (gen. with *varn*; or dat., by the prince?), v190/7 (Hrólfr kraki; subj. of *gladdi*, in apposition to *gunnveitir*), v244/2 (unidentified), v378/3 (Haraldr harðráði; gen. with *brími*, caused by; or with *víkingar* or *borgar*?—see note), 100/2, v383/1 (King Óláfr of Sweden); lord (i. e. God, or Óðinn?) v109/2. Cf. **vísir**
vísir *m.* later form of **vísi** v191/3 (Sveinn Úlfsson)
víss *a.* certain; n. as adv. for certain, without doubt v383/2 (with *tekr*); sup. *vísarstr* v150/1 t. n.
vist *f.* food 41/5, 45/12
vísuorð *n.* line (of verse) 109/21 (pl.)
vit *n.* intelligence, understanding 108/31, 109/9
vita (veit, vissi) *pret.-pres. vb.* know (of) 1/4, 4/17 (see **ván**), v139/3, v180/8, v409/2, v516/3; with suffixed neg. *vitut* do not know (of) v398 n.; 2nd pers. sg. pres. (or imp.?) with suffixed pron. *veiztu* v72/4; *v. til e–s* know about, of s–thing: subjunc. *ef vissi vit til* (cf. Noreen § 531.3) if we had known about v168/7 (*hennar* = *jarðar*? or *kvernar*, i. e. Grotti?—cf. NN 72: if her wisdom (*vit*) had known nothing, had not been concerned, had not known how to do it, had not shown the way (taking *hennar* with *vit* rather than with *til*, which is then adv.); impers. *hvat vissi til* what was known about 2/8
viti *m.* beacon v177/4 (*þat* could refer to *eld* or *vígspjǫll*), 98/18
vitinn *pp.* destined (*e–m* for s–one; for Óðinn i. e. for death) v9/2
vitnir *m.* 'watcher' or 'aware one, observant, keen-scented one', name for a wolf 87/20, v514/2; sword-name v456/7; in kenning for blood, *vitnis ǫlðr* v320/3
vitr *a.* wise 3/17
vyrpi see **verpa**
vægð *f.* mercy, giving way, yielding 72/12
vægir *m.* sword-name, 'with wavy patterning'? or 'wielded' v454/1; name for the sea ('wavy one' or 'merciful one'?) v476/6
væna (d) *wv.* accuse, declare guilty of (*e–u*); *vara vændr* could not be charged with v93/8; *bræði vændr* guilty of hastiness, full of wrath v76/7 (with *bǫlkveitir*, i. e. Þórr)

Glossary 431

vænn *a*. handsome, beautiful v203/3
vætr *pron*. nothing v168/8 (obj. of *vissi*)
vætta (tt) *wv*. with gen. expect v124/2, v397/3 (i. e. the return of)
vǫfuðr (i. e. **vǫ́-, vá-**?) *m*. name for the wind v332/2 t. n. (*váfuðr* in *Alvíssmál* 20); cf. Váfuðr in Index
vǫgn *f*. killer whale v490/8 (presumably the same as *vǫgnhvalr* (*KSk* 15), *vagnhvalr* (JG 6; also *vǫgnuhvalr*) = grampus or killer whale); *ving-vǫgn* 'land-whale' = giant, in kenning for Þjazi, *vagna ving-Rǫgnir* v95/5. *Vagna* is probably not from **vagn** 'chariot' here. Cf. v67/7 and see under **váttr**
vǫllr (dat. **velli**) *m*. field (of battle) 6/19; field, plain v502/5; in kenning for forehead, *brá v*. v143/2 (gen. with *fallsól*); earth, in kenning for Þjazi, *dólgr vallar* v97/6; as second part of compound separated by tmesis, *hallvǫllr* 'plain of stone', mountain v86/2 (gen. with *salar*)
vǫlr *m*. pole, staff v81/8
vǫlsungr *m*. poetical word for king 104/23 (cf. v407/3 and see Vǫlsungr, Vǫlsungar in Index)
vǫlt *f*. perhaps a kind of windlass (Falk 1912, 82) v498/5
vǫluspakr *a*. bone-, limb-sensible, -peaceful, lying quietly on (men's) arms v186/4 (with *bauga*)
vǫlva *f*. prophetess, witch 22/21; spae-wife, prophesying wife; *Gymis v*. = Rán v126/4 (subj. of *færir*); in kenning for troll-wife, *vilsinnr vǫlu* v300a/5
vǫndr (pl. **vendir**) *m*. stick, thin rod; in kennings for spear or sword, *Viðris v*. v255/4 (gen. with *veðrstǫfum*; see note), *v. vígs* 74/3; for weapons, *Hjaðninga vendir* 72/2; poetical word for mast (Falk 1912, 56; cf. *vanda*, one of the ribs of a boat, LK 143) v498/4
vǫnsuðr *m*. a name for the wind ('wanderer'?) v332/2
vǫrðr *m*. guardian 19/10, defender 78/24; in kenning for ruler, *foldar v*. v27/3 (Earl Hákon; acc. with *bið*), v243/3 (Haraldr gráfeldr; subj. of *lét*), *flotna v*. v111/2 (subj. of *fæðisk*), *grundar v*. (Haraldr gráfeldr) v279/4; *v. Gríkja ok Garða* = Christ v275/3 (with *við*); in kenning for troll-wife, *v. náfjarðar* v300a/6
vǫrn *f*. defence (*í* in it, *fyrir* against) 42/37; *til varnar* to the defence v261/3 (v. l. TWUA) *til vánar*, as was (to be) expected, with *várum þá prúðir* or with *vel* 'quite in accordance with expectation'; this gives a better rhyme; spelt *varn* (q. v.) protection, something which protects v148/4 (subj. of *buðumk*; probably refers to the gift of a weapon)
vǫrr (1) *f*. lip 43/6, 9, 108/16, 17, 20
vǫrr (2) *m*. wake (of a ship), or the marks on the surface of the water caused by oars v477/1 (see *LP* under *vǫrr* (2)); in kennings for

ship, *varrar ǫndurr* v131/2, *viðr varra* v362/3; for stone, *varra hjalt* v77/1
vǫxtr *m.* growth, size, stature, build 58/8 (*á vǫxt* in build)
vǫzt *f.* fishing ground v477/2; pl. *vaztir* fishing-ground, sea 45/1; at v150/2 *vazt* (see t. n.) can be taken as first half of the compound *vaztundirkúla* (separated by tmesis), under fishing-ground globe, seabed-globe, i. e. rock, gen. with *Ála* (kenning for giant)
yfirbœtr *f. pl.* compensation 2/26, 36
yfirmaðr *m.* superior man v390/4 ('a true ruler'? 'a superman'?)
yfrir *m.* sword-name, 'that which is raised' or 'overcomer' v456/7
ýgr *a.* fierce, fearsome v217/4 and v314/4 (with *stafr*)
ylgr *f.* she-wolf v233 n., 87/25, v321/1, v334/4, v340/2, v341/2 t. n., v515/2
ýmiss *a.* various 50/27; various ones (dat. pl. with *reið*) v328–30 n.; n. pl. *þau ymsi* they in turn 2/33
yndi *n.* contentment, pleasure v160/6
ynglingr *m.* poetical word for king (literally 'descendant of Yngvi', see Yngvi and Ynglingar in Index) 104/28, v408/4 (subj. of *varð*)
yngri *a. comp.* younger, i. e. later 41/12
yngvi *m.* poetical word for king v236/1 (Haraldr harðráði), 105/5, v409/3 (Eiríkr góði) (cf. *TGT* 103, *Hkr* I 24, *SnE* 1848–87, 469; *Háttatal*; and see Yngvi in Index)
yppa (ð) *wv.* with dat. raise, speak aloud (with suffixed pron.) v33/4; make known, extol v384/3 (inf. after *vill*)
ýr *m.* yew; bow (made of yew) v467/2; in kenning for hand, *ýs bifvangr* v21/3
yrkja (orti) *wv.* compose (poetry) 5/7, 11/30, 41/14, 43/11, 67/29, 74/5, 80/21, 109/15; with instr., using 74/6; *y. eptir* compose using, in accordance with 6/31, 22/33, 25/35, 30/22, 41/12, 50/27, 72/31
yrlygr *m.* 'battler', shield-name v471/1 (cf. **ørlygi**)
ysjungr *m.* 'bustler' (?) name for a bear 88/7
ýta (tt) *wv.* with dat. push; i. e. away, give away, distribute v189/1
ýtar *m. pl.* men (indirect obj. of *segja*) v1/3, v81/1 (gen. with *sinni*), v246/2
yxin *n.* ox 90/13 (see Hreinn Benediktsson 1986, 51–2)
yxna see **uxi**

þá (1) see **þiggja**
þá (2) *conj.* when; *þá var* when (now that) . . . was v101/3
þá (3) *adv.* then 1/6; *þá er* conj. when 1/20
þaðan *adv.* as a result v230/1; after that v68/6 (with *lengi*)
þafðr *pp.* stirred; *úri þ.* water-beaten (of the Midgard serpent) v24/3
þági *adv.* then not; *þ. var sem* it was not then like when v286/1

þagna (að) *wv.* become silent 48/23
þang *n.* sea-weed 36/29; in kenning for iron, *þ. tangar* v53/2 (gen. with *rauðbita*)
þannig *adv.* to that place 2/18
þar *adv.* there v156/1 (with *standa*); *þar af* hence 33/23; *þar með* with it, as well 59/20; *þar* as conj. where v134/3 (see **bleikja**); *þars* as conj. where v155/3, as v85/1; *þar er* where v95/7, v144/2, in which v145/1 (with *galla*), since (i. e. because) v343/1, when v362/3
þat = at (1) v103/1 (or pron. in apposition to noun clause?)
þátt 2nd pers. sg. p. of **þiggja** 48/21
þátti see **þekkja**
þáttr *m.* strand (of poetry; or section of a poem?) v64/8 (dat. or instr., in or with); part, section, element (of a story) 50/27
þegar *adv.* immediately 1/28; already v390/1 (with *ungr*: 'already at an early age')
þegja (þagði) *wv.* be, remain silent 24/32, 52/13
þegn *m.* officer, s–one in s–one's service, a free subject v32/4 (subjective gen. with *tjón*; the phrase probably means 'men's loss (of their king)' rather than 'loss of men', see note and *NN* 254), v191/2 (dat. of respect or advantage (with *valstǫðvar*, i. e. their arms), v303/4 (generic pl., i. e. honourable man; gen. with *lofi*; refers to Óláfr pái), 106/6, v440/1; *með þegnum* among the fellows, people present (i. e. the three gods and the eagle (Þjazi); with *deila*) v96/3. Cf. Þegn in Index and see under **þengill**.
þeita *f.* ? v339/2 t. n.
þekkiligr *a.* pleasant v3/4, kindly, gracious v96/3 (with *foldar dróttinn*, that is Óðinn)
þekkja (þátti) *wv.* recognise, see v67/8 (after *þá er*; implied subj. is the giant Hrungnir)
þekkr *m.* 'pleasant, delight', name for a ship v494/7
þengill *m.* prince, ruler (Earl Hákon) v197/2, (unidentified) v222/4 (subj. of *lætr*), (King Ragnarr) v237/3 (*ok þengil* obj. of *leyfa* parallel to *blað*; zeugma), (Óláfr Haraldsson) v286/2 (with *heiðþegum* or with *jó*?— Kock, *NN* 1859, reads *þegnum* for *þessum* in line 1 (AM 61 fol.) and takes it with *þengils* as parallel to *heiðþegum*), (Óláfr of Sweden) v390/1, v409/2; *þengils sessi* = Earl Þorfinnr (*þengill* probably not a specific king here, though it could refer to St Óláfr or Magnús góði, with both of whom Þorfinnr had relations; it is uncertain whether *þess* goes with *þengils* or with *sessa*) v290/3. Cf. *TGT* 103 and Þengill in Index
þenja *f.* 'stretched', an axe with a broad blade v463/9
þeygi *adv.* nevertheless . . . not, not at all v262/1 (with *lengi* . . . *nema*; see *Hrafns saga Sveinbjarnarsonar* 1987, lxxxii)

því = því *pron.* dat. sg. n.; *því* . . . *at* in such a way that, under such circumstances that 6/15

þiggja (þá) *sv.* receive, get v2/3 (subjunc. 3rd pers. pl., refers to *jódraugum* as implied subj.; reference is to future time), 40/6; *þ. at* receive from v71/7, v244/1, receive as 48/21, 59/28; with suffixed pron. v141/1 (*við* in return for, in payment for); accept v364/3; pres. p. in kenning for sea-warrior (Earl Hákon), *þiggjandi viggjar byrjar* v10/2 (receiver, taker; Frank (1978, 205) suggests also owner, possessor)

þiklingr *m.* stumpy person, of a giant v54/2 (dat. with *þykkja*)

þiljur *f. pl.* decking, wooden planks forming a floor inside a boat v499/8 (Falk 1912, 48; LK 165–6)

þing *n.* assembly, conference 2/7; *at þingi* in their assembly, parliament v101/6 (cf. under **gera**); in kenning for battle in v149/3 to be taken as first half of the compound *þingþrǫngvir* (tmesis); urger of Óðinn's assembly, i. e. of battle = warrior, war leader (U has *þings* as a separate word, which obviates the need for tmesis; see *NN* 2008H). Cf. **geirþing** and see Foote 1984a

þingskil *n. pl.* assembly business, assembly declarations; in kenning for gold, *Þjaza þ.* (see 3/1–8) v190/3 (instr. with *gladdi*)

þinull *m.* rope along the top of a fishing net; *oddnets þ.* = shield-edge v224/2 (obj. of *setja*; *setja oddnets þinul við e–m* = *reisa rǫnd við e–m* i. e. oppose in battle, resist, withstand s–one)

þinurr *m.* sword-name, 'fir' v459/4 (referring to the wooden hilt?)

þirfingr *m.* a dull, low person 106/12

þírr *m.* male slave 106/22, v448/7. Cf. **leiðiþírr**

þjálmi *m.* noose; encircler, in kenning for sea, *Manar þ.* v351/4 (obj. of *grefr*)

þjarfr *a.* insipid, dull 106/11

þjarka *f.* quarrelling 109/5

þjóð *f.* people, nation v400 n. (v. l.), 107/5; the people, the world, everyone v139/3; *ǫll þ.* everyone v257/2; *rǫmm þ.* powerful people, perhaps means kings or rulers v117/3 (gen. with *ráð*); *fjǫru þ.* = giants v83/6 (gen. with *hrjóðendr*); pl. troops, men v35/4 (with gen. of leader; subj. of *gǫrvi ok hlýði*), v190/4 (obj. of *gladdi*)

þjóðá *f.* mighty river v77/8 (subj. of *fnæstu*; pl., -*ár* = -*áar*, see v143 n.)

þjóðkonungr *m.* national king, king of a nation, high king, sovereign 79/20, 29, v352/2 (Magnús góði). *Þjóð*- can also be intensive, 'mighty', as in **þjóðá**, **þjóðskati**; cf. **her-** in **hermargr** etc.

þjóðland *n.* country, nation 79/17

þjóðskati *m.* very generous man, great prince 106/14

þjófr *m.* thief, robber 52/3; *þ. e–s* thief of s–thing, also one who steals from s–one (or for s–one? see note) 20/3–4 (Loki); *Þrúðar þ.* = Hrungnir v237/4 (gen. with *blað* or *ilja*?)

þjokkr *a.* thick 21/26

þjokkvaxinn *a.* thick (i. e. stockily) grown or built, thick-set, of a giant v54/1 (with *þikling*)

þjóna (að) *wv.* with dat. serve 106/4

þjónn *m.* servant 106/21, v448/6

þjórhlutr *m.* one of the parts (quarters) of a bull or ox v96/8 (acc. pl.)

þjóstr *m.* fury; acc. with *fló*, furiously v88/8. Since this usage is not otherwise recorded, DD reads *þjósti* (dat. sg. 'in fury'; the -*i* would very likely have been elided in performance). But cf. Nygaard 1906, § 91

þjóta (þýtr, þaut, þutu) *sv.* (of water) make a (high pitched) sound, resound v361/1, v365/1; cf. **þulu**; of (the mead of) poetry v1/3, v34/3; of fast, noisy movement, rush, thunder along (*með* taking with it) v78/8, *þ. of* thunder through, whistle through v379/3

þó (1) *adv.* nevertheless; moreover; yet (with comp. a.) v167/3, v273/3; *né . . . því . . . þó at* and not even for this reason, if v164/7

þó (2), þógu see **þvá**

þokki *m.* attitude, liking 108/31; 'agreeable one', helmet-name v472/7

þola (ð) *wv.* suffer, endure v354/3

þollr *m.* tree (not necessarily a fir or pine (which is *þǫll* f.), cf. ÁBM) v94/8 (phrase goes with *of nam mæla*; in the prose (1/22) and in v97/3 this tree is an oak), 65/15

þopta *f.* thwart, (rowing-)bench on a ship v499/6 (Falk 1912, 71–2; cf. **sess**)

þopti *m.* (rowing-)bench-mate 107/22, v444/7

þora (ð) *wv.* dare (with inf.) 21/7, (with *at* and inf.) 47/33, 35, (abs.) 48/17

þorn *m.* thorn (tree) 66/10; in kenning for man, *auðar þ.* v218/3 (subj. of *hlóð*; Magnús góði)

Þornrann *n.* = giant-dwelling, Geirrøðargarðar v85/2 (acc. with *í*). See Þorn in Index

þorp *n.* group, crowd 106/25, v443/4

þorri *m.* 'diminishing, lacking time' or 'dry time', name of a month (mid-January to mid-February) 99/18 (cf. *Flb* I 22, *ÍF* XXXIV 3 and 6; the name may refer to the time when food is short)

þorskr *m.* cod v488/2

þótt *conj.* if 107/24; although 6/18, v257/1; *þ. etti* although (really) she was inciting v251/5

þrafni *m.* beam; *þ. byrjar* ship v6/1 (gen. with *Beima*)

þramma (að) *wv.* move heavily, trundle, lumber v242/2 (inf. with *lét*)

þrámóðnir *m.* who has longing in his mind or mood (**móðr**) for s–one (*e–s*), who misses s–one (referring to the theft of Þrúðr; cf.

v237/3–4 and see Þrúðr in Index), in kenning for Þórr, þ. Þrúðar
v88/7 (gen. with *til*)
þrándr (or **þróndr**) *m.* boar, 'thriving' v513/8 (see Index)
þrapt *n.* squabbling, chattering 109/6
þrekr *m.* fortitude v390/2 (gen. with *gjǫrr*), 108/31; *af þrek* with might v50/2
þrekvirki *n.* deed of strength, heroic achievement, mighty exploit 24/18
þremjar *f. pl.* sword-edges v461/1; in kenning for warriors, *þrymregin þremja* v252/5
þrennr *a.* triple, having three parts or divisions 5/15
þrévetr (or **þrevetr**) *a.* aged three 48/28. Cf. **þrívetr**
þriði *ord. num.* third; *þann þriðja* v150/4 (with *vin*)
þrim *f.* edge, rail of ship v499/7 (pl. *þrimir*; cf. **þrǫmr**)
þrima *f.* uproar, (clash of) battle v450/8
þrimarr *m.* sword-name, 'battler, noisy one' v459/8
þrimir see **þrǫmr, þrim**
þrír *num.* (gen. **þriggja**) v92/6 (with *tíva*)
þrívetr *a.* three years old 22/9. Cf. **þrévetr**
þrjóta (**þraut**) *sv.* impers. *e–n þrýtr e–t* one comes to lack s–thing v192/4 (probably refers to future time: that they will ever lack . . .); with inf. *eigi þraut e–n bægja* s–one did not cease to oppose v282/3 (in v344/3 the acc. of the person is understood)
þrjótr *m.* obstinate person, villain; in kennings for giant, *urðar þ.* (who dwells among stones) v77/7 (gen. with *støkkvir*), *jótrs vegtaugar* (rock-dwelling) *þ.* v89/6 (= Geirrøðr; dat. of respect with *bígyrðil*)
þrór *m.* sword-name, 'thriver' or 'tempered' v453/5; boar-name ('thriver') v513/7
þroski *m.* manhood, manly achievement, manly deeds v214/3
þróttigr *a.* enduring, having lasting strength, indefatigable v252/6 (with *þrymregin*; referring to the reviving of the dead warriors?)
þróttr *m.* power, endurance, valour v85/1 (gen. with *hugum*); *þróttar steinn* kenning for heart (seat of courage) v44/4, v82/8 (subj. of *skalfa*)
þróttǫflugr *a.* mighty in valour, or of lasting power v149/4 (with *dóttur*, i. e. a treasure, a precious weapon)
þruma *f.* (**1**) thunder 21/36 (pl.); in kenning for battle, *þ. branda* v384/2 (with *í hverri*)
þruma *f.* (**2**) name of two or more Norwegian islands (*Flb* I 23 etc.; *Landnámabók, Egils saga Skalla-Grímssonar, ÍF* XIII 426, *Þorsteins saga Víkingssonar, Gautreks saga*); a piece of land v501/8
þrunginsalr *m.* shield-name, 'pressed full, tightly filled hall' or 'oppressed hall' (the shield-wall can be called Óðinn's hall, see Meissner 1921, 170–72; cf. *Gylf.* ch. 40) v469/1

Glossary 437

þrútinn *a.* swollen, bulging (*e–s* with s–thing), i. e. heavily ornamented with v145/3 (with *galla*)
þrymja (þrumði) *wv.* (be at) rest v147/3; *þ. of e–u* lie upon, adorn s–thing v194/1
þrymr *m.* noise, din 109/7; name for a bow ('noisy one') v467/3
þrymregin *n. pl.* 'noise-powers, -gods', in kenning for warriors, *þ. þremja* gods of the noise of sword-edges (i. e. of battle) v252/5 (subj. of *sóttu*)
þrymseil *f.* bowstring; in kenning for Skaði, the huntress who lived in the mountains (cf. *Gylf.* 24/16–17), *þrymseilar Vár* v96/4 (gen. with *hval*; cf. note)
þryngva (þrǫng, þrungu, þrungit) *sv.* with dat. press, force v86/4; *þ. [í hǫnd] e–m* press upon s–one, i. e. force s–one to accept v234/4; *þ. und sik s*ubject v309/3, v408/4 (after *sá er*; antecedent is *engi ynglingr*); pp. *láta þrungit e–u* have s–thing pushed (*á* into, onto), or have s–thing impelled, propelled (*á* over) v256/4
þrýsta (st) *wv.* with dat. press, oppress, crush v74/3
þrýstir *m.* one who suppresses; *hlenna þ.* suppressor of thieves v387/3 (of King Magnús góði; vocative)
þræll *m.* slave 4/9, 16, 41/2, 3, 106/21 (subj.), v448/6
þræta *f.* dispute 109/4
þrætudólgr *m.* disputatious opponent, wrangler (*e–s* of, with s–one) 20/6
þrǫmmungr *m.* mailed sculpin (fish) v487/1
þrǫmr (pl. **þremir**) *m.* edge, rail of a ship's side v354/4, cf. v499/7 (pl. spelt *þrimir* for *þremir* (thus C), or pl. of *þrim f.*; cf. modern Icelandic *þrim*, *þrem*, f.; see **þremjar**)
þrǫng *f.* crowd, throng v443/3
þrǫs *f.* 'whistler, whizzer', arrow-name v465/7
þrǫngvir *m.* oppressor 107/23, enemy; in kenning for Þórr, *þ. kunnleggs kveldrunninna kvinna* v53/1; compeller, urger, one who pursues s–thing energetically: *Váfaðar þingþrøngvir* = warrior v149/3 (subj. of *gaf mér*)
þulu v161/1 p. tense pl. of a verb meaning 'draw forth, cause to come forth' or 'utter, cause to be uttered'. Kock (*NN* 69) reads *þutu* (see **þjóta**)
þungr *a.* heavy v53/1 (with *rauðbita*), v99/6 (with *Loptr*), v218/4 (with *valkǫstu*, i. e. large); metaphorical v290/4 (with *mein*)
þunngeði *n.* frivolity, irresponsibility, inconstancy 108/33
þunngjǫrr *a.* (*pp.*) thinly made v297/2 (with *sverð*)
þura *f.* that which flies fast, whizzer, arrow-name v466/6
þurði see **þyrja**
þurfa (t) *pret.-pres. vb.* need; with *at* and inf. 46/3, v196/1; with

suffixed neg. need not, there is no need for them to (with inf.) v38/1; impers. *e–t þarf* s–thing is necessary, needed (*til e–s* for s–thing) 41/5, *eigi þarf* there is no need (with *at* and inf.) 90/26, *er e–t þarf við* for which s–thing is needed 67/29 (see note)
þvá (þó, þógu) *sv.* wash 48/13, v274/3 (*á e–m* is equivalent of dat. of respect with *skopt*), v346/1, 351/1, v358/4
þveita *f.* 'chopper, hewer', axe v463/9
þvengr *m.* thong 43/6, 10
þverliga *adv.* absolutely, flatly 4/25
þverr *a.* transverse, athwart; *of gólf þvert* across a room 22/31
þverra (þvarr) *sv.* diminish, grow less v10/2 t. n., v79/5 (subjunc. after *nema*); i. e. in value (or in size, because there is so much gold added to it) v146/1 and v232/1 (*fyrir* because of, as a result of (having); *þverra* might here mean 'melt', cf. v194/5–8 and see under **ramsvell**)
þverrir *m.* diminisher, destroyer, in kenning for Þórr, *þ. barna Mǫrnar*, destroyer of giants v79/5 (subj. of *lætr*)
þvíat *conj.* because 6/24, v11/4, v112/4, v179/3, v263/3
þvílíkr *a.* such, similar 85/15, 109/14; n. as adv. suchlike, something like that 108/16, 38; *þvílíkt sem* just as, in the same way as 50/3
þýð *f.* 'pleasant one, friendly one', perhaps 'soft, pliable one', a coat of mail v474/4 (or perhaps a., f. of **þýðr** with dat. *sýn*, 'pleasant to the sight' or *þýð sýn*, pleasant sight; v. l. *þýðsýn* f. 'pleasant sight'; cf. **sýn** and see t. n.)
þýðr *a.* kind v262/2 (probably with *friðstøkkvir*)
þykkja (þótti) *wv.* seem (*e–m* to s–one), with subst., v54/1 (understand *vera*, 'that there was'), be considered v11/5; with a. 24/17 (*þótti mér* seems to me to have been), v221/1, 107/2, subjunc. would seem ('I would think him') v151/5, with suffixed neg. v3/3; impers. with nom. pl. and inf. 4/11, 109/20; with pp. v116/1, *áðr fullmalit þykki* until it seems fully ground, until enough seems to have been ground v175/8 ('until Fróði thinks that . . .')
þylja (þulði) *wv.* recite, chant v75/5
þyrja (þurði) *wv.* rush headlong (*at* against, at) v80/5, i. e. advance bravely into battle v297/1
þyrma (ð) *wv.* with dat. spare, pay respect to, show mercy to 6/24; with suffixed neg. *þyrmðit* v67/1
þyrri p. subjunc. of **þverra**
þyrslingr (þyrsklingr in TA, **þysklingr** C; cf. **þorskr**) *m.* codling, a small cod v488/1
þyss *m.* noisy crowd, mob 106/35, v443/3
þytr *m.* whistling, howling, roaring v357/2 (obj. of *æsir*), 109/7; whirring sound (of a mill) v161/1 (or the noise of the slave-girls' song?)

Glossary

þægiligr *a.* acceptable 58/17
þǫgn *f.* silence v32/3
þǫgnhorfinn *a.* (*pp.*) having lost its silence, noisy v161/2 (understand *kvernar*, of the mill, gen. with *þyt*; or 'of a noisy woman'?). Kock (*NN* 69) suggests *þǫgn horfin var* 'silence was gone'.
þǫgull *a.* silent 19/23; weak form as nickname *þǫgli* 24/37, v190/8 (?—or dat. of *þøgli* f. 'in silence'?)

æðr *f.* vein; *ofþerrir æða* 'too great drying of veins', i. e. bleeding, wounding that leads to death v250/1 (cf. **ósk-Rán**)
æfr *a.* zealous, vehement, violent (*e–s* in or for s–thing) v235/4 (complement of *sá var*); fierce v246/3 (with *myrkdreki*; equivalent to adv.?)
ægir *m.* ocean v282/3, 92/25, v344/3, 93/3, v407/2, v475/2; *á ægi* at sea, i. e. in a sea battle v233/1; in kenning for ship, *jór ægis*, part of kenning for men v2/1; in kenning for the mead of poetry, Óðinn's *ógnstǫðvar æ.* i. e. a poem v216/3 (obj. of *bjóða*). Cf. Ægir in Index
ær *f.* ewe 90/14
æri, ærir dat. and nom. pl. of **árr**
æs *f.* edge, border; pl. holes along an edge for stitching 43/9
ætla (að) *wv.* intend, plan (*sér* for o–self) 24/27 ('thought there would be, thought he would have'?); think, believe 48/19; with suffixed pron. 48/22
ætlun *f.* thought, opinion, intention 109/10
ætlunarmaðr *m.* thinker 107/27
ætt *f.* descent, parentage, relationship, family 30/16, 33/22, 40/26, 46/23, 82/1; family line v7/4, 40/7; i. e. descendants, line of descent 50/18, 101/14, 103/17; family 50/15; descendant v233/1 (subj. of *rýðr*); ancestral line 103/5, 10, 14; lineage, pedigree v33/5 (obj. of *teljum*), 80/9, v299/1 (gen. with *ættstuðill*); family name 103/18; pl. kinsmen, i. e. those who have kinship with s–one, share the qualities of s–one (*e–s*) v84/7 (subj. of *stóðu fasta*; cf. *Heita konr* v296/1 and see Jólnir in Index)
ættbaðmr *m.* member of a family line v447/7
ættbarmr *m.* member of a family line; perhaps for **ættbaðmr** (so T and W (*SnE* 1924, 104; cf. *LP* s. v. *hǫfuðbaðmr*, ÁBM s. v. *baðmur* (2)) 107/19. Cf. **barmi, barmr**
ættbogi *m.* branch of family line, offshoot 107/19, v447/4
ættbœtir *m.* 'improver of the family line', the flower of the clan, outstanding member of the line; *æ. Torf-Einars* = Earl Þorfinnr v298/1 (obj. of *firr*)
ætterni *n.* origin, descent v166/7
ættmaðr *m.* descendant 103/8

440 Skáldskaparmál

ættslóð *f.* family line, lineage v447/7
ættstuðill *m.* pillar of a family, (leading) member of a clan v299/1 (subj. of *ne mun verða*), 107/19, v448/4
ævi *f.* life v405/1 (dat. with *lauk*); *of alla Hákunar ævi* throughout the life of H. v185/4; way of life v111/3 (obj. of *leyfir*)
œði *n.* (1) disposition 109/12
œði *n.* (2) rage, fury 109/12
œðri *a. comp.* nobler, more distinguished (complement of *verðr*; with dat. of comparison, *brœðr* than the brother) v107/4, similarly v398 n.; *mǫrgum œ.* better than many, better on his own than a whole company of others v211/1, *œ. þér* (who is) nobler than you v406/2
œgir *m.* 'terrifier'; in kenning for Þórr, *œ. Qflugbarða* v48/3 (subj. of *fórsk*, as well as of *of kendi*); for the Midgard serpent, *vágs œ.* 'bay menacer' v366/2 (obj. of *ofra*); for warrior (Geirrøðr), *œ. álmtaugar* terrifier of the bow-string (because the user makes the bowstring quiver as if with fear) v87/5 (subj. of *laust*); helmet-name v473/3. Cf. **eygir**
œgishjálmr *m.* terror-helmet, helmet inspiring terror (cf. **œgir**) 46/16. Cf. v281/1 and see under **snákr** (*ÍF* I 239, XIII 172; *Fáfnismál* 16–17; *Háttatal* 15; see *LP*)
œpir *m.* name for the wind, 'howler' v332/4
œri *a. comp.* younger v221/1 (complement of *várum*: when we were, i. e. I (?) was, younger)
œrinn *a.* enough, plenty 45/12, 107/2; plenty of, i. e. a great deal of v214/3, v324/1 (with *hveiti*); n. as adv. sufficiently, enough 42/30
œrr *a.* mad, furious, raving 106/18
œsa (t) *wv.* agitate, stir up (*at* against) v357/1; md. become violent v43/1, v45/3 (in clause introduced by *áðr*); *œsask fram* with acc. rage, storm forward over v363/2; pp. *œstr* furious, in a fury v77/8 (with *støkkvir*, i. e. Þórr)
œsir *m.* one who stirs up, inciter; *œ. odda gnýs* war-leader v224/1 (dat. with *við*)
œxla (t) *wv.* increase, multiply 45/28
œztr *a. sup.* highest 79/16, 99/22; noblest v463/11, v506/4

ǫðlingr *m.* ruler (lit. nobleman; common in eddic and skaldic verse, see *LP*; cf. *Atlakviða* 40 and Qðlingar in Index) v401/1 (unidentified)
ǫflugr *a.* mighty v169/3, v327/3; comp. *þeim ǫflgari* mightier than they v167/4
ǫggr, ǫgr *m.* a kind of fish, perhaps a redfish v486/2; *ǫggs búð*, kenning for sea (-water) v45/4 (apparently 'a/gurs' in W here, though the facsimile is unclear)

Glossary 441

ǫglir *m.* falcon; *ǫglis barn* = Loki in falcon form v103/7
ǫgr (1) *n.* a small bay or inlet v476/1
ǫgr (2) see **ǫggr**
ǫl *n.* ale 14/18 (subj.), 20/36, 40/17, 41/5, 59/9, 109/18 (subj.)
ǫlberi *m.* ale-server, in kenning for poet, *Yggs ǫ.*, server of Óðinn's ale, of (the mead of) poetry v300b/5. Kock (*NN* 1005C) suggests *ǫlbrugga* 'ale-brewer', which would provide a hending
ǫld *f.* age 99/5; generation, mankind, people 107/10, v441/1, v444/2; men v409/1 (subj. of *verðr*), v410/3 t. n.; *Yngva ǫld* i. e. Norwegians v21/1 (gen. with *allvald*); *aldar allvaldr* ruler of men, king (Óláfr of Sweden) v383/3; *stillir aldar* = Christ v270/4; in kenning for (race of) giants, *ǫ. Ellu steins* v91/7 (gen. with *aldrminkanda*); man: *á aldar lofum* in the man's, i. e. my, hands v246/3; pl. men v189/2 (i. e. his men)
ǫlðr *n.* ale; in kenning for blood, *vitnis ǫ.* v320/4, *Gera ǫ.* (pl.) v324/3 (obj. of *naut*)
ǫldungr *m.* 'old one', (an old) bull v505/3
ǫl-Gefjun *f.* kenning for woman (Gróa), goddess of (who serves) ale v71/2 (subj. of *gæli*)
ǫl-Gefn *f.* kenning for woman (Iðunn) v102/2 (gen. with *hrynsævar hræva hund*; thief of Iðunn = Loki), v102/4 (gen. with *leiðiþír*; kidnapper of Iðunn = Loki)
ǫlgǫgn *n. pl.* ale-vessels, utensils 40/18
ǫlmusa *f.* pauper, beggar 106/13
ǫl(n)bogi *m.* elbow 108/34 t. n.
ǫlskakki *m.* 'ale-dispenser, -giver', in kenning for ruler, *ǫ. runna* one who provides ale for men (Jǫrmunrekkr) v155/6 (subj. of *fell*)
ǫlstafn *m.* ale-vessel, in kenning for woman, *ǫlstafna Bil* v203/2 (*stafn* = ship or vessel by synecdoche; see **stafn**)
ǫlteiti *f.* 'ale-cheer', feasting v87/4 (obj. of *ne mýgðu*; taken to be an ironic reference to the throwing of glowing metal as ale-entertainment, games, sport by Reichardt 1928, 54)
ǫltirr *m.* sword-name (*ǫl* from runic *alu* 'good luck'; -*tirr* related to the sword- or spear-name *tjǫrr* (see *LP tjǫr* (2); ÁBM *ǫltirr*), pine-wood, probably the material of which the hilt of the sword was made) v452/3
ǫlunn *m.* mackerel v485/7; in kenning for sea, part of kenning for gold v141/2
ǫndur-Áss *m.* ski-Áss 19/32
ǫndurdís *f.* ski-lady, -goddess, i. e. Skaði (cf. *Gylf.* ch. 23) v110/2 (gen. with *fǫður*; her father is Þjazi; cf. p. 2)
ǫndurðr *a.* the beginning of, the early part of; *rǫkr ǫndurt* at the beginning of dusk v213/1 (acc. of time)

ǫndurguð *n.* ski god(dess), ski divinity, i. e. Skaði (cf. *Gylf.* ch. 23); *fóstri ǫndurguðs* = Þjazi (cf. p. 2) v98/4
ǫndurr *m.* ski, snow-shoe; *Eynæfis ǫ.* kenning for boat (phrase goes with *lá,* or perhaps with *rakðisk*) v42/3 (cf. *Krákumál* 11, *Skj* A I 644; *varrar ǫ.* = ship v131/2 (obj. of *skotar*)
ǫngull *m.* (fishing-) hook v153/2 (dat. after *hekk á*)
ǫnnungr *m.* labourer, slave 106/22, v448/7
ǫr *f.* arrow v240/2, 71/15, v465/1 and t. n., v468/3
ǫrð *f.* harvest, crop, corn; seed in kenning for gold: *ǫrð Yrsu burðar* v186/1 (dat. with *sær,* see **sá (1)**; cf. 59/23); in kenning for fallen warriors, *sveita svans ǫrð* v333/4 (with *á*)
ǫrgildir *m.* generous (swift) payer, giver; in kenning for generous lord v317/1 (dat. with *dyggr*)
ǫrk *f.* a kind of ship (Low German *arche,* Dutch *ark(e),* a kind of boat used on the Elbe in Saxony; see Falk 1912, 90; Kluge 1911, 32); or Noah's ark? v491/3
ǫrn (acc. pl. ǫrnu) *m.* eagle 1/24, 4/39, v2/2 (gen. with *flaug*), v93/5 (subj. of *settisk*), v218/3, v225/2, v310/3 (*reifa ǫrnu* means to provide corpses by fighting battles), 90/27, 28, 92/1, v339/2 (subj. of *sleit*), v339/3, v340/1, v412–517 n.; dat. of respect *erninum,* 'the eagle's' 1/30, *ǫrnum* v233 n.; sword-name v458/3
ǫrr *a.* generous, liberal v189/1, v273/4 (with *gramr,* i. e. Christ), v292/3 (with *sonr* or with *ek,* perhaps with the sense quick, lively; Kock, *NN* 2510, reads *ǫrgreppa,* lively men, referring to the giants), v302/2 (*e–s* with s–thing, i. e. full of; with *óðr*—or with *skjǫldhlynr* (cf. *NN* 580): 'liberal with (eager for) glorious deeds'), v309/1 n., 106/14; n. as adv. fast v128/1
ǫrþeysir *m.* one who sets s–thing in swift motion; in kenning for seaman, Viking leader (Earl Hákon), *ǫ. flausta* v18/3 (*fyrir* in the presence of)
ǫrþrasir *m.* persistent or urgent stormer, demander, desirer, in kenning for giant (Geirrøðr), passionate lover of giantess(es), *ǫ. Hrímnis drósar* v88/5 (gen. with *brjósti*; or with *eisa,* sent by)
ǫxl *f.* shoulder 1/33, 21/27, 25/6, 108/36, 38

øfstr *a.* sup. highest, best v466/6. Cf. **efstr** and **efri**
ørlygi *n.* battle v450/6; in kenning for warrior, *ørlygis draugr* (Hǫgni, father of Hildr) v250/8
ørmjǫt (*f. sg.* or) *n. pl.* aim(ers), measure(rs), evaluators 108/10 (see note)
øx *f.* axe v183/5 (gen. with *hlýr*), 67/24, 71/5, v374/1, v463/1 and t. n., v463/12
øxn- see **uxi**

INDEX OF NAMES

Nicknames and some other names that also appear as common nouns will be found in the Glossary

Aðalsteinn *m.* Æþelstan, king of England 924–939: Glossary under **gramr** (*Egils saga Skallagrímssonar*, *Hkr* I, *Fagrskinna*)
Aðils *m.* legendary king in Sweden 58/23, 26, 30, 33, 59/2, 9, 15, 22, 25, 27, 28, v329/8, v328–30 n., v330/4, Glossary under **ríða** (*Hrólfs saga kraka*; *Skjǫldunga saga*; *Hkr* I 56–9; *Flb* I 27) Africa v122 n., Glossary under **dási, elja, ómyndr** (*Hauksbók* 165; *Fagrskinna*; *Gylf.* Prologue)
Agðir *f. pl.* a district in southern Norway, Agder v259/8 (obj. of *lagði*), Glossary under **bæði, hvinverskr, langr**; *til Agða* i. e. to the south of Norway v313/4
Áin helga *f.* Helgeå v217 n., v259 n. (*Fagrskinna*, *Hkr* II)
Akilleus *m.* Achilles, Greek hero 6/6, 18, Glossary under **ásjándi**; acc. 6/9; gen. 6/11; dat. *Akille* 6/4 (*Trójumanna saga*)
Aldafǫðr *m.* father of mankind, Óðinn; his son is Þórr v24/2 (*Vafþrúðnismál* 4, 53)
Alexander *m.* Trojan hero (i. e. Paris son of Priam) 6/20 (*Trójumanna saga*)
Alfaðir, Alfǫðr *m.* All-father, a name for Óðinn 6/32, v1/3 (gen. sg. in kenning for mead of poetry), 6/37, Glossary under **brim, hrostabrim** (*Gylf.*; *Grímnismál* 48, *Helgakviða Hundingsbana* I 38; in prose normally written *all-* in MSS)
Alfarinn *m.* a giant v421/2 (cf. *Skjǫldunga saga* 62, *Af Upplendinga konungum* in *Hauksbók* 457)
Álfheimr *m.* the world of elves, see Glossary
Álfrǫðull *m.* 85/19–20 n.; see Glossary (*Vafþrúðnismál* 47, *Skírnismál* 4; *Skj* A II 414, v. 12)
Alfǫðr see Alfaðir
Áli *m.* (1) son of Óðinn 6/20 (= Elenus), 27 (apparently = Viðarr), 20/2 (or son of Loki?—see note), v429/4 (= Váli in *Gylf.*); in kenning for giant, *Á. vaztundirkúlu*, *Á.* of rock v150/3 (gen. with *rǫdd*), 45/1, Glossary under **vatnsrǫdd, vǫzt**; (2) a king in Norway 58/25, 33, v328–30 n., v329/5, Glossary under **ríða** (*Skjǫldunga saga*; *Hkr* I 57; *Hyndluljóð*); (3) a sea-king v412/2 (there are several characters of this name in *fornaldarsögur*; see also *ÍF* XXXV)
Alin *f.* a river v481/5

Alkoga or Álkoga *f.* (v. l. (AB) *Olga* 'swell'; = Volga?) a river v481/5 (Cf. Olkoga in *Heimslýsing*, *Hauksbók* 150)
Alr *m.* personification of an awl 43/7 (see Glossary). Cf. Rati
Alvig in spaka (in ríka 101/18 t. n.)*f.* 101/17 (cf. Álmveig in *Hyndluljóð* 15; Álfný in *Flb* I 25)
Alsvartr *m.* a giant v420/7; the name of a horse in *SnE* 1848–87, II 487
Alsviðr *m.* a horse of the sun 90/1 (*Gylf.*; *Grímnismál* 37, *Sigrdrífumál* 15 (quoted in *Vǫlsunga saga* 38); *SnE* 1848–87, II 487)
Alsvinnsmál *n. pl.* (1) a poem listing names of horses and their riders 89/7 (v. l. (A) *Kálfsvísa*), v328–30 n. (2) an eddic poem (also known as *Alvíssmál*, see v332 n. and v380 n.) v62 n., 85/13 n., 19–20 n., 21–2 n., 90/18, 99/8 (v. l. (U) *Ǫlvismál*), v328–30 n. (Alvíss and Alsvinnr both mean 'all-wise', though Alsvinnr or Alsviðr could mean 'all-swift' (cf. Alsviðr, the name of a horse in *Grímnismál* and *Sigrdrífumál*; Alvíss is the name of a dwarf in *Alvíssmál*)
Alvíssmál see Alsvinnsmál (2)
Alþingi v65–71 n.
Áma *f.* a troll-wife v426/3
Ámgerðr *f.* a troll-wife v425/6
Amlóði *m.* legendary person; his mill is the sea v133 n., v133/8, 38/25 (or, if he is taken to be a sea-king, *Amlóða ból* = sea; cf. *NN* 573; *Amlóða líð* could also be a kenning for the sea, see v133 n. and cf. Glossary under **liðmeldr**). Cf. Amleth in Saxo Grammaticus 1979–80, Books 3–4
Ámr *m.* a giant v420/8 (cf. *Hyndluljóð* 18 and *Flb* I 26)
Andlangr *m.* a name for the sky 85/17 ('extended, very long'); a heaven v516/8 (*Gylf.*)
Anduðr *m.* a giant v420/6 (cf. Andaðr in *Heiðreks saga* 37 and note)
Andvaranautr *m.* the ring that had been Andvari's 48/22, 30 (cf. **nautr** (2) in Glossary; *PE* 174, 223; *Vǫlsunga saga*)
Andvari *m.* a dwarf 45/22, 46/4, 48/5; a fish ('watcher'; pike (?), cf. *PE* 173) v485/8 (cf. 45/22, where there is the variant Andþvari (and Andvarri U); *Vǫlsunga saga*; name of a dwarf in *Gylf.* (*Vǫluspá*), *Reginsmál*)
Angrboði *m.* v75/2 n., Glossary under **farmr**
Angrvaðill *m.* 'grief-wader', a sword v454/5 (*Þorsteins saga Víkingssonar*)
Annarr *m.* (a horse) v328–30 n. Cf. Ónarr and see *Gylf.* Index

Apardjón n. Aberdeen (= 'mouth of Don') v481/8 (*Hkr* III 328, *Hauksbók* 502; cf. Introduction p. xvii)
Apli m. an ox v331/5, v505/1 ('variegated, dappled'; name of a horse in *SnE* 1848–87, II 487). See Glossary
Áraklóf. name of a ship?—see Glossary
Arfr m. an ox v331/6, v504/7 ('inheritance'; cf. *NN* 2158A, ÁBM; see Glossary).
Arfuni m. an ox v331/6, v505/4 ('inheritor'; see Glossary)
Arinbauti m. v90/3–4 n.
Arinbjarnarkviða f. a poem by Egill Skalla-Grímsson v60 n. (*Egils saga* 257–67; *Skj* A I 43–8)
Arinbjǫrn m. v60 n. (*Egils saga Skalla-Grímss.*, *Hkr* I). See Grjótbjǫrn
Arnórr jarlaskáld (Þórðarson) m. Icelandic poet (d. c. 1075) 6/32, 33/26, v105 n., v106 n., v107 n., 35/5, 8, 14, 65/15, 66/10, v218 n., 78/3, v275 n., 79/20, 81/21, v290 n., 82/22, v296 n., 87/25, 92/26, 94/10, 98/13, 100/7, v387 n., 104/10, 20 (*Hkr* II–III, *Orkneyinga saga*, *Laxdœla saga*, *Bjarnar saga Hítdœlakappa*, *Grettis saga*; *Morkinskinna* 116–18 and *Flb* IV 95–6; see Fidjestøl 1997, 93–116)
Árvakr m. a horse of the sun 90/1 (*Gylf.*, *Grímnismál* 37, *Sigrdrífumál* 15 (quoted in *Vǫlsunga saga* 38); *SnE* 1848–87, II 487); an ox v503/3
Ás- see Æsir and Áss
Ásabragr m. a name for Þórr ('chief of the Æsir'?—see **bragnar**, **bragr** in Glossary) v428/2 (*Skírnismál* 33)
Ásaþórr m. 'Þórr of the Æsir', a title of Þórr 21/6 (dat. of respect) (*Gylf.*, *Hárbarðsljóð* 52, *Gautreks saga*; cf. *Hálfdanar saga Eysteinssonar*)
Ásgarðr m. the home of the Æsir 1/4, 35, 2/1, 8, 18, 25, 5/2, 6/22 (= Troy), 14/27, v50/2 (obj. of *hefir varðan*), 20/34, 40/33, 41/22, 42/18, Glossary under **setr**. In some places Ásgarðr seems to be conceived as a rampart or fortification, e. g. 1/35, 2/1 (cf. Miðgarðr; *Gylf.*, *Hymiskviða* 7; *Vǫlsunga saga*)
Ásgrímr m. (Ketilsson) Icelandic poet, 12th century 39/24, v139 n.
Ásgrindr f. pl. the gates of (the home of) the Æsir 2/22, 20/29
Asiamenn m. pl. people of Asia (Minor) 5/33 (*Gylf.*, *Skjǫldunga saga*, *Heiðreks saga* 66–7, *Sturlaugs saga starfsama*)
Askvitull m. a ship v493/6 ('a bit of an **askr**', q. v. in Glossary; cf. ÁBM under -*vitull*; perhaps a common noun)
Áslaugf. daughter of Sigurðr Fáfnisbani (and Brynhildr, according to *Vǫlsunga saga*; *Flb* I 26–7, 39) 50/17

Áss m. (pl. Æsir, q. v.) a god, one of the Æsir 5/21, 19/10, 18, 21, 23, 24, 27, 29, 32, 34, 20/5; in kenning for giant, v80/5–8 n. (*Gylf.*, *Grímnismál* 6, *Þrymskviða* 2, *Rígsþula* 1, *Lokasenna* 11, 33). Cf. **ásmegin**, **ásmóðr**, **byggvi-Áss**, **hefni-Áss**, **hrafn-Áss**, **veiði-Áss**, **ǫndur-Áss** in Glossary
Ásta Guðbrandsdóttir *f.* v294 n., Glossary under **hlýri** (*Hkr*)
Ásynja *f.* goddess, female Áss 1/10, 30/11, 15, 40/25, 36, v433/1 (and t. n.) (*Gylf.*)
Atall *m.* sea-king v412/6; in kenning for ship (part of kenning for Viking) v6/4
Áti *m.* a sea-king v412/3 (*Hálfs saga*)
Atla *f.* a troll-wife v426/5 (*Hyndluljóð*)
Atli (1) Buðlason *m.* i. e. Attila the Hun (d. AD 453) 47/30, 48/32, 33, 36, 37, 49/7, v330/3, 103/6 (*PE*, *Vǫlsunga saga*, *Flb* I 26)
Atli *m.* (2) a name for Þórr v82/5 (subj. of *hlaut*), v428/1
Atli *m.* (3) a sea-king v412/1 (cf. *Helgakviða Hundingsbana* I, *Helgakviða Hjǫrvarðssonar*; *Friðþjófs saga*; the name of other Vikings in *fornaldarsögur*)
Atli *m.* (4) (litli), Icelandic poet, 11th century 98/3 (the nickname is given in *Skáldatal*; cf. v374 n.)
Atriði *m.* a name of Óðinn (cf. Atríðr in *Gylf.* and *Grímnismál*) or Freyr (cf. v328/5–6) v327/3 (obj. of *bera*)
Auðhumbla *f.* a primeval cow v506/3 (Auðhumla in *Gylf.*)
Auði *m.* son of Hálfdan gamli 103/3 (*Flb* I 25, 26)
Auðlingar see Ǫðlingar
Auðmundr *m.* a sea-king v412/5
Auðr *m.* son of night, half-brother of Jǫrð 35/22, v121/4, Glossary under **trauðr** (*Gylf.*; also an ox-name, cf. **auðr (1)** in Glossary)
Auðskjálg *f.* a river v480/6
Augustus *m.* Roman emperor (63 BC–AD 14) 51/34 (*Skjǫldunga saga* 6, 40)
Aumar *f. pl.* islands off Rogaland in Norway v259/4
Aurgelmir *m.* a giant v421/5 (in *Gylf.* = Ymir; cf. *Vafþrúðnismál* 29–30)
Aurgrímnir *m.* a giant v431/6
Aurnir *m.* a giant v167/5, v420/7 (*Fagrskinna* 277, *Hkr* III 177; *ÍF* XIII 448, 450)
Aurvandill hinn frækni *m.* 22/21, 25, 29 (or Ǫrvandill?)
Aurvandilstá *f.* a star (or planet) 22/28 (cf. Horwendillus in Saxo Grammaticus 1979–80, II 58–9; Old English Earendel, thought to have been the name of the morning star)

Index of Names 447

Austri *m*. one of the four dwarfs holding up the sky ('easterly') 33/25, v106/3 (*Gylf.*, *Vǫluspá*)
Austrvegr, -vegir *m*. (1) where giants live, Scythia 20/19 (pl.), 40/37. (2) lands east of the Baltic 101/16 (pl.), 103/17 (pl.) (*Gylf.*, *Hkr*, *Breta sögur* (*Hauksbók* 290); appears frequently in *fornaldarsögur*; = Near East, eastern Mediterranean lands in *Alfrædi* I 53)
Bakrauf *f*. a troll-wife v423/6
Baldr *m*. a god 1/9–11 n., 2/29, v8 n., v14 n., v19 n., 17/28, 18/1, v63 n., 19/27, 29, 20/6 and note, 30/10, v242 n., v429/2, v432/5, Glossary under **bál, barmi, fólk-Baldr, heilagr, hrafnfreistuðr, leiptr** (1), **mǫgr, sonr, tafn**; in kenning for man (B. of gold, i. e. Gizurr gullbrárskáld) v4/2; Baldr þǫgli v190/8 (subj. of *varði hann*; cf. note) is unknown and perhaps the line is corrupt; in kenning for war-leader, *fólk-B*. v310/1 (King Óláfr of Sweden); for Þórr, *Baldrs barmi* (although they are said to have been born to different mothers, 14/25, 17/28) v67/1 (*Gylf.*, *Háttatal*, *PE*)
Báleygr *m*. a name of Óðinn; his bride is Jǫrð, i. e. the land of Norway v119/2 (*Gylf.*, *Grímnismál* 47)
Baltic: Glossary under **austan, sunnan**
Bandadrápa *f*. a poem by Eyjólfr dáðaskáld about Eiríkr Hákonarson v265 n. (*Hkr* I; *Skj* A I 200–02)
Bára *f*. daughter of Ægir, personification of a wave 36/26 and note, v478/7 (see Glossary and cf. Drǫfn, see note to 36/25–6)
Barðkaldr *m*. 'prow-cold', name for a ship v492/2. Cf. Hélugbarði
Barrey(jar) *f*. (*pl.*) Barra in the Hebrides 34/13 (v. l. Darrey-), 36/30, cf. t. n.; *Hauksbók* 502; see under Ormr (1) and cf. Barey in *Gylf*. and Barri in *Skírnismál* 39, 41
Baugi *m*. a giant 4/15, 16, 19, 23, 24, 26, 27, 28, 29, 31, 32, 34, v431/11
Beiguðr *m*. a berserk 58/32 (Beigaðr in *Hrólfs saga kraka*)
Beimar *m*. *pl*. followers of King Beimuni 105/26 (cf. Glossary and *LP*)
Beimi *m*. a sea-king v415/6 (*TGT* 99); in kenning for warrior (*B. þrafna byrjar*), i. e. Haraldr gráfeldr v6/2; with *þeim* if *er* is omitted (as in TBU), otherwise gen. with *dýra* (or with *goð*?) or dat. of respect (or advantage; or possibly gen. with *sækiálfi* if this refers to someone else)
Beimuni *m*. legendary king 105/27; a sea-king v412/4 (perhaps the same person as at 105/27; *TGT* 99)
Beinviðr *m*. a giant v422/1

448 Skáldskaparmál

Beiti *m.* a sea-king v412/3; in kenning for sea, *Beita borg* v136/1 (cf. *Atlamál* 61; *Flb* I 23, *Orkneyinga saga* 6)
Bekk-Mímir *m.* 'bench-Mímir', name for a giant v81/6 t. n.
Belgskakadrápa f. a poem by Þórðr Kolbeinsson about Eiríkr Hákonarson v302 n. (*Skj* A I 212; see *ÍF* III 119)
Beli *m.* a giant killed by Freyr (*Gylf.* ch. 37, *Vǫluspá* 53); *Belja dólgr*, *Belja bani* = Freyr 18/22, v61 n., v61/3, v328/5; *bǫlverðung Belja* = giants v69/3 (cf. *Skjǫldunga saga*, *Þorsteins saga Víkingssonar*, *Friðþjófs saga*)
Beowulf, Anglo-Saxon poem v55–6 n.; see under Reiðgotaland
Bergelmir *m.* a giant v422/3 (*Gylf.*, *Vafþrúðnismál* 29, 35)
Bersi *m.* (Hólmgǫngu-Bersi Véleifsson) Icelandic poet, 11th century 66/27, v221 n. (*Kormaks saga*)
Bersǫglisvísur f. pl. a poem by Sighvatr Þórðarson addressed to Magnús góði v386 n. (*Hkr* III, *ÓH*, *Skj* A I 251–6)
Berudrápa f. a poem by Egill Skalla-Grímsson about a shield given him as a gift; see Glossary under **bera (1)** (*Egils saga* 275–6; *Skj* A I 48)
Bestla *f.* a giantess, mother of Óðinn v25/2: *við son Bestla* 'against (over?) Óðinn' apparently means 'in warfare' (*Gylf.*, *Hávamál* 140)
Bifrǫst *f.* the bridge between heaven and earth (*Gylf.*): Glossary under **rein**
Bikki (jarl) *m.* counsellor of King Jǫrmunrekkr 49/23, 26 (*PE*, *Vǫlsunga saga*)
Bil *f.* counted as an Ásynja v433/8; in kenning for woman, *ǫlstafna B.* v203/2 (dat. of advantage, for; or vocative) (cf. *Gylf.*, *Oddrúnargrátr*)
Billingr *m.* a dwarf or giant; *Billings burr* means any dwarf or giant, in kenning for (the mead of) poetry or a poem v207/3 (*Hávamál* 97; a dwarf in *Vǫluspá* (in *Hauksbók*))
Bilskirnir *m.* Þórr's hall 14/27; in kenning for Þórr, *Bilskirnis gramr* v49/2 (*Gylf.*, *Grímnismál*)
Bjarkamál in fornu n. pl. an eddic poem 60/18 (see note to verses 188–90 and cf. Bǫðvarr bjarki; *Hkr* II, *ÓH*, *Skj* A I 180–81)
Bjarki *m.* see Bǫðvarr bjarki
Bjarmaland *n.* (near the White Sea): see under Vína (*Egils saga Skalla-Grímssonar*, *Hkr*)
Bjárr (Bíarr?) *m.* legendary person v330/2 (*Gylf.* Prologue, *Flb* I 28)
Bjǫrgólfr *m.* a giant v422/1
Bjǫrn *m.* legendary person v330/1 (it is the name of many characters

Index of Names

in *fornaldarsögur*, including *Hrólfs saga kraka*); a name for Þórr v428/5
Blágagladrápa f. (lost) poem by Arnórr jarlaskáld about Haraldr
harðráði v404 n. (*Flb* IV 96, *Morkinskinna* 118)
Bláinn *m.* a dwarf (*SnE* 1848–87, II 469; in*Vǫluspá* and *Gylf.* possibly a name for Ymir, see Tryggvi Gíslason 1984), cf. Víð-, Vindbláinn and **víðbláinn** in Glossary
Blakkr *m.* a horse v326/3, v330/1 (*SnE* 1848–87, II 487; cf. Glossary)
Blapþvari *m.* a giant v419/4
Blóðughadda *f.* daughter of Ægir, personification of a wave 36/26, 95/8, v357 n., 95/12, v478/8
Blóðughófi *m.* Freyr's (or Óðinn's) horse v327/1, v328/6 (cf. Blóðhófr, *SnE* 1848–87, II 487)
Boðn *f.* one of the vats containing the mead of poetry 3/21, 4/3, 37, 11/28; *Boðnar bára* is the mead itself v35/1
Borgundarhólmr *m.* Bornholm, island in the Baltic (*Jómsvíkinga saga*): Glossary under **sunnan**
Borr *m.* father of Óðinn v26/3 (*Gylf.*, *Flb* I 28, *Egils saga Skalla-Grímssonar* 169; Burr *Vǫluspá* 4 (Borr in Hauksbók), *Flb* I 27, *Hyndluljóð* 30; cf. *Rígsþula* 41 and **burr** in Glossary)
Brá see Bró
Bragi *m.* (1) god of poetry 1/2 n., 1/10, 14, 1/37 n., 2/2–4 n., 3/1, 12, 4/8, 5/11 (taken to be Bragi (2) in B, *SnE* 1848–87, II 521, 532), 13, 14/30 n., 19/20, 19/20–21 n., 20/18 and note, 24/17–19 n., 24/19, 30/19, 40/36, v432/8 (*Gylf.*, *Lokasenna*, *Vǫlsunga saga* (*Sigrdrífumál* 16); cf. Glossary under **bragr**, **skegg-Bragi**). See Bragi (2)
Bragi *m.* (2) the Old, Boddason, 9th century Norwegian poet 11/10, v24 n., 14/30 n., 15/26, 16/11, 16, 26, v54 n., 19/20–21 n., 69/24, v300 n., 96/24; (Bragi skáld) 14/30, 34/18, 41/17, 44/29, 50/21, 69/29, 72/31; (Bragi hinn gamli) 50/27, 83/15. See *Gylf.* 7 and *Hkr* I 15 (where a verse attributed to him is quoted); *Egils saga Skalla-Grímssonar* 182 and note, *Heiðreks saga* 61, *Hálfs saga*, *Háttatal*. It is uncertain whether it is Bragi (1) or (2) who is meant at v11/1 (cf. *Hkr* I 195–6, *Fagrskinna* 78, *Grímnismál* 44, *Gylf.* 34). Cf. **bragnar**, **bragr** in Glossary
Bragi *m.* (3) hinn gamli, legendary king, son of Hálfdan gamli, ancestor of Bragningar 103/4, 105/24 and note (*Flb* I 25, 26). See **bragningr** in Glossary
Bragnar *m. pl.* followers of King Bragi 105/23; cf. Glossary under **bragnar**, **skegg-Bragi**

Bragningar *m. pl.* descendants of Bragi (3) 103/5 (*Flb* I 22, 26; cf. **bragningr** in Glossary)

Brandingi *m.* a giant v422/2

Brennu-Njáll *m.* ('burning-Njáll') Þorgeirsson, d. 1010 (see *Njáls saga*) v261 n., 94/25, v355 n.

Breti *m.* Briton v83/1–4 n.; in kenning for giant (Geirrøðr), *skyld-Breti skytju* v83/7; cf. **skyld-Breti** in Glossary

Brimir *m.* (1) a giant? 5/38. Cf. *Vǫluspá* 9 and 37; *Gylf.* 53 (where Brimir is the name of a mythical hall); cf. Brimir (2)

Brimir *m.* (2) sword-name, 'flickerer, flasher' v455/6 (v. l. *brumr, brimarr*; cf. *Sigrdrífumál* 14, *Grímnismál* 44 (in A)). See Falk 1914, 48

Brísingamen *n.* 'Brísings' necklace', a mythical ornament 19/10 n., 19/15, 20/2–4 n., 20/3, 30/14, Glossary under **girðiþjófr, goð, hafnýra, mensœkir** (see *Sǫrla þáttr, Flb* I 304–5; *Gylf.*, *Þrymskviða*, *Brosinga mene* in *Beowulf*)

Brísingr *m.* in kenning for Loki, *Brísings (goða) girðiþjófr* (see under **goð** in Glossary), thief of B.'s girdle (presumably the same as Brísingamen) v100/6 (cf. *Sǫrla þáttr, Flb* I 304–5)

Bró or Brá *f.* a river v480/5 (cf. t. n.)

Brokkr *m.* a dwarf 41/36, 42/2, 17, 25

Brunnakr *m.* a mythical place v100/5 (gen. with *bekkjar*; if the place is in Jǫtunheimar, the phrase is gen. of direction, (in)to; if it is Iðunn's home, it is gen. with *dísi*)

Brýja *f.* a troll-wife v423/4

Brynhildr *f.* a valkyrie 47/25; daughter of Buðli 47/31 (see **biðja** in Glossary), 48/2, 4, 7, 9, 10, 16, 23, 29, 32, 103/6 (*PE*; cf. Sigrdrífa there and *Vǫlsunga saga*, especially p. xxiii, and Andersson 1980, 83)

Brynjólfr blanda *m.* twelfth-century Norwegian v199 n.

Buðli *m.* son of Hálfdan gamli (ancestor of Buðli father of Atli (47/30, *PE*) according to *Flb* I 26) 103/6; a sea-king v416/4 (*Flb* I 26)

Buðlungar *m. pl.* descendants of Buðli 103/6 (*Atlakviða* 42; *Flb* I 22, 27; cf. **buðlungr** in Glossary)

Búi *m.* (digri) hero from Bornholm in *Jómsvíkinga saga* and *Hkr* I v227/4 (subj. of *bauð*), Glossary under **sunnan**

Búri *m.* father of Borr v26/4 (*Gylf.*; cf. Burri *Flb* I 27, 28 and Burr father of Óðinn in *Vǫluspá*, *Hyndluljóð* (see Borr); name of a dwarf in *Vǫluspá* in *Hauksbók*)

Búseyra *f.* a giantess or troll-wife killed by Þórr v58/4 (dat. of respect)

Index of Names

Býleistr *m*. a brother of Loki 19/36 (*Gylf.*, *Hyndluljóð* 40; Býleiptr in *Vǫluspá* 51 (Codex Regius))
Bylgja *f*. daughter of Ægir, personification of a wave 36/26, 95/8, 18, v478/6 (cf. Glossary)
Byrvill *m*. a sea-king v415/5
Bæsingr *m*. a sword (Legendary saga, *ÓH* and *Flb* II 78, 82, 98; cf. Hneitir, said to be the same in *ÓH* 754, 755) v457/6
Bœfir, Bœgir *m*. an ox v504/3 v. l.
Bǫðvarr *m*. (1) balti, Icelandic poet, 12th century; see Kolli and note to v107
Bǫðvarr *m*. (2) bjarki (sometimes called Bjarki; Biarco in Saxo Grammaticus, see 1979–80, II 49 and *Skjǫldunga saga* 27 n.) 58/31, v188–90 n., v190/8 n. (*Hrólfs saga kraka*; see **bjarki** and **snyrtir** in Glossary, Snyrtir below)
Bǫlverkr *m*. (1) assumed name of Óðinn ('mischief-causer') 4/18, 21, 22, 25, 26, 27, 30, 32, 33, 35 (*Gylf.*, *Hávamál*, *Grímnismál*; the name of Vikings in *Hálfs saga* and *Sǫrla saga sterka*)
Bǫlverkr *m*. (2) (Arnórsson), Icelandic poet, 11th century (brother of Þjóðólfr, see *Fagrskinna*, *Hkr* III and *Skáldatal*) 94/15

Christ see Kristr
Constantine Monomachus *m*. Greek emperor 1042–55: Glossary under **haugr**; cf. v385/4 n. (*Hkr* III 85–6, 88 n., *Fagrskinna* 234, 236 n.)

Dagi *m*. a legendary king v328/1; cf. Dagr (2)
Daglingar *m. pl*. descendants of Dagr (2) 103/4 (Dǫglingar *Flb* I 26, *Ragnars sona þáttr* (*Hauksbók* 466); cf. **dǫglingr** in Glossary)
Dagr *m*. (1) personification of day 35/22 (*Gylf.*, *Vafþrúðnismál* 25, *Flb* I 24; cf. Glossary)
Dagr *m*. (2) a legendary king v328/1 v. l. (cf. Dagi); son of Hálfdan gamli, ancestor of Daglingar 103/4 (*Ragnars sona þáttr* (*Hauksbók* 466); *Flb* I 25, 26; *Hyndluljóð* 18; the name of various kings and heroes in *fornaldarsögur*)
Dáinn *m*. (1) a stag 88/8, v512/3 (*Gylf.*, *Grímnismál* 33)
Dáinn *m*. (2) a dwarf 42/2–6 n.; see Glossary under **dauðr** (*Gylf.*, *Vǫluspá* in *Hauksbók*, *Hyndluljóð* 7; an elf in *Hávamál* 143)
Dáinsleif *f*. 'Dáinn's legacy', a sword made by a dwarf called Dáinn (q. v.) 72/19
Danaveldi *n*. the Danish realm 106/1 (*Ragnars saga, Skjǫldunga*

saga, *Af Upplendinga konungum* in *Hauksbók* 456, *Heiðreks saga*)
Danmǫrk *f*. Denmark v111 n., 51/31, 52/7, 58/4, 80/13, v396 n.,
103/15, Glossary under **grund, harri, láð, landfrœkn, spjalli** (*Gylf*.
Prologue, *PE, Vǫlsunga saga, Hrólfs saga kraka, Heiðreks saga*)
Danr *m*. Dane v388/2 (pl., obj. of *forðar*); in kennings for giant(s),
Dane(s) of rocks, *berg-Danir* v69/7 (gen. with *brjótr*), *flóðrifs
útvés Danir* v84/6 (subj. of *knáttu fyrir lúta*; cf. note and Glossary
under **útvé**), *Hlǫðynjar beina D*. v315/2 (gen. with *orða*; Kock,
NN 342, takes the base-word as *myrk-Danr*); *harri Dana grundar*
king of Denmark (Eiríkr) v398/2; cf. Ey-Danir and **berg-Danir**,
myrkr in Glossary
Dís *f*. a norn v437/3 (? if not a common noun, see **dís** and **dísarskáld**
in Glossary; cf. Nipt and *SnE* 1848–87, II 490; *Áns saga bogsveigis,
Þorsteins saga Víkingssonar*)
Dofri *m*. a giant v422/4 (*Flb* II 50–52; cf. Dofrafjall, *Hkr* I, *Ragnars
sona þáttr* (*Hauksbók* 462))
Dragvandill *m*. a sword v451/4 (cf. *Egils saga Skalla-Grímssonar*;
Dragvendill in *Ketils saga hœngs*; see Glossary under **heinvandill**
and Vandill in Index)
Draupnir *m*. a magic ring 17/29, 40/29, 42/10; *Draupnis dróg* =
gold, in kenning for woman v109/1; *Draupnis dýrsveiti* = gold
v188/7 (cf. *Gylf*. ch. 49; *Skírnismál* 21–2; name of a dwarf in
Vǫluspá)
Drǫfn *f*. daughter of Ægir, personification of a wave 95/8, 23 (cf.
v360/3), v478/5 (cf. Bára and note to 36/25–6; see **drǫfn** in
Glossary; *SnE* 1848–87, II 493); a river v482/7 (Drammen, Dramselva
in Norway; *Hkr* II 311 and note, *ÓH* 477, *Hákonar saga*)
Drǫsull *m*. a horse v328/1 (cf. **drasill** in Glossary; *SnE* 1848–87,
II 487)
Dúfa *f*. one of Ægir's daughters, a wave 36/26, 95/8, v357 n. (subj.
of *œsir* parallel to *Himinglæva*), 95/12, v478/6; as common noun
v289/4 (cf. Glossary)
Dumbr *m*. a giant v422/3 (*Egils saga einhenda*; cf. Dumbshaf, *Flb* I 23)
Dun or Dún *f*. the Don (river in Yorkshire or Aberdeenshire; cf.
Apardjón above) v480/3 (= Donau or Danube in *Heimslýsing,
Hauksbók* 150, which also has Duna; cf. Dyn, Dýna; Dúnheiðr,
Danube heath, in *Heiðreks saga*)
Duneyrr *m*. a stag 88/8, v512/3 (*Gylf., Grímnismál* 33)
Duraþrór *m*. a stag 88/8, v512/1 (*Gylf., Grímnismál* 33)

Index of Names 453

Durn *f.* a river v481/1 (cf. Cleasby and Vigfusson 1957, 780)
Durnir *m.* a giant v431/10
Dvalarr *m.* a stag v512/4 (cf. Dvalinn (3))
Dvalinn *m.* (1) a dwarf; in kenning for the mead of poetry, *Dvalins drykkr* (see pp. 3–4: Dvalinn is used as a common noun or substitution for the actual names of the dwarfs in the story) v29/4 (Ólafur Halldórsson (1969, 155) takes *Dvalins salr* = *steinn*, 'cave', i. e. grave (?)); *Dvalins leika* a name for the sun (*Alvíssmál* 16) 85/19, v517/8 (*Gylf.*, *Vǫluspá*, *Hávamál* 143, *Fáfnismál* 13, *Vǫlsunga saga*; *Sǫrla þáttr*, *Heiðreks saga*)
Dvalinn (2) *m.* a legendary person v328/2
Dvalinn (3) *m.* a stag 88/8 (*Gylf.*, *Grímnismál* 33)
Dyn *f.* a river v480/4; cf. Dun
Dýna *f.* a river v480/3 (perhaps the Don, but probably the (Northern) Dvina (Düna) in Russia; cf. *Gǫngu-Hrólfs saga* 165, 238; cf. Vína and Dun; Duna in *Hauksbók* 150, *Alfræði* I 44)
Dǫnsk tunga *f.* the Danish tongue, the area where Norse was spoken, Scandinavia 52/1, 80/3 (see Glossary under **danskr**, **tunga**)

Egill (1) *m.* son of Vǫlu-Steinn v37/4 (vocative; see note)
Egill (2) *m.* brother of Vǫlundr, legendary bowman; his *vápn* = bow and arrows v229/4 (*Vǫlundarkviða*, *Þiðreks saga*)
Egill (3) *m.* Skalla-Grímsson, Icelandic poet, 10th century 9/15, v15–16 n., 12/20, v31 n., 18/17, v60 n., 39/30, 58/1, 87/15, 93/28, v350 n., 101/33, Glossary under **tannlituðr** (*Egils saga Skalla-Grímssonar*, *Háttatal*)
Eiðrennir *f.* a river ('isthmus-runner') v481/7
Eikþyrnir *m.* a stag v512/2 (*Gylf.*, *Grímnismál* 26)
Eilífr Guðrúnarson *m.* Icelandic poet (fl. *c.* 1000) 13/20, 15/6, v44 n., v50 n., 16/21, 25/35, v73–91 n., 76/26, v268 n., v271–3 n.
Eilífr kúlnasveinn *m.* Icelandic poet, 12th century 77/11, v271–3 n., 77/16, 21, 78/8
Eimgeitir *m.* a giant v430/3
Eimnir *m.* a sea-king (*TGT* 99); see Glossary
Einarr (1) skálaglamm ('scales-tinkle', see *Jómsvíkinga saga* 1962, 33–4) *m.* (Helgason), Icelandic poet, 10th century 10/3, v18 n., 11/15, v25 n., 11/30, 12/5, 13/10, 61/22, 62/19, 67/1 (?), v222 n., 67/6, 68/3, 71/16, 75/22 (?), v262 n., 83/8, 84/29, 91/4 (*Egils saga Skalla-Grímssonar*, *Hkr* I, *Landnámabók*)

454 Skáldskaparmál

Einarr (2) Skúlason *m*. Icelandic priest and poet, 12th century 36/28 n., 37/23, 38/25, 39/8, 43/22, 27, 57/27, 61/27, 67/1 (?—see note to v222), 68/28, 69/5, v233 n., 70/29, 71/5, 75/22, v262 n., 78/12, v277 n., 79/10, 86/6, 87/20, 91/9, 92/2, 93/8, 94/5, 95/7–9 n., 95/9, 96/5, 29, v367 n., 97/5, v368 n., 98/18, 103/19, 104/5 (*Hkr* III, *Morkinskinna*, *Knýtlinga saga*)
Einarr (3) þambarskelfir *m*. Norwegian chieftain, 11th century v284 n., Glossary under **fullafli** (*Hkr* III, *Fagrskinna*)
Eindriði *m*. a name for Þórr v70/8 (gen. with *blóði*), v428/4 (Cf. *Flb* I 28; Einriði in *Gylf*. Prologue, *Vellekla* 15 (in *Hkr* I 241, *Fagrskinna* 120, *ÓTM* I 98); Indriði is a later form of the name)
Einstika *f*. a river v479/6
Eir *f*. a valkyrie v436/5 v. l. (C) see Mist; cf. Glossary under **eirfjarðr** (both names are in *Gylf*., though Eir is there listed as a goddess) and see *LP*
Eiríkr *m*. (1) Hákonarson, earl in Norway (d. *c*. 1023) v265 n., v302 n., v304/2, Glossary under **dáðaskáld, skjǫldhlynr, ungr, veðrmildr**
Eiríkr *m*. (2) góði (Ejegod) Sveinsson, king of Denmark (d. 1103) v111 n., v409/1, Glossary under **harri, hringvǫrpuðr, ræsir, yngvi**
Eiríkr *m*. (3) inn málspaki (the Eloquent), legendary king 103/13 (Alreksson, *Flb* I 26; see Saxo Grammaticus I 115 (Ericus disertus); cf. *Hkr* I 39–40)
Eiríkr *m*. (4) blóðøx (d. *c*. 954) v20 n., v31 n., v117 n., Glossary under **glaða, gramr, hilmir** (*Hkr* I, *Egils saga Skalla-Grímssonar*, *Fagrskinna*)
Eiríksdrápa *f*. (1) a poem by Þórðr Kolbeinsson about Eiríkr (1) v302 n., v313 n., v324 n. (*ÓH*; *Skj* A I 213–17)
Eiríksdrápa *f*. (2) a poem by Markús Skeggjason about Eiríkr (2) v111 n., v387 n., v398 n. (*Knýtlinga saga*, *Skj* A I 444–52)
Eiríksmál *n. pl.* anonymous poem on the death of Eiríkr blóðøx (died in England 954) 10/13, v20 n. (*Skj* A I 174–5)
Eisurfála *f*. a troll-wife v426/6
Eitri *m*. a dwarf 41/36, 42/2 (*SnE* II 470)
Ekin (or Eikin) *f*. a river v479/8 (*Gylf*., *Grímnismál* 27)
Ekkill *m*. a sea-king v413/3 (*TGT* 99, *Ragnars saga*, *Flb* I 23, *Egils saga Skalla-Grímssonar* 227; see *LP*)
Ekla *f*. a river v479/7
Ektor *m*. (also written Hektor); Trojan hero (Hector), associated with Þórr; sometimes inflected as a Latin name 6/3, 8, 18, 28 (*Gylf*. 55)

Index of Names 455

Elbe, river: see Saxelfr; Glossary under **ǫrk**
Eldir *m*. slave of Ægir 41/3, v317 n.; in kenning for giant, *E. ár steðja* v317/1 (gen. with *mála*) (*Lokasenna*)
Eldr *m*. a giant v421/5 (= fire, see Glossary; cf. 39/14, 18 and 39/13–15 n.; son of Fornjótr, q. v., = Logi in *Flb* I 22, *ÍF* XXXIV 3; see *Ynglingatal* 4 and 29, where fire is called *sævar niðr* (i. e. brother of Ægir) and *sonr Fornjóts* (*Hkr* I 31, 74); *Ægis bróðir SnE* 1848–87, II 486)
Elenus *m*. Helenus, Trojan hero, son of Priam (= Áli (1)) 6/19, 20, 29
Elfarvísur f. pl. a poem by Einarr Skúlason v320 n. (*Hkr* III; *Skj* A I 477)
Elfr *f*. a river in Sweden, the Göta älv v320 n., v320/1, v479/7 (*Háttatal*, *ÓH*, *Hkr*; cf. Gautelfr, Saxelfr, Raumelfr; see also **elfr** in Glossary)
Élivágar *m. pl.* mythical rivers ('storm-waves') 22/25 (cf. *Gylf.*, *Hymiskviða* 5, *Vafþrúðnismál* 31; *Heiðreks saga* 67, *Þorsteins saga Víkingssonar*)
Ella *m*. Ælle, king in Northumbria, killed AD 867; in kenning for giant, *Ella steins* v91/8 (gen. with *aldar*, i. e. race of giants) (*Ragnars saga*, *Ragnars sona þáttr* (*Hauksbók* 462–4), *Egils saga Skalla-Grímssonar* 146, *ÓH* 45; *Anglo-Saxon Chronicle*)
Elliði *m*. name for a ship (Ketilbjǫrn's ship in *ÍF* I 384, cf. *Flb* I 306 (*Sǫrla þáttr*), *Þorsteins saga Víkingssonar* and *Friðþjófs saga*; as common noun in *Kormaks saga* ch. 25, *ÍF* VIII 294, verse 78, and for Górr's ship in *Flb* I 23; see **hlátrelliði** and **leðja** in Glossary; Falk 1912, 88: *elliði* is used for longships and therefore has not kept the same associations as the Slavonic words; cf. ÁBM) v494/3
Emundr inn ríki *m*. legendary king 101/18 (= Eymundr in *Hyndluljóð* 15, *Flb* I 25; this form of the name is used in B, see t. n.)
Endill *m*. a sea-king v413/2; in kenning for giant, *gallópnis halla E.* v75/8 (gen. with *mantælir*; see note to v75/2)
Eneas *m*. Aeneas, Trojan hero identified with Viðarr 6/27 (cf. Enea in *Gylf.* and *Hkr* I 9)
England *n*. England 78/21, 80/4, v217 n., Glossary under **vestr** (*Gylf.* Prologue)
Englar *m. pl.* the English v31/4, 78/21 and note (cf. *engill* in Glossary)
Ennilangr *m*. a name for Þórr v428/3
Erpr *m*. son of Jónakr, brother of Hamðir and Sǫrli 49/18, 39, 50/1, 6, 8, 12, v154/8 (gen. with *barmar*), Glossary under **barmi** (*Hamðismál*, *Atlamál* prose,*Vǫlsunga saga*)

Erringar-Steinn *m*. Icelandic poet, 11th century 74/14
Eufrates *f*. the Euphrates v479–84 n., v481/6 (*Heimslýsing, Hauksbók* 150–54, and *Helgifrœði, Hauksbók* 183)
Ey-Danir *m. pl.* 'Island-Danes', Danes of the Danish islands v376/2 (gen. with *meiðir*) (*Knýtlinga saga* 227; *Hákonarmál, Fagrskinna* 87 and *Hkr* I 186)
Eygotaland *n*. a name for the islands of Scandinavia (i. e. in the Baltic? or the Danish Islands, cf. *ÍF* XXXV 52 n., 348) 106/1 (*Ragnars sona þáttr* (*Hauksbók* 459), *Skjǫldunga saga* 52, *Jómsvíkinga saga* in *Flb* I 105)
Eyjólfr dáðaskáld *m*. Icelandic poet, early 11th century 76/6, v265 n., 84/19
Eylimi *m*. legendary king, father of Hjǫrdís 46/22, 103/8 (*PE, Flb* I 26, *Vǫlsunga saga, Norna-Gests þáttr*)
Eymundr *m*. legendary king 101/18 t. n., see Emundr
Eynefr *m*. a sea-king v413/1 (v. l. (A) Eynæfir) (*Flb* I 27, *Hálfs saga*)
Eynæfir *m*. a sea-king, in kenning for boat, *Eynæfis ǫndurr* v42/3 (*Krákumál* 11, *Skj* A I 644)
Eysteinn (1) Haraldsson *m*. king of Norway (d. 1157) v277 n., v367 n., Glossary under **buðlungr, mildingr** (*Hkr* III, *Fagrskinna*)
Eysteinn (2) Valdason *m*. Icelandic poet, 10th century 15/11, v45–7 n., 15/16
Eysteinsdrápa f. a poem by Einarr Skúlason about Eysteinn (1) v312 n., v399 n. (*Skj* A I 475)
Eyvindr skáldaspillir *m*. Finnsson, 'destroyer of poets' or 'plagiarist', Norwegian poet, 10th century (d. *c*. 990) 7/15, v5 n., 7/29, 8/23, 11/5, 13/1, 14/13, 18/22, 35/22, 43/11, 59/33, 66/22, 71/26, 78/25, 84/19 t. n., 85/3, 102/3 (*Hkr* I, *Egils saga Skalla-Grímssonar, Fagrskinna*; his poem *Háleygjatal* is referred to in *Gylf*. Prologue 6, cf. *ÓH* 4, *Hkr* I 4)
Eyvindr *m*. legendary king 101/18 t. n. (T), see Emundr

Fáfnir *m*. son of Hreiðmarr 45/14, 46/8, 11, 14; becomes the dragon killed by Sigurðr 46/18, 23, 29, 32, 33, v151/3, 47/18, 21, 48/15, 30, 35, 90/10, Glossary under **myrkaurriði, mǫrk, snákr**; *Fáfnisbani* (i. e. killer of Fáfnir) 103/9; in kenning for gold, *Fáfnis miðgarðr* v188/4 (*PE, Vǫlsunga saga*); name of a sword v459/2
Fákr *m*. a horse v326/5, v328/4 (cf. Glossary; *Háttatal*; *SnE* 1848–87, II 487)

Index of Names 457

Fála *f.* a troll-wife v425/2 (*Helgakviða Hjǫrvarðssonar* 13, 16; *ÍF* XIV; cf. Eisurfála); an axe v463/6

Falhófnir *m.* one of the Æsir's horses (*Grímnismál* 30, *Gylf.*; *SnE* 1848–87, II 487) v327/4 (v. l. -jafnir)

Falr *m.* a dwarf; in kenning for poetry, *Fals veigar* v17/3 (*Gylf.* (*Vǫluspá*), *Sǫrla saga sterka*)

Fárbauti *m.* a giant, father of Loki 19/35, v64/4, v96/2 (*Gylf.*; *Sǫrla þáttr* in *Flb* I 304)

Farmatýr *m.* 'god of cargoes', a name for Óðinn 5/23; his swans are ravens (*Gylf.* ch. 38) v5/5, v278/1 (*Gylf.*, *Grímnismál*; cf. **týr** in Glossary and Týr below)

Feðja *f.* a river in Norway, in kenning for rock, *steði Feðju* v78/8 (see *LP*)

Fenja *f.* a giantess 52/6, 17, v159/4, v183 n., Glossary under **brúðr**, **fljóð**, **fóstr**, **framvíss**, **mær**; in kennings for gold, *þann Fenju meldr* (or *Fenju fé NN* 958) v183/7 (obj. of *bera*), *Fenju forverk* v188/3 (*Háttatal*; cf. Glossary)

Fenna *f.* a troll-wife? used as name of an arrow (read *Fennu*?—so A) v466/3 (perhaps for Finna 'finder'?—see Glossary)

Fenrir *m.* a mythical wolf v514/6, Glossary under **algífri**, **garmr**, **úlfr** (*Gylf.*, *Vǫluspá*, *Vafþrúðnismál*, *Lokasenna*, *Hákonarmál* in *Hkr* I 197, *Háttatal*; cf. *Helgakviða Hundingsbana* I 40); as a common noun v323/3 (*á F*.: for F.); called *Fenrisúlfr* 'the wolf Fenrir' 6/23, 19/24, 20/1; listed as a giant v431/12

Fensalir *m. pl.* Frigg's dwelling ('fen halls') 30/11 (v. l. *Fun-*) (*Gylf.* (also Fensalr), *Vǫluspá*)

Fetbreiðr *m.* a sword v453/7 (Þórálfr Skólmsson's sword ('which leaves broad tracks'?), *Fagrskinna* 91, *Hkr* I 187; see Falk 1914, 49)

Fíf *n.* Fife (Scotland; *Orkneyinga saga* 51); as a common noun for land v501/5

Fífa *f.* an arrow v466/2 (*Ketils saga hœngs*; cf. Gusir and see Glossary)

Fimafengr *m.* slave of Ægir 41/3 (*Lokasenna* prose)

Fimbulþul *f.* a river v483/8 (*Gylf.*, *Grímnismál* 27)

Finnmǫrk *f.* Lapland: Glossary under **láð**, **skríða** (*Egils saga Skalla-Grímssonar* 36; *Orkneyinga saga* 4; in various *fornaldarsögur*)

Finnr *m.* Finn (inhabitant of Finland or Lapland; *Hkr*) v349/2 (dat. pl. with *skriðnu*, by Finns), Glossary under **skríða**; in kenning for giant (Hrungnir; with reference to 21/35), *fjalla F.* v104/6 (gen. with *ilja brú*) (dwarf-name in *Vǫluspá*, *SnE* 1848–87, II 470 (Fiðr); cf. Finnsleif)

Finnsleif *f.* a mail-coat ('Finnr's legacy, what was left by F.'; perhaps the name of a dwarf-craftsman, see under Finnr, but cf. *Hkr* II 345, 384: Þórir hundr obtained a magic garment impervious to weapons from Finns) 59/1, v474/3
Fjalarr *m.* a dwarf 3/19, 31; a giant v419/6 (*Vǫluspá* 16, *Hárbarðsljóð* 26; cf. *Hávamál* 14, *Vǫluspá* 42)
Fjǫlnir *m.* a name of Óðinn (*Gylf.*, *Grímnismál* 47, *Reginsmál* 18, *Vǫlsunga saga*); *fjalla F.* = a giant (perhaps specifically Suttungr), whose drink is the mead of poetry v141/3; a legendary king in Sweden 52/5 (*Ynglinga saga* in *Hkr* I)
Fjǫlverkr *m.* a giant v419/3
Fjǫlvǫr *f.* a troll-wife v425/4 (cf. Fjǫlvarr in *Hárbarðsljóð*)
Fjǫrgyn *f.* a name for Jǫrð, Þórr's mother; = earth 87/3, land v501/3; in kenning for snake, *áll Fjǫrgynjar* v317/2 (see note to v317;*Vǫluspá*, *Hárbarðsljóð*)
Fjǫrgynn *m.* Frigg's father 30/9 (Fjǫrgvinn in *Gylf.*, see the Index there; *Lokasenna* 26)
Fjǫrm *f.* a river v483/7 (*Gylf.*, *Grímnismál*)
Fjǫrsvartnir *m.* a horse, alternative name for Hrímfaxi (?) 90/2 (see note; *SnE* 1848–87, II 487)
Flaug *f.* an arrow, see under Gusir and **flaug (1)** and **(2)** and **nautr (2)** in Glossary (*Ketils saga hœngs*)
Fleggr *m.* a giant v419/4
Foglhildr *f.* 'bird-Hildr', i. e. Svanhildr, wife of Jǫrmunrekkr (cf. *Hamðismál*) v157/4 (gen. with *mun*; *ofljóst*); see Glossary under **munr (2)**
Fold *f.* a river v484/7 ('land'; = Oslofjord in *Hkr* I (cf. Ostfold, Vestfold); v. l. (AB) *flóð* 'flood')
Forað *n.* a troll-wife v424/6 (*Ketils saga hœngs*; cf. *forað* n. in *Gylf.* 50/34, *Fáfnismál* 11, *SnE* 1848–87 II 494; see *LP*)
Fornjótr *m.* a giant v419/5, father of wind(s) 39/13, v137/2; father of fire, see Eldr, Vindr and Ægir (cf. 39/13–15 n.; *Orkneyinga saga* chs. 1–3 (*ÍF* XXXIV 3–7), *Flb* I 22–4)
Forseti *m.* a god 1/10, 17/29, v432/9 (*Gylf.*, *Grímnismál* 15; a hawk, *SnE* 1848–87, II 488)
Frakka *f.* a Frankish spear v464/7
Frakland *n.* Francia 103/16 (*Gylf.* Prologue; *PE* prose; *Vǫlsunga saga*)
Freka *f.* a river v479/5 (cf. Frekasteinn in *PE*, *Vǫlsunga saga*; **frekr** in Glossary)

Index of Names 459

Freki *m.* a mythical wolf v514/5 (*Gylf.*, *Grímnismál* 19); as common noun (*Vǫluspá* 44; cf. Glossary) 87/15, v319/2 (subj. of *sleit*); *Freka hveiti* = carrion v324/2

Freyja *f.* a goddess (= 'lady') 1/11, 2/11, 18/4, 16, 19/10 n., 19/11, 20/34, 35, 21/2, 30/12, 40/28, 29, 36, 42/2–6 n., 43/17, 27, 44/9, 24, v292 n., v433/3, v435/2, Glossary under **beðvina, brá, dísarskáld, dóttir, móðir, nipt**; in kennings for gold, *Freyju tár* v144/3 (obj. of *hlaut*), *Freyju hvarmþeyr* v244/4; see Vanabrúðr (*Gylf.*, *PE*, *Hkr* I 24–25, *Sǫrla þáttr*, *Sturlaugs saga*, *Hálfs saga*, *Bósa saga*; = Venus/Aphrodite in *Trójumanna saga*)

Freyr *m.* a god 1/9, 18/4, 18/15, v60/3 (subj. of *hefr*), 18/22, v62/5 (dat. after *skipa*, for F.), v63/3 (subj. of *ríðr*), 30/10 n., 30/13, 40/35, 42/20, 21, 27, 44/9, Glossary under **as-Freyr, bani** (*bani Belja*, see Beli), **burr, dólgr, él-Freyr, es-Freyr, nadd-Freyr, víg-Freyr**; *Freys nipt* = Hnoss, i. e. the treasure, the decorated weapon v147/8; in kennings for men, *nadd-Freyr* v205/3 (Haraldr hárfagri), *as-Freyr* or *él-Freyr*, *es-Freyr* v214/4 and t. n. (see v214 n.), *víg-Freyr* v383/1 (see v383 n.; *Gylf.*, *PE*, *Hkr* I, *Flb* I 27, *ÍF* XIII 342, *Sǫrla þáttr*, *Ǫrvar-Odds saga*, *Gǫngu-Hrólfs saga* (preface); cf. Yngvi, Ingi-Freyr, Ingunar-Freyr and Yngvi-Freyr); an ox v503/5

Friðleifr *m.* legendary king of Denmark (son of Skjǫldr) 51/32, 33, v159/6 (*Gylf.* Prologue, *Flb* I 28, *Skjǫldunga saga*)

Fríðr *f.* name of a goddess or giantess in kenning for giant, *Fríðar frumseyrir* v76/3 (cf. note), v80/1–4 n. (= 'beautiful', see Glossary; cf. *SnE* 1848–87, II 490, *ÍF* III 206, VIII 209 and *LP*)

Frigg *f.* wife of Óðinn 1/11, v9/3, 17/28, 19/27, 24/23, 30/9, 30/10 n., 35/20, 40/36, v433/3, Glossary under **biðkván** (*Gylf.*, *PE*, *Vǫlsunga saga*, *Hkr* I 12, *Sturlaugs saga*; cf. Saxo Grammaticus 1979–80, II 32)

Frigialand *n.* Phrygia 6/29 (see Frigia in *Heimslýsing* (*Hauksbók* 155) and *Alfræði* I 38, III 72; *Trójumannasaga* (Frigia and Frigialand); cf. Frigida in *Gylf.* Prologue and *Alfræði* III 72 v. l.; perhaps a name for Asia Minor)

Fróði *m.* (1) Friðleifsson, legendary king 51/33, 35, 52/2, 4, 10, 11, 12 (dat. of advantage), 15, 16, 17, v162/3 (gen. with *man*), v163/1 (dat. with *mǫlum*), v166/1 (vocative), v175/8 (dat. with *þykki*), 176/4, 5 (vocative), v180/4 (gen. with *hefna*), v182/3 (vocative), Glossary under **alsæll, buðlungr, konungr, þykkja**; his *fóstr* are Fenja and Menja, their *sáð* is gold v147/7; *Fróða meyjar* = Fenja and Menja v183/1; *Fróða mjǫl* = gold 51/29, v184/2; *at Fróða*

(Friðleifssonar) at Fróði (Friðleifsson)'s (house) v159/5, v174/8 (*Háttatal, Helgakviða Hundingsbana* I 13, *Flb* I 28, 29, *Hkr* I, *Skjǫldunga saga*)
Fróði *m*. (2) a sea-king v412/1 (cf. *Gylf*. Prologue and *Hyndluljóð*; the name of several legendary kings in *Flb* I 26–9, *Skjǫldunga saga, Hauksbók* 466, *Hrólfs saga kraka*)
Fulla *f*. an Ásynja, Frigg's servant (*Gylf*. chs. 35 and 49) 1/11, 30/11, 40/28, 43/11, v433/4, Glossary under **fallsól**; in kenning for gold, *fallsól Fullu brá vallar* v143/1 (*Grímnismál* prose)
Fýri *f*. a river in Sweden (Fyriså; it flows through Uppsala) 59/6 (*Ynglinga saga* in *Hkr* I)
Fýrisvellir *m. pl*. the plains of the (river) Fýri 40/30, 59/21, 33; in kenning for gold, *fræ Fýrisvalla* v185/3 (cf. ch. 44; *Hrólfs saga kraka, Knýtlinga saga, Ynglinga saga* in *Hkr* I; *Flb* II 148–9)
Fyrnir *m*. a giant v419/1
Fǫlkvir *m*. a horse v330/6

Galarr *m*. a dwarf 3/19, 33; a giant v419/2
Gamli *m*. Gnævaðarskáld, Icelandic poet, 10th century 16/3, v49 n., 103/27, v401 n. The nickname perhaps means that Gamli composed about a person with the nickname Gnævaðr ('raised high', 'towering', see **gnæfa** in Glossary; Lind 1920–21, cols 113–14)
Gandvík *f*. Kandalakshskaya Guba, an inlet west in the White Sea, conceived as where giants live; *Skotar Gandvíkr* = giants v74/6 (dat. of comparison, 'than giants') (*Háttatal, Orkneyinga saga* 3, *ÓH, Heiðreks saga*; *Flb* II 66–7, IV 11, *Alfræði* I 11, 57)
Ganges *f*. the Ganges v479–84 n., v483/2 (*Alfræði* I 6 and 36; Brandr Jónsson 1925, 157)
Ganglati *m*. a giant v431/8 (*Gylf*., *SnE* 1848–87, II 494)
Gangr *m*. a giant 3/5, v76 n., v417/3 (*Grettis saga* 217)
Garðar *m. pl*. Russia v275/3 (gen. with vǫrð), v293–5 n., v378 n., Glossary under **austan** (= Garðaríki in *fornaldarsögur* and Kings' sagas; cf. *ÍF* XXVII 440)
Garmr *m*. a dog, see Glossary (*Gylf*., *Vǫluspá, Grímnismál* 44). Cf. Gramr (1)
Gaupi *m*. a sea-king v413/2
Gautar *m. pl*. inhabitants of Götaland in southern Sweden (*Hkr, ÓH, Fagrskinna, Hrólfs saga kraka*); *á Gautum* i. e. in battle against Gautar v279/2

Index of Names 461

Gautatýr *m.* a name of Óðinn v7/2 ('god of the Gautar'?)
Gautelfr *f.* the Göta älv (Sweden) v481/4 (= Elfr; *Hkr*, *ÓH*, *Skjǫldunga saga*)
Gauti *m.* a name of Óðinn (son of Óðinn in *Bósa saga*; cf. *Gauta gildi* in *Kormaks saga* 280); in kenning for Ásgarðr, *Gauta setr* v80/2 (gen. with *víkingar*); a sea-king v412/7 (cf. *Gautreks saga*, *Ǫrvar-Odds saga*, *Hálfs saga*)
Gautland *n.* i. e. Götaland in southern Sweden in Kings' Sagas; here perhaps Gotland (or Jutland?) 105/30. Cf. *Af Upplendinga konungum* in *Hauksbók* 456; *Hkr* I 64; *Danakonunga sǫgur* 325
Gautr *m.* a name of Óðinn 105/30; in kennings for giant, *fjall-Gautr* v55/2, for Þórr, *herþrumu G.* v73/6 (gen. with *geðreynir*); for shield, *Gauts meginhurð* v145/3, for sword, *Gauts eldr* v241/2, *Gauts sigðr* v333/3, cf. *hræva-Gautr* v455/3, where the sword may be personified as a 'Gautish one', see Glossary; for poet v197 n., v300b/3 (*Gylf.*, *Grímnismál* 54, *Baldrs draumar* 2, 13, *Háttatal*, *SnE* 1848–87, II 472; see references under Gautland and ÁBM under *Gauti* (3), *Gautur*); cf. Valgautr, Hergautr, Glossary under **fjall-Gautr**, **hræva-Gautr**, **nafn**
Gautrekr *m.* a sea-king v416/3 (v. l. Gaurekr, Gavér; see note and t. n.); in kenning for ships, *Gautreks svanir* v149/8 (gen. with *brautar*) (cf. *Gautreks saga*, *Hauksbók* 456, *Hkr* I 64, *Bósa saga*, *Hrólfs saga Gautrekssonar*)
Gavér *m.* v416/3 n. and t. n. (cf. Gavir in *Gylf.*)
Gefjun *f.* an Ásynja 1/11, v24 n., v93/1–4 n., 40/36, v433/5; in kenning for woman (Gróa), *ǫl-G.* v71/2 (see Glossary under **ǫl-Gefjun**; *Gylf.* 7/4 and note and 166, *Vǫlsa þáttr* 57/8 and note, *Hkr* I 14–15, *Lokasenna*; cf. *SnE* 1848–87, II 489; in *Breta sögur* (*Hauksbók* 241) the equivalent of Diana/Artemis and in *Trójumannasaga* 10 equivalent of Athene/Minerva)
Gefn *f.* a name for Freyja v93/1–4 n., v102/4 n., 44/24, v435/5; her daughter (*mær*, *mey-*) is Hnoss (or Gersimi), i. e. *hnoss* (*gørsimi*) f. a treasure, jewel, a precious weapon v149/7; in kennings for troll-wife, *bjarga G.* v93/6 (gen. with *byrgitýr*; Kock (*NN* 135) suggests taking *Gefnar matr* as a kenning for an ox, with reference to *Þrymskviða* 24); for woman, *ǫl-Gefn* (Iðunn) v102/2 (with *hund*), 4 (with *leiðiþír*); see Glossary under **byrgitýr**, **ǫl-Gefn** (*Gylf.*; cf. *SnE* 1848–87, II 489; not in *PE*)
Geirahǫð *f.* a valkyrie; see Glossary

Geirdriful *f.* a valkyrie; see **geirþriful** in Glossary
Geirr *m.* a horse v328–30 n.
Geirrøðargarðar *m. pl.* 'Geirrøðr's courts' 17/14, 24/20, 23, 35 (cf. *Qrvar-Odds saga, Þorsteins þáttr bæjarmagns*; see Glossary under **Þornrann**)
Geirrøðr *m.* a giant 14/29, 20/2–4 n., 20/3, 24/24, 30, 32, 33, 35, 25/1, 14, 21, 26, 27 n., 28, 29, 30, 31, 33, v73–91 n., v73/8 (gen. with *veggjar viggs*), v419/1, Glossary under **álmtaug, áttrunnr, salr, skyld-Breti, þrjótr, œgir, orþrasir** (*Gylf., ÍF* IX 267–8; cf. *Grímnismál, Qrvar-Odds saga, Þorsteins þáttr bæjarmagns*)
Geirvimul *f.* a river v484/6 ('spear-swarming'; *Gylf., Grímnismál* 27)
Geirǫlnir *m.* a goat v508/2 (a name of Óðinn, *SnE* 1848–87, II 472)
Geisli *m.* poem by Einarr Skúlason about Óláfr (1) v277 n. (*Skj* A I 459–73)
Geitir *m.* a sea-king v412/7 (*Háttatal, Flb* I 23, *Þorsteins saga Víkingssonar*; cf. *Grípisspá*); in kenning for ship, *Geitis marr* 74/14, v257/3; for shield, *Geitis garðr* v71/5; a giant v419/3
Geitla *f.* a troll-wife v423/5
Gera *f.* a river v479/1 (cf. Ger, a fiord, in *Gǫngu-Hrólfs saga, Fas* III 165)
Gerðr *f.* an Ásynja 1/11, 30/10 (see note), v433/5 (*Gylf., Skírnismál, Hyndluljóð, Hkr* I 24, if these are all the same person; she seems to have been a giantess originally, cf. Rindr and Skaði)
Geri *m.* a mythical wolf v514/1; as common noun (see Glossary) v318/1 (dat. with *byrjuð*, for), 87/15; *Gera ǫlðr* = blood v324/3; *Gera beita* = dead bodies v339/2 (*Gylf., Grímnismál* 19, *Háttatal*)
Gersimi *f.* daughter of Freyja ('treasure', see **gørsimi** in Glossary; cf. Hnoss) v435/8 (*Gørsemi* T), Glossary under **dóttir** (*Hkr* I 25)
Gestilja *f.* a troll-wife v423/7
Gestill *m.* a sea-king v412/6 (*TGT* 99)
Gestr Oddleifsson *m.* tenth- to eleventh-century Icelander v37 n.
Gevarus v416/3 n.
Geysa *f.* a troll-wife v424/4
Giantland see Jǫtunheimar
Gilling *f.* a river v483/1
Gillingr *m.* a giant 3/26, 27, 29, 35 n., 36; in kenning for (the mead of) poetry, *Gillings gjǫld* v33/3 (see p. 3; cf. *Gautreks saga*)
Gils *m.* one of the Æsir's horses (*Gylf.*; Gísl in *Grímnismál* 30, *SnE* 1848–87, II 487) v327/4

Index of Names 463

Gimir *m.* a heaven (the seventh) v516/15 (cf. Gimlé in *Vǫluspá* 64 and *Gylf.*)

Gísl Illugason *m.* Icelandic poet (fl. *c.* 1100) v407 n. (see *Gísls þáttr*, *ÍF* III 331–42; *Jóns saga helga* (see *ÍF* III cxlvii–clii; *ÍF* XV2); de Vries 1964–7, I § 114). Cf. Gils

Gizurr *m.* (svarti and/or Gullbrá(rskáld); perhaps the same man, cf. Finnur Jónsson 1920–24, I 567–8; Fidjestøl 1980, 173–80, especially 176–7 (1997, 297–8); *Hkr* II 91; listed in *Skáldatal* in U, probably by mistake, as a poet of Óláfr (5); in AM 761 4to as a poet of Óláfr (1)), Icelandic poet (d. 1030) 99/30, see note to verse 382. Cf. note to verse 4

Gjálp *f.* a giantess or troll-wife v424/1; daughter of Geirrøðr, killed by Þórr v57/4, 25/14, 26, 25/27 n., Glossary under **brúðr**, **ekkja**, **fljóð**, **kván**, **runkykvir**, **sprund**; *Gjálpar stóð* = wolves, which are the mounts of giantessess (cf. *Gylf.* ch. 49) v324/4 (subj. of *óð*) (cf. *Hyndluljóð* 37)

Gjúki *m.* father of Guðrún, Gunnarr and Hǫgni (*Vǫlsunga saga*, *PE*, *Norna-Gests þáttr*, *Flb* I 27) 47/26, 27, 48/7, 50/16, 103/12; *Gjúkasynir* 47/30 (*Norna-Gests þáttr*); *Gjúka niðjar* = Hamðir and Sǫrli v157/2; a sea-king v416/4

Gjúkungar *m. pl.* descendants of Gjúki, chs 39–43 n., v322 n.; i. e. Gunnarr and Hǫgni 47/33, 49/4 (*Norna-Gests þáttr*, *Vǫlsunga saga*, *PE* 212, 223)

Gjǫf *f.* a name for Freyja v435/5 t. n.

Gjǫll *f.* a mythical river v479/1 (*Gylf.*, *Grímnismál* 28, *Háttatal*)

Glaðr *m.* a mythical horse 90/2 (see note); as common noun for horse in kenning for wolf, *g. Gríðar* v241/3 (cf. **glaðr** and **glaðfœðandi** in Glossary; also *Gylf.*, *Grímnismál*, *Háttatal*, *SnE* 1848–87, II 487)

Glammi *m.* a sea-king v412/2; in kennings for sea, *Glamma skeið* v363/2, *Glamma slóð* v373/1, see note (*Flb* I 23, *TGT* 99)

Glámr *m.* a giant v430/8 (cf. *Grettis saga*, *Ǫrvar-Odds saga*); a name for the moon, see Glossary

Glasir *m.* a mythical tree (or grove?) 41/22, 23, v142/1; in kenning for gold 40/27, *Glasis glóbarri* (its foliage was gold) v188/5 (cf. Glasisvellir (Glæsisvellir) in *Norna-Gests þáttr*, *Flb* I 399–401, *Heiðreks saga* (see pp. 84–6), *Þorsteins þáttr bæjarmagns*, *Bósa saga*)

Glaumarr *m.* a giant v430/7

Glaumr *m.* (1) Atli Buðlason's horse v330/3 (*Atlakviða*); in kenning for ship, *Gylfa rastar G.* v259/4 (dat. obj. of *skaut*)

Glaumr m. (2) a giant (cf. Glossary); *Glaums niðjar* = giants v90/1
Gleipnir m. name of a fetter v83/1–4 n., Glossary under **harðgleipnir**
 (*Gylf.*, *SnE* 1848–87, II 431–2, 515)
Glenr m. husband of Sól (the sun) 39/2, v135/1 (*Gylf.*)
Glit f. a river v479/1
Glóð f. a river v479/2
Glúmr Geirason m. Icelandic poet, 10th century (see note to verse 6) 7/24, 12/25, 70/24, 78/30, 102/8 (*Hkr* I, *Fagrskinna*, *Laxdœla saga*, *Landnámabók*; cf. Glossary)
Glumra f. a troll-wife v423/5
Glymdrápa f. a poem by Þorbjǫrn hornklofi about King Haraldr hárfagri v219 n., v256 n. (*Hkr* I 101, II 159, *ÓH* 230; *Skj* A I 22–4)
Glær m. one of the Æsir's horses v327/5 (*Gylf.*, *Grímnismál* 30, *SnE* 1848–87, II 487)
Gná f. an Ásynja v433/6 (*Gylf.*; common in kennings, see *LP*, e. g. *Ynglingtal* 7 (*Hkr* I 33), but not in *PE*)
Gnapa f. a river v482/8 (cf. **gnap** in Glossary)
Gneip f. a troll-wife 25/27 n., v424/3; cf. Greip
Gnepja f. a troll-wife v424/3 (cf. *Skjǫldunga saga*); an axe v463/5
Gnissa f. a troll-wife v423/3
Gnitaheiðr f. a heath in Germany (?) 46/18, 28, 47/21, 48/22 (*Háttatal*, *PE*, *Vǫlsunga saga* (cf. note 3 on p. 24 there), *Norna-Gests þáttr*)
Gnoð f. name for a ship (from the gurgling noise it makes when sailing, see ÁBM) v493/1 (*ÍF* XIII 166 and n., *Sǫrla þáttr*, *Gríms saga loðinkinna*, *Egils saga einhenda* (*Fas* I 371, II 195, III 365); its owner, Gnoðar-Ásmundr, appears in various *fornaldarsögur*; cf. *Skj* A I 591, II 132, v. 8, *Edda Magnúsar Ólafssonar* 372); cf. **víngnoð** in Glossary
Gnævaðr (or Gnæfaðr) m. see under Gamli
God 78/17 n., 21 n. (see **dróttinn, gramr, guð, heilagr, hjálmr, konungr, munkr, ræsir, stillir, tiggi, valdr, vísi** in Glossary and cf. **goð**)
Goðrún (= Guðrún, q. v.) f. daughter of Gjúki v59/5 (with *sjálf*, subj. of *varð*)
Góinn m. a serpent 90/11; a sword v459/7 (*Gylf.*, *Grímnismál*, *SnE* 1848–87, II 487)
Gorr (or Górr?) m. a sea-king v413/6 (*Flb* I 22–3, *Orkneyinga saga* 3–7)
Gothormr m. (1) legendary person v172/4 (indirect obj. of *veittum*) (cf. Guttormr in *Qrvar-Odds saga*, *Sturlaugs saga*)
Gothormr m. (2) stepson of Gjúki, half-brother of Gunnarr and

Høgni 47/27, 48/25 (*PE*; Guttormr son of Gjúki in *Vǫlsunga saga*, *Norna-Gests þáttr*; cf. *Hyndluljóð* 27). Cf. Guthormr
Goti *m*. (1) Gunnarr's horse 47/35, v325/5, v330/7 (*Vǫlsunga saga*; *SnE* 1848–87, II 487). See **goti, slóðgoti** in Glossary
Goti *m*. (2) a legendary king 105/29, Glossary under **tími** (cf. *Ǫrvar-Odds saga*; = Goth? cf. **gotnar** in Glossary)
Goti *m*. (3) a wolf v514/7; cf. *flagðs goti* in *Egils saga Skalla-Grímssonar* 188
Gotland *n*. part of Denmark (Jutland?) 51/31; or Götaland or Gotland? 105/29, 30. Cf. Gautland, Reiðgotaland, and *Gylf*. 5, 6; *Hkr* I 35 n., cf. II 109
Gotnar *m. pl.* followers of King Goti 105/28 (cf. **goti, gotnar** in Glossary)
Grábakr *m*. a serpent 90/11 (*Gylf.*, *Grímnismál*)
Gráfeldardrápa f. a poem by Glúmr Geirason about King Haraldr gráfeldr v6 n., v32 n., v243 n., v279 n. (*Hkr* I, *Fagrskinna*; *Skj* A I 75–8)
Grafvitnir *m*. a snake 90/11; in kenning for gold, *Grafvitnis beðr* v183/4 (obj. of *mólu*), *Grafvitnis dúnn* v188/8 (*Gylf.*, *Grímnismál*)
Gramr *m*. (1) a sword 46/24, 48/2, 27, v451/5 (*PE*, *Vǫlsunga saga*, *Norna-Gests þáttr*; name of a dog in *Hrólfs saga kraka* and *Þorsteins saga Víkingssonar*; in *Gylf*. as variant to Garmr)
Gramr *m*. (2) son of Hálfdan gamli 101/20 (*Flb* I 25; cf. **gramr (2)** in Glossary)
Grani *m*. (1) Sigurðr Fáfnisbani's horse 47/18, 19, 21, 37, 48/1, v330/8; its burden or cargo was gold v188/6, v199/4 (see ch. 40) (*PE*, *Vǫlsunga saga*, *Norna-Gests þáttr*, *Háttatal*; *SnE* 1848–87, II 487)
Grani *m*. (2) Icelandic poet, 11th century 97/28, 103/24 (the surname *skáld* in *Skáldatal*, *SnE* 1848–87, III 275)
Grár *m*. a rider v328–30 n.
Greenland v125 n.
Grégóríús Dagsson *m*. a twelfth-century Norwegian chieftain v320 n. (*Hkr* III, *Fagrskinna*)
Greip *f*. a giantess, daughter of Geirrøðr 25/26, 25/27 n. (here Gneip, q. v.), Glossary under **ekkja, fljóð, kván, runkykvir, sprund**; as a general term for giantess, in kenning for Þjazi, *son biðils Greipar*, son of a giant v104/4 (cf. *Hyndluljóð* 37, *Hjálmþés saga*)
Grendel, a monster v55–6 n. (*Beowulf*)

Grettir Ásmundarson *m*. Icelandic hero, 11th century 68/23, v231 n., 69/5 (*Grettis saga, Fóstbrœðra saga*)
Gríðarvǫlr *m*. 'Gríðr's pole' 25/3, 5 (dat. -*vǫl*), 24, Glossary under **hógbrotningr**
Gríðr *f*. a giantess or troll-wife v423/3; mother of Óðinn's son Viðarr 24/37, v81/8 (cf. note to 30/10 and Gerðr); a giantess or troll-wife's steed (Glaðr) is the wolf (cf. *Gylf*. ch. 49), in kenning for war-leader, *glaðfœðandi Gríðar* v241/3; in kenning for axe, troll-wife or enemy of the helmet, *Gríðr fjǫrnis* v245/2 (gen. with *brá*) (*Illuga saga Gríðarfóstra*; cf. **glaðfœðandi** and **ranngríð** in Glossary)
Gríkir, Grikkir *m*. *pl*. Greeks 78/3, v275 n., v275/3 (gen. with *vǫrð*), 78/19 (*Hkr* III, *Ǫrvar-Odds saga*; Girkir in *Fagrskinna*)
Grikland *n*. Greece 76/24 (*Hkr* II, III, *Ǫrvar-Odds saga, Sǫrla saga sterka*; Girkland in *Heimslýsing* in *Hauksbók* 151, *Fagrskinna*)
Gríma *f*. a troll-wife v423/6 (the name is used for various female characters in *fornaldarsögur*; cf. Glossary)
Grímhildr *f*. wife of Gjúki 47/26 (*PE, Vǫlsunga saga*)
Grimlingr *m*. a giant v431/7
Grímnir *m*. a name of Óðinn (*Gylf., Grímnismál*), in kennings for poetry, *gjǫf Grímnis* v39/3, *granstraumar Grímnis* v75/5; a giant (cf. *Hrólfs saga Gautrekssonar*; **sef-Grímnir** in Index and Glossary) v417/6, v430/7; a goat v508/1
Grímr *m*. a goat v508/6 (*Droplaugarsona saga, ÍF* XI 177; a name for Óðinn and for a dwarf in *þulur, SnE* 1848–87, 469, 472; cf. Glossary)
Grísnir *m*. see **sef-Grímnir** in Glossary
Grjótbjǫrn *m*. pun on the name of Arinbjǫrn Þórisson, Norwegian chieftain (*hersir*), friend of Egill Skalla-Grímsson: *grjót* n. 'stones' (collective); *arinn* m. 'hearth', made of stones v60/1 (obj. of *hefr gœddan*; cf. v60 n.)
Grjótún *n*. *pl*. (i. e. Grjót-tún, stones-dwelling; cf. ÁBM) v65/3 n.; *Grjótúna haugr* v65/4 (mound = hill? or burial mound as dwelling of giants?)
Grjótúnagarðar *m*. *pl*. 'stones-dwellings courts', where Hrungnir lives 21/8, 19, 26 (or -*garðar* may imply 'enclosure' or 'frontier').
Dwellings in stony places are traditionally the homes of giants
Gróa *f*. a witch 22/21, 23, 29, Glossary under **ǫl-Gefjun**; name of a sword v451/5 (cf. *Grógaldr*; *Gǫngu-Hrólfs saga*; Saxo Grammaticus 1979–80, II 27). Cf. **gróa** in Glossary
Grottasǫngr *m*. an eddic-type poem, supposed to have been first

Index of Names 467

recited by Fenja and Menja while they worked the mill Grotti 52/14, v159–82 n.

Grotti *m*. a hand-mill 52/10, 17, v168/1; Glossary under **dólg, sjǫtull, vita**; in kenning for the (churning) sea v133/1 (obj. of *hrœra*; see note) (*Háttatal*)

Grottintanna *f*. a troll-wife v423/8

Grund *f*. personification of the earth, see Glossary

Grýla *f*. a troll-wife v423/4; name for a fox (vixen) v412–517 n. (*SnE* 1848–87, II 490; see Glossary)

Guð *m*. see God and **guð (1)** in Glossary

Guðmundr *m*. a sea-king v412/5 (cf. *Helgakviða Hundingsbana* I and II; Guðmundr, Goðmundr in *Flb* I 24, *Ǫrvar-Odds saga, Heiðreks saga* (see Appendix B), *Norna-Gests þáttr* etc.)

Guðný Gjúkadóttir *f*. 47/27 (*Flb* I 27; not in *PE* or *Vǫlsunga saga*)

Guðrún Gjúkadóttir *f*. v59 n. (see under Goðrún), 47/27, 28, 48/8, 9, 12, 19, 32, 49/5, 7, 34, Glossary under **sonr** (*PE, Vǫlsunga saga, Norna-Gests þáttr, Flb* I 27)

Gullfaxi *m*. Hrungnir's horse, afterwards Magni's 20/25, 22/16, v326/6. Cf. Gullinfaxi, *SnE* 1848–87, II 487

Gullinbusti *m*. a boar ('golden bristle(d)') 18/27 (Gullinbursti in *Gylf*.; cf. *Hyndluljóð* 7)

Gullinn, Gullir *m*. a horse v327/6 t. n.

Gulltoppr *m*. Heimdallr's horse 19/14, v325/5 (*Gylf., Grímnismál* 30, *SnE* 1848–87, II 487)

Guma *f*. a troll-wife v423/7

Gungnir (often written Gugnir) *m*. Óðinn's spear v21/4, 41/35, 42/20, v464/8 (*Gylf., Sigrdrífumál, Háttatal, TGT* 86–7)

Gunnarr Gjúkason *m*. v75/2 n., 47/27, 29, 30, 34, 36, 48/6, 14, 17, 19, 22, 23, 30, 34, 37, 38, 49/4, 18, v330/7 (*PE, Vǫlsunga saga, Norna-Gests þáttr, Flb* I 27)

Gunnhildarsynir *m. pl.* the sons of Queen Gunnhildr and Eiríkr blóðøx: Glossary under **jarðráðendr** (*Hkr* I, *Fagrskinna*)

Gunnhildr *f*. wife of Eiríkr blóðøx v20 n., v36 n., v117 n. (*Hkr* I, *Fagrskinna, Egils saga Skalla-Grímssonar, Njáls saga*)

Gunnlaugr *m*. ormstunga ('serpent-tongue') Icelandic poet (d. *c*. 1009) v113 n., 63/18 (*Gunnlaugs saga, Egils saga Skalla-Grímssonar, Landnámabók*)

Gunnlǫð *f*. a giantess 4/1, 35, 30/10, 35/20; the kenning for Óðinn, *farmr Gunnlaðar arma* v13/2 refers to 4/35 (*Hávamál*)

Gunnr *f.* a valkyrie; though in kennings it may be the common noun *gunnr* f. 'battle': *Gunnar hyrr* = sword, *Gunnar hyrrunnar* = warriors v221/4 (dat. with *þótta*); *Gunnar gnýr* = battle v227/3; cf. v80/1–4 n., v147/6. See **gunnr, svanr** in Glossary and Guðr, Gunnr in *Gylf.*, *Helgakviða Hundingsbana* II, *Vǫluspá*, *SnE* 1848–87, II 490

Gunnþró (or -þrá) *f.* a river v483/4 (*Gylf.* 9, 33, *Grímnismál* 27)

Gusir *m.* a legendary king of Lapps in Finnmǫrk in *Ketils saga hœngs* and *Ǫrvar-Odds saga* who had had some magic arrows; *Gusis smíði* an arrow v466/4; one was called Flaug 'flight', *flaug* also means 'flag' or 'weather-vane', see Glossary, **flaug** (1) and (2), **flug, nautr** (2), **skautbjǫrn**, so *Gusis nautr* v363/4 = flag (gen. pl. with *skautbjǫrn*; see note) (cf. *Gríms saga loðinkinna*, *Ǫrvar-Odds saga*); Gusir's other arrows were Hremsa and Fífa (qq. v.; cf. Jólfr); a giant v431/7

Guthormr sindri *m.* Norwegian poet, early 10th century v402 n. (*Hkr* I, *ÓH*; cf. Gothormr). See Sindri

Gylfi *m.* (1) a sea-king 75/3, v412/8; *Gylfa rǫst* = the sea v259/3 (cf. *Gylf.*, *Hkr* I, *Flb* I 23; Gylfir in *TGT* 99)

Gylfi *m.* (2) son of Hálfdan gamli 101/20 (see Glossary; *Flb* I 25)

Gyllir *m.* one of the Æsir's horses v327/6 (v. l. Gullir, Gullinn) (*Gylf.*, *Grímnismál* 30, *Háttatal*, *SnE* 1848–87, II 487); a giant v430/6

Gymir *m.* a giant, father of Gerðr v417/8 (*Gylf.*, *Skírnismál*, *Lokasenna* 42, *Hyndluljóð* 30); a name for Ægir, whose wife is Rán, q. v. v126/4, 37/18 (*Lokasenna* prose). Cf. **gymir** in Glossary

Gœir *m.* a sea-king v413/1

Gǫmul *f.* a river v484/5 ('old') (*Gylf.*, *Grímnismál*)

Gǫndul *f.* a valkyrie v7/1, v436/3; in kennings for battle, *glymvindr Gǫndlar* (i. e. storm of missiles) v222/1, *glymr Gǫndlar* v225/1; for raven, *Gǫndlar skúfr* v357 n.; cf. Glossary under **grindlogi** (*Háttatal*, *Vǫluspá*, *SnE* 1848–87, II 490; cf. *Sǫrla þáttr*)

Göta river see Elfr

Gørsemi see Gersimi

Haddingjar *m. pl.* legendary heroes v5/4; it is unclear whether they are part of the kenning for blood (beer of the shags of the corpses (or flower) of H.), or whether they are supposed to be the source of the blood shed by Sigurðr (beer of the shags, i. e. blood, of the flower of the H.); but perhaps the kenning for blood is 'beer of the

Index of Names 469

corpse-shags', and *Haddingja* is dependent on *bjór*; *skati Haddingja* v328/8 is presumably the same as Helgi Haddingjaskaði (*PE* 161, cf. 228, 292; Gering and Sijmons 1927–31, I 385, II 134; *Vǫlsunga saga*; *Heiðreks saga*, *Qrvar-Odds saga*, *Flb* I 24–5; Saxo Grammaticus 1979–80, I 12–13, 153, II 90)

Háey *f.* Hoy (Orkney) 72/9, Glossary under **hólmr** (*Sǫrla þáttr*, *Orkneyinga saga*)

Háfeti *m.* a horse v328/3 t. n.

Hafli *m.* a giant v417/7 (Saxo Grammaticus 1979–80, I 21, II 29; *Grettis saga* 156)

Hafrsfjǫrðr *m.* a fiord in south-west Norway (Hafsfjord) v9 n. (*Hkr* I, *Fagrskinna*, *Egils saga Skalla-Grímssonar*)

Hagbarðr *m.* legendary king, son of Hámundr 103/11 (*Vǫlsunga saga* 45; *Flb* I 26, *Hkr* I 43; Saxo Grammaticus 1979–80, Book 7); a sea-king v413/7 (the same person? cf. *Vǫlsunga saga* 15 (H. Hundingsson), *TGT* 99)

Haki *m.* a sea-king, brother of Hagbarðr v328/4, v372 n., v372/1, v413/7; in kenning for ship, *Haka vagn* v67/6, see note (cf. Saxo Grammaticus 1979–80, Book 7 (see II 113); *Háttatal*, *Hkr* I 43– 5, 46 n., *Hyndluljóð* 32, *Vǫlsunga saga*, *Hálfs saga*, *TGT* 99; the name is common in *fornaldarsögur*)

Hákon *m.* (1) (Hákun) inn góði, Aðalsteinsfóstri, king of Norway, (d. *c.* 961) v7 n., v117 n., v143/4 (gen. with *aldr*), v185/4, Glossary under **gylfi**, **konungr** (*Hkr* I, *Fagrskinna*, *Egils saga Skalla-Grímssonar*)

Hákon *m.* (2) (Hákun) Sigurðarson, inn ríki, earl who ruled in Norway *c.* 974–995, v5 n., v10 n., v12 n., v18 n., v21 n., v73–91 n., v228 n., v292 n. (see under Haraldr (1)), 82/6, v301 n. (see under Sigrøðr), v306/2, v334 n.; cf. v36/2 and note and **mærr** in Glossary; Glossary under **allvaldr**, **brak-Rǫgnir**, **fleygjandi**, **fold**, **gramr**, **grund**, **herstefnandi**, **hljótr**, **jarl**, **jǫfurr**, **konr**, **konungr**, **menþverrir**, **óþyrmir**, **rúni**, **rœkilundr**, **sonr**, **spjalli**, **stefnir**, **stillir**, **vísi**, **vǫrðr**, **þengill**, **þiggja**, **ǫrþeysir** (*Hkr* I, *Fagrskinna*, *Egils saga Skalla-Grímssonar*, *Jómsvíkinga saga*)

Hákon *m.* (3) galinn (d. 1216) v263 n. (*Sturl.*, *Hákonar saga*)

Hákon *m.* (4) Grjótgarðsson, earl in Norway (9th century) v301 n. (v. l. in A); Glossary under **sannreynir**, see under Haraldr (1) (*Hkr* I, *Fagrskinna*, *Egils saga Skalla-Grímssonar*)

Hákonardrápa *f.* a poem by Hallfrøðr about Hákon (2) v10 n., v118–19 n., v212 n., v229–30 n., v248 n., v288 n. (*Skj* A I 155–6; cf. *Hallfreðar saga* 151)

Hákonarmál n. pl. a poem by Eyvindr skáldaspillir about Hákon (1) v7 n., v11 n., v393 n. (*Hkr* I 186, 193; *Skj* A I 64–8)

Hákun see Hákon

Hála f. a troll-wife v424/4 (cf. *Helgakviða Hundingsbana* I 54, *Helgakviða Hjǫrvarðssonar* 16, 18)

Háleygjatal n. a poem by Eyvindr skáldaspillir for Earl Hákon (2) v5 n., v23 n., v33 n., v61 n. (*Gylf.* Prologue, *Hkr* I 4, *ÓH* 4, *Ágrip*, *Fagrskinna*; *Skj* A I 68–71; *Háleygjadrápa* in *Flb*)

Hálfdan m. (1) gamli, legendary king 101/10, 103/1 (*Flb* I 25, 27; cf. *Helgakviða Hundingsbana* II prose (*PE* 161), *Hyndluljóð* 14; Healf-Dene (sg.) in *Beowulf*)

Hálfdan m. (2) inn mildi (ok inn matarilli), descendant of Bragi (3) 103/5 (cf. *Ynglinga saga*, *Hkr* I 78–9, *Íslendingabók*; *Flb* I 26–8)

Hálfdan m. (3) svarti (Guðrøðarson), king in Norway, 9th century 103/12 (*Hkr* I 80, *Fagrskinna*, *Flb* 26, 28, *Íslendingabók*)

Hálfdan m. (4) svarti Haraldsson v402 n. (*Hkr* I, *Fagrskinna*)

Hálfdanar m. pl. Half-Danes v180/3 (acc. with *hefna við*; cf. Noreen 1923, § 386.2: the form could be acc. sg. of Hálfdani). Cf. Healf-Dene (pl.) in *Beowulf*

Hálfr m. legendary king 39/19, 105/19 (*Hálfs saga ok Hálfsrekka* (on his death see chs 12–13), *Norna-Gests þáttr*, *Flb* I 23, *Tóka þáttr*); a sea-king v413/5 (the same person?) (cf. *Guðrúnarkviða* II 13, *Hyndluljóð* 19 v. l., *Vǫlsunga saga*)

Hallar-Steinn m. Icelandic poet, 12th century 63/8, 23. See also Steinn (1) and note to verse 201

Halldórr m. (1) ókristni, Icelandic poet, early 11th century: see Leggbiti below

Halldórr m. (2) skvaldri, Icelandic poet, 12th century 98/28 (v. l. Skúlason), v379 n.

Hallfrøðr m. Óttarsson vandræðaskáld ('troublesome poet'), Icelandic poet (d. c. 1007) 8/17, v10 n., 35/27, 36/14, 65/10, 68/13, 71/21, 81/11, 26, 102/21, v397 n. (*Hallfreðar saga*, *Hkr* I, *Fagrskinna*)

Hallinskíði m. a ram v507/5 (a name for Heimdallr in *Gylf.*) (cf. Heimdali)

Hallr m. (Snorrason), Icelandic poet, 12th century 88/9 (*Sverris saga* 1920, 72)

Hallvarðr m. (Háreksblesi), Icelandic poet, 11th century 35/11, v115 n.,

70/6, 74/24, 75/16, v311 n., 93/18, 100/28 (*Knýtlinga saga, Hkr* II, *ÓH*); cf. Haraldr (2) 86/1 and t. n.

Hálogaland *n.* Hálogaland (cf. Helgeland, northern Norway) 60/10. The name is not derived from the personal name Hǫlgi; cf. also *Þorsteins saga Víkingssonar* (*Fas* III 1)

Hamðir *m.* son of Guðrún and Jónakr v24 n., v59/4 (subj. of *spara*), 49/17, 38, 50/11, 15, 28, v156/6 (*þeir H. ok Sǫrli* are subj. of *urðu barðir*), Glossary under **barmi**, **birki**, **niðr (1)**, **sonr**, **vilja**; in kenning for coat of mail, *Hamðis skyrta* 68/13, v229/3 (*Háttatal*, *Hamðismál*, *Vǫlsunga saga*)

Hamðismál *n. pl.* eddic poem v24 n. (*PE* 269–74)

Hangagoð *n.* god of the hanged, i. e. Óðinn, lord of Valhǫll, to receive whose hospitality is to die in battle v2/4, Glossary under **heimboð** (*Gylf.*)

Hangatýr *m.* Óðinn 5/23 (cf. Týr and Glossary under **týr**); in kenning for helmets v3/2

Hangi *m.* a name of Óðinn ('hanged one'; cf. *Hávamál* 138); in kenning for coat of mail, *Hanga hrynserkr* v228/1, for raven or eagle, *Hanga gagl* v248/3 (could be a common noun here, as perhaps elsewhere in skaldic verse, see *LP*)

Hapt *n.* ?a name for Þjálfi, see Glossary and note to verse 75/2

Haraldr *m.* (1) hárfagri, Norwegian king (*c.* 885–935) v9 n., v29 n., v219 n., v292/4 (probably; or conceivably Haraldr (8) gráfeldr; his *sannreynir* (friend, earl) is Hákon Grjótgarðsson or his son Earl Sigurðr Hákonarson; the son referred to would then be either Sigurðr Hákonarson or his son Hákon; see note), v345 n., v402 n. and Glossary under **barnungr**, **bragningr**, **gramr**, **harðráðr**, **hrjóðr (1)**, **konungr**, **mannskœðr**, **mœtir**, **nadd-Freyr**, **sannreynir**, **sonr** (*Hkr* I, *Fagrskinna*, *Egils saga Skalla-Grímssonar*)

Haraldr *m.* (2) a poet, perhaps a mistake for Hallvarðr 86/1 (see note to v311)

Haraldr *m.* (3) blátǫnn, Gormsson, king of Denmark (d. *c.* 986): Glossary under **jǫfurr**, **landfrœkn**, **ógnherðir**, **ræsir**, **spjalli**. Cf. v192/1 and note, and see under Lund (*Knýtlinga saga, Hkr* I, *Fagrskinna, Ágrip*)

Haraldr *m.* (4) inn granrauði 103/11 (Norwegian king in prehistoric times; *Hkr* I 79; apparently nicknamed *grenski* in *Flb* I 26)

Haraldr *m.* (5) Sigurðarson harðráði ('harsh ruler'; king of Norway 1046–66) v120 n., 75/16, v261 n., v275 n., 80/21, 82/7 (cf. v293/1:

Óláfr kyrri's father), v293–5 n., v294 n., v295/4 (his brother's son was Magnús góði), v309 n., v322 n., v353 n., v355 n., v358 n., v373 n., v378 n., v396 n., v404 n; Glossary under **beinir, bragningr, drengr, dróttinn, døglingr, glǫðuðr, gramr, greddir, hilmir, hirð, hlýri, hneykir, jǫfurr, konr, konungr, landreki, lofðungr, meiðir, siklingr, skilfingr, skyndir, sonr, stjóri, víkingr, vísi, yngvi** (*Hkr* III, *Fagrskinna, Morkinskinna*)

Haraldr *m*. (6) hilditǫnn ('war-tooth'), Danish king in legendary times v192 n., v330/6? (*Hyndluljóð* 28, *Flb* I 27–8, *Skjǫldunga saga* (see *ÍF* XXXV 49 n., *Ragnars saga, Bósa saga*; Saxo Grammaticus 1979–80, Books 7 and 8). Cf. Hilditannr

Haraldr *m*. (7) Magnússon gilli (d. 1136) v312 n., v399 n., Glossary under **døglingr, hildingr** (*Hkr* III, *Fagrskinna*)

Haraldr *m*. (8) gráfeldr, king of Norway (d. *c*. 975) v6 n., v12 n., v249 n., v292/4? (see Haraldr (1)), Glossary under **fold, grund, hilmir, landvǫrðr, sannreynir** (?), **sonr** (?), **sœkiálfr, vǫrðr** (*Hkr* I, *Fagrskinna*). See under Ullr

Haraldskvæði n. a poem by Þorbjǫrn (2) about Haraldr (1) v9 n. (sometimes called *Hrafnsmál*; neither name is found in medieval manuscripts; *Skj* A I 24–9)

Harðgreip *f*. a troll-wife v424/6 (Saxo Grammaticus 1979–80, I 22, II 29)

Harðgreipr *m*. a giant v431/1

Harðvéorr *m*. a name for Þórr v428/6

Harðverkr *m*. a giant v418/1

Hárekr *m*. unknown battle-leader v22/4; a sea-king v413/6 (the name of several characters in *fornaldarsögur*)

Hárr *m*. a name of Óðinn ('hoary', see Glossary); in kennings for (the mead of) poetry v33/2, for battle, *Hárs drífa* v214/2 (gen. with *askr*, see note; perhaps should be *Háars*, see v143 n.), *Hárs veðr* v220/2, *Hárs róma* v223/3 (dat., in battle, or gen. with *skúrir* (or with *sómmiðjungum, NN* 412); less likely to be *Hárr rómu*, kenning for warrior; see note) (Hár, Hávi = 'high' in *Gylf*.; cf. *Háttatal, Vǫluspá, Grímnismál* 46, *Flb* II 49, *Ágrip* 3; also a dwarf-name in *Vǫluspá*)

Harri (Herra) *m*. son of Hálfdan gamli 101/21 (*Flb* I 25; cf. **harri, herra** in Glossary)

Hástigi *m*. a giant v418/2 (name of a horse in *SnE* 1848–87, II 487; cf. *Hjálmþés saga*)

Index of Names

Hati *m*. (Hróðvitnisson) a mythical wolf (*Gylf.*, *Grímnismál* 39; Hatti in *Heiðreks saga* in *Hauksbók* 367; a giant in *Helgakviða Hjǫrvarðssonar*) v514/3

Háttatal n. poem by Snorri Sturluson in the third part of his *Edda* 5/13 n., v517/8 t. n.

Haustlǫng f. a poem by Þjóðólfr hvinverski ('autumn-long') 1/31 n., 20/2–4 n., 22/33, v65–71 n., 30/22, v92–104 n. (*Skj* A I 16–20; cf. Turville-Petre 1976, 8)

Hávarðr halti (Ísfirðingr) *m*. Icelandic poet, fl. *c*. 1000 (*Hávarðar saga, Landnámabók*) 6/37, v2 n.

Heðinn *m*. Hjarrandason, legendary king 72/3, 6, 8, 10, 11, 12, 13, 16 and note, 21, v250 n., v252/6 (obj. of *sóttu*), Glossary under **boði (2), jǫfurr, reik, skálleikr, støkkvir, veðr (1)**; see under Viðrir; in kenning for battle, *skálleikr Heðins reikar* v83/8 (*Háttatal, Sǫrla þáttr, Gǫngu-Hrólfs saga, Háttalykill* 23 (pp. 26–7))

Hefring *f*. daughter of Ægir, personification of a wave 36/26, 95/8, v357 n., 95/12, v478/1 (*SnE* 1848–87, II 493)

Hegranessþing *n*. v231 n. (*Grettis saga*)

Heiði *m*. a sea-king, in kenning for waves, *Heiða fannir* v266/3 (cf. Heiti (so U))

Heiðornir *m*. a heaven v516/5 t. n.; see Heiðþyrnir

Heiðrekr *m*. a giant; used as a common noun (= Geirrøðr) v89/2 (gen. with *hǫfði*—or with *hǫll*?) (perhaps a description, 'heath-king', rather than a name; but there are characters of this name in *Heiðreks saga, Sǫrla þáttr, Þorsteins þáttr bæjarmagns, Flb* I 27)

Heiðrún *f*. a mythical (she-)goat v509/1 (*Gylf., Grímnismál, Hyndluljóð*)

Heiðþyrnir *m*. a heaven = Vindbláinn v516/5 (cf. **heiðþornir** in Glossary and see t. n.)

Heimdalargaldr m. 'Heimdallr's spell', a lost poem 19/12 (see *Gylf*. 26)

Heimdali *m*. a ram v507/7 (cf. Hallinskíði)

Heimdal(l)r *m*. a god 1/9, v8 n., v19/4 (subj. of *ríðr*), 19/9, 14, 20/6 n., v64 n., 20/16, 108/8–9 n., v429/9, v432/6, Glossary under **mǫgr, ráðgegninn, rein, vári** (*Gylf., PE, Hkr* I 16, *Skjǫldunga saga*). Note inflexion: gen. *Heimdalar* 19/11, 13, 108/8, 9; *Heimdala* 20/6 may be a weak form (cf. Heimdali).

Heimir í Hlymdǫlum *m*. 50/17 (elliptical gen., i. e. at his home) (*Vǫlsunga saga, Ragnars saga, Hálfdanar saga Eysteinssonar, Grípisspá*)

Heinir *m. pl*. people of Heiðmǫrk (Hedmark) in Norway v376/3 (gen. with *heit*) (*Hkr* II 69, III 166)

Heiti *m*. a sea-king v414/4; in kennings for ship, *Heita hrafn* v130/3, *Heita blakkr* v194/3; *Heita konr* v296/1 (= Earl Rǫgnvaldr) perhaps means spiritual descendant of Heiti (cf. Glossary under **konr, ætt**), i. e. brave sea-warrior (*TGT* 99, *Flb* I 23, *Orkneyinga saga* 6). Cf. Heiði

Hektor *m*. see Ektor

Hel *f*. the abode of the dead 22/12, v332/6, v380/2, Glossary under **ljósta**; daughter of Loki, presiding over the world of the dead 17/30, 19/30, 20/1, v91/1 t. n., v214 n., Glossary under **lifra, sinna (1), úlfr** (*Gylf*., *PE*, *Vǫlsunga saga*)

Helblindi *m*. Loki's brother 19/36 (*Gylf*.; also a name of Óðinn in *Gylf*. and *Grímnismál* 46, cf. 20/2 n.)

Helga in fagra *f*. v202 n., Glossary under **lág, runnr, rýgr** (*Gunnlaugs saga*)

Helgi Haddingjaskati (or -skaði) *m*. see Haddingjar and **skaði, skati** in Glossary

Helreginn *m*. a giant v431/9

Hélugbarði *m*. 'icy-prowed', name for a ship v492/4. Cf. Barðkaldr

Hemlir *m*. a sea-king v413/5

Hengikepta *f*. a troll-wife v424/2

Hengikjǫptr *m*. 52/10 (a name of Óðinn, *SnE* 1848–87, II 472, 555)

Hengjankjapta *f*. a giantess or troll-wife killed by Þórr v58/5

Hergautr *m*. ('host-Gautr') a name for Óðinn (*Egils saga Skalla-Grímssonar* 250, *Sonatorrek* 11, though here it could be a kenning for warrior); *Hergauts vina* = Jǫrð, i.e. *jǫrð*, the earth, in kenning for stones (*ofljóst*) v156/8. Cf. Gautr

Herkir *m*. a giant v418/3 (= fire, *SnE* 1848–87, II 569; name of a berserk in *Gǫngu-Hrólfs saga*)

Herkja *f*. a troll-wife v425/2. Cf. *Guðrúnarkviða* II–III

Hermóðr *m*. an Áss, son of Óðinn v11/1, v429/6; in kenning for warrior, *sigðis látrs H*. v195/4 (subj. of *átti*) (*Gylf*. (see Index there), *Skjǫldunga saga*; cf. *Flb* I 28, *Hynduljóð*)

Hermundr (Illugason) *m*. brother of Gunnlaugr ormstunga v113/2 and note (*Landnámabók, Gunnlaugs saga, Heiðarvíga saga*)

Herra *m*. 101/22: see Harri (cf. Herran, a name for Óðinn in *Gylf*., and **herra** in Glossary)

Hertýr *m*. a name of Óðinn (host-god; cf. **týr** in Glossary): in kenning for the mead of poetry, *Hertýs vín* v18/2

Hildigǫltr *m*. or Hildisvín *n*. a helmet 58/34, 37, v473/1 ('battle-boar, -swine') (*Skjǫldunga saga*; cf. *Hynduljóð* 7, *Háttatal* 2)

Hildingar *m. pl.* descendants of Hildir 103/1, 11. Cf. **hildingr** in Glossary
Hildir *m.* son of Hálfdan gamli 103/1 (*Flb* I 25)
Hildisvín *n.* a helmet, see Hildigǫltr
Hildisvíni *m.* a boar 42/2–6 n. (*Hyndluljóð* 7)
Hilditannr *m.* Haraldr hilditǫnn ('war-tooth'), Hræreksson, Danish king in legendary times; *ætt Hilditanns* = the line of Danish kings v299/4 (cf. the verse by Snorri in *TGT* 31, 116–17, *Hákonar saga* 173). See Haraldr (6) hilditǫnn
Hildólfr *m.* a son of Óðinn v429/5 (cf. *Hárbarðsljóð* 8)
Hildr *f.* (1) a valkyrie v214 n., v436/3, Glossary under **hjaldrgegnir**; = Brynhildr 47/24 (cf. *Helreið* 7); in kennings for battle, *Hildar hjaldr* 'Hildr's noise' v39/1 t. n., for shield, *Hildar segl* v222/3, *Hildar veggr* v231/3 (gen. with *hregg-Nirðir*), 69/5, *Hildar ský* v403/3, for giantess, *fjalla H.* v242/3 (subj. of *lét*). Cf. *Gylf.*, *Háttatal* 49, 54, *Vǫluspá* 30, *Grímnismál* 36, *SnE* 1848–87, II 490 and **hildr** in Glossary. Hildr (1) and Hildr (2) are not always distinct, and in some kennings the word may be the common noun *hildr* f. 'battle', see Glossary
Hildr *f.* (2) Hǫgnadóttir 72/3, 10, 24, v252/7 (gen. with *hringa*, i. e. from H.), v266 n., Glossary under **bœti-Þrúðr**, **hringr** (4), **hristi-Sif**, **mær**, **ofþerrir**, **ósk-Rán** (*Sǫrla þáttr*; cf. *Helgakviða Hundingsbana* II 29 and *Háttatal* 49); in kenning for shield 70/5. Cf. Hildr (1)
Hilmir *m.* son of Hálfdan gamli 101/20 (*Flb* I 25; cf. Glossary)
Himinglæva *f.* daughter of Ægir, personification of a wave 36/25, 95/8, v357/2 (subj. of *æsir*), 95/12, v478/4 (*Háttatal*, *SnE* 1848–87, II 493)
Himinhrjótr *m.* an ox v331/5 (v. l. Himinhrjóðr, Himins hrjótr), v504/1 ('heaven-snorter'? See *Gylf.* ch. 48)
Hindafjall *n.* a mountain 47/31 ('hind-fell'; Hindarfjall in *Vǫlsunga saga*)
Hísing *f.* island in the estuary of the Göta river v377/3 (*Hkr* III, *Fagrskinna*)
Hjaðningar *m. pl.* followers of Heðinn 72/1 (in kenning for battle), 30; in kenning for weapons, *Hjaðninga eldar eða vendir* 72/1–2 (complement, see Glossary under **vápn**); in kenning for gold, *grjót Hjaðninga* v204/4 (possibly on the analogy of *grjót handar*, the Hjaðnings being perhaps particularly renowned for their use of jewellery, though according to the story in ch. 50 it ought to mean 'weapons' or 'shields'; Kock, *NN* 3240, points out that the reference could be to a shield-maiden) (*Háttatal*, *Háttalykill* 23 (p. 26))

Hjaðningavíg *n*. the Hjaðnings' battle v24 n., 72/23 (*Sǫrla þáttr*)
Hjálmarr *m*. a sea-king v414/5 (cf. *Heiðreks saga, Qrvar-Odds saga*)
Hjálmr *m*. a legendary person v328/3 t. n. (cf. *Ketils saga hœngs, Orms þáttr* in *ÍF* XIII 413)
Hjálmunlá *f*. a river v482/3 (= wave in Sighvatr's *Knútsdrápa, Fagrskinna* 185)
Hjálmþér *m*. a legendary person v328/3 (cf. *Flb* I 26; *Hjálmþés saga*)
Hjálprekr *m*. legendary king 46/20 (*PE* prose, *Vǫlsunga saga, Norna-Gests þáttr*; cf. *Þiðreks saga*)
Hjalti *m*. (1) hugprúði, a berserk 58/31 (cf. *Hrólfs saga kraka*, especially p. 85; *Tóka þáttr* in *Flb* II 221)
Hjalti *m*. (2) Skeggjason v369 n. (*Íslendingabók, Njáls saga*)
Hjaltland *n*. Shetland, q. v. (*Orkneyinga saga*); harri Hjaltlands = Earl Þorfinnr v384/2
Hjarðarholt *n*. a farmstead in western Iceland v8 n. (*Laxdœla saga*)
Hjarrandi *m*. a name of Óðinn (*þula* in A and B, *SnE* 1848–87 II 472, 555), in kenning for shields, *hurðir Hjarranda* v254/6 (no connection here with Hjarrandi father of Heðinn 72/4) (*Háttatal*)
Hjǫrdís *f*. mother of Sigurðr Fáfnisbani 46/22 (*PE* 163–4, *Vǫlsunga saga, Flb* I 26, *Norna-Gests þáttr, Hyndluljóð* 26)
Hjǫrn *f*. a name for Freyja v435/4 (v. l. Hǫrn, q. v.)
Hjǫrólfr *m*. a sea-king v414/1 (cf. *Hálfs saga, Qrvar-Odds saga*)
Hjǫrungavágr *m*. Liavåg in western Norway, site of a battle *c*. 980: Glossary under **gnýr, sunnan** (*Hkr* I, *Fagrskinna, Knýtlinga saga, Jómsvíkinga saga*)
Hleiðr(a) *f*. Lejre, a place in Sjælland, seat of the Danish kings in prehistoric times v178/2, 58/12 (*Ragnars sona þáttr* (*Hauksbók* 459), *Skjǫldunga saga*; cf. Hleiðargarðr in *Hrólfs saga kraka*)
Hlér *m*. alternative name for Ægir 1/2, 37/18, 39/13–15 n. (*Flb* I 22, *Orkneyinga saga* 3–4; *Hlés brúðir* in *Heiðreks saga* 40). Cf. Glossary
Hlésey ('Hlér's island', = Læsø in the Kattegat off Denmark; cf. *hlér* in ÁBM) 1/2 (*Hárbarðsljóð* 37, *Helgakviða Hundingsbana* II, *Oddrúnargrátr*; *Orkneyinga saga* 4, *Knýtlinga saga, Qrvar-Odds saga, Gǫngu-Hrólfs saga*)
Hliðr *m*. an ox v504/5 (perhaps a common noun; cf. 109/18, v503/8), cf. v512/2. See Glossary under **hlið**r and **røkkvihliðr**
Hliðskjálf *f*. Óðinn's watchtower; *Hliðskjálfar gramr* is Óðinn (cf. *Hallfreðar saga* 157, verse 9) v22/2 (*Gylf.*, *Grímnismál* prose, *Skírnismál* prose; cf. *liðskjálfar, Atlakviða* 14)

Index of Names

Hlín *f.* an Ásynja v434/1 (perhaps a name for Frigg; *Gylf.* (see note there to 52/5), *Vǫluspá* 53; cf. *SnE* 1848–87, II 490)

Hlói *m.* a giant v431/8

Hlóra *f.* Þórr's foster-mother 14/30 (v. l. Lora; cf. Glora, Lora in *Gylf.*)

Hlórriði *m.* a name for Þórr v428/5 (*Hymiskviða, Þrymskviða, Lokasenna* 54, *Gautreks saga, Vellekla* in *Hkr* I 242; cf. Loriði in *Gylf.* Prologue, Hlóriði in *Flb* I 28)

Hlymdalir *m. pl.* a legendary place 50/18 (*Helreið*; see *Vǫlsunga saga, Ragnars saga*)

Hlýrnir *m.* a heaven (the sixth) v516/13 (see Glossary and note to 85/13; *Alvíssmál* 12, *SnE* 1848–87, II 486)

Hlǫðyn (or Hlóðyn) *f.* a name for Jǫrð, mother of Þórr; = earth 86/21, land v501/2; her bones are rocks v315/4 (cf. *Gylf.* Prologue ch. 1 and Ymir's bones in *Gylf.* ch. 8; *Vǫluspá* (quoted in *Gylf.* 52), *Velleka* in *Hkr* I 256 in a kenning for Jutland)

Hlǫkk *f.* a valkyrie v436/4; *Hlakkar drífa* = battle v221/3; *Hlakkar tjald* shield v231/1; *Hlakkar segl* = shield v247/3; in kenning for woman (unidentified), *H. hvítinga* v338/3 (subj. of *mundit mik líta*); in kenning for raven or eagle, *svanr Hlakkar* v382/2 (*Gylf.*, (*Grímnismál* 36), *Háttatal, SnE* 1848–87, II 490; taken as a common noun = battle in some places in *Háttatal* and elsewhere, see *LP* and cf. Hildr (1))

Hnefi *m.* a sea-king v416/5 (*Ǫrvar-Odds saga*)

Hneitir *m.* a sword v452/7 (St Óláfr's; see *ÓH, Hkr II, Flb* II; cf. Bæsingr, according to *ÓH* 754–5 another name for the same sword; also used as a common noun for sword, cf. *LP*; see also **hneitir** in Glossary; Falk 1914, 51–2)

Hnipul *f.* a river v482/2

Hnitbjǫrg *n. pl.* a mountain 3/39, 4/5, 11/29, v292 n. (found as a place-name in Iceland, see *LP*, ÁBM)

Hnoss *f.* Freyja's daughter 30/13, 43/27, v434/2, v435/8, Glossary under **barn, beðr, dóttir, dript, hróðrbarn, móðir, mær, nipt** (she, or her sister Gersimi, is referred to in kennings for gold or treasure or a precious weapon (*ofljóst*); cf. *hnoss* f. 'treasure, jewel' (*Háttatal*; frequent in verse, see *LP*), **hnossvinr** in Glossary, and Gersimi) (*Gylf.* 29, *Hkr* I 25). Cf. verses 147–9, which use extensive *ofljóst* for Hnoss or Gersimi = treasure, precious weapon; cf. *Hallfreðar saga* 156

Hnǫpul *f*. a river v482/3

Holmengrå: see under Hólmr inn gráni and **hólmr** in Glossary

Hólmgarðr *m*. Novgorod 101/18 (sometimes pl.; *Flb* I 25; *Qrvar-Odds saga, Yngvars saga víðfǫrla, Gǫngu-Hrólfs saga, Þorsteins þáttr bæjarmagns, Kristni saga*; *Heimslýsing* in Hauksbók 155)

Hólmgǫngu-Bersi see Bersi

Hólmr inn gráni = Holmengrå, island off Norway (in Oslofjord) v399/1 and note; Glossary under **hólmr**

Hómarr *m*. a sea-king v416/5

Hornklofi *m*. (= Þorbjǫrn (2)) Norwegian poet (fl. *c*. 900) 66/17, 74/8, 93/3 (*Hkr* I, *Fagrskinna*). See note to verse 9 and cf. *Gylf*. 7 and note there to 7/31–4; on the name see Fidjestøl 1991, 126; Egill Skalla-Grímsson, *Hǫfuðlausn* 16 (*ÍF* II 190); *þula* of names for raven in A and B, *SnE* 1848–87, II 488, 571

Hrafn *m*. (1) King Áli's horse 58/34, v325/1, v328–30 n., v329/5 (*Hkr* I 57, *SnE* 1848–87, II 487); in kennings for ship, *Heita h*. v130/4 (dat. obj. of *skýtr*), *stǫðvar h*. v119/3 (gen. pl. with *stefnir*). In both cases the word could be *hrafn* 'raven', cf. Glossary and v118–19 n.

Hrafn *m*. (2) Ǫnundarson v202 n. (*Gunnlaugs saga*)

Hrafnketill *m*. a ninth-century Norwegian (presumably the one who brought the poet the shield as a gift from King Ragnarr) v237/1 (vocative)

Hrafnsmál n. pl. a poem, = *Haraldskvæði*, q. v. v9 n.

Hrauðnir *m*. a sea-king v413/8; a giant v417/6 (cf. *Skj* B I 137, v. 5 (emendation))

Hrauðungr *m*. a sea-king v414/1 (cf. *Grímnismál* prose, *Hyndluljóð*); a giant v431/12 (*Hjálmþés saga*)

Hregg-Mímir *m*. a name for the sky ('storm-M.') 85/17; a heaven = Vindbláinn v516/6 (*SnE* 1848–87, II 485/29). See Glossary

Hreiðmarr *m*. father of Fáfnir and Reginn 45/10, 13, 16, 17, 19, 33, 35, 37, 38, 46/7, 9, 14, 15 (*Reginsmál, Norna-Gests þáttr,Vǫlsunga saga*)

Hreinn *m*. a ship v492/2 (see **hreinn (2)** in Glossary)

Hrekkmímir *m*. name of (or kenning for?) a giant (mischief-Mímir; = Geirrøðr or as common noun) v81/6 (gen. with *ekkjur*)

Hremsa *f*. an arrow (*Ketils saga hœngs, Qrvar-Odds saga*; see under Gusir) v465/6. Cf. Glossary

Hríð *f*. a mythical river v484/2 ('storm') (*Gylf*., *Grímnismál*)

Index of Names 479

Hríðr *m.* an ox v504/6 (cf. Glossary)
Hrímfaxi *m.* ('rime-mane') night's horse 90/1 (*Gylf.*, *Vafþrúðnismál*, *SnE* 1848–87, II 487)
Hrímgerðr *f.* a troll-wife v425/1 (cf. *Helgakviða Hjǫrvarðssonar*)
Hrímgrímnir *m.* a giant v220/4 t. n., v418/4, Glossary under **hrísgrísnir** (*Skírnismál*)
Hrímnir *m.* a giant v417/5; as a common noun in kenning for (the mead of) poetry, *Hrímnis hornstraumr* v46/3; in kenning for giantess, *Hrímnis drós* v88/6 (gen. with *ǫrþrasis*); a boar v513/2 (cf. t. n.) (*Skírnismál*, *Hyndluljóð*, *Vǫlsunga saga*, *Gríms saga loðinkinna*; a name for fire and for a hawk, *SnE* 1848–87, 486, 487). Cf. Sæhrímnir; **hrímnir**, **hallhrímnir**, **valhrímnir** in Glossary; Andhrímnir, Eldhrímnir in *Gylf.*
Hrímþurs *m.* a giant v418/5 (cf. *Vafþrúðnismál* 33, *Grímnismál* 31, *Hávamál* 109, *Skírnismál* 30, 34, *Bósa saga* (*Fas* III 294) and see Glossary)
Hringhorni *m.* Baldr's ship 17/29 (see Hringr and Glossary under **hringr**); Hringhornir v492/6 (*Gylf.*)
Hringr *m.* a ship v493/1 (see Glossary and cf. Hringaskúta, *Sturl.* II 27)
Hringvǫlnir *m.* a giant v430/4
Hrinnir *m.* a boar v513/2 t. n.
Hripstoðr *m.* a giant v417/8
Hrist *f.* a valkyrie v436/6; in kenning for woman, *mjaðar H.* v205/4 (= Snæfríðr when dead) (*Gylf.*, *Háttatal*, *Grímnismál*)
Hrjóðr *m.* a heaven (the fifth) v516/13 (*SnE* 1848–87, II 486, 569; a name for Óðinn, *SnE* 1848–87, II 555; cf. **hrjóðr (2)** in Glossary)
Hróarr *m.* a giant v431/13 (cf. *Hrólfs saga kraka*, *Flb* I 29)
Hróðvitnir *m.* a mythical wolf v514/3 (*Gylf.*, *Grímnismál*; cf. Hróðrsvitnir in *Lokasenna*)
Hrólfr kraki *m.* 58/4, 7, 11, 15, 22, 24, 26, 29, 35, 36, 59/4, 11, 12, 14, 19, 23, 26, 29, v188–90 n., v190/8 n., Glossary under **burðr**, **gramr**, **gunnveitir**, **hilmir**, **mágr**, **sonr**, **vísi** (*Hrólfs saga kraka*, *Skjǫldunga saga*); see Kraki
Hroptatýr *m.* a name of Óðinn (whose son is Baldr) v8/3 (subj. of *ríðr*), v11/2 (*Gylf.*, *Hávamál* 160, *Grímnismál*, *SnE* 1848–87, II 472)
Hroptr *m.* a name of Óðinn v21/4, v242/3 (gen. with *gildar*: Óðinn's warriors are berserks, cf. *Gylf.* ch. 49); *Hropts hǫttr* = helmet v472/1 (*Vǫluspá*, *Grímnismál*, *Lokasenna*, *Sigrdrífumál* (quoted in *Vǫlsunga saga*), *SnE* 1848–87, II 472; cf. *Hávamál* 142)

Hrossþjófr m. a giant v431/10 (*Hyndluljóð*; cf. *Hrólfs saga Gautrekssonar*)

Hrotti m. a sword 46/16, v451/3 (*Fáfnismál* prose, *Vǫlsunga saga*, *Heiðreks saga* 1924, 5, 94; also used as a common noun in poetry, e. g. *Reginsmál* 20; see *LP*)

Hrúga f. a troll-wife v424/5

Hrund f. an island off Sunnmøre in Norway (Runde, Rundøy?) v367/2 (*Edda Magnúsar Ólafssonar* 267); a valkyrie v436/5 (*SnE* 1848–87, II 490; *Háttatal*); cf. v102/2 t. n.

Hrungnir m. a giant 14/28, 20/18 n., 20/20, 23, 25, 27, 31, 21/2, 3, 5, 6, 14, 18, 22, 24 and note, 21/31, 35, 38, 22/3, 6, 10, 16, v65–71 n., 24/17, v167/1, v220/4 v. l., 67/22, 69/24, v417/5, Glossary under **bjarg, blað, bólmr, borð, byggja, dólgr, gramr, gætir, heimþinguðr, hólmr, hraundrengr, il, jǫrmunþrjótr, maðr, rǫnd, váttr, þekkja, þjófr**; cf. Finnr, Rungnir, Þrúðr, and **sjǫt-Rungnir** in Glossary; *at Hrungnis fundi* to the encounter with Hrungnir v66/8; in kenning for Þórr, *Hrungnis haussprengir* v51/3 (*Háttatal, Hymiskviða* 16, *Lokasenna, Hárbarðsljóð*; cf. *Sigrdrífumál* 15)

Hrygða f. a troll-wife v424/7

Hrynhenda f. a poem by Arnórr jarlaskáld about Magnús góði v116 n., v387 n. (*Skj* A I 332–8; called *Magnús(s)drápa* in *TGT* 19, 81, *Knýtlinga saga* 131, 132; *Hrynjandi(n)* in *ÓH* 614, *Hrúnhenda*, *Hrýnhenda* in *Fms* VI 23, 26, 67, 85)

Hræsvelgr m. a giant v418/3 (*Gylf.*, *Vafþrúðnismál*; name for an eagle in *SnE* 1848–87, II 488)

Hrǫnn f. daughter of Ægir, personification of a wave 36/26, 95/8, 13, v478/3; a river v482/1, v484/1 (*Gylf.*, *Grímnismál*; cf. Glossary)

Hrøkkvir m. a giant v418/1

Huginn m. 'thought' (?—cf. **hugr** in Glossary), one of Óðinn's ravens 91/3; as common noun in kennings for carrion, *Hugins ferma* v335/3, *Hugins jól* v400 n. (*Gylf.*, *Grímnismál*, *Helgakviða Hundingsbana* I, *Reginsmál*, *Fáfnismál*, *Guðrúnarkviða* II, *TGT* 92, *SnE* 1848–87, II 488)

Hugróin f. a ship, see Glossary under **hugró**

Humra f. the river Humber v482/4 (sometimes Humbra; *Breta sögur* in *Hauksbók*, *Orkneyinga saga*, *Hkr* III, *Fagrskinna*, *Egils saga Skalla-Grímssonar*)

Hundallr m. a giant v431/11

Index of Names

Hundingr *m.* a sea-king v414/3 (*PE, Vǫlsunga saga, Norna-Gests þáttr, Flb* I 22, *Íslendingadrápa* 3 in *Skj* A I 556)

Húnn *m.* a sea-king v416/3 (cf. *Skjǫldunga saga* 68). Cf. **Húnar** 'Huns' v376/3 t. n. (cf. **Húnar/Húnir** in *PE*, **Húnaland** in *Breta sögur* (in *Hauksbók*) and *Heiðreks saga*, **Húnland** in *Heimslýsing* in *Hauksbók* 155)

Húsdrápa *f.* a poem by Úlfr Uggason composed c. 985 (see note to verse 8) v14 n., v19 n., v24 n., v39 n., v54 n., v55–6 n., 18/1, v63 n., 19/16, 20/2–4 n., v64 n., v125 n., 42/2–6 n., v242 n. (*Laxdœla saga* 80; *Skj* A I 136–8)

Hvalr *m.* a giant v418/6 (cf. *Hymiskviða* 36; Glossary under **hvalr, váttr**)

Hvarfaðr *m.* a horse v328–30 n.

Hveðra *f.* a giantess or troll-wife v424/7; in kenning for axe, *H. brynju*, enemy, damager of mail-coat v254/2 (gen. with *Viðris*) (cf. *hveðna* in *Ragnars saga, Fas* I 283; Hveðna in *Sǫrla þáttr*, Hvæðna in *Hyndluljóð* 32)

Hveðrungr *m.* a giant v417/7 (in *Vǫluspá* (and *Gylf.*) apparently a name for Loki; see also *Ynglingtal* 32 (*Hkr* I 79); a name for Óðinn in *SnE* 1848–87, II 472)

Hvinir: see **hvinverskr** in Glossary

Hvítabýr *m.* Whitby v403/4 (*Ragnars saga, Hkr* III 328)

Hvíta-Kristr *m.* White-Christ, Jesus Christ v267/3 (gen. with *giptu*) (*Hkr* II 354, 369, *ÓH* 536, 557; Sighvatr in *Hkr* III 17, *ÓH* 618). Cf. **Kristr**

Hvítingr *m.* (1) a sword v457/5 (*Kormaks saga, ÍF* VIII 234; Saxo Grammaticus 1979–80, I 222, II 118). (2) a sea-king v414/3. See also **hvítingr** in Glossary (name for drinking horns); used of a horse in *Bjarnar saga Hítdœlakappa*

Hvítserkr hvati *m.* a berserk 58/31 (*Hrólfs saga kraka, Skjǫldunga saga, Tóka þáttr* in *Flb* II 221; cf. **hvatr** in Glossary)

Hymir *m.* a giant v418/5, Glossary under **byrsendir, karl, vágr**; *áttrunnr Hymis* = Þjazi v100/4 (*Gylf., Hymiskviða, Lokasenna* 34, *Haraldskvæði* 2 (*Fagrskinna* 60))

Hyrrokkin *f.* a giantess or troll-wife killed by Þórr v58/6, v424/1 (cf. *Gylf.* ch. 49)

Hyrvi *m.* a sea-king v416/6 (cf. Hǫrvir in *Hyndluljóð*; this is a name for fire in *SnE* 1848–87, II 486)

Hæmir (or **Hœmir**?) *m.* a sea-king v414/6 (cf. Hømi in Saxo Grammaticus 1979–80, I 239)

Hæra f. a troll-wife ('hoary female') v425/1

Hœfir m. an ox ('striker, hitter'?) v331/3 (gen. with nǫfn), v504/3 (cf. *Íslendingadrápa* 16 (*Skj* A I 558), *Ynglingatal* 18 (*Hkr* I 53), and see Glossary)

Hœnir m. a god 1/9–11 n., 1/10, 17, 19/33, 45/4, Glossary under **fet-Meili**, **hrafn-Áss**, **varna**; in kennings for Loki, *Hœnis vinr* v94/7, v98/7, *hugreynandi Hœnis* v103/3 (subj. of *sveik apt*) (*Gylf.*, *Vǫluspá*, *Reginsmál* prose, *Hkr* I 12–13, *Skjǫldunga saga* 55, *Vǫlsunga saga*)

Hǫðr m. (1) a god 1/9–11 n., 17/30, 19/27, 29, v103/4 t. n., v432/9; cf. 108/37 t. n.; in kenning for warrior, *heinlands* (sword's) *H*. (Knútr inn ríki) v311/4 (subj. of *grandar*) (*Gylf.*, *Vǫluspá*, *Baldrs draumar*; in *Vǫluspá* he is apparently killed by Váli; cf. 19/27–8. Note also *Flb* I 25)

Hǫðr m. (2) a horse v328/3. Cf. 108/37 t. n.

Hǫfuðlausn f. a poem by Egill Skalla-Grímsson about Eiríkr blóðøx v31 n., v350 n. (*Egils saga Skalla-Grímssonar*; the name in *Arinbjarnarkviða*, p. 261, cf. p. 185 n.; *Skj* A I 35–9)

Hǫgni m. (1) a sea-king v414/2 (same as (2) or (3)?); in kenning for battle (rain of weapons), *Hǫgna skúrir* v223/3 and note (rather than *Hǫgna serkir* = coats of mail?); *Hǫgna váðir* = coat of mail v288/3 (cf. *Helgakviða Hundingsbana* I–II, *Vǫlsunga saga*, *Flb* I 23; the name is also found for characters in *Flb* I 25, *Hálfs saga*, *Sǫrla saga sterka*, *Af Upplendinga konungum* in *Hauksbók* 457)

Hǫgni m. (2) father of Hildr 72/2, 4, 7, 8, 12, 13, 14, 16, 17, v252/3, v266/2 (gen. with *lið*), Glossary under **draugr**, **hilmir**, **jǫfurr**, **raðálfr**, **stillir**, **vanr** (2), **ørlygi** (*Háttatal*, *Sǫrla þáttr*); *Hǫgna mær* = Hildr (see ch. 50; used as the equivalent of *hildr* f. 'battle' (*ofljóst*) or of the valkyrie Hildr) in kenning for shield, her *hjól* v238/4

Hǫgni m. (3) son of Gjúki 47/27, 29, 48/24, 30, 34, 37, 38, 49/4, 13, 19, v330/5 (*PE*, *Vǫlsunga saga*, *Norna-Gests þáttr*, *Flb* I 27)

Hǫlgabrúðr f. 'bride of Hǫlgi' 60/11 (see *Jómsvíkinga saga* 1962, 51–2; *Jómsvíkingadrápa* 32, *Skj* A II 7); a troll-wife v424/8. See Þorgerðr

Hǫlgi m. legendary king 60/10, 12 (*Haraldskvæði* 14, *Hkr* I 119); in kenning for gold, *Hǫlga haugþak* 40/30, v187/3

Hǫlkvir m. Hǫgni Gjúkason's horse v330/5 (*Vǫlsunga saga*; cf. *Atlakviða* 30, *SnE* 1848–87, II 487). Cf. **gólfhǫlkvir** in Glossary

Hǫllfara f. a river v480/4

Hǫrðar m. pl. inhabitants of Hordaland in Norway (*Hkr*, *Fagrskinna*);

land Hǫrða = Norway; in kennings for the king of Norway, *Hǫrða landvǫrðr* (Haraldr gráfeldr) v249/2, *konungr Hǫrða* (unidentified) v281/2 (gen. with *frama*), (Haraldr harðráði) v333/4; in kenning for giants, *H. barða* v83/3 (acc. with *við*; see note to verse 83/1–4)

Hǫrn *f.* a name for Freyja (cf. Hjǫrn); her daughter (*hróðrbarn*) is Hnoss (or Gersimi), i. e. *hnoss* (or *gørsimi*) f. 'treasure' (a decorated weapon) v147/1, v435/4 t. n. (*Gylf.*; cf. Hora, *SnE* 1848–87, II 489); a troll-wife v424/5

Iceland v128–32 n., v407 n., 106/7 n.; Glossary under **snægrund**

Iði *m.* a giant 3/5, v167/5, v417/4; in kenning for gold, *Iðja glysmál* v189/8, for Þórr, *garðvenjuðr Iðja* v74/8 (*Iðja setrs* gen. of direction, to giantland, according to *NN* 444; this necessitates reading *gjarðvaniðr* (cf. **venja**) as a term for Þórr)

Iðunn, Iðuðr (acc. and dat. Iðunni) *f.* an Ásynja, wife of Bragi 1/11, 35, 2/1, 2–4 n., 2/4, 6, 8, 11, 13, 15, 19/20, 20/2–4 n., 20/4, 30/19, 40/37, v65–71 n., v433/7, Glossary under **bekkr (1)**, **dís**, **ellilyf**, **goð**, **hapt**, **hundr**, **leiðiþírr**, **leika (1)**, **munstœrandi**, **mær**, **snót**, **ǫl-Gefn**; split by tmesis, *Ið-uðr* v101/3–4 (*Gylf.*, *Lokasenna*; cf. *SnE* 1848–87, II 489)

Illugi *m.* (Bryndœlaskáld, 'poet of the people of Brynjudalr (southern Iceland)'), Icelandic poet, 11th century 88/1, 108/23–33 n.

Ilmr *f.* an Ásynja v433/8 (cf. *SnE* 1848–87, II 490; see *LP*)

Íma *f.* a troll-wife v425/4 (also a name for a she-wolf, see Glossary and cf. Grýla; and a word for battle, see *Helgakviða Hundingsbana I* 53 and *LP*)

Imð *f.* a troll-wife v425/3. Cf. Imð(r) in *Helgakviða Hundingsbana I* 43, *Hyndluljóð* 37

Ímgerðr *f.* a troll-wife v426/3

Ímr *m.* a giant v430/4 (*Vafþrúðnismál* 5). Also a wolf-name, see Glossary

Ingadrápa f. a poem by Einarr Skúlason about King Ingi Haraldsson v399 n. (*Skj* A I 476; the name is not in medieval manuscripts, where some verses are given as *lausavísur*, cf. *Fagrskinna* 337–8, *Morkinskinna* 458–9)

Ingi *m.* king of Norway (d. 1161), son of Haraldr gilli; his (half-) brother was Sigurðr munnr (d. 1155) v107/1 (gen. with *brœðr*), v399 n., Glossary under **bróðir**, **hildingr** (*Hkr* III, *Fagrskinna*)

Ingi-Freyr *m.* a name for Freyr; *allar áttir Ingi-Freys* = all the gods v101/6 (*Skjǫldunga saga* 39 n., *Sturlaugs saga*, *Fas* III 144–5; cf. Yngvi-Freyr, Ingunar-Freyr; note Inga for Yngva, *Skj* A I 468, v. 49, *ÍF* II 97; see *Ingi* in de Vries 1977 and ÁBM) Ingunar-Freyr v5 n. (apparently a name for Freyr in *Lokasenna* 43 and *ÓH* 3–4; cf. Yngun(n)i, Yngvin, *Hkr* I 34, and Ingi-Freyr; Dronke 1969–97, II 366)

Ísólfr *m.* see Glossary (cf. *Hyndluljóð* 21)

Ítreksjóð *n.* a son of Óðinn v429/8 (see *ítr* in ÁBM; Ítrekr is probably a name for Óðinn, cf. *Heiðreks saga* 37 and **jóð** in Glossary)

Ívaldi *m.* a dwarf; his sons perhaps means dwarfs in general rather than any particular ones v62/1, 41/34 (*Gylf.*, *Grímnismál*)

Ívarr Ingimundarson *m.* Icelandic poet, 12th century v407 n. (*Hkr* III, *Morkinskinna* 354–6)

Íviðja *f.* a troll-wife v425/5 (cf. *Vǫluspá* 2, *Hyndluljóð* 48)

Jalangrsheiðr *f.* a heath near Jelling in Jutland 52/4 (*Skjǫldunga saga*, *Knýtlinga saga*)

Jarizleifr *m.* Yaroslav, son of Vladimir, king in Kiev (d. 1054) v294/1 (*Hkr* II–III, *Fagrskinna*, *Vǫlsunga saga*; cf. *Guðrúnarkviða* II)

Járnglumra *f.* a troll-wife v426/2

Járnsaxa *f.* a giantess or troll-wife v425/3; in kenning for wolf, *Járnsǫxu faxi* v339/4; mother of Þórr's son Magni 22/9, 30/18, Glossary under **gýgjarsonr** (*Hyndluljóð* 37)

Járnsaxi *m.* a giant; *Járnsaxa veðr* = thought, courage, though usually the kenning should contain the name of a troll-wife (U has *Járnsǫxu*) v293/2 (obj. or subj. of *vex*); see under **harðræði** in Glossary

Járnviðja *f.* a troll-wife v426/4 (cf. *Gylf.* 14; *Vǫluspá* 40; used of Skaði in *Háleygjatal* 3, *Hkr* I 21)

Jól *n.* Yule v466/5 t. n. (cf. Glossary)

Jólfr *m.* a name for Óðinn in disguise in *Ǫrvar-Odds saga* (*Fas* II 298–300, 327), where he gave the hero some magic arrows; *Jólfs smíði* = arrow v466/5 (cf. t. n.), v466/7–8 n. (*Fas* II 330; cf. Gusir)

Jólnir *m.* a name of Óðinn (cf. **jólnar** in Glossary) v84/5–8 n. (*Ágrip*, *Flb* II 49, *SnE* 1848–87, II 473); in kenning for warriors (Þórr and Þjálfi), *Jólnis funhristis ættir*, kinsmen of the shaker of Óðinn's flame (i. e. of the sword-wielder; warrior-kin = warriors; the reference is not, as one might expect, to Jólnir's kin; cf. under **konr** and **ætt** in Glossary) v84/7

Index of Names

Jóm *n.* Jómsborg on the south Baltic coast v370 n., v387/4 (*Jómsvíkinga saga, Hkr, Knýtlinga saga, Fagrskinna*)

Jónakr *m.* legendary king, father of Hamðir and Sǫrli 49/16, 22, v157/8 (gen. with *sonum*) (*PE, Vǫlsunga saga*; *Ynglingatal* 26, *Hkr* I 64; cf. Gering and Sijmons 1927–31, II 273)

Jór *m.* a horse v326/6 (*SnE* 1848–87, II 487; cf. Glossary)

Jórdán (or Jordan) *f.* (river) Jordan 76/24, 77/26, v274/2, v484/8 (*Heimslýsing* in *Hauksbók* 154, *Hkr* III, *Fagrskinna, Ǫrvar-Odds saga*)

Jórekr *m.* a sea-king v415/6 (cf. Glossary)

Jórir *m.* a stag v512/1 n. and t. n. (cf. Glossary)

Jórsalaland (Jor-) *n.* Palestine 78/20 (*Hkr* I 9, *Hkr* III, *Fagrskinna, Hauksbók* 182, 193, 244–8)

Jórsalir (or Jorsalir) *m. pl.* Jerusalem v128–32 n., 76/24, v268 n., 78/20, v379 n. (*Heimslýsing* in *Hauksbók* 154, *Hkr* II–III, *Fagrskinna, Ǫrvar-Odds saga*)

Jórunn *f.* (skáldmær, 'poet-maiden'), Norwegian poetess, 10th century 103/32 (*Hkr* I, *ÓH, Flb* I 46)

Jutland: see Glossary under **heinvandill** and Gautland, Gotland, Hlǫðyn, Jalangrsheiðr, Reiðgotaland, Vendill, Þjóð, Þjól in Index (Jótland in *ÍF* XXXV, *Fagrskinna, Hkr*)

Jǫfurr *m.* son of Hálfdan gamli 101/21 (*Flb* I 25; cf. **jǫfurr** in Glossary)

Jǫrð *f.* an Ásynja, mother of Þórr 14/25, v43/2, v65/6, v78 n., v82/5–6 n., v87/1–4 n., v87/2, 30/10, v108/2, v433/7; Glossary under **eiðsfjǫrðr, eirfjarðr, grund, sunr, sveinn**. Equivalent to *jǫrð* at 35/19, meaning 'earth' or 'the ground'; cf. v315/1, v117, Glossary under **ekkja, herðimýll, lík** (2), **móðir, vina**, and see under **jǫrð**. Often used as a personification of (or *ofljóst* for) earth = the land (usually of Norway, cf. *Háttatal* 3) v10 n., 85/23 (cf. v309/4), v118/3–4 (see **eiga** in Glossary); Glossary under **biðkván, brúðr, dróttinn** (here for the world), **eingadóttir, elja** (here for Africa), **munlauss, óskvíf, systir, teygja, víf**; see under Auðr, Óski. Cf. Fjǫrgyn, Grund, Hlǫðyn, Sif, and v501; apparently abandoned by Óðinn for Frigg, see Svǫlnir and Glossary under **biðkván, munlauss** (Jǫrð is both daughter and wife of Óðinn in *Gylf.* 13/19–20, cf. 8/22 above and Ónarr below; *Lokasenna, Þrymskviða*)

Jǫrmungandr *m.* the Midgard serpent v42/4 (subj. of *rakðisk*), 20/1, 90/10 (*Gylf., Vǫluspá* 50; cf. Miðgarðsormr and Vánargandr)

Jǫrmuni *m.* an ox v504/7 (see Glossary; a horse, *SnE* 1848–87, II 487)

Jǫrmunrek(k)r (1) konungr hinn ríki *m.* Ermanaric the great, Gothic king (d. c. AD 376) 49/20, 23, 25, 26, 29, 31 and note, 37, 50/2, 9, 14, v154/2 (subj. of *knátti*), Glossary under **álfr, allr, fylkir, munr** (2), **sigla** (2), **støkkvir, ǫlskakki** (*PE, Vǫlsunga saga*) Jǫrmunrekr (2) *m*. an ox v503/4 ('mighty driver'? or 'mighty warrior' if the second element is -*rekkr*) Jǫsmundr (or Jós-?) *m*. a sea-king v415/7 Jǫtunheimar *m. pl.* giantland, the world of giants 2/11, 12, 20/20, 23, 33, 21/15, 22/26, Glossary under **garðr, garðvenjuðr, setr, sunnan**; *reimuðr Jǫtunheima* = Þjazi v98/6 (*Gylf.*, *Hkr* I 15, *Flb* I 23, *Egils saga Skalla-Grímssonar* 247 (*Sonatorrek* 2), *Vǫluspá* (sg. in v. 48), *Þrymskviða, Skírnismál* and several *fornaldarsögur*; in Finnmǫrk according to *Heiðreks saga* 66) Jǫtunn *m*. a giant v431/5 (see Glossary)

Kaldhamarsnautr *m*. a sword v461/7 (*Bjarnar saga Hítdœlakappa* verse 30). The name may mean 'gift of Kaldhamarr', or may refer to the technique used to make the weapon ('product of cold hammering'?), see *ÍF* III 178 n. and lxxviii–lxxix
Kálfsvísa f. an alternative name for *Alsvinnsmál* (1) v328–30 n.
Kallgrani *m*. a giant v431/4 (cf. Kaldrani in *Ketils saga hœngs*)
Kári *m*. (1) personification of wind 39/13–15 n.
Kári *m*. (2) Sǫlmundarson, 11th century Icelander (*Njáls saga*): Glossary under **fjǫrsoðnir**
Keila *f.* a giantess or troll-wife killed by Þórr v58/1 (cf. Glossary; a hen in *SnE* 1848–87, II 488)
Kelda *f.* name for a wave? v478/3 (cf. t. n.) (perhaps part of a compound Ránkelda, cf. Rán and see **kelda** in Glossary)
Kerlaugar *f. pl.* two mythical rivers v484/4 (*Gylf., Grímnismál*)
Kerti dat. of Kǫrtr
Kilmundr *m*. a sea-king v415/5
Kinni *m*. ? a wolf, cf. v514/10 t. n. (see Skǫll and **skólkinni** in Glossary)
Kjalarr *m*. a name of Óðinn v59/3 (*Gylf., Grímnismál, SnE* 1848–87, II 472)
Kjallandi *f.* a giantess or troll-wife killed by Þórr v58/2, v427/4
Kjárr (or Kíarr) *m*. legendary king 103/13 (cf. *Vǫlundarkviða, Atlakviða* 7, *Flb* I 26, *Heiðreks saga*; derived from Latin *Caesar*; cf. Mundt 1994; ÁBM under *Kíarr*)
Klœngr Brúsason or Brúnason (Bjarnason) *m*. v375 n.

Index of Names

Knúi *m.* legendary person v172/6 (cf. *Qrvar-Odds saga*; also a shipname, see Glossary)

Knútr (son of Sveinn (2)) *m.* (1) inn ríki, Cnut or Canute the Great, king of Denmark and England (d. 1035) v115 n., v115/1, v200 n., v217 n., v381 n., Glossary under **borr, heinland, hristir, mǫgr, orðbrjótr, ræsir, stafr** (*Hkr* II, *Knýtlinga saga*). Cf. verses 258, 311; see under Hǫðr (1), Sveinn (2) Knútr Sveinsson *m.* (2) the saint (d. 1086), brother of Sveinn (4) and (7) v270 n., v381 n., v398 n., Glossary under **bróðir, harri, hneykir, jǫfurr, sonr**

Knútsdrápa f. (1) a poem by Hallvarðr about Knútr (1) v115 n., 239 n., v258 n., v311 n. (*Knýtlinga saga* 103; *Skj* A I 317–18)

Knútsdrápa f. (2) a poem by Óttarr svarti about Knútr (1) v217 n. (*Knýtlinga saga* 101, *Fagrskinna* 167; *Skj* A I 296–8)

Kólga *f.* daughter of Ægir, personification of a wave 36/26, 95/9, v357 n., 95/12, v478/3 t. n. (*Helgakviða Hundingsbana* I 28, *Hkr* III 9, *Orkneyinga saga* 100; cf. Glossary)

Kolli *m.* (inn prúði) Icelandic poet, 12th century 34/3 (*Hkr* III; *Skáldatal*, *SnE* 1848–87, III 277). He was author of an *Ingadrápa* (*Skj* A I 503–4), *c.* 1140, parts of which are preserved in *Hkr* and *Morkinskinna*, but the attribution here is taken to be an error for Bǫðvarr balti, see note to verse 107

Kolmúla *f.* a (she-)goat v509/3 ('coal-muzzle': perhaps a proper name, see note and Glossary)

Kormakr *m.* Qgmundarson, Icelandic poet, 10th century 8/30, v12 n., 10/24, 65/5, 70/14, 82/1, 84/3, 85/8, 95/23 v. l., v360 n.; Glossary under **breytir** (*Kormaks saga*, *Hkr* I)

Kráka *f.* a troll-wife v427/3 (cf. *Ragnars saga*; = crow in *Hávamál* 85, *Rígsþula* 47, *SnE* 1848–87, II 489)

Kraki *m.* i. e. Hrólfr kraki (q. v.) 59/32; in kenning for gold, *Kraka barr* v186/6, v389/2 (*Háttatal*)

Kristr *m.* Christ 51/34, 76/22 and note, v268 n., v269 n., v269/3, v270 n., v270/4 (in apposition to *stillir*), v271–3 n., v274 n., 78/11, 22, Glossary under **drótt, gramr, heilagr, hersir, hvárr, konungr, mildingr, munkr, setberg, sólkonungr, sonr, stillir, sveinn, umgneypnandi, valdr, vǫrðr, ǫld, ǫrr**. See Hvíta-Kristr

Kumrar *m. pl.* Cumbrians (i. e. inhabitants of Cumberland? or = Cymry, the Welsh; cf. *Kumraland*, *kumrskar þjóðir*, *Hkr* I 264–5), in kenning for giants, *K. hellis hringbálkar*, Cumbrians of the cave's circular wall v85/3 (gen. with *hlymr*, caused by, among; cf. note)

Kvasir *m*. 3/16, 23, 4/2, 14/10; in kenning for the mead of poetry, *Kvasis dreyri* 11/26, v27/2 (*Gylf.*, *Hkr* I 12)

Kvernbítr *m*. a sword, see **kvernbiti** in Glossary

Kyrmir *m*. a giant v431/3

Kýrr *m*. an ox v331/4 (m. form of **kýr** *f*. 'cow'; cf. **kyrr (1)** in Glossary)

Kœfir *m*. an ox v504/3 t. n.

Kǫrmt *f*. Karmøy, an island off Rogaland, Norway v259/8 (obj. of *lagði*); in kenning for sea, *men Karmtar* v320/4 (*Hkr* I–II, *Hemings þáttr* 43, *SnE* 1848–87, II 491, 492; *Ketils saga hœngs*); a river v484/3 (*Gylf.*, *Grímnismál*)

Kǫrtr *m*. a horse v330/2

Kǫttr *m*. a giant v421/1 (cf. *Hálfdanar saga Eysteinssonar*, *Helgakviða Hundingsbana* I 18; = cat in *Gylf*. 41/39, 43/19–20, but referring to the Midgard serpent)

Lapland = Finnmǫrk; see Glossary under **láð**, **skríða**

Laufey *f*. an Ásynja (?), mother of Loki 19/35 (cf. Nál; *Gylf.*, *Lokasenna*, *Þrymskviða*, *Sǫrla þáttr* (*Flb* I 304), *SnE* 1848–87, II 489)

Laufi *m*. a sword v452/2 (Bǫðvar Bjarki's sword, *Landnámabók*, *ÍF* I 212, 213; *ÍF* XIV 169; Saxo Grammaticus 1979–80, I 55 (Løvi), II 45, see Falk 1914, 54; used as a common noun in *Egils saga Skalla-Grímssonar* 227; cf. Snyrtir, Skǫfnungr)

Leggbiti *m*. sword-name, 'leg-biter' v452/5 (Magnús berfœttr's sword in *Morkinskinna* 335–6 (Leggbítr in *Hkr* III 235); as a common noun in Halldórr ókristni's verse in *Hkr* I 360; cf. Fótbítr in *Laxdœla saga*)

Leiði *m*. a giant or troll killed by Þórr v58/3

Leifi *m*. a sea-king v414/8; in kenning for sea, *Leifa lǫnd* v155/7; a giant v421/8 (cf. Leifr in *Vǫlsunga saga*)

Leifnir *m*. a sea-king v415/2; *Leifnis grand*, a sword v452/6; a ship v492/8

Leikn *f*. a giantess or troll-wife killed by Þórr v57/1, v426/7

Leiptr *f*. a river v484/3 (*Gylf.*, *Grímnismál*, *Helgakviða Hundingsbana* II; cf. **leiptr (1)** in Glossary)

Leira *f*. the Loire v483/4 (*Hkr* II 26 (Sighvatr, *Víkingarvísur* 14); *Fagrskinna* 170)

Leirvǫr *f*. a troll-wife v427/1 (*Skj* A II 410, v. 11)

Léttfeti *m.* one of the Æsir's horses (*Gylf.* ch. 15, *Grímnismál* 30; *SnE* 1848–87, II 487) v325/3
Limfjorden in Denmark v6 n. (*Limafjǫrðr*, *Hkr* I, II; *Fagrskinna*)
Listi *m.* a district in southern Norway, Lister v259/7 (*Háttatal*, *Hkr* II, III, *Fagrskinna*); *L. gnípu* 'L. (i. e. territory) of the peak' = mountains, in kenning for giants, *Lista gnípu hreinar* reindeer of peak-Lister, i. e. of the mountains v85/5 (cf. note); *Lista látrval-Rygjar* = *val-látr-Lista Rygjar*, Rogalanders of falcon-lair-Lister, i. e. of the mountains v91/5 (see **látrval-Rygjar** in Glossary)
Litr *m.* a giant, in kenning for Þórr: *Litar flotna fangboði* v153/1; an ox v504/5 (cf. Glossary; name of dwarfs in *Gylf.* ch. 49, *Vǫluspá*, *Áns saga bogsveigis*, *Þorsteins saga Víkingssonar*; *SnE* 1848–87, II 470)
Ljóta *f.* a troll-wife v427/1 (cf. **ljótr** in Glossary)
Lodda *f.* the Lud (river) v480/6 (name of an island or river in *Kormaks saga* 222; island in *SnE* 1848–87, II 492)
Loðinfingra *f.* a troll-wife v427/2
Lofðar *m. pl.* followers of Lofði 103/7, 104/20; cf. 105/21 (*Flb* I 26; cf. Glossary)
Lofði *m.* son of Hálfdan gamli 103/6, 104/20, Glossary under **herkonungr**, **lofðar** (*Flb* I 25–6; cf. *Hkr* I 74 (*Ynglingal* 29))
Lofðungar *m. pl.* descendants of Lofði 103/8 (*Flb* I 26; cf. **lofðungr** in Glossary)
Lofn *f.* an Ásynja v433/6; in kenning for woman (unidentified, but the same as the Þrúðr in v360/2), *drafnar loga L.* v360/3 (*Gylf.*)
Logi *m.* personification of fire 39/13–15 n. (*Gylf.*; cf. *Hkr* I 37–8; cf. Glossary)
Loki Laufeyjarson *m.* one of the Æsir (though son of a giant) 1/10, 16, 29, 31, 32 n., 34, 36, 2/1, 9, 14, 16, 32, 33 n., 34, v8 n., 19/10, 15, 35, 20/2 n., v64 n., 24/21, 26, 30, 32, 34, 25/5, v75/2 n., v82/5–6 n., v100/1 n., v102/8 (vocative), 40/36, 41/2, 29, 31, 33, 35, 42/18, 20, 38, 43/1, 2, 4, 5, 6, 10, 45/4, 6, 8, 21, 23, 26, 28, 31, 46/3, 48/4, v432/10, Glossary under **arnsúgr**, **band**, **barn**, **bǫlkveitir**, **eygja**, **faðir**, **farmr**, **gammleið**, **geðreynir**, **girðiþjófr**, **gǫrr**, **heimsœkir**, **herfang**, **hirðitýr**, **hrafn-Áss**, **hrœrir**, **hugreynandi**, **hundr**, **leiðiþírr**, **lundr**, **læ**, **lǫgseimr**, **mǫgr**, **rúni**, **sorgœrr**, **sǫgn (2)**, **tryggr**, **úlfr**, **varna**, **vinr**, **ǫglir**, **ǫl-Gefn**; in kenning for Þórr, *bǫlkveitir Loka* v76/6 (*Gylf.* (= Ulysses in *Gylf.* ch. 54), *PE* including *Lokasenna*, *Hyndluljóð*; *Vǫlsunga saga*, *Sǫrla þáttr*)

Lombardy: see Glossary under **langbarðr**
Loptr *m.* a name for Loki v73/3, v99/6; cf. **lopt** and **gammleið** in Glossary (*Gylf.*, *Hkr* I 219 (*Vellekla* 12), *Lokasenna*, *Hyndluljóð*)
Lóra see Hlóra
Luma *f.* a river v483/3 (cf. *SnE* 1848–87, II 277 n.: there is a list of rivers including this one in a younger hand on p. 21 of U)
Lundr *m.* in Skåne, once part of Denmark; *land Lundar* is Denmark; the prince of Lund's land may be Haraldr blátǫnn (cf. **landfrækn** in Glossary) v140 n., v192/1 and note (*Hkr* II, III, *Fagrskinna*)
Lungr *m.* a horse v325/7 ('swift', cf. *NN* 2157A; *SnE* 1848–87, II 487, *TGT* 86 (?))
Lútr *m.* a giant or troll killed by Þórr (or perhaps Lút *f.* a giantess; many of the other names in the verse are f.) v58/3 (name of one of the race of thralls in *Rígsþula* 12)
Lyngvi *m.* a sea-king v415/4 (cf. *Reginsmál* prose, *Vǫlsunga saga*, *Norna-Gests þáttr*)

Magni *n.* son of Þórr and Járnsaxa 6/26, 14/26, v44/2, 22/9, Glossary under **gýgjarsonr** (*Gylf.*, *Hárbarðsljóð*, *Vafþrúðnismál*, *TGT* 100; cf. *Flb* I 28)
Magnús *m.* (1) berfœttr, king of Norway (d. 1103), son of Óláfr kyrri v407 n. (*Hkr* III, *Fagrskinna*); see under **Leggbiti**
Magnús *m.* (2) Erlingsson, king of Norway (1161–84) v323 n., Glossary under **gramr** (*Hkr* III, *Fagrskinna*)
Magnús *m.* (3) Haraldsson gilla, king in Norway (d. soon after 1142) v312 n. (*Hkr* III 321–2)
Magnús *m.* (4) góði, son of St Óláfr (king of Norway 1035–46) v105 n., v293–5 n., v370 n., v370/4 (probably), v387 n., Glossary under **arngrennir**, **gramr**, **haukstallr**, **jafnmildr**, **jǫfurr**, **mildingr**, **reggbúss**, **rýrir**, **ræsir**, **sinnjór**, **þengill**, **þjóðkonungr**, **þorn**, **þrýstir** (*Hkr* III, *Fagrskinna*, *Morkinskinna*). Cf. verses 295, 386 and note, 411
Magnús *m.* (5) Haraldsson Sigurðarsonar (d. 1069): Glossary under **sonr** (*Hkr* III, *Fagrskinna*)
Magnús(s)drápa f. a memorial poem (*erfidrápa*) by Arnórr jarlaskáld about King Magnús (4) v105 n., v213 n., v218 n. (*Hkr* III 3, *ÓH* 614; *Skj* A I 338–43). Cf. also *Hrynhenda*
Mánagarmr *m.* a wolf v335–6 n. (*Gylf.*; cf. *Hkr* I 181, v. 71)
Máni *m.* (1) personification of the moon 39/2 (cf. Glossary; *Gylf.*,

Index of Names 491

Vafþrúðnismál 23, Reginsmál 23; cf. *LP* and *Egils saga Skalla-Grímssonar* 251 (*Sonatorrek* 13))
Máni *m.* (2) Icelandic poet (fl. 1180–1220) 75/27, v263 n. (*Sverris saga* 1920, 90–91)
Manna-Þengill *m.* i. e. *manna þengill*? used of Njǫrðr in *Grímnismál* 16; cf. *Flb* I 25 and **þengill** in Glossary; = Þengill 101/20
Mardǫll *f.* a name of Freyja v435/6; in kennings for gold, *Mardallar grátr* v145/1, *tár Mardallar* v189/6 (*Gylf.*, *Háttatal*)
Margerðr *f.* a troll-wife v426/5 (*Hjálmþés saga*)
María *f.* Mary (mother of Christ) 77/16, v272/2
Markús *m.* (Skeggjason), Icelandic poet, lawspeaker 1084–1107 (d. 1107) 34/23, 75/5, 77/6, v270 n., 97/10, 100/23 (here an error for Arnórr), v387 n., 101/30, 102/26, v398 n., 105/5 (*Íslendingabók*, *Landnámabók*)
Marr *m.* a horse (cf. **marr (1)** in Glossary) v325/7 (*SnE* 1848–87, II 487)
Mediterranean v378 n., Glossary under **galeið**
Meili *m.* brother of Þórr and son of Óðinn v65/7, v108/3, v429/2; in kenning for Hœnir, *fet-M.* v95/2 (acc. with *bað*) (*Hárbarðsljóð*); cf. **fet-Meili** in Glossary
Mein *f.* a river v480/8 (cf. Glossary)
Meinþjófr *m.* legendary person ('harmful thief') v329/3 (in kenning for fire: *Hkr* I 31 (*Ynglingatal* 4))
Meiti *m.* a sea-king v345/1 v. l., v413/8; in kenning for sea, *Meita útver* v265/1 (*TGT* 99, *Fagrskinna* 115; Meiti(r) *Flb* I 23)
Menja *f.* a giantess 52/6, 18, v159/4, v162/5, Glossary under **brúðr**, **fljóð**, **fóstr**, **framvíss**, **mær** (cf. *Sigurðarkviða in skamma* 52)
Merkriða *f.* a river v480/7
Miðgarðr *m.* ('middle enclosure') the rampart surrounding the world of men and protecting it from giants 14/28 (see Glossary and *Gylf.* Index; *Vǫluspá* 4, 56, *Grímnismál* 41, *Hárbarðsljóð* 23, *Hyndluljóð* 11, 16; *Heimslýsing* in *Hauksbók* 159; a name for the moon, *SnE* 1848–87, II 485)
Miðgarðsormr *m.* the Midgard serpent 6/2, 14, 17, v8 n., v24 n., 14/29, v42 n., v43 n., v45–7 n., v48 n., v49 n., v51 n., v55–6 n., 20/1, v153 n., v210 n., v366 n., Glossary under **baugr**, **braut**, **drekka (2)**, **endiseiðr**, **fiskr**, **grund**, **hólmfjǫturr**, **hringr**, **hrøkkviáll**, **jǫrð**, **lǫgseimr**, **megindráttr**, **naðr**, **reistr**, **seiðr (1)**, **stirǫðþinull**, **umgjǫrð**, **vágr**, **þafðr**, **œgir** (*Gylf.*, *Hymiskviða* (heading), *Skjǫldunga saga* 55; *SnE* 1848–87, II 487); see Jǫrmungandr

Miði m. a giant v431/13

Miðjungr m. a giant v422/4; Miðjungs málunautr = Þjazi v99/8. Cf. 40/15 and note and **miðjungr**, **sómmiðjungr** in Glossary; *ÍF* XIII 412; *SnE* 1924, 105/35

Míkáll m. archangel v116/1 (*Njáls saga*, *Kristni saga*)

Mikligarðr m. Constantinople 78/19 (*Hkr* III, *Fagrskinna*, *Heimslýsing* in *Hauksbók* 155)

Mímir m. a giant v417/3; cf. 107/22 t. n. (*Vǫluspá*; see *Gylf*., which also has Hoddmímir (from *Vafðrúðnismál*); *Ynglinga saga* in *Hkr* I). See Mímr and Hregg-Mímir, Hrekkmímir, Sekmímir (Sǫkkmímir in *Grímnismál* 50), Vet-Mímir; *hold-Mímir*, a sword-name (see Glossary) v455/4

Mímr m. alternative form of Mímir; his friend is Óðinn v15/5, 9/28, v37/1 (*Vǫluspá*, *Sigrdrífumál* 14, *Háttatal*)

Mímungr m. a sword (made by Mímir?) v456/1 (Viðga's sword in *Þiðreks saga*; cf. also *Karlamagnús saga* 149, and Virga's sword Mimmungr in *Mágus saga*; as a common noun in *Hjálmþés saga*, *Fas* IV 200; cf. Mimming in the Old English *Waldere*, *ASPR* VI 4; see Falk 1914, 56)

Mist f. a valkyrie v436/4, 5 (v. l. Eir C; cf. *Gylf*. Index) (*Gylf*., *Háttatal*, *Grímnismál*; *SnE* 1848–87, II 490; cf. *Helgakviða Hundingsbana* I 47)

Mistilteinn m. a name for a sword v453/4 (*Heiðreks saga* 1924, 5 and 94, *Hrómundar saga*; cf. Glossary and *Gylf*. ch. 49)

Mjǫllnir m. Þórr's hammer 14/27, 22/3, v68/5–8 n., 24/20; see Glossary under **fjǫllami**, **gljúfrskeljungr**, **grand**, **hamarr (1)**, **rúni**, **trjóna**, **trǫll** (*Gylf*., *Vafþrúðnismál*, *Hymiskviða*, *Lokasenna*, *Þrymskviða*)

Móða f. a river v481/3 (*Hkr* III 359 (Einarr Skúlason); see also *LP*)

Móði m. son of Þórr 6/26, 14/26; in kenning for poet, *óðs skap-Móði* v300b/6 (see **skap-Móði** in Glossary) (*Gylf*., *Vafþrúðnismál*, *Hymiskviða*, *Háttatal*; cf. *Flb* I 28)

Móðnir (or Móðinn?) m. a horse v328/2 (*SnE* 1848–87, II 487)

Móðrói m. a ship v493/2

Móinn m. a serpent 90/11 (*Gylf*., *Grímnismál*, *SnE* 1848–87, II 487); *gest-Móinn*, a sword v459/7; Móinn is also the name of a horse, *SnE* 1848–87, II 487. See **fík-Móinn**, **gest-Móinn** in Glossary

Móir m. a sea-king v414/5

Mór m. a horse v325/7, v329/3 (*SnE* 1848–87, II 487; cf. *Hkr* I 270, *Skj* B I 166)

Morginn *m*. legendary person v329/4 (cf. Glossary)
Morn *f*. a river (Marne?—cf. Mǫrn; Sæmorn, *Helgakviða Hjǫrvarðssonar* 5) v481/4
Mun *f*. a river v480/7
Mundilfœri *m*. father of sun and moon 39/1 (*Gylf*., *Vafþrúðnismál*, *Flb* I 24)
Muninn *m*. one of Óðinn's ravens ('memory') 91/3, v335–6 n.; as a common noun (collective) v336/3 (*Gylf*., *Grímnismál*, *TGT* 92, *SnE* 1848–87, II 488)
Munnharpa *f*. a troll-wife v426/7
Munnriða *f*. a troll-wife v426/8
Mynt *f*. a river v482/8 ('mouthed')
Myrkheimar *m*. *pl*. 42/29 (see Glossary and cf. *Atlakviða* 42)
Mýsingr *m*. a sea-king 52/16, 17, 19, v414/2, **sækonungr** in Glossary (*Skjǫldunga saga* 6, *TGT* 99)
Mævi *m*. a sea-king v414/6
Mævill *m*. a sea-king v414/4 (*Flb* I 23, *Þorsteins saga Víkingssonar*, *Víga-Glúms saga* 95)
Mœrir *m*. *pl*. inhabitants of Mœrr (*Háttatal*, *Hkr* I, II 26 (Sighvatr), III 57 (Þjóðólfr), *Fagrskinna*); see **berg-Mœrir** and **mauraskáld** in Glossary
Mœrr *f*. Møre in Norway (or the common noun *mœrr* 'flat marshy land'); *m. fjarðeplis*, land of rock, i. e. mountains, in kenning for giants, *menn legs fjarðeplis Mærar*, men of the lair of rock-Mœrr v87/3 (subj. of *ne mýgðu*, cf. note); for sea, *máva m*. v366/4 (gen. with *mjótygil*) (*Hkr*, *Fagrskinna*; cf. Mœrir)
Mǫkkurkálfi *m*. a giant made of clay (*mǫkkr* m. 'dust') 21/29, 22/5
Mǫn *f*. the Isle of Man v297/2; in kenning for sea, *Manar þjálmi* v351/4 (*Háttatal*, *Hkr* I 265 (Hallfrøðr), *Fagrskinna*, *SnE* 1848–87, II 492, *Hauksbók* 502)
Mǫrðr *m*. a ram v507/9 (see Glossary)
Mǫrn *f*. a giantess or troll-wife v79/5–8 n., v425/5 (cf. *Skj* A II 142, v. 22; 400, v. 16; 410, v. 14; *mǫrnir* in *Hkr* I 270 (cf. **mǫrnir** in Glossary); pl. in *Vǫlsa þáttr* 1980, 56/3, see note there on pp. 96–7); in kenning for giant (Þjazi), *faðir Mǫrnar* v97/4 (MS *mǫrna* could be gen. pl. if the name is being used as a common noun), v103/8; *bǫrn Mǫrnar* = giants v79/6 (gen. with *þverrir*); a river (Marne? or a river in Norway, see ÁBM, *Mörn* (2)) v481/3 (*Hallfreðar saga* 150, *Eyrbyggja saga* 108, *Bjarnar saga* 172; cf. Morn)

494   Skáldskaparmál

Nabbi *m.* a dwarf 42/2–6 n.
Naglfari *m.* a mythical ship (*Gylf.*; also Naglfar in *Gylf.* and *Vǫluspá*) v491/7. Cf. Glossary
Nál *f.* = Laufey, Loki's mother 19/36 (not found in poetry; *Gylf.*, *Sǫrla þáttr*; name of a troll-wife in *Hjálmþés saga*)
Nanna *f.* wife of Baldr 1/9–11 n., 1/11, 17/29, 30/11, v434/1; in kenning for giantess, stone-Nanna, *varra hjalts n.* v77/2 (gen. with *vegþverrir*) (*Gylf.*, *SnE* 1848–87, II 489; *Vǫluspá* 30 (as common noun in plural); cf. Nanna Nǫkkva dóttir in *Hyndluljóð*)
Nari *m.* a son of Loki 20/2 (*Gylf.*, *Egils saga Skalla-Grímssonar* 188 (*Hǫfuðlausn* 10, *nipt Nara* = Hel); cf. *Lokasenna* prose)
Nati *m.* a giant v422/5. Cf. Glossary
Nátt(-) see Nótt
Nauð *f.* a river v484/1 ('necessity')
Nefir *m.* son of Hálfdan gamli 103/2 (cf. Næfill below, *Flb* I 25–6; Nefi is a dwarf in *SnE* 1848–87, II 469, 552)
Nepr (1) *m.* a son of Óðinn v429/3 (cf. Nepr father of Nanna in *Gylf.*)
Nepr (2) *f.* the Dnieper v482/7 (*Kristni saga*, *Heimslýsing* in *Hauksbók* 150)
Nesjar *m. pl.* 'Nesses', in Oslofjord, Norway v286 n. (*Hkr* II, *ÓH*, *Fagrskinna*)
Nesjavísur *f. pl.* a poem by Sighvatr about King Óláfr (1) v286 n. (*Hkr* II, *ÓH*, *Fagrskinna*; *Skj* A I 228–32)
Nið *f.* river in Þrándheimr (Nidelva) v375/4, v480/1 (*Hkr*, *ÓH*, *Fagrskinna*)
Niðaróss *m.* a town at the mouth of the Nið (Trondheim) v375 n. (*Hkr*, *ÓH*, *Fagrskinna*)
Níðhǫggr *m.* a serpent 90/10 (cf. Glossary; *Gylf.*, *Vǫluspá*, *Grímnismál*, *SnE* 1848–87, II 487; a dwarf *SnE* 1848–87, II 552)
Níðuðr (or Niðuðr?) *m.* a legendary king (cf. *Vǫlundarkviða*; Niðungr in *Þiðreks saga*); in kenning for giant (Þjazi), *grjót-Níðuðr* v100/8 (gen. with *garða*). See **grjót-Níðuðr** in Glossary
Niflungar *m. pl.* a name for the sons of Gjúki 47/34, 49/4, 5, 7; in kenning for gold, *Niflunga róg* v190/6; descendants of Nefir 49/19, 103/2, 12 (*Háttatal*, *PE*, *Vǫlsunga saga* (Niflungr), *Flb* I 22, 27)
Níl *f.* the Nile v483/1 (*Heimslýsing* in *Hauksbók* 150)
Nipt *f.* a norn v437/3 (?—if not a common noun, cf. *SnE* 1848–87, 490; see **nipt** and **dís** in Glossary and cf. Dís)
Nis *f.* see Niz

Index of Names 495

Niz *f.* river in Halland, Sweden (Nissan; in Danish territory in the Middle Ages) v396 n., v396/4 (*Hkr* III, *Fagrskinna, Knýtlinga saga*); Nis in v482/8 may be a spelling of the same river-name (Nes in T)

Njáll Þorgeirsson see Brennu-Njáll

Njǫrðr *m.* a god (one of the Vanir in *Gylf.* ch. 23) 1/9 (here among the Æsir), 2/30, v5 n., 18/3 and note, 18/14 (dat. *Nirði*), father of Freyr 18/15, v60/3 (subj. of *hefr*), v62/6 (gen. with *bur*), 40/35; one of the Æsir v432/7; Glossary under **barn, geð-Njǫrðr, hregg-Nirðir, hvalr**; *Njarðar dóttir* = Freyja 30/12, v148/1 (gen. with *því barni* = Hnoss, a precious gift), 44/15; in kenning for Óðinn v39/4; *pl.*, in kenning for men (warriors), *Hildar veggs hregg-Nirðir* v231/4 (*Gylf., PE, Háttatal, Flb* I 27, *Hkr* I, *Sǫrla þáttr, ÍF* XIII 342)

Njǫrun *f.* an Ásynja v433/8 (used in kennings for woman, see *LP*; cf. *njǫrn*, *SnE* 1848–87, 490, which appears as an error for Mǫrn in v425/5 t. n.); in kenning for night (i. e. Nótt?), *draum-N.* v380/6 (see **draum-Njǫrun** in Glossary)

Noah: see Glossary under **ǫrk**

Nóatún *n. pl.* the ocean home of the god Njǫrðr ('enclosure or field of ships') 2/30 (*Gylf., Grímnismál, Þrymskviða, Bósa saga*; cf. **nór** in Glossary)

Norðmenn *m. pl.* people of the North, Scandinavians 52/1 (generally of Norwegians (cf. Fritzner 1886–96 s. v. *norðmaðr*); *Hkr, Skjǫldunga saga, Knýtlinga saga, Fagrskinna, Yngvars saga, Flb* I 30, *Gǫngu-Hrólfs saga, Gautreks saga*)

Norðri *m.* one of the dwarfs who hold up the sky 33/25, cf. v259/2 t. n. (*Gylf., Vǫluspá, SnE* 1848–87, II 469, *Hallfreðar saga* 155)

Norðrlǫnd *n. pl.* the North, Scandinavia and the Baltic countries 51/35, 58/12 (*Skjǫldunga saga, Hkr, Fagrskinna*)

Norðrsetudrápa *f.* a poem by Sveinn v125 n., 39/15 (Norðrseta in northwest Greenland, unidentified; *Skj* A I 418)

Nóregr *m.* Norway v6 n., 58/24, v196 n., v200 n., v217 n., 72/7, v281 n., 80/14, v312 n., v323 n., v367 n., v382 n., v386 n., v386/2 (gen. with *sinnjór*), 101/10–24 n., v399 n., v407 n., v408 n.; Glossary under **austr (2), barrhaddaðr, biðkván, breiðleitr, brúðr, eiga, eingadóttir, gestr, gróa, hersir, hólmr, hvinverskr, jǫrð, konungr, láð, land, landvǫrðr, lendr, mauraskáld, munlauss, ríkismál, sunnan, systir, teygja, trauðr, und (1), víf** (*Gylf.* Prologue, *Háttatal*)

Nóri (or Nori) *m*. a sea-king v415/4 (cf. *Skjǫldunga saga* 64); the name of a dwarf in *Vǫluspá*; cf. Nórr, Nórafjǫrðr in *Flb* I 22–4, *Orkneyinga saga* 3–6, *Skjǫldunga saga* 72; Saxo Grammaticus 1979–80, II 25

Nótt *f*. personification of night; gen. sg. *Náttar* 35/21 (*Gylf.*, *Vafþrúðnismál*; *Alvíssmál* 29–30; cf. Njǫrun and see **nótt** in Glossary)

Nyt *f*. a river v484/1 ('profitable') (*Gylf.*, *Grímnismál*)

Næfill *m*. a sea-king v415/3 (*Flb* I 25–7; cf. Nefir)

Nǫkkvi *m*. a king in Raumsdalr (Romsdal, Norway) v345/4 (gen. with *mœtir*, or with *ræsinaðr*?, see note and Glossary under **nǫkkvi**) (*Hkr* I 103; cf. *Hyndluljóð* 20, *Haraldskvæði* (*Hkr* I 116, *Fagrskinna* 68), *TGT* 99)

Nǫt *f*. a river v484/2 ('wet') (*Gylf.*, *Grímnismál*; cf. Glossary)

Oddr Snorrason *m*. Icelandic monk, 12th century v144 n.

Óðinn *m*. a god 1/6, 9–11 n., 16, 2/36, 4/8, 15, 17, 5/1, 2, 6, 7, 19, 23, 24 n., 6/23, 32 n., v5 n., v6 n., v7/5 (*með Óðni fara*: i. e. die), v10 n., 8/22, v17 n., v20 n., v20/1, v23 n., 11/29, v34 n., 14/12, 19/17, 19, 20–21 n., 22, 25, 26, 30, 34, 20/2 and note, 20/2–4 n., 19, 22, 27, 21/4, 22/18, v75/2 n., v82/5–6 n., 30/10 and note, 30/13 v. l., v94/1–4 n., v99/8 n., v109 n., v110 n., 35/20, 40/34, 35, 41/35, 42/20, 26, 45/4, 21, 33, 36, 46/1, 2, 51/30, 66/16, 67/17, 25, 70/14, 73/31, v328–30 n., v342 n., v383 n., 105/29–32 n., 105/30, 31, 32, v412–517 n., 113/17 t. n., v429/1, v436/2 (*Óðins meyjar* = valkyries); Glossary under **bági, bál, beiðir, biðkván, burr, bǫðgœðir, dróttinn, eineygr, einherjar, faðmbyggvir, farmagnuðr, farmr, fet-Meili, fold, fors, funhristir, gálgi, geð-Njǫrðr, gjafrǫtuðr, gjalda, goð, gramr, guðjaðarr, hapt, haptsœnir, heimboð, heiti, herðimýll, hildr, hjaldrgegnir, hjálmfaldinn, hlíf, hlítstyggr, hrafn-Áss, hrafnfreistuðr, hræva-Gautr, jólnar, láta, mildingr, munlauss, munstrǫnd, mǫgr, nafn, ógnstǫð, óskvíf, reiðr, salpenningr, sigrunnr, skapsmiðr, snytrir, úlfr, vanr (1), varna, víg-Freyr, víngnoð, ving-Rǫgnir, vinr, vísi, vitinn, þekkiligr, þing, þrunginsalr, ægir, ǫlberi**; *Óðins mjǫð* = (the mead of) poetry (see pp. 4–5) 11/27, v31/3; father of Baldr 17/28, v63/2, father of Þórr 14/25, v70/5; in kenning for Þórr, *angrþjófr Óðins* v87/7. See also **Alfaðir, Farmatýr, Gautatýr, Gauti, Gautr, Hangagoð, Hangatýr, Hangi, Hárr, Hergautr, Hertýr, Hliðskjálfr, Hroptatýr, Hroptr, Ítreksjóð, Jólnir, Óski, Rǫgnir, Sigtýr, Sviðurr, Svǫlnir,**

Váfuðr, Vakr, Valgautr, Viðrir, Viðurr, Yggr, Þriði (*Gylf.*, *PE*, *Ynglinga saga* (*Hkr* I), *Flb* I 27–8, 313, *Skjǫldunga saga*, *Ágrip*, *Vǫlsunga saga*, *Hrólfs saga kraka* and other *fornaldarsögur*)

Óðr *m*. Freyja's husband 30/13, 43/28, v292 n., v435/1; *Óðs beðvina* = Freyja v146/2 (*Gylf.*, *Vǫluspá*, *Hyndluljóð*, *Hkr* I 25)

Óðre(y)rir *m*. a pot 3/21, 4/3, 37, 14/11: perhaps for Óðrørir or Óð(h)rœrir, cf. **óðr (1), hrœra, hrœrir** in Glossary; in *Skáldskaparmál* usually spelt Óðrerir (only once with *y*, 3/21); in kennings for poetry, *lǫgr Óðreris* 11/28, *Óðreris (hafs) alda* v34/3 (see note; in *Hávamál* 107, Óðrerir apparently refers to the contents of the pot, which accords better with the etymology, though in *Hávamál* 140 it refers to the container)

Ófnir *m*. a serpent 90/11 (*Gylf.*, *Grímnismál*; *SnE* 1848–87, II 486; *Ragnars saga*, *Fas* I 266; also a name of Óðinn in *Grímnismál*, *SnE* 1848–87, II 472, cf. 4/33)

Ófóti *m*. a giant v431/8 (cf. Ófóti (Ófótan) ór Ófótansfirði, *Ketils saga hœngs*, *ÍF* XIII 415; Ófóti is a fiord in *SnE* 1848–87, II 493, cf. Ófóti, Ófótafjǫrðr (Ofotfjord, northern Norway) in *Hákonar saga* 1887, 358, *Flb* III 596)

Óglaðnir *m*. a giant v431/5

Ǫgn *f*. a river v480/3 (here perhaps Ǫgn; written 'augn' in C), v481/7 (*Helgakviða Hundingsbana* I 21, *Fáfnismál* 42; cf. Glossary)

Óláfr (1) *m*. (inn helgi Haraldsson, St Óláfr, d. 1030) king of Norway v196 n., v217 n., v233/2 (identified as Óláfr helgi in the following lines, quoted in U, see note; *ætt Óláfs* means a descendant of King Ó., but he is not identified in the extant lines in R), v259 n., v274 n., v277 n., v285 n., v286 n., v294 n., v382/3 (?—or Óláfr (2), see note), v408 n.; Glossary under **allvaldr**, **brjóta**, **fylkir**, **gramr (2)**, **heilagr**, **hlýri**, **jǫfurr**, **skera**, **þengill** (*Hkr* II, *ÓH*, *Fagrskinna*)

Óláfr (2) *m*. (Óleifr) Eiríksson, king of Sweden (d. *c*. 1022) v310 n., v310/3, v382 n., v382/3 (perhaps Óláfr (1)); Glossary under **allvaldr**, **fólk-Baldr**, **fylkir**, **gramr (2)**, **jǫfurr**, **konungr**, **vísi**, **þengill**, **ǫld** (*Hkr* II, *ÓH*, *Fagrskinna*)

Óláfr (3) *m*. kyrri, king of Norway, son of Haraldr harðráði (d. 1093) v112 n., v293/1, v374 n., v407 n., Glossary under **faðir**, **sonr** (*Hkr* III, *Fagrskinna*)

Óláfr (4) *m*. (Óleifr) pái Hǫskuldsson ('peacock'; Icelander, 10th century) v14 n., v39/2 (dat., for or to Ó.), Glossary under **árr**, **þegn** (*Laxdœla saga*; see note to verse 8)

Óláfr (5) *m.* Tryggvason, king of Norway (995–1000) v144 n., v201 n., v397 n., Glossary under **dróttinn**, **skyli** (*Hkr* I, *Fagrskinna*)
Óláfsdrápa (1) *sœnska f.* a poem by Óttarr svarti about Óláfr (2) v310 n. (*Skj* A I 289–90)
Óláfsdrápa (2) *(erfidrápa) f.* a poem by Hallfrøðr about Óláfr (5) v397 n. (*ÓTM* II 265, *Flb* I 536, *Hallfreðar saga* 194; *Skj* A I 159–66)
Óláfsdrápa f. (3) a poem by Steinn Herdísarson about Óláfr (3) v112 n. (*Hkr* III 202; *Skj* A I 409–13)
Óleifr (1) *m.* v39/2 = Óláfr (4)
Óleifr (2) *m.* v310/3 = Óláfr (2)
Ónarr *m.* = Annarr, Ánarr, second husband of Nótt and father of Jǫrð (cf. *Gylf.* ch. 10 and Index) 35/20, v118/4, v291/4; see **eingadóttir** in Glossary (*Hkr* I 161, *Fagrskinna* 231; the name of a dwarf in *Vǫluspá* (in *Gylf.* and *Hauksbók*; Ánarr in Codex Regius), *SnE* 1848–87, II 470)
Orion (constellation) v93/1–4 n.
Orkneyjar *f. pl.* Orkney v1 n., v106 n., v114 n., 72/9, Glossary under **ey (1)**, **jarlaskáld**, **vestan** (*Orkneyinga saga*, *Hkr*, *Fagrskinna*)
Ormr *m.* (1) Barreyja(r)skáld, poet of Barra in the Hebrides (he was perhaps from Orkney; 10th or 11th century; cf. v109 n.) 34/13, 36/30 (see t. n. and cf. under Barrey; written clearly *-eyja-* in R at 34/13; *Barreyja* U and B in both places)
Ormr *m.* (2) Steinþórsson, Icelandic poet, 12th century 12/10, v29 n., 13/30, 39/21, 64/3, 13, v303 n., v360 n. Altered from Kormakr 95/23
Órun *f.* a river v480/5; in kenning for gold, *eldr Órunar* v189/7 (see ch. 33)
Óski *m.* a name of Óðinn; in kenning for Jǫrð, q. v., i. e. *jǫrð*, the land (of Norway?), *Óska víf* v383/4 (cf. note and **munlauss**, **víf**, **víg-Freyr** in Glossary) (*Gylf.*, *Grímnismál*, *SnE* 1848–87, II 473)
Oslofjord, Norway: v286 n., Glossary under **hólmr**
Otr *m.* son of Hreiðmarr 45/14; in kenning for gold, *Otrs gjǫld* v189/5 (*Reginsmál* prose, *Vǫlsunga saga*; = otter; see **otr** and **otrgjǫld** in Glossary, *otrgjǫld* in *Háttatal*)
Óttarr svarti *m.* ('the black') Icelandic poet, 11th century 62/14, v196 n., 66/5, 81/5, 85/28, 86/16, 92/7, 95/18, 96/19, 100/2, 101/25, 102/11, 104/28 (*Hkr* II, *ÓH*, *Knýtlinga saga*, *Flb* IV 6–7)

Peita *f.* Poitou spear (i. e. one from Poitou in France or of the Poitou type; cf. *Peitu hjálmar*, *Flb* IV 38 and see Glossary) v464/8

(*Rekstefja* 17 (*Skj* A I 547), Einarr Þveræingr (*ÓH* 809); cf. *Hkr* II 25–6, *Fagrskinna* 170, *ÓH* 50 and 755)

Pirrus *m*. Pyrrhus, Greek hero (son of Achilles, also known as Neoptolemus) 6/22, 23 (Pir(r)us, Pyrus in *Trójumanna saga*) Priamus *m*. Priam, Trojan king 5/36; gen. 5/38 (*Gylf*. Prologue, *Flb* I 28, *Trójumanna saga*)

Ragnarr *m*. loðbrók Sigurðarson, a Viking of the ninth century v24 n., 50/29, v158/4 (subj. of *gáfumk*), v253/4, Glossary under **blað, loðbrók, mærr, mǫgr, þengill** (*Flb* I 27, 29, *Skjǫldunga saga, Ragnars saga loðbrókar, Háttatal, Íslendingabók, Landnámabók*) *Ragnars drápa loðbrókar f*. a poem by Bragi (2) Boddason v24 n., v42 n., v48 n., v51 n., v52 n., v54 n., v110 n., v150 n., v153 n., 50/28, v237–8 n., 72/31 (*TGT* 128–9; *Skj* A I 1–4)

Rakni *m*. a sea-king v414/7; in kenning for sea, *Rakna bifgrund* v134/1 (but with *flugastraumi* according to *NN* 960) (*Flb* I 27, *TGT* 99)

Rán *f*. an Ásynja v434/7, wife of Ægir 36/25, 27, 41/3 (complement), 6, 8, 10, 95/7; as *heiti* for sea 95/2, v478/3 (Ránkelda? cf. **kelda** in Glossary); personification of the destructive power of the sea v127/3 (gen. with *munni*), cf. v126 and Glossary under **vǫlva**; in kenning for sea, *Ránar vegr* v356/4; in kenning for Hildr, *ofþerris æða ósk-Rán* v250/2; see **ósk-Rán** in Glossary (*rán* as a common noun means 'plundering', see **ránfengr** in Glossary and *rán* in *Háttatal*). See also Kelda and Ránkelda in Index and Glossary. Rán appears in *Háttatal, Helgakviða Hundingsbana* I, *Helgakviða Hjǫrvarðssonar*, *PE* 173 (introduction to *Reginsmál*); *Fóstbræðra saga* 135, *Eyrbyggja saga* 148, *Egils saga Skalla-Grímssonar* 248 (*Sonatorrek* 7), *Ǫlkofra þáttr* (Wyatt and Cook 1993, 37–8; *ÍF* XI 92), *ÍF* IX 292 (v. 7), *SnE* 1848–87, II 490, *Vǫlsunga saga, Frið-þjófs saga*; see de Vries 1956–7 I 251–2

Randgnið, Randgríð *f*. names for valkyries, see Glossary under **ranngríð**

Randvér *m*. son of Jǫrmunrekkr 49/21, 24, 27, v154/6 (*Atlamál* prose, *Vǫlsunga saga, Njáls saga* 454); a sea-king v415/1 (*TGT* 99; cf. *Flb* I 27, 28, *Heiðreks saga, Hyndluljóð*, Sturla's *Hákonarkviða* 38, *Skj* A II 118)

Rangbeinn *m*. a giant v421/6

Ránkelda f. a wave (perhaps a proper name) v478/3 v. l. See Rán and Glossary under **kelda, ránkelda**

Rati *m.* an auger 4/28 (*Hávamál* 106; cf. *rata* 'find one's way'). Cf. Alr
Rauðr *m.* an ox v331/3 (gen. with *nǫfn*), v503/7 (cf. Glossary and *Hkr* I)
Raumar *m. pl.* inhabitants, people of Romerike or Romsdal in Norway
  v376/1 (*Hkr* II, III, *Fagrskinna*)
Raumelfr *f.* the Glomma (river in Norway) v482/2 (*Hkr* I, II, *Fagrskinna*)
Raun *f.* a river v482/1 ('trial')
Refill *m.* a sword 46/17 (cf. **blóðrefill** in Glossary; Riðill in *Fáfnismál*
  prose, *Vǫlsunga saga, Norna-Gests þáttr*)
Refr *m.* (Skáld-Refr, Hofgarða-Refr Gestsson), Icelandic poet, 11th
  century 7/10, v4 n., 9/29, 12/15, v30 n., 37/3, 13, 65/20, 28, 69/9,
  71/10, 76/1, 93/13, 94/20, 96/10 (*Háttatal, Hkr* II, *Landnámabók,
  Eyrbyggja saga, Njáls saga*)
Reginn *m.* (1) brother of Fáfnir 45/14, 46/8, 11, 13, 17, 20, 23, 24,
  27, 28, 31, 33, v152/1, 47/17, 48/15; Glossary under **bróðir, bǫlva-
  smiðr** (*PE, Vǫlsunga saga, Norna-Gests þáttr*; cf. *Hrólfs saga kraka*)
Reginn *m.* (2) a dwarf, Glossary under **reginn** (*Vǫluspá, SnE* 1848–87,
  II 470, 553, *Egils saga einhenda*)
Reginn *m.* (3) an ox v503/5
Reiðartýr *m.* 'chariot-Týr', i. e. Þórr 5/24, 6/32 n.; cf. **reiðitýr** in
  Glossary
Reiðgotaland *n.* a name for Jutland (but here apparently includes
  parts of mainland Sweden, cf. *alt meginland* and 106/1–2) 105/32
  (*Gylf.* Prologue; cf. *Heiðreks saga, Ragnars sona þáttr* (*Hauksbók*
  459), *Skjǫldunga saga* 10, 51, etc., *Heimslýsing* in *Hauksbók* 155,
  Flb I 26, 105). Cf. *Hreð*- in various names in Old English poems
  (see note to *Beowulf* line 445[a]); (H)reiðgotar in *Vafþrúðnismál* 12;
  cf. also Gotland and see *ÍF* XXXV 49 n.; *Hkr* I 35 n.; Gering and
  Sijmons 1927–31, I 165
Reifnir *m.* a sea-king v415/2; whose roof is a shield, in kenning for
  sword, *ræfrviti Reifnis* v187/1 (cf. Glossary under **ræfrviti**); for
  ship, *Reifnis marr* v254/7 (or for sea, *Reifnis skeið*; see note) (*Skj*
  A I 468 (v. 49); cf. *Hyndluljóð* 23; Reimnir *TGT* 99)
Rekinn *m.* an ox v331/4 ('driven')
Rekkar *m. pl.* followers of King Hálfr (*Hálfs saga, Fas* II 108) 105/19
  (see **rekkr** in Glossary)
Rekstefja *f.* a poem by Hallar-Steinn about King Óláfr Tryggvason
  v201 n. (*Flb* I, *ÓTM* I 110, 116; *Skj* A I 543–52)
Rennandi *f.* a river v479/8 ('running'; cf. **renna (1)** in Glossary)
  (*Grímnismál*)

Index of Names

Rerr (or Rær, q. v.; spellt 'Rer' in R) *m*. a sea-king v414/8 (cf. Rerir in *Gylf*. Prologue, *Vǫlsunga saga*)

Reseldr *m*. 41/3 t. n. (cf. Eldir)

Rifingafla *f*. a troll-wife v427/8

Rimr *f*. a river v480/2

Rín *f*. the Rhine 48/35, v480/1; in kennings for gold, *Rínar rauðmálmr* v190/5, *Rínar grjót* v192/4, *Rínar sól* v391/2; for poetry, *Sýrar fentanna greppa jast-Rín* v292/4, see note and **jast-Rín** in Glossary (Rín is mentioned widely, e. g. in *Háttatal*, *Grímnismál* and other eddic poems, *Vǫlsunga saga*, *Heimslýsing* in *Hauksbók* 150)

Rindr *f*. Óðinn's mistress, mother of Váli 19/26, 30/10 and note, 35/20; probably a giantess v12/4, v308/4; listed as an Ásynja v434/2; *elja Rindar* = Jǫrð (cf. 35/20; the land of Africa) v122/3 (*Gylf.*, *Baldrs draumar* 11, cf. Rinda in Saxo Grammaticus 1979–80, Book 3)

Ristill *f*. see Glossary (cf. *Rígsþula* 25)

Ró *f*. a river v479/7 (cf. *ró* f. 'calm')

Róðadrápa f. a poem by Þórðr Sjáreksson about King Óláfr (1) v259 n. (*Hkr* II 281, *ÓH* 438; *Skj* A I 329)

Roddrus *m*. Trojan hero 6/12 (v. l. Rod(d)uus, Rodirus; cf. Rodus (= Rhodus) and Rodius (= Odius) in *Trójumanna saga*)

Róði *m*. a sea-king 68/8, v228 n., v414/7; in kenning for shield, *Róða ræf(r)* v146/2, 68/28, v232/2, for sea, *Róða rǫst* v228/3 (*Háttatal*, *TGT* 99)

Róm, Rúm *n*. Rome 76/26, v268 n., v268/4 (gen. with *konungr*, i. e. Christ), v269/4, 78/20 (used widely in Kings' Sagas, often spelt Rúm)

Rómaborg *f*. (the city of) Rome 78/21 (used widely in Kings' Sagas)

Rungnir *m*. a giant (= Hrungnir?); in kenning for troll-wife, *tungl sjǫt-Rungnis*, unexplained (see **sjǫt-R.** in Glossary) v300a/2 (cf. *Sigrdrífumál* 15)

Runhenda f. a poem by Einarr Skúlason about King Eysteinn Haraldsson v367 n. (*Skj* A I 473–5; the name is not in medieval manuscripts)

Russia see Garðar

Rygir = Rygjar v91/5–6 n., v91/6 t. n. (*Hkr*, *ÓH*, *Morkinskinna* 1932, 300)

Rygjar *m. pl*. (this is an earlier form of Rygir, see Noreen 1923, § 368) Rogalanders, men of Rogaland v213/3 (acc. with *bað*, subj. of *leggja saman*; or (leaving *bað* without an object) gen. with reggbúss or with rógskýja regni, see NN 822); in kenning for giants, Lista látrval-Rygjar = val-látr-Lista Rygjar, Rogalanders of falcon-lair-Lister, i. e. of the mountains v91/6 (subj. of ne máttu of bella); see **látrval-Rygjar** in Glossary

Rýgr f. a troll-wife v427/7 (also a word for 'woman', see Glossary; SnE 1848–87, II 490; Heiðreks saga 36)

Rymr m. a name for Þórr v428/8 (cf. Glossary; used in kennings for battle, e. g. Helgakviða Hundingsbana I 17; see LP)

Ræfill m. a sea-king v415/3; in kenning for sea, Ræfils fold v245/1, Glossary under **foldvigg**, **ríða** (Reginsmál 16, Norna-Gests þáttr, Orkneyinga saga 235; cf. Refill in Heiðreks saga, Þorsteins saga Víkingssonar)

Rær m. a sea-king, in kenning for ship, Ræs reið v158/3, v253/3 (cf. Rerr)

Ræsir m. son of Hálfdan gamli 101/20 (Flb I 25; cf. Glossary)

Rǫgn f. a river v482/1

Rǫgnir m. a name for Óðinn; in kenning for poetry, verk or vágr Rǫgnis v34/2 (see note); for warrior (Earl Hákon), hjǫrs brak-Rǫgnir v247/1 (see Glossary under **brak-Rǫgnir**); = lord, chief, in kenning for giant, vagna ving-Rǫgnir v95/5 (see Glossary under **ving-Rǫgnir**); sóknar R. = Þjálfi (or galdrs R. = Óðinn NN 445, 2106, see note) v75/4 (with fyrri en); cf. v213/4 t. n. (SnE 1848–87, II 472; Vǫlsunga saga, cf. Sigrdrífumál 15; note also Atlakviða 33)

Rǫgnvaldr m. (1) (Brúsason) earl of Orkney, d. 1046) v114 n., v114/2 (obj. of hjálp), v296 n., Glossary under **jarl**, **konr** (Orkneyinga saga, Hkr II–III, Fagrskinna)

Rǫgnvaldr m. (2) gamli ('the old'), earl of Møre in Norway; Rǫgnvalds kind = Earl Þorfinnr (cf. Glossary under **gamall**, **kind**) v297/3 (dat. of advantage) (Hkr I, Fagrskinna, Orkneyinga saga)

Rǫgnvaldsdrápa f. a poem by Arnórr jarlaskáld about Earl Rǫgnvaldr v1 n., v114 n., 82/22, v296 n. (Skj A I 332)

Rǫkni m. a sea-king v415/1 (cf. Rǫkkvi or Røkkvi in Háttatal, Egils saga Skalla-Grímssonar 267, TGT 99; also in TAB)

Rǫknir m. a sea-king v415/1 (cf. Rǫkkvir in TGT 25)

Rǫskva f. sister of Þjálfi 14/29, v44/1 (Gylf.; Skj A II 408, v. 1)

Sága f. an Ásynja v434/3 (Gylf., Grímnismál, SnE 1848–87, II 489)
Salfangr m. a giant v420/4

Salin *f.* a river v482/6

Sámendill *m.* a giant v430/8

Saxar *m. pl.* Saxons 58/30; in kenning for dwarfs v35/2, cf. **berg-Saxar** in Glossary (*Hkr, Fagrskinna, Skjǫldunga saga, Vǫlsunga saga, Heiðreks saga*)

Saxelfr *f.* the Elbe, q. v. (river in Germany) v480/8 (*Heimslýsing* in *Hauksbók* 150, *Alfræði* I)

Saxland *n.* Saxony, Germany 80/4, Glossary under **ǫrk** (*Gylf.* Prologue, *Hkr, Fagrskinna, Knýtlinga saga, Skjǫldunga saga, Heiðreks saga, Hrólfs saga kraka*)

Scandinavia: see Dǫnsk tunga and Glossary under **danskr** and **tunga**

Scythia: Glossary under **kólga**; see under Svíþjóð

Sef-Grímnir *m.* a giant? *sef-Grímnis mágar* = giants, their *brúðr* a giantess v76/8 (see under Grímnir above and **sef-Grímnir** in Glossary)

Sekmímir *m.* a giant v422/5 (v. l. Sǫk- (TA; for Søkk-?); see Mímir and cf. Sǫk(k)mímir in *Grímnismál, Ynglingatal* 2 (*Hkr* I 28))

Semð *f.* a river v482/6

Sendibítr *m.* a poem by Jórunn skáldmær about Haraldr hárfagri v402 n. (*Hkr* I 142, *ÓH* 12; *Skj* A I 60–61)

Sessrúmnir *m.* Freyja's hall 30/13 (*Gylf.*); a ship v491/4

Sexstefja *f.* a poem by Þjóðólfr Árnórsson about King Haraldr harðráði v120 n., v236 n., v280 n., v309 n., v385 n. (*ÓH* 580, *Fms* VI 129; *Skj* A I 369–77)

Shetland: Glossary under **ey (1), vestan**; see Hjaltland

Síð *f.* a river v479/5 (*Gylf., Grímnismál*)

Sif *f.* Þórr's wife 14/26, v46/1, 19/31, 20/5 and note, 20/34, 30/17, 35/21, 40/28, 37, 41/29, 30, 32 (dat. of advantage), 42/21, 23; in kenning for gold, *Sifjar svarðfestar* v189/3; in kenning for woman, *flóðs fúrs hirði-Sif* v204/2 (the identity is unknown); in kenning for Hildr Hǫgnadóttir, *hristi-Sif hringa* v250/5 (see Glossary under **hirði-Sif, hristi-Sif**; *Gylf., PE*; = Juno in *Breta sǫgur* in *Hauksbók* 233, Juno and once Thetis in *Trójumanna saga*); a name for the earth v501/3, v501/5 t. n.

Sigarr *m.* (1) son of Hálfdan gamli 103/9 (*Flb* I 25, 26; see under Siklingar, Glossary under **siklingr**)

Sigarr *m.* (2) descendant, grandson (?) of Sigarr (1) (cf. *Flb* I 23–4, 25–6) 103/10 (cf. *Gylf.* Prologue, *Háttatal, PE, Vǫlsunga saga*)

Sigg *f.* a mountain in Sunnhordland, Norway; *norðan fyrir Siggju* southwards past or to the north of S. v259/1 (taken to be an island in *Eyrbyggja saga* 73–4 (see note), *SnE* 1848–87, II 491, 492)

Siggeir *m*. legendary king 103/10 (*Vǫlsunga saga* 4–5: he married Signý daughter of Vǫlsungr; son of Sigarr (1) according to *Flb* I 26) (*Helgakviða Hundingsbana* I; cf. *Guðrúnarkviða* II, *Vǫlsunga saga* 62, Saxo Grammaticus 1979–80, II 112)

Sighvatr *m*. (Þórðarson), Icelandic poet, 11th century 77/26, v274 n., 80/27, v285 n., 100/18, 105/15 (*Hkr* II–III, *ÓH*, *Fagrskinna*, *Fóstbrœðra saga*)

Sigi *m*. a son of Óðinn v429/6 (*Vǫlsunga saga*; cf. Siggi in *Gylf*. Prologue; Glossary under **siklingr**)

Sigmundr *m*. (1) son of Sigurðr 48/8, 28 (*Vǫlsunga saga*; cf. *PE* 229)

Sigmundr *m*. (2) Vǫlsungsson father of Sigurðr Fáfnisbani 46/21, 50/19 (*PE*, *Vǫlsunga saga*; cf. *Eiríksmál*, *Fagrskinna* 78–9; a name of Óðinn in *SnE* 1848–87, II 472)

Signý *f*. v98/2 t. n. (= Sygin)

Sigrøðr *m*. probably = Earl Sigurðr (1); *mǫgr Sigrøðar* v301/2 is then Earl Hákon (2). See v12 n., v292 n., v301 n.

Sigtryggr *m*. legendary king 101/16 (*Hyndluljóð* 15, *Flb* I 25; cf. *Af Upplendinga konungum* in *Hauksbók* 457; a name of Óðinn in *SnE* 1848–87, II 473)

Sigtún *n. pl.* or Sigtúnir *f. pl.* Sigtuna (Sweden); *at Sigtúnum* to S. v352/4 (*Gylf*. Prologue, *Skjǫldunga saga*, *Fagrskinna*; *Hkr*, especially I 16 and note)

Sigtýr *m*. victory-god, Óðinn 5/22, v6/4 (subj. of *var*), v142/3 (*Atlakviða* 30; pl. in *Vǫluspá* 44, 49, 58, *Grímnismál* 45, *Lokasennar* 1–2, *Fáfnismál* 24, *Atlakviða* 29; cf. **týr** in Glossary)

Sigurðardrápa f. (1) a poem by Kormakr about Earl Sigurðr (1) v12 n., v211 n., v241 n., v292 n., v301 n. (*Hkr* I 168; *Skj* A I 79–80)

Sigurðardrápa f. (2) a poem by Bǫðvarr balti about King Sigurðr (5) v107 n. (cf. *Morkinskinna* 1932, 438; *Skj* A I 504–5)

Sigurðardrápa f. (3) a poem by Einarr Skúlason about Sigurðr (5) v312 n. (*Skj* A I 458)

Sigurðr *m*. (1) (jarl Hákonarson; d. *c*. 962) v5 n., v5/1, v12 n., v21 n., v211/4 (dat. with *fær*), v292 n., 82/6, v301 n., Glossary under **allvaldr**, **glaðfœðandi**, **jarðhljótr**, **jarl**, **meiðr**, **sannreynir**, **sonr**, Index under Haraldr (1); see also Sigrøðr

Sigurðr *m*. (2) Sigmundarson (Fáfnisbani) 46/21, 22, 25, 27, 28, 30, 34, v151/1, 47/17, 22, 25, 28, 29, 30, 33, 36, 37, 48/1, 5, 7, 17, 24,

25, 26, 28, 30, 33, 49/19 and 50/17 (*S. sveinn*), 50/20, v322 n., v330/8, 103/9, v407 n., Glossary under **herkonungr**, **menskerðir**, **mǫgr**, **spillir**, **sveinn** (*Háttatal*, *PE*, *Vǫlsunga saga*, *Flb* I 26, *Norna-Gests þáttr*)
Sigurðr *m.* (3) (Hringr) father of Ragnarr loðbrók v238/4 (*Hkr* I 109, *Skjǫldunga saga*, *Flb* I 27)
Sigurðr *m.* (4) (sýr Hálfdanarson) father of Haraldr harðráði v318/4 and note (*Hkr* II, III, *Fagrskinna*)
Sigurðr *m.* (5) munnr, son of Haraldr (7) gilli, king of Norway (d. 1155) v107 n., v399 n., Glossary under **bróðir**, **hildingr** (*Hkr* III, *Fagrskinna*)
Sigurðr *m.* (6) Jórsalafari Magnússon, king of Norway (d. 1130) v128–32 n., v199 n., v283 n., v379 n., Glossary under **gullstríðir**, **jǫfurr**, **konungr** (*Hkr* III, *Fagrskinna*)
Sigvaldi *m.* earl (Strút-Haraldsson, see *Jómsvíkinga saga*, *Hkr* I) v227/2 (the subj. of *bauð* is *Búi ok S.*; see note)
Sigyn *f.* an Ásynja, Loki's wife 1/11, 20/4, v434/4, Glossary under **galdr**, **hapt**; *farmr Sigynjar arma* = Loki v98/2 (*Gylf.*, *Vǫluspá*, *Lokasenna* prose, *SnE* 1848–87, II 489)
Sikiley *f.* Sicily v261/1, v410/4 (subj. of *varð auð*) (*Heimslýsing* in *Hauksbók* 151, *Alfræði* I, *Hkr* III, *Fagrskinna*)
Siklingar *m. pl.* descendants of Sigarr (1) 103/10 (*Flb* I 26, cf. Saxo Grammaticus 1979–80, II 112, ÁBM *siklingur* (1); as a common noun frequent in verse, e. g. *Ynglingatal* 1, *Hkr* I 26; see *SnE* 1848–87, II 469, *PE* (references in *LP*), **siklingr** in Glossary)
Silfrtoppr *m.* one of the Æsir's horses (*Gylf.*, *Grímnismál* 30 (Silfrin-), *SnE* 1848–87, II 487) v326/4. Cf. Gulltoppr
Simfjǫtli *m.* son of Sigmundr Vǫlsungsson 50/20 (usually Sinfjǫtli, see t. n.; *Fagrskinna* 78 (*Eiríksmál*), *Helgakviða Hundingsbana* I and II, *PE* 162, *Vǫlsunga saga*, *Norna-Gests þáttr*)
Simul *f.* a troll-wife v425/6 (cf. *Gylf.*; *Helgakviða Hundingsbana* I 42; **simull** in Glossary)
Sindri *m.* a dwarf 41/36 t. n., 42/2 t. n. (cf. *Gylf.*, *Vǫluspá*, *Þorsteins saga Víkingssonar*; cf. Brimir (1): both are names of a hall and of a giant or dwarf; cf. *sindri m.* 'flint', *sindr n.* 'slag'; see also under Guthormr)
Singasteinn *m.* (*steinn* = 'stone': perhaps the place was a cliff; the first element may mean 'old', see ÁBM) 19/15, v64/2
Sinir *m.* one of the Æsir's horses (*Gylf.*, *Grímnismál* 30) v326/4 (v. l. Simr; cf. Simir, *SnE* 1848–87, II 487)

Sívǫr f. a troll-wife v425/7. Cf. Svívǫr
Sjǫfn f. an Ásynja v434/2 (Gylf., SnE 1848–87, II 490, Gísla saga 75, 109, Skj A I 610, v. 14)
Skaði f. daughter of Þjazi 2/24, 34, v5 n., 18/14, 20/6 n., 20/7, v93/1–4 n., 40/37, Glossary under **goðbrúðr, hvalr, þrymseil, ǫndurdís, ǫndurguð**; listed among the Ásynjur v433/6; cf. v96/2 and see under Vár (Gylf., Grímnismál, Skírnismál prose, Lokasenna prose, Hyndluljóð; cf. Hkr I 21, where she is said (based on Háleygjatal 3) to have married Óðinn; in Grímnismál 11 she is skír brúðr goða 'bright bride of gods' (quoted in Gylf. 24); cf. Járnviðja)
Skáld-Helgi m. early 11th century Icelandic poet v201 n. (see Landnámabók, ÍF I 86 n. 1)
Skalli m. a giant ('bald-head') v420/8 (a wolf in Heiðreks saga 1924, 68; cf. Skǫll; Skolli is a fox in SnE 1848–87, II 490)
Skálpr m. name for a ship (see Sverris saga ch. 159; cf. Gestaskálpr, Bǫglunga sǫgur II 64, 99; Falk 1912, 87; 'something hollowed out or vaulted' de Vries 1977, 482) v493/8
Skapti Þóroddsson m. (Icelandic lawspeaker 1004–30) 77/1, v269 n. (Hkr II, ÓH, Íslendingabók, Landnámabók, Egils saga Skalla-Grímssonar, Gunnlaugs saga, Grettis saga, Valla-Ljóts saga (ÍF IX), Njáls saga, Kristni saga, Ǫlkofra þáttr (ÍF XI))
Skati mildi m. legendary king 105/22 (cf. Þorsteins saga Víkingssonar; and see **skati** in Glossary)
Skatnar m. pl. followers of King Skati 105/21 (cf. **skati** in Glossary)
Skatyrnir m. a heaven (the ninth) v516/19 (SnE 1848–87, II 485, line 30, and 569; cf. Glossary; perhaps a form of Saturnus; length of second vowel uncertain, and could be u or ú as well as y or ý, see t. n.)
Skefill m. a sea-king v413/4
Skeiðbrimir m. one of the Æsir's horses (Gylf., Grímnismál 30, SnE 1848–87, II 487) v327/5
Skekkill m. a sea-king v413/3 (Hyndluljóð, Flb I 23, 26, TGT 99)
Skelfir m. legendary king ('he who causes shaking, terrifier') 103/17, 16, Glossary under **herkonungr** (Flb I 25, 26; cf. Hkr I 38 and n. and Skjálf below)
Skerkir m. a giant v420/4 (cf. Glossary; = fire, SnE 1848–87, II 486)
Skíðblaðnir m. Freyr's ship 18/27, v62/3, 41/34, 42/21, 23, v491/6 (Gylf., Hkr I 18 (here Óðinn's), Grímnismál 43, 44)
Skilfingar m. pl. descendants of Skelfir (q. v.) 103/17; cf. sg. 105/10 (Flb I 26, Hyndluljóð 11, 16, Hkr I 53 (Ynglingatal 18), Hkr III

21; see **skilfingr** in Glossary and *SnE* 1848–87, II 469; Skilfingr is a name of Óðinn in *Grímnismál* (quoted in *Gylf*.) and *SnE* 1848–87, II 473; cf. Old English Scylfingas, Scilfingas, the name of a Swedish dynasty, used to mean Swedes in *Beowulf*)

Skinfaxi *m.* day's horse (= Glaðr, or an alternative horse?—cf. note to 90/1–2) 90/2 (*Gylf.*, *Vafþrúðnismál*, *SnE* 1848–87, II 487)

Skjálf *f.* a name for Freyja v435/5. Cf. Skelfir and *Hkr* I 38 n.

Skjǫldr (dat. Skildi) *m.* (1) son of Óðinn 51/29, 32, 103/15, v429/7 (*Gylf*. Prologue, *Hkr* I 15, *Flb* I 28, IV 11, *Skjǫldunga saga*; cf. Scyld in *Beowulf*, Skiold in Saxo Grammaticus 1979–80, I 15, II 26–7; see **skjǫldr** and **skjǫldungr** in Glossary)

Skjǫldr *m.* (2) a ship 19/32 n., 67/21 n.

Skjǫldungar *m. pl.* descendants of Skjǫldr (1) 51/30, 103/15 (see **skjǫldungr** in Glossary; *SnE* 1848–87, II 469; *Gylf*. Prologue, *Hyndluljóð*, *PE* 200, *Skjǫldunga saga*, *Hrólfs saga kraka*, *Flb* I 22, 26, *Gǫngu-Hrólfs saga*; Saxo Grammaticus 1979–80, I 15, II 26; cf. Old English Scyldingas, name of a Danish dynasty, used to mean Danes in *Beowulf*)

Skoll *m.* see Skǫll below and **skólkinni** in Glossary

Skopti Skagason *m.* 10th century Norwegian: Glossary under **hersir** (*Hkr* I 248–9; *Fagrskinna*)

Skorir *m.* a giant v420/3 (v. l. Skærir in A)

Skotar *m. pl.* Scots (*Orkneyinga saga*; in verses in *Hkr* and *Fagrskinna*); in kenning for giants, *Skotar Gandvíkr* v74/6 (dat. of comparison with *ríkri*, mightier than the giants)

Skrati *m.* a giant v419/8 (cf. *skratti* m. 'devil, monster')

Skríkja *f.* a troll-wife v425/7

Skrýmir *m.* a giant v420/3 (*Gylf*.; in *Lokasenna* 62 it seems to be the name of the knapsack; cf. Skrímnir in *Sǫrla saga sterka*); a sword v452/2 (see *Egils saga Skalla-Grímssonar* 292 and *Kormaks saga*, where it is also mentioned in verses)

Skuld *f.* a valkyrie v436/6 (*Vǫluspá* 20, *SnE* 1848–87, II 490, *Egils saga Skalla-Grímssonar* 149; name of a norn in *Gylf*. (see Index there) and *Vǫluspá* 30; cf. *Hrólfs saga kraka*)

Skúli Þorsteinsson (Egilssonar) *m.* Icelandic poet, late 10th to 11th century 39/2, 43/17, 60/13, 91/24, 92/20, v144 n. (*Kristni saga*, *Egils saga Skalla-Grímssonar* (particularly p. 300), *Gunnlaugs saga*, *Bjarnar saga Hítdœlakappa*, *Hkr* I 358 (see note), Oddr Snorrason 1932, *Fagrskinna*). Cf. Skyli

Skyli (Skúli) *m.* son of Hálfdan gamli 101/21 (*Flb* I 25; cf. *SnE* 1848–87, II 469, *Fagrskinna* 64 (*Haraldskvæði*), *Háttatal* 2, 28). Cf. Glossary

Skær *m.* a horse *SnE* 1848–87, II 487; see Glossary

Skævaðr *m.* a horse v326/2, v328/7 (*SnE* 1848–87, II 487; in a kenning for ship in *Skj* A I 160, v. 5)

Skǫfnungr *m.* sword-name, 'polished' v457/4 (Hrólfr kraki's sword in *Hrólfs saga kraka*, also mentioned in *Landnámabók* and a number of Sagas of Icelanders, see *ÍF* V 172 n., XI 287; cf. Glossary under **skafningr**)

Skǫgul *f.* a valkyrie v7/1, v436/4; in kennings for battle, *dynr Skǫglar* v219/4, *él Skǫglar* v382/4 (*Gylf.*, *Háttatal*, *Vǫluspá*, *Grímnismál*, *SnE* 1848–87, II 490, *Hkr* I 193, 195 (*Hákonarmál*))

Skǫll (or Skoll) *m.* or *n.* (or Skǫlkinni *m.*; cf. Kinni) a wolf: cf. v514/10 t. n., see **skólkinni** in Glossary (Skǫll in *Gylf.*, *Grímnismál* 39; cf. *skǫll* f. noise (of battle) *ÍF* XIV 204). Cf. Skalli

Sleipnir *m.* Óðinn's horse, offspring of Loki 20/4 (see note), 20/19, v325/1, v328–30 n.; in kennings for ship, *sjágnípu S.* v127/1, *haf-Sleipnir* v242/2; see **haf-Sleipnir** in Glossary (*Gylf.*, *Grímnismál*, *Sigrdrífumál*, *Baldrs draumar*, *Hyndluljóð*, *Vǫlsunga saga*, *Heiðreks saga*, *SnE* 1848–87, II 487; cf. *Hkr* I 36, 46 (*Ynglingatal*))

Slíðr *f.* a river v484/2 (*Gylf.*, *Vǫluspá*, *Grímnismál*)

Slíðrugtanni *m.* a boar (= Gullinbusti) 19/8 (*Gylf.*)

Slungnir *m.* King Aðils's horse 59/26, v328–30 n., v330/4 (Sløngvir *Hkr* I 57)

Snjófríðr see Snæfríðr

Snorri *m.* (1) Sturluson v5 n., v24 n., 63/15–17 n., 67/28–9 n., v263 n., Glossary under **selja (2)**, **svartálfr**

Snorri *m.* (2) goði, 10th–11th century Icelander v30 n., Glossary under **runnr**; see Þorsteinn (1)

Snotra *f.* an Ásynja v433/4; cf. Glossary (*Gylf.*; cf. *Gautreks saga*)

Snyrtir (Snirtir) *m.* Bjarki's sword, see Glossary. Cf. Laufi

Snæbjǫrn *m.* Icelandic poet, probably 11th century (nothing further is known of him, but conceivably he is the same as *S. galti*, also noted for his sailing, *ÍF* I 190–95) 38/16, v133 n., 81/16

Snæfríðardrápa (or *Snjófríðar-*) *f.* a poem attributed to Haraldr hárfagri v29 n. (*Flb* II 70; *Skj* A I 5)

Snæfríðr, Snjófríðr *f.* v29 n., v205 n., v360 n., Glossary under **mjǫðr** (*Flb* I 41, II 53, 69–70; *Ágrip*, *Hkr* I)

Index of Names 509

Sól *f.* an Ásynja v434/3; personification of the sun, Glossary under **gyðja**, cf. 39/1, 85/19 (*Gylf.*, *Vafþrúðnismál* 23, *Flb* I 24, *SnE* 1848–87, II 490; cf. **álfrǫðull** and **sól** in Glossary, Álfrǫðull in Index)

Sómr *m.* a giant v419/7 (cf. Glossary)

Són *f.* one of the vats containing the mead of poetry 3/21, 4/3, 38, 11/28; in kenning for (the mead of) poetry, *Sónar sáð* (or *sefrein Sónar* may mean 'heart' or 'breast'; see Frank 1978, 96–7, where it is argued that *són* is a common noun meaning 'reconciliation'; cf. *Egils saga Skalla-Grímssonar* 266 and n.) v36/3 (cf. *Sturl.* I 500; *són* also means 'blood', *Kormaks saga* 243, *Skj* A I 556, v. 5)

Sonatorrek n. a poem by Egill Skalla-Grímsson v15–16 n. (*Egils saga Skalla-Grímssonar* 246–57; *Skj* A I 40–43)

Sóti *m.* a horse v325/6 (*Gunnlaugs saga* 91; the name of various characters in *fornaldarsögur* including *Qrvar-Odds saga*)

Spé *f.* the Spey (river in Scotland) v483/7

Sprettingr *m.* a giant v419/5

Starkaðr *m.* (dat. *-eði*) a giant killed by Þórr v57/3 (grandfather of the hero Starkaðr gamli ('the Old') Stórverksson, Starkaðr Áludrengr in *Gautreks saga* 12, cf. *Heiðreks saga* 66–7; the two Starkaðrs seem to be confused in Saxo Grammaticus, see 1979–80, II 98–9)

Steinarr (Steinn in A and T) *m.* Icelandic poet, 11th century 64/8, v206 n.

Steinn (1) *m.* = Hallar-Steinn, q. v. 63/28

Steinn (2) Herdísarson *m.* Icelandic poet, 11th century 34/28, v112 n., (*Landnámabók*, *Hkr* III)

Steinþórr *m.* Icelandic poet, 11th century 9/5, v13 n. (nothing further is known about him)

Stígandi *m.* a giant v419/6 (cf. *Gǫngu-Hrólfs saga*; also a ship in *Landnámabók*, *Vatnsdœla saga*)

Stiklarstaðir *m. pl.* Stiklestad in Þrándheimr, Norway v4 n., v120 n. (*Hkr* II, *Fagrskinna*, *ÓH*)

Stórverkr *m.* a giant v420/1 (cf. Stórvirkr, son of Starkaðr Áludrengr and father of Starkaðr gamli in *Gautreks saga*; in *Heiðreks saga* 67 he is father of Starkaðr Áludrengr; cf. Storverk in Saxo Grammaticus 1979–80, I 170)

Strauma *f.* a river v482/7 ('torrent')

Strǫnd *f.* a river ('strand') v481/2, v483/7 (*Grímnismál*)

Stúfr *m.* (1) a horse v326/1, v329/2 (*SnE* 1848–87, II 487); an ox (cf. Glossary) v504/5

Stúfr *m.* (2) blindi, son of Þórðr kǫttr, Icelandic poet, 11th century 102/16, v396 n. (*Laxdœla saga, Stúfs þáttr*; cf. Glossary)
Stúfsdrápa (or *Stúfa*) *f.* a poem by Stúfr (2) about King Haraldr harðráði v396 n. (*ÍF* V 290; *Skj* A I 404–5)
Stúmi *m.* a giant v420/6
Styrkárr Oddason *m.* Icelandic poet, 11th or 12th century 76/12, v266 n.
Suðr *f.* a river v479/5 (in a kenning for gold, *Hávarðar saga* 330; perhaps related to **sjóða** 'seethe')
Suðri ('southerly') *m.* one of the dwarfs who hold up the sky 33/26, Glossary under **setberg**; *áttruðr Suðra* = Geirrøðr v87/8. Suðri is the name of a dwarf in *Gylf.* ch. 14, *Vǫluspá, SnE* 1848–87, II 469, and appears in a kenning for poetry in *Gísla saga* 82; in v87 it is perhaps to be taken as also the name of a giant, or giants are perceived as related to dwarfs (some names of giants are also names of dwarfs, e. g. Fjalarr, Galarr, Litr; both are rock-dwellers, cf. **berg-Saxar**, **berg-Danir** in Glossary); cf. *Vǫluspá* 9–10, where according to some readings dwarfs are created out of parts of giants (see *Vǫluspá* 1978, 26–7; Tryggvi Gíslason 1984; cf. also *Gylf.* 15/35)
Sumar(r) *m.* or *n.* (Sumarr *m. TGT* 65) personification of summer 39/29, see Glossary (*Gylf., Vafþrúðnismál* 27)
Surtalogi *m.* 'Surtr's (or Surti's) fire' 6/25 (*Gylf., Vafþrúðnismál*)
Surtr *m.* a giant v420/1; as common noun for giant in kenning for mountain fastness, *Surts søkkdalir* v23/1 (or part of a kenning for poetry, see note), v61 n. (*Gylf., Vǫluspá, Vafþrúðnismál, Fáfnismál, Vǫlsunga saga*; in a kenning for thought in *Hallfreðar saga* 147)
Suttungr *m.* a giant 3/35 and note, 3/37, 39, 4/15, 20, 24, 25, 39, 5/4, v23 n., v431/3; gen. *Suttunga* 4/4, 7, 19, 5/6, 11/27 (*Hávamál, Alvíssmál, Skírnismál* 34 (Suttungi))
Sváfnir *m.* a serpent 90/11 (*Gylf., Grímnismál, SnE* 1848–87, II 487; also a name of Óðinn in *Gylf.* (*Haraldskvæði*), *Grímnismál* and *SnE* 1848–87, II 472, cf. 4/33)
Svalin (*f.?*) shield of the sun, Glossary under **svalinn**
Svanhildr Sigurðardóttir *f.* 48/8, 49/19, 22, 24, 31 n., 32, 35 (*PE, Vǫlsunga saga*). Cf. Foglhildr
Svárangr *m.* a giant v75/2 n., v419/8 (*Hárbarðsljóð* 29)
Svartálfaheimr *m.* the world of the black elves 45/21 (*Gylf.*; cf. **svartálfr** in Glossary and *døkkálfar* in *Gylf.* 19)
Svartr *m.* a giant v420/5 (cf. *Ǫrvar-Odds saga, Þorsteins saga Víkingssonar*; see Glossary)

Index of Names 511

Svasa-, Svásanautr *m.* a garment or cloth: Glossary under **nisting** (*Flb* II 70)
Svasi or Svási *m.* a dwarf: Glossary under **nadd-Freyr**, **nisting** (*Flb* II 53, 69–70, *Ágrip*, *Hkr* I)
Svásuðr *m.* a giant, father of Sumar(r) 39/29, v419/7 (*Gylf.*, *Vafþrúðnismál*)
Sveiði *m.* a sea-king v412/8; in kenning for ships, *Sveiða hreinar* 74/19, v258/1 (*Orkneyinga saga* 7, *Hkr* I 275; cf. Svaði Heitason, *Flb* I 23)
Sveinn *m.* (1) Icelandic or Greenland poet, probably 11th century 37/8, 39/15
Sveinn *m.* (2) (tjúguskegg Haraldsson, king of Denmark; d. 1014) father of Knútr inn ríki v258/4, Glossary under **mǫgr** (*Knýtlinga saga*, *Hkr* I and II). Cf. Sveinn (3) and v381 n.
Sveinn *m.* (3) Úlfsson (Estridsson), king of Denmark (d. 1076) v191 n., v381 n., v381/3 (his son was St Knútr; or the reference could be to Knútr inn ríki, son of Sveinn tjúguskegg), v396 n., Glossary under **gramr** (2), **vísir** (*Knýtlinga saga*, *Hkr* III)
Sveinn *m.* (4), son of Sveinn (3), brother of St Knútr (who died in 1086) v398 n., Glossary under **bróðir** (*Knýtlinga saga*)
Sveinn *m.* (5) Eiríksson, king of Denmark (d. 1157) v262 n., Glossary under **friðstøkkvir** (*Knýtlinga saga*)
Sveinn *m.* (6) Hákonarson, earl in Norway (d. *c.* 1015) v286 n., v375 n. (*Hkr* II, *Fagrskinna*)
Sveinn *m.* (7) Sveinsson, half-brother to Knútr (2) v398 n. (*Knýtlinga saga*)
Sveipinfalda *f.* a troll-wife v425/8
Sverrir *m.* king of Norway (d. 1202) v139 n., Glossary under **íð**, **sigrgœðir**
Svíagríss *m.* a gold ring ('Swedes' pig(let)') 59/2, 20, 27 (*Hrólfs saga kraka*, *Skjǫldunga saga*)
Svíar *m. pl.* Swedes 59/24, 31, v189/3 v. l., v310/4 (*Hkr*, *Fagrskinna*)
Svíaveldi *n.* the Swedish realm 106/1 (*Hkr*, *Fagrskinna*, *Hrólfs saga kraka*, *Heiðreks saga*)
Sviðurr *m.* a name of Óðinn 105/31 (cf. Sviðurr, Sviðrir in *Grímnismál* and *SnE* 1848–87, II 472; Sviðurr, Sviðarr, Sviðrir in *Gylf.*)
Svipdagr *m.* a berserk 58/32 (*Hrólfs saga kraka*, *Háttalykill* 12 (see p. 58); cf. *Gylf.* Prologue, *Hkr* I 43 and note, Saxo Grammaticus 1979–80, II 28–9)

Svipul *f.* a valkyrie, see Glossary
Svívǫr *f.* a giantess or troll-wife killed by Þórr v58/8. Cf. Sívǫr
Svíþjóð *f.* Sweden v84/1–4 n., 52/5, v171/2, 58/29, v217 n., 80/13,
v310 n., 105/31, Glossary under **austr (2), landfólk** (*Hkr, Fagrskinna, Gylf., Vǫlundarkviða* prose); cf. Svíaveldi; *S. kólgu* ('of coldness', see **kólga** in Glossary, Kólga in Index) = *S. hin mikla, hin kalda,* Scythia (*Heimslýsing* in *Hauksbók* 155, *Hkr* I, *ÍF* IX 220 and note, *Skjǫldunga saga, Sǫrla saga sterka*), conceived as home of giants v84/2 (gen. with *(dólg)ferð* or *dróttar,* see note)
Svǫl *f.* a river, see Viðsvǫl (and cf. **svalr** in Glossary)
Svǫlð *f.* an island or river in the south Baltic area v144 n., v187/2 (*Hkr* I 351 n. and cxxxv)
Svǫlnir *m.* a name of Óðinn (*þula* in A, *SnE* 1848–87, II 472), in kenning for shield, *Svǫlnis salpenningr,* the penny of Óðinn's hall v253/1 (Valhǫll was roofed with shields, see *Gylf.* ch. 2; in the verse there Flateyjarbók and U have the name Svǫlnir, see *Skj* A I 26); *Svǫlnis ekkja* = Jǫrð, i. e. *jǫrð,* the earth v66/7 (subj. of *gekk sundr;* cf. *Fagrskinna* 98 and note). This kenning may be based on the idea of Óðinn's long absences referred to in *Hkr* I 12, or to his presumed abandonment of Jǫrð for Frigg, though *ekkja* could just mean wife (cf. Glossary and *LP*). Cf. **biðkván** in Glossary
Sylgr *f.* a river v484/5 (*Gylf., Grímnismál*)
Syn *f.* an Ásynja v434/5; in kenning for woman, *mens mjúkstalls S.* v206/1 (gen. with *draumar*); for giantess, *arin-Syn* v90/3 (gen. with *salvanið;* see note and Glossary under **arinn**) (*Gylf., SnE* 1848–87, II 490)
Sýr *f.* a name for Freyja v435/5; in kenning for giantess, *fentanna S.* v292/1 (gen. with *greppa;* see note) (*Gylf.; Hallfreðar saga* 156)
Syrvi *m.* a sea-king v416/6 (Sǫrvi or Sørvi in C ('soruí'); cf. **sørvar, syrvar** in Glossary; Sǫrvi in *Fagrskinna* 115, *Hkr* I 246; *sǫrvar* in *Egils saga Skalla-Grímssonar* 202)
Sæhrímnir *m.* a boar v513/4 (*Gylf., Grímnismál*)
Sækarlsmúli *m.* a giant v420/2
Sæmingr *m.* a son of Óðinn v5 n., v429/9 (*Gylf.* Prologue, *Hkr* I 21–2; at I 4 he is said (on the authority of a lost verse of *Háleygjatal*) to be son of Yngvifreyr; see also *Hálfdanar saga Eysteinsfóstra* 247)
Sœkin *f.* (or Sekin; spellt with *e* in R, *æ* in AC) a river v479/6 (Sekin in *Gylf.* (spellt with *æ* in U), Sækin in *Grímnismál*)
Sǫkkmímir see Sekmímir

Sǫlsi m. a sea-king 74/24, v416/2 (*TGT* 25); in kenning for ship, *Sǫlsa bekkr* v258/3 (according to 74/24–5, this is a kenning for the sea; see note)

Sǫlvi m. a sea-king v413/4 (*Flb* I 23, 24, *Af Upplendinga konungum* in *Hauksbók* 456; cf. *Hálfs saga, Gǫngu-Hrólfs saga*)

Sǫnnungr m. a name for Þórr v428/7

Sǫrli m. son of Guðrún and Jónakr, brother of Hamðir v24 n., 49/17, 38, 50/6, 15, 28, v156/5; Glossary under **barmi, birki, niðr (1), sonr, vilja**; in kenning for coats of mail, *fǫt Sǫrla* 68/18, v230/2 and note (*Hamðismál, Vǫlsunga saga*)

Tanngnjóstr m. one of Þórr's goats (*Gylf.*) v508/3

Tanngrísnir m. one of Þórr's goats (*Gylf.*) v508/4 (cf. **hrísgrísnir** in Glossary)

Taurus (constellation) v93/1–4 n.

Teiti m. a sea-king v415/8 (cf. Teitr in *Skjǫldunga saga* 61, *ÍF* XIII 413)

Tems f. the Thames v481/2 (*Breta sögur* in *Hauksbók*; Temps in *Knýtlinga saga, Hkr* II)

Tifr f. the Tiber v481/1 (*Alfræði* I, *Heimslýsing* 150 and *Breta sögur* in *Hauksbók* (also Tipr); Tibur in *Alfræði* III 22 n.)

Tiggi m. son of Hálfdan gamli 101/21 (*Flb* I 25; *SnE* 1848–87, II 469, see Glossary)

Tindr m. (Hallkelsson), Icelandic poet (d. 1015 or later) 68/8 (*Landnámabók, Heiðarvíga saga, ÍF* III 331, *Harðar saga, Fagrskinna* 131, *Hkr* I)

Tjaldari m. a horse v325/4 (*SnE* 1848–87, II 487)

Torf-Einarr m. (Rǫgnvaldsson) earl in Orkney *c*. 900; *ættbættir Torf-Einars* = Earl Þorfinnr v298/4 (*Háttatal, Orkneyinga saga, Hkr* I)

Troja f. Troy 5/35, 36, 6/26, 27, Glossary under **orrosta** (*Gylf.* and Prologue; *Flb* I 28; *Heimslýsing* ('Troea') and *Breta sögur* in *Hauksbók, Trójumanna saga*)

Trojumenn m. pl. Trojans; *Trojumanna orrosta* = the Trojan war 5/39 (*Heimslýsing* in *Hauksbók* 152, 155 ('Troea manna'), *Alfræði* I; *Trójumanna saga*)

Tror m. = Þórr 22/20 t. n., cf. *Gylf.* Prologue

Tryggvaflokkr m. a poem (probably by Sighvatr) about King Tryggvi Óláfsson (d. 1033) v285 n. (*ÓH* 611 (see t. n.), *Hkr* II 413 (here anonymous); *Skj* A I 247)

Tvedda *f.* the Tweed v483/2

Týr *m.* an Áss 1/9, 5/19, 5/24 n., 19/18, 40/36, v432/7 (*Gylf.*, *Hymiskviða*, *Lokasenna*, *Hkr* I 208 (*Háleygjatal*),*Vǫlsunga saga* (*Sigrdrífumál*); in kennings for king or earl in *Háttatal*). In kennings the word may have originally been the common noun *týr m.* 'god' (see **týr, týframr** in Glossary), especially in names for Óðinn (q. v.), such as Farmatýr, Gautatýr, Hangatýr, Hertýr, Hroptatýr, Sigtýr, and Veratýr in *Gylf.* and *Grímnismál*; see also Reiðartýr, a name for Þórr; **byrgitýr, hirðitýr, reiðitýr** in Glossary

Tyrfingr *m.* a sword (see *Heiðreks saga, Qrvar-Odds saga*; cf. *Skj* A I 349, B I 322, v. 2) v457/6

Tyrkir (or Tyrkjar, see Noreen 1923, § 368) *m. pl.* Turks, i. e. Trojans 5/33, 36 (*Gylf.* ch. 54 and Prologue, *Flb* I 28, *Íslendingabók* 27, *Heiðreks saga* 66, *Skjǫldunga saga, Sturlaugs saga starfsama, Trójumanna saga*; cf. *Heimslýsing* in *Hauksbók* 155 and Tyrkland in *Gylf.* Prologue, *Hkr* I, *Flb* I 27, II 209, *Trójumanna saga, Alfræði* I)

Tøgdrápa *f.* a poem by Þórarinn loftunga about King Knútr inn ríki v200 n.; see Glossary (*Hkr* II, *ÓH, Knýtlinga saga*; *Skj* A I 322–5)

Uðr *f.* (1) a river v481/5; see also Uðr (2) (= *uðr* 'wave'; see Glossary) (name of Óðinn in *Gylf.*, *Grímnismál*, *SnE* 1848–87, II 473; cf. also *Helgakviða Hundingsbana* II 31)

Uðr (gen. Unnar) *f.* (2) daughter of Ægir, personification of a wave 36/26, 95/8, v357 n., 95/12, v478/5 (*SnE* 1848–87, II 493). Cf. Uðr (1) and **uðr** in Glossary; *unnr* in *Gylf.* (*Vǫluspá*)

Úlfr Uggason *m.* Icelandic poet (fl. *c.* 1000) 8/7, v8 n., 9/10, 10/8, v24 n., 14/5, v54 n., 17/3, 8, 30, 19/3, 16, 20/7, 64/28, 70/19, 84/13, 86/26 (*Landnámabók, Laxdœla saga, Njáls saga*)

Ullr *m.* a god 1/10, 14/26, 19/31, 19/32 n., 30/17, v328–30 n.; in kennings for shield (see note to 67/21), *Ullar askr* v28/1, v212/1, 69/19, *Ullar kjóll* v143/3 (gen. with *fjǫllum*), *Ullar skip* 67/21, v236/2 (gen. with *él*) (cf. de Vries 1956–7, II 159–60, § 446; Tolley 1996, 22–3 and 44 n. 53); in kennings for Þórr, *Ulls (Ullar) mágr* v47/4, v66/1 and note, *gulli Ullar* v89/5; for warrior, man, *U. ímunlauks* v185/1 (vocative: the person addressed in this verse is unknown, though it may be Haraldr gráfeldr; see Frank 1978, 83) (*Gylf.*, *Grímnismál*, *Atlakviða*)

Undaðr *m.* a rider v328–30 n.

Index of Names

Unn- see Uðr
Uppsalir *m. pl.* Uppsala 58/23, 59/5, 6; Glossary under **austr (2)** (*Hkr* I–II, *Skjǫldunga saga*, *Hrólfs saga kraka*)
Urðr *f.* a norn v241/4 (*Gylf.*, *Vǫluspá*; cf. *Guðrúnarkviða* I 24, II 21; *Sigurðarkviða in skamma* 5; *yrðr Hkr* I 72; etymologically related to *verða*, pp. *orðinn*); Urðar brunnr *m.* Urðr's well 76/26, v268/2 and note (cf. *Gylf.*, *Vǫluspá*, *Hávamál* 111)
Útfarardrápa *f.* a poem by Halldórr skvaldri about King Sigurðr (6) Magnússon v379 n. (*Sverris saga* 1920, 91; *Skj* A I 486–8)

Váfuðr *m.* a name of Óðinn; *Váfaðar þing* = battle, *Váfaðar þingþrøngvir* (tmesis) = warrior v149/3 (*Gylf.*, *Grímnismál*, *TGT* 87, *Hkr* I 188, *SnE* 1848–87, II 556; cf. Váfǫðr in *Vǫluspá* 1 (*Hauksbók*), *SnE* 1848–87, II 472; *váfuðr* is a word for the wind in *Alvíssmál* 20, cf. v332/2 t. n. and Glossary under **vǫfuðr**)
Vafþrúðnir *m.* a giant v421/4 (*Gylf.*, *Vafþrúðnismál*)
Vágasker *n.* ('wave-skerry') 19/14 (not mentioned elsewhere)
Vagn *m.* (1) Ákason, a Dane, 10th century v214 n. (*Jómsvíkinga saga*, *Hkr* I, *Fagrskinna*)
Vagn *m.* (2) a constellation, see Glossary (*ÍF* XXXIV 355; *Alfræði* II 250; used a number of times in Christian poetry, generally in pl., presumably for Ursa Major and Ursa Minor together; see *LP*)
Vagnhǫfði *m.* a giant v431/2 (Saxo Grammaticus 1979–80, I 21, II 29)
Vakr *m.* name of a horse v329/4 (*SnE* 1848–87, II 487, *Orkneyinga saga* 235, *Hallfreðar saga* 150; cf. *vakr* a. 'early-waking, lively'; a name for Óðinn in *Gylf.*, *Grímnismál*, *SnE* 1848–87, II 473)
Valgarðr *m.* of Vǫllr (southern Iceland; so *Fagrskinna* 227, *Hkr* III 91), Icelandic poet, 11th century 95/13, 97/20, 98/23, 105/10 (*Hkr* III, *Fagrskinna*)
Valgautr *m.* a name of Óðinn v17/2 (vocative) (*SnE* 1848–87, II 473, 556)
Valhǫll *f.* the hall of the slain, Óðinn's hall v7/6 (*í Valhǫllu vera* = die), v20/3, 20/33, 21/2, v109 n., 41/1, 23, Glossary under **einherjar**, **heimboð**, **hǫll**, **salr** (*Gylf.*, *PE*, *Hkr* I 20, 193–4, *Fagrskinna* 77, 95, *Skjǫldunga saga* 69, *Gísla saga* 45 (see note), *Njáls saga*, *Hrólfs saga kraka*, *Heiðreks saga*, *Gautreks saga*, *Sturl.* I 344, 374; cf. verse 253/1–2 and see under Svǫlnir and Glossary under **salpenningr**)
Váli *m.* a god, a son of Óðinn 1/10, 19/26, 30, 20/2 n., v429/4, v432/6. Váli is the name of a son of Loki as well as of a son of

Óðinn in *Gylf.*; son of Óðinn also in *Vafþrúðnismál* and *Hyndluljóð*, and (as emendation) son of Óðinn and Rindr in *Baldrs draumar*; son of Loki in *Vǫluspá* 34 (*Hauksbók* only) and (as emendation) in *Lokasenna* prose; also the name of a dwarf in *Gylf.* (in a quotation from *Vǫluspá*; Náli in *PE*); cf. Áli

Valin *f.* a river v482/6

Valr *m.* a horse v325/3, v329/1 (*SnE* 1848–87, II 487; cf. **valr (1)**, **hrannvalr** in Glossary)

Valskjálf *f.* a river v479/2

Ván *f.* a river ('hope') v479/3 (*Gylf.*, *Grímnismál*, *SnE* 1848–87, II 432, *Hkr* III 242 (in a kenning for gold))

Vanabrúðr, Vana brúðr *f.* bride, lady of the Vanir, i. e. Freyja v149/2 (gen. with *dóttur*, i. e. Hnoss, the precious gift), 44/24 (see Vanr; cf. Vanadís in *Gylf.*, **goðbrúðr** in Glossary)

Vánargandr *m.* 'hope-wand' or 'hope-wolf' (cf. the river Ván above and in *Gylf.* ch. 34), a name for Fenrir 19/36 (cf. Jǫrmungandr and *hrótgandr* (= fire), *SnE* 1848–87, II 486)

Vandill *m.* a sea-king v416/2 (*Skj* B I 177; cf. *Færeyinga saga* 1987, 43–4; *Njáls saga* 77–8); a giant v430/6 (cf. Dragvandill above and **heinvandill** in Glossary)

Vanr *m.* one of the Vanir, a race of gods; i. e. Njǫrðr 18/4, v59/6 (dat. with *una*); i. e. Freyr 18/16 and note; *pl.* 3/13, 18/3, 16, 30/14, 44/24 (*Gylf.*, *PE*, *Hkr* I 10–13, *Vǫlsunga saga* (*Sigrdrífumál*); cf. Vanabrúðr; also Vanadís in *Gylf.*, **vaningi** in Glossary)

Vár *f.* an Ásynja v93/1–4 n., v96/4 n., v434/5; in kenning for Skaði, the huntress who lived in the mountains, *þrymseilar Vár* v96/2 (gen. with *hval*) (*Gylf.*, *Þrymskviða*; cf. *Helreið* 2)

Varðrún *f.* a troll-wife v427/3 (*Skj* A I 352, v. 13)

Vartari *m.* a thong 43/10 (cf. Glossary; *holtvartari* is a kenning for snake, *ÍF* I 239)

Vegsvinn *f.* a river v483/5 (*Grímnismál*; cf. Veg and Svinn in *Gylf.*)

Veiga *f.* an island in the north of Norway (Vega, Vegenøy in Hålogaland; Veig *SnE* 1848–87, II 491) v313/1 (*frá Veigu* = from the far north; cf. Glossary under **langr**)

Vella *f.* a river v482/5

Vellekla *f.* a poem by Einarr Skálaglamm about Earl Hákon Sigurðarson v18 n., v25 n., v27–8 n., v34 n., v35 n., v197 n., v222 n., v223 n., v227 n., v247 n. (*Hkr* I, *Flb* I 18, *Egils saga Skalla-Grímssonar* 270; *Skj* A I 122–31)

Index of Names

Vendill *m*. a place in Jutland, see Glossary under **heinvandill** (*Hkr* I, *Ynglingatal* 19 (*Hkr* I 55))
Verr *m*. a giant v430/3 (cf. under **verúlfr** and **verr (1)** in Glossary)
Vervaða *f*. a river v483/3
Véseti *m*. a berserk 58/32 (v. l. Viðseti; cf. *Jómsvíkinga saga, Qrvar-Odds saga, Þorsteins saga Víkingssonar*)
Vésteinn *m*. legendary person v329/1
Vestri *m*. one of the dwarfs who hold up the sky ('westerly') 33/24 (*Gylf., Vǫluspá*)
Vet-Mímir *m*. a name for the sky 85/18 ('winter-M.'?); a heaven (the eighth) v516/15 (see Glossary)
Vetr *m*. personification of winter 39/20, cf. Glossary (*Gylf., Vafþrúðnismál*)
Vetrliði *m*. (Sumarliðason) Icelandic poet (d. 999) 17/14, v57 n. (*Landnámabók, Njáls saga, Hkr* I, *Kristni saga*)
Véuðr *m*. a name for Þórr v428/8. Cf. Véorr in *Vǫluspá* 56, *Hymiskviða*; and cf. Harðvéorr
Víð *f*. a river ('wide') v479/3 (*Gylf., Grímnismál*)
Viðarr or Víðarr hinn þǫgli *m*. a god 1/10, 19/23, 24/37, 30/10 n., 40/36, son of Óðinn v429/3, v432/5; equivalent of Eneas 6/27 (= Áli?) (*Gylf., Lokasenna, Vafþrúðnismál, Grímnismál, Vǫluspá*)
Víðbláinn *m*. a heaven v516/10 (*Gylf., SnE* 1848–87, II 485/29, 569; cf. Glossary)
Viðblindi (or Víðblindi?) *m*. a giant 63/13, v421/7; in kenning for whale, giant's boar: *Viðblinda gǫltr* v201/2 (cf. *Viðblinda svín, Edda Magnúsar Ólafssonar* 351, *Skj* A II 150, v. 62)
Viddi *m*. a giant v430/5 (possibly a form of **víðir**, 'sea', and perhaps a name for Ægir; see *Egils saga Skalla-Grímssonar* 79 n. and ÁBM; cf. 39/14)
Víðfeðmir *m*. a heaven v516/11 (*SnE* 1848–87, II 486; see Glossary)
Víðgymnir *m*. a giant; in kenning for Þórr, V. *Vimrar vaðs* v56/1 (= enemy of the ford of Vimur? see note and Glossary under **vað**; cf. ÁBM under *Víðgymnir*)
Viðrir *m*. a name of Óðinn 74/3; *Viðris arfi* = Þórr v42/1; *Viðris vǫndr* = spear or sword v255/3 (see note); in kenning for poetry or a poem, *Viðris munstrandar marr* v350/2 (see Glossary under **munstrǫnd**); in kenning for warrior (Heðinn?), *Viðrir Hveðru brynju*, Viðrir of the axe v254/2 (gen. with *fyrir hǫnd*) (*Gylf., Ágrip* 3 and *Flb* II 49, *Lokasenna, Helgakviða Hundingsbana* I, *Qrvar-*

Odds saga; *Egils saga Skalla-Grímssonar* 185, 186 (*Hǫfuðlausn*))
Viðseti *m.* see Véseti
Viðsvǫl (or Víðsvǫl) *f.* a river v483/5 (written as two words in A ('ið svǫl'); cf. Víð, Svǫl in *Gylf.* and *Grímnismál*)
Viðurr *m.* a name of Óðinn, in kenning for (the mead of) poetry, *Viðurs fengr* v38/2, for poet v300b/2 (*Gylf.*, *Grímnismál*, *SnE* 1848–87, II 472; *Egils saga Skalla-Grímssonar* 246 (*Sonatorrek*), 262 (*Arinbjarnarkviða*))
Vifill *m.* legendary person v329/2 (or Vífill? cf. *LP*, ÁBM; *Flb* I 25, 26, *Hrólfs saga kraka*, *Hálfs saga*, *Ǫrvar-Odds saga*, *Þorsteins saga Víkingssonar*, *Ragnars saga*)
Víga-Glúmr *m.* Icelandic poet, 10th century 7/5, v3 n., 67/29 n., 73/31, 91/19, Glossary under **grindlogi** (*Víga-Glúms saga*)
Vigg *n.* a horse v326/1 (*SnE* 1848–87, II 487; cf. **vigg** (= horse and ship), **viggr** in Glossary)
Vígglǫð *f.* a troll-wife v427/5. See **vígglaðr** and **vígglǫð** in Glossary
Vigr *f.* spear (*Kormaks saga* 295, see note) v464/2, see Glossary (a horse (Vígr?) *SnE* 1848–87, II 487, 571, cf. **viggr** in Glossary)
Vil (or Víl?) *f.* a river v482/5 (cf. *SnE* 1848–87, II 432, 515)
Vílir *m.* brother of Óðinn v15/2 (*Hkr* I 12, 14, *Egils saga Skalla-Grímssonar* 255 (*Sonatorrek*); cf. Vili in *Gylf.* and *Lokasenna* 26; also *Hkr* I 29 (*Ynglingatal*); there is a dwarf Víli in *Vǫluspá*)
Vimur *f.* a river waded by Þórr (see p. 25) v55–6 n., v56/1 (gen. with *vaðs*), 17/13, 25/3, v72/1 (vocative), v479/3, Glossary under **dreyri**, **vað**. Appears in *Ǫrvar-Odds saga* (in a kenning for gold in a verse), *Hkr* III 240 (in a kenning for ship in Einarr Skúlason's poem about Sigurðr Jórsalafari), *SnE* 1848–87, II 493 (again in a kenning for ship, in an anonymous verse in A; *Skj* A I 652)
Vin (or Vín?) *f.* a river v482/5 (*Gylf.*, *Grímnismál*)
Vína *f.* the (Northern) Dvina v481/1, v482/4 (*Gylf.*, *Grímnismál*, *Hálfs saga*, *Ǫrvar-Odds saga*, *Sturlaugs saga starfsama*, *Heimslýsing* in *Hauksbók* 150, *Egils saga Skalla-Grímssonar* 93, *ÓH* 349, *Fagrskinna* 103, *Hkr* I 217 (*Gráfeldardrápa*); a mythical river in the eddas, in historical sagas a river in Bjarmaland near the White sea (cf. Dýna); in *Egils saga Skalla-Grímssonar* 142 (cf. xliii) perhaps the Wen in England, see Campbell 1938, 73–4)
Vindbláinn *m.* a heaven v516/4 (*SnE* 1848–87, II 486); cf. Víðbláinn, and **víðbláinn** in Glossary
Vindlér *m.* 'wind-protector, one who provides protection from the

wind' (cf. *hlé n.* 'shelter' and **hlér** in Glossary), a name for Heimdallr 19/16, 108/8–9 n. (*Háttatal*)

Vindr *m.* a giant ('wind') v421/7. Cf. 39/13 and note, and Glossary; *Gylf.* ch. 18; also a horse in *SnE* 1848–87, II 487

Vindsvalr *m.* a giant v421/3, father of winter 39/20, v138/2 (gen. with *mǫg*, making a kenning for winter; see Glossary under **mǫgr**) (*Gylf., Vafþrúðnismál*). Cf. Vindkaldr in *Fjǫlsvinnsmál*

Ving *f.* a river v479/4

Vingnir *m.* a giant 14/30 (reference to a myth?—but Vingnir is a name of Óðinn in *SnE* 1848–87, II 472, and *fóstri* might mean son here; cf. *Gylf.* Prologue ch. 9), v421/8; in kenning for troll-wife, *herja Vingnis* v70/2 (or if *herja* means 'attacker', Vingnir could mean Þórr here); *Vingnis stjóri* name of an ox; or perhaps for *Vingnir, stjóri* two separate names for an ox? (thus A and B, see note and Glossary under **stjóri**) v503/10. Vingnir seems to be a name for Þórr (though it could be for Óðinn) in *Gylf.* ch. 53, *Vafþrúðnismál* 51 (A), 53 (Codex Regius); cf. Vingenir in *Gylf.* Prologue and Vinginer in *Flb* I 28, and Vingþórr below; also **ving-Rǫgnir** in Glossary

Vingrípr *m.* a giant v430/5

Vingþórr *m.* a name for Þórr v428/7 (*Þrymskviða, Alvíssmál*; cf. Vingeþórr in *Gylf.* Prologue and Vingnir; also **ving-Rǫgnir** in Glossary)

Vínheiðr *f.* site of a battle in England (*Egils saga Skalla-Grímssonar*) v140 n.

Vinnill *m.* a sea-king v416/1 (*Skj* A I 608 (*Plácítúsdrápa* 4))

Víparr *m.* a giant v421/3

Virfill *m.* a sea-king v416/1 (*Hkr* I 337, *Grettis saga* 185; cf. *ÍF* XIII 404–7; name of a horse in *SnE* 1848–87, II 487)

Volukrontes *m.* Greek hero 6/3, Glossary under **kappi** (*Trójumanna saga* 179 (*Hauksbók* version, p. 214); corresponds to Polypoetes in Latin sources; see Faulkes 1978–9, 122)

Væni *n.* a lake in Sweden (Lake Vänern; usually Vænir *m.*) 58/25, v328–30 n. (*Skjǫldunga saga* and *Ynglinga saga* (*Hkr* I), but not in *Hrólfs saga kraka*; *Flb* I 22, 24, *Af Upplendinga konungum* (*Hauksbók* 456), *Gautreks saga*)

Vǫð *f.* a river v484/7 (cf. **vað** ('ford') in Glossary and *Grímnismál* 28, v. l.)

Vǫggr *m.* legendary hero 58/7, 8, 11, 18, 21, Glossary under **sveinn** (*Skjǫldunga saga, Hrólfs saga kraka*)

Vǫlsungar *m. pl.* descendants of Vǫlsungr 103/10 t. n., 103/16; generic pl., referring to Sigmundr (2), in kenning for poison, *Vǫlsunga drekka* v153/4 (gen. with *hrøkkviáll*); as a term for kings in general? *Vǫlsunga niðr* (Óláfr kyrri?—there are however links between the Vǫlsungs and Norse kings, cf. *Flb* I 26, *Hauksbók* 505–6) v407/3 (see note) (*Gylf.* Prologue, *Helgakviða Hundingsbana* I, *Helgakviða Hundingsbana* II prose,*Vǫlsunga saga*, *Flb* I 22; cf. Glossary under **vǫlsungr**)

Vǫlsungr *m.* father of Sigmundr 46/21, 103/10, 15, 104/23 (*Helgakviða Hundingsbana* II prose, *PE* 162 (prose), *Hyndluljóð*, *Vǫlsunga saga*, *Flb* I 26; see Glossary; in *Reginsmál* (cf. *Norna-Gests þáttr*, *Flb* I 390) V. ungi seems to be used to denote Sigurðr (so also in *Sigurðarkviða in skamma*), and is then perhaps the singular of Vǫlsungar; cf. 104/23, *Skj* A I 352, v. 16 and **vǫlsungr** in Glossary)

Vǫlu-Steinn *m.* Icelandic poet (fl. *c.* 950) 13/25, v37 n., 86/21 (*Landnámabók*)

Vǫnd *f.* a river ('difficult'; see **vandr** in Glossary) v481/2 (*Grímnismál*)

Vǫr *f.* an Ásynja v434/4 (*Gylf.*; in f. names, e. g. Steinvǫr (*Grettis saga, Njáls saga* etc.), cf. Leirvǫr, and some kennings, see *ÍF* VI 71, *Skj* A II 494, v. 15, and *LP*; note also *SnE* 1848–87, II 490/1)

Vǫrnir *m.* a giant v431/1

Vǫttr *m.* a berserk 58/32 (*Hrólfs saga kraka*, cf. *Ǫrvar-Odds saga*)

Vänern, Lake in Sweden, see Væni

Wain, constellation, see Vagn (2) and Glossary under **vagn**, **vagnbraut**

Yggdrasill *m.* a mythical ash tree, see verse 388 and Glossary under **hasla** (*Vǫluspá, Grímnismál, Gylf.*; nearly always called *askr Yggdrasils*)

Yggr *m.* a name of Óðinn v12/4, v50/1 (gen. with *árum*), v308/4, v432/3; in kenning for (the mead of) poetry, *Yggs mjǫðr* v197/4 (gen. with *njóta*; or with *hljót, NN* 410); in kenning for poet v300b/5 (see Glossary under **ǫlberi**); for ravens or eagles, *Yggs gǫgl* v382/4 (*Gylf.*, *Háttatal, Vafþrúðnismál, Grímnismál, Hymiskviða, Fáfnismál, SnE* 1848–87, II 473, *Fagrskinna* 113; common in kennings, see *LP*)

Ylfingar *m. pl.* legendary dynasty 103/13 (only in R; v. l. Ynglinga UABC) (cf. *Helgakviða Hundingsbana* I, II, *Hyndluljóð*; cf. Wylfingas, Wilfingas, a Germanic tribe probably south of the Baltic in

Beowulf. Cf. Ylfingr in *Qrvar-Odds saga;* Ylfingr is also the name of a sword in *Mírmanns saga* and a term for a ruler in *SnE* 1848–87, II 469)

Ylgr *f.* a river v484/7 (*Gylf.*, *Grímnismál*)

Ymir *m.* a giant 6/13, v417/3; *Ymis hold* = earth 35/19, *Ymis hauss* = sky 33/23, v105/4 and note, *Ymis blóð* = sea 36/24, v123/2, or water, see Glossary under **snerriblóð** (in v79 Þorn (q. v.) may be used to mean Ymir). See *Gylf.* ch. 8; also chs. 5 and 14 (where he is made equivalent to Aurgelmir and perhaps Bláinn), *Vǫluspá* (where he may also be called Brimir), *Vafþrúðnismál, Grímnismál, Hyndluljóð;* cf. *Friðþjófs saga*

Ymsi *m.* a giant; *Ymsa kind* = giants v74/7 (see Glossary under **setr**)

Yn *f.* a river v483/6, v484/5

Ynglingar *m. pl.* descendants of Yngvi 103/3 (cf. Glossary under **ynglingr, yngvi**); of Yngvarr 103/14; cf. sg. 104/28 (*Gylf.* Prologue, *Hkr* I (*Ynglinga saga*), *Skjǫldunga saga, Hyndluljóð, Gautreks saga, Af Upplendinga konungum* (*Hauksbók* 457); cf. *Fagrskinna* 60 (*Haraldskvæði* 4), *SnE* 1848–87, II 469)

Ynglingatal *n.* a poem by Þjóðólfr (1) v5 n. (*Hkr* I, *ÓH, Flb* II 75, *Hauksbók* 457, *Skáldatal* (*SnE* 1848–87, III 273); *Skj* A I 7–15)

Yngvarr *m.* ancestor of the Ynglingar (perhaps an error for Yngvi) 103/14 (cf. *Hkr* I 61–2)

Yngvi *m.* ancestor of the Ynglings, kings of Norway v7/4; *Yngva ǫld* the people of Norway v21/3 (though their *allvaldr* is Earl Sigurðr or Earl Hákon, neither of whom was descended from Yngvi; see note) (*Hkr* I 24, *Ynglingatal* 7 (*Hkr* I 34), *Íslendingabók* 27, *Helgakviða Hundingsbana* I 55, *Reginsmál* 14; cf. Yngvarr and 105/5, *SnE* 1848–87, II 469, *Hkr* I 24, 34, *TGT* 103; Glossary under **ynglingr, yngvi**); son of Hálfdan the old 103/3; a sea-king v415/8 (*Egils saga Skalla-Grímssonar* 269: Yngvi altered to Ingvi); a name for Freyr *Hkr* I 24; son of Óðinn (cf. Yngvi-Freyr) in *Gylf.* Prologue (see Index of names), *Skjǫldunga saga* 3–4; the name of various legendary kings and heroes: *Helgakviða Hundingsbana* I 52 (son of Hringr), *Skjǫldunga saga* 15, 65–6, 73–4, son of Alrekr *Hkr* I 40–46, descendant of Óðinn *Flb* I 27; name of a dwarf in *Vǫluspá*

Yngvi-Freyr *m.* a son of Óðinn v429/7, v432/4 (cf. Ingifreyr, *Skjǫldunga saga* 39); sometimes taken as a name for Freyr, cf. *Hkr* I 4, 25, *Af Upplendinga konungum* (*Hauksbók* 457), *Háleygjatal* 13

(*Hkr* I 280); not in *PE*, but cf. Yngvi, Ingi-Freyr, Ingunar-Freyr and see note to verse 5

Yrsa *f.* mother and sister of Hrólfr kraki 58/23, 59/7, 19; see Glossary under **burr**, **heita**, **mágr**; *Yrsu sonr, Yrsu burðr* = Hrólfr v180/2, v186/1 (gen. with ǫrð) (*Hkr* I 56–7, *Skjǫldunga saga, Hrólfs saga kraka*)

Ýsa *f.* a river v479/4 (also = haddock)

Ysja *f.* a river v480/2 (also a word for fire, *SnE* 1848–87, II 486)

Þangbrandr *m*. German missionary priest v8 n. (*Íslendingabók, Kristni saga, Njáls saga*)

Þegn *m*. legendary hero (unless the word is a common noun here, see Glossary) v326/3 (obj. of *bera*). Cf. *Rígsþula, Áns saga bógsveigis*

Þengill *m*. son of Hálfdan gamli 101/19 (*Flb* I 25). Cf. Glossary and *TGT* 103, *SnE* 1848–87, II 469, *Helgakviða Hundingsbana* I 22, *Grípisspá* 25, 41, *Atlakviða* 33, *Orkneyinga saga* 14

Þistilbarði *m*. a giant v418/8

Þjálfi *m*. Þórr's servant 14/29, v44/3 (gen. with *steinn*), 21/30, 31, 22/5, 6, v75/2 n., v81/4 (subj. of *kom*), v82/7 (gen. with *steinn*), Glossary under **brautarlið**, **fall**, **hapt** (cf. Hapt in Index), **hersir**, **hylriði**, **liðhati**, **sifuni**, **sókn**, **sǫgn** (2) (*Gylf., Hárbarðsljóð*)

Þjazi *m*. a giant 2/4, 13, 15, 22, 24, 37, 38, 3/5, 4/39 t. n., v24 n., v65–71 n., 30/20, v92/8 (gen. with *far*, parallel to *tíva þriggja*), v99/8 n., v110 n., v167/3, v417/4, Glossary under **áttrunnr**, **biðill**, **byrgitýr**, **dólgr**, **faðir**, **fjallgylðir**, **fjǫðr**, **fóstri** (1), **grjót-Níðuðr**, **leikblað**, **málunautr**, **már**, **margspakr**, **nagr**, **ósvifrandi**, **reginn**, **reimuðr**, **sonr**, **tálhreinn**, **tormiðlaðr**, **úlfr**, **ving-Rǫgnir**, **vǫgn**, **vǫllr**, **þegn**, **ǫndurdís**, **ǫndurguð**; in kenning for gold, *Þjaza þingskil* v190/3 (*Gylf., Hárbarðsljóð, Lokasenna, Grímnismál, Hyndluljóð, Gríms saga loðinkinna*, Kormakr's *Sigurðardrápa* (*Hkr* I 168))

Þjóð *f.* = Thy in Jutland 46/20 (*Hkr* III 114–5, *Fagrskinna* 256, 258)

Þjóðnuma *f.* a river v483/6 (*Gylf., Grímnismál*)

Þjóðólfr (1) inn hvinverski *m*. Norwegian poet, 9th century (see **hvinverskr** in Glossary) 8/12, v9 n., 22/33, 30/22, 34/8, 84/24, v324 n.(?), 92/12, v342 n. (*Gylf.*, where a verse is attributed to him in error, cf. 8/12 above and note to verse 9; *Hkr* I, *Fagrskinna* 67, cf. 59 n.). See Fidjestøl 1997, 68–92

Þjóðólfr (2) Arnórsson *m*. Icelandic poet, 11th century 36/9, v120 n.,

36/19, 60/1, v236 n., v324 n.(?), 79/5, 82/7, 85/23, 87/10, 90/29, 100/13, 101/5, 104/15, v405 n. (*Hkr* III, *Fagrskinna*)
Þjól *f.* ?a river in Jutland; *nes Þjólar* = Þjólarnes *n.* (unidentified, but by the Gudenå, Jutland, according to *Fms* XII 374, though it is unlikely to be connected with modern Tjele; see *Viborg Amts Stednavne* 1948, 150–51) v400 n. (the phrase may belong with lines 1–2 of the verse, so that line 3 and the rest of line 4 is a parenthesis)
Þórálfr *m.* Icelandic poet v22 n.; see Þórólfr
Þórarinn *m.* loftunga, Icelandic poet, 11th century v200 n., Glossary under **tøgdrápa** (*Hkr* II, *ÓH, Fagrskinna, Knýtlinga saga*)
Þorbjǫrn (1) dísarskáld *m.* Icelandic poet, 10th or 11th century 16/8, 17/19, 76/17; see Glossary under **dísarskáld** and cf. v50 n., v267 n.
Þorbjǫrn (2) hornklofi *m.* v9 n.; see Hornklofi
Þórðr (1) Kolbeinsson *m.* Icelandic poet, 11th century 84/8, 86/11, 88/14, v324 n. (*Bjarnar saga Hítdœlakappa, Knýtlinga saga, Hkr* II, *ÓH, Landnámabók, Grettis saga, Gunnlaugs saga*)
Þórðr (2) mauraskáld *m.* Icelandic poet, probably 11th century 62/9
Þórðr (3) Sjáreksson *m.* Icelandic poet, 11th century 18/5, 74/25, v375 n. (*Hkr* I 187 and note, II 281, *ÓH, ÓTM* II 322–3, *Fagrskinna*)
Þorfinnr Sigurðarson *m.* earl of Orkney (d. *c.* 1064) v1 n., v106 n., 79/21, 82/27, Glossary under **gramr, harri, jarl, kind, konungr, óvæginn, sessi, tiggi, þengill, ættbœtir** (*Orkneyinga saga, Hkr* II, *ÓH, Fagrskinna*)
Þorfinnsdrápa f. a poem by Arnórr jarlaskáld about Earl Þorfinnr v1 n., v105 n., v106 n., v282 n., v290 n., v297–8 n. (*Orkneyinga saga* 46; *Skj* A I 343–8)
Þorgerðr Hǫlgabrúðr *f.* daughter of King Hǫlgi 60/11 (see Hǫlgabrúðr) (*Jómsvíkinga saga* 1962 (see Appendix III there); also appears (sometimes as Hǫlda-, Hǫrga- or Hǫrðabrúðr) in *Njáls saga* 214, *Flb* I 453–4, *Færeyinga saga* 1987, 49, *Þorleifs þáttr jarlsskálds* (*ÍF* IX 225), *Harðar saga* 51–2; cf. Þorgerðr Hǫrgatrǫll in *Ketils saga hœngs*)
Þorgrímsþula f. a poetical list of names of animals 88/19, v325–7 n., 90/3 (this Þorgrímr's identity is unknown)
Þorkell hamarskáld *m.* Icelandic poet (fl. *c.* 1100) 104/23, v407 n. (*Hkr* III, *Fagrskinna, Morkinskinna* 279 etc., *Flb* IV 179)
Þorleifr *m.* (1) fagri, Icelandic poet, 11th century 61/16, 62/24 v. l. (T), 95/28; probably for Þorleikr fagri (95/28 v. l. (ABT)), though since the spelling occurs twice it is unlikely to be just a scribal

error; *Fagrskinna* also (once, p. 253) has the name as Þorleifr; see note to v191

Þorleifr *m.* (2) (inn spaki) Norwegian, son of Hǫrða-Kári, giver of the shield described in *Haustlǫng*, see note to verses 65–71 (fl. c. 900 or perhaps first half of 10th century) v71/8, v92/4, v104/8, Glossary under **bǫrr** (*Íslendingabók, Landnámabók, Þórðar saga hreðu* 229–31, *Ágrip, Fagrskinna, Hkr* I 163, *ÓTM* I 30, 312 and *Þorsteins þáttr uxafóts, ÍF* XIII 341)

Þorleikr fagri *m.* Icelandic poet, 11th century v191 n., 62/24, 95/28 t. n. (*Hkr* III, *Fagrskinna, Knýtlinga saga*). See also Þorleifr fagri

Þorn *m.* a giant v79/5–8 n., v85 n.; *Þorns niðjar* = giants v74/4; as a common noun in kenning for water, *Þorns svíra snerriblóð* v79/6 (cf. *Gylf.* ch. 8: equivalent of *Ymis blóð*); *Þornrann* = giant-dwelling (see Glossary), Geirrøðargarðar v85/2 (acc. with *í*) (also the name for the letter *þ* (*SnE* 1848–87, II 365, *FGT* 242, *SGT* 56), of which the corresponding runic symbol is called *þurs*, also a word for giant (cf. *Skírnismál* 36; **hrímþurs** and **þorn** in Glossary)

Þórólfr *m.* (1) (or Þórálfr (W and B); Þorvaldr in U) Icelandic poet, probably 11th century 10/29, v22 n.

Þórólfr *m.* (2) Skallagrímsson: Glossary under **tannlituðr** (*Egils saga Skalla-Grímssonar, Landnámabók*)

Þórr *m.* a god 1/9 (spelt here *Thor*), 5/19, 5/24 n., 6/14 (here = Hector, see Ektor), 6/25 (equivalent of Jupiter, cf. *Trójumanna saga* 1963, 209, 229), 6/32 n., v8 n., v24 n., 14/25, v42 n., v43 n., v44/3 (gen. with *steinn*), v45–7 n., v48 n., v49 n., v50/1 and note, v51 n., v52 n., v55–6 n., 17/13, v57 n., 19/31, 20/19, 31 and note, 37, 21/4, 5, 13, 17, 18, 22, 27, 30, 32, 37, 22/2 (dat. of respect), 4 (dat. of respect), 6, 7, 9, 10, 14, 18, 20 (here spelt Tror), 22, 27, 28, 31, 32, v65–71 n., 24/17, 19, 35, 36, 25/1, 3, 5, 7, 14, 15, 20, 21, 22, 27 n., 28, 29, 30, 32, v73–91 n., v74/1 n., v74/2 (subj. of *lét*; a dissyllabic form *Þóarr* or *Þonarr* would improve the metre), v75/2 n., v76 n., v79/5–8 n., v79/6 v. l., v81/1–4 n., v82/5–6 n., v82/7 (gen. with *steinn*), v84/5–8 n., v85 n., v90/3–4 n., 5–8 n., 30/17, 35/19, 41/30, 42/20, 30, 43/3, v153 n., v210 n., v301/4, v366 n., v366/4, v428/1 (and t. n.), v429/5, v432/3; *Þórs rúni* = Loki v99/5; Glossary under **aldrminkandi, angrþjófr, barmi, bauti, biðkván, blóði, bragðmildr, brjótr, bróðir, burr, bǫlkveitir, dólgr, eirfjarðr, eykr, faðir, fangboði, fellir, fjall-Gautr, fjǫllami, fjǫrnet, fjǫrspillir, forn, funhristir, garðvenjuðr, geðreynir,**

gjarðvenjuðr, gljúfrskeljungr, gramr (1) and (2), grand, grund, gulli, gunnr, hafr, hallland, haussprengir, herblótinn, herðir, hersir, herþruma, himinsjóli, hlǫðr, hneitir, hofregin, hraðskyndir, hregg, húfstjóri, hylriði, hœlibǫl, járngreipr, jǫrð, jǫtunn, karmr, kneyfir, konr, langvinr, liðfastr, liðhati, mágr, mantælir, með, megindráttr, nauðr, njarðgjǫrð, njótr, ótti, reiðitýr, reynir (2), ríkr, rúni, sár (1), sifuni, sinnir, skaun, sonr, steypir, støkkvir, sundrkljúfr, sunr, sveinn, sviptir, sǫgn (2), tollurr, trǫll, tvíviðr, týr, vað, váfreið, vaxa, vegþverrir, væna, þrámóðnir, þrøngvir, þverrir, œgir, œsa. Cf. Aldafǫðr, Ásabragr, Ásaþórr, Atli (2), Baldr, Bilskirnir, Bjǫrn, Búseyra, Eindriði, Ektor, Ennilangr, Fjǫrgyn, Gautr, Gjálp, Harðvéorr, Hengjankjapta, Hlóra, Hlórriði, Hlǫðyn, Hrungnir, Hyrrokkin, Iði, Járnsaxa, Jólnir, Jǫrð, Keila, Kjallandi, Leiði, Leikn, Litr, Loki, Lútr, Magni, Meili, Mjǫllnir, Móði, Óðinn, Reiðartýr, Rymr, Sif, Starkaðr, Svívǫr, Sǫnnungr, Tanngnjóstr, Tanngrísnir, Tror, Týr, Ullr, Véuðr, Víðgymnir, Viðrir, Vimur, Vingnir, Vingþórr, Þjálfi, Þrívaldi, Þrúðr, Þrúðvangar, Þrǫng, Ǫflugbarði, Ǫkuþórr; *Gylf.* (and Prologue), *PE, Skjǫldunga saga, Flb* I 28, 313; referred to widely in *Íslendingasögur* and *fornaldarsögur*
Þórsdrápa f. a poem by Eilífr Guðrúnarson v44 n., 25/35, v73–91 n. (*Skj* A I 148–52)
Þorsteinn *m.* (1) the subject of Refr's poem v30/2 and note, v216/4 (dat. with *bjóða*), v264/4 (dat. with *hlýddi*), Glossary under **bǫrr, runnr**; he may be the son of Snorri goði who is mentioned in *Landnámabók* and *Eyrbyggja saga*
Þorsteinn *m.* (2) Egilsson (Skalla-Grímssonar) v202 n., Glossary under **runnr** (*Gunnlaugs saga, Íslendingabók, Landnámabók, Egils saga Skalla-Grímssonar*)
Þorvaldr blǫnduskáld *m.* Icelandic poet, 12th century 11/20, 62/27, 80/16. See Finnur Jónsson 1920–24, II 72, and note to verse 199; and cf. Þórólfr (1) and note to verse 22
Þrándheimr *m.* Trøndelag, district in Norway v139/2 (*Hkr, Fagrskinna*)
Þrándr (or Þróndr) *m.* a boar v513/8 ('thriving'; the name of characters in *Skjǫldunga saga, Flb* I 23, 30 (*Eiríks saga víðfǫrla*), *Fas* IV 247, *ÓTM* I 35, II 206; see Glossary)
Þriði *m.* 'Third', a name of Óðinn, in kenning for the land of Norway v10/4, v383 n.; elliptical gen. *frá Þriðja* from Þriði's, i. e. from Ásgarðr v74/8 (*Gylf., Grímnismál, Ágrip, Flb* II 49–50, *SnE* 1848–87, II 472)

Þrígeitir *m.* a giant v418/6

Þrívaldi *m.* a giant killed by Þórr 14/29, v52/2 (gen. (or dat., *NN* 220) with *níu hǫfða*), v57/2, v419/2 (v. l. Þrífaldi)

Þrúðgelmir *m.* a giant v418/7 (*Vafþrúðnismál* 29)

Þrúðr *f.* an Ásynja, daughter of Þórr and Sif 14/26, v45/4, 30/18, v434/7; *Þrúðar þjófr* = Hrungnir, in kenning for shield, *ilja blað Þrúðar þjófs* v237/3 (cf. ch. 17 and v88/7; the story of the theft of Þrúðr has not been preserved, see Frank 1978, 113–14); in kenning for woman v360/2 (see Lofn above and **gæi-Þrúðr** in Glossary); in kenning for Hildr Hǫgnadóttir, *sú bœti-Þrúðr dreyrugra benja* v251/2 (see **bœti-Þrúðr** in Glossary); in kenning for Þórr, *þrámóðnir Þrúðar* v88/7 (see **þrámóðnir** in Glossary) (name of a valkyrie in *Gylf.* (*Grímnismál* 36), *SnE* 1848–87, II 490, cf. II 489)

Þrúðvangar *m. pl.* ('might-plains') Þórr's home 22/20 (*Gylf.*; cf. Þrúðheimr in *Grímnismál* and *Gylf.* Prologue; at 2/5 above Þrúðheimr appears in U instead of Þrymheimr)

Þruma *f.* name of two or more Norwegian islands (*SnE* 1848–87, II 492; cf. Einarr Skúlason's verses in *Edda Magnúsar Ólafssonar* 267); see **þruma (2)** in Glossary

Þrungra *f.* a name for Freyja v435/4 (v. l. *Þungra* (ABC); perhaps for Þrungva; cf. Þrǫng)

Þrym *f.* a river v481/3

Þrymheimr *m.* the mountain home of the giant Þjazi 2/5 (*Gylf.*, *Grímnismál*; see Þrúðvangar)

Þrymr *m.* a giant v418/7, Glossary under **simblir** (cf. note to verse 52) (*Þrymskviða*; cf. *Flb* I 23, 24; see Glossary under **þrymr**)

Þrǫng *f.* a name for Freyja; in kenning for Þórr, *langvinr Þrǫngvar* v88/4 (*Þrungvar* v. l., but *ǫ* is required for the rhyme; cf. Hreinn Benediktsson 1963). Cf. Þrungra

Þundr *m.* a name of Óðinn, in kenning for (the mead of) poetry, *fundr Þundar* v37/2 (*Gylf.*, *Háttatal*, *Hávamál*, *Grímnismál*; cf. Þrundr, *SnE* 1848–87, II 472, 556)

Þura *f.* name for an arrow v466/7–8 n. (see Glossary)

Þurbǫrð *f.* a troll-wife v427/5

Þurnir *m.* a giant; used as a common noun (= Geirrøðr) v89/4 (gen. with *hǫll*, or with *fletbjarnar*? or with *hǫfði* if *Heiðreks* goes with *hǫll*). DD reads *Þúrnis* as a dwarf-name, *Heiðreks Þúrnis veggjar* = H. of rock, i. e. giant; but Þúrnir (or Þurnir) is as likely to be another giant-name. Cf. *þyrnir m.* 'thorn' and Þorn above. W and

T have *Þrasis* (perhaps a common noun meaning 'stormer'; cf. Þrasnes in *Vǫlsunga saga* (= Þórsnes in *Helgakviða Hundingsbana* I 40), *Orkneyinga saga* 211 (see note there); Þrasir is a dwarf in *SnE* 1848–87, II 470. Cf. Dólgþrasir in *Vǫluspá* and **ǫrþrasir** in Glossary) Þvinnill *m.* a sea-king v415/7 (*Njáls saga* 266) Þyn *f.* a river (the Tyne?) v480/1 (*Gylf.*, *Grímnismál*; in a kenning for gold in *Njáls saga* 473) Þǫgn *f.* a valkyrie, see Glossary under **herþǫgn** (*SnE* 1848–87, II 490; in a kenning for woman in *Gísla saga* 48) Þǫll *f.* a river v480/2 (*Gylf.*, *Grímnismál*; see ÁBM)

Ægir *m.* a giant v421/6, personification of the ocean 1/1–2 t. n., 1/2, 11, 14, 15, 37 n., 2/38, 3/9, 10, 4/6, 5/9, 12, 14/30 n., 20/18 and note, 24/17, 17–19 n., 37/18, 39/13–15 n., 39/14, 18, 40/27, 32, 33, 38, 41/2, 4, 8, 10, 95/2, Glossary under **heimsœkir**; *Ægis dœtr* the waves (cf. *Heiðreks saga* verses 62–4; *Helgakviða Hundingsbana* I 29) 36/25, 25–6 n., 27, v125/2 (obj. of *ófu* ok *teygðu*, see **dóttir** in Glossary), 41/8, 95/7, v412–517 n., v475–8 n., Glossary under **bára**, **brúðr**, **dóttir**, **ekkja**, **eylúðr**, **uðr**; *í Ægis kjǫpta* (*kjapta*) into the jaws of the sea, i. e. under the waves v126/3 and v347/3 (*Hymiskviða*, *Grímnismál*, *Lokasenna*, *Egils saga Skalla-Grímssonar* 249 (*Sonatorrek* 8), *Orkneyinga saga* 3, *Heiðreks saga*, *Friðþjófs saga*, *SnE* 1848–87, II 486 (*Ægis bróðir* = fire, cf. 39/18)). Cf. Hlér, Gymir and **ægir** in Glossary

Æsir *m. pl.* (see *Áss*), a race of gods 1/2 n., 1–2 t. n., 4, 8, 9–11 n., 15, 16, 37 n., 2/6, 7, 16, 20, 22, 25, 26, 31, 35, 3/23, 4/7, 5/1, 6, 8, 19, 34, 38, 6/12, 15, 20, v24 n., 19/25, 27, 20/3, 29, 36, 21/2, 22/7, 30/11, 20, 21, v93/5 (subj. of *báru*), v96/7 (gen. with *ósvifrandi*), v100/3 (gen. with *ellilyf*), 40/15, 30, 34, 41/6, 42/19, 45/3, 11, 15, 17, 46/6, 113/17, v432/2 and t. n., Glossary under **árr**, **eiga**, **ellilyf**, **firar**, **hrœrir**, **setja**, **snotr**, **sǫgn (2)**, **vanr (1)**, **víkingr**; acc. *pl.* *Ásu* 33/21; in kenning for Iðunn, *Ása leika* v103/2 (see **leika (1)** in Glossary); for the mead of poetry, *Ása mjǫðr* 11/27 (*Gylf.*, *PE*, *Skjǫldunga saga*, *Landnámabók* 238–9, *Flb* I 27, 28, *ÓTM* I 305, *ÓH* 261, *ÍF* XIII 171–2, *Vǫlsunga saga*, *Sǫrla þáttr*, *Bósa saga* 312, *Sǫrla saga sterka* 369; cf. Ásíámenn in *Skjǫldunga saga* 39)

Ǫðlingar *m. pl.* (written with *av* or *A̋*) descendants of Auði 103/3, 12; sg. v401/1 (cf. 'davg', 'Davg-' for *dǫg-*, *Dǫg-* v312/2, v400/1)

(*Hyndluljóð*, *Flb* I 22, 26; cf. *Atlakviða* 40; see **ǫðlingr** in Glossary)
Ǫflugbarða *f.* a troll-wife v426/1
Ǫflugbarði *m.* a giant, in kenning for Þórr, *ægir Ǫflugbarða* v48/3
Ǫgló *n.* an area in Trøndelag, Norway (Skatval, Stjørdal) v5/8, v278/4 (*Ágrip* (Hǫkló), *Fagrskinna*, *Hkr* I, *ÓH*)
Ǫgmundr *m.* son of Vǫlu-Steinn v37 n., v315 n. (*Landnámabók*)
Ǫgn *f.* a river: see Ógn
Ǫkuþórr *m.* 'driving Þórr', a name of Þórr (with reference to his goats and chariot, cf. **aka** in Glossary) 6/1, 5, 13, 15, 26 (*Gylf.*)
Ǫlrøðarnautr *m.* a sword v461/2 (see Falk 1914, 57). Cf. **nautr (2)** in Glossary; Ǫlrøð(r) is unknown
Ǫlvaldi *m.* a giant 3/1 (Allvaldi in *Hárbarðsljóð* 19)
Ǫlvir hnúfa *m.* Norwegian poet, 9th century (see *ÍF* II 3–4 n., XIII 226) 15/3, v43 n. (*Egils saga Skalla-Grímssonar*)
Ǫlvismál *n. pl.* = *Alvíssmál*, *Alsvinnsmál* (2) 99/8 t. n., v380 n.
Ǫnundr (Jákob) Óláfsson *m.* king of Sweden (d. *c.* 1050) v217 n., Glossary under **jǫfurr** (*Hkr* II, *ÓH*, *Fagrskinna*)
Ǫrmt *f.* a river (the Armet in Scotland according to Cleasby and Vigfusson 1957, 780) v484/3 (*Gylf.*, *Grímnismál*)
Ǫsgrúi *m.* a giant v421/1
Ǫskruðr *m.* a giant v420/5 (*Egils saga einhenda*)